Friedemann Bedürftig
Drittes Reich und Zweiter Weltkrieg

Friedemann Bedürftig

Drittes Reich und Zweiter Weltkrieg

Das Lexikon

Piper
München Zürich

Verweisstichwörter sind *kursiv* gesetzt.

ISBN 3-492-04405-0

Gesetzt aus der Minion und der Myriad
Satz: Uwe Steffen, München
Druck und Bindung: Pustet, Regensburg
Printed in Germany

www.piper.de

A

A 4 →*V 2*

Aachen
Als westlichste deutsche Großstadt (1940 rd. 160 000 Einwohner) lag Aachen während der gesamten Kriegszeit im Aktionsbereich der gegnerischen Luftwaffen. Besonders schwere Bombennächte erlebte die Stadt am 13./14.7.1943, zu Weihnachten desselben Jahres und am 11./12.4.1944. Dom, Kaiserpfalz und andere Kulturdenkmäler wurden dabei erheblich in Mitleidenschaft gezogen. Nach Hitlers Willen sollte Aachen als »Wiege des ersten deutschen Reiches« um jeden Preis gehalten werden, doch durchbrachen Anfang Okt. 1944 US-Truppen die deutschen Riegelstellungen am *Westwall* und setzten mit massiver Luftunterstützung zur Umfassung der Stadt an, deren Bevölkerung weitgehend evakuiert worden war und die von etwa 5000 Mann unter Oberst Gerhard Wilck verteidigt wurde. Nach 14 Tagen schwerer Straßenkämpfe mußte er am 21.10.1944 die Ruinen der zu 65 % zerstörten Stadt übergeben. Im März 1945 griff der Krieg noch einmal nach Aachen, als ein Kommando des *Werwolfs* den von den Amerikanern eingesetzten Oberbürgermeister Franz Oppenhoff erschoß.

Abessinien
Italienische Truppen griffen am 2.10.1935 das ostafrikanische Kaiserreich Abessinien (heute Äthiopien) an. Diktator *Mussolini* wollte sich das große Land als Kolonie sichern. Vom Völkerbund scharf verurteilt, geriet Italien in gefährliche Isolation. Hitler nutzte das zur Annäherung an Rom, das ihn seit dem Wiener Putsch gegen *Dollfuß* (25.7.1934) argwöhnisch betrachtet hatte. Deutschland lieferte Kohle und Stahl für die italienische Industrie, verlängerte aber

insgeheim den Krieg zugleich durch Lieferungen von Kriegsmaterial an Äthiopien, um die Abhängigkeit Mussolinis von Hitler weiter zu steigern. Die Rechnung ging auf. Das abessinische Abenteuer, das erst im Mai 1936 mit der italienischen Annexion des Landes endete, wurde zur Grundlage der *Achse Berlin–Rom*. Sie wiederum gab Hitler die Möglichkeit, nun doch nach *Österreich* zu greifen und das Scheitern von 1934 wettzumachen. 1941 eroberten britische Truppen das Kaiserreich zurück (Kapitulation von Addis Abeba 6.4.1941).

Abrüstung

Nie war die Chance zur Verminderung oder gar Beseitigung der Waffenarsenale so groß wie nach dem 1. Weltkrieg 1918. Den Besiegten, allen voran Deutschland, wurden die Möglichkeiten zur Rüstung drastisch beschnitten – nur 100 000 Soldaten, keine schweren Waffen, keine Luftwaffe –, und auch die Sieger erklärten bei Gründung des *Völkerbunds* ihren Willen zu deutlicher Abrüstung. Es blieb allerdings lange bei der bloßen Erklärung; erst 1932 trat eine Abrüstungskonferenz von 51 Staaten in Genf zusammen. Sie zerstritten sich sogleich über die deutsche Forderung nach Gleichberechtigung, die v.a. Frankreich fürchtete. Als Hitler wenig später die Macht in Berlin übernahm, spielte er geschickt die französische Karte: Er akzeptierte zum Schein das englische Angebot eines 200 000-Mann-Heeres für Deutschland, das Frankreich erst in langen Fristen hinnehmen wollte. Mit großem propagandistischen Getöse verkündete Hitler daraufhin den Austritt Deutschlands aus der Konferenz und aus dem Völkerbund. Frankreich stand international als Abrüstungsverhinderer da, und Hitler ließ die längst angelaufene *Aufrüstung* noch weiter beschleunigen.

Abstammungsnachweis

Seit Herbst 1935 wurde von jedem deutschen Bürger der Nachweis verlangt, daß er/sie von keinem Eltern- oder Großelternteil »vollartfremden, insbesondere jüdischen Blutes« abstammte. Nur wem das mit Hilfe von Auszügen aus Taufregistern, Geburts- oder Heiratsurkunden gelang, war gemäß *Nürnberger Gesetzen* vollgültiger Reichsbürger. Zur Aufnahme in die NSDAP und ihre Gliederungen mußte der Abstammungsnachweis sogar bis ins Jahr 1800 erbracht werden. Es entstand ein ganz neuer Berufszweig der Sippenforscher, die gegen Honorar beim Beleg der »arischen« Abstammung halfen;

daher hieß die entsprechende Urkunde in der Umgangssprache auch »Ariernachweis«.

Abwehr

Jeder, zumindest jeder größere Staat unterhält sog. Nachrichtendienste und Dienste, die fremde Nachrichtendienste bekämpfen (abwehren) sollen. Insofern war die deutsche Abwehr, die bis 1938 dem Reichskriegsminister, danach dem *Oberkommando der Wehrmacht* unterstand, nichts Besonderes. Sie wurde es erst durch ihren Chef (seit 1935) Admiral *Canaris* und einige seiner Mitarbeiter wie z. B. Oberst *Oster*, der die Zentralabteilung leitete. Ihr Ziel war spätestens seit 1938 eher die Tarnung von Gegnern der Hitler-Diktatur als die Enttarnung von gegnerischen Agenten. Es bildet sich im Amt Ausland/Abwehr, so die offizielle Bezeichnung, am Tirpitzufer in Berlin eine Zentrale des militärischen Widerstands, der im *Zwanzigsten Juli* gipfelte und scheiterte. Schon vorher waren Oster (April 1943) und Canaris (Febr. 1944) kaltgestellt worden. Die Abwehr wurde als Militärisches Amt von Himmlers *SD* übernommen.

»Achse«

Für die militärischen Maßnahmen bei einem Ausscheren Italiens aus dem Bündnis mit Deutschland wurden im OKW schon im Frühjahr 1943 Vorkehrungen getroffen. Eine Woche nach der Kapitulation der deutsch-italienischen Heeresgruppe Afrika legte *Keitel* am 21.5.1943 einen Operationsplan für das italienische Festland und den italienisch besetzten Teil von Südfrankreich vor: Stichwort »Alarich«, nach der Verhaftung *Mussolinis* am 25.7.1943 umbenannt in »Achse«. Der Plan sah vor: **1.** Rücknahme der bedrohten Fronten und Räumung insbesondere der Inseln Korsika und Sardinien; **2.** »Neutralisierung« der italienischen Streitkräfte; **3.** Besetzung der militärischen Befehlszentralen; **4.** Beschlagnahme aller italienischen Flugzeuge und Flakgeschütze; **5.** Blockierung der italienischen Flotte. Unmittelbar nach dem italienischen Sonderwaffenstillstand vom 3.9.1943 löste der Oberbefehlshaber Süd *Kesselring* den Fall »Achse« aus. Während *Rommel* in Norditalien die Truppen des bisherigen Verbündeten gefangennehmen ließ, beschränkte sich Kesselring auf Entwaffnung, die schon in wenigen Tagen abgeschlossen war (Übergabe Roms am 10.9.). Mussolini wurde in einer spektakulären Aktion befreit. Die Verbände der italienischen

Kriegsmarine konnten allerdings meist das offene Meer gewinnen und hatten nur einige Verluste durch deutsche Luftangriffe (u.a. Schlachtschiff Roma). Im Gefolge von »Achse« kam es bei der Übernahme italienischer Stützpunkte v.a. in Dalmatien und auf den Inseln des Dodekanes – nicht nur bei Gegenwehr – zu summarischen Erschießungen von Offizieren und auch Mannschaften, ja zu regelrechten Massakern an den entwaffneten Truppen.

Achse Berlin–Rom

Im Zeitalter der griffigen Propagandaformeln prägte *Mussolini* im Herbst 1936 den Begriff »Achse« zur Beschwörung des engen außenpolitischen Verhältnisses zu Deutschland. Nach dem Dreimächtepakt (27.9.1940) trat zur Achse Berlin–Rom noch in loserer Bindung Tokio hinzu. Schließlich wurden auch die übrigen Verbündeten Deutschlands im 2. Weltkrieg zu den Achsenmächten gezählt. Entstanden war die Achse, an der, wie Spötter sagten, »Europa braungebraten werden« sollte, durch Hitlers Hilfe für Italien im Konflikt um *Abessinien.* Der Begriff sollte auch die ideologische Übereinstimmung von Nationalsozialismus und Faschismus versinnbildlichen und die Gemeinsamkeiten der deutschen und der italienischen Europapolitik hervorheben. Wie ernst Deutschland und Italien diese gemeinsamen Ziele nahmen, wurde spätestens deutlich, als Hitler und Mussolini dem Faschisten *Franco* im *Spanischen Bürgerkrieg* zum Sieg verhalfen. Mit dem Sonderwaffenstillstand Italiens vom Sept. 1943 zerbrach die Achse.

Admiral Graf Spee

Eines der ersten im Zuge der Aufrüstung gebauten deutschen Panzerschiffe (im Ausland spöttisch als »Westentaschenschlachtschiffe« bezeichnet) wurde nach dem Vizeadmiral Maximilian Graf von Spee (* 1861, † 1914) benannt, Stapellauf 30.6.1934, in Dienst gestellt 6.1.1936; 12150 t, 28,5 Knoten Höchstgeschwindigkeit, 186 m lang, 22 m breit, 1001 Mann Besatzung, 6 × 28-cm-Rohre in Drillingstürmen, 8 × 15-cm- und 6 × 10,5-cm-Kanonen, 8 Torpedorohre, Reichweite der schweren Artillerie 27,4 km, 2 Bordflugzeuge Arado Ar 196. Der Bau der Admiral Graf Spee verstieß gegen die Bestimmungen des Versailler Vertrags, der den Neubau von Linienschiffen nur mit einer Tonnage von höchstens 10 000 t gestattete. – Bei der Unterlegenheit der deutschen Kriegsmarine hatten die schweren Überwassereinheiten die Aufgabe, durch Einzelkampf im Handelskrieg die gegnerischen Kräfte zu zersplittern und zu binden. Daher lief die Admiral Graf Spee unter dem Kommando von Kapitän z.S. Hans Langsdorff am 21.8.1939 von Wilhelmshaven in den Südatlantik aus, wohin schon ihr Troßschiff *Altmark* vorausgefahren war. Bis Anfang Dez. 1939 versenkte die Admiral Graf Spee neun britische Handelsschiffe mit insgesamt 50 081 BRT. Am 13.12.1939 stieß ein britischer Kreuzerverband vor der Mündung des Rio de la Plata auf das Panzerschiff, das sich weisungswidrig zum Kampf stellte. Es gelang Langsdorff zwar, die Gegner niederzukämpfen, doch nahm er wegen eigener Treffer und Verluste (36 Tote, 59 Verwundete) nicht die Verfolgung auf, sondern lief zwecks Reparatur Montevideo an. Die uruguayischen Behörden verweigerten jedoch die dafür erforderliche Liegezeit. Langsdorff, verunsichert durch gefälschte Meldungen über starke britische Kräfte vor der Küste, ließ daher die Besatzung von Bord gehen, lief am 17.12. wieder aus und sprengte nach Rücksprache mit Berlin sein Schiff knapp außerhalb der Drei-Meilen-Zone. Drei Tage später nahm er sich das Leben.

Adolf-Hitler-Marsch →*Reichsparteitage*

Adolf-Hitler-Schulen

Für die Jugendlichen als »Garanten der Zukunft« fühlten sich im 3. Reich viele zuständig: Reichsjugendführung, Ministerium für Volksbildung, SS, Deutsche Arbeitsfront. Jede Stelle wollte Schulen aufbauen zur Heranbildung noch besserer Nationalsozialisten. Arbeitsfront-Chef *Ley* gelang es am 15.1.1937, Hitlers Genehmigung für einen neuen Schultyp zu erhalten, der dessen Namen tragen durfte. Es entstanden schließlich zwölf AHS, so die offizielle Abkürzung, als Internate, getragen von der Arbeitsfront, aber inhaltlich gestaltet von der Reichsjugendführung. Sie sollten Vorschulen für die *Ordensburgen* sein und die »Selbstverantwortung der Jugend auch in der Schule« demonstrieren. Das gelang kaum: Zwar erhielten alle Lehrer und »Schulführer« HJ-Ränge und waren mit »du« anzureden, doch der Schulbetrieb, kontrolliert von einem »Kommandeur« der Reichsjugendführung, bot wenig Besonderes. Musisches wurde etwas mehr betont, Sport sowieso, es gab »Einsätze« zur persönlichen »Bewährung«, aber die Lehrpläne blieben herkömmlich. Nicht einmal über das Fach »Weltanschauliche Schulung« (auch

»NSDAP« genannt) vermochte man sich zu einigen. Ursprünglich wurden den AHS von den Gauführungen der NSDAP Schüler zugewiesen, später hatte man genügend Aufnahmeanträge und suchte selbst Schüler aus; Aufnahmealter 14 Jahre, Abschluß mit Hochschulzulassung nach fünf Jahren. Schüler der AHS stellten einen großen Teil der HJ-Führer während der *Kinderlandverschickung*.

Afrikafeldzug

Bei Kriegseintritt Italiens an der Seite Deutschlands am 10.6.1940 stand in der italienischen Kolonie Libyen eine italienische Heeresgruppe mit insgesamt 153 000 Mann. Sie verfügten über 339 leichte Panzer, 1441 Geschütze, 135 Jagdmaschinen, 110 Bomber und 45 Schlachtflugzeuge. Trotz des z. T. veralteten Geräts rechnete sich *Mussolini* gegen die schwachen britischen Kräfte in Ägypten (31 000 Mann) gute Chancen aus und eröffnete ohne Abstimmung mit Berlin am 13.9.1940 seinen »Parallelkrieg« in Nordafrika. Die italienische Offensive über die libysch-ägyptische Grenze blieb nach Einnahme von Sidi Barrani schon am 19.9. liegen. Anfang Dez. 1940 gingen die Briten zum Gegenangriff über, überrannten ein italienisches Korps, eroberten am 11.12. Sidi Barrani zurück und überschritten am 2.1.1941 bei Sollum die Grenze nach Libyen, wo sie nach stürmischem Vormarsch am 8.2. vor El Agheila zur Sicherung des Nachschubs anhielten. Die Festung Tobruk war am 21.1., Benghasi am 6.2. gefallen. Richard O'Connors Beute: 130 000 Gefangene, 408 Panzer und 1290 Geschütze bei eigenen Verlusten von 558 Gefallenen und 1373 Verwundeten. – Deutsche Hilfsangebote hatte Mussolini anfänglich entrüstet zurückgewiesen. »Wenn sie erst einmal bei uns Fuß fassen, kommen wir nicht mehr los von ihnen«, so begründete er diese Politik. Nun zwang ihn die Lage, Hitler um Hilfe zu bitten, der einen deutschen »Sperrverband« aus der 5. leichten Division und der 15. Panzerdivision unter General *Rommel* entsandte, Luftunterstützung leistete das nach Sizilien verlegte X. Fliegerkorps. Das so formierte *Deutsche Afrika-Korps (DAK)* traf Mitte Febr. 1941 in Libyen ein und unternahm entgegen der vorgesehenen bloßen »Sperrfunktion« am 22.3. einen Aufklärungsvorstoß gegen die britischen Stellungen bei El Agheila, aus dem sich eine umfassende Gegenoffensive entwickelte. Zwar konnte Rommel Tobruk nicht nehmen, doch drang er bis Bardia vor und schnitt die Festung so von allen Landverbindungen ab. Britische Gegenstöße scheiterten im Mai und Juni, erst ein dritter im Nov. 1941 hatte Erfolg und warf das DAK auf die Ausgangsstellungen zurück. – Nur einen Monat Ruhe gönnte Rommel seinen Truppen, ehe er am 23.1.1942 im Schutz heftiger Sandstürme erneut zur Offensive überging. Nach Erreichen von Derna am 3.2. mußte er wegen Nachschubschwierigkeiten bis Mai anhalten, griff dann aber über Bir Hacheim wieder an und eroberte nach Westschwenk am 21.6. Tobruk, wo ihm reich gefüllte Magazine in die Hand fielen. Hitler belohnte den listenreich taktierenden »Wüstenfuchs« Rommel durch Beförderung zum Generalfeldmarschall. Sie erreichte ihn über Funk auf dem weiteren Vormarsch mit der inzwischen zur deutsch-italienischen Panzerarmee Afrika angewachsenen Streitmacht nach Ägypten hinein. Bei *El Alamein*, 100 km vor Alexandria, war die Kraft der Offensive erschöpft, denn die von Malta aus von der RAF wirkungsvoll gestörten Nachschubtransporte brachten immer weniger nach vorn. – Rommels Gegner hieß inzwischen Bernard Law Montgomery, dessen 8. Armee von Stunde zu Stunde stärker wurde, da v.a. amerikanische Lieferungen ungehindert durch das Rote Meer und den Suezkanal dampften. Am 23.10.1942 griffen die Briten in Abwesenheit Rommels mit fast dreifacher Überlegenheit an Menschen und Material an, durchbrachen am 2.11. die deutsch-italienischen Linien, machten 30 000 Gefangene und nahmen die Verfolgung der zurückgehenden Achsentruppen auf. Sie gerieten bald in eine Zange, da am 7./8.11. in Marokko und Algerien im Rahmen des Unternehmens »Torch« amerikanische Truppen landeten und auf das französische Tunesien vorstießen. Bis dorthin zog sich der zurückgekehrte Rommel mit seiner Heeresgruppe Afrika zurück (Aufgabe von Tripolis 23.1.1943) und konnte noch einige Abwehrerfolge erzielen. Nach seiner Abberufung Mitte März hielt sein Nachfolger Generaloberst Hans-Jürgen von Arnim den Brükkenkopf Tunesien, dessen Räumung Hitler untersagt hatte, noch einige Wochen, ehe er am 13.5.1943 die Waffen strecken mußte; 157 000 deutsche und 86 700 italienische Soldaten gingen in Gefangenschaft. – Die Bilanz des Afrikafeldzugs: 18 594 Deutsche gefallen und 3400 vermißt, 13 748 Italiener gefallen und 8821 vermißt, Verluste der Alliierten: 47 580 Tote und 24 134 Vermißte. Die Materialverluste der Achsenmächte hatten schwindelerregende Höhen erreicht, im Verkehr mit Libyen gingen 36 % der Schiffstonnage, im Verkehr mit Tunesien sogar 57 % verloren.

Afrika-Korps →*Deutsches Afrika-Korps*

Agrarpolitik

Gerade die Bauern erwarteten sich viel von den Nationalsozialisten, die unermüdlich von *Blut und Boden* sprachen und alljährlich auf dem Bückeberg (Weserbergland) einen halbreligiösen *Erntedanktag* inszenierten. Daß Ideologie und tatsächliche Politik zweierlei waren, wurde hier zum ersten Mal deutlich. Parallel zur »Arbeitsschlacht« ließ Hitler auf agrarpolitischem Sektor die »Anbauschlacht« propagieren, die aber keineswegs einen bäuerlichen Boom anstrebte, sondern nur die mengenmäßige Steigerung der Produktion von Nahrungsmitteln zu möglichst niedrigen Preisen. Das setzte die zu großen Teilen verarmte Bauernschaft schwer unter Druck, zumal da ihr für die Industrie allein bis 1939 fast 500 000 Arbeitskräfte entzogen wurden (im Krieg wurde es natürlich noch schlimmer). Der »Ernteeinsatz« von HJ und Reichsarbeitsdienst milderte die schwierige Lage kaum. – Dahinter stand das Ziel der *Autarkie*, die Hitler wegen des geplanten Krieges erreichen wollte und der auch die Gleichschaltung aller im Bereich der Nahrungsmittelproduktion Tätigen im *Reichsnährstand* diente. Autarkie wurde nie erreicht, doch stieg der Grad der Selbstversorgung immerhin von 68 % 1927/28 auf 83 % 1938/39. Nur mit Druck war das nicht zu erreichen: Zur Agrarpolitik im 3. Reich gehörten auch die Entschuldung der Höfe, die Verhinderung weiterer Erbteilung und die Förderung der Mechanisierung. Von der Ideologie der »Scholle« blieb bloß ihr antisemitischer Teil: »Nur deutsche Volksgenossen dürfen Besitzer deutschen Bodens sein«, hieß es im Agrarprogramm der NSDAP vom 6.3.1930.

Ahnenerbe

Reichsführer SS *Himmler* legte großen Wert auf wissenschaftliche Fundierung der NS-Weltanschauung. Am 1.7.1935 ließ er durch die SS eine »Lehr- und Forschungsgemeinschaft« gründen, die »Studiengesellschaft für Geistesgeschichte Deutsches Ahnenerbe«, 1937 übernahm er selbst die Präsidentschaft. Er holte renommierte Wissenschaftler zum Ahnenerbe, fiel aber auch auf Scharlatane herein, die seine Leichtgläubigkeit nutzten und so abwegige Theorien wie die Welteislehre vertraten. Aufgabe der Gesellschaft war generell das Zusammentragen von Beweisen für die rassistische Ideologie; und die germanische Geschichte wurde in diesem Sinn umgeschrieben. Der Apparat blähte sich bis 1944 auf 40 Abteilungen auf, die auch naturwissenschaftlich tätig waren und z. B. die wehrmedizinischen *Menschenversuche* von Sigmund Rascher im KZ Dachau und von August Hirt im KZ Natzweiler förderten. Der Geschäftsführer des Ahnenerbes, Wolfram Sievers, wurde nach dem Krieg zum Tod verurteilt und 1948 in Nürnberg gehenkt.

Aktion Reinhard
Er hatte die Weichen zur Vernichtung der jüdischen Bevölkerung im deutschen Machtbereich, der *Endlösung*, gestellt: Reinhard *Heydrich*, SD-Chef und oberster Polizist *Himmlers*. Als er Ende Mai 1942 Opfer eines Attentats wurde, wählte Himmler ihm zu »Ehren« für die Ermordung der Juden im *Generalgouvernement* den Tarnnamen Aktion Reinhard und beauftragte mit ihrer Durchführung den SS- und Polizeiführer im Distrikt Lublin *Globocnik*. Dieser organisierte den Bau von Lagern und Gaskammern, die Deportation der Juden, ihre Tötung und die Erfassung ihrer Wertgegenstände. Zur Seite standen ihm als Tötungsexperten Mitarbeiter der Euthanasieaktion, namentlich SS-Sturmbannführer *Wirth*, der Inspekteur der Vernichtungslager wurde. Der Massenmord sollte in neun Monaten abgeschlossen sein, zog sich aber bis zum 4.11.1943 hin. Mindestens 1,75 Mio. Menschen wurden Opfer der Aktion, wobei die meisten unter dem Decknamen »Aussiedlung« in geschlossenen Güterwagen in die Todeslager deportiert wurden, während man Bewohner kleinerer Ghettos an Ort und Stelle erschoß. Mindestens 180 Mio. RM (ohne Immobilien) betrug der Wert des konfiszierten jüdischen Eigentums.

Aktion T 4 →*Euthanasie*

allgemeine Wehrpflicht →*Wehrpflicht*

Alltag im Krieg
Ein Krieg bleibt nicht ohne Auswirkungen auf das Alltagsleben. Von einem Tag auf den anderen mußten im 2. Weltkrieg Millionen von Menschen ihr Denken und ihr Verhalten ändern. Angst beherrschte das Lebensgefühl – Angst in den Bombennächten, Angst vor dem Verlust der Angehörigen, Angst auf der Flucht vor der näherrük-

A

kenden Front, Angst vor der Willkür des siegreichen Gegners. Und viele in Deutschland hatten sogar Angst vor dem Sieg der »eigenen« Seite, vor weiterer politischer und rassischer Verfolgung. Der Krieg erfaßte alle Lebensbereiche, er richtete sich nicht nur gegen die militärischen, sondern genauso gegen die wirtschaftlichen und selbst die psychischen Ressourcen. Er brachte Erschütterungen des moralischen und sozialen Gefüges, ethische Prinzipien und gesellschaftliche Orientierungen kamen ins Wanken. – Mit Rationierung von Lebensmitteln und anderen Gütern reagierten nahezu alle Staaten bei Kriegseintritt. Die deutschen Behörden zeigten sich anfangs darauf wegen des politisch längst einkalkulierten Kriegsrisikos noch am besten vorbereitet. Der Agrarmarkt, im Reichsnährstand erfaßt, stand bereits unter fester staatlicher Kontrolle, auch hatte man aus den Versorgungskrisen des 1. Weltkriegs Lehren gezogen. Bei Beginn der Feindseligkeiten hatte das Reich 6 Mio. t Getreide und 600 000 t Fett eingelagert, aus der Sowjetunion kamen zudem in den ersten beiden Kriegsjahren umfangreiche Importe. Der totalitäre Staat setzte seine Organisationen zur Güterverteilung und zur Ausschöpfung der letzten Reserven ein. Die Pimpfe der HJ sammelten Altpapier, Buntmetall, Korken und »Spinnstoffe«, die NS-Frauenschaft betreute auf den Bahnhöfen durchreisende Landser, die Deutsche Arbeitsfront übernahm die Ausgabe von *Lebensmittelkarten*, die Schiffe ihres Freizeitwerks KdF dienten als Lazarette, das Nationalsozialistische Kraftfahrkorps wurde für Transportaufgaben herangezogen, der *Luftschutz* war seit 1935 systematisch gefördert und geübt worden. – Schwieriger stellte sich die Lage in anderen Ländern dar, wo man sich auf einen militärischen Konflikt weniger gründlich eingestellt hatte. In Japan etwa garantierte der Staat nur eine tägliche Reisportion, von Juni 1943 an nur noch viermal pro Woche. Sonst blieb die Ernährung dem einzelnen überlassen. Im besetzten Rußland und auf dem Balkan überschwemmten hungrige Städter die bäuerlichen Gebiete, im eingeschlossenen *Leningrad* verhungerte ein Großteil der Bevölkerung. In Großbritannien förderten die Behörden die Anlage von privaten Gemüsegärten, öffentliche Parks wurden zu Rübenfeldern umgewandelt. Wer mehr oder besser essen wollte, mußte sich zu einem Vielfachen der Vorkriegspreise auf dem allenthalben blühenden Schwarzmarkt eindecken. Man versuchte, Substitute zu finden, Ersatzkaffee aus Gerste, Zichorie oder Eicheln, Ersatzkuchen aus Kartoffeln und Mohrrüben,

Ersatzmarmelade aus Steckrüben. Die Umstellung und Verschlechterung der Ernährung steigerte Krankenziffern und Kindersterblichkeit, führte zu Gewichtsverlust und Leistungsminderung. Die japanische Propaganda versuchte, dem auch noch Positives abzugewinnen, »yase gaman«, Macht durch Magerkeit, lautete ihre zynische Parole. – Luxusgüter verschwanden mit zunehmender Kriegsdauer ganz. Kosmetische Artikel, Musikinstrumente, Schmuckerzeugnisse waren kaum mehr zu haben, andere Produkte wie Bücher, Blumen, Regenschirme, Ledererzeugnisse gab es selten und in begrenzter Menge. Haushaltsgeräte wurden rar, da Metall fast nur noch Rüstungsbetrieben zugeteilt wurde. In Deutschland riefen die Behörden schon seit April 1940 zur »Metallspende« auf, man demontierte eiserne Einfriedungen, sammelte in Sportvereinen Pokale, schmolz Kirchenglocken ein. Das Deutsche Reich führte zuerst auch die Rationierung von Textilien durch die *Reichskleiderkarte* ein. Während man in den Ländern des Westens der Materialknappheit mit modischen Tricks begegnete, setzten die japanischen Behörden auf Einheitskleidung: Der traditionelle Kimono wich dem »Patriotenkostüm«, einem an den Knöcheln zusammengebundenen Overall. – Unproblematisch war die Brennstoffversorgung in kohle- oder ölreichen Ländern wie Großbritannien oder USA, in der Sowjetunion dagegen kam es v.a. im ersten Kriegswinter zu einer Kältekatastrophe. Im Deutschen Reich regelte ein ausgeklügeltes Bezugssystem die Belieferung mit Hausbrand – auch noch in den Ruinen der zerbombten Städte. Zunehmend galten Einschränkungen für den privaten Personenverkehr. Autobenzin wurde nur in kleinsten Rationen und zu (kriegs)wichtigen Zwecken abgegeben. – Mit der Umstellung auf Kriegsproduktion gingen eine Verlängerung der Arbeitszeit und eine Verminderung der Freizeitmöglichkeiten einher. In Großbritannien stieg die Wochenarbeitszeit auf 54 Stunden, jeder Bürger zwischen 18 und 60 mußte sich zusätzlich für Zivildienste zur Verfügung halten, das Streikrecht wurde ausgesetzt. In den USA galt wieder die 48-Stunden-Woche, durch Überstunden wurde in vielen Betrieben zu Tag-und-Nacht-Produktion übergegangen, die Gewerkschaften gaben einige Rechte preis. In Rußland war der 12- bis 15-Stunden-Tag die Regel; es wurden zahlreiche Todesfälle durch Erschöpfung gemeldet. Japan kannte überhaupt keine Arbeitszeitbegrenzung, Arbeitspflicht galt bereits vom zwölften Lebensjahr an. In Deutschland blieben drastische

A

Erhöhungen zunächst aus, u.a. wegen der massenhaften Beschäftigung von *Zwangsarbeitern*, erst Anfang 1943 brachten die Mobilisierungsmaßnahmen nach Proklamierung des *Totalen Krieges* eine Erhöhung der Arbeitszeit v.a. in der Rüstungsindustrie auf zwölf Stunden und mehr. – Der radikale Wertewandel wurde am deutlichsten sichtbar in der massenhaften Einbeziehung der Frau in die Arbeitswelt. In der UdSSR betraf das vorwiegend die Landwirtschaft, in Japan dagegen wurde die weibliche Landbevölkerung zu Hunderttausenden für die Arbeit in den Industriezentren rekrutiert, z.T. sogar zum Einsatz unter Tage in den Bergwerken – bei halbem Männerlohn. Großbritannien stellte eine 75000 Frauen starke »Women's Land Army« auf. Im Deutschen Reich kämpften an der »Heimatfront« Millionen Frauen und Mädchen bei den Verkehrsbetrieben, der Post, in feinmechanischen Werkstätten, Munitionsfabriken oder als *Wehrmachthelferinnen* (sogar bei der Flak). Dennoch blieb auch auf diesem Gebiet die Entwicklung gegenüber dem Ausland zurück. Der Grund dafür lag in der offiziellen Hausfrau-und-Mutter-Ideologie, von der v.a. Hitler sich nicht trennen mochte. – Von Arbeit und Sorge um das Nötigste in Anspruch genommen, war für Zerstreuung und Erholung immer weniger Zeit, obwohl überall, selbst im Deutschland der Luftangriffe, ein gewisses Freizeitangebot gepflegt wurde. Ausgerechnet die Saison 1939/40 wurde das Rekordjahr des deutschen Films, die Zahl der Kinobesucher erreichte die Milliardengrenze. Scheinbar völlig unpolitische Revue- und Ausstattungsfilme sollten von der harten Realität ablenken und das Volk bei Laune halten. Anfangs profitierten davon auch Theater, Varietés und Kabaretts. Anders in Japan: Dort wurde der Kinobesuch reglementiert, 3000 Teesalons schlossen, Zehntausende von Geishas wurden zu Fabrik- oder Büroarbeit herangezogen. Urlaubsreisen wurden in allen Ländern beschränkt, zumal viele traditionelle Erholungsgebiete in den Küstenregionen zu militärischen Sperrgebieten erklärt waren. Papierknappheit brachte Einbußen im Zeitschriften- und Buchhandel. Der propagandistisch wichtige Rundfunk fand so wachsende Aufmerksamkeit. Sendungen wie in Deutschland das *Wunschkonzert* hatten viele Millionen Hörer. Wie hoch die Wirkung des Rundfunks von den deutschen Machthabern eingeschätzt wurde, spiegelte sich in den drakonischen Strafen, die auf das Abhören von »Feindsendern« standen. – Der Kriegsalltag mit seinen Entbehrungen und Leiden überdauerte den Krieg, in Deutschland wurde er nach dem Ende der Feindseligkeiten fast noch härter. In dem zerstörten, mit Flüchtlingen überfüllten Land herrschte blanke Not, die im Winter 1946/47 dramatische Formen annahm. Es dauerte Jahre, ehe von einer Normalisierung gesprochen werden konnte, und doch ging es, jedenfalls im Westen des Landes (dank amerikanischer Hilfe), rascher, als angesichts der ungeheuren Kriegsschäden zu erwarten gewesen wäre.

Alpenfestung

Wie mit den *Wunderwaffen* erzielte Hitler auch mit einem anderen Phantom Wirkung: Am 18.4.1945 verkündete er im *Führerbunker*, er könne sich in eine Alpenfestung zurückziehen und dort abwarten, bis sich die »widernatürliche« Koalition von Westmächten und Sowjets zerstritten habe. Zur Verteidigung dieser nirgendwo vorhandenen Festung sollten am 24.4.1945 die in Norditalien kämpfenden deutschen Verbände (Heeresgruppe C) ins Alpengebiet übertreten und sich unter Führung des Tiroler Gauleiters Franz Hofer einigeln. Natürlich blieb das ein Hirngespinst, doch die Furcht vor einer Alpenfestung spukte auch bei den Amerikanern, die in den letzten Kriegswochen besorgt die Verlegung von deutschen Behörden und SS-Stellen ins Alpengebiet beobachteten. Dwight D. Eisenhower telegraphierte am 28.3.1945 an *Stalin*, er werde nach Süden eindrehen und mit dem Gros seiner Kräfte die deutsche Alpenfestung nehmen. Diese Umgruppierung verlangsamte den amerikanischen Vormarsch nach Osten erheblich.

Alte Kämpfer

Die NS-Bewegung war durch relativ junge Leute geprägt. Hitler selbst gehörte mit 43 Jahren bei der *Machtergreifung* schon zu den ziemlich Alten in der Führung. Es wirkte daher manchmal unfreiwillig komisch, wenn die »Parteigenossen«, die noch vor dem 30.1.1933, in die NSDAP eingetreten waren (Mitgliedsnummern unter 300 000), als »Alte Kämpfer« bezeichnet wurden. Man wollte die Dauer des »Kampfes« betonen, indem man Veteranen vorwies. Elite in dieser Elite war die »Alte Garde« der Inhaber von Mitgliedsnummern unter 100 000. Sie waren der Kern bei den alljährlichen Feiern zum Gedenken an den *Hitler-Putsch* vom 9.11.1923, der auch als »Tag der Alten Garde« bezeichnet wurde.

Altmark

Bei Kriegsbeginn operierte das deutsche Panzerschiff *Admiral Graf Spee* im Atlantik, versorgt vom 14367 BRT großen Troßschiff Altmark. Dieses war kaum bewaffnet und brachte nach dem Verlust des Panzerschiffs am Rio de la Plata (Dez. 1939) dessen englische Gefangene nach Europa. Es durchbrach die britische Blockade und erreichte norwegische Gewässer, in denen es von der britischen Luftaufklärung erfaßt wurde. Sofort nahmen britische Zerstörer die Verfolgung auf und versuchten, die Altmark mit einem Schuß vor den Bug zu stoppen, konnten aber deren Einlaufen in den Jössingfjord nicht verhindern. Ohne Rücksicht auf die norwegischen Hoheitsrechte folgte der Zerstörer Cossack, ging in der Nacht längsseits der auf Grund gelaufenen Altmark, die von britischen Soldaten geentert wurde. Sie befreiten 303 Gefangene, wobei sieben deutsche Matrosen im Kampf fielen und einer über Bord ging. Die deutsche Presse bauschte das britische Kommandounternehmen zum »Altmark-Zwischenfall« auf, und Hitler ordnete wegen des Vorfalls, der ihm britische Absichten auf Norwegen zu signalisieren schien, die Beschleunigung des Unternehmens »*Weserübung*« an. Die Altmark wurde im März in Uckermark umbenannt und übernahm Versorgungsaufträge im Pazifik, wo sie am 30.11.1942 vor Jokohama nach einer Explosion sank; 53 Menschen kamen dabei ums Leben.

Altonaer Blutsonntag

Die Nationalsozialisten provozierten mit Vorliebe ihre politischen Gegner in deren Hochburgen. Sie versprachen sich durch Straßenschlachten ein Klima der Rechtsunsicherheit, in dem der Ruf nach dem starken Mann (= Hitler) entsprechend lauter würde. Einen schlimmen Höhepunkt erreichte diese Strategie, als etwa 7000 SA- und SS-Männer am 17.7.1932 in einem von der sozialdemokratischen Polizeiführung genehmigten Marsch durch die kommunistischen Arbeiterviertel des damals noch preußischen Altona (erst 1937 zu Hamburg) zogen. Sie wurden wie gewünscht angegriffen, so daß Polizeikräfte massiv eingreifen mußten. Das machte aus dem Datum erst den »Blutsonntag«, den die Regierung *Papen* als einen Vorwand für den *Preußenschlag* nutzte: 18 Menschen, darunter zwei SA-Leute, kamen v.a. durch verirrte Polizeikugeln um. Die Polizei nahm 15 Kommunisten fest, von denen nach der Machtergreifung vier wegen »Mordes« zum Tod verurteilt und am 1.8.1933 hingerichtet wurden. Das Hamburger Landgericht hob die Urteile am 13.11.1992 auf.

Altreich

Im Unterschied zu den neu erworbenen Gebieten des *Großdeutschen Reiches* (z.B. Memel, Sudetenland, Danzig-Westpreußen, Österreich) hieß in der NS-Sprachregelung nach 1938 das frühere Deutschland »Altreich«. Die Abgrenzung wurde auch genutzt, um unliebsame Verträge nicht auf die neuen Gebiete zu übertragen: So wurde z.B. die Geltung des *Konkordats* von 1933 auf das Altreich beschränkt, was v.a. im katholischen Österreich ein schärferes Vorgehen gegen die Kirche ermöglichte.

Amann, Max

* München 24.11.1891, † ebd. 30.3.1957
Vom Vorgesetzten zum bedingungslosen Gefolgsmann Hitlers wurde Amann, der im 1. Weltkrieg als Feldwebel in derselben Kompanie wie sein späterer »Führer« diente und als Mitglied Nr. 3 der NSDAP beitrat. Hitler, mit dem Amann 1924 sechs Monate Festungshaft absaß, beauftragte den gelernten Kaufmann mit dem Aufbau des Zentralverlags der Partei (Eher-Verlag) und mit der Lenkung der gesamten NS-Presse. Das machte Amann zu einer der mächtigsten – und reichsten – Personen im 3. Reich, da im Zuge der Gleichschaltung schließlich (1942) über 80% aller Presseorgane in Deutschland zu seinem Imperium gehörten. Amann beteiligte sich als Präsident der Reichspressekammer (seit 15.11.1933) aktiv am Mundtotmachen der Opposition und gewann als einer der letzten Vertrauten Hitlers, dessen Tantiemen aus *»Mein Kampf«* er verwaltete, auch politisch Einfluß. Nach dem Krieg wurde er als Hauptschuldiger am 8.9.1948 zu zehn Jahren Arbeitslager verurteilt.

»Der Angriff«

Berlin war in den 1920er Jahren ein schwieriges Pflaster für die NSDAP. Hitlers Gauleiter *Goebbels* (seit 1926) zeigte mit einer Zeitungsgründung am 4.7.1927, wie er die Probleme bewältigen wollte, nämlich aggressiv: »Der Angriff« hieß das Blatt, von dem zunächst 2000 Stück monatlich, bald erheblich mehr wöchentlich und vom 1.11.1930 an täglich erschienen. »Der Angriff« sollte die Mitglieder der fast zwei Jahre lang in der Reichshauptstadt verbotenen NSDAP bei der Stange halten und den Linken das Wasser abgraben, Motto: »Für die Unterdrückten, gegen die Ausbeuter«. Es führte eine brutale Sprache, arbeitete mit gezielter Verleumdung und entfaltete einen wüsten Antisemitismus. Die mit »Dr. G.« unterzeichneten *Goebbels*-Leitartikel zeichneten sich durch hemmungslosen Haß auf »das System«, »die Kommune«, »den Juden« aus. 1933 in die Regie der Arbeitsfront übernommen, wurde »Der Angriff« neben dem »*Völkischen Beobachter*« schon wegen der Herausgeberschaft des Propagandaministers zur NS-Pflichtlektüre, Auflage 1939 rd. 150 000, 1944 über 300 000. Die letzte Nummer erschien am 24.4.1945.

Anhaltelager
Die deutschen *KZ* machten Schule. Schon im Herbst 1933 richtete die Regierung *Dollfuß* in Österreich Anhaltelager ein, in denen zunächst v.a. sozialistische Regimegegner, nach dem Putsch im Juli 1934 aber vornehmlich Nationalsozialisten festgehalten wurden (23.9.1934: insgesamt 13 388 Internierte). Allerdings ging es hier erheblich »humaner« zu, denn die Häftlinge mußten nicht arbeiten und wurden nach relativ geringen Haftzeiten wieder entlassen. Dennoch waren die Anhaltelager ein Konfliktstoff in den Beziehungen zwischen dem Deutschland Hitlers und dem austrofaschistischen Regime in Wien. Im *Juliabkommen* vom 11.7.1936 wurde die Auflösung des letzten Lagers in Wöllersdorf vereinbart.

Anschluß
Die Niederlage im 1. Weltkrieg traf Deutschland schwer, *Österreich* aber vernichtete sie beinahe: Die riesige Donaumonarchie wurde in zahlreiche Einzelstaaten aufgelöst. Österreich selbst wurde auf die deutschsprachigen Gebiete (nicht einmal alle) beschränkt. Ein solcher Rumpfstaat schien schon wirtschaftlich nicht lebensfähig, und die junge Republik erklärte sich daher per Verfassung 1919 zum »Bestandteil des Deutschen Reiches«. Dieser Anschluß aber wurde im Friedensvertrag von Saint-Germain von den Siegermächten ebenso untersagt wie der Art. 61 der deutschen Verfassung, der bis zu einem Anschluß Österreich eine beratende Stimme im *Reichsrat* zubilligte. – Das belastete die demokratische Entwicklung in Österreich und wurde mit dem Machtantritt des gebürtigen Österreichers Hitler in Berlin 1933 zur europäischen Frage. Seltsamerweise aber verlor das Problem zunächst einmal an Schärfe: Hitler wußte,

daß die Ehrlichkeit seiner ständigen Friedensbeteuerungen v.a. auch an seinem Verhalten in der Anschlußfrage gemessen werden würde. Die deutsche Presse wurde angewiesen (30.6.1933), das Wort »Anschluß« zu meiden. Das änderte natürlich nichts an der schon in »Mein Kampf« erhobenen Forderung: »Deutsch-Österreich muß wieder zurück zum großen deutschen Mutterlande.« Und Hitler war keineswegs der Überraschte, als der er sich ausgab, als am 25.7.1934 österreichische NSDAP-Leute in Wien mit einem Putsch gegen *Dollfuß* scheiterten. Schon wegen der drohenden Haltung Italiens (Truppen zogen am Brenner auf) mußte Hitler die Unschuld spielen. – Er begriff, daß der Schlüssel für einen Anschluß in Rom lag, und begann mit dem Werben um *Mussolini*. Es führte in der *Abessinien*-Krise zum Erfolg, so daß die Wiener Regierung unter *Schuschnigg* im *Juliabkommen* 1936 Hitler Zugeständnisse machen mußte. Sie wurden jedoch nur schleppend eingelöst, und Hitler griff zur Gewalt: Am 12.2.1938 ließ er den österreichischen Kanzler auf den *Obersalzberg* laden und drohte mit Einmarsch, wenn nicht sein Mann in Wien, *Seyß-Inquart*, als Innenminister in die österreichische Regierung aufgenommen würde. Schuschnigg gab nach, beraumte aber überraschend eine Volksabstimmung über die Unabhängigkeit Österreichs für den 13.3.1938 an. Hitler fühlte sich brüskiert, verlangte nun die Ersetzung Schuschniggs durch Seyß-Inquart als Kanzler und ließ mobil machen. Obwohl der österreichische Bundespräsident Wilhelm Miklas in letzter Minute die Bedingung erfüllte, blieb Hitler nun beim Entschluß zu militärischem Eingreifen. – Zur Bemäntelung ließ er Kanzler Seyß-Inquart ein Hilfeersuchen an Berlin richten, ehe im Morgengrauen des 12.3. Wehrmachtverbände in Österreich einrückten. Zwei Tage später meldete Hitler auf dem Heldenplatz in Wien unter tosendem Jubel »den Eintritt meiner Heimat in das Deutsche Reich«. Eine Volksabstimmung am 10.4. bestätigte mit überwältigender Mehrheit den Anschluß der »Ostmark«, wie das Land nun hieß. Selbst Sozialistenchef Karl Renner wählte öffentlich mit »Ja«, und auch Kardinal *Innitzer* begrüßte »freudig« den Anschluß und ließ Kirchen mit Hakenkreuzfahnen »schmücken« – wenig später randalierte die HJ in seinem Palais, zahlreiche Priester wurden in KZ gesperrt, einige gleich in das im Aug. 1938 errichtete erste österreichische: *Mauthausen*.

Antifa

Mit der marxistischen Verkürzung der Geschichte als einer bloßen Abfolge von Klassenkämpfen war eine Bewegung wie der Nationalsozialismus nicht zu erklären. Die kommunistische Propaganda konnte sie daher nur als eine Spielart des Faschismus verstehen, also als letzte Krise des Kapitalismus, der nach der Überwindung Nazideutschlands zusammenbrechen werde. Zur Beschleunigung dieses Prozesses müßten nur die »antifaschistischen« Kräfte gestärkt werden. Damit begannen Politinstruktoren der Roten Armee und kommunistische deutsche Emigranten bereits in den Gefangenenlagern in der UdSSR seit 1941, indem sie die Insassen in Antifaschismus, kurz Antifa genannt, schulten und sog. Antifa-Aktivs aufbauten. Zur Flankierung diente die Gründung des *Nationalkomitees Freies Deutschland (NKFD)*. Die Umerziehung sollte die Gefangenen vom verbrecherischen Charakter des Hitler-Staates überzeugen und sie für die Sache der »Werktätigen« gewinnen. In eigens gegründeten Antifa-Schulen, in Lagerversammlungen und Gruppenarbeit wurden die Geschichte der KPdSU, marxistische Theorie, politische Ökonomie u. a. gelehrt und damit die völlige Verkennung der rassistischen Fundierung des Nationalsozialismus verankert. Nicht nur deswegen, sondern auch wegen der dogmatischen Ausrichtung der »Belehrung« verfehlte sie weithin ihre Zielgruppe. Nur wenige ließen sich angesichts der schrecklichen Lebensbedingungen in den Lagern von der »Überlegenheit des Sozialismus« überzeugen, und auch die Bekehrten lösten sich zumeist bald wieder, wenn sie die stalinistische Praxis durchschauten. Vor allem bei den Kapitulationsgefangenen spielte bei der Abwehr der Indoktrination auch die Enttäuschung eine Rolle, daß die bei Waffenstreckung oftmals versprochene baldige Heimkehr ausblieb. Die Privilegierung der Aktivisten, die als »Nachschlagfresser« und »Kaschköppe« (russisch Kasch = Brei) beschimpft wurden und oft Kameraden denunzierten, untergrub obendrein die Glaubwürdigkeit der auf Spruchbändern und in Wandzeitungen verkündeten Parolen.

Antifaschismus

Der ursprüngliche Sinn des Wortes »Antifaschismus« ist fast untergegangen: Entstanden ist das Schlagwort in den 1920er Jahren zur Kennzeichnung einer gegen den *Faschismus Mussolinis* in Italien gerichteten politischen Einstellung. Es wurde übertragen auf die

Bekämpfung anderer Diktaturen und schließlich von den Kommunisten auch auf den Widerstand gegen den *Nationalsozialismus.* Spätestens damit aber war der Begriff Antifaschismus überdehnt, was nicht unerheblich zur Verharmlosung des 3. Reiches beitrug. Er blendete nämlich dessen Wesen als *Rassismus* weitgehend aus. Zwar kannten auch faschistische Bewegungen z. B. antisemitische Haltungen, keine aber machte den Völkermord zum Programm wie Hitler, der auch sonst ganz anders als der Faschismus die bürgerlichen Eliten wie Adel, Kirche, Offizierkorps usw. radikal entmachtete. Die Kommunisten, belastet mit eigenem *Antisemitismus* in der Sowjetunion, betonten nur den Klassenkampf gegen die Faschisten als »Handlanger des Monopolkapitals«, was auf Hitlers Programm nicht zutraf und auf seine politische Praxis schon gar nicht. Dessen »Rassenkampf« wurde daher vom kommunistischen Schlagwort eher vernebelt, das nach 1945 vollends zur leeren Formel im kalten Krieg zwischen Ost und West verkam.

Antikominternpakt

Nicht einmal unter »Freunden« galten Verträge des 3. Reiches sonderlich viel: Am 25.11.1936 unterzeichneten Japan und das Deutsche Reich einen gegen die »kommunistische Zersetzung« gerichteten Vertrag auf fünf Jahre. Diesem Antikominternpakt, am 25.11.1941 um fünf Jahre verlängert, traten auch Italien, Ungarn, Spanien, Finnland und andere Staaten bei. Nur zwischen Japan und Deutschland war ein geheimer Zusatz vereinbart, der gegenseitige Neutralität bei einem sowjetischen Angriff vorsah und gegen den Geist des Vertrags verstoßende Abkommen verbot. Das hinderte Hitler nicht am Pakt mit *Stalin* (23.8.1939) und Tokio nicht an einem Neutralitätsabkommen mit Moskau (13.4.1941), das der UdSSR erlaubte, Truppen aus dem Fernen Osten gegen die Wehrmacht einzusetzen. Mit der deutschen Kapitulation am 8.5.1945 wurde der Vertrag gegenstandslos.

Antisemitismus

Wörtlich bedeutet der Begriff »Antisemitismus« Semitenfeindschaft (Semiten = Angehörige einer verwandten Gruppe von Völkern in Vorderasien und Nordafrika). Er wurde zwar erst 1879 von Wilhelm Marr geprägt, das Phänomen aber reicht Jahrtausende zurück: Seit ihrer Zerstreuung (Diaspora) in alle Welt nach der Zerstörung Jerusalems im Jahre 70 n. Chr. durch römische Truppen und der arabischen Eroberung im 7. Jh. bildeten sie ziemlich wehrlose Minderheiten, die ihrer religiösen und kulturellen Tradition treu blieben und sich daher immer als Sündenböcke eigneten. Daneben gab es im Christentum von Anfang an einen ausgeprägten Antijudaismus, für den gottgläubige Juden eine ständige Herausforderung waren. Denn ließen sie sich nicht bekehren, waren sie der lebende Beweis dafür, daß der christliche Gott aus dem Judentum stammte. Besonders im fanatisierten Klima der Kreuzzüge (11.–13. Jh.) kam es zu schweren Ausschreitungen gegen die »Christusmörder«, und es sollte bis zum 2. Vatikanischen Konzil Anfang der 1960er Jahre dauern, bis die katholische Kirche ihren Fluch gegen die Juden milderte. – Die weltlichen Gewalten schränkten die Rechte der Juden ein, die sich nur in Handel und Finanzwesen entfalten konnten, da Christen im Mittelalter Zinsnahme verboten war. Das ließ zum religiösen einen Neid-Antisemitismus treten, der neue Anfeindungen wegen »Wuchers« brachte. Die Juden suchten einen Ausweg in immer weiterer Anpassung (Assimilation) an die europäischen Völker und erreichten seit der Aufklärung im 18. Jh. eine weitgehende Anerkennung (Emanzipation). Dagegen bildete sich der »wissenschaftliche Antisemitismus«, nach dem Juden als »Rasse« anzusehen seien, die wie Schädlinge auf die Zerstörung der »Wirtsvölker« und deren Kultur aus sei. In dieser biologistischen Form übernahm der *Nationalsozialismus* den Antisemitismus und machte die Wahnidee zum politischen Programm. – Die Taufe, früher oft Rettung vor Verfolgung, bot im Deutschland Hitlers keinen Schutz mehr. Juden oder »jüdisch versippte« Bürger wurden zunächst aus dem öffentlichen Leben *(Arierparagraph)*, dann aus dem Wirtschaftsleben *(Arisierung)* ausgeschaltet und schließlich im deutschen Einflußbereich massenhaft ermordet *(Endlösung)*. Der Völkermord an den europäischen Juden führte nach 1945 zu einer internationalen Ächtung des Antisemitismus, doch keineswegs zu seinem Erlöschen. Der Kampf um Israel ist eine seiner Fortsetzungen, wobei die neuen Antisemiten dort meist semitisch, nämlich Araber sind.

»Anton«

Südfrankreich war nach dem Waffenstillstand von *Compiègne* unbesetzt geblieben, die Gefahr einer alliierten Landung war daher gerade hier groß. Für den Fall einer solchen Bedrohung wurde unter der Codebezeichnung »Anton« am 29.5.1942 von der Wehrmacht ein Plan für die Besetzung des von *Vichy* kontrollierten Gebiets ausgearbeitet und am 10./11.11.1942 nach Landung der Westalliierten in Nordfrankreich ausgelöst: Die 1. Armee (Blaskowitz) und eine Armeegruppe überschritten die Demarkationslinie, rückten Richtung Mittelmeerküste vor und ließen nur Toulon unbesetzt, das erst am 27.11. im Rahmen des Unternehmens »*Lila*« vom II. SS-Panzerkorps eingenommen wurde; die französische Waffenstillstandsarmee leistete keinen Widerstand und wurde Ende Nov. aufgelöst. Zwar protestierte *Pétain*, den Hitler brieflich unterrichtet hatte, gegen das Vorgehen der Wehrmacht, doch fand das in Berlin keinen Widerhall. Die ursprünglich vorgesehene Beteiligung italienischer Verbände an der Aktion unterblieb.

Antonescu, Ion
* Piteşti 15.6.1882, † Gefängnis Jilava (heute zu Bukarest) 1.6.1946 (hingerichtet)
Nach steiler politischer und militärischer Karriere in den 1930er Jahren wurde der rumänische Nationalist und Förderer der faschistischen »Eisernen Garde« Antonescu am 4.9.1940 zum Regierungschef in Bukarest ernannt. Er zwang König Karl II. zur Abdankung, errichtete nach deutschem und italienischem Vorbild eine persönliche Diktatur als Conducator (Führer) und führte sein Land an die Seite der Achsenmächte. Schon im Okt. 1940 akzeptierte er die Besetzung kriegswichtiger Regionen Rumäniens (u.a. Erdölgebiet bei Ploieşti) durch die deutsche 16. Panzerdivision und schloß sich bei einem Besuch in Berlin (12.6.1941) dem deutschen Angriff auf die Sowjetunion an, weil er auf Rückgewinnung der auf deutschen Druck an die Sowjetunion abgetretene Nordbukowina hoffte. Er geriet aber in den Strudel der deutschen Niederlage, büßte bis 1943 zwei Drittel seiner Verbände (27 Divisionen und Brigaden) ein und fiel in die Hand der Sowjets, die ihn an die rumänischen Behörden auslieferten. Ein Volkstribunal verurteilte ihn zum Tod.

Anzio
Das abgelegene westitalienische Hafenstädtchen Anzio (1940 etwa 7000 Einwohner) rückte am 22.1.1944 ins Rampenlicht der

Geschichte, als hier und beim Nachbarort Nettuno, etwa 50 km südlich von Rom, das VI. US-Korps (Lucas) mit vier amerikanischen und zwei britischen Divisionen hinter den deutschen Linien landete. Es sollte Bewegung in den alliierten Vormarsch bringen, der vor *Montecassino* stockte. Innerhalb einer Woche waren 69 000 Mann mit 237 Panzern und 50 Geschützen an Land, versäumten es aber, den Überraschungseffekt auszunutzen. So konnten sie zwar einen stabilen Brückenkopf bilden, den Gegenangriffe der deutschen 14. Armee (Mackensen) nicht mehr einzudrücken vermochten, doch der gewünschte Effekt: Abschneiden der rückwärtigen deutschen Verbindungen, blieb aus. *Churchill* sprach von der Landung eines gestrandeten »Wals« statt der vorgesehenen »Wildkatze«. Erst im Zuge einer allgemeinen deutschen Rückzugsbewegung gelang am 23.5.1944 der Ausbruch aus dem Brückenkopf.

Appeasement

(sprich: äpíhsment, wörtlich: Befriedung) – Nach dem 1. Weltkrieg war Großbritannien die Führungsmacht Europas, freilich eine angeschlagene. Weltreich wie Mutterland steckten in der Krise und brauchten Ruhe zur inneren Stabilisierung. Diese aber wurde in den 1930er Jahren empfindlich gestört von den aggressiven Mächten Italien (im Mittelmeerraum), Deutschland (in Mittel- und Südosteuropa) und Japan im ostasiatischen Umfeld der britischen Kolonien. London entwickelte daher eine Strategie des dosierten Nachgebens, v.a. Hitler gegenüber, »Appeasement« genannt. Das hatte damals nicht den schlechten Klang, den es heute vom Ergebnis her bekommen hat (kraftlose Beschwichtigung). Zum einen waren Hitlers Forderungen zunächst nur gegen die Beschränkungen durch den *Versailler Vertrag* gerichtet, den auch England immer als problematisch empfunden hatte. Zum anderen bot Hitler anfangs für ein Entgegenkommen z.B. in der Frage militärischer Gleichberechtigung Deutschlands Gegenleistungen *(Deutsch-Britisches Flottenabkommen)* und operierte geschickt mit dem unstrittigen Selbstbestimmungsrecht der Völker etwa beim *Anschluß* Österreichs. In dieser Lage wäre ein neuer Waffengang nicht nur höchst riskant gewesen, sondern auch äußerst unpopulär. – Frankreich allein war kaum handlungsfähig und mußte sich der britischen Politik anschließen. Sie erreichte ihren Höhepunkt 1938 im *Münchener Abkommen*, wodurch der Begriff auch den Charakter eines politischen Schimpfworts erhielt. Das Abkommen entpuppte sich nämlich schon ein halbes Jahr später als feiges Zurückweichen vor erpresserischen Forderungen eines skrupellosen Risikopolitikers: Hitler kümmerte sich nicht um das Papier, die Wehrmacht besetzte im März 1939 die tschechischen Gebiete der Tschechoslowakei. London beendete daraufhin demonstrativ die Politik des Appeasement und gab dem mutmaßlichen nächsten Opfer der deutschen Gewaltpolitik (Polen) eine Beistandsgarantie. Premierminister *Chamberlain*, Hauptvertreter des Appeasement, war gescheitert. Für seinen plötzlichen Mut hatte Hitler nur Verachtung.

Arbeit

Eine Weltanschauung, nach der der einzelne nichts, sein Volk aber alles sein soll, mußte Arbeit als einen der höchsten Werte betrachten. Die NSDAP forderte als »Arbeiterpartei« ein Recht auf Arbeit, weil diese die »Betätigung der angeborenen Lebenskräfte« sei, und betrieb einen regelrechten Kult der Arbeit. Gemeint aber war v.a. die Pflicht zur Arbeit für die *Volksgemeinschaft*. Deswegen ging es auch nicht um gerechte Entlohnung, sondern um »Befreiung vom Warencharakter der Arbeit«, zu deutsch um Lohnverzicht als »Opfer« für das Aufbauwerk des »Führers«. Geistige und körperliche Arbeit wurden dabei als »gleichwertiger Dienst« an der Gesamtheit angesehen. Hitler hatte das schon am 12.8.1922 mit der Formel von den »Arbeitern der Stirn und der Faust« ausgedrückt. Kritiker reagierten mit dem Hinweis, daß sich mit der Faust nur sehr schlecht arbeiten lasse.

Arbeiterwiderstand

Die Linke bekämpfte den Nationalsozialismus von Anfang an, fand aber wegen ideologischer Differenzen nie zu gemeinsamer Aktion und unterschätzte zudem die staatlich-kriminelle Energie des einmal zur Macht gekommenen Gegners. Trotz dessen Druck kam es aber auch nach dem Verbot aller Organisationen der Arbeiterbewegung von den Gewerkschaften über die SPD bis hin zur KPD zu keinem koordinierten Widerstand, so daß letztlich alle Gruppen des Arbeiterwiderstands vom Regime einzeln ausgeschaltet werden konnten. Eine besondere Tragik lag darin, daß die bürgerliche Restauration nach 1945 die unzähligen Opfer des linken Widerstands lange auszublenden verstand und fast ein moralisches Monopol für

A

die Akteure des *Zwanzigsten Juli* herbeifeiern konnte. Noch in den 1970er Jahren sprach ein Sohn *Stauffenbergs* dem SPD-Mann Herbert Wehner als einstigem Kommunisten das Recht ab, am Gedenktag des Attentats auf Hitler in offizieller Funktion zu sprechen. Und selbst in den 1990er Jahren kam es wieder zu Angriffen von Rechts auf die angeblich zu breite Würdigung der Opfer aus der Arbeiterschaft in der Gedenkstätte Deutscher Widerstand in Berlin.

Arbeitsbeschaffung
Gewählt wurde Hitler in den letzten Jahren der Republik, weil viele sich Arbeit und »Brot« von ihm erhofften, wie er unermüdlich versprach. Das würde er genausowenig halten können wie die anderen Regierungen – da waren sich die Gegner einig, und die Anhänger befürchteten es. Daß es ihm dennoch in kürzester Frist gelang, lag nur z.T. an den Maßnahmen zur Arbeitsbeschaffung, die er ergriff. Sie waren nämlich keineswegs neu, sondern allenfalls umfassender und finanziell mutiger. Wie seine Vorgänger legte Hitler Konjunkturprogramme auf, d.h. er ließ gezielte staatliche Ausgaben beschließen zum Bau von Straßen und Siedlungen, zur Instandsetzung öffentlicher Gebäude und zur Verbesserung des Eisenbahn- und Postwesens. Daneben wurden Steuererleichterungen für Investitionen, also Anschaffung von Maschinen, Ausbau der Produktionsanlagen, Entwicklung neuer Produkte usw., gewährt. *Ehestandsdarlehen* förderten das Ausscheiden von Frauen aus dem Arbeitsmarkt. Alles in allem kosteten die Gesetze zur Verminderung der Arbeitslosigkeit und die anderen Maßnahmen 6 Mrd. RM, in heutigem Geld ein Vielfaches davon. Hitlers Programme übertrafen die der Vorgänger also nur im Umfang der Staatsverschuldung. – Daß sie aber so rasch griffen und sich damit bezahlt machten, lag auch an vielen anderen Faktoren: Die *Gleichschaltung* beseitigte (buchstäblich) Kritiker, der Einparteienstaat konnte zügiger handeln, die Aufbruchstimmung wurde massiv durch Propaganda unterstützt (Schlagwort »Arbeitsschlacht«), die Weltwirtschaft faßte insgesamt wieder besser Tritt, Ausgaben für die Rüstung brachten Arbeitsplätze, das neugegründete Unternehmen Reichsautobahnen *(Autobahn)* sorgte für Beschäftigung usw. Der beispiellose Erfolg trug entscheidend dazu bei, die lange skeptische Arbeiterschaft in großen Teilen für das NS-System zu gewinnen.

Arbeitserziehungslager
Mit Kriegsbeginn wurden in zunehmendem Maß ausländische Arbeitskräfte in der deutschen Wirtschaft eingesetzt. Fielen solche Beschäftigten durch Bummelei oder gar Arbeitsverweigerung auf, konnten sie für 56 Tage (verlängerbar) in Arbeitserziehungslager eingeliefert werden, die die *Gestapo* seit 1940 errichtete. Dort waren sie härtester Behandlung ausgesetzt, die der in den KZ entsprach.

Arbeitslager
Seit Kriegsbeginn wurden den *KZ* hastig errichtete Arbeitslager angeschlossen, die sich von diesen weder in den Lebensbedingungen der Insassen noch in der Bewachung unterschieden. Die andere Benennung diente der Verschleierung und hatte Verwaltungsgründe. Im Frühjahr 1944 gab es 20 KZ und 165 Arbeitslager.

Arbeitslosigkeit
Als Hitler die Reichskanzlerschaft übernahm, gab es reichsweit fast genau 6 Mio. stellungsuchende Menschen, eine Quote von 19 %, die allerdings bereits leicht rückläufig war. Da sich jedoch immer weniger Arbeitslose registrieren ließen – v. a. Frauen, Jugendliche und alte Leute verzichteten darauf, sie hatten ohnehin keine Vermittlungschance –, muß mit einer weit höheren Zahl von an die 8 Mio. zuzüglich Angehörige gerechnet werden. Die Sätze der befristeten Arbeitslosenunterstützung waren zudem minimal (alleinstehende großstädtische Arbeitslose 5,10 RM wöchentlich, verheiratete mit mehr als zwei Kindern maximal 11,70 RM), so daß große Teile der Bevölkerung im Gefolge der *Weltwirtschaftskrise* verelendeten. Das war ein Grund der zunehmenden politischen Radikalisierung und einer der Faktoren für den Aufstieg der NSDAP. – Schon 1933, im ersten Jahr der Hitler-Regierung, sank die Arbeitslosigkeit im Jahresdurchschnitt auf 4,8, 1934 auf 2,7 und bis 1937 auf 0,9 Mio. Seit 1936 wurde bereits Arbeitskräftemangel spürbar. Diese rasante Entwicklung ging außer auf Maßnahmen der *Arbeitsbeschaffung* auf die Aufrüstung, die Einführung der Wehrpflicht, die Einrichtung des *Reichsarbeitsdienstes* und die erhebliche Emigration von Verfolgten zurück. Sie entsprach auch keineswegs einem allgemeinen Einkommensschub, da viele aus der Statistik fallende Personen in staatlichen Programmen kaum mehr Geld erhielten als vorher als Arbeitslose. Dennoch blieb der Sieg im Kampf gegen die Arbeits-

losigkeit im Gedächtnis der Deutschen der entscheidende Pluspunkt der Regierung Hitler, die damit ihre Position bis weit in den Krieg hinein festigte.

Arbeitsscheue
Menschen, v.a. Männer, die nicht arbeiten, werden auch heute beargwöhnt. Die NS-Propagandisten hatten es leicht, sie als Arbeitsscheue zu diffamieren. Das ging so weit, daß im Zuge knapper werdender Arbeitskräfte eine gesetzliche Definition des Begriffs erfolgte: Als arbeitsscheu galten per Erlaß vom 28.1.1938 alle arbeitsfähigen stellungslosen Männer, die zweimal angebotene Arbeit abgelehnt oder diese kurz nach Dienstantritt wieder verlassen hatten. Ob die Arbeit zumutbar oder der Betreffende dafür geeignet war, interessierte nicht. Arbeitsscheue konnten ohne Urteil von der *Gestapo* ins KZ *Buchenwald* zur Zwangsarbeit eingeliefert werden. Beim Aufspüren halfen Spitzel (oft Nachbarn), Arbeitsämter und das Arbeitsbuch, das seit 1935 jeder führen mußte und in dem alle Beschäftigungszeiten von den Arbeitgebern verzeichnet wurden.

Arbeitsschlacht →*Arbeitsbeschaffung*

Architektur
Der junge Hitler wollte Maler, dann Baumeister werden. Ein Leben lang blieb Architektur eine seiner Liebhabereien, und nicht von ungefähr war der Architekt *Speer* einer der wenigen Freunde des bewußt einsamen »Führers«. Auf kaum einem Gebiet ist daher der persönliche Einfluß Hitlers so spürbar wie in der nationalsozialistischen Baukunst. Das betrifft natürlich v.a. die offiziellen Bauten und Pläne; die Siedlungen und Wohnhäuser für die Allgemeinheit zeichneten sich nur durch billigste Serienproduktion aus. Was Hitler wollte, wurde schon 1933/34 deutlich, als ihm der Entwurf für das Olympiastadion in Berlin vorgelegt wurde. Er ließ ihn von Speer umarbeiten und die Glas-Beton-Konstruktion, die er als »Ausländerei« kritisierte, mit Natursteinen (Granit, Kalkstein) verkleiden. Es folgte eine Reihe von Prachtbauten am Königsplatz in München, v.a. aber auf dem Gelände der *Reichsparteitage* in Nürnberg, geprägt von Säulen, Tribünen, Türmen, weiträumig angelegt für Aufmärsche, alles zur Betonung der »Größe der Absichten« der NS-Bewegung. Ein noch heute zu besichtigendes Beispiel ist das Haus der

(Deutschen) Kunst in München (1937), das wegen der Anleihen bei der Antike im *Flüsterwitz* als »Güterbahnhof von Athen« bespöttelt wurde. Nicht erhalten ist die *Neue Reichskanzlei* (1939), die am ehesten ahnen ließ, wie die im Krieg geplante Hauptstadt »Germania« des siegreichen Großgermanischen Reiches aus dem zerbombten Berlin entstehen sollte: Monumental-einschüchternd mit der »längsten Geschäftsstraße der Welt« und einer »Großen Volkshalle«, deren 300 m hohe Backsteinkuppel den Kölner Dom um das Doppelte überragt hätte. Das Land sollte dagegen von Kasernen und Ordensburgen der SS auf Bergen und Hügeln beherrscht werden. Die Architektur des 3. Reiches spiegelte die Maßlosigkeit der politischen Pläne.

Ardeatinische Höhlen

Am 23.3.1944 detonierte in der Via Rasella in Rom ein Sprengsatz italienischer Partisanen, der 33 deutsche Soldaten und acht italienische Zivilisten tötete. Hitler befahl daraufhin als Repressalie die Erschießung von 50 Italienern für jeden getöteten Deutschen. Nur mit Mühe gelang es dem Befehlshaber Südwest, Albert Kesselring, die »Quote« auf zehn zu drücken. Der deutsche Polizeichef von Rom, SS-Obersturmbannführer Herbert Kappler, ließ zum Tode verurteilte Italiener aus den Gefängnissen holen, kam damit aber nicht auf die erforderliche Zahl. Nach einer Razzia hatte er schließlich 335 Personen zusammen, darunter Frauen und sogar zwei 14jährige Jungen. Sie alle ließ er am nächsten Tag in den Ardeatinischen Höhlen (Fosse Ardeatine) am südlichen Stadtrand erschießen. Da Kappler fünf Personen mehr erschießen ließ, als das Verhältnis 1:10 vorsah, wurde er nach dem Krieg zum Tod verurteilt, dann zu lebenslanger Haft begnadigt; 1977 konnte er mit Hilfe seiner Frau nach Deutschland fliehen, wo er wenig später starb. Einer seiner Mittäter, der 1913 geborene SS-Obersturmbannführer Erich Priebke, wurde erst 1995 in Argentinien aufgespürt und im Jahr darauf an Italien ausgeliefert und dort zu lebenslanger Haft verurteilt.

Ardennenoffensive

Wie schon am 10.5.1940 brach im Morgengrauen des 16.12.1944 aus den Wäldern der Ardennen eine deutsche Offensive los, die den nun amerikanischen Gegner völlig überrumpelte. Die US-Armeen waren nach dem Ausbruch aus dem Landekopf der *Invasion* in hohem Tempo nach Frankreich hinein vorgestoßen und hatten nach dem Fall von Paris (25.8.1944) immer weniger Widerstand gefunden, v.a. weil die US-Luftwaffe den Himmel über den Kampfräumen nach Belieben beherrschte, so daß deutsche Truppenbewegungen und Nachschubtransporte fast nur noch nachts möglich waren. Die Offensivkraft der Wehrmacht schien endgültig gebrochen zu sein. Diese Gewißheit hatte zu Versäumnissen der amerikanischen Feindaufklärung geführt, der der umfangreiche deutsche Aufmarsch zwischen Hohem Venn und Nordluxemburg entgangen war. Bereitgestellt hatte die Wehrmacht für die Offensive mit der Tarnbezeichnung »Wacht am Rhein« im Norden die 6. SS-Panzerarmee (Dietrich), die den eigentlichen Stoß Richtung *Antwerpen* führen sollte, im Mittelabschnitt die 5. Panzerarmee (Manteuffel) zum Flankenschutz und die 7. Armee (Brandenberger) zur Abwehr von Angriffen aus Südwesten. Die Luftsicherung hatte das Luftkommando West (Schmid) übernommen, dem dafür rd. 1500 Jäger, 260 Bomber und 40 Aufklärer zur Verfügung standen. Hitler selbst führte die Ardennenoffensive von seinem Hauptquartier »Adlerhorst« aus, so daß *Model* als eigentlich zuständiger Oberbefehlshaber der Heeresgruppe B kaum Spielraum hatte. – Trotz der Überraschung des Gegners und des schlechten Wetters, das die alliierten Luftstreitkräfte am Boden hielt, geriet der deutsche Angriff im Norden schon nach 10 km ins Stocken. Man hatte die nach Hitlers Ansicht »in der Defensive hilflosen« Amerikaner unterschätzt und litt unter logistischen Problemen. Im Mittelabschnitt gelang immerhin die Einschließung von Bastogne, und die 2. Panzerdivision drang bis Dinant vor. Im Norden wäre der Kampfgruppe Peiper um ein Haar dann doch am 17.12. der Durchbruch gelungen, wenn sie nicht Treibstoffmangel kurz vor Erreichen eines amerikanischen Benzindepots zum Stehen gebracht hätte. Bei diesem Vorstoß soll es bei Malmedy zu Massakern an gefangengenommenen GIs gekommen sein, ein Gerücht, das die Erbitterung auf beiden Seiten und die Verluste steigerte. Nach einer Woche klarte der Himmel auf, und die amerikanischen Gegenmaßnahmen begannen zu greifen. Hasso von Manteuffel mußte die Panzerspitzen zurücknehmen, und am 26.12. hatte die 4. US-Panzerdivision Bastogne wieder freigekämpft. Zwar dauerte es noch bis zum 16.1.1945, bis der Frontbogen wieder eingedrückt war, doch Hitlers Weigerung, die Armeen in die *Westwall*-Stellung zurückzunehmen, verschliß letzte Reserven. Die Ardennenoffensive hatte auf deutscher Seite 17 200 Tote, 16 000 Gefangene und 34 000 Verwundete gefordert, die Amerikaner verloren 30 000 Tote und Vermißte, fast 50 000 GIs wurden verwundet. – Hitlers Motive für den von vornherein aussichtslosen Kraftakt sind militärisch im Versuch der Wiedergewinnung der Initiative zu sehen, politisch hoffte er, die in seinen Augen »widernatürliche« Koalition der kapitalistischen Westmächte mit der kommunistischen Sowjetunion aufbrechen und sich als Partner für einen Endkampf gegen den Bolschewismus empfehlen zu können. Beide Rechnungen gingen nicht auf, im Gegenteil: Die Allianz der Gegner wurde zementiert, die Entblößung der Ostfront und die hohen Verluste beschleunigten den Zusammenbruch des Reiches.

Arier
Zu der Völkergruppe der Indoeuropäer im Altertum gehörten die Arier, die um die Mitte des 2. Jt. v. Chr. nach Persien und Nordindien vordrangen. Der Begriff »arisch« wurde im 19. Jh. gleichgesetzt mit indogermanisch und von *Gobineau* als Bezeichnung für den »wertvollsten« Teil der weißen Rasse, nämlich die Germanen, verwendet. In der NS-Ideologie wurde daraus schließlich eine bloße Abgrenzung gegen die Juden als rassischer Inbegriff der »Nichtarier«. »Arier« war damit gleichbedeutend mit »Angehöriger der nordischen Rasse« und für die Rassisten allmählich zu ungenau. Daher wurde »arisch« später ersetzt durch Formulierungen wie »deutschblütig« oder »deutschen oder artverwandten Blutes«.

Ariernachweis →*Abstammungsnachweis*

Arierparagraph
Im eigenen Einflußbereich konnte der nationalsozialistische Staat seine antijüdische Politik zuerst durchsetzen. Das geschah schon am 7.4.1933 mit dem »Gesetz zur Wiederherstellung des Berufsbeamtentums«, nach dessen § 7 im öffentlichen Dienst kein Jude beschäftigt werden durfte, schon gar nicht als Beamter. Der *Abstammungsnachweis* diente als Kontrolle. Am 24.4.1933 wurde der Arierparagraph in das »Gesetz gegen die Überfüllung deutscher Schulen und Hochschulen« übernommen, so daß Juden von den öffentlichen Schulen verwiesen und vom Studium ausgeschlossen werden konnten. Seit dem 30.6.1933 reichte bereits die Ehe mit einem

»Nichtarier« zur Entlassung aus dem Staatsdienst. Unter dem Druck der *Gleichschaltung*, oft auch freiwillig, übernahmen Verbände, Vereine und Organisationen (z.B. die *Reichskulturkammer*) die Bestimmungen, so daß der Arierparagraph noch vor den *Nürnberger Gesetzen* zum fast völligen Berufsverbot für Juden führte. Widerstand dagegen gab es kaum; nur in der evangelischen Kirche entstand aus dem Streit um den Arierparagraphen schließlich die *Bekennende Kirche*.

Arisierung

Aus dem öffentlichen Leben waren die Juden bis 1934 durch den Arierparagraphen weitgehend entfernt, durch die *Nürnberger Gesetze* war auch »jüdisch versippten« Personen und *Mischlingen* öffentliche Wirksamkeit unmöglich gemacht worden. Nur in der freien Wirtschaft spielten Juden noch eine Rolle. Unter dem Schlagwort Arisierung betrieb der NS-Staat daher die »Entjudung der Wirtschaft«: Seit dem 26.4.1938 mußten jüdische Vermögenswerte über 5000 RM angemeldet werden, Juden durften über ihre Konten nur noch eingeschränkt verfügen. Am 14.6.1938 wurden die jüdischen Betriebe registriert, und ihr Wert wurde auf niedrigstem Niveau festgelegt. Wachsender Druck zwang viele Juden, zu diesem Minimalwert zu verkaufen, wobei v.a. Großbanken, Industrie und Konzerne zu den »Arisierungsgewinnern« gehörten. – Nach der *Kristallnacht* vom 9./10.11.1938 wurde das Tempo der Arisierung drastisch verschärft: Schon zwei Tage später wurde Juden die Geschäftsführung in ihren Betrieben verboten, sie mußten »arische« Direktoren bestellen. Und damit nicht freundliche Deutsche als Strohmänner (»Gefälligkeitsarier«) tätig wurden, stellte man solche Tarnung unter Strafe. Die »Buße« für den Pogrom (1 Mrd. RM), die man den Juden auferlegte, zwang viele weitere Unternehmer zum Verkauf. Grundbesitz durfte seit dem 3.12.1938 aber nur zu einem staatlich festgesetzten Preis, also mit hohem Verlust, verkauft werden, Wertsachen wiederum konnten nur noch an den Staat veräußert werden. Selbst kürzlich noch reiche Juden verarmten so sehr, daß der Zweck der Verfolgung, nämlich sie zur Auswanderung zu drängen, nicht mehr erreichbar war. Es fehlte vielen einfach das Geld dazu. Sie wurden später Opfer der *Endlösung*. Für die materiellen Schäden der Arisierung leistete die Bundesrepublik nach 1945 *Wiedergutmachung*.

Armia Krajówa →*Heimatarmee*

Arnheim
Den idyllischen Codenamen »Handelsgärtnerei« (»Market Garden«) gab das britische Oberkommando einem Luftlandeunternehmen, mit dem der britischen 2. Armee (Montgomery) im Sept. 1944 der Sprung über den Rhein ermöglicht und der Weg über Südholland ins Ruhrgebiet geöffnet werden sollte. Der entscheidende Durchbruch sollte in und um Arnheim, die 90 000-Einwohner-Hauptstadt der niederländischen Provinz Gelderland, erzwungen werden. Am 17./18.9. wurde die britische 1. Luftlandedivision (Urquart) am rechten Rheinufer abgesetzt, die v. a. die Brücke von Arnheim nehmen sollte, damit das von Süden herankommende britische XXX. Korps mit seinen Panzern über den Fluß setzen könnte. Die britischen Fallschirmjäger gerieten jedoch sofort in schweres Abwehrfeuer, da sich im Raum Arnheim unbemerkt von der britischen Aufklärung gerade das II. SS-Panzerkorps (Bittrich) versammelt hatte. Zudem blieb der Nachschub wegen schlechten Wetters weitgehend aus, und eine Entsatzlandung am linken Ufer bei Driel durch die 1. polnische Luftlandebrigade am 21.9. vermochte sich nicht zu entfalten. In der Nacht vom 25./26.9. befahl Brian Urquart daher den Resten seiner Division den Ausbruch, doch gelang dieser nur noch rd. 2400 Mann, 7700 blieben verwundet zurück oder gerieten in Gefangenschaft, die Deutschen verloren insgesamt 3300 Mann. Der Fehlschlag des britischen Unternehmens war v. a. auf schwerwiegende Mängel in der Zusammenarbeit der alliierten Stäbe zurückzuführen.

Art →*Rasse*

Artamanen
Der Nationalsozialismus hatte einige Vorläufer in der *Völkischen Bewegung*. Aber nur wenige bereiteten dem Rassismus so konsequent den Boden wie der kleine, 1924 bei der Gründung etwa 2000 Mitglieder starke »Bund Artam«, dessen Mitglieder sich Artamanen nannten. Das Wort war künstlich aus den althochdeutschen Vokabeln »art« (Ackerbau) und »manen« (Männer) gebildet zur Betonung der »germanischen« Herkunft. Die Artamanen propagierten verstärkte deutsche Siedlung im Osten, die Besinnung auf *Blut*

und Boden, einen Arbeitsdienst in der Landwirtschaft und die Verdrängung »Fremdvölkischer«. Unter den Mitgliedern waren später so prominente Nationalsozialisten wie Reichsführer SS *Himmler*, Reichsbauernführer *Darré* und Auschwitz-Kommandant *Höß*. Der Bund wurde nach 1933 von der NSDAP aufgesogen.

Ärzteprozeß

Zu den *Nürnberger Prozessen* nach dem Krieg gehörte auch ein Verfahren gegen Mediziner, die sich im 3. Reich *Verbrechen gegen die Menschlichkeit* hatten zuschulden kommen lassen. Angeklagt vor dem Militärgerichtshof I der USA wurden 21 Ärzte und zwei Nichtmediziner wegen der Vornahme von *Menschenversuchen* in den KZ, Beteiligung an Zwangssterilisationen und/oder am Mordprogramm der *Euthanasie.* Am 19.8.1947 wurden sieben Angeklagte zum Tod durch den Strang, fünf zu lebenslanger Haft und vier zu kürzeren Haftstrafen verurteilt, die anderen wurden freigesprochen. Während alle Todesurteile vollstreckt wurden, kamen die anderen Verurteilten nach Gnadenerlaß von US-Hochkommissar John McCloy (31.1.1951) vorzeitig frei.

Asoziale

Häftlinge mit schwarzem Stoffdreieck in den KZ waren sog. Asoziale. Darunter verstanden die NS-Behörden alle Personen, die »sich in die Ordnung der Volksgemeinschaft nicht einfügen wollen«. Durch diese gewollt weit gefaßte Definition ließen sich Mißliebige aller Art, v. a. »Landstreicher, Bettler, Zigeuner und nach Zigeunerart umherziehende Personen«, ohne Gerichtsverfahren in KZ einweisen.

Asphalt

Die *Scholle* war im NS-Sprachgebrauch Inbegriff der Verwurzelung des Menschen in der »Heimaterde«, Asphalt der negative Gegenbegriff. Dieser trenne den Menschen vom Boden, so daß er wurzellos bleibe wie »der Jude«. »Asphalt« war daher ein Schlüsselwort der NS-Kritik an der modernen Zivilisation: Die Boulevardpresse, also die knallig aufgemachten Sensationszeitungen, bringe bloße »Asphaltblätter« hervor, die verstädterten westlichen Industriestaaten bezeichnete man als »Asphaltdemokratien«, das Großstadttreiben als »Asphaltkultur«, die Werke linker Schriftsteller als

»Asphaltliteratur«. NS-Ideologe *Rosenberg* forderte die Rettung »germanischer Werte«, die »auf dem glühenden, unfruchtbaren Asphalt einer bestialisierten Unmenschheit« zu verkrüppeln drohten.

Athenia-Zwischenfall

Unmittelbar nach der britischen Kriegserklärung am 3.9.1939 torpedierte das deutsche U 30 das britische Passagierschiff Athenia (13 581 BRT) ohne Warnung in der Annahme, es handele sich um einen Hilfskreuzer. 112 Menschen fanden den Tod. Nach Erkennen des Irrtums verbreitete die deutsche Propaganda die Behauptung, die Briten hätten eine Explosion auf dem Schiff inszeniert, um Deutschland ein Kriegsverbrechen in die Schuhe zu schieben. Immerhin zog die deutsche Kriegsmarine aus dem Zwischenfall die Konsequenz, Angriffe gegen Passagierschiffe auch dann zu untersagen, wenn sie unter Kriegsschiffgeleit fuhren. Diese Weisung galt bis Mitte 1940.

Atlantikcharta

Die USA waren im Sommer 1941 noch nicht in den Krieg eingetreten, doch sie unterstützten massiv die Kriegsgegner Deutschlands, besonders Großbritannien. Der amerikanische Präsident *Roosevelt* und der britische Premierminister *Churchill* trafen sich am 14.8.1941 an Bord des britischen Schlachtschiffs »Prince of Wales« vor der amerikanischen Küste und veröffentlichten ein gemeinsames Nachkriegsprogramm, das als Atlantikcharta in die Geschichte einging: **1.** keine Annexionen; **2.** Gebietsveränderungen nur nach Volksabstimmungen; **3.** Selbstbestimmungsrecht der Völker; **4.** Zugang für alle zu Rohstoffen und Welthandel; **5.** wirtschaftlicher Fortschritt durch Zusammenarbeit; **6.** Freiheit von Furcht und Not durch Frieden; **7.** Freiheit der Meere; **8.** Gewaltverzicht, Entwaffnung der Aggressoren, Abrüstung. 47 Staaten schlossen sich der Erklärung an, die Vorbild der Charta der *Vereinten Nationen* wurde.

Atlantikschlacht

Die Kriegsbegeisterung war 1939 in der Wehrmacht nicht sonderlich groß, in der Kriegsmarine aber löste die britische Kriegserklärung (3.9.1939) geradezu Bestürzung aus. Der erreichte Rüstungsstand ließ ein erfolgreiches Bestehen des Konflikts mit der stärksten Seemacht der Erde als völlig illusorisch erscheinen. Wenn später doch

Siegeshoffnung keimte, dann wegen der unerwartet raschen Kriegsentwicklung zugunsten Deutschlands. Zunächst aber war das große Wort der deutschen Propaganda von der »Atlantikschlacht« reine Schönfärberei, denn einer direkten Konfrontation gingen sowohl die U-Boote wie die Überwassereinheiten aus dem Wege. Sie operierten dabei so geschickt, daß trotz anfangs bloß 23 hochseefähigen U-Booten erhebliche Versenkungsziffern erreicht wurden. Deutschen Kriegsschiffen, Hilfskreuzern und Fliegern fielen bis März 1940 insgesamt 1,3 Mio. BRT alliierten Schiffsraums im Atlantik zum Opfer. Nach einer Pause wegen des Unternehmens »*Weserübung*« gewann die deutsche Kriegsmarine mit den französischen Atlantikhäfen seit Mitte 1940 zudem eine erheblich günstigere Ausgangsbasis für ihren Krieg gegen die britischen Nachschublinien aus den Kolonien und den USA. Auch die nun einsetzende Unterstützung durch italienische U-Boote, die Konzentration der britischen Kräfte gegen die befürchtete Landung »*Seelöwe*« und der Wegfall des französischen Gegners machten sich im Atlantik bemerkbar. Bis März 1941 verlor die britische Flotte weitere 3,3 Mio. BRT Schiffsraum. – Im nächsten Halbjahr machte sich schon die amerikanische Hilfe für die Royal Navy bemerkbar, die deutschen Erfolge sanken, die eigenen Bootsverluste stiegen bedenklich. Mit Kriegseintritt der USA änderte sich das noch einmal vorübergehend, weil die US-Navy sich zunächst auf den *Pazifikkrieg* konzentrierte und ihre Handelsschiffe vor der Ostküste nur unzureichend schützte. Deutsche Unternehmen wie »Paukenschlag« trugen daher ihren Namen zu Recht. Hinzu kamen Katastrophen wie das Schicksal von PQ 17 bei der Versorgung der Sowjetunion mit westlichen Nachschubgütern. Allein im Juni 1942 sanken 600 000 BRT und im Nov. 1942 sogar 650 000 BRT alliierten Schiffsraums durch Feindeinwirkung. Bei mehr Unterstützung durch Hitler, der aber die Entscheidung zu Lande im *Rußlandfeldzug* suchte, wäre ein Sieg in der Atlantikschlacht für die Kriegsmarine durchaus in greifbare Nähe gerückt. So aber mehrten sich die Krisenzeichen: Nach Verlust der *Bismarck* Ende Mai 1941 hatte der Kampf über Wasser deutscherseits wegen der immer besseren Luftaufklärung der Alliierten stark eingeschränkt werden müssen, im Febr. 1942 stellte ihn die Kriegsmarine mit dem *Kanaldurchbruch* ganz ein. Noch stiegen zwar die U-Boot-Erfolge, doch verloren auch sie im Frühjahr 1943 für die Alliierten ihre Schrecken, als das Geleitzugsystem, die Schließung der »Luftlücke« über See und die Modernisierung des *Radars* zu dramatisch steigenden deutschen Bootsverlusten führten. Im Mai 1943 ordnete *Dönitz* daher eine Pause in der Atlantikschlacht an. – Nach Wiederaufnahme der Kampfhandlungen im Sept. 1943 wurde rasch offenbar, daß der Tonnagekrieg für die Kriegsmarine nicht mehr zu gewinnen war. Selbst ohne eigene Bootsverluste hätte sie mit dem rasanten Neubau von Schiffsraum in den USA nicht mithalten können. Tatsächlich aber waren obendrein die Verluste horrend, die U-Boote wurden immer häufiger zu stählernen Särgen für die Besatzungen, neue, modernere Boote kamen zu spät, die als »*Wunderwaffen*« gerühmten Kleinkampfmittel der Kriegsmarine erzielten kaum Wirkung. Nach der *Invasion* gelangen nur noch Nadelstiche gegen den Strom von Nachschub, der sich über den Atlantik nach Europa ergoß und den unaufhaltsamen Vormarsch der alliierten Heere speiste. Die Niederlage zur See war zum einen auf die Materialüberlegenheit der Westmächte zurückzuführen, zum anderen aber auch auf ihren Einbruch in den deutschen Funkschlüssel, wodurch viele Geleitzüge noch rechtzeitig hatten umgeleitet werden können.

Atlantikwall

Mit Ende der *Blitzkriegs*-Phase 1941/42 mußte sich das OKW mit Verteidigungsüberlegungen befassen. Seit dem Kriegseintritt der USA nämlich wuchs die Gefahr von alliierten Kommando- und Landeunternehmen an den deutsch besetzten Küsten vom Nordkap bis zur Biskaya. Der dafür am 14.12.1941 ins Auge gefaßte »zweite Westwall« sollte insbesondere die Küsten des Atlantiks und des Ärmelkanals schützen. Für diesen Abschnitt verlangte Hitler in einer Lagebesprechung vom 13.8.1942 wenige Tage vor der ersten britischen Versuchslandung bei *Dieppe* den Bau von 15 000 Kampfständen und Bunkern und übertrug die Ausführung der Arbeiten der *Organisation Todt*, für die Anfang 1944 über 125 000 *Zwangsarbeiter* schufteten. Sie verbauten bis zur *Invasion* 17,3 Mio. t Beton und 1,2 Mio. t Stahl in 12 000 Bunkeranlagen und Geschützständen. Da man annahm, eine alliierte Landung würde auf jeden Fall an der engsten Stelle des Kanals, im Pas de Calais, erfolgen, war dort die von der deutschen Propaganda zum uneinnehmbaren »Atlantikwall« aufgeblasene Befestigungslinie besonders stark ausgebaut, also ausgerechnet dort, wo 1944 kein einziger alliierter Soldat an

Land ging. – Die Breschen im Wall um die »Festung Europa« *(Goebbels)* waren breit. Materialmangel, unklare Zuständigkeiten, veraltete Geschütze aus Beutebeständen, überalterte Besatzungen, Munitionsknappheit und Probleme beim Nachschub wegen der alliierten Luftherrschaft ließen den militärischen Wert des Atlantikwalls gegen Null sinken. Daran änderte auch wenig die energischen Maßnahmen *Rommels*, der seit Ende 1943 Inspekteur der Küstenverteidigung war und sogar seine Truppen zu Bauarbeiten heranzog: Gegen Luftlandungen ließ er baumlange Stangen (»Rommelspargel«) in den Boden rammen, am Strand Eisenigel und Auflaufblöcke verlegen, im unmittelbaren Küstenwasser verminte Vorstrandhindernisse verankern. Seine Sorge, eine Invasion sei allenfalls in den ersten 48 Stunden zurückzuschlagen oder gar nicht mehr, sollte sich als berechtigt erweisen: Am 6.6.1944 durchbrachen die Alliierten an vier von fünf Landeständen den Atlantikwall schon am ersten Tag und rollten ihn nach Ausbruch aus dem Landekopf überall von hinten auf. Seine über 4000 km von der spanischen Grenze bis nach Nordholland verstreuten Ruinen, die Sprengungsversuchen weitgehend widerstanden haben, zeugen noch heute von dem absurden Versuch, Europa ringsum zu befestigen.

Atombombe

Im Aug. 1939 erhielt der amerikanische Präsident Roosevelt einen Brief, Absender: Physiknobelpreisträger Albert Einstein. Der aus Deutschland emigrierte Wissenschaftler warnte vor einer neuen Waffe, über die die Deutschen möglicherweise bald verfügen könnten, denn dort habe der Chemiker Otto Hahn (* 1879, † 1968) die Spaltung von Urankernen entdeckt. Damit ließen sich ungeheure Energien gewinnen, die in Form einer Atombombe ganze Landstriche auszulöschen in der Lage wären. *Roosevelt* handelte umgehend und rief das Manhattan Project ins Leben; mit schließlich 300 000 Mitarbeitern gelang bis zum Sommer 1945 die Entwicklung der Bombe. Der ungeheure Aufwand wurde wegen eines vermeintlichen Wettlaufs mit Deutschland betrieben, das über Ansätze einer Kernwaffenforschung jedoch nicht hinaus kam. Hitler bevorzugte die Raketenentwicklung und stand der modernen »jüdischen Physik« ablehnend gegenüber, obwohl er von Wissenschaftlern wie *Heisenberg*, Carl Friedrich von Weizsäcker und Manfred von Ardenne auf die enormen Möglichkeiten der Atombombe aufmerksam gemacht wurde. Eigentlich also gegen Deutschland gebaut, kam die Bombe in Japan zum Einsatz. Am 6. und 9.8.1945 verglühten die Städte *Hiroschima* und *Nagasaki* im Atomblitz, Hunderttausende starben.

Aufrüstung

Die Verlierer des 1. Weltkriegs, allen voran Deutschland, waren weitgehend entwaffnet worden, doch das Versprechen der Sieger, ebenfalls abzurüsten, blieb Papier. Schon die Weimarer Republik bemühte sich daher durch geheime Luftrüstung und Zusammenarbeit mit der Roten Armee um eine gewisse Aufrüstung. Hitler blieb zunächst bei diesem Kurs, äußerte aber schon am 3.2.1933 gegenüber Generälen der Reichswehr, daß er in Kürze massiv aufzurüsten gedenke zur »Gewinnung von Lebensraum«. Ließ er den Wehretat 1933 wegen der Debatte um die *Abrüstung* noch bei 0,75 Mrd. RM, so stiegen die Kosten 1934 schon auf das Fünffache und erreichten 1938 über 17 Mrd. RM. Hinzu kamen verdeckte Ausgaben für die Aufrüstung wie der Bau der *Autobahn*, die Wiedereinführung der allgemeinen *Wehrpflicht*, die militärische Reserve in SA, SS, RAD usw. Dennoch war 1939 bei weitem nicht der Stand erreicht, der für die ungeheuren Ziele Hitlers nötig gewesen wäre; zur See war nicht einmal die im *Deutsch-Britischen Flottenabkommen* ausgehandelte Quote ausgeschöpft.

Ausbürgerung

Verlust der Staatsangehörigkeit ist mit dem Verlust der politischen Rechte und dem Entzug des diplomatischen Schutzes durch den Heimatstaat verbunden. Deswegen sehen Verfassungen eine Ausbürgerung nur in Ausnahmefällen (in der Weimarer Republik z. B. bei Steuerflucht) oder gar nicht vor (z. B. Art. 16 unseres heutigen Grundgesetzes). Am 14.7.1933 änderte sich das in Deutschland durch das Gesetz über den Widerruf von Einbürgerungen und Aberkennung der deutschen Staatsangehörigkeit, nach dem z. B. Juden, die erst nach 1918 Deutsche geworden waren, oder politische Emigranten ausgebürgert werden konnten. Das Reichsbürgergesetz von 1935 erweiterte die Möglichkeiten. Alle Ausgebürgerten konnten nach 1945 die deutsche Staatsangehörigkeit in der Bundesrepublik wiedererlangen.

A

Auschwitz

Das größte KZ und *Vernichtungslager* errichtete die SS unweit von Krakau bei Auschwitz (polnisch: Oświęcim) im besetzten Polen. Es wurde das größte Massengrab der Menschheitsgeschichte: Etwa 1,5 Mio. Menschen haben dort in viereinhalb Jahren ihr Leben gelassen. Es waren in der übergroßen Mehrheit Juden, die aus allen deutsch beherrschten Ländern Europas zur Tarnung der *Endlösung* nach Auschwitz deportiert wurden. – Das KZ Auschwitz war in drei große Lagerbereiche eingeteilt: Das Stammlager Auschwitz I wurde im Mai–Juli 1940 errichtet und anfangs mit polnischen Bürgern belegt, die sich der Besatzungsmacht widersetzt hatten. Es war von einem 4 m hohen Stacheldrahtzaun (nachts mit Starkstrom geladen) und Wachttürmen umgeben. Über dem Eingangstor war die zynische Inschrift »Arbeit macht frei« angebracht. Auschwitz II, der größte Lagerbereich, beim nahe gelegenen Birkenau wurde von Ende 1941 bis Kriegsende ständig ausgebaut und umfaßte schließlich über 250 Steingebäude und Holzbaracken. Es war in mehrere durch Drahtzäune abgeteilte Teillager untergliedert. Männer und Frauen waren getrennt untergebracht. An der Westseite des Geländes befand sich das »Effektenlager«, in dem die den Juden abgenommenen Gepäckstücke, Kleidung, Schmuck, Uhren usw. gelagert und sortiert wurden. Mehrere Eisenbahngleise endeten am Eingang des Lagers, das ebenfalls von einem elektrisch geladenen Stacheldrahtzaun umgeben war. Auschwitz III, bei Monowitz nahe Auschwitz gelegen, wurde 1941 für die *I.G.-Farben*-Industrie errichtet, die auf dem Gelände eine große Buna-Fabrik aufbaute. Die Häftlinge hatten *Zwangsarbeit* zu verrichten. – Die Lebensverhältnisse in Auschwitz waren denkbar schlecht. Die Häftlinge schliefen in ungeheizten Steingebäuden oder Baracken auf dreistöckigen, nur mit Stroh oder Holzwolle belegten Holzpritschen, zu dritt oder zu viert in einer Schlafbox, meist ohne Bettlaken mit einer einzigen Decke zum Zudecken. Es wimmelte von Ungeziefer. Die sanitären Verhältnisse waren menschenunwürdig, die Verpflegungsrationen ungenügend, die Häftlinge magerten nach kurzer Zeit völlig ab. Außer für die I.G.-Farben arbeiteten sie in verschiedenen SS-eigenen Produktionsstätten und für andere Industriebetriebe. Unterernährung, Erschöpfung, Krankheiten und Seuchen (Typhus, Ruhr, Cholera) führten zu Massensterben. Mißhandlungen und willkürliche Tötungen trugen weiter zur Erhöhung der Sterbeziffer bei. Zahlreiche Angehörige der SS-Wachmannschaften bereicherten sich, indem sie mit Häftlingsgut handelten oder sich z. B. von Angehörigen der Häftlinge bestechen ließen. – Anfang Sept. 1941 befahl Lagerkommandant *Höß* die ersten Tötungen von Häftlingen mittels *Zyklon B.* Die Vergasungen wurden zunächst in den Arrestzellen des Stammlagers durchgeführt. Bald darauf wurde eine *Gaskammer* im Krematorium des Stammlagers eingerichtet. Zuerst wurde dort ein Transport von 900 russischen Gefangenen vergast. Von Okt. 1941 an wurden auch kleine Gruppen von Juden in dieser Gaskammer getötet. Sie blieb bis zum Okt. 1942 in Betrieb. Im Jan. 1942 wurde in Birkenau der Umbau eines Bauernhauses (»Bunker I«) zur Gaskammer abgeschlossen. Hier wurden zunächst Juden aus Polen, später auch aus anderen Ländern getötet. Die Menschen der ersten Transporte wurden auf Befehl *Himmlers* ausnahmslos getötet. Sehr bald jedoch erging ein Befehl, wonach die Juden bei ihrer Ankunft zu selektieren seien, d. h. die arbeitsfähigen Menschen (im Durchschnitt 10–15 % eines Transports) wurden zur Zwangsarbeit ausgesondert, alle anderen getötet. Wegen der sich ständig vergrößernden Transporte wurde dann ein weiteres Bauernhaus in Birkenau (»Bunker II«) im Juni 1942 zur Gaskammer umgebaut. 1943 wurden zur Erhöhung der Tötungskapazität ebenfalls in Birkenau vier weitere Krematorien mit dazugehörigen Gaskammern fertiggestellt. Von Zeit zu Zeit wurden auch zunächst verschonte, aber inzwischen kranke und nicht mehr arbeitsfähige Häftlinge ausgesondert und in den Gaskammern oder im Krankenrevier durch Phenolinjektionen getötet. Seit Ende Okt. / Anfang Nov. 1944 wurden die Vergasungsanlagen auf Befehl Himmlers zerstört, die letzte im Jan. 1945 kurz vor dem Einmarsch sowjetischer Truppen. – Wie in anderen großen KZ gab es auch in Auschwitz zahlreiche medizinische Versuche mit Häftlingen. Am bekanntesten sind die von SS-Arzt *Mengele* an Sinti und Roma *(Zigeuner)* und an Zwillingen durchgeführten medizinischen Experimente und die von SS-Arzt *Clauberg* an weiblichen Häftlingen vorgenommenen Sterilisationsversuche.

Auschwitz-Lüge

Wer zum ersten Mal mit dem ungeheuerlichen Verbrechen der *Endlösung* der Judenfrage konfrontiert wird, weigert sich zunächst, den Millionenmord für wahr zu halten. Leicht haben es daher Leugner und Verharmloser, v. a. Jugendliche von der sog. Auschwitz-Lüge zu überzeugen: Sie behaupten, die Nachrichten über den Völkermord seien von Juden und Kommunisten erfunden zur besseren Ausplünderung Deutschlands. Die Technik ist immer die gleiche: Kleine Unstimmigkeiten in Zeugenaussagen oder leichte Abweichungen in den Daten sollen Zweifel wecken und schließlich den ganzen Vorgang widerlegen. Nur kurze Beschäftigung mit den Dokumenten aber wird jeden, der nicht antisemitische Scheuklappen trägt oder aus anderen Gründen (z. B. Nichtertragenkönnen der Wahrheit) die Realität leugnet, davon überzeugen, daß die Endlösung eine viel schrecklichere Wirklichkeit war, als menschliche Phantasie sich auszumalen in der Lage ist. Die Originaldokumente (z. B. Reden *Himmlers*, Tagebücher von *Goebbels* oder H. *Frank*) genügen meist schon. Wer dann noch nicht überzeugt ist, weil z. B. die Aufzeichnungen vom Auschwitz-Kommandanten *Höß* unter Zwang in der Haft entstanden sein könnten, den erdrücken spätestens die Beweise, die in den großen Prozessen um die *Vernichtungslager* Auschwitz, Majdanek oder Treblinka an den Tag gekommen sind. Die Verbreitung der Auschwitz-Lüge ist nach einer Entscheidung des Bundesverfassungsgerichts vom 26.4.1994 als »erwiesen unwahre Tatsachenbehauptung« strafbar (Aktenzeichen: 1 BvR 23/94).

Auschwitz-Prozesse

Eine völlige Klärung aller Verbrechen, die in Auschwitz und im Zusammenhang damit begangen worden sind, wird immer unmöglich bleiben. Dennoch bemühten sich alliierte und später auch deutsche Gerichte um die Aburteilung der Hauptverantwortlichen. Allein in Polen, dem Tatort, wurde gegen mindestens 600 Täter verhandelt, die meistens von den Westmächten ausgeliefert worden waren, darunter Auschwitz-Kommandant *Höß* und sein Nachfolger Arthur Liebehenschel, die 1947/48 neben zahlreichen anderen Verurteilten hingerichtet wurden. Auch alliierte Gerichte im Westen befaßten sich mit Tätern, wenn diese nicht wegen anderer Verbrechen an Polen ausgeliefert wurden. Darunter war das Verfahren gegen *Kramer*, den zeitweiligen Kommandanten von Auschwitz II (Birkenau), dem eigentlichen Todeslager. Hier gab es schon 1945 mehrere Todesurteile und zahlreiche langjährige Freiheitsstrafen. – Deutsche Auschwitz-Prozesse kamen eigentlich erst seit 1958 in Gang, als Anzeige gegen bis dahin noch nicht gefaßte Mitglieder der Wachmannschaften, darunter *Boger*, erhoben wurde. Größtes Verfahren wurde das gegen 20 Angeklagte vor dem Schwurgericht beim Landgericht Frankfurt a. M., das seit 20.12.1963 in fast zweijähriger Verhandlung stattfand und mit vielen lebenslänglichen Haftstrafen endete. Es erbrachte neben der juristischen Aufarbeitung der Verbrechen eine erdrückende Fülle von Beweismaterial, das erst das ganze Ausmaß des Geschehens beleuchtete. Der Dichter Peter Weiss schrieb darüber das Drama »Die Ermittlung« (1965). Weitere Prozesse betrafen u.a. den Inhaber der Firma Tesch und Stabenow (Hamburg), die *Zyklon B* geliefert hatte, oder Angeklagte, die sich an der Zwangsarbeit von Häftlingen bereichert hatten.

Ausgebombte
Der *Luftkrieg* der Alliierten gegen Deutschland vernichtete in zunehmendem Maß Wohnraum. Davon betroffene Personen galten behördlich als »fliegergeschädigt«, umgangssprachlich aber hießen sie Ausgebombte. Sie wurden graduell unterschieden, total ausgebombt waren bei Kriegsende 13,7 Mio. Deutsche. Unmittelbar voraufgegangene Ausbombung galt z. B. bei »wehrkraftzersetzenden« Äußerungen als mildernder Umstand.

Auslandsdeutsche
Im Ausland lebende deutsche Staatsbürger hießen Auslandsdeutsche im Unterschied zu den Volksdeutschen, die zwar deutscher Abstammung waren, aber die Staatsangehörigkeit ihrer Gastländer besaßen. Die Auslandsdeutschen wurden von der Auslandsorganisation (AO) der Partei unter Gauleiter Ernst Wilhelm Bohle (* 1903, † 1960) »betreut«, die sie als »Sendboten des Deutschtums« bezeichnete und in die Pflicht zu nehmen versuchte. Durch die Gebietsabtretungen nach dem 1. Weltkrieg gab es etwa 1 Mio. Auslandsdeutsche in Europa, die nach 1933 auch geheimdienstlich genutzt wurden. Das führte in einigen Ländern zu Verboten der AO oder gar zu politischem Mord wie im Fall *Gustloff*.

Außenhandel → *Wirtschaft*

Außenpolitik
Bis weit in den Krieg hinein war Hitlers Außenpolitik auch die der führenden Schichten des Reiches. Offizierskorps, Großindustrie und konservative Politik erkannten lange nicht, daß sie von Hitler

durch scheinbar gleiche Ziele getäuscht und damit schließlich in seine Verbrechen verstrickt wurden. Zwar hatte Hitler in »*Mein Kampf*« (1925/26) keinen Zweifel an der rassistischen Grundlage auch seiner außenpolitischen Vorstellungen gelassen (*Lebensraum*, Endkampf gegen das »Weltjudentum«), doch die Praxis seiner ersten Regierungszeit ließ dies als »Jugendtorheiten« erscheinen. – Zu den ersten außenpolitischen Schritten gehörten das *Konkordat* mit dem Vatikan (20.7.1933) und ein Nichtangriffsvertrag mit *Polen* (30.1.1934), obwohl alle Welt eine scharf antikatholische und v.a. eine antipolnische Politik erwartet hatte. Die *Aufrüstung* andererseits war keine Überraschung und traf sogar auf britisches Verständnis, wie es im Flottenabkommen vom 18.6.1935 zum Ausdruck kam. Die *Rheinlandbesetzung* (7.3.1936) wurde daher ebenso hingenommen wie zuvor die Wiedereinführung der allgemeinen *Wehrpflicht* (16.3.1935) und die Rückkehr des *Saarlands* (1.3.1935). Selbst die nächsten Schritte wie der *Anschluß* Österreichs (14.3.1938) und die Annexion des Sudetenlands (1.10.1938) fanden die Billigung der Westmächte und schienen berechtigte Korrekturen des *Versailler Vertrags*. Die Politik des *Appeasement* beendeten England und Frankreich erst nach dem deutschen Griff nach Prag (15.3.1939). – Daß Hitler mehr als Revision wollte, wurde deutlich im Schulterschluß mit dem faschistischen Italien *(Achse)* im *Spanischen Bürgerkrieg*. Und beim Bündnis mit dem bolschewistischen Todfeind *(Hitler-Stalin-Pakt*, 23.8.1939) war zu erkennen, daß er jedes Mittel zur Erreichung seiner Ziele einzusetzen bereit war. Das bedeutete letztlich Krieg, der nach Hitlers Willen ein Rassenkrieg gegen Juden und »slawische Untermenschen« werden und Lebensraum für das »rassisch höherwertige nordische Volk« sichern sollte. Außenpolitik war daher für ihn in erster Linie Wehrpolitik und in ihrem Dienst Wirtschaftspolitik *(Autarkie)*. Sie hatten die Aufgabe, den Weg in den Raubkrieg um jeden Preis zu ebnen. Das wurde spätestens mit dem Überfall auf die verbündete Sowjetunion (22.6.1941) klar, nach dem die Außenpolitik weitgehend abdankte und durch militärische Maßnahmen ersetzt wurde.

Außenpolitisches Amt der NSDAP

Wie in vielen Bereichen schuf Hitler auch in der Außenpolitik konkurrierende Stellen und Behörden, die um so sicherer seine eigene Handlungsfreiheit garantierten. Am 1.4.1933 wurde das Außenpolitische Amt der NSDAP (APA) unter *Rosenberg* gegründet, das gegen die konservativen Kräfte im Auswärtigen Amt unter *Neurath* die nationalsozialistische Note in die Außenpolitik bringen sollte. Hitler ignorierte aber weitgehend die Vorschläge des 1938 rd. 80 Mitarbeiter beschäftigenden APA, das beschränkt blieb auf die Pflege der Beziehungen zu faschistischen »Bruderparteien« im Ausland. Kaum mehr Einfluß gewann es, als Rosenberg am 17.7.1941 Minister für die besetzten Ostgebiete wurde, weil v.a. die SS tonangebend blieb in der *Besatzungspolitik*.

Austrofaschismus
Nach dem 1. Weltkrieg lagen faschistische Ideen, also Forderungen nach starkem Staat, Führer und Kampf gegen Liberale und Linke, in der Luft. In *Österreich* fanden sie Nahrung durch die Schrumpfung des Landes auf einen deutschsprachigen Reststaat, dem obendrein der *Anschluß* an das Deutsche Reich untersagt wurde. Die schwache Demokratie schien großdeutsch gesinnten Nationalisten und bürgerlichen Kräften am wenigsten geeignet, dieses Verbot zu überwinden. Und so sammelten sich in den sog. Heimwehren Vertreter einer bürgerlichen Diktatur, die gegen Linke wie Liberale Front machten und den Parlamentarismus ablehnten. Sie wurden vom faschistischen Italien unterstützt, ihre politische Anschauung bezeichnete man als Austrofaschismus.

Autarkie
An die Hungerwinter im 1. Weltkrieg erinnerten sich viele Deutsche mit Entsetzen. Die NS-Parole von einem Deutschland, das von Nahrungsmitteln und Rohstoffen aus dem Ausland unabhängig (autark) sein sollte, fand daher große Zustimmung. Innerhalb der Grenzen von 1918 war das aber nicht zu verwirklichen, und so gehörte zum Ziel der Autarkie immer auch die aggressive Forderung nach *Lebensraum* für das deutsche Volk. Durch die *Weltwirtschaftskrise* (1929–33) erhielt diese Vision neue Nahrung, und die deutsche Wirtschaftspolitik wurde im 3. Reich auf das Ziel weitestgehender Selbstversorgung verpflichtet. Das galt nicht nur für die Nahrungsmittelproduktion, sondern v.a. auch für die Sicherung der Rohstoffe für die Rüstung, ein Grund z.B. für die Besetzung *Norwegens* 1940.

A

Autobahn
Die wirtschaftliche schwierige Nachkriegszeit hatte nur wenigen Deutschen erlaubt, sich den Traum von einem Auto zu erfüllen. Die schon in den 1920er Jahren aufkommenden Planungen für »Nurautostraßen« oder »Kraftfahrtbahnen« gingen daher am Bedarf zunächst ebenso vorbei wie der von Hitler mit Gründung des Unternehmens Reichsautobahnen am 27.6.1933 angeordnete Bau von 6900 km Autobahnen. Nachdem mit der Berliner Avus schon 1921 eine erste autobahnähnliche Straße entstanden war, wurde das erste Autobahnteilstück von 20 km Länge 1932 zwischen Köln und Bonn gebaut. Doch erst mit dem Hitlerschen Spatenstich vom 23.9.1933 bei Frankfurt a. M. begann ein Autobahnnetz Gestalt anzunehmen, das vorbildlich in der Welt wurde und durch seine positiven Wirkungen auf den Arbeitsmarkt (v. a. für ungelernte Arbeiter) den Nimbus Hitlers als Überwinder der Arbeitslosigkeit begründete; Ende 1938 waren 3000 km fertig. Daß dahinter sowohl Propagandagründe wie militärische Überlegungen standen, wurde deutlich in den offiziellen Veröffentlichungen über die »Straßen des Führers«. Sie seien, hieß es 1938, »Straßen des Friedens, aber selbstverständlich rollen auf ihnen auch die motorisierten Einheiten der neuen starken Wehrmacht«. *Todt*, von Hitler bestellter »Generalinspektor für das deutsche Straßenwesen«, forderte: »Die deutsche Straße muß Ausdruck ihrer Landschaft und Ausdruck deutschen Wesens sein.«

Axmann, Arthur
* Hagen 18.2.1913, † Berlin 24.10.1996
Nach schwerer Verwundung, sollte man annehmen, sind Menschen vom Militär geheilt. Nicht so Axmann, der 1941 an der Ostfront einen Arm verlor: Der schon als 15jähriger der HJ beigetretene und als 19jähriger in der *Reichsjugendführung* tätige Axmann (Leitung des Sozialamts) war am 8.8.1940 als Nachfolger *Schirachs* Reichsjugendführer geworden und sorgte nun für verstärkte militärische Ausbildung der Jungen. Gruppenweise wurden die 16- bis 18jährigen in den aussichtslosen Kampf geschickt und verheizt. Axmann wurde 1945 verhaftet und 1949 zu drei Jahren Haft verurteilt, die als verbüßt galten. 1958 erhielt der nun als Vertreter arbeitende Axmann eine hohe Geldstrafe wegen Verhetzung der Jugend.

Babi Jar

Den vordringenden deutschen Truppen im Rußlandfeldzug folgten *Einsatzgruppen*, die im rückwärtigen Frontbereich »polizeiliche Aufgaben« wahrnehmen sollten. Was darunter zu verstehen war, belegt eine »Aktion« des Sonderkommandos (SK) 4a der Einsatzgruppe C am 29./30.9.1941 bei Kiew. Mit Maueranschlag waren die Juden der ukrainischen Hauptstadt aufgefordert worden, sich zur »Umsiedlung« zu melden. Es kamen 33771 Männer, Frauen und Kinder, die von den SK-Männern in die Schlucht Babi Jar in der Nähe der Stadt geführt und dort gruppenweise sämtlich erschossen wurden. Nach dem zweitägigen Massaker sprengten Pioniere die Ränder der Schlucht, so daß das herabfallende Erdreich die Toten und Verwundeten begrub. Im SK-Bericht vom 3.11.1941 hieß es: »Obwohl man zunächst nur mit einer Beteiligung von etwa 5000 bis 6000 Juden gerechnet hatte, fanden sich über 30 000 Juden ein, die infolge einer überaus geschickten Organisation bis unmittelbar vor der Exekution noch an ihre Umsiedlung glaubten.« Nach dem Krieg konnten einige Täter, darunter Kommandeur *Blobel*, zur Rechenschaft gezogen werden.

Bach-Zelewski, Erich von dem

* Lauenburg i. Pom. 1.3.1899, † München 8.3.1972

Im Nov. 1914 als jüngster Kriegsfreiwilliger gefeiert, zeichnete sich Bach-Zelewski auch später durch ein Übersoll an »Pflicht«-Erfüllung aus. 1930 trat er in die NSDAP, ein Jahr später in die SS ein und war seit 1932 Reichstagsabgeordneter. Während der *Röhm-Affäre* beteiligte er sich aktiv an der Liquidierung von SA-Führern, und auch im Krieg blieb er beim Mordhandwerk als *Himmlers* oberster »Bandenbekämpfer« an der Ostfront. 1941 zum SS-Obergruppenführer ernannt, sah Bach-Zelewski seine Aufgabe v.a. in der Verfolgung der Juden. Das Ritterkreuz erwarb er sich bei der Niederschlagung des *Warschauer Aufstands* 1944. Nach dem Krieg entging er der Auslieferung an die UdSSR nur durch bereitwillige Aussagen als Zeuge der Anklage in Nürnberg. 1949 verurteilte ihn eine Spruchkammer zu zehn Jahren Arbeitslager (nie vollstreckt). 1961/62 wurde er wegen Ermordung politischer Gegner in den Jahren 1933/34 zu lebenslanger Haft verurteilt.

Badenweiler Marsch
Bis in welche Verästelung der *Führerkult* ging, belegt ein Musikstück: Der anläßlich der Erstürmung der französischen Ortschaft Badonviller (Vogesen) am 12.8.1914 von Georg Fürst (* 1870, † 1936) komponierte Badenweiler Marsch war der Lieblingsmarsch Hitlers. Am 17.5.1939 erging eine Polizeiverordnung, die das öffentliche Spielen des Marsches nur im Beisein des »Führers« gestattete.

Baeck, Leo
* Lissa (bei Posen) 23.5.1873, † London 2.11.1956
Der junge jüdische Theologe Baeck hoffte auf mehr Toleranz zwischen den Religionen durch gegenseitige Information, als er 1905 sein Buch »Das Wesen des Judentums« herausbrachte. Als er, seit 1912 Rabbiner in Berlin, 1933 Präsident der *Reichsvertretung der deutschen Juden* wurde, war diese Hoffnung verflogen. Der nationalsozialistische *Antisemitismus* appellierte an niedrigste Vorurteile und kannte keine Versöhnung. Trotz vieler Schikanen und mehrfacher Gestapo-Haft weigerte sich Baeck, Deutschland zu verlassen, und wurde 1943 nach *Theresienstadt* deportiert. Als Leiter des Lagerrats vermochte er den meist todgeweihten Juden dort nur geistlichen Trost zu geben. Er selbst erlebte die Befreiung. 1954 gründete er in London ein Institut, das nach ihm benannt wurde und sich der Erforschung der Geschichte des deutschen Judentums widmet.

Baedeker-Angriffe
Mit dem von Luftmarschall *Harris*, dem Oberbefehlshaber des britischen Bomber Command, entwickelten »area bombing« (Teppichbombardements) eskalierte der Luftkrieg 1942 weiter. Als bei einem Nachtangriff am 28./29.3.1942 die kulturhistorisch einmalige Altstadt Lübecks in Flammen aufging, ordnete Hitler »Vergeltungs-

schläge« auf vergleichbare britische Städte an; nach dem bekannten Reiseführer nannte man die Bombardements bei der Luftwaffe »Baedeker-Angriffe«. Im April belegten jeweils 60–70 deutsche Kampfflugzeuge die Städte Bath, Exeter, York und Norwich mit Bomben, Anfang Juni und nochmals Anfang Nov. 1942 traf es insgesamt viermal die Bischofsstadt Canterbury. Mit insgesamt 3200 t abgeworfenen Bomben hielten sich die Schäden allerdings in Grenzen; die RAF warf im gleichen Zeitraum über 50 000 t Bomben über dem Reichsgebiet ab.

Balkanfeldzug

Die militärischen Erfolge der Wehrmacht im Sommer 1940 weckten den Ehrgeiz *Mussolinis*, der sich ohnehin von Hitler immer wieder übergangen fühlte. Ohne Absprache mit Berlin ließ er daher am 28.10.1940 vom 1939 annektierten Albanien aus eine Armee nach Griechenland einfallen und kündigte markig an, er werde dem Gegner »das Genick brechen«. Immerhin bot er acht Divisionen (155 000 Mann) auf, darunter eine Panzer- und eine Gebirgs-(Alpini-)Division sowie das 4. Fliegerkorps mit 187 Maschinen. Die Griechen waren materialmäßig zunächst unterlegen, konnten jedoch leichter personelle Verstärkungen heranführen und nach erstem Zurückweichen am 3.11. den am weitesten vorgedrungenen linken Flügel der italienischen 11. Armee zurückwerfen. In Piräus gingen gleichzeitig britische Truppen an Land, die nach Vertreibung aus Frankreich hier erstmals wieder auf dem europäischen Kontinent Fuß faßten und die Südwestflanke der Achsenmächte bedrohten. Hitler entschloß sich daher zum Angriff auf Griechenland und befahl am 12.11.1940 Vorbereitungen zur Inbesitznahme des griechischen Festlands nördlich der Ägäis von Bulgarien aus. – Die Lage der Italiener verschlechterte sich unterdessen weiter: Trotz Verdopplung der Streitkräfte zur Heeresgruppe Albanien mußten sie sich am 14.11. ganz von griechischem Territorium zurückziehen, und auch der am Jahresende mit dem Oberbefehl betraute Marschall Ugo Graf Cavallero konnte die Initiative nicht wiedergewinnen. Hinzu kam die katastrophale Entwicklung im *Afrikafeldzug*, so daß Hitler Truppen in die »befreundeten« Staaten Rumänien und Bulgarien einrücken ließ. Aber auch die Briten verstärkten ihr Engagement in Griechenland, wo schließlich über 60 000 Mann aus England, Australien, Neuseeland, Palästina und Zypern standen.

Vorübergehend konnte Hitler Jugoslawien an sich binden, doch als am 27.3.1941 die deutschfreundliche Führung in Belgrad gestürzt worden war, bezog er auch Jugoslawien in die Angriffspläne ein. Am 6.4.1941 um 5.15 Uhr griff die deutsche 12. Armee (List) aus Bulgarien heraus Griechenland und die 2. Armee (v. Weichs) aus Österreich und Ungarn heraus Jugoslawien an. Der italienische Krieg gegen Griechenland weitete sich zum Balkanfeldzug. – Es wurde noch einmal ein *Blitzkrieg*, denn den schnellen deutschen Panzertruppen und der Übermacht der Luftwaffe hatten die personell zwar viel stärkeren Armeen Jugoslawiens und die durch den Kampf gegen die Italiener gebundenen Griechen wenig entgegenzusetzen. Bombenangriffe auf Belgrad durch die Luftflotte 4 (Löhr) forderten ungeheure Opfer unter der Zivilbevölkerung (allein am Angriffstag 1500), im Feuer der deutschen Geschütze und Panzer lösten sich ganze gegnerische Verbände auf, v. a. solche mit hohem kroatischem Anteil. Schon elf Tage nach Angriffsbeginn kapitulierte die jugoslawische Armee. Am selben Tag durchbrach das deutsche XVIII. Korps die britische Riegelstellung am Olymp, nachdem schon am 9.4. Saloniki nach Durchbrechung der Metaxas-Linie genommen worden war. Aus London kam nun der Befehl zur Räumung Griechenlands, die sich unter großen Schwierigkeiten wegen ständiger deutscher Luftangriffe auf Schiffe und Häfen vollzog. Am 23.4. kapitulierte die griechische Epirus-Armee, am 27.4. rückten deutsche Truppen in Athen ein, und am 30.4. war die Besetzung des griechischen Festlands einschließlich Peloponnes und damit der Feldzug abgeschlossen. *Kreta* wurde einen Monat später mit einer Luftlandung genommen. – Im Balkanfeldzug verlor die Wehrmacht 11 500 Mann an Gefallenen, Vermißten und Verwundeten, 16 100 Briten kehrten nicht mehr heim, 344 000 Serben und 223 000 Griechen gerieten in deutsche Gefangenschaft. Die RAF büßte 209, die Luftwaffe 158 Maschinen ein. Entscheidender freilich für den weiteren Kriegsverlauf war der Zeitverlust; der längst geplante *Rußlandfeldzug* verzögerte sich um mehrere Wochen.

»Barbarossa«

Einen Zweifrontenkrieg hatte Hitler immer abgelehnt. Als sich aber Großbritannien im Sommer 1940 zu keiner Verständigung bereit zeigte und auch nicht in der *Luftschlacht um England* niederzuringen war, befahl Hitler die Vorbereitung eines Angriffs auf die verbündete Sowjetunion mit der Begründung: »Ist aber Rußland zerschlagen, dann ist Englands letzte Hoffnung getilgt.« An einem Sieg über die Rote Armee zweifelten nicht einmal mehr die, die noch vor wenigen Monaten vor dem Frankreichfeldzug gewarnt hatten, denn gerade dieser schien die Unüberwindlichkeit der Wehrmacht zu belegen. Hinzu kam das Desaster, das die sowjetischen Truppen im *Winterkrieg* gegen Finnland erlebt hatten und das zu einer verhängnisvollen Unterschätzung ihrer Kampfkraft auf eigenem Territorium führte. Nach ersten Planungen schon im Spätsommer 1940 erging am 18.12.1940 die »Weisung Nr. 21 Fall Barbarossa«, so die Codebezeichnung für den ins Auge gefaßten *Rußlandfeldzug*. Der Name erinnerte bewußt an den Kreuzzug des Stauferkaisers im 12. Jh., denn auch im Kampf gegen das »soziale Verbrechertum« des Kommunismus sah Hitler einen Kreuzzug zur Rettung des Abendlands. Daß Kaiser Friedrich I. bei seinem Zug zur Befreiung Jerusalems umgekommen war, kümmerte die Planer im OKW nicht. Sie wollten weisungsgemäß mit schnellen Panzerraids die »Masse des russischen Heeres« vernichten und dazu spätestens im Mai 1941 zum Angriff antreten. Den Termin durchkreuzte der *Balkanfeldzug*, die Strategie litt unter einem Zielkonflikt zwischen Hitler und der Generalität, die einen geballten Vorstoß auf Moskau wünschte, während der Diktator mit Leningrad als »Brutstätte des Bolschewismus« und der Ukraine als Kornkammer zur Versorgung andere Prioritäten setzte.

»Barbarossa«-Gerichtsbarkeitserlaß

Im *Polenfeldzug* hatte Hitler immer wieder erbost, daß die Militärgerichtsbarkeit »zu mild« und rechtsförmig gegen straffällige »feindliche Zivilpersonen« vorging. Für den *Rußlandfeldzug* ordnete er daher mit Erlaß vom 13.5.1941 an, daß Straftaten von Zivilisten im Gebiet »Barbarossa«, so nannte er die UdSSR nach der Codebezeichnung der Operationen, künftig nach Entscheidung des örtlichen Truppenführers zu ahnden seien. Auf »hinterhältige oder heimtückische« Angriffe sollte auch mit »kollektiven Gewaltmaßnahmen« geantwortet werden. Darunter war die Bestrafung (Tötung) von Geiseln oder das Niederbrennen von Ortschaften zu verstehen. Für Vergehen deutscher Soldaten gegen Zivilisten wurde der Verfolgungszwang aufgehoben. Wie der *Kommissarbefehl* stieß der Erlaß beim Offizierkorps auf – allerdings folgenlose – Kritik.

Barbie, Klaus

* Bad Godesberg 25.10.1913, † Lyon 25.9.1991

Deutsche Geheimdienst- und Sicherheitsexperten waren nach dem Krieg bei den Alliierten begehrt. Mit ihrer Hilfe entkam auch Barbie gerichtlicher Verfolgung. Er war 1935 in die SS und 1937 in die NSDAP eingetreten und arbeitete während des Krieges für den *SD* im Ausland, 1942–44 in Lyon. Dort war er verantwortlich für Folterung und Liquidierung von Kämpfern der *Résistance* sowie für die Deportation von Juden. Der »Schlächter von Lyon« kam 1945 beim US-Geheimdienst unter, der ihm später die Flucht nach Südamerika ermöglichte. Dort lebte er als Klaus Altmann in Bolivien, das eine Auslieferung des 1954 in Abwesenheit in Frankreich zum Tod verurteilten Barbie lange ablehnte. Erst im Febr. 1983 wurde er ausgewiesen, in Cayenne verhaftet und am 4.7.1987 in Lyon zu lebenslanger Haft verurteilt.

Barmer Bekenntnissynode →*Bekennende Kirche*

Barth, Karl

* Basel 10.5.1886, † ebd. 10.12.1968

Ein Schweizer Theologe wurde geistiger Führer des Widerstands der evangelischen Kirchen gegen die Unterwanderung durch NS-Gedankengut, v.a. durch den *Arierparagraphen*: Barth, seit 1930 Professor in Bonn, lieferte mit seiner Schrift »Theologische Existenz heute« im Sommer 1933 die geistliche Grundlage für die *Bekennende Kirche*. Er forderte die radikale Rückbesinnung auf das geoffenbarte Wort Gottes und verwarf den Totalitätsanspruch des Staates wie die politische und völkische Theologie der *Deutschen Christen*. 1934 verweigerte Barth den vom NS-Staat von Beamten geforderten Treueid und wurde entlassen. Er folgte 1935 einem Ruf nach Basel, wo bis in die 60er Jahre sein Hauptwerk, die »Kirchliche Dogmatik« in 14 Bänden, entstand.

»Battle of Berlin«

Im Herbst/Winter 1943/44 flog die RAF 16 Großangriffe mit 9111 Bombereinsätzen gegen die Reichshauptstadt und warf dabei 27000 t Bomben ab. 9,5 km² Stadtfläche, v.a. in Zooviertel und Innenstadt, wurden völlig zerstört, 68000 Häuser vernichtet, 400000 Menschen obdachlos. Mit dieser »Battle of Berlin«, wie die Flächenbombardements in der britischen Propaganda genannt wurden, wollte Luftmarschall *Harris* die Stadt »von einem Ende zum anderen« zerschlagen und die Kriegsentscheidung allein mit Hilfe der strategischen Bomberwaffe bis »spätestens 1. April« herbeiführen. Im Rückblick aber erscheint die Schlacht als Niederlage der RAF, die 500 Bomber und 3000 Mann verlor, während sich die Berliner Bevölkerung unter dem Eindruck des »Luftterrors« eher fester an die NS-Führung anschloß. Die deutsche Kriegsproduktion wurde durch die ungezielten Abwürfe in keiner Weise getroffen.

Battle of Britain →*Luftschlacht um England*

Bauerntum
Als »Blutquell« und »wichtigstes Grundelement« von Rasse und Nation bezeichneten NS-Ideologen den Stand der deutschen Bauern. Sie setzten damit rassenideologisch eine Romantisierung des Landlebens fort, wie sie auch die zivilisationsfeindliche *Jugendbewegung* kannte. Darin drückten sich Ängste vor Industrialisierung und antikapitalistische Haltungen aus, die der Nationalsozialismus für sich nutzen wollte. Er stellte das Bauerntum als dritte Säule des Volkes neben »Arbeiter- und Soldatentum«. Bäuerliches Brauchtum wurde entsprechend gefördert, während die Praxis der NS-*Agrarpolitik* die Bauernschaft ganz unromantisch hart für Ziele wie die *Autarkie* einspannte.

Bayreuther Festspiele →*Wagner, Richard*

BDM →*Bund Deutscher Mädel*

Beamte
In einem besonderen Treueverhältnis zum Staat stehen die Mitarbeiter des öffentlichen Dienstes. Für die Beamten gilt das in erhöhtem Maß. Sie waren vor 1933 und sind seit dem Krieg wieder auf Lebenszeit berufene unparteiische Staatsdiener. Damit brach der NS-Staat schon am 7.4.1933 durch Verabschiedung des Berufsbeamtengesetzes, das mit dem *Arierparagraphen* (§ 7) und weiteren Bestimmungen die Entlassung oder Rückstufung unerwünschter Beamter und ihre Ersetzung durch linientreue Personen ermöglichte. Ihren Posten verloren damals etwa 30 000 Beamte, meist

Juden und Kommunisten. Später, v.a. nach der Verschärfung durch das Deutsche Beamtengesetz vom 27.1.1937, reichte der bloße Verdacht nicht ganz angepaßter Haltung für die Entfernung aus dem Dienst. Er war ohnehin immer stärker von Parteimitgliedern durchsetzt (1939: 28,2 %). Sie verloren nach dem Krieg ihre Stellung aber nur bei direkter NS-Belastung, die anderen blieben gemäß Art. 131 des Grundgesetzes im Dienst und pensionsberechtigt.

Beck, Ludwig

* Biebrich (heute zu Wiesbaden) 29.6.1880, † Berlin 20.7.1944

Die Militärs begrüßten Hitlers Aufrüstungsprogramm, das er ihnen gleich nach Regierungsantritt am 3.2.1933 erläuterte. Auch Generalmajor (seit 1.2.1931) Beck gehörte zu den Anhängern dieses Kurses. Das brachte ihm rasche Beförderung bis hin zum Chef des Generalstabs des Heeres und zum General der Artillerie 1935. Eher als andere aber erkannte Beck, daß Hitlers Politik direkt auf eine gewaltsame Lösung der »Raumfrage« zielte. Nach dessen Weisung für eine »Zerschlagung« der Tschechoslowakei (30.5.1938) suchte Beck daher, mit Denkschriften Hitler zu mäßigen und eine Opposition im Offizierkorps aufzubauen. Als beides nichts half, erbat er seinen Abschied und wurde am 1.10.1938 als Generaloberst entlassen. In der Folgezeit wurde er zum Mittelpunkt des militärischen Widerstands und sollte nach einem Gelingen des Attentats vom *Zwanzigsten Juli* Staatsoberhaupt werden. Als der Umsturz scheiterte, wurde Beck nach mißlungenem Selbstmordversuch erschossen.

Bedingungslose Kapitulation

Im Jan. 1943 stimmten in *Casablanca* US-Präsident *Roosevelt* und der britische Premierminister *Churchill* ihr weiteres militärisches und politisches Vorgehen gegen die Achsenmächte ab. Am 24.1.1943 verkündete Roosevelt, Ziel der alliierten Kriegführung sei die »Bedingungslose Kapitulation« (Unconditional Surrender) der Gegner, also nicht nur die militärische Übergabe, sondern auch die staatlich-politische Kapitulation. Eine ähnliche Forderung hatte es in der Geschichte nur einmal am Ende des amerikanischen Bürgerkriegs 1865 gegeben, als es um die Aufgabe der angemaßten Staatlichkeit der Föderierten ging. Daß ein jahrhundertealter Staat, ja eine einstige Großmacht zur Selbstaufgabe gezwungen werden sollte, war ohne Beispiel. *Stalin*, der wegen des Endkampfs um Stalingrad an der Konferenz nicht hatte teilnehmen können, stimmte diesem Kriegsziel am 1.5.1943 ausdrücklich zu, wich aber bei der Eroberung der deutschen Satellitenstaaten Rumänien, Bulgarien u.a. ebenso davon ab wie die Westmächte beim Ausscheiden Italiens aus dem Krieg. Diesen Ländern wurde begrenzte politische Selbstbestimmung eingeräumt. – Dem Deutschen Reich gegenüber aber blieb die Forderung uneingeschränkt gültig, die Regierung *Dönitz* fand allerdings ein Schlupfloch gegenüber den Westmächten: Die Alliierten hatten die bloß militärische Waffenstreckung von einzelnen Wehrmachteinheiten ausdrücklich vorgesehen, so daß am 2.5.1945 die Heeresgruppe C in Oberitalien, am 5.5. die deutschen Streitkräfte in Nordwestdeutschland, Westholland und Dänemark sowie am 6.5. die Heeresgruppe G in Süddeutschland und Österreich die Feindseligkeiten einstellen konnten, noch ehe die in Reims (durch *Jodl*) und Berlin-Karlshorst (durch *Keitel*) unterzeichnete Bedingungslose Kapitulation am 8.5. um 23.01 Uhr in Kraft trat. Damit hatte Dönitz wichtige Tage gewonnen, in denen er noch fast 1,8 Mio. Soldaten und über 1 Mio. Zivilisten vor der Roten Armee hinter die anglo-amerikanischen Linien retten konnte. Vollendet war die Bedingungslose Kapitulation schließlich mit der Verhaftung der Reichsregierung am 23.5. und der sog. *Junideklaration* vom 5.6.1945, mit der die Siegermächte die gesamte »höchste Autorität hinsichtlich Deutschlands« übernahmen. – Die alliierte Strategie des »total victory« erwies sich als höchst problematisch, weil sie Volk und NS-Führung fester aneinander band und die Lage des deutschen Widerstands entscheidend verschlechterte. Die NS-Propaganda schlachtete die Forderung nach bedingungsloser Übergabe zu Durchhalteparolen aus und begründete damit das Konzept des *Totalen Krieges*. Auch Japan gegenüber gab es Schwierigkeiten, da nur der Kaiser die Waffenstreckung mit der nötigen Autorität anordnen konnte. Schließlich mußten die Alliierten auch hier einen Kompromiß eingehen und der Beibehaltung der Monarchie zustimmen, ehe Japan am 2.9.1945 aufgab. Dem Land wären bei flexibleren Kapitulationsbedingungen wohl die Opfer der beiden *Atombomben* erspart geblieben.

Bekennende Kirche

Was für die katholische Kirche das *Konkordat* war, sollte nach dem Wunsch vieler evangelischer Christen die Bildung einer Reichskirche sein. Von der neuen Staatsführung erhofften insbesondere die *Deutschen Christen* eine Überwindung der Aufsplitterung in 28 Landeskirchen. Dafür waren viele bereit, dem NS-Staat ideologisch entgegenzukommen. Hitler griff diese Sehnsüchte auf, als er sich am 22.7.1933 mit einer Rundfunkrede in die Kirchenwahlen einmischte und sich für die Liste der Deutschen Christen aussprach. Der Erfolg war überwältigend und führte am 27.9.1933 zur Wahl von L. *Müller* zum Reichsbischof. Jetzt löste sich aber auch die Erstarrung der Gegner des NS-Einflusses: *Niemöller*, einer ihrer Wortführer, gründete am 21.9.1933 den *Pfarrernotbund* zur Bewahrung des Bekenntnisses. – Der Widerstand gegen staatliche Vereinnahmung der Kirche versteifte sich, als die Deutschen Christen am 13.11.1933 die Übernahme des *Arierparagraphen* und die Trennung vom »jüdischen« Alten Testament forderten und als die evangelischen Jugendverbände am 19.12.1933 in die HJ eingegliedert wurden. Ende Mai 1934 tagte die Barmer Bekenntnissynode, auf der 19 Landeskirchen die deutsch-christlichen Irrlehren verwarfen und mit einer »Theologischen Erklärung« die Bekennende Kirche gründeten. Geleitet von einem Reichsbruderrat und einer »Vorläufigen Kirchenleitung« (VKL) wurde sie zur Trägerin des evangelischen *Kirchenkampfs*, der am 16.7.1935 mit Bestellung eines Reichskirchenministers (Kerrl) durch Hitler in eine neue Phase trat. Die erhoffte Einheit ließ sich aber auch durch ihn nicht herstellen, so daß Hitler das Interesse an der Kirchenfrage verlor. Die Bekennende Kirche wurde weiterhin schikaniert durch Bespitzelung, Behinderung der Ausbildung, Redeverbote, Verhaftungen; 18 ihrer Pfarrer kamen bis 1945 in KZ ums Leben. Der Widerstand aber beschränkte sich meist auf kirchlich-theologische Belange, gegenüber der Verfolgung und Ermordung der Juden blieb auch die Bekennende Kirche weitgehend stumm.

Belgien

Im 1. Weltkrieg von deutschen Truppen besetzt, lehnte sich Belgien danach an Frankreich an. Der seit 1934 regierende König Leopold III. (* 1901, † 1983) kehrte jedoch am 14.10.1936 zur traditionellen Neutralitätspolitik zurück als Friedenssignal gegenüber Hitler. Das rettete das kleine westliche Nachbarland des Reiches im *Frankreichfeldzug* nicht vor erneuter Besetzung durch deutsche Truppen, vor denen es am 28.5.1940 kapitulierte. Während sich in London eine belgische Exilregierung bildete, blieb der König im Land und mußte daher nach dem Krieg abdanken. In der Kriegszeit deportierten die Deutschen 24387 belgische Juden in die Todeslager im Osten, 18 000 andere Belgier wurden wegen Widerstands in KZ eingewiesen, 140 000 mußten als Zwangsarbeiter in der deutschen Rüstungsindustrie arbeiten. Es gab aber auch verbreitete *Kollaboration*, je 20 000 Belgier dienten im Rahmen der Waffen-SS bei der Flämischen Legion und in der Panzerdivision »Wallonie«. Nach dem Krieg ergingen 1247 Todesurteile wegen Zusammenarbeit mit den Deutschen, 242 davon wurden vollstreckt. Freiheitsstrafen erhielten 52 000 Belgier.

Belgrad
Noch schwerer als im Jahr zuvor Rotterdam traf es am 6.4.1941 die jugoslawische Hauptstadt Belgrad (1940 rd. 410 000 Einwohner): In fünf Wellen griffen insgesamt 484 Maschinen der deutschen Luftflotte 4 (Löhr) zum Auftakt des *Balkanfeldzugs* Verkehrsnetz, Flughafen und Regierungsviertel der Stadt an und konnten das gegnerische Nachrichtenwesen erfolgreich stören, aber um den Preis von über 1500 Opfern unter der Zivilbevölkerung. Am 11.4. erreichten deutsche Panzerspitzen Belgrad, wo am 17.4. die jugoslawische Kapitulation unterzeichnet wurde und wo später der deutsche Oberbefehlshaber Südost sein Hauptquartier hatte. Die zunehmende Partisanentätigkeit machte dennoch vor der Stadt nicht halt; die deutschen Besatzer reagierten mit verschärftem Gegenterror: Kam bei Anschlägen ein Deutscher um, wurden Geiseln nach einer »Sühnequote« von 1:100 (später halbiert) erschossen, zunächst nach einem Befehl vom 20.12.1941 »Kommunisten, Zigeuner, Juden, Verbrecher und dergleichen«, später auch Personen des öffentlichen Lebens und sonstige Mißliebige. Deutschen Erschießungskommandos fielen nach eigenen Angaben allein in den ersten acht Monaten der Besatzung 11164 Menschen zum Opfer. Für solche Verbrechen wurde nach dem Krieg u.a. der Chef der Militärverwaltung, SS-Gruppenführer Harald Turner, hingerichtet. Belgrad wurde am 15.10.1944 von sowjetischen Truppen und Tito-Partisanen eingeschlossen und nach fünftägigen Kämpfen erobert.

Belsen →*Bergen-Belsen*

Bełżec

Im Spätherbst 1941 begannen Baukolonnen in Bełżec an der südöstlichen Grenze des Bezirks Lublin im *Generalgouvernement* mit dem Bau eines Lagers, in dem von März bis Dez. 1942 mindestens 400 000, wahrscheinlich aber sogar 600 000 Juden ermordet wurden. Die Tötung geschah zunächst mit Flaschengas, dann mit Abgasen von Panzer- und Lkw-Motoren. Die Opfer kamen in Zügen aus den deutsch besetzten Gebieten Europas. Zuerst trieben die Wachmannschaften aus SS, Polizei und ukrainischen Hilfswilligen die Männer in *Gaskammern*, die zur Tarnung wie Duschen hergerichtet waren. Etwa zehn Minuten dauerte es, bis alle Opfer tot waren. Dann folgten die Frauen und Kinder. Den Leichen nahmen »Arbeitsjuden« etwaigen Schmuck ab und brachen Goldplomben aus den Zähnen, danach warf man die Körper in vorbereitete Gruben. Nachdem im Dez. 1942 die Vergasungen eingestellt worden waren, ließ die SS die Leichen ausgraben und verbrennen. Über den Massenmord in Bełżec berichtete als Augenzeuge der SS-Offizier *Gerstein*.

Bendlerstraße

Sitz des Reichskriegsministeriums, später des OKW in Berlin, Schauplatz des gescheiterten Putsches vom *Zwanzigsten Juli*; heute Sitz des Bundesministers für Verteidigung und Gedenkstätte Deutscher Widerstand.

Beneš, Eduard

* Kožlany (bei Rakonitz, Mittelböhmen) 28.5.1884, † Alttabor (Sezimovo Ústí; Südböhmen) 3.9.1948

Einen tschechischen Staat allein hielt der Jurist Beneš nicht für lebensfähig. Als nach dem 1. Weltkrieg der habsburgische Vielvölkerstaat aufgelöst wurde, setzte er sich bei den Friedensverhandlungen daher für die Schaffung einer tschechoslowakischen Republik ein unter Einbeziehung auch deutsch und ungarisch besiedelter Gebiete. Er wurde 1918 Außenminister dieser ČSR, versuchte sie durch Verträge mit Frankreich und der UdSSR zu sichern und widersetzte sich seit 1935 als Staatspräsident zäh den Forderungen nach Autonomie für die Minderheiten. Damit arbeitete er Hitler in die Hände, mußte im *Münchener Abkommen* die Abtretung des Sudetenlands hinnehmen und trat zurück. Im Krieg war er Chef einer

Exilregierung in London, danach erneut Staatspräsident. Beneš resignierte 1948 vor dem Machtanspruch der Kommunisten.

Benn, Gottfried

* Mansfeld (bei Pritzwalk) 2.5.1886, † Berlin 7.7.1956
Die meisten bedeutenden Schriftsteller verließen Deutschland nach Hitlers Machtübernahme. Mit den wenigen, die blieben, wurden die NS-Kulturpolitiker aber oft ebensowenig glücklich wie diese mit ihnen. Zu diesen Dichtern gehörte der Arzt Benn, schon 1912 mit der Gedichtsammlung »Morgue« als Expressionist hervorgetreten. Er begrüßte zunächst den »nationalen Aufbruch« als »Selbstbehauptung des deutschen Volkes«, wandte sich aber nach der *Röhm-Affäre* 1934 entsetzt ab und flüchtete sich in eine »aristokratische Emigration«. Er wurde 1938 aus der Reichsschrifttumskammer ausgeschlossen und überstand den Krieg als Militärarzt. Danach verstummte nie ganz die Kritik an seiner anfänglichen Verbrüderung mit dem Unrechtsstaat. Seine große dichterische Bedeutung blieb davon unberührt (u. a. »Statische Gedichte«, 1949).

Bergen-Belsen

Mitte 1943 wurde in der Lüneburger Heide beim Ort Belsen (bei Bergen) ein KZ fertig, das zur Aufnahme von 10 000 Häftlingen gedacht war, die man gegen internierte deutsche Bürger in anderen Staaten austauschen wollte. Kleinere solche »Geschäfte« kamen auch zustande, z. B. der Freikauf von 1685 ungarischen Juden durch die Schweiz für 1000 Dollar pro Kopf. Dem KZ wurde ein »Erholungslager« für 2000 kranke Häftlinge aus anderen Lagern angegliedert. Freilich waren die Verhältnisse dort in keiner Weise besser, die Sterblichkeit aufgrund unzureichender Nahrung, miserabler hygienischer Zustände und brutaler Mißhandlungen war hoch. Einige Kranke wurden auch durch Phenolinjektionen ermordet. Ende 1944 / Anfang 1945 kamen kranke Frauen aus Auschwitz, darunter Anne *Frank*, nach Bergen-Belsen, von denen nur wenige überlebten. Das Lager war inzwischen hoffnungslos überfüllt durch zigtausend aus anderen KZ evakuierte Häftlinge, von denen bis Mitte April 1945 über 35 000 starben. Am 15.4.1945 übergab Kommandant *Kramer* das KZ mit noch 60 000 Überlebenden an die Engländer. 13 000 der Befreiten starben danach noch an Entkräftung und Seuchen.

Berger, Gottlob

* Gerstetten (bei Heidenheim) 16.7.1896, † Stuttgart 5.1.1975
Der einstige Offizier und Turnlehrer Berger wurde zum eigentlichen Begründer der *Waffen-SS*. Nach Eintritt in SA und SS (1934) war er Chef des Ergänzungsamts im SS-Hauptamt geworden, das er seit 15.8.1940 unter Beförderung zum Obergruppenführer leitete. Weil die Waffen-SS keine Wehrpflichtigen anwerben konnte, kam Berger auf die Idee, im Ausland lebende Deutsche ohne deutsche Staatsangehörigkeit (Volksdeutsche) zu rekrutieren, die wiederum der Wehrmacht entzogen waren. Als weiteres Reservoir entdeckte er die besetzten west- und nordeuropäischen Länder, in denen er Freiwilligenverbände bildete. Seit Juni 1942 war Berger Staatssekretär im Ministerium für die besetzten Ostgebiete und erhielt im Sept. 1944 den Auftrag, den Aufstand in der *Slowakei* niederzuschlagen. Danach am 1.10.1944 zum Leiter des Kriegsgefangenenwesens ernannt, konnte Berger die massiven Mißstände in den Lagern nicht mehr beheben, derentwegen er am 14.4.1949 in Nürnberg zu 25 Jahren Freiheitsentzug verurteilt wurde. Die Strafe wurde am 31.1.1951 auf zehn Jahre ermäßigt und am 16.12.1951 ganz erlassen.

Berghof

1927 konnte Hitler dank großzügiger Spenden von Gönnern das Haus Wachenfeld auf dem 900–1000 m hohen Obersalzberg nordöstlich von Berchtesgaden erwerben und es in den späteren Jahren zu seinem Landsitz ausbauen (30 Zimmer). Zunächst wurde dieses Haus »Berghof« genannt, ein Begriff, der später auf das gesamte umliegende »Führergelände« von etwa 10 km^2 mit 800 ha Wald übertragen wurde. Hier schufen sich auch *Goebbels*, *Göring* und *Bormann* z.T. prächtige Villen. Mit der Zeit entstanden Kasernen für SS-Wachen, Gästehäuser, Luftschutzeinrichtungen, Flakstellungen. Außerdem ließ Hitler auf dem 1834 m hohen Kehlstein ein Teehaus errichten, das nur über einen in den Fels gesprengten 120 m hohen Lift zu erreichen war und das Hitler wegen Höhenangst kaum nutzte. Auf dem Berghof empfing Hitler auch hohen Staatsbesuch, z.B. am 15.9.1938 den britischen Premier *Chamberlain*. Am 25.4.1945 zerstörten britische Bomber den Berghof fast vollständig, die am 4.5.1945 dort eintreffenden US-Truppen fanden nur noch das Teehaus vor.

Berlin

Der strategische Luftkrieg der Alliierten hatte zwei Ziele: die Wirtschaftskraft Deutschlands und die Moral der Zivilbevölkerung. Beide Ziele wurden verfehlt, was besonders deutlich wurde am Beispiel Berlins. In insgesamt 363 Bombenangriffen warfen amerikanische und britische Maschinen über 45 000 t Bomben auf die Reichshauptstadt mit ihren (1939) 4,34 Mio. Einwohnern, von denen 50 000 dabei umkamen; über 1 Mio. Menschen verließen die Stadt bis 1945 wegen der ununterbrochenen Luftangriffe. Der Durchhaltewille der verbliebenen Einwohner aber wurde ebensowenig getroffen wie die industrielle Produktion der Stadt. Zwar gab es wie an den Wohngebäuden erhebliche Bombenschäden in den Fabriken, doch rechtzeitige Auslagerung kriegswichtiger Betriebe und unterirdische Fertigung hielten die Produktion aufrecht, ja steigerten sie bis 1944 erheblich. Vor allem *Harris*, Chef des britischen Bomber Command, hatte gehofft, durch vernichtende Schläge gegen das Machtzentrum des 3. Reiches in der *»Battle of Berlin«* den Gegner kapitulationsreif bomben zu können. Er erreichte das Gegenteil, da er der NS-Propaganda Material für ihre Hetze lieferte und die Erbitterung der Menschen wegen des gnadenlosen Krieges gegen Frauen und Kinder nur steigerte. – Gewonnen werden mußte die Schlacht um Berlin am Boden, und diese Aufgabe fiel der Roten Armee zu, die im Jan./Febr. 1945 die Oder erreicht hatte und am 16.4. mit 2,5 Mio. Mann, 41 600 Geschützen, 6250 Panzern und 7500 Flugzeugen zur »Berliner Operation«, der Schlußoffensive des Krieges, antrat. Die Verteidiger an der Oderfront waren vielfach unterlegen und hatten v.a. materialmäßig nur wenig, womit sie den sowjetischen Vormarsch hätten bremsen können. Dennoch verloren die Russen beim Durchbruch auf Berlin 33 000 und im Kampf um die Stadt noch einmal 20 000 Soldaten. Den Rand von Berlin erreichten sie am 21.4. und kämpften sich dann straßenweise gegen die rd. 100 000 Verteidiger (davon die Hälfte *Volkssturm*) ins Zentrum vor, wo Hitler im Führerbunker unter der Reichskanzlei die Abwehr leitete, ehe er sich am 30.4. das Leben nahm. Seine und die von der Propaganda verbreitete Hoffnung auf Entsatz durch die deutsche 12. Armee (Wenck) erwies sich als irreal, denn schon am 25.4. hatte die Rote Armee die Stadt eingeschlossen und bei *Torgau* erstmals Fühlung mit den entgegenkommenden Verbänden der 1. US-Armee (Hodges) genommen. – Wenn sich die Straßenkämpfe in Berlin weit über eine Woche hinzogen, dann wegen der Unbrauchbarkeit der Panzerwaffe im städtischen Gelände, wegen der Gegenwehr der von der Propaganda fanatisierten Verteidiger, wegen der von langer Hand vorbereiteten Abwehrstellungen und wegen der über 400 Befestigungen mit ihren Flakständen, die in die Erdkämpfe eingriffen. Am Tag von Hitlers Selbstmord (30.4.) hißten dann aber Rotarmisten auf dem zerschossenen Reichstagsgebäude die Rote Fahne, zwei Tage später ließ General Helmuth Weidling, letzter Kampfkommandant von Berlin, das Feuer einstellen und unterschrieb die Kapitulationsurkunde. Die Rote Armee hatte 1,8 Mio. Artilleriegranaten in Berlin verschossen und die ohnehin schwer getroffene Stadt durch weitere Luftangriffe verwüstet, darunter einer am 25.4. mit fast 1500 Maschinen.

Berliner Verkehrsarbeiterstreik

Reichstagswahlen standen bevor; Berlins NS-Gauleiter *Goebbels* sah Anfang Nov. 1932 die Chance, die starke Position der NSDAP noch zu verbessern: Als die Regierung die Stundenlöhne der Verkehrsarbeiter in der Reichshauptstadt um zwei Pfennig zu kürzen beschloß, rief er zum Streik auf. Es kam zwar nicht die erforderliche Zweidrittelmehrheit dafür bei der Urabstimmung zustande, doch Goebbels versprach finanziellen Ausgleich. Dem schloß sich die KPD an, so daß Nationalsozialisten und Kommunisten am 1.11. gemeinsam in einer Streikleitung saßen. Die Wahl am 6.11. aber wurde zur Schlappe für die NSDAP, Goebbels mußte aufgeben, in der Parteiführung kriselte es. Letztlich beschleunigte aber die mißglückte Aktion Hitlers Machtübernahme, da er weiteres Abbröckeln fürchtete. Politiker wie *Papen* und Reichspräsident *Hindenburg* meinten außerdem, daß Hitler nun seinen Höhepunkt überschritten habe und nicht mehr sonderlich gefährlich sei.

Bernburg

1941–43 Standort einer der Tötungsanstalten im Rahmen der *Euthanasie*-Aktion.

»Bernhard«

Das Amt VI (Auslandsnachrichtendienst/Sabotage) des Reichssicherheitshauptamts hatte sich 1940 etwas Besonderes ausgedacht: Unter der Codebezeichnung »Unternehmen Bernhard« lief in großem Stil die Fälschung englischer Pfundnoten an. Damit wollte man die britische Kriegswirtschaft in Schwierigkeiten bringen und die feindliche Währung ruinieren. Da hier der Staat selber fälschte, gelangen »Blüten« von höchster Qualität. Man bezahlte damit Agenten und Informanten und nutzte die Falsifikate als Devisen. Der Gesamtbetrag wurde nie bekannt. Nach dem Krieg fanden Taucher im Toplitzsee (Salzkammergut) einige Kisten mit den Fälschungen, die dort von einem SS-Kommando vor Eintreffen der Alliierten versenkt worden waren.

Bernsteinzimmer
Der prachtliebende Vater gab es in Auftrag, der sparsame Sohn verschenkte es: 1701 bestellte der preußische König Friedrich I. eine Wandverkleidung für einen ganzen Festsaal aus purem Bernstein, 1717 schenkte sein Nachfolger Friedrich Wilhelm I. das unschätzbare Kunstwerk dem russischen Zaren Peter dem Großen. In dessen Sommerresidenz, dem Katharinenpalais in Zarskoje Selo (Puschkin) bei Sankt Petersburg, stießen Anfang Okt. 1941 die deutschen Eroberer darauf und ließen es von der 3. Kompanie des Nachschubbataillons 553 abmontieren und nach Königsberg verbringen. Das »heimgekehrte« Bernsteinzimmer wurde dort kurze Zeit ausgestellt und im Jan. 1945 vor der anrückenden Roten Armee nach Westen evakuiert. Sein weiteres Schicksal ist dunkel. Man vermutete es in gesprengten, verschütteten oder gefluteten Bergwerksschächten, suchte danach in unterirdischen SS-Werkstätten in Weimar oder konstruierte Diebstahlsgeschichten. Unentwegte NS-Schatzsucher fahnden noch heute nach dem auf über 50 Mio. Dollar geschätzten Meisterwerk. Nach den alten Plänen entsteht seit einigen Jahren in Puschkin eine Rekonstruktion.

Berufsbeamtengesetz →*Beamte*

Besatzungspolitik
Die deutsche Wehrmacht besetzte im 2. Weltkrieg folgende Länder: Polen (1939); Dänemark, Norwegen, Luxemburg, Niederlande, Belgien, Frankreich bis zur Loire (1940); Libyen, Jugoslawien, Griechenland sowie große Teile der UdSSR (1941); Restfrankreich und weitere sowjetische Gebiete (1942); Tunesien, Italien (1943); Ungarn, Slowakei (1944). In allen Ländern war die Besatzungspolitik geprägt

von Verfolgung der Juden, Ausbeutung von Industrie und Landwirtschaft, Plünderung von Kulturgütern *(Kunstraub)*, Anwerbung von Fremd- und Verschleppung von Zwangsarbeitern, Bekämpfung von Widerstandsbewegungen, Terror zur Abschreckung. Während aber in West- und Nordeuropa wenigstens anfangs der Versuch gemacht wurde, möglichst viele Menschen für die NS-Europaideologie zu gewinnen, wurden die »Ostvölker« als »Untermenschen« drangsaliert. Dennoch fanden sich hier wie im etwas milder behandelten Westen Kollaborateure, ohne die die Deportation der Juden ebensowenig so umfassend gelungen wäre wie die Auffüllung der Waffen-SS, die viele ausländische *Freiwilligenverbände* aufstellte.

Besatzungszonen
Schon auf der Konferenz von *Teheran* Ende 1943 einigten sich die Alliierten auf eine Teilung Deutschlands. Im Sept. 1944 legte ihre Europäische Beratende Kommission (EAC, European Advisory Commission) drei Besatzungszonen fest, aus denen auf der Konferenz von *Jalta* durch Aufnahme Frankreichs unter die Siegermächte vier Zonen wurden. Nach endgültiger Abgrenzung im Juli 1945 besetzten Truppen der Roten Armee Brandenburg, Mecklenburg, Sachsen, Sachsen-Anhalt und Thüringen. Die Amerikaner übernahmen Bayern, Hessen, Württemberg-Baden und Bremen. Britisch wurden Schleswig-Holstein, Hamburg, Niedersachsen und Nordrhein-Westfalen, während Rheinland-Pfalz, Württemberg-Hohenzollern und Baden französische Zone wurden. Berlin wurde in vier Sektoren aufgeteilt; Österreich und Wien teilte man in ähnlicher Weise. Am 1.1.1947 bildete sich aus der amerikanischen und der britischen Zone die Bizone, aus der im April 1949 durch Beitritt der französischen Zone die Trizone wurde, Vorstufe der im Sept. 1949 entstehenden Bundesrepublik Deutschland. Aus der sowjetischen Zone entstand zur gleichen Zeit die DDR.

Betriebsgemeinschaft
Am 20.1.1934 erließ die NS-Regierung ein »Gesetz zur Ordnung der nationalen Arbeit«, das alle Ansätze demokratischer Arbeitsverfassung beseitigte. Kern der Wirtschaft sollte danach die Betriebsgemeinschaft als »Zelle des Arbeitslebens« sein, geleitet von einem allein entscheidungsbefugten Betriebsführer. Er war verpflichtet zur »Fürsorge für das Wohl der Gefolgschaft«, die ihrerseits »Treue« zu

bewahren hatte. Beide unterlagen der Kontrolle durch einen staatlichen *Treuhänder der Arbeit*, mit dem gemeinsam der Betriebsführer die Betriebsordnung erließ. Nach dem *Führerprinzip* hatte die Belegschaft im Vertrauensrat nur beratende Funktion.

Bevölkerungspolitik

Zwei Ziele verfolgte die NS-Bevölkerungspolitik: Erhöhung der Zahl der »erwünschten« Geburten und »Verbesserung« der rassischen Qualität der Deutschen. Der »Weckung des Willens zum Kind« als Mittel der Bestandsvermehrung der »erbgesunden« Bevölkerung dienten erzieherische Maßnahmen im *Bund Deutscher Mädel*, in dessen »10 Geboten der Gattenwahl« die Mädchen lernten: »Du sollst dir möglichst viele Kinder wünschen.« Hinzu kamen *Ehestandsdarlehen*, die Familiengründungen fördern sollten, Hilfen für den Erwerb von Wohneigentum, Steuererleichterungen und direkte Beihilfen für Kinderreiche, Diffamierung kinderloser Paare, kultische Verehrung der Mutter am Muttertag und mittels *Mutterkreuz*. Damit gelang eine Steigerung der Lebendgeburten von 0,9 Mio. 1933 auf 1,4 Mio. 1939. Züchterische und rassistische Ziele verfolgte die »negative« Bevölkerungspolitik durch Verschärfung der Vorschriften für *Ehetauglichkeit*, Zwangssterilisation von angeblich erbkranken Personen, Diskriminierung von *Asozialen*, Verbot der Ehen von Deutschen mit Juden, Ermordung der jüdischen Bevölkerung und Maßnahmen der *Rassenhygiene*. Während des Krieges bemühte man sich zudem um *Eindeutschung* »guten Blutes« durch Raub von Kindern in den besetzten Ländern.

Best, Werner

* Darmstadt 10.7.1903, † Mülheim a. d. Ruhr 23.6.1989
Gleich nach dem Jurastudium trat Best 1930 der NSDAP bei, baute den Sicherheitsdienst (SD) der SS mit auf und war bei Kriegsbeginn Leiter des Amtes II im *Reichssicherheitshauptamt*. Nach Einsätzen in Polen, wo er an Massakern teilgenommen haben soll, und Einsatz gegen die *Résistance* 1940–42 war Best seit Nov. 1942 Reichsbevollmächtigter in Dänemark. Als die SS 1943 auch die dortigen Juden deportieren wollte, fand sie kaum noch Opfer. Angeblich hatte Best ihnen die Flucht ermöglicht. Diese Legende hielt sich auch nach dem Krieg, obwohl Best sich immer als kompromißloser Rassist erwiesen hatte und obwohl ihn ein dänisches Gericht zum Tod ver-

urteilte (Begnadigung zu lebenslanger Haft, 1951 Freilassung). Tatsache ist, daß die dänischen Juden gewarnt wurden, aber nicht von Best, der ihre Flucht nur nicht behinderte, weil er auch so – und darauf allein kam es ihm an – seinen Herrschaftsbereich als »judenfrei« melden konnte.

Bewährungseinheit
Wie schon in der *Waffen-SS* bei der Sturmbrigade *Dirlewanger*, entstand auch in der Wehrmacht die Idee, Straftäter zur Bewährung im Kampf heranzuziehen. Es handelte sich dabei um Kriminelle, aber auch um »politisch Unzuverlässige«, die mit Erlaß vom 21.12.1940 zur »Bewährungstruppe 500« zusammengefaßt wurden. Daraus entstand im Herbst 1941 das Infanterie-Ersatz-Bataillon 500, das im Generalgouvernement eingesetzt und später zum Regiment erweitert wurde. Daneben wurde im Sommer 1941 ebenfalls aus »Bewährungssoldaten« das Infanteriebataillon z.b.V. 500 gebildet, das in Südrußland kämpfte. Beide Einheiten hatten in den Abwehrschlachten 1945 schwere Verluste. Bekannter als sie wurde die am 6.10.1942 aufgestellte Afrika-Brigade 999, die ebenfalls aus Sträflingen bestand und bis zur Division erweitert wurde. Das Gros der »999er« ging im Frühjahr 1943 in Afrika in alliierte Gefangenschaft, aus Resten und Neuzugängen entstanden 23 Festungsbataillone, die in Rußland, Griechenland und Jugoslawien zum Einsatz kamen. Einige wurden wie das I. Bataillon auf der Krim völlig vernichtet, andere gerieten dezimiert bei der Kapitulation in russische, ein einziges in amerikanische Gefangenschaft.

Birkenau →*Auschwitz*

Bismarck
Nach dem ersten deutschen Reichskanzler Otto Fürst von Bismarck (* 1815, † 1898) benannte die Kriegsmarine ihr modernstes und größtes Schlachtschiff, das am 14.2.1939 im Beisein Hitlers vom Stapel lief und am 24.8.1940 in Dienst gestellt wurde; 49 947 t Maximalverdrängung, 251 m lang, 36 m breit, 29 Knoten Höchstgeschwindigkeit, 8 × 38-cm-Rohre für 798-kg-Granaten, 12 × 15-cm-Geschütze, 16 × 10,5-cm-Flak, 28 kleinere Fla-Kanonen, 6 Bordflugzeuge Arado Ar 196; bis 2250 Mann Besatzung. – Am 18.5.1941 übernahm Admiral Günther Lütjens die Führung eines nur aus der Bismarck und

dem Schweren Kreuzer Prinz Eugen bestehenden Verbands und lief mit ihm in die Nordsee aus. Ziel des Unternehmens mit der Codebezeichnung »Rheinübung« waren der Durchbruch in den Atlantik und die Bindung starker britischer Kräfte zur Entlastung der Mittelmeertransporte. Teile der britischen Home Fleet erwarteten den Verband an der Dänemarkstraße, wo es am 24.5. zu einem kurzen Gefecht mit den Schlachtschiffen Hood und Prince of Wales kam, bei dem die Hood innerhalb von fünf Minuten sank (1416 Tote, nur drei Gerettete) und die Prince of Wales schwere Treffer erhielt. Auch die Bismarck war beschädigt, doch verkannte Lütjens das Ausmaß und setzte den Raid in den Atlantik mit verminderter Fahrt in südöstlicher Richtung fort; die Prinz Eugen entließ er. Die breite Ölspur der Bismarck erleichterte der Royal Navy die Verfolgung mit schließlich fünf Schlachtschiffen, zwei Flugzeugträgern, neun Kreuzern und 18 Zerstörern. Von Flugbooten am 26.5. gesichtet, wurde die Bismarck von Torpedojägern angegriffen, die die Ruderanlage des Schlachtschiffs zerstörten, so daß es sich zum Endkampf stellen mußte. – Gegen nächtliche Zerstörerattacken konnte sich die Bismarck noch behaupten, doch am Morgen des 27.5. sah sie sich einer erdrückenden Übermacht gegenüber: Die Schlachtschiffe King George und Rodney sowie die Kreuzer Norfolk und Dorsetshire eröffneten um 8.48 Uhr das Feuer, das aus dem deutschen Schlachtschiff bis 10 Uhr eine rauchende Ruine machte. Lütjens ordnete die Selbstversenkung an, obwohl das Schiff im Innern noch völlig intakt war. 2106 Seeleute, unter ihnen Lütjens mit seinem Stab, kamen um, als die Bismarck um 10.26 Uhr bei 48° 10' Nord und 16° 12' West sank; 115 Besatzungsmitglieder wurden gerettet. Die Kriegsmarine setzte in der Folgezeit keine Großkampfschiffe mehr im Zufuhrkrieg ein.

»Blau«

Die deutsche Sommeroffensive 1942 an der Ostfront trug den Decknamen »Blau«. Angesichts des drohenden Zweifrontenkriegs nach Kriegseintritt der USA im Dez. 1941 und der Gefährdung der deutschen Ölversorgung verlangte Hitler die Eroberung der Ölfelder im nördlichen Kaukasus und ihre Abschirmung durch eine Verteidigungsstellung am Don zwischen Kursk und Stalingrad. Zu diesem Zweck wurde die Heeresgruppe Süd geteilt: Heeresgruppe A (List) mit Stoßrichtung Kaukasus, Heeresgruppe B (v. Bock, seit

15.7. v.Weichs) für den Aufbau der Donstellung und – als zusätzliche Aufgabe – die Eroberung Stalingrads. Diese Ausweitung des Auftrags über die ursprünglich bloße Flankensicherung hinaus bedeutete, daß die Heeresgruppe B schließlich sogar die Hauptlast des Kampfes bei zunehmender Zersplitterung der Kräfte zu tragen hatte. – »Blau« (am 30.6. in »Braunschweig« umbenannt) begann am 28.6. aus dem Raum Kursk mit der 2.Armee (v.Weichs), der 4.Panzerarmee (Hoth) und der 2.ungarischen Armee (Jány) mit drei Panzer-, drei Panzergrenadier- und elf Infanteriedivisionen sowie zehn ungarischen Divisionen gegen die sowjetische Brjansker Front (seit 7.7. Woronesch-Front). Am 30.6. folgte der Angriff der deutschen 6.Armee (Paulus) aus dem Raum Belgorod. Obwohl Hitler die Operationen behinderte, indem er am 13.7. Stalingrad als Hauptangriffsziel festlegte und am 17.7. die 4.Panzerarmee zur Unterstützung der Heeresgruppe A im Kaukasus abzog, erreichte die Heeresgruppe A am 21.8. mit dem Elbrus den Kamm des Kaukasus und die Heeresgruppe B zwei Tage später die Wolga nördlich von Stalingrad. Es gelang jedoch nicht, größere Verbände des Gegners einzukesseln. So blieb »Blau« ein Sieg, mit dem wenig anzufangen war, und keines der beiden angestrebten Ziele, weder die Einnahme der Ölfelder von Baku noch die Eroberung von *Stalingrad*, glückte.

Blaue Division

Am *Rußlandfeldzug* nahm seit Okt. 1941 ein spanischer Freiwilligenverband teil. Die Soldaten durften zur Wehrmachtsuniform die blauen Falange-Hemden tragen, daher der Name Blaue Division (span. División Azul). Das Gros kehrte im Herbst 1943 nach Spanien zurück. Nach offiziellen Angaben verlor die Division insgesamt 12736 Mann, davon 6386 Gefallene.

Blitzkrieg

Hitlers Vorliebe für wuchtig-brutale Sprache machten sich natürlich auch seine Propagandisten zu eigen: Reichssendeleiter Eugen Hadamovsky prägte 1940 für den *Polenfeldzug* den Begriff »Blitzkrieg«, der später auch von anderen Sprachen übernommen wurde als Bezeichnung für eine rasch die Entscheidung suchende Kampfführung. In Polen, 1940 im Westen und 1941 auf dem Balkan gelang der Wehrmacht mit starker Luftunterstützung der überraschende

Durchbruch massierter Panzerkräfte und damit die Überflügelung und Zerschlagung der gegnerischen Armeen. Dieses Konzept war für die unzureichend gerüsteten deutschen Streitkräfte das einzig denkbare, da ein Abnutzungskrieg nicht durchzustehen war. Es versagte 1941/42 in den Weiten Rußlands.

Blobel, Paul

* Potsdam 13.8.1894, † Landsberg a. Lech 7.6.1951 (hingerichtet)
Er gehörte zu den Alten Kämpfern, doch beförderte das seine Karriere auch nicht nach der Machtergreifung: Der freie Architekt Blobel, seit 1.12.1931 NSDAP- und SS-Mitglied, wechselte 1935 wegen beruflicher Schwierigkeiten zum SD und übernahm bei Beginn des Rußlandfeldzugs als SS-Standartenführer das Sonderkommando (SK) 4a der *Einsatzgruppe* C, mit dem er Massenerschießungen durchführte (u. a. in *Babi Jar*), denen mindestens 60 000 Menschen zum Opfer fielen. Seit Jan. 1942 war er mit der Beseitigung von Massengräbern (»Aktion 1005« oder »Enterdungsaktion« genannt) beauftragt. Am 10.4.1948 wurde Blobel im Rahmen des *Ohlendorf-Prozesses* zum Tod verurteilt und drei Jahre später hingerichtet.

Blockwart

Unterste Organisationseinheit (»Hoheitsgebiet«) der NSDAP war der Block. Er umfaßte 40–60 Familien, also 160–240 Personen, »betreut« von einem Blockleiter. Der Blockwart war dagegen zunächst nur der im Block für Luftschutz, DAF und NSV zuständige Mann, doch da diese Funktionen oft zugleich vom Blockleiter wahrgenommen wurden, hieß bald der Parteivertreter auf der untersten Ebene generell »Blockwart«. Die Bezeichnung wurde zum Inbegriff der Parteiaufsicht bis in die Privatsphäre hinein, denn der Blockwart (oder Blockleiter) war verpflichtet zur Weitermeldung »schädigender Gerüchte«, hatte beim Kassieren der Mitgliedsbeiträge oft Zutritt zu den Wohnungen, setzte die noch nicht organisierten Bewohner seines Blocks unter Druck, der Partei oder ihren Gliederungen beizutreten, achtete auf korrekten *Deutschen Gruß*, hatte mitzureden bei der Vergabe etwa des *Mutterkreuzes*, führte eine Bewohnerkartei und konnte Mißliebige als *Arbeitsscheue* oder *Asoziale* melden. Da die Blockwarte vom Kreisleiter eingesetzt wurden und nur ihm verantwortlich waren, entwickelten sie sich vielfach zu gefährlichen Kleintyrannen.

Blomberg, Werner von

* Stargard i. Pom. 2.9.1878, † Nürnberg 14.3.1946
Noch vor *Göring* ernannte Hitler Reichskriegsminister Blomberg, den er am 30.1.1933 auf Empfehlung *Hindenburgs* in sein Kabinett berufen hatte, am 20.4.1936 zum ersten Generalfeldmarschall des 3. Reiches. Das war der Dank dafür, daß der konservative Offizier energisch den Aufrüstungskurs des »Führers« unterstützt und v.a. bei der Entmachtung der SA während der *Röhm-Affäre* (30.6./1.7.1934) dem Morden wohlwollend zugeschaut und danach die Reichswehr auf Hitler hatte vereidigen lassen. Die Wertschätzung endete jedoch, als Blomberg 1937 vorsichtig vor allzu forscher Kriegspolitik warnte. Hitler nutzte die erste Gelegenheit, den Mahner loszuwerden: Als bekannt wurde, daß Blomberg im Jan. 1938 eine ehemalige Prostituierte geheiratet und dazu Hitler als Trauzeugen gebeten hatte, wurde er im Zuge der *Fritsch-Krise* als Minister und Offizier entlassen. Blomberg starb in amerikanischer Haft.

Blut

In Goethes »Faust« sagt Mephisto, also der Teufel: »Blut ist ein ganz besondrer Saft.« Und Blut wurde bei den NS-Ideologen gegen jede, auch damals schon verfügbare, wissenschaftliche Erkenntnis zum »Träger des Erbguts« und der angeblichen Rassemerkmale. Es diente zur Begründung der eigenen höherwertigen »arischen« Eigenschaften und zur Diffamierung angeblich minderwertiger Rassen, ist eine der häufigsten Vokabeln in weltanschaulichen Texten und kommt in allen möglichen Zusammensetzungen im Sinn von »rassisch« vor: »blutgebunden« (durch rassische Abstammung geprägt), »Blutkreis« (Gesamtheit der Angehörigen einer Rasse), »Blutschranke« (naturgegebene Grenze zwischen den Rassen), »Blutseele« (Wesen eines Volkes, wie es nach *Rosenberg* dessen »Dichter und Helden« verkörpern), »Blutgefühl« (Zugehörigkeitsgefühl zu einer Rasse), »Blutstolz« (hohe Selbsteinschätzung wegen der Zugehörigkeit zu einer Rasse), »Blutträger« (Vertreter einer Rasse), »Blutvergiftung« (durch Rassenmischung ausgelöster Verfall), »Blutwert« (Rang von Menschen aufgrund ihrer Rasse). Heute kommt die mystische Verwendung nur noch in Worten wie »Blutsverwandtschaft« oder »Blutsbrüderschaft« vor.

Blutfahne
»Die Fahne ist mehr als der Tod«, hieß es in einem Lied der HJ, und höchste aller Fahnen der NS-Bewegung war die Blutfahne. Dieses Hakenkreuzbanner wurde beim *Hitler-Putsch* am 9.11.1923 angeblich mit dem Blut der dabei erschossenen Hitler-Anhänger (»Blutzeugen«) getränkt. Es gehörte daher zum »Allerheiligsten« der NSDAP und wurde zum Weihen anderer Fahnen verwendet, indem diese mit der Blutfahne berührt wurden. Man knüpfte damit an mittelalterliche Traditionen an, die solche Weihe mit einer roten Fahne, z.B. bei der Übertragung der Blutgerichtsbarkeit (Berechtigung zur Verhängung von Todesurteilen) an einen Herrscher, kannten.

Blutorden
Als Helden galten in der NSDAP die Teilnehmer am *Hitler-Putsch* vom 9.11.1923, und daher wurde für diese etwa 1500 Parteimitglieder eine eigene Auszeichnung von Hitler gestiftet, der Blutorden. Er galt als höchstes Ehrenzeichen der Partei und wurde später noch einige Male an Nationalsozialisten verliehen, die in der *Kampfzeit* schwer verwundet worden waren, weil auch sie »Blutopfer« gebracht hätten.

Blutschutzgesetz
Kurzbezeichnung für das »Gesetz zum Schutz des deutschen Blutes und der deutschen Ehre« im Rahmen der *Nürnberger Gesetze.*

Blut und Boden
Mit ihren halbreligiösen Parolen und Formeln gingen die NS-Propagandisten selbst Anhängern der Partei nicht selten auf die Nerven. Einer der am meisten beschworenen Werte wurde unter dem Schlagwort vom »Blut und Boden« zusammengefaßt und wegen der gebetsmühlenartigen Wiederholungen vom Volksmund im Stil der NS-Abkürzungssucht zu »Blubo« veralbert. Vor allem der spätere Leiter des *Rasse- und Siedlungshauptamts* der SS (RuSHA) *Darré* predigte die Besinnung auf diesen Grundgedanken der NS-Ideologie (1930 erschien sein Buch »Neuadel aus Blut und Boden«). Danach konnte ein »gesunder Staat« nur auf der innigen Verwurzelung des (rassisch reinen) Volkes (»Blut«) in der Heimat-»Scholle« (»Boden«) gedeihen, das *Bauerntum* war also der eigentliche Träger

dieses idealen Gemeinwesens. Die Formel tauchte sogar im Wappen des *Reichsnährstands* auf.

Bock, Fedor von

* Küstrin 3.12.1880, † Lensahn (bei Oldenburg, Holstein) 5.5.1945
Im 1. Weltkrieg Bataillonskommandeur und Generalstabsoffizier, wurde Bock in die Reichswehr übernommen und 1929 Generalmajor. Bis zum Generaloberst (15.3.1938) befördert, führte Bock den deutschen Einmarsch in Österreich, war Oberbefehlshaber der Heeresgruppe Nord im Polenfeldzug und befehligte im Frankreichfeldzug die Heeresgruppe B zunächst gegen die Niederlande und Belgien, dann beim Vorstoß zur Loire. Am 19.7.1940 wurde er zum Generalfeldmarschall ernannt. Im Rußlandfeldzug trug Bocks Heeresgruppe Mitte die Hauptlast des Angriffs. In der Winterkrise vor Moskau wurde er am 18.12.1941 abgelöst. Am 16.1.1942 übernahm Bock die Heeresgruppe Süd. Hier stellte er sich gegen Hitlers Plan, Stalingrad und Kaukasus zugleich anzugreifen, und wurde am 15.7.1942 verabschiedet. Obwohl Gegner der nationalsozialistischen Judenpolitik (nach den Ausschreitungen vom 9.11.1938, der sog. »Kristallnacht«, stellte er im Kreise von Generälen die Frage, ob man »dieses Schwein, den Goebbels, nicht aufhängen« könne), war er doch zu aktivem Handeln nicht bereit, versagte sich auch während seiner Zeit als OB Mitte allen Umsturzplänen seines Mitarbeiters *Tresckow*. Bei Kriegsende stellte sich Bock der Regierung *Dönitz* zur Verfügung; er kam bei einem Tieffliegerangriff ums Leben.

Bodelschwingh, Friedrich von

* Bethel (bei Bielefeld) 14.8.1877, † ebd. 4.1.1946
Sein Vater war der Begründer der Anstalten für Behinderte in Bethel. Bodelschwingh übernahm sie nach dem Tod des Vaters 1910. Der Konflikt mit den Nationalsozialisten war programmiert. Er begann schon 1933, als Bodelschwingh von den evangelischen Landeskirchen zum Reichsbischof bestellt wurde und keine staatliche Anerkennung fand. Er mußte den Platz für L. *Müller* räumen. Die eigentliche Bewährungsprobe aber kam, als Hitler 1939 die *Euthanasie* Behinderter und unheilbar Kranker befahl. Es gelang Bodelschwingh, die ihm anvertrauten Patienten zu retten. Seine Proteste und die des Münsteraner Bischofs *Galen* führten sogar zu zeitweiser Aussetzung der Tötungen.

Boger, Friedrich Wilhelm
* Stuttgart 19.12.1906, † Bietigheim-Bissingen 3.4.1977
Er war nur ein kleines Licht, aber typisch für die Brutalisierung durch die unumschränkte Macht Wehrlosen gegenüber: Boger trat früh völkischen Gruppen bei, fand 1930 Aufnahme in die SS und brachte es 1937 zum Kriminalsekretär. Als SS-Hauptscharführer kam er 1942 in die politische Abteilung des KZ *Auschwitz* und entwickelte ausgeklügelte Quälmethoden zur Erpressung von Aussagen, darunter die Boger-Schaukel, auf der die Häftlinge festgebunden und nicht selten zu Tode mißhandelt wurden. Nach dem Krieg verhaftet, konnte Boger sich der Auslieferung an Polen durch die Flucht entziehen und wurde erst 1958 wieder gefaßt. 1965 wurde er wegen Mordes zu lebenslanger Haft verurteilt.

Böhmen und Mähren →*Protektorat Böhmen und Mähren*

Bolschewismus
»Bolschewiki« (Mehrheitler) nannte Wladimir Lenin 1903 nach einem Abstimmungssieg seine Fraktion in der russischen Sozialdemokratie im Unterschied zu den »Menschewiki« (Minderheitler). »Bolschewismus« wurde nach 1917 zur Bezeichnung für die sowjetische Politik und die dahinterstehende marxistische Ideologie, die nach den Greueln der Oktoberrevolution in Westeuropa zum Schreckgespenst wurden. Hitler, der den Bolschewismus als eine »Maske des Weltjudentums« sah, nutzte diese Furcht zur Verteufelung der ebenfalls marxistischen KPD und SPD und nach der Machtergreifung außenpolitisch zum Werben um Vertrauen bei den Westmächten. Ersten Erfolg hatte er damit beim Vatikan, der den NS-Antibolschewismus mit dem *Konkordat* honorierte. Auch die britische Politik des *Appeasement* wurde dadurch beeinflußt. Um so größer war der weltweite Schock, als es am 23.8.1939 im *Hitler-Stalin-Pakt* zum Bündnis der Todfeinde kam. Daß Hitler damit aber keineswegs ein Prinzip seiner Weltanschauung aufgegeben hatte, bewies 1941 sein Überfall auf die Sowjetunion, den er nun wieder als »Kreuzzug gegen den Bolschewismus« bezeichnete.

Bonhoeffer, Dietrich
* Breslau 4.2.1906, † KZ Flossenbürg 9.4.1945
Kirchlicher Widerstand war meist passiv oder erschöpfte sich

in – durchaus mutigen – Protesten. Der evangelische Pastor Bonhoeffer aber handelte. Er hatte durch Studium und ökumenische Tätigkeit gute Beziehungen ins Ausland, die er für die *Bekennende Kirche* nutzte. Daran hinderte ihn auch nicht das 1936 verhängte Lehrverbot, dem sich 1940 ein Rede- und 1941 ein Schreibverbot anschlossen. Bonhoeffer fand Kontakt zum Widerstandskreis der *Abwehr*, die ihn bei Auslandsreisen deckte. 1942 traf er sich mit Bischof George Bell von Chichester in Schweden und erkundete Friedensmöglichkeiten nach einer Beseitigung Hitlers, in dem er den »Antichrist« sah und den er »ausmerzen« wollte. Ohne konkrete Beweise wurde Bonhoeffer am 5.4.1943 wegen angeblichen Amtsmißbrauchs verhaftet. Kurz vor Eintreffen der Amerikaner hängten ihn SS-Leute nach provisorischem Standgericht. Erschütternd lesen sich seine Aufzeichnungen aus der langen Haft, die 1951 unter dem Titel »Widerstand und Ergebung« erschienen. Das Berliner Landgericht hob am 1.8.1996 das Standgerichtsurteil auf.

Börgermoor →*Emslandlager*

Bór-Komorowski, Tadeusz Graf

* bei Trembowla (heute Terebowlja, Gebiet Tarnopol) 1.6.1895,
† Grove Farm (Buckinghamshire) 24.8.1966

Im 1. Weltkrieg Kavallerieoffizier im österreichischen Heer, wurde Bór-Komorowski 1933 Oberst in der polnischen Armee, 1938/39 Kommandeur der Kavallerieschule Graudenz. Im Polenfeldzug befehligte er eine Kavalleriebrigade bei Lublin, löste seine Einheit nach der polnischen Kapitulation auf und organisierte zusammen mit anderen Offizieren eine »private« Untergrundbewegung in Südwestpolen. Unter dem Tarnnamen »Bór« (= Wald), den er auch nach dem Krieg beibehielt, übernahm er für den Bereich Krakau das Kommando über bewaffnete Widerstandseinheiten, die Anfang 1942 in der *Heimatarmee* aufgingen. Im Mai 1940 zum General befördert, wurde Bór-Komorowski am 30.6.1943 Oberbefehlshaber der Heimatarmee und brachte die Untergrundtruppen bis Mitte 1944 auf rd. 360 000 Mann. Mit ihnen glaubte er einer Eroberung der polnischen Hauptstadt durch die Rote Armee zuvorkommen zu können und löste am 1.8.1944 in Absprache mit der Londoner Exilregierung den *Warschauer Aufstand* aus. Nach dessen Fehlschlag mußte er am 2.10.1944 vor den deutschen Truppen (SS-Obergruppenführer *Bach-Zelewski*) kapitulieren und ging in Gefangenschaft. Nach dem Krieg war Bór-Komorowski Oberbefehlshaber aller polnischen Streitkräfte im Westen und 1947–49 Ministerpräsident der polnischen Exilregierung.

Bormann, Martin

* Halberstadt 17.6.1900, † Berlin 2.5.1945 (?)

Er war der Prototyp der »grauen Eminenz«: Für öffentliches Auftreten ungeeignet, stieg Bormann im und als Schatten Hitlers unaufhaltsam zu einem der mächtigsten Männer des 3. Reiches auf, bis er schließlich stolz verkünden konnte: »Niemand kommt zum Führer denn durch mich.« – 1927 trat Bormann der NSDAP bei (Nr. 60 508), heiratete 1929 Gerda Buch, die Tochter des obersten Parteirichters, wurde im Juli 1933 Stabsleiter bei *Heß*, organisierte die Bautätigkeit auf dem Obersalzberg, verwaltete das Privatvermögen Hitlers, wurde 1941 Leiter der Parteikanzlei im Rang eines Reichsministers (1943 »Sekretär des Führers«). Bormann verstand es, sich unentbehrlich zu machen, so daß die wachsende Zahl seiner Feinde in Partei- und Staatsführung ihm nichts anhaben konnte. Dazu trug auch die völlige Gewissenlosigkeit bei, mit der er Hitlers Befehle möglichst noch verschärfte. Insbesondere bei der *Euthanasie*, im *Kirchenkampf* und bei der Verfolgung der Juden tat er sich mit beispielloser Brutalität hervor. 1946 wurde er in Nürnberg in Abwesenheit zum Tod verurteilt. Nachdem sein Skelett Anfang der 1970er Jahre an der Berliner Invalidenbrücke mit deutlichen Spuren des Freitods durch Zyankali gefunden worden war, wurde Bormann am 11.4.1973 amtlich für tot erklärt.

Bouhler, Philipp

* München 11.9.1899, † bei Dachau 19.5.1945

Unter den ersten Mitgliedern der NSDAP und unter den Putschisten vom 9.11.1923 war Bouhler, ein kaufmännischer Angestellter. Er war 1925–34 Reichsgeschäftsführer der Partei und wurde 1933 Reichsleiter, als der er am 17.11.1934 die Kanzlei des »Führers« übernahm. Gegen die Parteikanzlei *Bormanns* aber konnte sich Bouhler kaum profilieren, obwohl er immerhin für den »Schutz des NS-Schrifttums« zuständig war. Bedeutsamer wurde seine Rolle vorübergehend, als ihm zusammen mit *Brandt* 1939 die Durchführung des Programms der *Euthanasie* übertragen wurde. Seit 1941 aber sank sein Einfluß ständig, und er widmete sich schriftstellerischen Arbeiten, darunter eine Napoleon-Biographie, die Hitler besonders schätzte: »Kometenbahn eines Genies« (1941). Bouhler vergiftete sich nach Verhaftung durch US-Truppen.

Boxheimer Dokumente

Hitler hatte im Ulmer Reichswehrprozeß 1930 geschworen, daß er nur streng legal die Macht anstrebe. Da kam ihm 1931 die Veröffentlichung von Plänen höchst ungelegen, die führende hessische Nationalsozialisten unter *Best* für den Fall eines kommunistischen Putsches im »Boxheimer Hof« bei Bürstadt an der Bergstraße ausgearbeitet hatten. Diese daher als Boxheimer Dokumente bekannt gewordenen Papiere enthüllten, daß nach einer gegen einen solchen Putsch gerichteten NS-Machtübernahme der Staat grundlegend umgestaltet werden sollte. Best wurde aus dem Staatsdienst entlassen, einen Prozeß gegen ihn stellte das Reichsgericht ein, weil die unausgegorenen Pläne ohnedies unrealisierbar seien.

Brack, Viktor

* Haaren (bei Aachen) 9.11.1904, † Landsberg a. Lech 2.6.1948 (hingerichtet)
Vom Chauffeur zum Mordspezialisten: Die Karriere des gelernten Volkswirtschaftlers Brack führte von der Position eines Fahrers beim Reichsführer SS 1936/37 über die eines stellvertretenden Leiters der Kanzlei des »Führers« 1939 in die Dienststelle T4 der Reichskanzlei, wo er die *Euthanasie* organisierte und das Personal dafür auswählte. Mit diesen Leuten war Brack danach führend tätig beim Aufbau der *Vernichtungslager*. Im *Ärzteprozeß* wurde er am 20.8.1947 zum Tod verurteilt und einige Monate später hingerichtet.

Brandenburg

Von Jan. bis Herbst 1940 Standort einer der Tötungsanstalten im Rahmen der *Euthanasie*-Aktion, dann nach Bernburg verlegt.

Brandt, Karl

* Mülhausen (Elsaß) 8.1.1904, † Landsberg a. Lech 2.6.1948 (hingerichtet)
1933 behandelte der junge Arzt Brandt, seit 1932 in der NSDAP, erfolgreich Personen aus Hitlers Umgebung, die bei einem Auto-

unfall verletzt worden waren. Der Regierungschef wurde auf ihn aufmerksam und ernannte ihn 1934 zu seinem »Begleitarzt«. Es folgte ein rascher Aufstieg bis hin zum SS-Gruppenführer und Reichskommissar für das Sanitäts- und Gesundheitswesen (1944), dann fiel Brandt nach einer Intrige gegen den Hitler-Leibarzt *Morell* in Ungnade. Sein Schuldkonto aber war längst übervoll: 1939–41 hatte er mit *Bouhler* die *Euthanasie* organisiert, und im Krieg war er verantwortlich für *Menschenversuche* in den KZ. Dafür wurde er im *Ärzteprozeß* am 20.8.1947 zum Tod verurteilt.

Brauchitsch, Walther von

* Berlin 4.10.1881, † Hamburg 18.10.1948

Der General Brauchitsch rückte in der *Fritsch-Krise* (Febr. 1938) ins Licht der deutschen Öffentlichkeit, als er von Hitler zum Nachfolger des durch eine Intrige zu Fall gebrachten Oberbefehlshabers des Heeres Fritsch ernannt wurde. Hitler hatte Brauchitsch bei Scheidung und neuer Eheschließung großzügige finanzielle Unterstützung gewährt und ihn sich dadurch verpflichtet, so daß der ohnehin unpolitische und vorsichtige Soldat keinen Widerspruch gegen die von ihm durchaus kritisch gesehene Kriegspolitik wagte. Im Offizierkorps war Brauchitsch daher wenig geachtet, auch die »Blitzsiege« in Polen, Frankreich und auf dem Balkan, die das Heer erfocht und die Brauchitsch den Titel eines Generalfeldmarschalls (19.7.1940) eintrugen, änderten wenig daran. Hitler mischte sich zunehmend in die Operationsführung ein, machte Brauchitsch zum Sündenbock für die Winterkrise vor Moskau, entließ ihn am 19.12.1941 und übernahm selbst den Oberbefehl über das Heer. Brauchitsch wurde bei Kriegsende von den Alliierten in Haft genommen, starb aber vor der Eröffnung eines gegen ihn geplanten Militärgerichtsverfahrens.

Brauchtum und Sitte

Alles »Volkhafte« betonten die Nationalsozialisten, denn es wurzelte nach ihrer Auffassung in »germanischer« Tradition. Bräuche und Sitten wurden daher besonders erforscht und gepflegt, obwohl gerade sie eher regional geprägt als gemeindeutsch sind. Ganz im Sinne des dafür gefundenen Schlagworts von »Brauchtum und Sitte«, im Volksmund sogleich zu »Brausi« verulkt, versuchte man etwa Sonnwendfeiern wiederzubeleben und eigenen *Feiern* »volk-

B

haftes« Gepräge zu geben (Fahnenweihe, Morgenappelle, Aufnahme in die HJ, Aufmärsche). Damit sollte der Gemeinschaftsgedanke gestärkt werden.

braun

Eher zufällig kamen die Nationalsozialisten zur Parteifarbe Braun. Die Hakenkreuzfahne nutzte noch Schwarz-Weiß-Rot, doch für Uniformen waren die Signalfarben Rot (Kommunisten) und Schwarz (italienische Faschisten) schon vergeben. Hitler griff daher für die *SA* auf die »erdige« Tönung der Uniformen der früheren deutschen Schutztruppe in Afrika zurück (Braunhemd) und erklärte Braun 1925 nach der Neugründung der Partei zur »Farbe der Bewegung«; die 1930/31 eingerichtete Parteizentrale in München wurde »Braunes Haus« genannt. Später wurde Braun als besonderes Kennzeichen der Verbundenheit mit der »Heimaterde« und dem Volk gedeutet.

Braun, Eva

* München 6.2.1912, † Berlin 30.4.1945 (Selbstmord gemeinsam mit Hitler)

Nur im engsten Kreis auf dem *Berghof* durfte sie als Hitlers »Hausfrau« auftreten, sonst wurde sie sorgfältig vor der Öffentlichkeit verborgen: Braun lernte Hitler 1929 im Atelier von dessen Leibphotographen *Hoffmann* in München kennen, seine Geliebte wurde sie 1931 nach dem Selbstmord von Hitlers Nichte und Gefährtin Geli *Raubal*, die Einsamkeit und Eifersucht nicht ausgehalten hatte. Auch Braun litt schwer unter der Isolation, die sie hinnehmen mußte, damit das Bild vom allem Irdischen entrückten »Führer« keinen Schaden nähme. Hinzu kamen der Argwohn anderer NS-Größen und der Haß ihrer Frauen. Eine Familie und die sonst erwünschte Kinderschar blieben Braun versagt, nicht aber die Heirat: Am 15.4.1945 war sie Hitler gegen dessen Rat in den *Führerbunker* unter der Reichskanzlei gefolgt; dort heirateten sie am 29.4., so daß Braun einen Tag lang Frau Hitler war.

Braunau

Hitler wurde am Karsamstag, dem 20.4.1889, um 18.30 Uhr in dem kleinen österreichischen Städtchen Braunau am Inn geboren. Das Geburtshaus, 1938 durch Bormann für die NSDAP erworben, war im

3. Reich ein Wallfahrtsort für Hitler-Anhänger. Am 2.5.1945 besetzten Einheiten der 13. US-Panzerdivision »Black Cat« die Stadt; das Geburtshaus, heute noch Touristenziel, wurde später von einer Behindertenorganisation genutzt; 1989 wurde vor dem Haus ein Granitblock aus dem einstigen KZ *Mauthausen* aufgestellt mit der Inschrift »Für Frieden, Freiheit und Demokratie – Nie wieder Faschismus – Millionen Tote mahnen« in Verkennung der weit über Faschistisches hinausreichenden Vernichtungsdespotie dessen, der hier zur Welt kam.

Braunes Haus

Seit Jahresbeginn 1931 Sitz der Reichsleitung der NSDAP in der Brienner Straße in München, zunächst vom Volksmund so benannt, dann offizielle Bezeichnung; Zentrum eines Ensembles von NS-Bauten (u.a. Ehrentempel für die Blutzeugen der Bewegung) am Königsplatz.

Bräuteschulen

Damit die Frau eine perfekte »Kameradin des Mannes« und eine der Kindererziehung gewachsene Mutter würde, bot das Deutsche Frauenwerk in seinem Mütterdienst vier- bis sechswöchige Kurse für werdende Ehefrauen an. Diese Ehe- oder Bräuteschulen vermittelten hauswirtschaftliche Kenntnisse, aber auch weltanschauliche Inhalte und das NS-Frauenbild. Daher wurden v.a. Verlobte von SA- und SS-Männern angehalten, diese Kurse zu besuchen.

Breker, Arno

* Elberfeld (heute zu Wuppertal) 19.7.1900, † Düsseldorf 13.2.1991

Wer nach dem Krieg die Straßenbahnlinie 11 zwischen Düsseldorf-Lohausen und -Kaiserswerth benutzte, sah auf halbem Weg in einem Garten seltsam monströse Plastiken: Hier hatte der Künstler Breker, einer der Lieblingsbildhauer Hitlers, gerettete und neue Skulpturen aufgestellt, die nun zunächst wenig gefragt waren, heute aber wieder Liebhaberpreise erzielen. In seinem Schaffen sah etwa *Rosenberg* »Wucht und Willenhaftigkeit« der Zeit ausgedrückt, insbesondere in heldischen Großplastiken wie »Wehrmacht« und »Partei«, die das Hauptportal der *Neuen Reichskanzlei* schmückten. Seit 1938 Professor an der Hochschule für Bildende Künste in Berlin, wurde Brekers Kunst nach 1945 als »hohl« und »verbissen« kritisiert, doch fand sie z. B. beim Gerling-Konzern bald wieder Gefallen und Breker gutbezahlte Arbeit.

»Die Brennessel«

Hitler und die »Braunen« waren beliebte Opfer von Witzen und Karikaturen. Nach der bewährten Methode »Gleiches mit gleichem bekämpfen« ließ die NSDAP daher 1931 die satirische Wochenzeitschrift »Die Brennessel« gründen, die ihrerseits die politischen Gegner im In- und Ausland angreifen sollte. Doch wie das bei humorlosen Leuten so ist, ihre Scherze gehen nicht selten nach hinten los. Bei der »Brennessel« ließ das schon das holprige Eingangsgedicht in der Nr. 1 vermuten, in dem es hieß, die Zeitschrift wolle »unermüdlich brennen, / und brennend löschen deutsche Schmach / und keine Schonung kennen / für den, der Deutschlands Ehre brach«. Und die meisten Witze entlarvten denn auch nichts als die Schlichtheit des Gemüts ihrer Macher. Was an Geist fehlte, wurde durch aufwendigen Farbdruck und bestes Papier ausgeglichen. Dennoch kam das Blatt bis 1937 nicht über 29 000 Exemplare hinaus und wurde Ende 1938 eingestellt, als das Regime wegen seiner Erfolge keine »humorige« Unterstützung mehr zu brauchen meinte.

Brettheim

Bei Brettheim, einem Dorf südwestlich von Rothenburg ob der Tauber, wurden beim Herannahen amerikanischer Truppen am 7.4.1945 Hitlerjungen aus dem Wehrertüchtigungslager Gebsattel zur Feindbeobachtung eingesetzt. Dorfbewohner, die weiteren Widerstand für unnütz hielten, entwaffneten die Jungen und jagten sie teilweise unter Schlägen weg. Darauf verurteilte ein Standgericht einen der beteiligten Erwachsenen zum Tod. Als sich Ortsgruppenleiter und Bürgermeister von Brettheim weigerten, das Urteil zu unterschreiben, wurden auch sie von einem Standgericht am 10.4.1945 zum Tod verurteilt und zusammen mit dem vorherigen Opfer hingerichtet. Nach dem Krieg befaßten sich mehrere Gerichte mit dem Fall, die Mitglieder des Standgerichts wurden zunächst mangels Beweisen freigesprochen, der Vorsitzende erhielt jedoch später eine Gefängnisstrafe von drei Jahren und sechs Monaten.

Bromberger Blutsonntag

In der nordpolnischen Stadt Bromberg (bis 1920 deutsch) lebten 1939 noch etwa 15 000 Deutsche. Als polnische Truppen nach dem 1.9.1939 vor der angreifenden Wehrmacht zurückfluteten, richteten Soldaten und verhetzte Zivilisten am 3.9. ein Blutbad unter der deutschen Bevölkerung an. Über 1000 Menschen kamen ums Leben, ehe deutsche Truppen die Stadt nehmen konnten. Eine Dokumentation des Auswärtigen Amtes faßte alle Opfer polnischer Gewalt gegen die *Volksdeutschen* in den letzten Wochen bis zu diesem »Bromberger Blutsonntag«, ein von der »Deutschen Rundschau« aufgebrachtes Schlagwort, zusammen und kam auf 5437. Die deutsche Propaganda machte daraus 58 000 zur Rechtfertigung des Krieges gegen Polen als »Schutzfeldzug«. Die Presse erhielt Anweisung, allein diese verzehnfachte Zahl zu verwenden.Die Morde von Bromberg wurden von deutschen Sondergerichten ohne große Mühen bei der Aufklärung mit zahlreichen Todesurteilen geahndet.

Brüning, Heinrich

* Münster (Westf.) 26.11.1885, † Norwich (Vt.) 30.3.1970

Im März 1930 scheiterte die letzte Regierung der Weimarer Republik, die sich noch auf eine Mehrheit im Reichstag hatte stützen können. Reichspräsident *Hindenburg* berief in dieser Lage den katholischen Gewerkschafter und Zentrumspolitiker Brüning zum Reichskanzler, der mit wechselnden Mehrheiten regieren mußte. Während der *Weltwirtschaftskrise* gelang das bald nicht mehr, und Brüning mußte zu *Notverordnungen* des Reichspräsidenten greifen. Seine Regierung wurde damit das erste *Präsidialkabinett*, das die Demokratie aushöhlte. Brüning selbst tat alles für ihre Rettung, schlug einen drastischen Sparkurs ein, um die *Reparationen* loszuwerden, machte Front gegen die NSDAP und verbot SA wie SS. Das dennoch lawinenartige Anwachsen der Radikalen und die rapide Steigerung der Arbeitslosigkeit kosteten Brüning das Vertrauen des Reichspräsidenten, der am 30.5.1932 seinen Rücktritt annahm. 1934 ging Brüning ins Exil und war nach dem Krieg Professor in Harvard und Köln.

Buch, Walter

* Bruchsal 24.10.1883, † Ammersee 12.11.1949 (Selbstmord)

Er gehörte in beiderlei Sinn zu den *Alten Kämpfern* der NSDAP, denn der Weltkriegsmajor Buch war bei der Teilnahme am Hitler-Putsch schon 40 Jahre alt. 1927 wurde er zum Vorsitzenden der Untersuchungs- und Schlichtungsausschüsse (Uschla) der Partei ernannt und nach der Machtergreifung zum obersten Parteirichter im Rang eines SA-Obergruppenführers aufgewertet. In dieser Funktion spielte er eine wichtige Rolle bei den Säuberungen im Rahmen der *Röhm-Affäre* und konnte seine Stellung später dank Schwiegersohn *Bormann* ausbauen. Als er sich mit ihm 1942 überwarf, verlor er an Einfluß. 1949 stufte ihn eine Spruchkammer als Hauptschuldigen ein und verurteilte ihn zu Arbeitslager und Vermögenseinzug.

Buchenwald
Wo einst Goethe ausgedehnte Waldspaziergänge machte, errichtete die SS im Sommer 1937 eines der großen KZ: Auf dem Ettersberg bei Weimar entstand ein Lager mit zunächst wenigen tausend Häftlingen. *Himmler* selbst gab ihm den Namen »Buchenwald«. Schon bald wurde es erweitert: Bei Kriegsbeginn wurden hier bereits 12600 Menschen gefangengehalten, Ende 1944 waren es über 60000 und im Febr. 1945 sogar 86000. Insgesamt durchliefen das Lager rd. 240000 Menschen, von denen 43000 umkamen. Viele Häftlinge starben an Unterernährung, Seuchen, Mißhandlungen, qualvollen medizinischen Versuchen oder unter der ungeheuren Arbeitsbelastung in den Steinbrüchen oder in einem der 130 Außenkommandos und Nebenlager. Andere wurden in der Genickschußanlage »Pferdestall« oder im Krematorium planmäßig ermordet, darunter Prominente wie *Thälmann*. Kranke wurden in Tötungsanstalten der *Euthanasie*-Aktion verbracht. Andere Häftlinge, darunter Kriegsgefangene, tötete der Lagerarzt *Ding-Schuler* durch Evipan- oder Phenolspritzen. Die Zustände wurden selbst in den Augen der SS-Führung unhaltbar: Buchenwalds erster Kommandant (bis 1941) Karl Koch wurde deswegen noch im April 1945 zum Tod verurteilt und erschossen. Sein Nachfolger Hermann Pister starb in alliierter Haft. – Die amerikanischen Befreier kamen am 11.4.1945 und fanden noch 21000 Überlebende vor, die kurz zuvor nach Flucht eines Großteils der Wachmannschaften die Kontrolle über das Lager gewonnen hatten. Die deutsche Bevölkerung von Weimar und Umgebung wurde gezwungen, den Schauplatz der NS-Greueltaten mit seinen Leichenbergen zu besichtigen.

Bücherverbrennung

»Wo man Bücher verbrennt, verbrennt man auch am Ende Menschen«, hatte Heinrich Heine (* 1797, † 1856) geschrieben (»Almansor«), und seine Schriften gehörten am 10.5.1933 zu den ersten, die bei einer reichsweit organisierten Bücherverbrennung in die Flammen flogen. Heine war den neuen Machthabern, die aus dem Hintergrund die Aktionen »wider den undeutschen Geist« steuerten, als Jude verhaßt, aber auch als einer der typischen »linken« Intellektuellen. Gegen sie hatten nationale und völkische Gruppen schon zur Republikzeit gehetzt, jetzt hatte man die Macht und demonstrierte sie, indem man Studenten zentnerweise Bücher verbrennen ließ von: Freud, Marx, Bloch, Einstein, Kerr, Tucholsky, Schnitzler, Kästner, den Brüdern Mann und vielen anderen deutschen, aber auch ausländischen Autoren (z. B. Hemingway). Dazu wurden Parolen gerufen wie: »Gegen Frechheit und Anmaßung, für Achtung und Ehrfurcht vor dem unsterblichen deutschen Volksgeist!« In Berlin zelebrierte *Goebbels* selbst vor 40 000 Menschen auf dem Opernplatz die »Säuberung« der deutschen Literatur. – Rund 12 400 Titel wurden in der Folgezeit aus Bibliotheken und Buchhandlungen entfernt, zahlreiche der verfemten Schriftsteller wurden ausgebürgert, die deutsche Literatur versank in Provinzialismus und gedieh nur im Exil weiter. Die Bevölkerung betrachtete die Bücherverbrennung meist nur als »studentischen Bierulk«; die Tragweite erkannten nur wenige.

Bückeberg

Auf dem Bückeberg, einer Anhöhe bei Hameln (nicht zu verwechseln mit den Bückebergen bei Bückeburg), fand seit dem 1.10.1933 jeweils am Erntedanktag ein Fest statt, zu dem sich Hunderttausende von Bauern aus dem ganzen Reich einfanden; 1937, bei der letzten derartigen Veranstaltung (1938 wegen Sudetenkrise, danach wegen des Krieges ausgefallen), kamen sogar 1,2 Mio. Höhepunkt war Hitlers »Weg durch das Volk« auf dem Hang, eine 800 m lange Gasse zur Bergkuppe, wo der »Führer« die Erntekrone entgegennahm zum Zeichen, daß der Bauernstand die diesjährige Ernte der Nation übergebe. Seit 1935 fanden anschließend Schauübungen der Wehrmacht statt als Ausdruck der Einheit von »Nährstand« und »Wehrstand«.

Bulgarien

»Mein Volk fühlt russisch und denkt deutsch«, mit diesem Argument verweigerte Bulgariens Zar Boris III. (* 1894, † 1943) 1941 die Kriegserklärung an Rußland, die Berlin wünschte. Bis 1944 blieb das vom Monarchen mit Hilfe der Militärs diktatorisch regierte Bulgarien (1934: 103 000 km², 6,1 Mio. Einwohner) daher vom Krieg verschont. Erkauft hatte es das auch durch Beitritt zum *Dreimächtepakt* und Entgegenkommen gegenüber Deutschland, das 1941 seine Truppen für den *Balkanfeldzug* an der bulgarischen Südgrenze aufmarschieren lassen durfte. Bulgarien gewann durch den deutschen Sieg das ganze jugoslawische Makedonien sowie den griechischen Teil Thrakiens und damit einen direkten Zugang zum Mittelmeer. Für weitere deutsche Zwecke aber ließ es sich nicht einspannen, am 17.3.1943 lehnte das Parlament einstimmig die Auslieferung der etwa 50 000 bulgarischen Juden an die SS ab. Trotz seiner nur begrenzten Zusammenarbeit mit Deutschland wurde Bulgarien 1944 von der Roten Armee besetzt und der Bolschewisierung unterworfen, die Gebietsgewinne mußte es wieder herausgeben.

Bullenhuserdamm

Schule im Osten Hamburgs, Außenkommando des KZ *Neuengamme*, im April 1945 Schauplatz des Mordes an 20 jüdischen Kindern.

Bund Deutscher Mädel (BDM)

Die *HJ* war die Jugendorganisation der NSDAP und nach 1933 die des Deutschen Reiches. Sie umfaßte die HJ für die Jungen und den BDM für die Mädchen, die als 10- bis 13jährige im Jungmädelbund, als 14- bis 17jährige im eigentlichen BDM und als 17- bis 21jährige in Sondereinheiten wie *Glaube und Schönheit* organisiert waren. Den Namen erhielten die 1928 als »Schwesternschaften« in die HJ aufgenommenen Mädchengruppen 1930, ebenso die parallele Gliederung: Etwa zehn Mädchen bildeten eine Mädelschaft, deren zehn zu einer Schar zusammengefaßt wurden; aus vier Scharen bestand eine Gruppe, aus drei bis fünf Gruppen ein Ring, aus vier bis sechs Ringen ein Untergau, aus 20 Untergauen ein Obergau, geleitet von einer Referentin unter Führung der BDM-Reichsreferentin. Die BDM-Mädchen waren – auf eigene Kosten – uniform gekleidet in kurzärmlige weiße Blusen, blaue Röcke, Halstücher mit Lederknoten und braune, später blaue Jacken (»Kletterwesten«). – Die Erziehungsarbeit leisteten nach dem Prinzip »Jugend muß durch Jugend geführt werden« ältere Mädchen auf den wöchentlichen Heimabenden, den monatlichen Fahrten in die nähere Umgebung und den jährlichen Lageraufenthalten von acht bis zehn Tagen. Dabei ging es in erster Linie um die körperliche Ertüchtigung und erst an zweiter Stelle um weltanschauliche Schulung. Die Mädchen sollten gläubige Anhängerinnen der NS-Bewegung werden und sich in Gehorsam, Pflichterfüllung, Disziplin und Opferbereitschaft üben. Trotz der daraus folgenden Zwänge hatte der BDM anfangs auch viel freiwilligen Zulauf, da gerade Mädchen aus bürgerlichen Kreisen hier eine Chance sahen, dem elterlichen Druck zu entkommen. Ziel der Erziehung war die Heranbildung der kommenden Mutter »erbgesunder« Kinder, wozu auch hauswirtschaftliche Ausbildung gehörte. – Im Krieg rückten Hilfsdienste in den Vordergrund: BDM-Mitglieder halfen in Krankenhäusern, damit Schwestern an die Frontlazarette abgegeben werden konnten, arbeiteten in Nähstuben, auf Bauernhöfen bei der Ernte, im »Osteinsatz« zur Unterstützung von Neusiedlern, teilten Suppen und Getränke an Fronturlauberzügen aus, dienten als Telephonistinnen oder Schaffnerinnen. In der letzten Kriegsphase wurde die Betreuung von Transporten der *Kinderlandverschickung* zur wichtigsten Aufgabe. Dadurch mußten sich junge Mädchen schon früh in verantwortungsvollen Stellungen bewähren; die BDM-Erziehung verfehlte daher letztlich ihr Ziel, aus den Mädchen »Hausmütter« und unmündige »Kameradinnen des Mannes« zu formen.

Bund Deutscher Offiziere (BDO)

95 deutsche Offiziere gründeten am 11./12.9.1943 im Gefangenenlager Lunjowo bei Moskau den Bund Deutscher Offiziere als »antifaschistische« Organisation. Die Initiatoren hofften, durch Kooperation mit den Sowjets einen Beitrag für die Erhaltung des Deutschen Reiches nach der zu erwartenden Niederlage leisten zu können. Die enge Zusammenarbeit mit dem im selben Jahr entstandenen *Nationalkomitee Freies Deutschland* wurde in der Person des BDO-Präsidenten General Walther von Seydlitz-Kurzbach dokumentiert, der zugleich Vizepräsident beim NKFD war. Zu den Förderern gehörte der bei Stalingrad in Gefangenschaft geratene Generalfeldmarschall *Paulus*. Der BDO rief in Flugblättern und Radiosendungen die deut-

schen Soldaten zum Überlaufen und zum Kampf gegen die Hitler-Diktatur auf. Nennenswerten Erfolg hatten diese Appelle nicht, auch auf die sowjetische Deutschlandpolitik vermochte der BDO keinen Einfluß zu gewinnen. Nach Übernahme der anglo-amerikanischen Forderungen nach *Bedingungsloser Kapitulation* durch die Sowjetunion, wie sie in der Konferenz von *Teheran* formuliert worden war, schrumpfte der Handlungsspielraum des BDO zusehends. Zugleich mit dem Nationalkomitee Freies Deutschland wurde der Offiziersbund am 2.11.1945 aufgelöst.

Burckhardt, Carl Jacob
* Basel 10.9.1891, † Vinzel (Waadt) 3.3.1974
Historiker, die Geschichte machen, sind nicht eben häufig, aber für die Nachwelt um so bedeutsamer: Der Genfer Geschichtsprofessor Burckhardt wurde aufgrund früherer diplomatischer Erfahrung 1937 Hoher Kommissar des Völkerbunds in *Danzig*. Damals trat der Konflikt zwischen Polen und dem Deutschen Reich um die Stadt in die entscheidende Phase. Burckhardts Versuche um Vermittlung blieben v.a. angesichts des deutschen Druckes vergeblich. Hingegen konnte er als Mitglied des Internationalen Komitees vom Roten Kreuz (seit 1934), dessen Präsident er 1944–48 war, zahlreiche Hilfsaktionen organisieren. 1960 veröffentlichte der in präziser Beobachtung und Beurteilung geschulte Historiker aufschlußreiche Memoiren unter dem Titel »Meine Danziger Mission«.

Bürgerbräu-Attentat
Bezeichnung für den Bombenanschlag des Schreiners *Elser* auf Hitler am 8.11.1939 im Münchener Bürgerbräukeller.

Bürgertum
Das bis 1918 bestehende deutsche Kaiserreich wurde vom Adel geführt, aber nicht mehr allein beherrscht und schon gar nicht geprägt. Tragende Schicht war das Bürgertum, v.a. dessen vermögende Oberschicht. Dieses Gewicht wuchs noch nach der Niederlage von 1918, als der Adel abtrat und die Arbeiterschaft eine wirkliche Revolution nicht durchsetzte. Dennoch übernahm das Bürgertum nur zögernd die Verantwortung, da seine wichtigsten Stützen, Beamtenschaft und Militär, dem neuen Staat fremd oder gar feindlich gegenüberstanden und sich nach der Geborgenheit des

Kaiserreichs zurücksehnten. Bei krisenhafter Wirtschaftsentwicklung seit 1929 drückte sich das aus in wachsender Ablehnung der Republik und im Ruf nach dem »starken Mann«. Hitler, der diese Stimmung geschickt zu nutzen verstand, hatte für das Bürgertum aber nur Verachtung übrig und schwächte nach seinem Sieg die Rolle des bürgerlichen Mittelstands weiter in seinem Modell der *Volksgemeinschaft*, das Standesschranken völlig überwinden sollte.

Burschenschaften

Gegen die französische Fremdherrschaft entstanden 1813–15 an deutschen Universitäten Burschenschaften, die demokratische Reformen und die Einheit Deutschlands anstrebten. Im Lauf der Zeit wurden sie immer konservativer und gehörten in den 1920er Jahren zu den völkisch-nationalistischen Kräften, die die Republik und den »Kulturbolschewismus« bekämpften sowie z. T. antisemitische Positionen übernahmen. Hitler sah in ihnen dennoch »Brutstätten des Standesdünkels« und unterwarf sie nach 1933 der *Gleichschaltung*: 1935 wurden ihre Auflösung und ihre Übernahme als »Kameradschaften« des NS-Studentenbunds verfügt. Nur im später angegliederten *Österreich* und im *Protektorat* blieben sie erhalten als »Träger des völkisch großdeutschen Gedankens«.

Busch, Ernst

* Essen-Steele 6.7.1885, † Gefangenenlager Aldershot (Hampshire) 17.7.1945

Nach Karriere in der Reichswehr und der Wehrmacht war Busch, ein unpolitischer Soldat, bei Beginn des 2. Weltkriegs Kommandierender General des VIII. Armeekorps. Am 19.7.1940 wurde er Generaloberst, am 1.2.1943 Generalfeldmarschall. Seit Okt. 1943 führte er die Heeresgruppe Mitte im Rußlandfeldzug, die im Sommer 1944 von der Roten Armee nahezu völlig vernichtet wurde. Die Schuld an dem Desaster wurde Busch zugeschoben, er wurde am 28.6.1944 abgelöst und fand erst im März 1945 wieder Verwendung als Oberbefehlshaber Nordwest. Busch starb in britischer Gefangenschaft.

C

Calais

An der engsten Stelle des Ärmelkanals zwischen England und Frankreich liegt auf französischer Seite die Stadt Calais. Nach ihr benannten die Engländer einen im Okt. 1943 gegründeten Propagandasender, obwohl die Stadt noch in deutscher Hand war. Der Soldatensender Calais war der stärkste Europas und verbreitete unter Leitung von Denis Sefton Delmer bis zum 14.4.1945 in deutscher Sprache geschickt gewählte Nachrichten und erfolgreiche Unterhaltungssendungen, die deutsche Emigranten und britische Journalisten gestalteten. Da er anders als die offiziellen deutschen Sender meist wahrheitsgemäß berichtete, erreichte er hohe Glaubwürdigkeit. Trotz schwerer Strafen für das Hören von »Feindsendern« war seine Wirkung auf die deutschen Soldaten und die Zivilbevölkerung nie ganz auszuschalten.

Canaris, Wilhelm

* Aplerbeck (heute zu Dortmund) 1.1.1887, † KZ Flossenbürg 9.4.1945 (hingerichtet)

Für die Republik hatte der Weltkriegsoffizier der kaiserlichen Marine Canaris nicht viel übrig; er geriet 1919 sogar in Verdacht, den Mördern der KPD-Führer Rosa Luxemburg und Karl Liebknecht zur Flucht verholfen zu haben. Hitlers Aufstieg begleitete er mit Sympathie. Aufgrund glänzender Beurteilungen wurde er am 1.1.1935 als Konteradmiral Chef der *Abwehr* im Reichskriegsministerium, wo er bald das Unrechtssystem und Hitlers Kriegspolitik durchschaute. Nach der *Fritsch-Krise* schwenkte er auf einen Doppelkurs um: für das Reich, gegen Hitler. Er suchte Kontakt zum militärischen Widerstand um *Beck* und förderte Umsturzaktivitäten seines Chefs der Zentralabteilung Oberst *Oster*. Erfolge bei der Spionageabwehr verdeckten lange sein Doppelspiel (1.1.1940 Ernennung zum Admiral), ehe er durch Überläufer unter seinen Agenten in Verdacht geriet und im Febr. 1944 kaltgestellt wurde. Nach dem Attentat vom 20.7.1944 festgenommen, wurde Canaris nach KZ-Haft von einem SS-Standgericht zum Tod verurteilt und gehängt.

Cap Arcona

Mit 27 000 BRT war die Cap Arcona das viertgrößte Passagierschiff der deutschen Handelsmarine. Sie wurde 1945 zur Rettung deutscher Flüchtlinge aus Pommern und Ostpreußen eingesetzt und ging Ende April in der Lübecker Bucht vor Anker. Am 25./26.4. wurden rd. 5000 Häftlinge aus dem KZ *Neuengamme* an Bord gebracht, dazu 1100 Mann Wachpersonal. In der Enge starben bei völlig unzureichender Versorgung zahlreiche Gefangene. Die meisten anderen fielen am 3.5. einem britischen Luftangriff auf – so die offizielle englische Darstellung – »feindliche Schiffsansammlungen« in der Ostsee zum Opfer. Die Wachmannschaften hatten sich z. T. mit Booten in Sicherheit gebracht, während die vergeblich weiße Tücher hissenden Häftlinge im Bombenhagel starben oder in den eisigen Fluten ertranken. Nur 500 Menschen konnten von dem brennenden Schiff gerettet werden.

Casablanca

Vor wenigen Wochen waren hier die ersten amerikanischen Truppen gelandet, um endlich aktiv in den europäischen Krieg einzugreifen: Vom 14. bis 25.1.1943 trafen sich US-Präsident *Roosevelt* und der britische Premierminister *Churchill* in der marokkanischen Hafenstadt Casablanca, um das weitere Vorgehen im Kampf gegen die Achsenmächte abzusprechen; der sowjetische Verbündete *Stalin* war wegen der Schlacht um *Stalingrad* unabkömmlich. Es gelang Churchill ein letztes Mal, die Amerikaner auf seine Strategie des Angriffs von Süden gegen den »weichen Bauch Europas« festzulegen (also Landung auf Sizilien und Sprung nach Italien) und eine Invasion in Frankreich, wie sie Stalin forderte, hinauszuzögern. Außerdem bekräftigten die alliierten Führer in Casablanca nochmals, daß Deutschland als erster Gegner geschlagen werden solle (»Germany first«-Strategie) und daß nur eine *Bedingungslose Kapitulation* in Frage komme.

Centralverein Deutscher Staatsbürger jüdischen Glaubens

1893 gegründeter Reichsverband der deutschen Juden, in dem 1933 etwa die Hälfte (rd. 300 000) aller jüdischen Bürger Deutschlands organisiert waren und der in der *Reichsvertretung der deutschen Juden* aufging.

Chamberlain, Arthur Neville

* Edgbaston (bei Birmingham) 18.3.1869, † Heckfield (bei Reading) 9.11.1940

Ursprünglich Farmer, dann Fabrikant, wurde Chamberlain 1918 für die Konservativen ins britische Unterhaus gewählt. Er war mehrfach Minister und wurde am 28.5.1937 dazu ausersehen, als Premierminister die schwierige Lage des britischen Weltreichs zu stabilisieren. Dazu brauchte er Ruhe in Europa, die er durch eine Politik des *Appeasement* Hitler gegenüber zu erreichen suchte. Er scheiterte aber an den viel weiter reichenden Zielen Hitlers, der weder mit dem *Anschluß* Österreichs noch mit den Erfolgen im *Münchener Abkommen* zufriedenzustellen war. Als Chamberlain dies nach der deutschen Besetzung der »Resttschechei« im März 1939 einsah, war es zu spät. Britische Garantien für Polen und andere Staaten konnten den Krieg nicht mehr verhindern. Bei sich abzeichnender englischer Niederlage in Norwegen mußte Chamberlain am 10.5.1940 sein Amt an *Churchill* abgeben.

Chamberlain, Houston Stewart

* Southsea (bei Portsmouth) 9.9.1855, † Bayreuth 9.1.1927

Ein gebürtiger Engländer entdeckte die wertvollen »rassischen Grundkräfte« des deutschen Volkes: Chamberlain wurde von *Wagners* Musik in den Bannkreis deutscher Kultur gezogen, aber auch angesteckt von den Rassephantasien des Meisters und *Gobineaus*. 1899 erschien sein Buch »Die Grundlagen des 19. Jahrhunderts«, in dem Chamberlain die Deutschen zur Besinnung auf ihre germanischen Wurzeln und zur Reinigung des Christentums von jüdischen Elementen aufrief. Er beeinflußte damit den NS-Antisemitismus (deutscher Staatsbürger seit 1916, persönliche Bekanntschaft mit Hitler 1924) wie die völkische Theologie der *Deutschen Christen*. Chamberlain war seit 1908 mit Wagners Tochter Eva verheiratet und lebte seit 1909 in Bayreuth.

Chełmno →*Kulmhof*

Choltitz, Dietrich von

* Schloß Wiese (bei Neustadt, Oberschlesien) 9.11.1894,
† Baden-Baden 4.11.1966

Bei Kriegsbeginn Kommandeur des III. Bataillons des 16. Infanterieregiments, stieg Choltitz bis Sommer 1944 zum Kommandierenden General des LXXXIV. Armeekorps an der Invasionsfront auf. Hitler ernannte den als unpolitisch und loyal geltenden Offizier am 7.8.1944 zum Wehrmachtbefehlshaber Groß-Paris, zu dem außer der Stadt auch das Departement Seine und Teile der Departements Seine-et-Oise sowie Seine-et-Marne gehörten. Auf diesem Posten verstand es Choltitz, der inzwischen den Krieg als verloren ansah, die Zerstörungsbefehle Hitlers für die französische Hauptstadt zu sabotieren. Er konnte Paris, das die Alliierten am 24.8. erreichten, planmäßig räumen, unterzeichnete am 28.8. die Übergabe vor Leclerc und ging in französische Gefangenschaft, aus der er 1947 entlassen wurde.

Churchill, Winston

* Blenheim Palace (Oxfordshire) 30.11.1874, † London 24.1.1965

Aus hochadliger Familie (Herzöge von Marlborough) stammend, machte sich der junge Churchill als Kriegsberichterstatter im Burenkrieg (1899/1900) einen Namen, zog 1900 für die Konservativen ins Unterhaus ein, wechselte 1904 zu den Liberalen und war mehrfach Minister (1911–15 Marineminister / 1. Lord der Admiralität). 1924 kehrte Churchill zu den Konservativen zurück und war bis 1929 Schatzkanzler. Als scharfer Gegner des *Appeasement* geriet er in den 1930er Jahren politisch ins Abseits, wurde aber nach dem Scheitern der Politik A. N. *Chamberlains* bei Kriegsbeginn erneut Marineminister und löste den glücklosen Regierungschef am Tag des deutschen Angriffs im Westen (10.5.1940) ab. – Mit einem Kriegskabinett aus beiden großen Parteien nahm er die Herausforderung Hitlers an, lehnte jeden Kompromiß mit dem Aggressor ab und stand ein Jahr lang allein den Krieg durch, zunehmend unterstützt allerdings durch die USA. Nach dem deutschen Überfall auf die UdSSR schloß Churchill mit *Stalin* ein Bündnis und bestimmte maßgeblich die alliierte Strategie. Mit wachsendem militärischen Gewicht der USA verlor er jedoch politisch an Boden und mußte in *Teheran* und *Jalta* das stets befürchtete Vordringen der Sowjetunion nach Südost- und Mitteleuropa hinnehmen. Obwohl eigentlicher Bezwinger Hitlers, verlor Churchill im Juli 1945 die Wahlen und konnte so nur noch indirekt Einfluß nehmen auf die Neuordnung Europas. 1950–55 war er nochmals Premierminister. Für seine Kriegsmemoiren (»Der Zweite Weltkrieg«) erhielt er 1953 den Literaturnobelpreis.

Ciano, Galeazzo, Graf von Cortellazzo
* Livorno 18.3.1903, † Verona 11.1.1944 (hingerichtet)
Seit 1925 im diplomatischen Dienst, gelang dem Juristen Ciano der entscheidende Durchbruch privat: 1930 heiratete er die 17jährige Edda *Mussolini* und wurde fortan von seinem Schwiegervater gefördert: 1933 wurde er dessen Pressechef, 1935 Propagandaminister und im Jahr darauf Außenminister. Vor dem Krieg trug er die Anlehnung Italiens an Deutschland mit, suchte aber seit Aug. 1939 intensiv nach Möglichkeiten, Italien aus dem Krieg Hitlers herauszuhalten. Das führte zur Entfremdung zwischen Ciano und dem »Duce«, der ihn im Febr. 1943 ablöste. Ciano fand Kontakt zum innerparteilichen Widerstand und war am Sturz Mussolinis im Juli 1943 beteiligt. Von den Deutschen interniert und im Nov. 1943 an die Republik von *Salò* ausgeliefert, wurde Ciano von einem Sondertribunal zum Tod verurteilt. Seine nach dem Krieg veröffentlichten Tagebücher sind eine wichtige Quelle für die Geschichte des Faschismus.

Clauberg, Carl
* Wuppertal 28.9.1898, † Kiel 9.8.1957
Verantwortlicher Arzt für Sterilisations- und andere *Menschenversuche* in *Auschwitz* und im KZ *Ravensbrück*; nach sowjetischer Haft 1955 freigekommen und erneut verhaftet, vor Prozeßbeginn verstorben.

Colditz
Das Jagdschloß von Colditz, einer sächsischen Kleinstadt an der Zwickauer Mulde, diente in den 1930er Jahren als Kreisführerschule der NSDAP und wurde nach Kriegsbeginn zu einem Lager für besondere Kriegsgefangene (Prominente, Ausbrecher, »deutschfeindliche Elemente« u. a.) ausgebaut (Offizierlager/Oflag IVC). Durchschnittlich war die Haftanstalt mit 500 Mann belegt, gegliedert in Nationalitäten, die trotz mancher Konflikte sich in einem einig waren:

im ständigen Planen von Fluchtversuchen aus dem als »ausbruchssicher« eingestuften Schloß. Insgesamt gelang es 130 Gefangenen zu fliehen, doch wurden anschließend die meisten gefaßt. Durch Überbelegung (zeitweise 1500 Mann) verschlimmerten sich die ohnehin harten Haftbedingungen gegen Kriegsende noch weiter. Am 15.4.1945 erreichten amerikanische Truppen Colditz. Erlebnisse der Häftlinge, v.a. der Ausbrecher unter ihnen, gaben nach dem Krieg Stoff für zahlreiche Romane und Filme.

Compiègne

Der Sieg im *Frankreichfeldzug* 1940 wurde von der politischen und militärischen Führung Deutschlands besonders ausgekostet: Hitler ließ den Salonwagen des französischen Marschalls Ferdinand Foch, in dem 1918 die deutsche Delegation die Kapitulationsbedingungen hatte entgegennehmen müssen, aus dem Museum holen und an dieselbe Stelle wie damals im Wald nahe der nordfranzösischen Stadt Compiègne bringen. Dort empfing er am 21.6.1940 die französischen Unterhändler und diktierte seine Bedingungen für einen Waffenstillstand: Demobilisierung der französischen Armee, deutsche Besetzung Frankreichs bis zur Loire und längs der gesamten Küsten im Norden und Westen, Auslieferung der deutschen Emigranten. Der Salonwagen wurde anschließend nach Berlin gebracht, die Gedenkstätte für den französischen Sieg von 1918 zerstört. 1942 wurde in Compiègne ein Durchgangslager für deportierte Juden eingerichtet; etwa 2000 von ihnen wurden bis Juli 1942 nach Auschwitz ins Vernichtungslager weitergeleitet.

Conti, Leonardo

* Lugano 24.8.1900, † Nürnberg 6.10.1945
1929 Mitbegründer des *Nationalsozialistischen Deutschen Ärztebunds*, 1939 Reichsgesundheitsführer, 1944 SS-Obergruppenführer; Selbstmord in alliierter Haft.

Coventry

Am Nachmittag des 14.11.1940 entschlüsselten britische Experten deutsche Funksprüche, die auf einen nächtlichen Großangriff der Luftwaffe hinwiesen. Das genaue Ziel aber erkannten sie erst, als am späten Abend 449 deutsche Bomber über der Industriestadt Coventry in den Midlands erschienen und bei mehrmaligem Einsatz bis zum folgenden Morgen 503 t Sprengbomben und 881 Brandschüttkästen abwarfen. Das Stadtzentrum mit der gotischen Kathedrale ging in Flammen auf, während die Rüstungsbetriebe nur geringe Schäden erlitten; 554 Menschen fanden den Tod, 865 wurden verletzt. Die deutsche Propaganda kündigte nach diesem Beginn der Nachtoffensive (»Night-Blitz«) in der *Luftschlacht um England* zynisch an, man werde weitere Städte »coventrieren«. Coventry wurde zum Inbegriff des Luftterrors gegen die Zivilbevölkerung und zum Muster für den späteren alliierten Bombenkrieg gegen deutsche Städte.

Crössinsee →*Ordensburgen*

CSSD
Abkürzung für Chef der Sicherheitspolizei und des *SD*, Dienststellung *Heydrichs* und danach *Kaltenbrunners*.

Curzon-Linie
Im geheimen Zusatzprotokoll des *Hitler-Stalin-Pakts* vom 23.8.1939 diente die sog. Curzon-Linie zur Orientierung bei der Abgrenzung der deutschen und der sowjetischen Interessensphären in Polen. Man richtete sich nach einem Vorschlag des ehemaligen britischen Außenministers Lord George Nathaniel Curzon (* 1859, † 1925), der schon 1920 eine polnisch-russische Grenze entlang der Linie Dünaburg–Wilna–Grodno–Brest, dann dem Bug folgend bis Przemyśl vorgeschlagen hatte. Polen hatte jedoch nach dem Sieg über die Rote Armee (Aug. 1920) die Grenze 250 km nach Osten vorgeschoben. 1945 wurde die ungefähre Curzon-Linie endgültig polnische Ostgrenze.

D

Dachau

Nicht einmal zwei Monate nach der *Machtergreifung* entstand das erste *KZ*: Am Ortsrand der oberbayerischen Stadt Dachau (damals etwas über 8000 Einwohner) errichtete die bayerische Landespolizei in einer ehemaligen Munitionsfabrik am 22.3.1933 ein Lager (11.4.1933 an die SS übergeben) für zunächst 5000 Häftlinge (1943: 17000), an denen *Schutzhaft* vollstreckt wurde. Später wurden hier Mitglieder aller dem Regime mißliebigen Gruppen eingeliefert: Kriminelle, politische Gegner, Juden, Geistliche, Homosexuelle und im Krieg zunehmend Menschen aus den besetzten Ländern. Sie mußten bei unzureichender Versorgung und unhaltbaren hygienischen Zuständen, verteilt auf schließlich 125 Außenstellen, Zwangsarbeit im Moor, beim Straßenbau und später v.a. in der Rüstungsindustrie leisten. Folter, Mißhandlungen, Hunger, Seuchen waren an der Tagesordnung und kosteten viele Häftlinge das Leben. Medizinische *Menschenversuche*, Vergasung von Kranken und Behinderten in der Tötungsanstalt Hartheim und Todesurteile forderten weitere Opfer. Bei insgesamt 206000 Häftlingen, die Dachau erlitten, wurden 31951 Todesfälle beurkundet. – Dachau wurde durch den seit Sommer 1933 amtierenden Lagerleiter *Eicke* zum »Muster-KZ«, dessen Organisation, Dienst- und Strafbestimmungen die anderen Lager übernahmen. Viele spätere KZ-Kommandanten und Kriegsverbrecher, darunter *Eichmann*, gingen hier in die »Schule der Gewalt«. Die SS-*Totenkopfverbände* als KZ-Wachmannschaften entstanden in Dachau. Das Lager wurde am 29.4.1945 von US-Truppen befreit (30000 Überlebende). Heute ist das Gelände eine vielbesuchte Gedenkstätte.

DAF →*Deutsche Arbeitsfront*

D

DAK
Abkürzung für das im *Afrikafeldzug* eingesetzte Deutsche Afrika-Korps.

Daladier, Édouard
* Carpentras (bei Avignon) 18.6.1884, † Paris 10.10.1970
Frankreich war in den 1930er Jahren die wohl stärkste Landmacht Europas. Scheinbar sicher hinter den Befestigungen der *Maginotlinie*, nutzte es diese Stärke jedoch nicht entschlossen gegen Hitlers wachsende Macht. Typisch für die defensive Haltung des Landes war Daladier, ursprünglich Historiker, seit 1919 als Radikalsozialist in der Nationalversammlung und seit April 1938 zum wiederholten Mal Ministerpräsident. Er segelte ganz im Windschatten der britischen Politik, schloß sich deren *Appeasement* an und sah sich dann im Sept. 1939 doch gezwungen, dem Reich den Krieg zu erklären. 1940 wurde er wie sein Partner A. N. *Chamberlain* abgelöst, 1943–45 war er in deutscher Haft. Seine Mitwirkung am *Münchener Abkommen* brachte ihn nach dem Krieg um alle Chancen zu einem politischen Comeback.

Daluege, Kurt
* Kreuzburg O. S. 15.9.1897, † Prag 23.10.1946 (hingerichtet)
Gute Verbindungen zur Berliner Unterwelt empfahlen den Diplomingenieur Daluege, seit 1922 NSDAP-Mitglied, als Polizisten; 1933 wurde er Staatsrat und Chef der preußischen Landespolizei. Hartes Durchgreifen bei der *Röhm-Affäre* brachte ihm weitere »Verdienste«, so daß 1936 die Ernennung zum SS-Obergruppenführer und Chef der Ordnungspolizei (»Orpo«) als Stellvertreter *Himmlers* folgte. Im selben Jahr veröffentlichte er die Schrift »Nationalsozialistischer Kampf gegen das Verbrechertum«. Daluege stieg nach *Heydrichs* Tod 1942 für ein Jahr zum stellvertretenden Reichsprotektor von Böhmen und Mähren auf und wurde schließlich noch zum SS-Oberstgruppenführer befördert. 1946 verurteilte ihn ein tschechisches Gericht als Hauptverantwortlichen für das Massaker von *Lidice* zum Tod.

Dänemark
Nach dem 1. Weltkrieg mußte Deutschland Nordschleswig an das Königreich Dänemark (3,65 Mio. Einwohner, 43 000 km^2) abtreten.

Daher beobachteten die Dänen nach 1933 mit Sorge Hitlers Politik der Revision des Friedensvertrags. Im Mai 1939 schloß Kopenhagen einen Nichtangriffsvertrag mit dem Reich, doch nützte der wenig später schon nichts mehr: Beim Wettlauf mit den Briten um das schwedische Erz besetzte die Wehrmacht am 9.4.1940 Dänemark und forderte den Verzicht auf Widerstand. Er hätte an Selbstmord gegrenzt, und so nahmen König und Parlament die deutsche Forderung unter Protest an. Bis 1943 beschränkten sich die Deutschen auf militärische Sicherung und übernahmen die politische Macht erst, als der dänische Widerstand gegen die Besatzung in Streiks und Sabotage mündete. Reichskommissar *Best* verhängte das Kriegsrecht, die SS beschloß die Deportation der bisher verschonten dänischen Juden. Beizeiten jedoch gewarnt, konnten sich 7906 Juden in Fischerbooten nach Schweden retten. Die SS faßte »nur« 492 jüdische Bürger und verschleppte sie nach Theresienstadt, wo 69 umkamen. Der dänische Widerstand hatte 3213 Opfer (113 Hinrichtungen) zu beklagen. Am 9.5.1945 liefen englische Kriegsschiffe im Kopenhagener Hafen ein.

Dannecker, Theodor

* Tübingen 27.3.1913, † Bad Tölz 10.12.1945

Der junge Kaufmann Dannecker wurde 1937 Mitarbeiter in *Eichmanns* Judenreferat. 1940 organisierte er in Paris die Erfassung der französischen Juden und sorgte 1941 für den Beginn der Deportationen in den Osten. 1942 wegen Amtsmißbrauchs zurückbeordert, war Dannecker in der Folgezeit maßgeblich beteiligt an der Verschleppung der Juden Makedoniens, Thrakiens, Italiens und Ungarns. Er nahm sich in amerikanischer Haft das Leben.

Danzig

Ohne Volksabstimmung wurde im *Versailler Vertrag* 1919 bestimmt, daß die Stadt Danzig an der Mündung der Weichsel mit Umland (insgesamt 1893 km^2 mit 410 000 zu über 90 % deutschen Einwohnern) vom Deutschen Reich abzutrennen sei. Es entstand ein Staatsgebilde unter dem Schutz des Völkerbunds, vertreten durch einen Hohen Kommissar; die Außen- und Verteidigungspolitik nahm Polen wahr. Obwohl die NSDAP 1933 auch in Danzig an die Macht kam, spielte Hitler das Problem zunächst herunter und schloß sogar 1934 den Deutsch-Polnischen Nichtangriffsvertrag. 1939 aber benutzte er die Danzigfrage als Hebel für die Isolierung Polens, indem er ultimativ die Rückgabe der Stadt sowie eine Autobahn durch den polnischen *Korridor* forderte. Die erwartete Ablehnung durch Warschau beantwortete er mit dem Angriff am 1.9.1939, der mit der Beschießung der Danziger Westerplatte begann. Am Tag darauf wurde Danzig durch ein »Staatsgrundgesetz« dem Deutschen Reich angeschlossen. Gegen die wiederum einen Tag später erfolgende französische Kriegserklärung operierte die NS-Propaganda nicht ohne Erfolg mit dem Schlagwort »Mourir pour Danzig?« (Sterben für Danzig?), als ginge es Hitler mit seinem Krieg nur um dieses begrenzte Ziel. Am 30.3.1945 besetzte die sowjetische 2. Stoßarmee die von Luftangriffen und Bodenkämpfen schwer zerstörte Stadt, die seitdem zu Polen gehört.

DAP →*Deutsche Arbeiterpartei*

Darré, Richard Walther
* Belgrano (bei Buenos Aires) 14.7.1895, † München 5.9.1953
Noch bevor er 1930 der NSDAP beitrat, wirkte der Diplomlandwirt Darré auf deren Programmatik durch Bücher wie »Das Bauerntum als Lebensquell der nordischen Rasse« (1928) und »Neuadel aus *Blut und Boden*« (1930). Darin forderte er die Abkehr von der Verstädterung und die »Zucht« eines neuen »Adelsbauerntums«. Nach dem Parteieintritt wurde Darré zum agrarpolitischen Berater Hitlers und formulierte das Agrarprogramm vom 6.3.1930. 1931 stieg er zum Leiter des Rassenamts, seit 1935 *Rasse- und Siedlungshauptamts* (RuSHA), der SS auf, 1933 löste er *Hugenberg* als Landwirtschaftsminister ab. 1934 wurde er als Reichsbauernführer Leiter des *Reichsnährstands*, unter dessen Dach er alle landwirtschaftlichen Verbände gleichschaltete. Bald aber paßte Darrés Agrarromantik nicht mehr in die Pläne zur Produktionsausweitung um jeden Preis, so daß er 1938 als RuSHA-Chef abgelöst wurde und 1942 auch das Ministeramt verlor. 1949 wurde Darré im *Wilhelmstraßen-Prozeß* zu sieben Jahren Haft verurteilt, aber schon 1950 freigelassen.

D-Day
Abkürzung für englisch »Decision Day« (Tag der Entscheidung) oder »Disembarkation Day« (Landungstag), Codebezeichnung der Alliierten für den Tag der *Invasion*, den 6.6.1944.

DDP →*Deutsche Demokratische Partei*

Degrelle, Léon

* Bouillon (Luxemburg) 15.6.1906, † Málaga 31.3.1994

Faschistische Tendenzen regten sich in den 1920er Jahren überall in Europa. In *Belgien* griff sie der Jurist Degrelle auf und gründete 1930 die Bewegung der Rexisten, die »natürlich gewachsene Gemeinschaften« wie Familie, Berufsstand, Volk als Grundlage eines ständisch gegliederten autoritären Staates forderten. Sie brachten es 1936 auf 21 Parlamentssitze. Beim deutschen Angriff 1940 wurde Degrelle verhaftet, nach Frankreich verbracht und dort von der Wehrmacht befreit. Der fanatische Hitler-Anhänger baute in Belgien eine »Wallonische Legion« auf, die unter ihm als 28. SS-Freiwilligen-Grenadier-Division »Wallonien« in Rußland kämpfte. Mit dem Eichenlaub zum *Ritterkreuz* war Degrelle der höchstdekorierte Ausländer der Wehrmacht. Er floh bei Kriegsende nach Spanien und wurde am 14.12.1945 in Abwesenheit zum Tod verurteilt; alle Auslieferungsanträge blieben erfolglos. 1992 erschienen seine unbeirrt Hitler verherrlichenden Memoiren »Denn der Haß stirbt ...«.

Delp, Alfred

* Mannheim 15.9.1907, † Berlin-Plötzensee 2.2.1945 (hingerichtet)

Der 1937 zum Priester geweihte Jesuit Delp übernahm 1939 die Redaktion der katholischen Zeitschrift »Stimmen der Zeit« in München. Nach deren Verbot (1941) sammelte er zu privaten Messen und Gesprächen gleichgesinnte Gegner der NS-Ideologie und des Hitler-Staates um sich und entwickelte in seiner Schrift »Der Mensch und die Geschichte« (1943) einen religiös fundierten Humanismus, der nach Delps Aufnahme in den *Kreisauer Kreis* Einfluß gewann auf die Planung eines Deutschlands nach Hitler. Obwohl nicht beteiligt am Attentat vom 20.7.1944, wurde er verhaftet und vom Volksgerichtshof zum Tod verurteilt. 1956 erschienen seine Aufzeichnungen aus der Haftzeit unter dem Titel »Im Angesicht des Todes«.

Demjansk

Die russische Stadt Demjansk zwischen Ilmen- und Seligersee auf den Waldaihöhen östlich des Flusses Pola fiel im *Rußlandfeldzug* Ende Sept. 1941 in deutsche Hand. Während der sowjetischen Winteroffensive wurden hier das deutsche II. Armeekorps (v. Brockdorff-Ahlefeldt) und Teile des X. Armeekorps, zusammen sechs Divisionen mit fast 100 000 Mann, am 18.1.1942 vom Vorstoß der sowjetischen 3. Stoßarmee und der 34. Armee überrascht. Der Ring um Demjansk schloß sich am 8.2. Die Verteidiger des Kessels mußten nun ausschließlich auf dem Luftweg versorgt werden. Sie hielten sich trotz starken sowjetischen Drucks bis zum 28.4.1942, als es der deutschen 16. Armee gelang, einen schmalen Korridor nach Demjansk freizukämpfen. Der schließlich erfolgreiche Entsatz sollte wenig später fatale Folgen haben: Die in *Stalingrad* eingeschlossene deutsche 6. Armee glaubte man auf ähnliche Weise versorgen und entsetzen zu können wie die Truppen im Kessel von Demjansk. Im Febr. 1943 wurde Demjansk von der Roten Armee zurückerobert.

Demokratie

Weit von sich gewiesen hätten Nationalsozialisten den Vorwurf, sie seien gegen die Demokratie, gegen die Volksherrschaft. Im Gegenteil: Sie seien nur gegen die repräsentative Demokratie, in der Abgeordnete die Wähler vertreten, denn das erziehe nur zur Verantwortungsscheu und züchte »verängstigte Hasen oder pfiffige Schieber« (Hitler-Rede 17.8.1934). Die NS-Bewegung kehre daher zur »germanischen« oder »Führer-Demokratie« zurück, in der das Volk herrsche durch seine Liebe und sein Vertrauen zum Führer, der dem Wohl des Volkes alle seine Kraft widme. Diese abenteuerliche Verdrehung des Demokratiebegriffs wurde nur selten offiziell verwendet. In der Propaganda wurde gewöhnlich nur herabsetzend von Demokratie geredet, etwa bei der Verhöhnung der Westmächte als »verweichlichte Demokratien« oder des Parlaments als »Quasselbude«. *Rosenberg* sprach voll Abscheu von völkerzersetzender »humaner« Demokratie.

Demontage

Die Probleme mit den finanziellen *Reparationen* nach dem 1. Weltkrieg führten bei sich abzeichnender deutscher Niederlage im 2. Weltkrieg zu alliierten Überlegungen, sich an Sachwerten schadlos zu halten. Im Sept. 1944 verabredeten *Churchill* und *Roosevelt* einen abgemilderten *Morgenthau-Plan*, in *Jalta* schloß sich *Stalin* den Forderungen nach Demontage deutscher Industrie an, im *Potsdamer Abkommen* wurden die Details festgelegt, wonach sich die Sieger in ihrer jeweiligen Besatzungszone bedienen sollten. Wegen des unterschiedlichen Industrieniveaus wurden der Sowjetunion zusätzlich 10 % der Demontagen im Westen zugesprochen. Der Abbau von Produktionsanlagen geriet aber wegen des sich verschärfenden Ost-West-Konflikts bald ins Stocken, so daß im Westen bis zum faktischen Ende der Demontage mit dem Petersberger Abkommen vom 22.11.1949 (offiziell erst mit dem Deutschlandvertrag vom 26.5.1952) nur 8 % der Industriekapazität von 1936 abtransportiert waren. Die UdSSR hatte schon 1948 das Ende der Demontage verkündet, bezog aber bis in die 1950er Jahre hinein Lieferungen aus der laufenden Produktion der DDR.

Deportation
Wenn Menschen, meist in größeren Gruppen, unter Anwendung oder Androhung von Gewalt durch den eigenen Staat oder eine Besatzungsmacht aus ihren angestammten Wohngebieten ausgesiedelt werden, spricht man von Deportation. Sie ist völkerrechtlich nur als »ordnungsgemäße Kriminalstrafe« und nur unter menschenwürdigen Bedingungen zulässig. – Die Deportationen der Juden oder *Zwangsarbeiter* durch SS und Polizei im 2. Weltkrieg entsprachen dem in keinem Fall, und auch die Deportation von Bevölkerungsgruppen in der UdSSR wegen angeblicher Zusammenarbeit mit dem Feind (z.B. Krimtataren) war völkerrechtswidrig. Die *Vertreibung* der deutschen Bevölkerung aus den Ostgebieten nach 1945 entsprang zwar internationaler Vereinbarung, vollzog sich aber unter unmenschlichen Umständen und gehört daher ebenfalls zu den unrechtmäßigen Deportationen.

deutschblütig
Alternativausdruck für arisch im NS-Mythos vom *Blut* als Träger der Rasseeigenschaften.

Deutsch-Britisches Flottenabkommen
Komme Deutschland den Briten zur See entgegen, werde ihm Großbritannien zu Lande freie Hand lassen. Diese Illusion findet sich schon in »Mein Kampf« und war 1935 Grundlage einer diplomatischen Offensive Hitlers nach Einführung der allgemeinen *Wehrpflicht*. Die dadurch ausgelöste Beunruhigung der Westmächte sollte durch eine Geste besänftigt werden, die zugleich einen Keil zwischen London und Paris treiben würde. Hitler bot Großbritannien,

das sich in Fernost vom erstarkenden Japan bedroht sah, einen Vertrag zur Begrenzung der Seerüstung an. Er traf einen empfindlichen Nerv, denn seit der kaiserlichen Flottenrüstung fürchteten die Briten die deutsche Rivalität. Daß ein solches Abkommen den *Versailler Vertrag* verletzen würde, fiel dagegen nicht ins Gewicht, denn London hatte die Friedensbedingungen von Anfang an als überhart und auf Dauer nicht haltbar angesehen. Ausgerechnet am 18.6., dem Tag der Niederlage Napoleons I. 1815 bei Waterloo, kam es zur Unterzeichnung des Deutsch-Britischen Flottenabkommens, das ein Rüstungsverhältnis von 35:100 bei den Überwasserstreitkräften und Parität bei den U-Booten vorsah. Machte sich Hitler dabei über künftiges britisches Entgegenkommen Illusionen, so irrte London hinsichtlich der Vertragstreue Hitlers, der das Abkommen am 28.4.1939 als Reaktion auf die britische Beendigung der *Appeasement*-Politik kündigte.

Deutsche Arbeiterpartei (DAP)
Am 12.9.1919 besuchte Hitler als Beobachter der Reichswehr eine Versammlung der neun Monate zuvor (5.1.1919) gegründeten Deutschen Arbeiterpartei im Sterneckerbräu in München. Er fand einen kleinen Debattierklub mit unscharfem Programm vor, in dem v.a. Antimarxismus und Antisemitismus eine Rolle spielten, maßgeblich formuliert von Schlossermeister *Drexler*. Hitler ergriff das Wort und beeindruckte die Versammlung so sehr, daß er spontan in die Partei (Mitglied Nr. 55, aus optischen Gründen als 555 angegeben) und als Propagandaobmann in ihren Ausschuß (Nr. 7) aufgenommen wurde. Nach kurzer Zeit schon dominierte er die nun rasch wachsende DAP und veranlaßte im Febr. 1920 die Umbenennung in *Nationalsozialistische Deutsche Arbeiterpartei* (NSDAP).

Deutsche Arbeitsfront (DAF)
Mit sozialrevolutionären Parolen umwarb die NSDAP die Arbeiterschaft. Was aber davon zu halten war, erwies sich Anfang Mai 1933 bei der Zerschlagung der *Gewerkschaften*. Sie wurde zwar als erster Schritt auf dem Weg zur »Überwindung des Klassenkampfs« bezeichnet, doch entpuppte sie sich rasch als bloße Entrechtung der Arbeitnehmer: Am 10.5.1933 wurde an die Stelle der Arbeitnehmerorganisationen die DAF unter Reichsleiter *Ley* gesetzt. – Die DAF sollte die Interessen der Arbeitnehmer wahrnehmen durch »Bil-

dung einer wirklichen Volks- und Leistungsgemeinschaft«, doch hatte sie spätestens seit dem »Gesetz zur Ordnung der nationalen Arbeit« vom 20.1.1934 nur noch beratende Funktion bei tariflichen Fragen, die nun weitgehend durch die nach dem Führerprinzip bestimmten staatlichen *Treuhänder der Arbeit* geregelt wurden. Die Machtlosigkeit der DAF wurde bemäntelt mit einem Riesenaufwand an Propaganda, der durch Zwangsbeiträge (1,5% vom Lohn) der offiziell freiwilligen Mitglieder (1942: 25 Mio.) finanziert wurde. – Die DAF war zuständig für die Ausschmückung der Arbeitsplätze (Amt »Schönheit der Arbeit«), den Reichsberufswettkampf, kulturelle Betriebsarbeit (z. B. Werkspausenkonzerte), Aufmärsche am Tag der nationalen Arbeit (1. Mai), und sie betrieb v. a. die Freizeitorganisation *Kraft durch Freude*, die mit dem *Volkswagen* und nie gekannten Ferienangeboten viel dazu beitrug, die Arbeiterschaft für den neuen Staat zu gewinnen. Mit 40 000 hauptamtlichen Mitarbeitern größte Arbeiterorganisation der Welt, wirkte die DAF später mit bei der inneren und äußeren Ausrichtung der Arbeiterschaft auf die Kriegsproduktion. Am 10.10.1945 wurde die DAF von den Alliierten aufgelöst.

Deutsche Christen (DC)

Die Verunsicherung durch die Niederlage 1918 war in den evangelischen Landeskirchen, die ja zugleich den Schutz durch die Landesherren verloren, erheblich. Nationalisten nutzten das zur Entwicklung einer politischen Theologie, die sich völkischen Idealen annäherte und im Evangelium »das höchste ewige« und im deutschen Volkstum »das höchste zeitliche Gut« sah. Punkt 24 des NSDAP-Programms (»positives Christentum«) kam dem entgegen. 1932 bildete sich auf dieser Basis eine Glaubensbewegung Deutsche Christen (DC), die schon beim ersten Anlauf in Preußen ein Drittel der Sitze in den Kirchengremien eroberte. Der Durchbruch aber gelang nach Ernennung von L. *Müller*, der den DC nahestand, zum kirchlichen Berater des neuen Kanzlers Hitler im April 1933. Vor allem mit der Forderung nach einer einheitlichen Reichskirche unter einem Reichsbischof gewannen die DC im Juli 1933 erdrutschartig die Kirchenwahlen und kürten Müller am 27.9.1933 zum Reichsbischof. Mit dem *Pfarrernotbund* hatte sich aber schon Widerstand geregt, der sich versteifte, als die DC im Nov. 1933 die Übernahme des *Arierparagraphen* in die Kirche und die Reinigung des Christentums von der »jüdischen Lohnmoral des Alten Testaments« beschlossen. Wenig später verloren die DC durch Bildung der *Bekennenden Kirche* weiter an Boden. Sie kümmerten, von Hitler fallengelassen, als »Reichsbewegung DC«, »Luther-Deutsche« oder in landeskirchlichen Gruppen dahin. 1945 wurden sie von den Alliierten verboten, ihre Führer von den Landeskirchen disziplinarisch belangt.

Deutsche Demokratische Partei (DDP)

Bedeutende Persönlichkeiten prägten eine der anfangs wichtigsten Parteien der Weimarer Republik: Die am 16.11.1918 gegründete DDP, in der Nationalversammlung mit 74 Sitzen vertreten, zählte zu ihren Mitgliedern den Theologen und Politiker Friedrich Naumann (* 1860, † 1919), den Soziologen Max Weber (* 1864, † 1920), den späteren Reichsaußenminister Walther Rathenau (* 1867, ermordet 1922) und den Verfassungsrechtler Hugo Preuß (* 1860, † 1925). Sie alle aber starben früh, und die als Sammelbewegung für National- und Linksliberale gedachte DDP verlor zunehmend an die rechte *Deutsche Volkspartei* (DVP). Der Zusammenschluß mit dem Jungdeutschen Orden 1930 zur Deutschen Staatspartei hielt den Niedergang nicht mehr auf. Am 23.3.1933 stimmten die letzten fünf Abgeordneten, darunter der spätere Bundespräsident Theodor Heuss (* 1884, † 1963), für das *Ermächtigungsgesetz.* Die Partei löste sich am 28.6.1933 auf.

Deutsche Front

Im Jan. 1935 sollten sich die Saarländer entscheiden, ob sie weiter unter treuhänderischer Verwaltung des Völkerbunds bei wirtschaftlicher Ausbeutung durch Frankreich (»Saarstatut«) leben oder sich Frankreich oder Deutschland anschließen wollten. Im Juli 1933 verbündeten sich daher die bürgerlichen und rechten deutschen Parteien, darunter die NSDAP, in der Einheitspartei der Deutschen Front. Sie wurde beherrscht von NS-Funktionären, die für finanzielle Unterstützung durch das Propagandaministerium und Wahlkampfhilfe durch die starken deutschen Reichssender sorgten. Mit 90,36 % gewann die Deutsche Front die Abstimmung und ging nach Wiederanschluß des *Saarlands* in der NSDAP auf.

Deutsche Gemeindeordnung (DGO)
Auch die Kommunen entgingen im 3. Reich nicht der Gleichschaltung. Die Verkündung der Deutschen Gemeindeordnung vom 30.1.1935 bedeutete das Ende der Gemeinde als Selbstverwaltungskörperschaft, obwohl die Propaganda das Gegenteil behauptete. Es wurde für jede Gemeinde ein Beauftragter der NSDAP eingesetzt, dem das Ernennungs- und Abberufungsrecht für Bürgermeister und Gemeinderäte zustand und der damit alle kommunalen Angelegenheiten steuerte. Die Gemeinderäte wurden auf rein beratende Funktion zurückgestuft; Satzungen und Verordnungen unterlagen der Kontrolle durch Partei und Staat, deren weitere Verschmelzung damit auf kommunaler Ebene verwirklicht wurde.

Deutsche Gesellschaft für Rassenhygiene
1905 begründete der Biologe Alfred Ploetz (* 1860, † 1940) in Berlin die Deutsche Gesellschaft für *Rassenhygiene*, ein Wort, das er geprägt hatte. Er verstand darunter die Vorbeugung gegen Rassenmischung zur Verhinderung des Verfalls des deutschen Volkes. In den Veröffentlichungen der Gesellschaft wurden Erkenntnisse aus der Tier- und Pflanzenzucht auf den Menschen übertragen (»Gesellschaftsbiologie«), eine Methode, die dem NS-Rassismus den Weg bereitete. Die Gesellschaft überlebte ihren Gründer nur bis Kriegsende.

Deutsche Gesellschaft für Schädlingsbekämpfung (DEGESCH)
Tochterfirma der *I.G. Farbenindustrie* mit Sitz in Frankfurt a.M., Herstellerin des in den Vernichtungslagern eingesetzten Blausäurepräparats *Zyklon B*.

Deutsche Glaubensbewegung
Völkische Eiferer schlossen sich am 30.7.1933 zur Deutschen Glaubensbewegung zusammen und hofften damit auf der rassistischen Woge im neuen Staat mitschwimmen zu können. Jedes Volk, lehrte die Bewegung, entwickle »von seinem Blute her« eigene religiöse Vorstellungen; die typisch »deutsche Gotterkenntnis« sei mithin in germanischer Vorzeit zu suchen. Die Suche allerdings war wenig ergiebig und führte nur zur Wiederbelebung alter Rituale (Sonnwendfeiern, Julbräuche u. a.). Damit geriet die Glaubensbewegung

in Rivalität mit der SS, die am 20.9.1935 ihren Mitgliedern den Besuch von Veranstaltungen der Konkurrenz verbot; am 11.11.1937 übernahm die NSDAP dieses Verbot. Antichristliche Radikalisierung und Umbenennung in »Kampfring Deutscher Glaube« (1938) halfen nichts mehr, die Glaubensbewegung verendete an Mitgliederschwund.

Deutsche Gymnastik

In den Jungen sah der Nationalsozialismus die künftigen Soldaten, in den Mädchen die Mütter von morgen, die sich im »Geburtenkrieg« zu bewähren haben würden. Was daher der Wehrsport für die männliche Jugend war, sollte »Deutsche Gymnastik« für die jungen Frauen sein, ausgeübt v.a. im BDM-Werk »Glaube und Schönheit«. Das angeblich Deutsche daran war eben die Ausrichtung auf die Mutterschaft v.a. durch Einübung zyklischer Bewegungen (Kreisen, Schwingen), »da für das Muttertum das restlose Funktionieren der Urbewegungen Voraussetzung« sei.

Deutsche Reichsbahn (DR)

Mit einem Anlagevermögen von 27 Mrd. RM und über 900 000 Beschäftigten war die Deutsche Reichsbahn das größte deutsche Unternehmen, als es am 10.2.1937 in unmittelbare Reichsverwaltung unter Aufsicht von Verkehrsminister Julius Dorpmüller (*1869, †1945) übernommen wurde. Die DR mit einem innerdeutschen Streckennetz von 62 800 km spielte im Krieg eine herausragende Rolle bei den Truppentransporten, für die allein im Osten 40 000 km Breitspur umgenagelt wurden. Über sie wurden aber auch Zwangsarbeiter ins Reich verschleppt und die Deportationen von über 3 Mio. Juden aus dem deutschen Machtbereich in die *Vernichtungslager* abgewickelt. In den meist völlig überfüllten, verriegelten Personen- und Güterwagen ohne ausreichende sanitäre Anlagen kamen viele der unversorgten Insassen schon auf dem oft tagelangen Transport bei Hitze und Kälte ums Leben. Die Verantwortlichen wurden nach dem Krieg nicht zur Rechenschaft gezogen; Dorpmüller starb schon 1945, sein Staatssekretär Albert Ganzenmüller wurde zwar 1973 vor Gericht gestellt, zur Verurteilung aber kam es wegen Verhandlungsunfähigkeit des Angeklagten nicht.

Deutsche Revolution

Nach 1933 aufgekommene propagandistische Bezeichnung für die Machtübernahme durch Hitler am 30.1.1933, zunächst vorzugsweise *Nationale Erhebung* genannt.

Deutscher Gruß

Der *Führerkult* äußerte sich in der NSDAP schon in den 1920er Jahren in der Grußform »Heil Hitler!«, wobei der gestreckte rechte Arm mit geöffneter Hand in Augenhöhe erhoben wurde. Diese Form wurde nach 1933 als Deutscher Gruß allgemein in der Öffentlichkeit durchgesetzt, im amtlichen Schriftverkehr lautete die Schlußformel: »Mit Deutschem Gruß Heil Hitler!« Hitler persönlich gegenüber galt die Formel: »Heil, mein Führer!« In der Wehrmacht war der Deutsche Gruß vorgeschrieben, wenn keine Kopfbedeckung getragen wurde, nach dem 20.7.1944 in allen Fällen. Eine Abwandlung ersetzte Sondergrußformen wie »Glückauf!« oder »Waidmanns Heil!«, die einheitlich in »Sieg Heil!« umgewandelt wurden. Weil der Deutsche Gruß in vielen Regionen an die Stelle religiöser Formen trat, empfanden ihn viele Menschen als gotteslästerlich. Zwar war die Verweigerung oder Verdrehung (z. B. zu »Drei Liter!«) strafbar, doch kam es nur vereinzelt zu Verurteilungen. Die Propaganda verklärte die zum Gruß gehörende Geste des Armhebens zum Zeichen des »waffenlosen Vertrauens unter freien Menschen«, der Deutsche Gruß habe »alles Unterwürfige« abgestreift.

Deutscher Reichsbund für Leibesübungen (DRL)

Die Namensänderung war geringfügig, die inhaltliche entscheidend: Aus dem Deutschen Reichsausschuß für Leibesübungen (DRA), der alle bürgerlichen Turn- und Sportverbände in der Weimarer Zeit unter seinem Dach vereinigt hatte, wurde am 10.5.1933 ein Reichsbund, der DRL unter Reichssportführer Hans von Tschammer und Osten, der verkündete: »Das Zeitalter des individualistischen Sportbetriebs ist vorüber.« Nach Verbot der konfessionellen Sportvereine und Auflösung der Arbeitersportvereine war der DRL alleinige Sportorganisation des Reiches, gegliedert in 15 Fachämter, alle mit Sitz in Berlin. Die Vereine wurden nach Gauen, Bezirken und Kreisen zusammengefaßt, von den Verbänden gelöst und dem DRL direkt unterstellt. Mitgliedschaft von Juden war gemäß Satzung vom 1.1.1936 untersagt, die auch eine weltanschauliche Schulung der

Sportler durch sog. *Dietwarte* vorsah. Die politische Ausrichtung der Sportarbeit wurde 1938 durch Umbenennung des DRL in Nationalsozialistischen Reichsbund für Leibesübungen (NSRL) betont und die Bindung an die Partei verstärkt.

Deutsches Afrika-Korps

Deutsches Afrika-Korps (DAK) war seit dem 21.2.1941 die Bezeichnung aller deutschen Truppen in Libyen. Anlaß für deren Entsendung war *Mussolinis* Hilferuf im Dez. 1940 gewesen, als die italienische Offensive in Nordafrika zusammengebrochen war. Befehlshaber des DAK wurde Generalleutnant *Rommel.* Er verfügte zunächst über die sog. 5. leichte Division, die anfangs nur Brigadestärke hatte. Im März 1941 kam die 15. Panzerdivision hinzu. Volle Korpsstärke erreichte das DAK erst im Herbst 1941, nachdem die 5. leichte Division zur 21. Panzerdivision umgegliedert und aus dem Divisionsstab z.b.V Afrika die 90. leichte Division gebildet worden war. Nach Bildung der deutsch-italienischen Panzerarmee Afrika, deren Oberbefehlshaber Rommel wurde, übernahm Generalleutnant Ludwig Crüwell das DAK. Ihm folgten am 29.5.1942 General der Panzertruppen Walther Nehring, am 13.11.1942 General der Panzertruppen Gustav Fehn, am 1.3.1943 General der Panzertruppen Hans Cramer. Dieser kapitulierte am 13.5.1943 mit dem DAK und ging in alliierte Gefangenschaft.

Deutsches Frauenwerk (DFW) →*Frauenschaft*

Deutsches Jungvolk (DJ) →*HJ*

Deutsches Kreuz

In der Flut der Auszeichnungen gehörte das 1941 von Hitler gestiftete Deutsche Kreuz zu den begehrteren. Es wurde in Gold für besondere Tapferkeit, in Silber für besondere Leistungen in der Truppenführung verliehen. Weil dabei auch immer politische Zuverlässigkeit eine Rolle spielte, hieß die Goldversion bei den Soldaten ironisch »Parteirückstrahler« oder wegen seiner Form abfällig »Spiegelei«.

Deutsches Reich

Gemeinhin werden nur Monarchien als Reiche (König- oder Kaiserreich) bezeichnet. Nach dem Untergang des deutschen Kaisertums

1918 behielt jedoch die Weimarer Republik die Bezeichnung Deutsches Reich bei. Auch nach der Machtergreifung, als das bundesstaatliche Element durch Gleichschaltung der Länder entfiel, hieß Deutschland weiterhin so. In der Propaganda wurde allerdings nach dem Anschluß Österreichs als Eigenbezeichnung der Begriff *Großdeutsches Reich* verwendet. Das Reich ging mit der Bedingungslosen Kapitulation am 8.5.1945 de facto und formell mit der Verhaftung der Regierung *Dönitz* am 23.5.1945 und der *Junideklaration* der Alliierten vom 5.6.1945 unter. Die 1949 entstehende Bundesrepublik Deutschland beanspruchte die Rechtsnachfolge des Deutschen Reiches und leitete einen Alleinvertretungsanspruch daraus ab.

Deutsches Rotes Kreuz (DRK)

Am 25.1.1921 schlossen sich die Ländervereinigungen des Roten Kreuzes zum Deutschen Roten Kreuz (DRK) zusammen. Es erhielt am 29.11.1933 eine neue Satzung, die der Reichsregierung den Zugriff auf die 9000 örtlichen Organisationen, 140 000 Helfer und 2,5 Mio. Mitglieder sicherte. Das führte bei Kriegsbeginn zur Beendigung der Freiwilligkeit von DRK-Einsätzen. Ärzte (1943: 4300), Schwestern (15 660), Helfer und Helferinnen (378 000) des DRK unterstanden nun der Aufsicht des Chefs des Wehrmachtsanitätswesens. Fast 400 000 Mitglieder arbeiteten in der Fürsorge und im *Luftschutz*. Eine völlige Gleichschaltung des DRK jedoch unterblieb wegen der auch für Deutschland wichtigen Verflechtung als Mitglied im Internationalen Komitee vom Roten Kreuz (IKRK), das im deutschen Machtbereich nur beschränkt seinen Aufgaben nach dem Genfer Abkommen für *Kriegsgefangene* nachkommen konnte, da es v. a. im Osten kaum Zugang zu den Lagern bekam.

Deutsches Siedlungswerk

In der Landflucht und Verstädterung sah der Nationalsozialismus eine »gefährliche Krankheitserscheinung am Volkskörper«. Das Deutsche Siedlungswerk, dem Stellvertreter des »Führers« zugeordnet, sollte dem entgegenwirken durch Erneuerung der »Verbindung zur Heimatscholle« z. B. mittels Erwerb von *Heimstätten*. Das war allerdings nur als erster Schritt gedacht, auf längere Sicht sollte das Siedlungswerk propagandistisch die Forderung nach *Lebensraum* unterstützen und nach dessen Eroberung Siedler werben und fördern.

Deutsche Staatspartei →*Deutsche Demokratische Partei*

Deutsche Volksliste (DVL)
Katalog des Reichskommissars zur Festigung des deutschen Volkstums vom 4.3.1941 mit den Bedingungen für die *Eindeutschung*.

Deutsche Volkspartei (DVP)
Die am 15.12.1918 vom letzten Vorsitzenden der Nationalliberalen Partei der Kaiserzeit, *Stresemann*, gegründete DVP lehnte die Verschmelzung mit der *Deutschen Demokratischen Partei* ab, schlug einen monarchistischen Kurs ein und forderte die Revision des Versailler Vertrags. Als Kanzler (Aug.–Nov. 1923) und Außenminister 1923–29 aber wandelte sich Stresemann zum Verständigungspolitiker und verschaffte der DVP nationales Gewicht und internationales Ansehen. Allerdings brachte der neue Kurs die Partei um viele ihrer Industriespenden. Mit dem frühen Tod Stresemanns verlor die Partei das Profil, versuchte vergeblich, durch erneuten Schwenk nach rechts Stimmen aus dem nationalistischen Lager zu gewinnen, und bröckelte von 45 Abgeordneten 1928 auf zwei bei der letzten Reichstagswahl 1933 ab. Am 4.7.1933 mußte sie sich auflösen.

Deutsche Wochenschau
Was heute tagtäglich die Nachrichtensendungen der Fernsehanstalten liefern, leisteten seit 1910 die Wochenschauen: etwa 15minütige Zusammenstellungen von kurzen Nachrichtenfilmen, die in Kinos vor jedem Spielfilm gezeigt wurden und zweimal in der Woche neu herauskamen. Sie wurden von Privatfirmen (Ufa, Tobis u.a.) produziert und unterlagen nach 1933 wie die Presse der Aufsicht des Propagandaministeriums. 1940 wurden die privaten Unternehmen zur Deutschen Wochenschau zusammengefaßt, deren Kriegsberichte oft von *Goebbels* persönlich begutachtet und freigegeben wurden, denn: »Die Wochenschau ist der gegebene Ort propagandistischer Einwirkung, um die Welt des Führers allen Volksgenossen nahezubringen und sein Wesen als Verkörperung des gesamtdeutschen Seins fühlbar werden zu lassen.«

Deutschkunde
Nicht nur nach natur- und geisteswissenschaftlichen Fächern wurde in den Schulen der 1920er Jahre unterschieden, sondern auch zwi-

schen Natur- und Deutschkunde. Zur letzteren gehörten Deutsch, Geschichte, Erdkunde, Religion und Kunsterziehung, denn im Mittelpunkt all dieser Fächer sollte der »völkische Gedanke« stehen. Die NS-Bildungspolitik nahm dies auf; Deutschkunde rangierte nach der Leibeserziehung an zweiter Stelle. Sie sollte, wie der für die weltanschauliche Schulung zuständige *Rosenberg* forderte, die Schüler mit den Werten vertraut machen, die »zutiefst im germanischen Wesen schlummern und sorgfältig herangezüchtet werden müssen«.

Deutschland

Wer heute von Deutschland spricht, meint in erster Linie Geographisches. In der Zeit des erwachenden Nationalgefühls nach den Befreiungskriegen gegen das napoleonische Frankreich aber wurde der Begriff mythisch aufgeladen als vaterländische Vokabel. Der Nationalsozialismus steigerte das noch, indem er Deutschland als »Blutquell« und »rassischen Urgrund« verherrlichte. Rasse reichte zwar wesentlich über die Nation hinaus, doch verschmolz die Propaganda zur Steigerung der Opfer- und Kampfbereitschaft »deutsch« mit »arisch« oder »germanisch«, und Deutschland wurde in dieser Sicht zu einer fast religiösen Größe. Der Kult entfaltete so viel Wirkung, daß auch die Gegner des NS-Systems nicht daran vorbeikamen. Sie bezeichneten sich als Vertreter des »anderen«, des »anständigen« Deutschlands. *Stauffenbergs* letzte Worte sollen gewesen sein: »Es lebe das heilige Deutschland!«

Deutschlandlied

Als August Heinrich Hoffmann von Fallersleben (* 1798, † 1874) 1841 auf Helgoland das Lied »Deutschland, Deutschland über alles …« schrieb, war er wegen seiner nationalliberalen Einstellung verbannt. Als die Einigung Deutschlands kam, wurde zunächst »Heil Dir im Siegerkranz« Nationalhymne. Doch schon im 1. Weltkrieg wurden Hoffmanns Strophen als »Bekenntnislied« zur Melodie der österreichischen Kaiserhymne (Joseph Haydn) gesungen. 1922 machte sie die Weimarer Republik zur Nationalhymne. Auch die Nationalsozialisten übernahmen sie, ließen aber nach dem Deutschlandlied stets als zweite Nationalhymne das *Horst-Wessel-Lied* spielen. 1945 wurden beide von den Alliierten verboten. Das Deutschlandlied aber, wenn auch nur seine dritte Strophe (»Einigkeit und Recht und Freiheit«), erlebte 1952 seine Wiederauferstehung in der Bundesrepublik als Nationalhymne, weil sich die von Bundespräsident Theodor Heuss gewünschte »Hymne an Deutschland« von Rudolf Alexander Schröder (* 1878, † 1962) nicht durchsetzen ließ.

Deutschnationale Volkspartei (DNVP)
Monarchisten, Großgrundbesitzer, Großbürgertum und andere von der Niederlage und dem Untergang des Kaiserreichs besonders verstörte konservative Gruppen sammelten sich nach Gründungsaufruf vom 22.11.1918 in der von Industrie und mächtigen Presseorganen (v.a. des *Hugenberg*-Konzerns) geförderten Deutschnationalen Volkspartei. Sie stellte sich anfangs gegen die Republik und forderte einen autoritären, antisemitischen Staat. Als die Demokratie sich wider Erwarten konsolidierte, demokratisierte sich die DNVP und wurde 1924–28 stärkste bürgerliche Kraft im Reichstag (zeitweilig 106 Sitze). Mit Aufkommen der NSDAP radikalisierte sie sich wieder, vermochte sich aber gegen die braune Konkurrenz nicht zu profilieren und ging unter dem neuen Vorsitzenden Hugenberg bis 1932 auf 37 Mandate zurück. 1933 trat sie in Hitlers Regierung ein, beschaffte ihm nach den Wahlen vom 5.3.1933 die absolute Mehrheit und grub sich mit dem *Ermächtigungsgesetz* selbst das Grab: Am 27.6.1933 mußte sie sich auflösen.

Deutsch-Polnischer Nichtangriffspakt
Zur Verblüffung aller Welt schloß Hitler nach dem *Konkordat* als ersten außenpolitischen Vertrag am 26.1.1934 einen Deutsch-Polnischen Nichtangriffspakt auf zehn Jahre, der einen Verzicht auf gewaltsame und einseitige Änderungen der polnischen Westgrenze festschrieb und zu friedlichem Ausgleich von Differenzen verpflichtete. Mit diesem Schachzug gelangen Hitler der Einbruch in das osteuropäische Bündnissystem Frankreichs und eine eindrucksvolle Demonstration, wie ernst es ihm angeblich mit den ständigen Friedensbeteuerungen nach dem Austritt aus dem *Völkerbund* war. Nach der britischen Garantieerklärung für Polen vom 31.3.1939 kündigte Hitler den Pakt am 28.4. und näherte sich zur politischen Absicherung des geplanten *Polenfeldzugs* der Sowjetunion.

Deutsch-Sowjetischer Nichtangriffsvertrag
→*Hitler-Stalin-Pakt*

Dibelius, Otto

* Berlin 15.5.1880, † ebd. 31.1.1967

Am 21.3.1933 predigte am Tag von *Potsdam* zur Eröffnung des neuen Reichstags in der Nicolaikirche der Generalsuperintendent der Kurmark Dibelius. Er gab Segenswünsche der evangelischen Kirche dem Hitler-Regime mit auf den Weg, dem er sich durch nationale Gesinnung und – freilich viel maßvolleren – *Antisemitismus* verbunden fühlte. Wenig später schon wandte sich Dibelius angesichts der antikirchlichen Maßnahmen der Regierung von Hitler ab und der Bekennenden Kirche zu. Das kostete ihn das Amt, brachte ihm wiederholt Haft und Redeverbot ein. Von *Gerstein* über die Vernichtung der Juden unterrichtet, vermochte sich Dibelius dennoch nicht zur offenen Kampfansage an das NS-System durchzuringen. Das von ihm mitformulierte *Stuttgarter Schuldbekenntnis* vom 19.10.1945 war daher zugleich das Eingeständnis persönlichen Versagens. Bis 1966 war Dibelius Bischof von Berlin-Brandenburg.

»Die Fahne hoch!« →*Horst-Wessel-Lied*

Diem, Carl

* Würzburg 24.6.1882, † Köln 17.12.1962

Erst wollte er allerlei werden: Kaufmann, Mediziner, Journalist, Offizier, dann fand er seine wahre Berufung: 1917 wurde Diem Leiter des Deutschen Reichsausschusses für Leibesübungen und einer der ranghöchsten Sportfunktionäre Deutschlands. Den nach 1918 anbrechenden demokratischen Zeiten stand er kritisch bis ablehnend gegenüber; »Sehnen nach einem Führer« betitelte er schon 1923 einen Artikel. Entsprechend willig stellte er sich nach 1933 in den Dienst des neuen Staates, dessen soldatisches Menschenbild ihn begeisterte. Er wurde Generalsekretär des Organisationskomitees für die *Olympischen Spiele* 1936 und hatte auch danach hohe Posten im NS-Sportbetrieb inne. Obwohl nicht Parteigenosse, wiederholte er noch sechs Wochen vor Kriegsende vor frisch eingezogenen Rekruten, noch halben Kindern, seine üblichen Durchhalteapelle. Auch rassistische Affekte waren ihm nicht fremd. 1947–62 war er Rektor der von ihm mitbegründeten Deutschen Sporthochschule in Köln. In letzter Zeit stieß die frühere Diem-Verehrung zunehmend auf Kritik; viele der nach ihm benannten Einrichtungen, Straßen und Sportstätten sind inzwischen umbenannt worden.

Dienstgrade

Rangabstufung (Rangklassen) bei Marine, Heer, Luftwaffe sowie SS/Waffen-SS, SA und NSKK/NSFK.

Marine	Heer/Luftwaffe	SS/Waffen-SS	SA
Reichsmarschall		–	–
Großadmiral	Generalfeldmarschall	Reichsführer-SS	Stabschef
Generaladmiral	Generaloberst	Oberstgruppenführer	Oberstgruppenführer
Admiral	General	Obergruppenführer	Obergruppenführer
Vizeadmiral	Generalleutnant	Gruppenführer	Gruppenführer
Konteradmiral	Generalmajor	Brigadeführer	Brigadeführer
–	–	Oberführer	Oberführer
Kapitän z. S.	Oberst	Standartenführer	Standartenführer
Fregattenkapitän	Oberstleutnant	Obersturmbannführer	Obersturmbannführer
Korvettenkapitän	Major	Sturmbannführer	Sturmbannführer
Kapitänleutnant	Hauptmann	Hauptsturmführer	Hauptsturmführer
Oberleutnant z. S.	Oberleutnant	Obersturmführer	Obersturmführer
Leutnant z. S.	Leutnant	Untersturmführer	Sturmführer
–	Stabsoberfeldwebel	Sturmscharführer	Haupttruppführer
Oberfähnrich z. S.	Oberfähnrich	–	–
–	Oberfeldwebel	Hauptscharführer	Obertruppführer
–	Feldwebel	Oberscharführer	Truppführer
Fähnrich z. S.	Fähnrich	–	–
Obermaat	Unterfeldwebel	Scharführer	Oberscharführer
Maat	Unteroffizier	Unterscharführer	Scharführer
Hauptgefreiter	Stabsgefreiter	–	–
Obergefreiter	Obergefreiter	–	–
Gefreiter	Gefreiter	Rottenführer	Rottenführer
Obersoldat	Obersoldat	Sturmmann	Obersturmmann
Matrose	Soldat	SS-Mann	Sturmmann
–	–	SS-Anwärter	SA-Anwärter

Dienstverpflichtung

Mit Verordnung vom 22.6.1938 schuf der NS-Staat die Möglichkeit, Arbeiter und Angestellte unter zunächst befristeter Lösung ihrer Arbeitsverhältnisse zur Mitarbeit an Aufgaben von »besonderer staatspolitischer Bedeutung« heranzuziehen. Damit war am Anfang v. a. der Ausbau des *Westwalls* gemeint, für den etwa 400 000 Männer rekrutiert wurden. Mit der Dienstverpflichtung sorgte der Staat später für die Versorgung der Rüstungsindustrie mit genügend Arbeitskräften. Am 13.2.1939 wurde die zeitliche Begrenzung aufgehoben, und im Jan. 1943 wurde die Dienstverpflichtung auch auf Frauen zwischen 17 und 45 Jahren ausgedehnt.

Dieppe

Die nordfranzösische Hafenstadt Dieppe an der Kanalküste wurde im Frankreichfeldzug am 13.6.1940 von deutschen Truppen erobert. In der Folgezeit wurde der Hafen für das Unternehmen »*Seelöwe*« ausgerüstet und die Küste später in den Ausbau des *Atlantikwalls* einbezogen. – Gegen Dieppe richtete sich am 19.8.1942 die britische Landeoperation »Jubilee«, als Vorübung zur geplanten *Invasion* des europäischen Festlands. Zunächst unbemerkt, wurden im Morgengrauen 6086 Mann der kanadischen 2. Division (Roberts) und zweier britischer Kommandos mit 28 Panzern an Land gesetzt. Während die Briten westlich von Dieppe die Batterien von Varengeville und östlich die deutschen Stellungen bei Berneval angriffen, ging das Gros der Kanadier etwas später frontal gegen die Stadt vor. Die Angreifer konnten nur an der westlichen Flanke Erfolge verzeichnen, überall sonst trafen sie auf massive Gegenwehr, die sich noch verstärkte, als am Vormittag deutsche Jäger und Jagdbomber die Luftherrschaft über Dieppe erlangten. Gegen Mittag wurde zum Rückzug geblasen. Diesen konnten nur noch zwei Fünftel der Angreifer antreten: Unter den 4350 Personalausfällen waren 1179 Gefallene und 2190 Gefangene, die RAF verlor 106 Flugzeuge, die Navy 33 Landungsfahrzeuge. Die deutschen Verluste betrugen 311 Gefallene und 280 Verwundete, die Luftwaffe büßte 48 Maschinen ein. Die Westalliierten gewannen aus der gescheiterten Landungsoperation wichtige Aufschlüsse, v. a. den Aufwand betreffend, der bei der geplanten Invasion nötig sein würde. Außerdem ließ sich mit Dieppe gegen die sowjetischen Forderungen nach rascher Errichtung einer Zweiten Front argumentieren.

Dietl, Eduard

* Bad Aibling 21.7.1890, † bei Hartberg (Steiermark) 23.6.1944 (Flugzeugabsturz)

Als frisch ernannter Generalleutnant (1.4.1940) war Dietl im Norwegenfeldzug Befehlshaber der Gebirgsjäger und Matrosen, die Narvik gegen britische Übermacht verteidigten und hielten. Der beliebte und von der Propaganda als »Held von Narvik« gefeierte Truppenführer wurde am 1.6.1942 Generaloberst und kommandierte die 20. deutsche (Lappland-)Armee im *Rußlandfeldzug*. Er galt zwar als unpolitisch, trat aber schon seit den 1920er Jahren für den Nationalsozialismus ein. Das führte in den 1970er/1980er Jahren zu Kontroversen, weil die Bundeswehr Dietl in ihrer Traditionspflege besonders herausstellte.

Dietrich, Joseph

* Hawangen (bei Memmingen) 28.5.1892, † Ludwigsburg 21.4.1966

Wachtmeister »Sepp« Dietrich wurde 1923 wegen Teilnahme am *Hitler-Putsch* aus dem Polizeidienst entlassen, schlug sich mit Gelegenheitsarbeiten durch und wurde im Sept. 1930 für die NSDAP in den Reichstag gewählt. 1931 zum SS-Brigadeführer befördert, stellte Dietrich am 17.3.1933 die SS-Stabswache Berlin auf, aus der im Sept. 1933 die *Leibstandarte-SS »Adolf Hitler«* (LAH) wurde. Mit ihr beteiligte sich Dietrich an den Morden während der *Röhm-Affäre*, wurde zum SS-Obergruppenführer ernannt und kommandierte im Rahmen der Waffen-SS bis 1943 seine Eliteeinheit. Danach führte er als Kommandierender General das I. SS-Panzerkorps und von Okt. 1944 bis Kriegsende als Oberbefehlshaber die 6. SS-Panzerarmee, die im Dez. 1944 an der Ermordung von US-Gefangenen beteiligt war. Dietrich wurde deswegen im *Malmedy-Prozeß* zu lebenslanger Haft verurteilt, am 22.10.1955 aber begnadigt. Von einem deutschen Gericht erhielt er 1957 wegen der Erschießungen während der Röhm-Affäre 18 Monate Freiheitsstrafe und kam im Febr. 1959 endgültig frei.

Dietrich, Otto

* Essen 31.8.1897, † Düsseldorf 22.11.1952

Zunächst deutschnational eingestellt, fand der bei der »München-Augsburger Abendzeitung« tätige Journalist Dietrich zur NSDAP und wurde von Hitler am 1.8.1931 zum Reichspressechef der Partei ernannt. Nach der Machtergreifung hatte er als Vorsitzender des Reichsverbands der Deutschen Presse und Vizepräsident der Reichspressekammer großen Anteil an der Gleichschaltung der *Presse*. 1937 bis Kriegsende war Dietrich, seit 1941 SS-Obergruppenführer, Staatssekretär im Propagandaministerium, Pressechef der Reichsregierung und zuständig für die *Presseanweisungen*. In Büchern wie »Die philosophischen Grundlagen des Nationalsozialismus« (1934) und »Auf den Straßen des Sieges« (1939) erwies er sich als fanatischer Hitler-Anhänger. Im *Wilhelmstraßen-Prozeß* wurde er 1949 zu sieben Jahren Haft verurteilt, aber bereits im Aug. 1950 freigelassen.

Dietwart

»Leibesertüchtigung« schrieb der Nationalsozialismus ganz groß. Sie sollte allerdings durch ideologische Schulung flankiert werden, die in den Sportvereinen des *Deutschen Reichsbunds für Leibesübungen* die sog. Dietwarte übernahmen. Das Wort leitete sich her von mittelhochdeutsch »diet« (Volk) und betonte bereits die »völkische« Ausrichtung dieser Schulung, die als »Pflege deutscher Volkstumswerte« und »Wachhalten des Rassegewissens« verstanden wurde. Dietprüfungen kontrollierten den Lernerfolg.

Ding-Schuler, Erwin Oskar

* Bitterfeld (Saale) 19.9.1912, † Freising 11.8.1945 (Selbstmord)
Mediziner, seit 1932 NSDAP- und seit 1936 SS-Mitglied, als Lagerarzt im KZ *Buchenwald* (1939) verantwortlich für *Menschenversuche* an etwa 1000 Häftlingen.

Dinter, Artur

* Mülhausen (Elsaß) 27.6.1876, † Offenburg 21.5.1948
1917 erschien der antisemitische Roman »Die Sünde wider das Blut«, der bis 1934 eine Auflage von über einer Viertelmillion erreichte. Autor war der Philosoph und Lehrer Dinter, der 1923 Hitler kennenlernte und bei Neugründung der NSDAP 1925 in dessen Partei eintrat. Zunächst von Hitler hoch geachtet und zum Gauleiter von Thüringen ernannt, geriet Dinter in Gegensatz zum Parteichef, als er eine religiöse Debatte über ein »arisches Heilandbild« in Gang brachte. Hitler, der um keinen Preis die Kirchen verprellen wollte, löste Dinter als Gauleiter ab und ließ ihn am 11.10.1928 aus der Partei ausschließen. Ein Gnadengesuch wurde 1937 abgelehnt, die von Dinter 1927 gegründete Deutsche Volkskirche im selben Jahr verboten und Dinter 1939 sogar aus der Reichsschrifttumskammer ausgeschlossen.

Dirlewanger, Oskar

* Würzburg 26.9.1895, † Altshausen (Allgäu) 19.6.1945
Seit 1923 gehörte Dirlewanger, Doktor der Staatswissenschaft, der NSDAP an. Wegen Verführung einer Abhängigen wurde er 1934 zu zwei Jahren Haft verurteilt, war 1937 bei der *Legion Condor* und 1939 als Obersturmführer bei der Waffen-SS, als ihm die Idee kam, eine Einheit aus verurteilten Wilddieben aufzustellen, deren »Schieß-

künste nicht brachliegen« dürften. Als SS-Sturmbrigade wurde diese durch Berufsverbrecher ergänzte Einheit unter Dirlewanger, inzwischen SS-Oberführer, im Osten eingesetzt und war bald als Mordbrennertruppe gefürchtet. Sowjetmarschall Georgi Schukow setzte ein Kopfgeld auf Dirlewanger aus, der seine Leute u. a. bei der Niederschlagung des *Warschauer Aufstands* wüten ließ. Dafür mit dem Ritterkreuz ausgezeichnet, setzte sich Dirlewanger bei Kriegsende nach Westen ab, während seine Männer in sowjetische Gefangenschaft gerieten. Er selbst kam in französischer Haft um. 1960 wurde seine Leiche exhumiert, da Gerüchte, er lebe noch, nicht verstummen wollten.

Displaced Persons (DP)

Die Rekrutierung von *Zwangsarbeitern* in den besetzten Gebieten durch die deutschen Behörden während des Krieges schuf ein Heer von Entwurzelten, die bei Kriegsende von den Alliierten als Displaced Persons eingestuft wurden. Zu ihnen gehörten auch die nichtdeutschen Flüchtlinge, die sich vor der Roten Armee nach Westen abgesetzt hatten. Insgesamt schätzte man die Zahl der DP 1945 auf 8,5 Mio., die zum größten Teil in ihre Heimatländer zurückgeschickt wurden und zum kleineren Teil als Staatenlose in der Bundesrepublik blieben. Viele wurden später eingebürgert.

Distomon

In den Stäben der deutschen Heeresgruppe E in Griechenland machte sich im Mai 1944 angesichts der anglo-amerikanischen Großoffensive in Italien Angst vor einer Landung der Alliierten auch in Griechenland breit. Aus dem Landesinnern wurden daher Verbände »mit dem Auge zur Küste« in Marsch gesetzt. Dabei geriet die 2. Kompanie des SS-Panzerregiments 7 der 4. SS-Polizei-Panzergrenadierdivision am 10.6.1944 in der Nähe von Distomon, einer Ortschaft in Böotien, in einen Hinterhalt von Partisanen, wobei die gesamte Vorhut vernichtet wurde. Die Kompanie zog sich daraufhin nach Distomon zurück und tötete als Vergeltungsmaßnahme etwa 200 Männer, Frauen und Kinder des Ortes und brannte mehrere Häuser nieder. Ein deutsches Kriegsgerichtsverfahren gegen den Kompanieführer wurde eingestellt, nachdem er im Okt. 1944 gefallen war. Nach dem Krieg gegen weitere Angehörige der Einheit in der Bundesrepublik eingeleitete Strafverfahren wurden ebenfalls eingestellt (Aktenzeichen 117 Js 5-33/69 Staatsanwaltschaft München I und 20 Js 6/73 Staatsanwaltschaft Konstanz). Bis 1984 fanden alljährlich Kameradschaftstreffen der SS-Division statt, was zu scharfen griechischen Protesten führte.

DNVP →*Deutschnationale Volkspartei*

Document Center (DC)

Bei Kriegsende fanden Angehörige der 7. US-Armee in einer Papiermühle die fast vollständige Mitgliederkartei der NSDAP und andere Dokumente, deren Vernichtung nicht mehr gelungen war. Soldaten der 3. US-Armee erbeuteten Unterlagen des *Rasse- und Siedlungshauptamts* der SS, Akten des Obersten Parteigerichts, 65 000 Personalakten von SS-Führern sowie Vorgänge aus Gestapo, SA, NSFK und anderen NS-Organisationen. In jahrelanger Arbeit wurden diese und weitere inzwischen gefundene Unterlagen aufbereitet und in einem ehemaligen Bunker in Berlin-Zehlendorf gelagert. Dieses für die Aufklärung von NS-Verbrechen und Entnazifizierung wichtige Document Center unterstand bis 1990 der United States Mission Berlin und wurde dann dem Bundesarchiv übergeben, das die Unterlagen in seine Bestände integrierte.

Dohnanyi, Hans von

* Wien 1.1.1902, † KZ Sachsenhausen 9.4.1945

Seit 1929 war der Jurist Dohnanyi im Reichsjustizministerium tätig, seit 1933 als persönlicher Referent von Minister *Gürtner*. Obwohl entsetzt über die Zerstörung des Rechts und den KZ-Terror der Nationalsozialisten, blieb er im Dienst, archivierte aber sorgfältig die ihm bekannt werdenden Verbrechen. Über *Beck* und *Goerdeler* fand er Kontakt zum *Widerstand* und erreichte 1938 die Versetzung zur Abwehr, wo er unter *Oster* das politische Referat leitete und seine Informationssammlung fortsetzte. Durch Devisenmanipulationen eines Schweizer Kontaktmanns kam die Gestapo auf Dohnanyis Spur und verhaftete ihn am 5.4.1943, wobei ihr die reichhaltigen Unterlagen in die Hände fielen. Sie reichten zwar nicht zur Verurteilung, weckten aber wachsenden Argwohn gegen die Abwehr und verhinderten die Freilassung. Wie sein Schwager *Bonhoeffer* starb Dohnanyi nach improvisiertem Standgericht wenige Tage vor Kriegsende am Galgen.

Dolchstoßlegende

Nach den ausufernden Siegesphantasien im 1. Weltkrieg vermochten viele Nationalisten die Niederlage im Nov. 1918 nicht zu verarbeiten und flohen in Realitätsverleugnung. Sie verbreiteten die Mär, das »im Felde unbesiegte« Heer sei von der revoltierenden Heimat »von hinten erdolcht« worden (*Hindenburg* am 18.11.1919 vor einem parlamentarischen Untersuchungsausschuß). Mit dieser Dolchstoßlegende attackierten die Rechten in der Folgezeit die junge Demokratie als eine »Republik der *Novemberverbrecher*«. Daß die Politiker 1918 auf dringenden Rat der Militärs den Krieg beendet hatten, wurde besonders gern gerade von diesen Militärs (z. B. *Ludendorff*) bestritten. Das belastete noch im 2. Weltkrieg viele Widerstandskämpfer gegen Hitler, bei dessen Beseitigung sie eine erneute, womöglich noch verheerendere Dolchstoßlegende fürchteten.

Dollfuß, Engelbert

* Texing (Niederösterreich) 4.10.1892, † Wien 25.7.1934

Das faschistische Zeitklima führte auch in Österreich zu autoritärer Umgestaltung des Staates, und Hauptumgestalter wurde der kleine ehrgeizige christlich-soziale Politiker Dollfuß (Spitzname »Millimetternich«). Am 20.5.1932 Kanzler einer bürgerlichen Koalition geworden, verschaffte er sich mit einer internationalen Anleihe wirtschaftlich Luft, für die er nochmals ausdrücklich auf einen *Anschluß* an Deutschland verzichten mußte. Den wollte Dollfuß ohnehin nicht und suchte Anlehnung an das faschistische Italien (20.8.1933 Vertrag von Riccione), nach dessen Muster er seine am 11.9.1933 gegründete Vaterländische Front zur einzig legalen Partei machte. Er verbot die KP (Mai 1933), die österreichische NSDAP (Juni 1933) und zerschlug blutig die Sozialdemokratie im Februar-Putsch 1934. Den nationalsozialistischen Terror aber bekam er trotz Wiedereinführung der Todesstrafe und Einrichtung von *Anhaltelagern* nicht in den Griff: Er fand bei der Besetzung des Kanzleramts während eines NS-Putsches den Tod.

Dönitz, Karl

* Grünau (bei Berlin) 16.9.1891, † Aumühle (bei Hamburg) 24.12.1980

Im 1. Weltkrieg entwickelte er die Taktik, mit der er im 2. Weltkrieg

England an den Rand des Zusammenbruchs brachte: Dönitz, seit 12.9.1939 Befehlshaber der U-Boote und seit 31.1.1943 als Großadmiral Oberbefehlshaber der Kriegsmarine, ließ seine U-Boote in »Rudeln« alliierte Geleitzüge angreifen. Erst mit Perfektionierung des Radars verfügten die Anglo-Amerikaner über ein Gegenmittel, das Dönitz zwang, die Atlantikschlacht abzubrechen. Trotz der sich abzeichnenden Niederlage unterstützte er unbeirrt Hitlers Kriegführung, verurteilte die Verschwörer des 20.7.1944 als »ehrvergessene« Offiziere und wurde zum Dank von Hitler zum Nachfolger als Reichspräsident bestimmt. Er konzentrierte in den letzten Kriegstagen alle Kräfte auf die Rettung von Flüchtlingen aus dem Osten, ließ die *Bedingungslose Kapitulation* unterzeichnen und führte noch 14 Tage darüber hinaus die Reichsregierung in Flensburg. Am 23.5.1945 verhaftet, wurde Dönitz im *Nürnberger Prozeß* wegen »Verbrechen gegen den Frieden« zu zehn Jahren Haft verurteilt, die er in Spandau verbüßte.

»Dora« →*»Mittelbau«*

DP →*Displaced Persons*

Drancy

Im Aug. 1941 wurde in der nordöstlichen Pariser Vorstadt Drancy in einer ehemaligen Gendarmeriekaserne ein von französischer Polizei bewachtes Internierungs- und Durchgangslager für durchschnittlich 4500 Juden errichtet, die von hier aus in die Zwangsarbeits- und *Vernichtungslager* deportiert wurden. Die Lebensbedingungen in Drancy entsprachen der menschenunwürdigen Versorgung und Behandlung in den KZ, verbesserten sich vorübergehend 1942 durch Spenden von Angehörigen der Häftlinge, nahmen aber seit 2.7.1943 wieder barbarische Formen an, als die SS das Lager übernahm. Insgesamt durchliefen es etwa 70 000 Menschen, von denen 64 759 vornehmlich nach *Auschwitz* deportiert wurden (die letzten am 31.7.1944), 1542 Gefangene fanden die alliierten Truppen bei der Befreiung am 17.8.1944 noch vor, andere waren bei 41 erfolgreichen Fluchtversuchen seit 1941 entkommen oder bei gescheiterten erschossen worden.

Dreimächtepakt

Am 27.9.1940 schlossen auf Initiative Hitlers Deutschland, Italien und Japan ein Abkommen auf zehn Jahre, das Deutschland in Kontinentaleuropa, Italien im Mittelmeerraum und Japan im »großostasiatischen« Raum als Ordnungsmächte anerkannte. Dieser Dreimächtepakt sah auch gegenseitige »Hilfe mit allen Mitteln« vor für den Fall eines Angriffs auf einen der Vertragspartner. Obwohl am 7.12.1941 Japan mit dem Überfall auf die US-Pazifikflotte in *Pearl Harbor* den Krieg gegen die USA eröffnete, schlossen sich Italien und Deutschland diesem durch Kriegserklärungen am 11.12.1941 an, während Japan den Vertragsspielraum genutzt und am *Rußlandfeldzug* nach dem deutschen Angriff nicht teilgenommen hatte. Durch Beitritt weiterer Länder im deutschen Einflußbereich erweitert und durch militärische und wirtschaftliche Abkommen ergänzt, schrumpfte der Pakt im Sept. 1943 durch Ausscheiden Italiens und wurde am 7.5.1945 mit der Kapitulation Deutschlands gegenstandslos, die Tokio als »Vertragsbruch« bezeichnete.

Dresden

Wie *Coventry* und Hiroschima wurde Dresden Symbol für das Inferno des Bombenkriegs. Die wegen ihrer Schönheit und reichen Kunstschätze »Elb-Florenz« genannte Stadt hatte 1945 etwa 630 000 Einwohner, hinzu kamen mindestens ebenso viele Flüchtlinge aus Schlesien, die in der unzerstörten sächsischen Metropole (im Volksmund »Reichsluftschutzkeller«) Zuflucht gesucht hatten, sowie Kriegsgefangene in Lagern am Stadtrand. Am 13./14.2.1945 griffen britische und amerikanische Bomberverbände mit 1323 Maschinen an. In mehreren Wellen warfen sie 3749 t Bomben ab, die 13 km^2 Fläche, darunter die historische Altstadt mit architektonischen Kostbarkeiten wie Zwinger, Schloß und Hofkirche, total zerstörten. Militärische Ziele von Bedeutung gab es in der Stadt nicht, sie war unverteidigt, obendrein zum Zeitpunkt des Angriffs mit Flüchtlingen aus Schlesien überfüllt. Daher neben den gewaltigen Zerstörungen auch die ungeheure Zahl von Todesopfern: Bis zum 6.5.1945 waren 39 773 Tote identifiziert; zahllose Leichen namenloser Opfer waren zuvor auf riesigen Rosten verbrannt oder in Massengräbern beigesetzt worden, amtliche Schätzungen sprachen von 135 000 Toten, inzwischen jedoch wurden die abschließenden Zahlen auf 40 000 bis 60 000 Opfer korrigiert. *Goebbels* nutzte die

Tragödie für seine Durchhaltepropaganda, und selbst im alliierten Lager regte sich Kritik an dem wahllosen Vernichtungswerk bei längst absehbarer deutscher Niederlage. Am 8.5.1945 besetzte die sowjetische 5. Gardearmee den Trümmerhaufen, der einmal eines der bedeutendsten Kulturzentren Mitteleuropas gewesen war.

Drexler, Anton

* München 13.6.1884, † ebd. 24.2.1942

Er war einer der ersten, der das Paktieren mit Hitler bereuen mußte: Der Schlosser Drexler gründete zusammen mit dem Journalisten Karl Harrer am 5.1.1919 die *Deutsche Arbeiterpartei*. Im Sept. 1919 besuchte eine ihrer stammtischartigen Zusammenkünfte der Reichswehr-V-Mann Hitler und beeindruckte durch seine Rednergabe Drexler so sehr, daß der ihm eine Mitgliedskarte zuschickte. Hatte Drexler mit seiner Schrift »Mein politisches Erwachen« (1919) und den darin aufgestellten großdeutschen Thesen und Plänen zur Überwindung des Klassenkampfs noch erheblichen Einfluß auf Hitlers programmatisches Werk *»Mein Kampf«*, so verdrängte ihn dieser schon im Sommer 1921 aus der Parteiführung auf den Posten eines Ehrenvorsitzenden. Drexler nahm zwar noch am *Hitler-Putsch* teil, blieb aber der Neugründung der NSDAP 1925 fern.

Drittes Reich

Einem Buchtitel des Publizisten Arthur Moeller van den Bruck (* 1876, † 1925) entnahmen in den 1920er Jahren die NS-Propagandisten die Bezeichnung für das kommende Reich Hitlers: Es werde nach dem ersten bis 1806 existierenden Heiligen Römischen Reich Deutscher Nation und dem zweiten Deutschen Reich (1871–1918) als Vollendung der deutschen Geschichte das Dritte Reich entstehen. Dabei nahm man gern in Kauf, daß darin auch christliche Heilserwartung mitschwang: Nach dem Reich des Vaters (des Gesetzes) und dem des Sohnes (des Evangeliums) ersehnte das christliche Mittelalter ein drittes Reich des Heiligen Geistes, das die Versöhnung von Ideen und Wirklichkeit durch den Messias bringen sollte. In der Phase des Machterwerbs kam das der Stilisierung Hitlers als Erlöser entgegen, doch nutzte sich die Bezeichnung Drittes Reich später ab und wurde durch Beschwörung eines »Vierten Reiches« im *Flüsterwitz* sogar zur satirischen Spitze. Am 10.7.1939 wurde daher die deutsche Presse angewiesen, den Begriff zu meiden, und am 21.3.1942 verlangte das Propagandaministerium statt dessen die Verwendung der Bezeichnung »Das Reich« analog zum englischen Wort »Empire«. Die Numerierung vertrug sich nicht mehr mit dem Ausschließlichkeitsanspruch des NS-Systems. Nach dem Krieg bürgerte sich die Bezeichnung »Drittes Reich« in Publizistik und Wissenschaft für die Epoche 1933–45 und die Herrschaft Hitlers ein.

Drôle de guerre →*Sitzkrieg*

Duce

Seit 1922 von *Mussolini* beanspruchte Anrede mit dem italienischen Wort für »Führer« als Vorsitzender der faschistischen Partei, analog zu Hitlers Eigenbezeichnung nach 1934 als *»Führer und Reichskanzler«* 1938 ausgeweitet zu »Capo del governo e Duce del fascismo« (Regierungschef und Führer des Faschismus).

Dünkirchen

Der schnelle Vorstoß der deutschen Panzerdivisionen durch Belgien im Mai 1940 überraschte selbst die deutsche Führung. Hitler ließ am 24.5. die Spitzen vor der nordfranzösischen Hafenstadt Dünkirchen am Kanal halten aus Sorge um die Flanken und zur Schonung der Panzerdivisionen für die Schlacht um Frankreich. Die im Raum Dünkirchen eingeschlossenen britischen und französischen Truppen gewannen Zeit, die Evakuierung nach England vorzubereiten, die schließlich 215 000 Engländern und 123 000 Franzosen auch gelang; *Görings* Versprechungen, den Kessel aus der Luft zu zerschlagen, erwiesen sich als Großsprecherei. Trotz des Verlusts des gesamten Kriegsgeräts und etwa 7000 Gefallenen konnten die Westmächte so den Kern der künftigen Invasionsarmee retten, ehe am 6.6.1940 das deutsche X. Armeekorps (Hansen) die Stadt nahm. Hitlers Haltbefehl wurde später mit seinen Erfahrungen aus dem 1. Weltkrieg in Flandern erklärt. Für die Spekulation, er habe London damit eine Brücke zum Frieden bauen wollen, finden sich keine Belege. Es spricht eher alles dafür, daß der »Führer« nur keine anderen Sieger neben sich zu dulden gedachte. Selbstherrlich triumphierende Generäle durfte es auch um den Preis einer empfindlichen Schlappe nicht geben.

DVP →*Demokratische Volkspartei*

E

Eben Emael

Das waffenstarrende belgische Sperrfort Eben Emael zwischen Lüttich und Maastricht am Albertkanal, 1932–35 zur Sicherung von Brücken errichtet, galt nach Lage, Befestigung und Bewaffnung als uneinnehmbar. Anfang Mai 1940 waren 650 Mann darin stationiert. Im deutschen Plan für den Feldzug im Westen hatten die Ausschaltung von Eben Emael und der blitzartige Zugriff auf die Brücken über Maas und Albertkanal oberste Dringlichkeit. 84 Fallschirmpioniere der 7. Luftlandedivision wurden gegen das Fort angesetzt. Ihr Transportmittel war der bis dahin streng geheime Kampfsegler DFS 230. Am frühen Morgen des 10.5. wurden die Segler von elf Ju 52 bis vor das Ziel geschleppt. Zwei mußten notlanden, die anderen schwebten um 5.25 Uhr auf das Dach der Kampfanlage. Gegen einen lautlosen Überfall aus der Luft gab es auf der Festung kaum Vorkehrungen. Die Fla-Stellungen wurden in den ersten zehn Minuten ausgeschaltet, die Kuppeln mit neuartigen Hohlladungen neutralisiert. Den Belgiern gelang es nicht, die kleine Sturmtruppe vom Dach zu vertreiben, andrerseits vermochte diese zunächst auch nicht ins Fort hineinzukommen. Am folgenden Tag rückte mit den Angriffsspitzen des XVI. Panzerkorps *(Hoepner)* das Pionierbataillon 51 an. Der Festungsgraben wurde mit Schlauchbooten überquert, gegen Mittag drangen die Pioniere von außen in Eben Emael ein; die Verteidiger ergaben sich. 24 Mann waren gefallen, 59 verwundet. Die Verluste der Angreifer betrugen 6 Gefallene und 20 Verletzte.

Eberl, Irmfried

* Bregenz 8.9.1910, † Ulm 6.2.1948

Schon als Medizinstudent trat Eberl in die österreichische NSDAP ein, wechselte nach Deutschland und arbeitete im Hauptgesundheitsamt Berlin. Am 1.2.1940 übernahm er im Rahmen der *Euthanasie* die Leitung der Tötungsanstalt Brandenburg, später in gleicher Funktion Bernburg. Unter seiner Verantwortung wurden in beiden Anstalten etwa 18 000 Menschen ermordet, ehe er Ende 1941 Kommandant des Vernichtungslagers *Treblinka* wurde. Dort löste ihn die SS-Führung im Sept. 1942 durch *Stangl* ab, weil Eberl »unhaltbare Zustände« duldete und die Vergasungen (insgesamt 280 000 Opfer) nicht hinreichend tarnte. Danach wieder in Bernburg und 1944 Soldat, praktizierte Eberl nach dem Krieg als Arzt in Blaubeuren und wurde 1948 gefaßt. In der Untersuchungshaft nahm er sich das Leben.

Eckart, Dietrich

* Neumarkt i.d.Opf. 23.3.1868, † Berchtesgaden 26.12.1923

Von ihm stammte die Idee, Hitler zum »Messias« aufzubauen: Der verkrachte Mediziner und wenig erfolgreiche Schriftsteller Eckart war in völkischen Kreisen Münchens durch seine 1919–21 herausgegebene nationalistische Wochenschrift »Auf gut deutsch« bekannt. Aus einem seiner Gedichte stammte der spätere NS-Kampfruf »Deutschland erwache!«. Eckart beschaffte 1921 das Geld zum Kauf des »*Völkischen Beobachters*«, dessen erster Hauptschriftleiter er wurde und in dem er seinen grobschlächtigen Antisemitismus verbreitete; der kam auch in dem 1925 postum erschienenen Buch »Der Bolschewismus von Moses bis Lenin« zum Ausdruck. Damit sprach er Hitler aus dem Herzen, der ihm »Mein Kampf« widmete. Eckart war nach dem Hitler-Putsch nach kurzer Haftzeit gestorben.

Edelweißpiraten

Der Drill, die paramilitärische Erziehung, die ideologische Gängelung durch Partei und HJ riefen schon bald nach 1933 jugendlichen Protest hervor. Er erfaßte zunächst nur sehr kleine Gruppen, die durch betonte Lässigkeit in Kleidung und Frisur, durch Hören von »undeutscher« Swingmusik, Verweigerung des HJ-Dienstes, gemeinsame Unternehmungen von Mädchen und Jungen oder demonstrative Mitarbeit in kirchlichen Organisationen ihren »Widerstand« ausdrückten. Im Krieg verbreiteten sich solche Haltungen so weit, daß es zu Zusammenstößen mit HJ- oder anderen Parteiformationen und zu Sabotageakten kam. Daher wurden 1944 »Richtlinien zur Bekämpfung jugendlicher Cliquen« herausgegeben. Sie richteten sich gegen lose organisierte Gruppen wie die Dresdener Mobs, die Hamburger Totenkopfbande, die Wiener Schlurfs und v. a. gegen die Edelweißpiraten im Rheinland, die sich wegen ihres Erkennungszeichens unterm, seltener am Jackenaufschlag so nannten. Ihre Kriminalisierung gipfelte Ende 1944 in der Verhaftung von 13 Mitgliedern, die ohne Verfahren öffentlich an der Ecke der heutigen Schönsteinstraße / Venloer Straße in Köln aufgehängt wurden.

Ehe

Im biologischen Weltbild des Nationalsozialismus spielte die Ehe eine entscheidende Rolle. Sie galt als »angeborene Pflicht«, ihre Verweigerung führe zum Ausschluß aus dem »Blutstrom des Volkes« und zum Verlust des Rechts auf Mitgestaltung seines Schicksals. Die Rechtsform der Lebensgemeinschaft zwischen Mann und Frau sicherte den Einfluß des Staates auf diese Bindung und machte sie zu einem Mittel der *Bevölkerungspolitik*. Dazu wurden Gesetze erlassen, die sicherstellen sollten, daß nur erwünschte Ehen zustande kämen, die »erbgesunden« Nachwuchs erwarten ließen. In Ergänzung des »Gesetzes zur Verhütung erbkranken Nachwuchses« vom 14.7.1933 erging am 18.10.1935 ein Ehegesundheitsgesetz, das entmündigten Personen und Behinderten die *Ehetauglichkeit* entzog. *Mischehen* wurden durch das Blutschutzgesetz der *Nürnberger Gesetze* verboten. Die erwünschten Ehen dagegen wurden in jeder Weise gefördert, kinderreiche Mütter solcher Verbindungen erhielten später das *Mutterkreuz*, während absichtliche Kinderlosigkeit als »völkischer Verrat« gebrandmarkt wurde, zu dem auch die trauscheinlosen »Kameradschaftsehen« beitrügen.

Eher-Verlag

Mit Übernahme des Verlags Franz Eher Nachfolger GmbH, München, begann *Amann* 1923 mit dem Aufbau eines Zentralverlags der NSDAP, der später auch Niederlassungen in Berlin und Wien hatte. Unter dem Konzerndach des Eher-Verlags, in dem das gesamte parteiamtliche Schrifttum (z. B. auch Hitlers »*Mein Kampf*«) erschien, bildete Amann Untergesellschaften u.a. für die verschiedenen Presseorgane, z. B. Standarte GmbH für die Gauzeitungen, Vera-Verlagsanstalt für die Großstadtblätter und die 1940 gegründete Europa-Verlagsgesellschaft für Zeitschriften, die im deutsch besetzten Ausland erschienen. Auch der »arisierte« Ullstein Verlag stand unter direkter Leitung des Eher-Verlags, dessen Rechtsnachfolge nach 1945 der Freistaat Bayern antrat.

Ehestandsdarlehen

Zur Verringerung der *Arbeitslosigkeit* schuf die Regierung Hitler umgehend Anreize für Frauen, aus dem Arbeitsleben auszuscheiden: Wenn eine rassisch »reine« und politisch »zuverlässige« Frau bei der Heirat versicherte, keine Erwerbsarbeit mehr aufzunehmen, konnte das Brautpaar ein Ehestandsdarlehen von bis zu 1000 RM (gut zehnfache heutige Kaufkraft) beantragen. Es war zinslos, wurde z. T. in Form von Bedarfsdeckungsscheinen zum Erwerb von Hausrat ausgezahlt und mußte mit nur 1 % monatlich getilgt werden. Bei Geburt eines ehelichen Kindes wurde ein Viertel der Schuld erlassen, die also mit vier Nachkommen »abzukindern« war, wie der Volksmund sagte. Bis 1935 nahmen 523 000 Paare Ehestandsdarlehen in Höhe von über 300 Mio. RM in Anspruch. 1937 wurde das Beschäftigungsverbot als Bedingung für die Darlehen abgeschafft, da sich bereits wieder Arbeitskräftemangel bemerkbar machte.

Ehetauglichkeit

Zu den üblichen Ehehindernissen (Verwandtschaft, noch bestehende andere Ehe usw.) traten im 3. Reich eugenische Hürden: Die Ehewilligen mußten nach den Normen der *Erbpflege* rassisch, gesundheitlich und moralisch zur Ehe befähigt sein, die auch nicht aus anderen, politischen Gründen »für die Volksgemeinschaft unerwünscht« sein durfte. Das Nähere regelte das Ehegesundheitsgesetz vom 18.10.1935. Die Ehetauglichkeit mußte bei Anträgen auf Ehestandsdarlehen durch Bescheinigung des Gesundheitsamts, bei Eheschließungen Deutscher im Ausland durch ein Ehefähigkeitszeugnis des Standesamts nachgewiesen werden.

Ehre

»Unsere Ehre heißt Treue« war die Losung der *SS*, und in der gesamten NS-Literatur gehörte »Ehre« zu den höchstgeschätzten Begriffen. Man verstand darunter »Bestand und Bewahrung der eigenen Art, Eintreten und notfalls Sichopfern für die eigene Art und für deren höchste Werte«. Ehre wurde also v. a. militärisch und kämpferisch gesehen im Sinn von Bekämpfung der »Blutentartung«, die als Inbegriff der Ehrlosigkeit gebrandmarkt wurde. Die so verstandene

Ehre bezeichnete *Rosenberg* als »Anfang und Ende unseres ganzen Denkens und Handelns«. Menschen, die den Anforderungen dieser Rassenehre angeblich nicht entsprachen, waren danach im strengen Sinn gar keine mehr und durften »ausgemerzt« werden.

Ehrenkreuz der Deutschen Mutter →*Mutterkreuz*

Ehrhardt, Hermann

* Diersburg (heute zu Hohberg b. Offenburg) 29.11.1881,
† Brunn am Walde (bei Krems an der Donau) 27.9.1971
Leute wie er bereiteten den Boden für die brutalen Formen politischer Auseinandersetzung, wie sie die NSDAP später bevorzugte: Ehrhardt kam als Marineoffizier aus dem 1. Weltkrieg und stellte mit Getreuen das Freikorps »Brigade Ehrhardt« auf. Ihr Einsatz gegen kommunistische Aufstände wurde gern gesehen, doch im Kapp-Putsch 1920 wandte sie sich selbst gegen die Republik. Ehrhardt wurde verhaftet, konnte aber fliehen und konspirierte in der Folgezeit mit rechtsradikalen Gruppen, darunter auch mit der NSDAP. Hitler allerdings hielt er für »den Idioten«, wie er naßforsch sagte. Deswegen wurde ihm nach der Machtergreifung der Boden zu heiß; er ging nach Österreich, wo er zurückgezogen als Landwirt lebte.

Eichmann, Adolf

* Solingen 19.3.1906, † Ramla (bei Tel Aviv) 31.5.1962 (hingerichtet)
Das Maschinenbaustudium beendete er nicht und schlug sich mit Gelegenheitsarbeiten durch; 1933 fand er zur SS: Eichmann absolvierte bei ihrer *Verfügungstruppe* in Bayern eine militärische Ausbildung und trat als SS-Scharführer am 1.10.1934 ins »Judenreferat« des SD-Hauptamts ein. Im Aug. 1938 wurde er mit dem Aufbau einer »Zentralstelle für jüdische Auswanderung« in Wien beauftragt. 150 000 österreichische Juden zwang er durch Schikanen in den folgenden anderthalb Jahren zur Auswanderung unter Verlust fast ihrer gesamten Habe. Eichmann empfahl sich damit für das Referat IVD4 (später IVB4) im RSHA, wo er seit Dez. 1939 (seit 9.11.1941 als SS-Obersturmbannführer) mit »Räumung« und »Judenangelegenheiten« betraut war. Darunter war die Deportation von schließlich 3 Mio. Juden aus dem deutschen Machtbereich in die *Vernichtungslager* zu verstehen. Und der Schreibtischtäter Eichmann wußte genau, was mit der *Endlösung* der Judenfrage gemeint war: In

Auschwitz-Birkenau war er Zeuge von Massenvergasungen. Das hinderte ihn nicht, höchstpersönlich Transporte ungarischer Juden zusammenzustellen, nachdem sein zynisches Geschäft Lkw gegen Leben gescheitert war, das er vorgeschlagen hatte. – Da Eichmann öffentlich kaum bekannt war, ahnten die Amerikaner nicht, wen sie 1945 gefangennahmen, und daher gelang Eichmann 1946 die Flucht. Sie führte ihn mit kirchlicher Hilfe nach Argentinien, wohin er sogar seine Familie nachkommen lassen konnte. Erst Ende der 1950er Jahre spürten ihn israelische Geheimagenten auf und entführten ihn. In Israel wurde ihm der Prozeß gemacht, der am 11.12.1961 mit dem Todesurteil endete.

Eicke, Theodor

* Hudingen (heute Hampont; bei Thionville, Moselle) 17.10.1892, † Orelka (Ostfront) 16.2.1943 (Flugzeugabsturz)
Er prägte das KZ-System: Der Polizist Eicke, 1923–32 als Sicherheitskommissar bei I.G. Farben tätig, trat 1928 in die NSDAP ein und wurde 1930 in die SS aufgenommen. Gut bekannt mit *Himmler*, erhielt er im Sommer 1933 das Kommando über das KZ *Dachau*, das er zu einer Art Musterlager ausbaute. Seine Methoden der Bewachung und Bestrafung von Häftlingen von einfachen Prügeln bis zur Hinrichtung, die Entwürdigung der Lagerinsassen und ihre gegenseitige Bespitzelung und Mißhandlung durch ein ausgeklügeltes *Kapo*-System wurden vorbildlich. Eicke wurde zum Dank für aktive Beteiligung an den Morden der Röhm-Affäre im Juli 1934 Inspekteur der KZ und der SS-*Totenkopfverbände*. Sie waren der Kern der späteren Waffen-SS-Division »Totenkopf«, die unter dem zum SS-Obergruppenführer beförderten Eicke an der Ostfront eingesetzt war und sich durch brutale Kampfführung und Kriegsverbrechen auszeichnete.

Eid

In allen politischen Systemen und Religionen gibt es besondere Formen der feierlichen Beteuerung eines Vertrags, einer Aussage oder Absichtserklärung. Bis 1934 wurde dieser Eid von Beamten und Soldaten auf die Verfassung geleistet. Mit Zusammenlegung der Ämter *Führer und Reichskanzler* nach *Hindenburgs* Tod wurde er am 20.8.1934 abgelöst durch ein Treuegelöbnis auf den »Führer des Deutschen Reiches und Volkes, Adolf Hitler«. Die vorher freiwillige religiöse Beteuerung durfte nun erstaunlicherweise nicht mehr weggelassen werden. Damit wollte die religionsfeindliche NS-Führung Christen den Eidbruch erschweren. Beamte wurden bei Eidverweigerung entlassen, Wehrpflichtige in Beugehaft genommen und bei hartnäckiger weiterer Weigerung in KZ eingeliefert, wo z. B. viele *Ernste Bibelforscher* deswegen umkamen. Der persönliche Eid auf Hitler wurde für die Widerstandskämpfer zum schweren Problem, aus dem letztlich nur der Tyrannenmord eine Lösung bot, da durch ihn ein eidfreier Zustand erreicht wurde. Die Disziplinierung der Kirchen durch staatlichen Eid mißlang.

Eindeutschung
Das »Volk ohne Raum« – so eine NS-Parole – hatte zu wenige »rassisch erwünschte« Menschen. Der seit 7.10.1939 amtierende Reichskommissar für die Festigung deutschen Volkstums, *Himmler*, suchte daher nach Möglichkeiten einer Rück- oder Eindeutschung geeigneter »deutschstämmiger« Personen aus den im Krieg besetzten Gebieten. In einer Deutschen Volksliste (DVL) wurden bis 1944 etwa 2,75 Mio. Menschen erfaßt, die dafür in Frage kamen, eingeteilt nach Kategorien: **1.** »NSDAP-geeignete« und **2.** andere Personen, die »nachweislich ihr Deutschtum bewahrt« hatten und automatisch wieder Deutsche wurden; **3.** »deutsch gesinnte« Personen mit »fremdvölkischen« Bindungen, die nach rassegesundheitlicher Prüfung Deutsche auf Widerruf werden konnten; **4.** »überfremdete« Deutschstämmige, die nur durch Leistung für Deutschland eine Eindeutschung erreichen konnten.

Einsatzgruppen
Die Sicherheitspolizei und der SD stellten für die Mitarbeit bei militärischen Operationen »Einsatzgruppen« genannte mobile Einheiten auf, die »in eigener Verantwortung« im rückwärtigen Gebiet »Exekutivmaßnahmen« gegenüber der Zivilbevölkerung trafen. Schon in Österreich (März 1938), in der Tschechoslowakei (Okt. 1938 und März 1939) und im Polenfeldzug eingesetzt, wurden im Frühjahr 1941 für den *Rußlandfeldzug* vier Einsatzgruppen A, B, C und D gebildet, die den vorrückenden Heeresgruppen sowie der 11. Armee zugeteilt waren. Gegliedert waren sie in vier bis fünf etwa kompaniestarke *Sonderkommandos* (SK) aus Polizei- und SD-Angehörigen, die durch *Hilfswillige* und einheimische Milizen verstärkt

wurden. Unter dem Vorwand der Bekämpfung von »Banden« und »reichsfeindlicher Elemente« verfolgten die Einsatzgruppen, oft von der Wehrmacht durch Gerät und Transportraum unterstützt, v.a. Juden, die sie durch Dolmetscher und Hinweise aus der Bevölkerung ermittelten, zusammentrieben und als angebliche Träger des bolschewistischen Systems erschossen. – Zunächst betrafen die Morde nur wehrfähige Männer, von Aug. 1941 an auch Frauen, Kinder und alte Leute. Sie wurden an zuvor ausgehobenen oder von ihnen selbst gegrabenen Gruben exekutiert und verscharrt. Später bemühte man sich, die Tötungen durch *Gaswagen* zu beschleunigen. Ereignismeldungen an das RSHA und andere Akten lassen eine realistische Schätzung der Opferzahlen zu: Insgesamt töteten Kommandos der Einsatzgruppen mindestens 900 000 Menschen, davon allein in *Babi Jar* an nur zwei Tagen über 30 000. Einige der Täter wurden in zahlreichen Verfahren, darunter dem *Ohlendorf-Prozeß*, nach dem Krieg zur Rechenschaft gezogen.

Einsatzkommandos
Untereinheiten der *Einsatzgruppen* sowie Bezeichnung für Kommandos der Sicherheitspolizei und des SD, die mit der Aussonderung von »politisch untragbaren« *Kriegsgefangenen* und ihrer Liquidierung betraut waren.

Einsatzstab Reichsleiter Rosenberg
Wie sich der spätere Reichsminister für die Ostgebiete *Rosenberg* deutsche Besatzungspolitik vorstellte, zeigte er schon 1940: Er bildete einen Einsatzstab aus Experten für bildende Kunst und Kunsthandwerk und ließ zunächst in Frankreich angeblich »herrenloses jüdisches Eigentum« beschlagnahmen. Proteste der Vichy-Regierung halfen sowenig wie später die der Behörden in den anderen Ländern, die der Einsatzstab durchkämmte, wobei bald nicht mehr nur jüdisches, sondern pauschal Eigentum von tatsächlichen oder angeblichen Gegnern der deutschen Besatzungsmacht konfisziert wurde. Diesen *Kunstraub* versuchte Rosenberg in Nürnberg 1946 als »Schutz von Kulturgütern vor Kriegseinwirkung« zu rechtfertigen.

Eintopfsonntag
Die NS-Bewegung gab ihre Ideologie als einen »Sozialismus der Tat« aus, der sich in gegenseitiger Hilfe in der *Volksgemeinschaft*

äußere. Zum Zeichen dieser Haltung propagierte man 1933 Eintopfsonntage, an denen das ganze Volk statt üppiger Mahlzeiten nur Eintopfgerichte essen und das so gesparte Geld dem *Winterhilfswerk* spenden sollte. Zur Förderung dieses Gedankens nahmen Prominente an öffentlichen Schauessen teil und ließen sich dabei für die Presse ablichten. *Goebbels* verstieg sich zu dem Vergleich: »Der Nationalsozialismus ist eine gute deutsche Hausmannskost, ein Eintopfgericht« (Rede 7.11.1933).

»Ein Volk, ein Reich, ein Führer!«

NS-Kampfparole, die das Ziel eines einigen, den Klassenkampf überwindenden Deutschlands beschwören sollte, in dem alle Deutschen in einem Reich vereinigt sein würden; verstärkt plakatiert mit Hitler-Bild zur Feier des Anschlusses Österreichs 1938 als erstem großen Schritt auf dem Wege zu diesem *Großdeutschen Reich.*

Eiserner Vorhang

Am 25.2.1945 prophezeite *Goebbels* in der Wochenschrift »Das Reich« den Westmächten, daß bei einem Sieg der Roten Armee ein »Eiserner Vorhang« vor dem sowjetischen Machtbereich niedergehen werde, hinter dem dann »die Massenabschlachtung der Völker« beginne. *Churchill* griff das Bild auf oder schöpfte es neu in gleicher Verwendung in einem Telegramm vom 12.5.1945 an US-Präsident Harry S. Truman und in einer Rede in Fulton (USA) am 5.3.1946. Es bürgerte sich ein als Bezeichnung für die massiv gesicherte 1346 km lange Westgrenze der sowjetischen *Besatzungszone* in Deutschland und für die Demarkationslinie zwischen den Blökken im kalten Krieg.

Eisernes Kreuz (EK)

Mit Kriegsbeginn stiftete Hitler eine traditionsreiche militärische Auszeichnung neu: das bereits in den Befreiungskriegen 1813–15 verliehene und 1870 wie 1914 wiederbelebte Eiserne Kreuz. Es wurde allerdings wuchtiger gestaltet, erhielt die Jahreszahl 1939 am Fuß und wurde neu abgestuft. Es gab nun das EK II mit schwarzweißrotem Ordensband, das EK I als Steckkreuz, das Großkreuz (einziger Träger *Göring*) und das *Ritterkreuz* des EK. Das EK wurde an Soldaten, aber auch an RAD-, O.T.-, Feuerwehr- und Polizeiangehörige verliehen, auch Soldaten verbündeter Länder und sogar einige

Frauen (u.a. *Reitsch*) erhielten es. Insgesamt beliefen sich die Verleihungen auf 2,3 Mio. EK II und 300 000 EK I.

El Alamein

Im *Afrikafeldzug* kam nach der Eroberung *Tobruks* Ende Juni 1942 der Vormarsch der deutsch-italienischen Panzerarmee Afrika (Rommel) bei El Alamein, einem Dorf in Nordägypten, knapp 100 km südwestlich von *Alexandria*, zum Stehen. Der britischen 8. Armee war es gelungen, hier in der Enge zwischen Küste und der unpassierbaren Kattarasenke eine stabile Auffangstellung zu bilden. Durchbruchsversuche des Deutschen Afrika-Korps scheiterten ebenso wie ein Flankenangriff der italienischen Division »Ariete«. Nach einem britischen Gegenangriff am 11.7.1942 mußte *Rommel* zur Verteidigung übergehen. Am 13.8. übernahm Bernard Law Montgomery den britischen Oberbefehl. Da die Nachschubsituation für die Deutschen immer schlechter wurde, suchte Rommel Ende Aug. / Anfang Sept. eine schnelle Entscheidung mit der Schlacht von Alam Halfa südlich von El Alamein, erlitt aber auch hier eine Niederlage. Jetzt konnten sich alle Anstrengungen nur noch darauf beschränken, einen britischen Durchbruch zu verhindern. Auf einer Länge von 50 km wurden tief gestaffelte Minenfelder (»Teufelsgärten«) angelegt, die Panzerverbände bezogen Reservestellungen im rückwärtigen Gebiet. – Rommel befand sich nicht in Afrika, als am 23.10.1942 die Entscheidungsschlacht begann. Die britische 8. Armee trat mit mehr als doppelter Überlegenheit an Soldaten, schweren Waffen und Flugzeugen gegen die unterversorgten deutsch-italienischen Verteidiger an. Der Hauptstoß erfolgte nicht wie erwartet im Süden, sondern im Norden, an der Nahtstelle zwischen der italienischen Division »Trento« und der deutschen 164. Division. Als Rommel am 25.10. zurückkehrte, fand er bereits eine bedrohliche Lage vor. An zwei Abschnitten waren den Briten Einbrüche gelungen. Sprit- und Munitionsmangel setzten zudem die Schlagkraft und Beweglichkeit seiner Truppen bedrohlich herab. Auch wurden ihre Stellungen systematisch von Bombenangriffen zerschlagen. Am 2.11. brach die Front am Kidneyrücken zusammen. Rommel befahl den Rückzug, dessen Beginn sich durch Hitlers Einspruch bis zum 4.11. verzögerte. Dadurch erlitten v.a. das Deutsche Afrika-Korps und das italienische XX. Korps noch schwere Verluste. In der Folge zog sich die Panzerarmee Afrika, verfolgt von den Briten, aus Libyen zurück.

Elite

Selbst Gesellschaften, die den Gleichheitsgrundsatz stark betonen, kennen Führungsschichten. Sie werden seit dem 19. Jh. in der Sozialphilosophie als Eliten bezeichnet, die sich erblich ergänzen (z. B. Adel) oder eine Ansammlung von Machtträgern darstellen. Geistige oder Kulturelite nennt man den besonders hoch gebildeten, wissenschaftlich-künstlerisch tätigen Teil eines Volkes oder einer Kultur. Der *Faschismus* strebte Elitebildung durch eine gesellschaftliche Gliederung nach Ständen von oben nach unten an. Dem entsprach im Nationalsozialismus das *Führerprinzip*, doch sollte dies die einzelnen Schichten nicht gegeneinander abschotten, sondern gerade durchlässig machen für eigens heranzubildende militärische, politische und ökonomische Funktionseliten. Als weltanschauliche Elite sah sich die allgemeine *SS*, als Elitetruppe war die *Waffen-SS* konzipiert.

Elsaß-Lothringen

Nach der Niederlage 1871 mußte Frankreich auf dem linken Rheinufer zwischen Luxemburg und der Schweiz 14 500 km^2 abtreten, die als Reichsland Elsaß-Lothringen ins Deutsche Reich eingegliedert wurden. Im *Versailler Vertrag* wurde das Gebiet ohne Volksabstimmung wieder an Frankreich gegeben, das in der Folgezeit wie zuvor Deutschland mit einer starken elsässischen Autonomiebewegung zu kämpfen hatte. Im *Locarnopakt* verzichtete Deutschland endgültig auf das Gebiet, und Hitler versicherte mehrfach, auch er wolle um den »jahrhundertealten Zankapfel« nicht mehr streiten. Trotzdem wurde Elsaß-Lothringen nach dem Frankreichfeldzug gegen den Protest der Regierung in *Vichy* wieder angegliedert und germanisiert (sogar das Tragen von Baskenmützen war verboten). In *Natzweiler* (Struthof) entstand ein KZ; die Judenverfolgung forderte auch hier zahlreiche Opfer. Lothringen kam zum Gau Westmark, das Elsaß zu Baden. 1945 wurden beide wieder französisch.

Elser, Johann Georg

* Hermaringen (bei Heidenheim) 4.1.1903, † KZ Dachau 9.4.1945

Selbst die Kommunisten bekämpften ihm den aufkommenden Nationalsozialismus nicht entschieden genug: Nur kurz gehörte der gelernte Möbeltischler Elser dem Rotfrontkämpferbund an. Nach dem *Münchener Abkommen* war für ihn endgültig klar, daß Hitler

Krieg bedeutete, und er begann, ein Attentat auf den Diktator zu planen. Über 30 Nächte ließ er sich von Aug. bis Nov. 1939 ungesehen im Bürgerbräukeller in München einschließen und baute in eine Säule eine Zeitzünderbombe ein, direkt neben dem Rednerpult, an dem Hitler jedes Jahr am Vorabend des 9.11. zum Gedenken an den Putsch von 1923 zu *Alten Kämpfern* sprach. Auf 21.20 Uhr eingestellt, verfehlte der Sprengsatz das Opfer, weil Hitler wegen schlechten Wetters mit der Bahn nach Berlin zurückfuhr und ganz gegen seine Gewohnheit nur 13 Minuten lang redete. Elsers Bombe verwüstete den Saal, tötete acht Menschen und verletzte 63. Während in der Öffentlichkeit über »Nachhilfe von oben« gemunkelt wurde, suchte die Gestapo vergeblich nach Hintermännern aus britischen Geheimdienstkreisen. Elser selbst wurde noch am selben Abend beim Versuch, die Schweizer Grenze zu passieren, gefaßt und gestand die Tat. Als »Sonderhäftling des Führers« zunächst im KZ Sachsenhausen inhaftiert, wurde er Ende 1944 nach Dachau verlegt und kurz vor Kriegsende auf Weisung des RSHA erschossen.

Emigration
Rund 500 000 rassisch, 35 000 politisch und 5000 kulturell Verfolgte verließen nach 1933 Deutschland. Diese Emigration vollzog sich in Wellen: Ein großer Teil der politischen Hitler-Gegner floh schon bald nach der Machtergreifung, eine weitere große Gruppe folgte nach der *Röhm-Affäre* 1934. Auch viele Schriftsteller und Wissenschaftler zogen ziemlich bald die Konsequenz aus ihrer Gegnerschaft zum neuen System, allerdings überwog bei ihnen das Motiv des Protests gegen die Geistfeindlichkeit der NS-Bewegung. Die jüdische Emigration begann ebenfalls früh, ließ dann nach und erreichte nach der *Kristallnacht* ihren Höhepunkt. Sie wäre noch umfassender gewesen, wenn die NS-Bürokratie ihrem eigenen Auswanderungsdruck auf die Juden nicht durch brutale Enteignungsbestimmungen entgegengewirkt hätte. – Anders als die Emigration aus den im Krieg besetzten Staaten, die in den Gastländern Exilregierungen bildete, blieb die deutsche politische Emigration zersplittert. Führende Politiker wie etwa *Brüning* konnten im Exil keinen Einfluß gewinnen, Konflikte zwischen bürgerlichen, sozialdemokratischen und kommunistischen Gruppen verhinderten eine einheitliche Haltung gegenüber der »braunen« Heimat. So blieb nur die Sprachrohrfunktion besonders prominenter Emigranten

wie *Mann* oder Albert Einstein, die dafür sorgten, daß die Geflüchteten für das Hitler-Regime ein Ärgernis darstellten. Sie verstanden sich als das »andere Deutschland«, bemühten sich um eine »Offensive der Wahrheit« gegen die NS-Propaganda und hielten die Verbindungen zur internationalen Entwicklung aufrecht, denn kulturell verarmte Deutschland durch die Emigration sichtlich, zumal *Bücherverbrennung* und Schikanen auch viele im Land gebliebene Schriftsteller und Künstler in die *innere Emigration* trieben. Die wissenschaftlichen Verluste wurden fühlbar etwa bei der Entwicklung der *Atombombe*, die zugleich den Know-how-Zuwachs zeigte, den manche Länder durch deutsche Wissenschaftler und Ingenieure erfuhren. – Vielen Gegnern und Verfolgten gelang jedoch gar nicht erst die Emigration, denn die möglichen Zielländer richteten immer höhere Hürden auf, da sie der Flut nicht Herr wurden. Zudem bedrohte die aggressive Politik Hitlers bald die unmittelbaren Nachbarländer, die für viele Emigranten zur Falle wurden. Fernere Ziele aber erforderten größere Mittel und gute Beziehungen, denn selbst die USA litten in den 1930er Jahren unter der Wirtschaftskrise. Andere Staaten wie die UdSSR kamen aus politischen Gründen nicht in Frage oder erwiesen sich selbst für kommunistische Emigranten als gefährlich. Viele kamen bei den Säuberungen *Stalins* ums Leben oder in Lager nach Sibirien. Überhaupt schreckte Gefährdete die unsichere Zukunft, der Verlust aller Bindungen und der Muttersprache, für Schriftsteller und Journalisten das größte Problem.

Emslandlager

Sie gehörten nicht zu den KZ, doch den Insassen ging es in keiner Weise besser als den KZ-Häftlingen: Sieben Strafgefangenenlager unterhielt z. T. schon seit 1923 die preußische Justiz in den emsländischen Mooren, in denen die Häftlinge schwere Kultivierungsarbeiten zu leisten hatten. Seit 1936 bestanden die Lager I–VII Börgermoor, Aschendorfermoor, Brual-Rhede, Walchum, Neusustrum, Oberlangen und Esterwegen. Die dem preußischen Justizministerium in Berlin unterstellten und von einem Kommandeur in Papenburg geführten Emslandlager wurden nach 1933 geleitet von übernommenen alten SA-Führern und bewacht ebenfalls überwiegend von SA-Männern. Zunächst v. a. mit Kriminellen, dann zunehmend mit politischen Häftlingen belegt (1939: 12 000), wurden seit Kriegsbeginn auch Juden und Ausländer aus den besetzten Staaten sowie Deserteure dorthin verbracht. Insgesamt durchliefen 69000 Häftlinge die Lager. Dort und in weiteren eigenen Lagern wurden auch insgesamt 110000 Kriegsgefangene untergebracht. Die harten Arbeits- und Lebensbedingungen, miserable sanitäre Verhältnisse und medizinische Versorgung, drakonische Strafen und Mißhandlungen forderten zahlreiche Opfer, ehe Ende März / Anfang April 1945 die alliierten Truppen als Befreier kamen.

Endlösung
Die tödliche Konsequenz aus dem Rasseantisemitismus des Nationalsozialismus wurde sprachlich getarnt. Man sprach von »Umsiedlung«, von »Sonderbehandlung« und – zentraler Begriff des Völkermords – von »Endlösung der Judenfrage«. Der Begriff hatte zunächst nicht direkt mörderischen Sinn, sondern wurde auch für eine »territoriale« Form der Bewältigung des »Judenproblems« verwendet, worunter ebenso der *Madagaskar-Plan* wie die Ghettoisierung im Osten fielen. Erst mit Beginn des Rußlandfeldzugs kam es zu Massentötungen zunächst durch die *Einsatzgruppen*, dann, nach der Niederlage vor Moskau, zum fabrikmäßigen Mord in den *Vernichtungslagern* im deutsch besetzten Polen, wie auf der von den beteiligten Behörden beschickten *Wannsee-Konferenz* am 20.1.1942 beschlossen. Damit hatte der Begriff »Endlösung« den tödlichen Sinn gewonnen (erstmals so verwendet in einem Schreiben *Görings* an *Heydrich* vom 31.7.1941) und die staatliche *Judenverfolgung* ihre letzte Stufe erreicht, die zum Tod von mindestens 5,1 Mio. jüdischen Menschen aus ganz Europa führte.

Endsieg
Schon im 1. Weltkrieg wurde bei sich verdüsternder Lage der Endsieg beschworen, angesichts dessen Rückschläge nur temporäre Bedeutung hätten. Hitler verwendete die Vokabel auch in »Mein Kampf«, und *Goebbels* griff sie auf, als auch im 2. Weltkrieg Siege rar und »Frontbegradigungen« die Regel wurden. Die Logik dieser Beschwörung entsprach daher ganz dem grotesken Argument der Propaganda, nach dem Deutschland siegen werde, »weil es siegen muß«. Im Stil solcher Realitätsverleugnung sprach Goebbels noch bei seiner letzten Ansprache zu »Führers Geburtstag« am 20.4.1945 von »Sieg«.

England →*Großbritannien*

»Enigma«

1937 führte die deutsche Wehrmacht den Chiffrierautomaten »Enigma« (griech. Rätsel) ein. Dieser verschlüsselte durch fünf elektrisch verbundene Walzen Befehle und Nachrichten und wechselte laut Dienstanweisung alle 48 Stunden den Code. Der Adressat empfing die Signale über ein synchron geschaltetes Gerät und »übersetzte« sie mit Hilfe des jeweils verabredeten Schlüssels. Dem britischen Geheimdienst gelang im Frühjahr 1940 mit dem »Ultra«-Rechner der Einbruch in das »Enigma«-System. Bis Kriegsende blieb das den Deutschen verborgen. Die Alliierten besaßen so einen unschätzbaren Vorsprung in der Aufklärung der gegnerischen Absichten.

»Entartete Kunst«

Mit moderner Kunst, v.a. mit ihren abstrakten, surrealistischen, dadaistischen Formen, haben bis heute viele und hatten in den 1920er/1930er Jahren noch mehr Menschen Schwierigkeiten. Das nutzten die NS-Kulturwächter zu einer populären Offensive gegen »jüdische Zersetzung« in der Kunst und gegen den »Kunstbolschewismus«. Für ihre Kampagne, die 1937 den Höhepunkt erreichte, entlehnten sie den biologischen Begriff der Entartung zur Kennzeichnung der »Ausgeburten des Wahnsinns«, als die sie Gemälde etwa von Paul Klee, Max Beckmann oder Otto Dix bezeichneten. Sie wurden im Sommer 1937 in München in einer Ausstellung »Entartete Kunst« gezeigt und mit diffamierenden Unterschriften versehen. Fast täglich kamen 20 000 Besucher, die meisten in zustimmender Absicht. Im Mai 1938 wurde ein »Gesetz über Einziehung von Erzeugnissen entarteter Kunst« erlassen, das auch die entschädigungslose Enteignung von privaten Sammlungen moderner Kunst vorsah. Zahlreiche Kunstwerke wurden zur Devisenbeschaffung ins Ausland verkauft, 4000 Bilder 1939 in Berlin öffentlich verbrannt. Die Künstler flohen oder wurden mit Arbeitsverbot belegt.

Enterdungsaktion

Nach der Niederlage vor Moskau im Winter 1941/42 mußte damit gerechnet werden, daß russische Truppen in Gebiete vordrangen, in denen Massengräber von den Morden der *Einsatzgruppen* zeugten. *Heydrich* beauftragte daraufhin Sonderkommandos (SK) mit der Kennung 1005 (so das Geschäftszeichen im RSHA) unter *Blobel* mit dem Ausgraben und der Beseitigung der Leichen. Die meist aus SD-Angehörigen und Sicherheitspolizisten bestehenden SK 1005 wurden durch zwangsrekrutierte jüdische und einheimische Arbeitskommandos unterstützt, deren Mitglieder nach Beendigung der jeweiligen Aktion erschossen wurden; Ordnungspolizei schirmte die Einsatzorte ab. Nach Versuchen mit Sprengstoff und Flammenwerfern erwies sich die Verbrennung der Leichen auf Rosten als effektivste Methode, die allerdings relativ zeitraubend war. Daher war die Enterdungsaktion beim schnellen deutschen Rückzug 1943/44 noch nicht überall abgeschlossen. Viele Massengräber wurden von der vorrückenden Roten Armee oder auch erst nach dem Krieg entdeckt.

Entjudung

Schon 1881 forderte der Philosoph Eugen Dühring (* 1833, † 1921) die »Entjudung« der deutschen Gesellschaft als »völkische Aufgabe«. In der Form »Kein Jude kann deutscher Volksgenosse sein« wurde die Forderung als Punkt 4 ins Programm der NSDAP aufgenommen und nach der Machtübernahme verwirklicht zunächst durch Verdrängung der Juden und »jüdisch versippter« Bürger aus dem öffentlichen Leben mittels *Arierparagraph*, dann aus dem Wirtschaftsleben im Zuge der *Arisierung* und schließlich aus dem Leben selbst durch die Maßnahmen der *Endlösung*.

Entnazifizierung

Bei sich abzeichnendem Sieg machten sich die Alliierten Gedanken über die Behandlung Deutschlands und beschlossen auf der Konferenz von *Jalta* im Febr. 1945 ein Programm zur Entnazifizierung, das ins *Potsdamer Abkommen* (Aug. 1945) aufgenommen wurde: Verbot der NSDAP und jeglicher nazistischer Propaganda, Aufhebung der NS-Gesetze, Festnahme und Bestrafung der führenden NS-Größen, Entlassung aller aktiven NSDAP-Mitglieder aus öffentlichen Ämtern und Führungspositionen der Wirtschaft, Reinigung des Erziehungswesens von allen »nazistischen und militaristischen« Lehren. Nach einigem Hin und Her in den *Besatzungszonen* wurde das in der US-Zone am 5.3.1946 erlassene »Gesetz zur Befreiung von Nationalsozialismus und Militarismus« bis Ende 1946 in allen

Zonen verbindlich. – Danach klassifizierten deutsche Spruchkammern nach Richtlinien von »Befreiungsministern« der Länder ehemalige Nationalsozialisten nach fünf Kategorien: **1.** Hauptschuldige, **2.** Belastete, **3.** Minderbelastete, **4.** Mitläufer und **5.** Entlastete. Diese Form der Entnazifizierung führte zu einem schwunghaften Handel mit sog. Persilscheinen, Zeugnissen anerkannter NS-Gegner über angebliche Harmlosigkeit oder gar Widerstandstätigkeit von Betroffenen. Daraufhin wurden große Gruppen (sozial schwache und junge Leute) pauschal amnestiert. Personalmangel im öffentlichen Dienst und wachsende Rivalität zwischen den Siegermächten höhlten die Entnazifizierung weiter aus. In der sowjetischen Zone endete sie am 26.8.1948, im Westen kam sie zum Erliegen, wurde aber erst Anfang der 1950er Jahre endgültig abgeschlossen. Nach Art. 131 des Grundgesetzes stellte die Bundesrepublik seit 1951 fast alle betroffenen Beamten wieder ein. – Insgesamt waren in den Westzonen 6,08 Mio. Verfahren durchgeführt worden, 4 Mio. fielen in die Kategorie 5 und 1 Mio. in die Kategorie 4, dagegen nur 1700 in die Kategorie 1 und 23 000 in die Kategorie 2, über 150 000 wurden als Minderbelastete (3) eingestuft.

Erbhofgesetz

Propagandistisch wurde das *Bauerntum* im 3. Reich besonders herausgestellt, wirtschaftliche Förderung aber blieb in Ansätzen stekken. Selbst das zur Sicherung landwirtschaftlicher Betriebe erlassene Erbhofgesetz vom 29.9.1933 erwies sich letztlich als eher nachteilig: Zunächst einmal verlangte es von den Inhabern von Erbhöfen (zwischen 7 und 150 ha) den großen *Abstammungsnachweis*, da Bauer nur sein könne, »wer deutschen oder stammesgleichen Blutes« war. Derart ideologisch befrachtet, griffen auch andere Bestimmungen nicht wie gewünscht. Zwar wurde die Erbteilung von Erbhöfen (insgesamt 700 000 im Jahr 1938) untersagt und auch eine Entschuldung durchgeführt, zugleich aber wurde der Verkauf solcher Höfe verboten, und neue Schulden waren nur noch als Personalkredite erlaubt. Das schwächte die Investitionstätigkeit und die Modernisierung und behinderte so das Ziel einer *Autarkie* auf dem Ernährungssektor. Damit sank auch die Ertragskraft der Höfe, was zur unerwünschten Landflucht beitrug.

Erbpflege

Die NS-*Bevölkerungspolitik* hatte sich die Hebung der Erbgesundheit des Volkes zum Ziel gesetzt. Dieses fachsprachlich »Eugenik« genannte Gebiet erhielt zur Popularisierung die Bezeichnung Erbpflege. Sie hieß in NS-Sicht »ausmerzen« der schädlichen Einflüsse und Förderung »erbtüchtiger, gesunder, kinderfroher« Familien mittels Ehegesetzgebung. Zu den schädlichen Einflüssen zählte man Behinderungen, die durch *Zwangssterilisationen* und schließlich durch *Euthanasie* bekämpft wurden, und Rassenmischungen, die nicht rückgängig zu machen, für die Zukunft aber einzudämmen seien. Dazu diente das Blutschutzgesetz der *Nürnberger Gesetze* ebenso wie später der Völkermord an den Juden im Rahmen der *Endlösung*.

Erfüllungspolitik

Das geschlagene Deutschland hatte nach 1918 kaum politischen Spielraum. Die Siegermächte wachten über die Einhaltung der Friedensbedingungen und drohten bei Abweichungen mit militärischen Konsequenzen. In dieser Lage versuchten die Reichskanzler, die Unerfüllbarkeit des *Versailler Vertrags* durch strikte Erfüllung seiner Forderungen zu belegen. Das nützte ihnen weder außenpolitisch noch im Innern: Bei den ersten Lieferengpässen des Reiches besetzten französische Truppen 1923 das Ruhrgebiet. Die Rechten in Deutschland, v.a. die NSDAP, brandmarkten diese Erfüllungspolitik als »würdelos« und »selbstmörderisch«. Selbst als Außenminister *Stresemann* sie nach 1925 zur Verständigungspolitik gewandelt hatte, wurde sie von vielen als Unterwürfigkeit empfunden, obwohl kaum andere Möglichkeiten bestanden. Als es *Brüning* 1932 mit hartem Sparkurs und konsequenter Erfüllungspolitik gelungen war, die Unsinnigkeit der *Reparationen* zu entlarven, kam dieser Erfolg zu spät. Die auch durch ebendiese Politik aufgestaute Wut über die Demütigungen seit 1918 untergrub die Fundamente der Republik.

Ermächtigungsgesetz

Als »Tag der *Machtergreifung*« wurde im 3. Reich der 30.1.1933 gefeiert, und noch heute lernen Schüler dieses Datum. Dabei eignet sich eigentlich erst der 23.3.1933 für eine solche Bezeichnung: An diesem Tag brachte die Regierung Hitler einen Gesetzentwurf im Reichstag ein, der der Republik den Todesstoß versetzen sollte. Das

»Gesetz zur Behebung der Not von Volk und Reich« sah die Aufhebung der parlamentarischen Kontrolle vor, gab der Regierung das Recht, Gesetze zu erlassen, die der Reichskanzler und nicht mehr der Präsident ausfertigte. Auch Verträge mit dem Ausland sollten danach nicht mehr ratifiziert werden. Daß die Vollmachten auf vier Jahre befristet waren, hatte keine Bedeutung, da ein so bevollmächtigtes Regime sich jederzeit Verlängerungen genehmigen konnte, wie es dann 1937, 1939 und 1943 (von da an unbefristet) geschah. – Die NSDAP verfügte nur mit der DNVP über die absolute Mehrheit und brauchte zudem eine Zweidrittelmehrheit für das Gesetz. Ihr kam sie nahe durch Verbot der KPD und Kassierung ihrer 81 Mandate sowie durch Schikanierung von Sozialdemokraten, was die SPD-Fraktion von 120 auf 94 Sitze schrumpfen ließ. Nur die Unterstützung des katholischen Zentrums fehlte Hitler noch, und die erhielt er gegen vage mündliche Versprechungen eines *Konkordats.* Mit 441 gegen die 94 Stimmen der SPD wurde das Gesetz angenommen, das zusammen mit der *Reichstagsbrandverordnung* die gesetzliche Grundlage für die Diktatur Hitlers legte.

Ernste Bibelforscher
Seit 1931 nannten sie sich »Zeugen Jehovas«, doch setzte sich diese Bezeichnung erst nach 1945 durch. Im 3. Reich hießen die Anhänger der radikal pazifistischen, 1870 gegründeten Sekte »Ernste Bibelforscher«. Von der NS-Propaganda wegen ihrer internationalen Organisation als »Schrittmacher des Weltbolschewismus« angeprangert, erlitten sie ein besonders schweres Schicksal im 3. Reich, weil sie zudem den Wehrdienst, jeglichen *Eid* und den *Deutschen Gruß* verweigerten: Von den 1933 registrierten 6034 Ernsten Bibelforschern wurden 5911 verhaftet und nach dem *Heimtückegesetz* verurteilt. »Nach-Haft« in KZ, wo sie als »Himmelskomiker« und »Jordanscheiche« verhöhnt und mißhandelt wurden, sollte sie endgültig brechen; mehr als 2000 überlebten die Torturen nicht.

Erntedanktag →*Bückeberg*

»Erntefest«
Der *Warschauer-Ghetto-Aufstand* im April/Mai 1943 hatte gezeigt, daß die Juden im deutsch besetzten Osten nichts mehr zu verlieren hatten. Der Widerstand gegen die Vernichtungsmaßnahmen der

SS versteifte sich, Ghettobewohner etwa in Białystok widersetzten sich der »Umsiedlung«, in den Lagern *Treblinka* und *Sobibór* kam es zu Aufständen der »Arbeitsjuden«. Die SS-Führung beauftragte daher im Herbst 1943 den SS- und Polizeiführer im Distrikt Lublin *Sporrenberg* mit der Aktion »Erntefest«. Hinter dieser Codebezeichnung verbarg sich die Liquidierung aller noch hier verbliebenen Juden außer den Fachkräften für die Rüstungsbetriebe. Anfang Nov. 1943 wurden allein im Lager *Majdanek* 17 000 Menschen erschossen, Massaker in anderen Lagern wie Poniatowo oder Trawniki ließen die Opferzahlen auf etwa 40 000 steigen.

Ersatzheer

Die Ausbildungs- und Ergänzungstruppenteile für die im Fronteinsatz stehenden Verbände des deutschen Feldheers waren im Ersatzheer zusammengefaßt. Bei der Mobilmachung am 26.8.1939 wurde in Berlin aus Teilen des Allgemeinen Heeresamts (AHA) eine Abteilung »Befehlshaber des Ersatzheeres« (BdE) im OKW gebildet. Diese Dienststelle entwickelte sich während des Krieges zu einem Zentrum des militärischen Widerstands gegen die nationalsozialistische Herrschaft. Geplant war, die Truppen des Ersatzheers, zu deren Aufgabenbereich auch die Niederschlagung innerer Unruhen gehörte (»Walküre«), nach einem Attentat auf Hitler gegen SS und Partei marschieren zu lassen. Das Gebäude des BdE in der Bendlerstraße in Berlin fungierte am 20.7.1944 tatsächlich als Befehlszentrale der Verschwörer; hier begann aber auch mit den Erschießungen *Stauffenbergs* und anderer noch am selben Tag der Rachefeldzug des Regimes.

Erziehung

Als »Garanten der Zukunft« waren die Jugendlichen für die NS-Ideologen eine entscheidende Zielgruppe, und man hatte es daher eilig, ihre Erziehung in die Hand zu bekommen. Das konnte nur geschehen auf Kosten der traditionellen Institutionen Elternhaus und Schule. Auf die Schulen ließ sich durch Verordnungen Einfluß nehmen, die Entmachtung der sonst kultisch überhöhten Familie geschah durch Kumpanei mit den Jugendlichen. Nach der Hitler-Devise »Jugend muß durch Jugend geführt werden« bot man den über Zehnjährigen in Jungvolk und *HJ* ein spannendes, scheinbar eigenverantwortlich gestaltetes Leben ohne Gängelung durch

Eltern und Oberlehrer. Hier konnten sie sich als Teil des großen Werkes des »Führers« fühlen und ihren Bedarf an Opposition gegen herkömmliche Autoritäten decken. – Daß sie dabei einer kaum merklichen Umerziehung unterworfen wurden, ging im fesselnden Betrieb mit seinen ständigen Ritualen unter: Aufmärsche, Weihestunden, Appelle, Fahnenkult, Lagerfreizeiten und vormilitärische Ausbildung an so »männlichem« Gerät wie Karabiner, Kraftfahrzeug oder gar Flugzeug ließen Gedanken an verpaßte Selbstentfaltung oder Kritik an der massiven Fremdbestimmung bei den Jungen kaum aufkommen. Und auch die Mädchen wurden umworben mit sportlichen Angeboten, Möglichkeiten zur Übernahme von Verantwortung Jüngeren gegenüber oder im sozialen Bereich, Naturerleben auf Wanderungen und im Zeltlager. All dies geschah immer in fast militärisch gegliederten Formationen, die das Gemeinschaftsgefühl stärken, Unterordnung einüben und das Aufgehobensein im großen Ganzen fühlbar machen sollten. – Mit diesem Konzept gefährdeten die NS-Erzieher jedoch die fachliche Ausbildung und damit die Produktion von hinreichend qualifiziertem Nachwuchs für die moderne Industriegesellschaft. Konsequent ließ sich daher die rein weltanschaulich-militärisch ausgerichtete Erziehung nicht durchhalten, was sich in der zeitweiligen Rückbesinnung auf bürgerliche Karrieren zeigte. Insgesamt aber war der ideologische Sog stärker, und selbst Elitebildungsanstalten wie die *Napolas* oder die *Adolf-Hitler-Schulen* hatten Defizite in der fachlichen Stoffvermittlung. Mit Kriegsbeginn gab es ohnehin keine Rücksicht mehr auf Zukunftssicherung durch Bildung: Der Schulunterricht wurde verkürzt, die Jugendlichen mußten früh als Flakhelfer oder Betreuerinnen in der *Kinderlandverschickung* dienen, eine Jugenddienstpflicht unterbrach Ausbildungen, die Mädchen mußten ein »Pflichtjahr« ableisten, der *Reichsarbeitsdienst* schob berufliche Qualifikation weiter hinaus. – Was an Schulung blieb, diente der militärischen und ideologischen Ertüchtigung, und das vertrug sich mit wachsender Kriegsdauer schlecht miteinander: Die Jungen hatten gelernt, daß sie einem »Herrenvolk« angehörten und daß v. a. der Gegner im Osten aus »Untermenschen« bestünde. Dieser *Sozialdarwinismus* eignete sich jedoch in keiner Weise zur Bewältigung von Rückschlägen oder gar Niederlagen. Sie trafen den Kern des Selbstwertgefühls der jungen Soldaten wie der gesamten auf Sieg programmierten Gesellschaft.

Esser, Hermann

* Röhrmoos (Oberbayern) 29.7.1900, † München 7.2.1981
Erst versuchte er es bei der SPD, fand dort aber keine Basis für seine antisemitischen Hetzreden und trat als Mitglied Nr. 2 im Okt. 1919 in die DAP ein: Der Journalist Esser wurde noch im selben Jahr Redakteur beim »Völkischen Beobachter« und schon 1923 Propagandaleiter der NSDAP. 1933 zog er in den Reichstag ein und wurde Vizepräsident unter *Göring*. Kurz darauf zum Wirtschaftsminister in Bayern aufgestiegen, zerstörte Esser seine politische Karriere durch private Eskapaden und politische Intrigen; 1935 wurde er auf einen unbedeutenden Posten im Propagandaministerium abgeschoben. Nur noch einmal machte er 1939 mit seinem Buch »Die jüdische Weltpest« von sich reden. 1949 verurteilte ihn eine Spruchkammer als Hauptschuldigen zu fünf Jahren Arbeitslager, das er schon 1952 als freier Mann verlassen konnte.

Esterwegen

Im März 1933 errichtetes Schutzhaftlager v. a. für politische Gegner des Regimes, 1936 dem KZ *Sachsenhausen* angeschlossen. Die Anlagen von Esterwegen übernahmen die *Emslandlager*.

Estland

Zu den baltischen Staaten hatte Deutschland traditionell besondere Beziehungen; der nördlichste entstand 1918 auch dank deutscher Besetzung nach der Niederlage Rußlands: Estland, mit 47 500 km^2 etwa so groß wie Niedersachsen, Hauptstadt Reval, hatte 1934 rd. 1,1 Mio. Einwohner, von denen 15 000 Deutsche waren. Das hinderte Hitler 1939 nicht, das Land im Pakt mit *Stalin* der sowjetischen Einflußsphäre zuzuordnen, denn für die Baltendeutschen war eine Umsiedlung vereinbart worden. Im Juni 1940 daraufhin sowjetisch besetzt, begrüßten die Esten im Herbst 1941 wieder deutsche Truppen. Doch die Hoffnungen auf einen eigenen Staat erfüllten sich nicht, obwohl Estland mit der 20. Waffen-Grenadier-Division der SS Freiwillige stellte und estnische *Hilfswillige* bei der Judenverfolgung der *Einsatzgruppen* und in den Lagern Klooga, Vaivara u. a. mitwirkten. Estland gehörte bis zur Wiederbesetzung durch die Rote Armee im Aug. 1944 zum Reichskommissariat *Ostland*.

Eugenik
Aus dem Griechischen stammender Begriff für die Lehre von der Erbgesundheit, im 3. Reich durch die deutsche Bezeichnung *Erbpflege* ersetzt.

Europäische Beratende Kommission
Durch Beschluß der Moskauer Außenministerkonferenz der Alliierten Ende Okt. 1943 gebildetes Gremium (engl.: European Advisory Commission, EAC), das die Regierungen bei der Behandlung Deutschlands nach dem Sieg beraten sollte und das die Teilung in *Besatzungszonen* empfahl.

Euthanasie
Sterbehilfe für unheilbar Kranke wurde schon in den 1920er Jahren intensiv diskutiert, doch erst im 3. Reich begannen ernsthafte Überlegungen dazu, nun auch ausgedehnt auf Behinderte, denen als »unnütze Esser« und »lebensunwertes Leben« die Existenzberechtigung abgesprochen wurde. Von den *Zwangssterilisationen* »erbkranker« Personen bis zu ihrem aktiven »Ausmerzen« – verschleiernd griechisch »Euthanasie« (schöner, leichter Tod) genannt – führte ein direkter Weg. Schon 1938 genehmigte Hitler aufgrund eines Einzelfalls die Kindereuthanasie von Behinderten. Ende Okt. 1939, rückdatiert auf den Kriegsbeginn am 1.9.1939, ermächtigte er seinen Leibarzt *Brandt* und den Chef seiner Kanzlei, *Bouhler*, »nach menschlichem Ermessen unheilbar Kranken den Gnadentod zu gewähren«. Unter verschiedenen Tarnnamen wurde die »Aktion T 4« (benannt nach der Adresse der Zentrale in der Berliner Tiergartenstraße 4) gestartet, in deren Rahmen psychisch kranke Erwachsene in Heil- und Pflegeeinrichtungen ausgesondert, in Tötungsanstalten verbracht und dort mit Gas (Kohlenmonoxid) oder Injektionen umgebracht wurden. Die Opfer wurden mit Hilfe von Fragebogen ermittelt, die Ärzte nach freiem Ermessen auswerteten. – Als die Nachrichten darüber trotz Tarnung in die Öffentlichkeit drangen, regte sich massiver Protest v. a. der Kirchen. Bischof *Galen* und der Leiter der Betheler Anstalten *Bodelschwingh* waren die Wortführer. Sie erreichten im Aug. 1941 die Einstellung der Morde auf Befehl Hitlers, das Personal wurde in den Osten verlegt und arbeitete dort mit beim Aufbau der *Vernichtungslager*. Bis dahin waren mindestens 70 000, vermutlich aber über 90 000 Men-

schen Opfer der Euthanasie geworden. Sie endete damit keineswegs, sondern ging unter noch strengerer Geheimhaltung z.B. als »Aktion 14 f 13« (Aktenzeichen des Inspekteurs der KZ) weiter und betraf nun geisteskranke und arbeitsunfähige KZ-Häftlinge. Auch in vielen Heilanstalten tötete man weiter Behinderte, nun aber vor Ort durch Spritzen, Entzug der Nahrung, Tabletten u.a. Die Opferzahlen stiegen weiter; im *Ärzteprozeß* in Nürnberg ging die Anklage von 275 000 Getöteten aus, darin enthalten die während des Luftkriegs in Krankenhäusern und Altersheimen bei der »Aktion Brandt« zum Freimachen von Lazarettplätzen umgebrachten psychisch Kranken und die Ermordeten in den Behinderteneinrichtungen und Kliniken der besetzten Ostgebiete. Hier verschwamm allerdings die Grenze zur *Endlösung*, deren Vorstufe die Euthanasie war.

Ewiger Jude

Weil er Jesus auf dem Weg zur Kreuzigung die Rast auf der Schwelle seiner Tür verweigerte oder ihn zur Passion antrieb, wurde der Schuhmacher Ahasver zu ewiger Wanderschaft verurteilt – so zwei von mehreren Legendentraditionen, in denen der Ewige Jude schließlich zum Sinnbild des jüdischen Volkes wurde. Dieses in der Literatur vielfach wiederkehrende Motiv wurde von der antisemitischen Propaganda als Symbol der rassischen Niedertracht des Judentums gedeutet. So verwendete es auch 1940 der Film »Der ewige Jude«, der mit dokumentarischem Material aus den Ghettos im besetzten Polen »ein unverfälschtes Bild jenes stinkenden Pfuhles« zeigen sollte, »von dem aus das *Weltjudentum* seinen ständig fließenden Zustrom erhielt«. Dazu wurden möglichst abstoßende Szenen gezeigt, gipfelnd in Aufnahmen von wimmelndem Ungeziefer, unabsehbaren Rattenherden und blutigen Tierschächtungen, Bilder, die in Vorstellungen für »empfindsame Gemüter« und Frauen weggelassen wurden. Der Film diente der Einstimmung auf die tödliche Steigerung der *Judenverfolgung* und zum Abbau von Hemmschwellen.

F

Fahnenflucht

Schon in »*Mein Kampf*« hatte Hitler kategorisch festgestellt, daß man als Soldat sterben könne, als Deserteur aber sterben müsse. Entsprechend drakonisch fielen die Bestimmungen zum Wehrstraftatbestand »Fahnenflucht« im *Kriegssonderstrafrecht* aus. Rund 22 000 Soldaten sind danach von Kriegs- und *Feldgerichten* zum Tod verurteilt worden, 15 000 Urteile wurden vollstreckt.

Fähnlein

Untergliederung des Deutschen Jungvolks in der *HJ*, bestehend aus vier Jungzügen (etwa 160 Jungen) unter einem Fähnleinführer.

Familie

Ganz im Sinn der expansiven *Bevölkerungspolitik* wurde im 3. Reich die Familie besonders gefördert, natürlich nur die »deutsche«, d. h. die »erbgesunde« und »rassereine«. Sie erhielt finanzielle Hilfen (Kindergeld, *Ehestandsdarlehen* u. a.) und wurde zur Weckung des »Willens zum Kind« propagandistisch überhöht zur »Keimzelle des Volkes«, wobei als »Vollfamilie« erst die mit mindestens vier Kindern galt, die zur Bestandssicherung nötig seien. Besondere Bedeutung kam dem Familiengedanken auch zur Bindung der Auslandsdeutschen an die Heimat zu, denn eine »echtdeutsche« Familie erliege nicht so leicht der *Umvolkung*, wie sie bei ehemals deutschen Familien in den USA stattgefunden habe, wo Frau und Kinder »naturwidrig« die Herrschaft im Haus ausübten, oder in Südosteuropa, wo angeblich Großfamilien mit »fremdvölkischem« Personal den Zusammenhalt des »Gesamtdeutschtums« gefährdeten.

Faschismus

Italien fühlte sich um die Früchte des Kampfes an der Seite der Alliierten im 1. Weltkrieg gebracht. Eine scharf nationalistische Stimmung entwickelte sich seit 1918, zu deren Wortführer sich der einstige Marxist *Mussolini* mit seinem Fascio di combattimento (Kampfbund, 1921 umbenannt in Partido Nazionale Fascista / PNF) machte. Mit dem Begriff Faschismus knüpfte er bewußt an die fasces (Rutenbündel) des alten Rom an, die Zeichen der staatlichen Amtsgewalt waren. Die Bezeichnung wurde nach Mussolinis Sieg (Marsch auf Rom 1922) verallgemeinert für alle politischen Bewegungen nach dem 1. Weltkrieg, die sich durch autoritäre, antidemokratische, antikommunistische und extrem nationalistische Haltung auszeichneten. Der Sturz der alten Autoritäten im 1. Weltkrieg ließ ein zutiefst verunsichertes Bürgertum zurück, dessen Ängste der Faschismus mit seinen Versprechungen von Recht und Ordnung, starker Staatsmacht und nationaler Größe ansprach. – Wenn auch der Faschismus nur in einigen Staaten Europas (Italien, Spanien, Ungarn, Polen, Estland u. a.) direkt an die Macht kam, so gab es doch in nahezu allen europäischen Ländern starke, allerdings höchst unterschiedliche faschistische Strömungen. Gemeinsam waren ihnen neben der Befürwortung polizeistaatlicher Methoden Führerprinzip und Minderheitenverfolgung. Antisemitismus gab es auch in vielen dieser Länder, zu *Judenverfolgungen* aber kam es, wenn überhaupt, meist erst durch die Deutschen oder unter deutschem Druck. Der totalitäre *Nationalsozialismus* teilte zwar viele Merkmale des Aufstiegs und der Herrschaftstechnik mit dem Faschismus, ging aber als rassistische Vernichtungsdespotie weit darüber hinaus. In der ständischen Gesellschaftsgliederung Mussolinis und seinem Festhalten an Monarchie und Kirche sah Hitler eine »konservative Verfallserscheinung«. Mit dem Zusammenbruch 1945 verschwand der Faschismus keineswegs; in vielen Staaten v. a. der Dritten Welt ist er ungebrochen, und auch in Europa nehmen neofaschistische Tendenzen in jüngster Zeit – z. T. als Reaktion auf massive Noteinwanderung aus den Hungergebieten der Welt – dramatisch zu. Das Wort selbst ist allerdings durch kommunistischen Propagandagebrauch, der schließlich alle Formen bürgerlicher Herrschaft »faschistisch« nannte, als Totschlagvokabel entwertet.

Faulhaber, Michael
* Heidenfeld (heute zu Röthlein, bei Schweinfurt) 5.3.1869, † München 12.6.1952
Er hatte sich 1899 mit einer Arbeit über das Alte Testament habilitiert, war bis 1910 Professor in Straßburg und seit 1917 Erzbischof von München-Freising: Der hochkonservative Kardinal (seit 1921) Faulhaber stand der Republik ebenso ablehnend gegenüber wie dem Nationalsozialismus und dessen antisemitischer Hetze. Dennoch schwenkte Faulhaber 1933 auf den Verständigungskurs des Vatikans ein, weil Hitler mit einem *Konkordat* lockte, das der katholischen Kirche im NS-Staat Sicherheiten zu bieten schien. Schon 1933 mußte Faulhaber erkennen, daß dies eine Fehleinschätzung war. Staatliche Schikanen und Angriffe auf die jüdischen Wurzeln des Christentums veranlaßten ihn zu mutiger Entgegnung in seinen Adventspredigten. Abschied nehmen aber von Hoffnungen auf eine Verständigung mit Hitler, den er am 4.11.1936 auf dem *Berghof* besuchte, mochte er immer noch nicht. Er verwarf zwar das NS-Neuheidentum, feierte aber andererseits im Nov. 1939 die »wunderbare Errettung des Führers« bei *Elsers* Attentat. Zur *Judenverfolgung* äußerte er sich nicht.

Feder, Gottfried
* Würzburg 27.1.1881, † Murnau (Oberbayern) 24.9.1941
Noch vor Hitler trat der Bauingenieur und Hobby-Wirtschaftsfachmann Feder der DAP bei, für deren Programm er die griffige Forderung nach »Brechung der Zinsknechtschaft« (Punkt 11) fand. Diese antikapitalistische Haltung kam Hitler in der *Kampfzeit* entgegen, als er Stimmen auch bei der Linken sammelte. Feder war im Reichstag 1924–36 wirtschaftspolitischer Sprecher der NSDAP. Doch wurde er nun Hitler zunehmend lästig beim Werben um die Industrie, so daß dieser den Mitstreiter der ersten Stunde 1936 auf einen Professorenposten an der Berliner Technischen Hochschule abschob und ihn politisch kaltstellte.

Feiern
Nicht das Wissen schafft Fanatiker, sondern allein der Glaube, und Fanatismus wollte Hitler wecken, indem er die NS-Weltanschauung zu einer Art politischer Religion überhöhte. Die von der Partei und nach 1933 auch vom Staat besonders gepflegten Feiern kopier-

ten daher kirchliche Feste, Rituale und die regelmäßige Wiederkehr von Feieranlässen des Kirchenjahrs: 30.1.: Tag der *Machtergreifung* – 24.2.: Feiertag der Partei zur Erinnerung an die Verkündung des NSDAP-Programms 1920 – März: *Heldengedenktag* am Sonntag Reminiscere, seit 1939 immer am 16. zur Erinnerung an die Wiedereinführung der *Wehrpflicht* – März, letzter Sonntag: »Verpflichtung der Jugend«, Aufnahme der 14jährigen in HJ und BDM – 20.4.: Führergeburtstag – 1.5.: »Tag der nationalen Arbeit« – Mai, 2. Sonntag, von 1938 an 3. Sonntag: Muttertag – 21.6.: Sommersonnenwende – Anfang Sept.: *Reichsparteitage* – Anfang Okt.: Erntedanktag, bis 1937 auf dem *Bückeberg* – 9.11.: Gedenktag für die »Blutzeugen der Bewegung« beim *Hitler-Putsch* von 1923 (höchster NS-Feiertag) – 21.12.: Wintersonnenwende mit Julfest als Weihnachtsersatz. – Außerdem gab es Morgenfeiern in Andachtsform wie im kirchlichen Leben und Lebensfeiern bei Trauungen, Beerdigungen oder bei der *Namensweihe* als Ersatz für die Taufe. Alle Feiern wurden kultisch ausgestaltet durch Musik und *Lied* als Liturgie, die Wortwahl bei den rituellen Handlungen übersetzte Christliches ins Nationalsozialistische: Das »Führerwort« übernahm die Funktion der Schriftlesung, Hitler wurde als »Erlöser« gepriesen, den wir »notwendig haben wie Brot und Wein«, die Fahne wurde zum »Sakrament«. Und selbst die Aufmärsche nutzten nicht nur die Faszination des Militärischen, sondern waren offene Anleihen bei den kirchlichen Prozessionen. Daß *Goebbels* 1935 den Begriff »Kult« für diese Feiern verbot, änderte nichts an dem Versuch, mit ähnlichen Mitteln den christlichen Kult zu verdrängen, was allerdings nicht einmal in Ansätzen gelang.

Feindhörer

Mehr als die gegnerischen Truppen fürchtete mit zunehmender Kriegsdauer die NS-Führung die Wahrheit, wie sie »Feindsender« verbreiteten. Mit drakonischen Strafen, gegen Ende regelmäßig mit der Todesstrafe, waren daher nach der Verordnung über außerordentliche Rundfunkmaßnahmen vom 7.9.1939 Feindhörer bedroht, die man als *Volksschädlinge* brandmarkte. Zu ihrer Ergreifung nutzte man alle Mittel bis hin zur Bespitzelung von Eltern durch die eigenen Kinder.

Feldgericht

Zur Rechtsfindung und Rechtsprechung in der kämpfenden Truppe gab es in der deutschen Wehrmacht das Institut des Feldgerichts. Es bestand zumeist aus einem Militärjustizbeamten als Leiter der Verhandlung und zwei militärischen Beisitzern. In vereinfachten und verkürzten Verfahren wurden Delikte wie »Feigheit vor dem Feind«, »Wehrkraftzersetzung« oder Fahnenflucht abgeurteilt. Von Kriegsbeginn bis 31.1.1945 verhängten Feldgerichte 14338 Todesurteile gegen Wehrmachtangehörige, 8996 wurden vollstreckt. In der letzten Kriegsphase kam es zur Bildung sog. fliegender Feldgerichte, die im allgemeinen Zusammenbruch noch Kampfmoral und Disziplin aufrechterhalten sollten. Sie fällten weitere zahllose Todesurteile.

Feldherrnhalle

Der *Hitler-Putsch* 1923 war am Abend des 8. Nov. eigentlich schon gescheitert, am Morgen des 9. aber wollten die Aufrührer noch einen letzten Versuch wagen und mit einem Marsch durch die Münchener Innenstadt die Bevölkerung für sich mobilisieren. Ziel sollte die Feldherrnhalle sein, eine 1841–44 am Odeonsplatz errichtete Ruhmeshalle des bayerischen Köngis Ludwig I. Davor jedoch hatte bayerische Landespolizei Aufstellung genommen und feuerte, als sich irgendwo ein Schuß gelöst hatte, auf die Marschierer, von denen 16 umkamen. Ihrer wurde im 3. Reich alljährlich am 9. Nov., dem höchsten NS-Feiertag, an der Feldherrnhalle gedacht, an der auch eine Ehrentafel die »Blutzeugen der Bewegung« nannte. Die SA-Wachstandarte und eine Panzergrenadierdivision erhielten später den Beinamen »Feldherrnhalle« (FHH).

Feldpost

Erstaunliche Leistungen vollbrachte im 2. Weltkrieg die Feldpost, die mit 12000 Mann täglich 25 Mio. portofreie Sendungen über zeitweise 400 Feldpostämter in ganz Europa verteilte. Allerdings kontrollierten Feldpostprüfstellen (F.P.P.) stichprobenartig Briefe und Päckchen zwecks Spionageabwehr und stellten Prüfberichte über die Stimmung in der Truppe zusammen. Bei Verdacht auf *Wehrkraftzersetzung* übergaben sie Post und Verfasser der Militärgerichtsbarkeit, die zahlreiche Todesurteile fällte. Der NS-Propaganda galt die Feldpost als »Herzstück der geistigen Kriegführung«

und als »Blutspender für den Glauben und den Willen der Angehörigen«, doch mit sinkenden Erfolgen ging die »Feldpostwaffe« nach hinten los. Sie transportierte nun zunehmend Hiobsbotschaften von der Front in die zerbombte Heimat und umgekehrt. Die Alliierten nutzten den Effekt beim Abwurf abgefangener oder gefälschter Feldpostbriefe hinter den Fronten und über Deutschland.

Ferntrauung

Krieg trennt nachhaltig die Geschlechter, und die NS-Bevölkerungspolitiker und Rasseaufpasser machten sich Sorgen wegen des zurückgehenden Nachwuchses und der sinkenden Moral der Frauen, die sich trotz drastischer Strafandrohungen oft mit Fremdarbeitern oder Kriegsgefangenen einließen. Mit Personenstandsverordnung vom 17.10.1942 wurde daher für Soldaten die Möglichkeit der Ferntrauung geschaffen. Dazu war eine Erklärung des »Ehewillens« vor dem Bataillonskommandeur erforderlich, die zur *Ehe* führte, wenn die Auserwählte daheim spätestens nach sechs Monaten vor dem Standesbeamten zugestimmt hatte. Die Frau galt auch dann als verheiratet, wenn der Verlobte inzwischen gefallen oder vermißt war. Als Hochzeitstag wurde dann der Termin von dessen Willenserklärung festgesetzt. Ferntrauungen bauten die Zahl lediger Frauen ab und erlaubten ohne umständliches Werben die Zeugung von ehelichen Kindern während der kurzen Fronturlaube.

Film

Noch heute sind deutsche Unterhaltungsfilme aus den 1930er Jahren im Fernsehen Renner, sogar im Ausland. Das liegt am hohen Stellenwert, den die NS-Propaganda dem Film beimaß: »Wir sind der Überzeugung, daß der Film eines der modernsten und weitreichendsten Mittel zur Beeinflussung der Masse ist.« *(Goebbels)* Man nutzte ihn zur direkten Indoktrination, zur schleichenden Meinungsbildung und zur Ablenkung. Die eigentlichen Propagandafilme der Frühzeit wie »SA-Mann Brandt« oder »*Hitlerjunge Quex*« oder die späteren Hetzfilme wie »Jud Süß« oder »Der *ewige Jude*« und Kriegsfilme wie »Feuertaufe« (1940), »Stukas« (1941) oder »Kolberg« (1944) wirkten schon damals auf viele abstoßend und verlogen. Ihre Wirkung war entsprechend begrenzt. Mehr Erfolg erzielten unterschwellig arbeitende heroische Filme über große Gestalten der deutschen Geschichte, etwa »Bismarck« (1940) oder

»Der große König« (1942), oder moralisch argumentierende Streifen wie »Ich klage an« (1941) im Dienst der *Euthanasie*. Überzeitlichen Wert aber gewannen die aufwendigen Operetten- und Revuefilme, die ein wenig Urlaub vom Kriegsalltag boten, z. B. »Stern von Rio« (1939/40). Komödien, wie »Quax der Bruchpilot« oder »Die Feuerzangenbowle« (1944), und zu Herzen gehende Heimatfilme, z. B. »Ewiger Wald« (1936), hatten ähnliche Funktion. – Die Filmbranche wurde einerseits besonders rasch und umfassend gleichgeschaltet: Die Reichsfilmkammer sorgte noch vor Gründung der *Reichskulturkammer* 1933 für den Ausschluß politisch oder rassisch unerwünschter Mitarbeiter; mit steuerlichen Mitteln oder direkten Verboten wurden nichtgenehme Produktionen unterdrückt; die Filmfirmen wuchsen zu einem Großkonzern unter dem Dach der Ufa zusammen; ein Reichsbeauftragter für die deutsche Filmwirtschaft und ein Reichsfilmintendant sorgten für zentrale Leitung. Andererseits genossen Filmschaffende besondere Privilegien: Stars wie Hans Albers, Heinrich George oder Hans Moser waren die höchstbezahlten Künstler des Reiches; »jüdisch versippte« Schauspieler oder solche mit teiljüdischer Abstammung erhielten Sondergenehmigungen für ihre Arbeit; ein verfemter Schriftsteller wie Erich Kästner durfte das Drehbuch für »Münchhausen« (1942) schreiben; weltanschaulich wichtige Filme wurden bis in die letzten Kriegstage mit Material und Geld gefördert, Schauspieler vom Fronteinsatz freigestellt.

Finnisch-Sowjetischer Krieg → *Winterkrieg*

Finnland

Seit über 100 Jahren russisch, machte sich das große (388 279 km²) und menschenarme Finnland (3,6 Mio. Einwohner) 1919 von Moskau los und setzte in einem grausamen Bürgerkrieg zwischen »weißem« Schutzkorps und sowjetisch unterstützten »Roten Garden« seine Unabhängigkeit durch. Traditioneller Argwohn gegen Schweden, Distanz zum Kriegsverlierer Deutschland und Fehlschläge bei der Bildung einer Allianz mit den baltischen Staaten isolierten den jungen Staat jedoch, der im geheimen Zusatzprotokoll zum *Hitler-Stalin-Pakt* 1939 der sowjetischen Einflußsphäre zugeschlagen wurde. Moskau setzte seinen Anspruch im *Winterkrieg* 1939/40 durch, und obwohl sich Finnland von Deutschland schmählich im

Stich gelassen fühlte, schloß es sich am 26.6.1941 Hitlers *Rußlandfeldzug* an, um die Verluste möglicherweise rückgängig zu machen. Das gelang der autonomen finnischen Kriegführung anfangs, scheiterte aber dann doch nach den deutschen Niederlagen 1943/44, die Helsinki am 19.9.1944 zur Kapitulation zwangen. Im Pariser Frieden von 1947 mußte es weitere Gebiete abtreten und Kriegsentschädigung zahlen.

Flakhelfer

Männer wurden knapp im Verlauf des Krieges. Mit einer Verordnung zur »Heranziehung von Schülern zum Kriegshilfseinsatz der deutschen Jugend in der Luftwaffe« wurde daher am 26.1.1943 die Möglichkeit geschaffen, Soldaten an den Flugabwehrkanonen (Flak) durch jugendliche Luftwaffen- und Marinehelfer zu ersetzen. Die 15- bis 17jährigen Jungen rückten schulklassenweise in Kasernen ein, erhielten zunächst weiter Unterricht, der später immer häufiger ausfiel, und trugen Uniformen der Flieger- oder Marine-*HJ*. Bei Gefangennahme gegen Kriegsende behandelten v.a. die Russen die Flakhelfer daher oft wie *Partisanen*. Rechnete man anfangs 100 Jungen als Ersatz für 70 Flaksoldaten, erwies es sich oft, daß die fanatischen jungen Kanoniere, die schließlich ganze Flakbatterien eigenverantwortlich führten, die resignierenden Männer an Einsatzbereitschaft weit übertrafen. Im Juni 1944 waren 56 000 Flakhelfer an Scheinwerfern und Geschützen bei 50 Pfennig Tagessold im Reichsgebiet eingesetzt. Wie viele von ihnen umkamen, ist statistisch nicht erfaßt, doch lassen zahlreiche Berichte über Volltreffer in Flakstellungen auf hohe Opferzahlen schließen.

Flick, Friedrich

*Ernstorf (heute zu Kreuztal, bei Siegen) 10.7.1883, † Konstanz 20.7.1972

Schon vor 1933 gehörte der Industriekaufmann Flick mit seinem verzweigten Besitz in der Schwerindustrie zu den einflußreichsten deutschen Unternehmern. Nach 1933 wurde er dank bester Beziehungen zur NS-Führung zu einer beherrschenden Figur der deutschen Wirtschaft. Hatte er schon 1932 Hitler mit 50 000 RM unterstützt, so ließ er dessen Partei bis 1945 insgesamt 7,65 Mio. RM zukommen und der SS als Mitglied des *Freundeskreises Himmler* zusätzlich 100 000 RM jährlich. Er verschaffte sich so erste Anrechte auf jüdische Firmen im Rahmen der *Arisierung* und erhielt im Krieg von der SS besonders großzügig *Zwangsarbeiter*, Kriegsgefangene und KZ-Häftlinge zugeteilt. Am 13.6.1945 verhaftet, wurde Flick am 22.7.1947 vom Militärgerichtshof V der USA in Nürnberg zu sieben Jahren Haft verurteilt, doch schon am 25.8.1950 aufgrund einer Amnestie entlassen. Er baute seinen Konzern sehr rasch wieder auf. Eine Entschädigung der überlebenden Zwangsarbeiter seiner Firmen lehnte er ab. Auch seine Erben weigerten sich, in den Ende der 1990er Jahre gebildeten Entschädigungsfonds der deutschen Wirtschaft einzuzahlen.

Fliegeralarm
Ankündigung von nahenden feindlichen Fliegern oder Bomberverbänden durch unterschiedliche Sirenentöne im Rahmen des *Luftschutzes*, auch als Luftalarm bezeichnet.

Fliegergeschädigte →*Ausgebombte*

Flossenbürg
Billige Häftlingsarbeit wurde mit der Zeit ein wesentlicher Wirtschaftsfaktor im 3. Reich. Man sorgte daher für möglichst gleichmäßige regionale Verteilung der *KZ*; eines wurde im Mai 1938 in Flossenbürg bei Weiden in der Oberpfalz errichtet. Es lag nahe bei einem Steinbruch und war für 5000–6000 Häftlinge ausgelegt; in den letzten Kriegsmonaten waren es bis zu 18 000, verteilt auf schließlich 90 Außenkommandos und Nebenlager, die Häftlinge für die Rüstungsindustrie abstellten. Sie kamen aus verschiedenen Nationen, v.a. aus dem Osten (Polen und Russen), und waren im Stammlager bei Steinbrucharbeiten eingesetzt, bei denen viele der geschwächten Menschen zusammenbrachen. Sie wurden wie auch andere Kranke ausgesondert und getötet. Weitere Opfer forderten Exekutionen (z.B. am 9.4.1945 *Bonhoeffer*, *Canaris*) und Mißhandlungen (z.B. Strafexerzieren im »Sumpfloch«, einem knietiefen Schlammteich), Epidemien und Erschöpfung bei unmenschlicher Unterbringung (drei bis vier Häftlinge in einem Bett mit nur einer Decke) und völlig unzureichender Versorgung. Insgesamt durchliefen über 100 000 Häftlinge das KZ Flossenbürg, von denen mindestens 30 000 den Tod fanden. Am 20.4.1945, drei Tage vor der Befreiung durch US-Truppen, wurde das Lager bis auf wenige Häftlinge evakuiert; die anderen mußten nach Dachau marschieren,

wobei nicht mehr gehfähige Personen am Straßenrand erschossen wurden.

Flottenabkommen →*Deutsch-Britisches Flottenabkommen*

Flucht

Massenauszug der deutschen Bevölkerung aus den Ostgebieten bei Herannahen der Roten Armee 1944/45, übergehend in die *Vertreibung.*

Flüsterwitz

Politische Kritik entläd sich in Polizeistaaten oft in Witzen, die unter der Hand weitererzählt werden. Das 3. Reich mit seinen scharfen Zensur- und Überwachungsmaßnahmen war ein idealer Nährboden für diesen Flüsterwitz. Er war einerseits Ventil und Erkennungszeichen für Gleichgesinnte und stärkte die Widerstandskraft, andererseits milderte er den Druck und speiste die Illusion, alles sei doch nur halb so schlimm. Aus Furcht vor der subversiven Kraft der in Witze verpackten Kritik verfolgte das Regime Erfinder und Verbreiter solcher Scherze; sie mußten im Krieg sogar mit der Todesstrafe rechnen, Kleinkunstbühnen und Kabaretts wurden geschlossen. Ganz unterdrücken ließ sich der Spott damit nicht, der von der Karikatur der NS-Vorliebe für Abkürzungen etwa im »Gröfaz« (Größter Feldherr aller Zeiten) über »Reichsmarschall Meier« (Göring hatte Meier heißen wollen, wenn ein feindliches Flugzeug über Deutschland auftauchen würde) bis zu derben Scherzen über die homosexuelle SA-Führung reichte (»Am Mittag laß die Arbeit ruhn und freu dich auf den Afternoon!«). Heute erscheint manches davon nicht mehr sonderlich komisch, weil die Witze einen Großteil ihrer Wirkung aus der hochriskanten Tabuverletzung bezogen.

Forster, Albert

* Fürth 26.7.1902, † Warschau 28.2.1952 (hingerichtet)
Gefördert von *Streicher*, wurde der junge Bankkaufmann Forster, seit 1923 in der NSDAP, 1930 in den Reichstag gewählt und zum Gauleiter von *Danzig* ernannt. Hier hatte er Erfolg mit der Strategie der »schleichenden Machtergreifung«, konnte am 28.5.1933 die absolute Mehrheit gewinnen und die Verwaltung der Freien Stadt von

oben unterwandern. Eine Woche vor dem deutschen Angriff auf Polen ließ sich Forster zum Staatsoberhaupt wählen und ersuchte das Deutsche Reich offiziell um Schutz. Das wurde nach dem Sieg mit den Posten eines Reichsstatthalters von Danzig und eines Gauleiters von Danzig-Westpreußen belohnt. Die Verbrechen an der polnischen Bevölkerung, die Forster in dieser Eigenschaft beging und förderte, ahndete nach dem Krieg ein polnisches Gericht am 29.4.1948 mit der Todesstrafe, die erst nach fast vier Jahren vollstreckt wurde, weil man Forsters Insiderwissen aus der NS-Führung abschöpfen wollte.

Fosse Ardeatine →*Ardeatinische Höhlen*

Fraktur

Satzfehler (oft Druckfehler genannt) in Zeitungen sind nichts Ungewöhnliches. Eine Häufung aber, wie sie im Jan. 1941 auftrat, dürfte es kaum noch einmal gegeben haben. Über Nacht nämlich mußte aufgrund einer Weisung der Parteikanzlei vom 3.1. von der bisher weitgehend üblichen »deutschen Schrift«, der Fraktur, auf (lateinische) Antiqua umgestellt werden, was die Setzereien vor erhebliche Probleme stellte. Dahinter stand die Ansicht Hitlers, daß die Weltgeltung des deutschen Schrifttums durch die im Ausland (und in den besetzten Gebieten) von kaum jemandem zu entziffernde Fraktur gefährdet werde. Die bisher als »gotische« (also germanische) Buchstaben »völkisch« aufgeladenen Schrifttypen galten urplötzlich als »Schwabacher Judenlettern«. Die Weisung zielte in die gleiche Richtung wie die Verpönung und schließlich das Verbot der Bezeichnung »*Drittes Reich*« für den Staat Hitlers.

Franco y Bahamonde, Francisco

* El Ferrol (bei La Coruña) 4.12.1892, † Madrid 20.11.1975

Er kopierte das faschistische Modell, lehnte aber eine Radikalisierung wie im Nationalsozialismus ab: General Franco wurde als politisch gefährlich von der Volksfrontregierung in *Spanien* 1936 auf die Kanarischen Inseln abgeschoben, hielt aber Kontakt zu den revoltierenden Militärs in Marokko und setzte sich, gestützt auf die Falange, an die Spitze der nationalspanischen Regierung, die mit deutscher und italienischer Hilfe im *Spanischen Bürgerkrieg* die Republik bis 1939 besiegen und beseitigen konnte. Franco errichtete eine klerikale (auf die Kirche gestützte) faschistische Diktatur, die sich konsolidieren konnte, weil es ihm gelang, Hitler beim Treffen in *Hendaye* (Okt. 1940) mit vagen Versprechungen und Aufstellung nur der *Blauen Division* abzuspeisen und sein Land aus dem Krieg herauszuhalten. Vor seinem Tod verfügte er die Wiedereinführung der Monarchie.

Frank, Anne

* Frankfurt a. M. 12.6.1929, † KZ Bergen-Belsen März 1945

Als Vierjährige mußte Anne Frank mit ihren jüdischen Eltern aus Deutschland nach Amsterdam fliehen, wo sie 1940 von der deutschen Besetzung eingeholt wurde. Bis 1942 konnte sie noch die Schule besuchen, dann mußten sich die Franks verstecken. Zwei Jahre lang lebten sie, heimlich von holländischen Freunden versorgt, auf engstem Raum mit anderen Verfolgten in einem Hinterhaus in der Prinsengracht 263, wo Anne ein Tagebuch führte. Es wurde gerettet, als die Gestapo die Familie Frank am 4.8.1944 doch noch aufspürte und deportierte. Alle Familienmitglieder bis auf den Vater Otto (*1889, †1980) kamen um; er gab »Das Tagebuch der Anne Frank« heraus, das mit seiner kindlichen Offenheit mehr über Not und Angst der Gejagten und ihr vergebliches Hoffen sagt als alle Millionenzahlen der Holocaust-Statistik. Das einstige Versteck in Amsterdam ist heute Gedenkstätte, Annes Buch in alle Weltsprachen übersetzt.

Frank, Hans

* Karlsruhe 23.5.1900, † Nürnberg 16.10.1946 (hingerichtet)

1923 trat der Münchener Jurastudent Frank der NSDAP bei und war im Monat darauf Teilnehmer am *Hitler-Putsch*. 1926 machte er in München eine Anwaltskanzlei auf und vertrat Hitler – meist erfolgreich – allein in 150 Verfahren gegen »Verleumder«; 1930 beim Ulmer Reichswehrprozeß ermöglichte er seinem Parteichef den *Legalitätseid*. Frank war 1928 Gründer des NS-Rechtswahrerbunds, 1930 des Reichsrechtsamts der NSDAP und 1933 der Akademie für deutsches Recht. 1933/34 amtierte er als bayerischer Justizminister und wurde 1934 Reichsminister ohne Geschäftsbereich. Einfluß aber hatte er wenig, da Hitler juristische Festlegungen scheute und für rechtsförmiges Vorgehen nur Verachtung hatte. Im Okt. 1939 ernannte er Frank zum Generalgouverneur im eroberten Polen, wo sich der

Jurist zum brutalen Besatzer entwickelte. Verschwenderisch hielt Frank auf der Krakauer Burg hof in einem hungernden Land, das er gnadenlos ausplünderte und in dem die SS die Todesfabriken im Rahmen der *Endlösung* errichten konnte. Etwa 1 Mio. Polen wurden zur Zwangsarbeit ins Reich verschleppt, die polnische Führungsschicht wurde weitgehend liquidiert. Alle diese Verbrechen verzeichnete Frank minuziös in den 38 Bänden seines Diensttagebuchs, und so half es ihm nach dem Krieg nicht, daß er sich seit 1942 in Reden an deutschen Universitäten gegen die Zerstörung des Rechts wandte und deswegen alle Parteiämter verlor. Auch Reue und Wandlung zum gläubigen Katholiken in alliierter Haft konnten das Todesurteil nicht abwenden, vor dem Frank eine »Deutung Hitlers und seiner Zeit« unter dem Titel »Im Angesicht des Galgens« versuchte.

Frank, Karl Hermann

* Karlsbad 24.1.1898, † Prag 22.5.1946 (hingerichtet)

Seit 1933 *Henleins* Propagandachef, wurde Frank 1935 für die Sudetendeutsche Partei ins Prager Parlament gewählt und nach dem Anschluß des Sudetenlands 1938 stellvertretender Gauleiter. Im *Protektorat* war er seit 1939 Staatssekretär bei Reichsprotektor *Neurath* und bewies als einer der Verantwortlichen für die Vernichtung von *Lidice* seine Qualifikation als brutaler Unterdrücker. Seit 1943 Stellvertreter des Reichsprotektors *Frick*, war Frank der eigentliche Machthaber in Prag, sorgte für eine Verschärfung der Judenverfolgung und ging mit gnadenloser Härte gegen jede nationale Regung oder gar Widersetzlichkeit der Tschechen vor. Von den Amerikanern nach dem Krieg an die Tschechoslowakei ausgeliefert, wurde Frank zum Tod verurteilt und öffentlich gehängt.

Frankfurter, David

* Daruvar (bei Virovitica, Kroatien) 1909, † Tel Aviv 19.7.1982

Am 4.2.1936 erschoß der jüdische Medizinstudent Frankfurter in Davos den Landesgruppenchef der NSDAP in der Schweiz, *Gustloff*, um auf die verzweifelte Situation der Juden in Deutschland aufmerksam zu machen. Die Schweizer Behörden machten ihm jedoch aus Sorge vor deutschem Druck keinen politischen, sondern einen rein strafrechtlichen Prozeß. Zu 18 Jahren Haft verurteilt, wurde Frankfurter am 1.6.1945 freigelassen und reiste nach Palästina aus.

»Frankfurter Zeitung« (F.Z.)
Die 1866 von Leopold Sonnemann gegründete F.Z. war in den 1920er Jahren eines der international renommierten deutschen Blätter und bekämpfte in den letzten Jahren der Republik die NSDAP und ihren »Führer«. 1933 wurden daher die jüdischen Hauptaktionäre und Gründerenkel Simon zur Übertragung der Anteile auf I.G. Farben/Bosch gezwungen, die bis 1939 die Existenz des Blattes sicherten. Dann erfolgte die Übernahme durch den *Eher-Verlag*; die Auflage war von 100 000 im Jahr 1934 auf ein Drittel abgesackt. Weiterhin aber konnten so profilierte F.Z.-Journalisten wie Benno Reifenberg, Dolf Sternberger und Paul Sethe gemäßigt kritisch berichten und kommentieren, da sich *Goebbels* davon einen Imagegewinn im Ausland versprach. Als daran kein Interesse mehr bestand, wurde die F.Z. am 10.8.1943 verboten.

Frankreich
1918 – Deutschland war geschlagen, Rußland von der bolschewistischen Revolution geschwächt – stieg Sieger Frankreich (1930: 551 000 km², 40,7 Mio. Einwohner) zur stärksten Macht auf dem europäischen Kontinent auf. Zur Festigung dieser Rolle und aus tiefem Argwohn gegenüber seinem östlichen Nachbarn heraus bestand es allerdings im *Versailler Vertrag* 1919 auf einer so nachhaltigen Demütigung Deutschlands, daß der Keim zu neuen Konflikten gelegt war. Die 1870 aus der Niederlage gegen Preußen-Deutschland entstandene dritte französische Republik aber war zunehmend weniger in der Lage, offensiv Politik zu machen, da die inneren Probleme alle Energien absorbierten. Seit Ende der 1920er Jahre gab es kaum noch stabile Regierungen, rechts- und linksradikale Bewegungen spalteten das Volk, wirtschaftliche Flaute und eine drastische Sparpolitik führten zur Verarmung weiter Kreise, wegen der *Maginotlinie* wiegte sich das Land in trügerischer Sicherheit, was letztlich die politische Lähmung verstärkte, die Paris in immer größere Abhängigkeit von London brachte und an die *Appeasement*-Politik fesselte. – Das wurde 1936 bei Hitlers *Rheinlandbesetzung* deutlich, als energisches Vorgehen den Diktator kläglich hätte scheitern lassen. Frankreich aber schloß sich wie auch beim *Anschluß* Österreichs 1938 bloß den papierenen britischen Protesten an und bestärkte Hitler in seiner Verachtung für die »verweichlichten Demokratien«. Der *Hitler-Stalin-Pakt* verhinderte 1939 dann zwar

nicht die französische Kriegserklärung, doch er schwächte die französische Widerstandskraft durch Neutralisierung der starken kommunistischen Bewegung, die bis dahin am entschiedensten gegen Deutschland Front gemacht hatte. Jetzt trug sie auf Moskauer Weisung eher zur Verunsicherung und damit zum Zusammenbruch der Dritten Republik im Juni 1940 bei. Ihre Nachfolge traten einerseits der autoritäre État Français von *Vichy* unter *Pétain*, andererseits die *Résistance* und das Freie Frankreich de *Gaulles* an.

Frankreichfeldzug

Am 3.9.1939 erklärte Frankreich zusammen mit Großbritannien Deutschland den Krieg. Es war jedoch schlecht vorbereitet und unternahm während des Polenfeldzugs nur wenige örtlich begrenzte Vorstöße. Danach blieb es überhaupt untätig. Zeitgenossen spotteten über den »drôle de guerre«, den »komischen Krieg«, sprachen auch vom »*Sitzkrieg*«. Währenddessen liefen die deutschen Vorbereitungen für den Fall »Gelb«, den Angriff im Westen. Nach ersten Planungen, die wie Neuauflagen des Schlieffen-Plans anmuteten (Schwergewicht auf dem rechten Flügel), setzte sich eine Konzeption durch, die General *Manstein* in Zusammenarbeit mit dem Panzerexperten *Guderian* entworfen hatte. Sie wurde am 24.2.1940 vom OKH als neue Aufmarschanweisung vorgelegt. Manstein rechnete mit einem feindlichen Vorrücken durch Belgien, wie es im sog. Dijle-Plan für den Fall einer deutschen Invasion vorgesehen war. Dieser Macht gedachte er nun nicht in gleicher Weise die Masse der deutschen Streitkräfte gegenüberzustellen, sondern konzentrierte sie im Mittelabschnitt. Ihr Vorstoß sollte mit Schwerpunkt südlich von Namur gegen Somme und Kanalküste zielen und damit als »Sichelschnitt« in den Rücken der alliierten Armeen in Belgien, die so lange vom deutschen rechten Flügel festgehalten würden; danach sollte Umgruppierung und Vormarsch aller Kräfte nach Süden und Zerschlagung der übrigen alliierten Verbände erfolgen. – Dementsprechend sah der deutsche Aufmarsch bei Angriffsbeginn so aus: Im Norden Heeresgruppe B (v. Bock) gegen die niederländische Armee (Winkelman), die belgische Armee (König Leopold III.) und die französische Heeresgruppe 1 (Billotte) mit dem britischen Expeditionskorps (Lord Gort), d.h. 29 deutsche gegen rd. 60 alliierte Divisionen. Im Mittelabschnitt Heeresgruppe A (v. Rundstedt) mit starken Panzerverbänden gegen die 9. und 2. französische Armee,

d. h. 45 deutsche gegen 18 französische Divisionen. Im Süden im *Westwall* und an der Oberrheinfront die Heeresgruppe C (v. Leeb) gegen die französischen Heeresgruppen 2 (Prételat) und 3 (Besson), d. h. 19 deutsche gegen 27 französische Divisionen. Die Sicherung in der Luft übernahmen die deutschen Luftflotten 2 und 3 mit 2288 Maschinen gegen 1604 französische und 581 britische Flugzeuge. 2445 deutschen Panzern standen 3373 alliierte gegenüber, jedoch waren diese auf die Divisionen verteilt und wurden nicht in geschlossenen Verbänden eingesetzt. – Der Feldzug nahm den geplanten Verlauf. Nach Luftlandungen in der »Festung Holland« und verheerendem Luftangriff auf *Rotterdam* brach der niederländische Widerstand am 14.5. zusammen (2890 Tote, 29 Vermißte, 6899 Verwundete). Am 16.5. durchbrach die Heeresgruppe B die Dijle-Stellung, am 17. fiel Brüssel. Im Mittelabschnitt vollzog sich der Vorstoß der deutschen Panzer durch die für unwegsam gehaltenen Ardennen in atemberaubender Geschwindigkeit. Das massive Eingreifen der deutschen Luftwaffe zur Unterstützung des Heeres untergrub die Kampfmoral der französischen Verbände. Am 19.5. war Abbeville und am 20. die Sommemündung erreicht. Damit waren nun alle nördlich des »Sichelschnitts« kämpfenden alliierten Divisionen abgeschnitten. Die belgische Armee kapitulierte am 28.5. mit 500 000 Mann (7500 Tote, 15 850 Verwundete). Die britischen und französischen Verbände wurden im Raum *Dünkirchen* zusammengedrängt. Ein Haltebefehl Hitlers an die deutschen Panzer (24.5.) verschaffte ihnen eine Atempause; 338 226 Briten und Franzosen konnten aus dem Kessel von Dünkirchen entkommen. – Am 5.6. begann die zweite Operationsphase, Fall »Rot«, der eigentliche Frankreichfeldzug. Die Heeresgruppe B erreichte am 9.6. die untere Seine, am 11.6. verließ die französische Regierung Paris, das am 14.6. von deutschen Truppen besetzt wurde. Am 16.6. durchbrach die Heeresgruppe C die *Maginotlinie*. Einen Tag später erreichten deutsche Panzer die Schweizer Grenze und schnitten die Masse des französischen Heeres am Oberrhein von ihren rückwärtigen Verbindungen ab. Seit dem 10.6. befand sich auch Italien im Kriegszustand mit den Alliierten; sein Angriff an der Alpenfront blieb allerdings erfolglos. Ein von Großbritannien unterbreiteter Vorschlag einer Union mit Frankreich war am 16.6. von der französischen Regierung abgelehnt worden, das Kabinett Reynaud war zurückgetreten und Marschall *Pétain* neuer Regierungschef geworden. Er suchte am 17.6. um Waffenstillstand nach. Dieser wurde am 22.6. in *Compiègne* geschlossen (mit Italien am 24.6. in Rom). – Die französischen Verluste betrugen 92 000 Tote und 200 000 Verwundete, die Wehrmacht hatte 27 074 Tote, 18 383 Vermißte und 111 034 Verwundete. Die britische Armee verlor 68 111 Mann, 1,9 Mio. alliierte Soldaten gingen in Gefangenschaft. Frankreich wurde von deutschen Truppen bis zur Linie westlich und nördlich von Genf–Dole–Tours–Mont de Marsan–spanische Grenze besetzt. Die Regierung Pétain bezog Quartier in *Vichy*. Bereits am 18.6.1940 hatte de *Gaulle* von London aus zur Fortsetzung des Kampfes gegen Deutschland aufgerufen. Er gründete später eine Exilregierung. Hitler aber, von seiner Umgebung als »größter Feldherr aller Zeiten« gefeiert, schien mit dem Sieg über Frankreich die Hegemonie über Kontinentaleuropa errungen zu haben. Seine Friedensangebote an England wurden von *Churchill* allerdings sämtlich abgelehnt.

Franz, Kurt Hubert

* Düsseldorf 17.1.1914, † Wuppertal 4.7.1998

Er hatte Koch und Metzger gelernt, ehe er im Okt. 1937 in die 3. SS-Totenkopfstandarte eintrat und Wachmann im KZ *Buchenwald* wurde: Franz kam 1939 zur »Gemeinnützigen Stiftung für Anstaltspflege«, die mit der Organisation der *Euthanasie* betraut war, und wurde im Frühjahr 1942 Mitarbeiter *Globocniks*, der ihn im Vernichtungslager *Bełżec* und dann in *Treblinka* einsetzte. Hier wurde Franz schließlich als SS-Untersturmführer Kommandant, gefürchtet wegen seiner sadistischen Exzesse. Erst 1965 wurde er für die im Osten verübten Verbrechen vom Landgericht Düsseldorf zur Rechenschaft gezogen und wegen gemeinschaftlichen Mordes in mindestens 300 000 Fällen, wegen Mordes an mindestens 139 Menschen und wegen versuchten Mordes zu lebenslänglicher Haft verurteilt. Am 1.2.1993 wurde er aus gesundheitlichen Gründen bedingt, 1996 endgültig aus der Strafhaft entlassen.

Frau

Die NSDAP verstand sich als »Kampfpartei«, Frauen kamen daher in ihrem politischen Weltbild zunächst nur am äußersten Rand vor. Erst Hitlers Legalitätstaktik und die Aussicht auf parlamentarischen Erfolg zu Beginn der 1930er Jahre rückte die weibliche Wählerschaft in den Blick der Partei, die nun jede Stimme brauchte.

F

Bei der Werbung um weibliche Wähler machte sie jedoch keinen Kompromiß in ihrer Aussage von der »natürlichen Rolle« der Frau als Hausfrau und Mutter, sondern forderte ausdrücklich die Rücknahme der politischen Emanzipation zugunsten der Familie und der Unterstützung des Mannes, dem die Frau »Kameradin« und »Hüterin des Hauses« sein sollte. Diese offen propagierte Entmündigung traf auf unterschwellige Wünsche vieler Frauen, die ihre neuen Rechte in der Demokratie eher als Belastung denn als Chance begriffen. Die *Weltwirtschaftskrise* tat ein übriges, die Sehnsucht nach dem trauten Heim zu stärken, das die NS-Bevölkerungspolitiker in lockenden Farben malten. – Nach der Machtergreifung erfüllte sich für viele diese Sehnsucht im wirtschaftlichen Aufschwung und in der Förderung der Familien durch Kindergeld, *Ehestandsdarlehen*, Heimstättenbau, Freizeitangebote. Zugleich erschwerte man die Geburtenkontrolle durch Schließung der Beratungsstellen, Verstöße gegen § 218 (Schwangerschaftsabbruch) wurden hart bestraft; absichtliche Kinderlosigkeit galt als »Fortpflanzungsverweigerung« und war wie Unfruchtbarkeit ein Scheidungsgrund. Diese Frauen- und Familienpolitik zielte jedoch nur auf die »erbgesunde«, »arische« Familie, aus NS-Sicht belastete, asoziale oder rassisch bedenkliche Familien wurden ausgegrenzt und vom Bezug sozialer Leistungen ausgeschlossen. Ihre Fortpflanzung war unerwünscht und wurde mit *Zwangssterilisationen* oder Maßnahmen der *Euthanasie* bekämpft; jüdisch-deutsche *Mischehen* wurden verboten. – Auch in die erwünschten Familien regierte der Staat hinein: Zwar wurde die Propaganda nicht müde, die »deutsche Mutter« zu preisen und ihre herausragende Bedeutung für die Erziehung zu betonen, doch mochte man sich nicht allein auf sie verlassen. BDM und HJ entfremdeten die Kinder und Jugendlichen den Familien, schürten den Generationenkonflikt und sorgten für die Einübung der Geschlechterrollen. Auch die Schulpolitik wurde darauf ausgerichtet: Koedukation kam nicht in Frage, Mädchen sollten auf ihre Hausfrauen- und Mutterrolle vorbereitet werden. Höhere Bildung war dafür nicht erforderlich, allenfalls die Ausbildung in »arteigenen« sozialen Berufen; die Studentinnenzahlen gingen drastisch zurück. – Ziel der NS-Frauenpolitik war zunächst auch die Bekämpfung der *Arbeitslosigkeit* durch Reduzierung weiblicher Erwerbsarbeit. Der Erfolg aber wurde bald zu einem ökonomischen Problem: Als sich seit 1936 Arbeitskräftemangel bemerkbar machte und als mit Kriegsbeginn zudem Einberufungen Lücken in den Personalbestand der Industrie rissen, fehlten die Frauen. Waren sie vor dem Krieg nach Gründung der gewünschten Familien durch hausfrauliche Tätigkeiten am Wiedereinstieg ins Arbeitsleben gehindert, so beanspruchte sie der Kriegsalltag mit Fliegeralarm, Nahrungssorgen, Schlangestehen, Verkehrsproblemen bis an den Rand ihrer Kräfte. Trotz einer 1939 eingeführten Dienstpflicht und einer seit 1943 geltenden Meldepflicht für 17- bis 45jährige Frauen waren in Deutschland bei Kriegsende weniger Frauen berufstätig als etwa in England und in den USA. Das war die Folge einer Ideologie, die die Frau aus dem öffentlichen Raum verdrängen wollte, sie dann doch holen mußte und sie schließlich mit den Trümmern ihrer Männerherrlichkeit allein ließ.

Frauenschaft
Kurzbezeichnung für die Nationalsozialistische Frauenschaft (NSF), am 1.10.1931 gegründete NS-Organisation der Leiterinnen aller Frauenverbände, zuständig »für die weltanschauliche, kulturelle und volkswirtschaftliche Führung«, in der Praxis aber fast nur mit Schulung von Haus- und Landfrauen beschäftigt (erwerbstätige Frauen waren in der DAF organisiert).

Freiburg im Breisgau
Die Universitätsstadt Freiburg in Südbaden mit 110 000 Einwohnern (1939) wurde am Tag des deutschen Angriffs im Westen (10.5.1940) Opfer eines Luftangriffs, bei dem 57 Zivilisten, darunter 22 Kinder und 13 Frauen, ums Leben kamen und über 100 verletzt wurden. Die Angreifer, drei He 111 vom Kampfgeschwader 51 aus Landsberg am Lech, hatten eigentlich Dijon bombardieren sollen, sich aber im Gewitter über dem Schwarzwald verflogen und Freiburg für das Ausweichziel Dole-Tavaux gehalten. Die nationalsozialistische Propaganda gab den Fehlwurf als alliierten »Terrorangriff auf eine offene deutsche Stadt« aus und rechtfertigte künftig deutsche Angriffe als »Vergeltung«. Erst viele Jahre nach Kriegsende wurden die wahren Zusammenhänge aufgedeckt. Am 27./28.11.1944 erlebte Freiburg einen Angriff britischer Bomber, bei dem 3000 Menschen getötet und der größte Teil der Altstadt vernichtet wurde. Am 22.4.1945 besetzten Einheiten der französischen 1. Armee (de Lattre de Tassigny) die Stadt.

Freimaurerei

Im spätmittelalterlichen England schlossen sich Bauhütten und freie Steinmetzen zusammen, bildeten später Tempel, Logen und Großlogen und wuchsen zur internationalen Vereinigung der Freimaurer mit humanitärer Zielsetzung zusammen. In Deutschland gewannen sie mit Beitritt Friedrichs des Großen im 18. Jh. an Bedeutung, galten aber trotz vieler berühmter Mitglieder (z. B. Goethe, Blücher, Wilhelm I.) den Nationalsozialisten wegen ihrer »Überstaatlichkeit«, ihrer seltsamen, geheimen Bräuche, ihrer »Humanitätsduselei« und als Förderer der Judenemanzipation als gefährlich. Schon 1922 veröffentlichte *Rosenberg* ein Pamphlet »Das Verbrechen der Freimaurerei«, in dem er z. B. die Auswahl der Logenmitglieder nach sozialer Stellung als »kastenmäßige Absonderung« und gegen die *Volksgemeinschaft* gerichtet darstellte. Nach 1933 zunächst nur schikaniert, wurden die Logen (1933 etwa 76 000 Mitglieder), die in der Propaganda »Brutstätten der Talmuderei« genannt wurden, am 6.9.1935 aufgelöst, ihre Vermögen fielen an den Staat. Vergebens hatten sie den *Arierparagraphen* übernommen und sich in »Deutsch-Christliche Orden« umbenannt.

Freisler, Roland

* Celle 30.10.1893, † Berlin 3.2.1945

Einer der fanatischsten Nationalsozialisten begann als bolschewistischer Kommissar: Im 1. Weltkrieg in russische Gefangenschaft geraten, wußte sich Freisler der dort herrschenden Ideologie anzupassen, die er nach Rückkehr und Aufbau einer Anwaltskanzlei in Kassel gegen radikale völkische Gesinnung tauschte. 1925 trat er in die NSDAP ein und wurde 1933 Staatssekretär im Reichsjustizministerium, wo er für die Organisation des Justizwesens zuständig war. Zugleich betätigte er sich als Schriftleiter der Zeitschrift der Akademie für deutsches Recht und gewann mit zahlreichen Veröffentlichungen Einfluß auf die NS-Rechtslehre. 1942 vertrat Freisler sein Ministerium auf der *Wannseekonferenz* und wurde im selben Jahr Präsident des *Volksgerichtshofs*. In dieser Funktion entwickelte er sich zum furchtbarsten Blutrichter des Systems, 90 % seiner Verfahren, darunter v. a. die gegen die Mitglieder der *Weißen Rose* und gegen die Männer des *Zwanzigsten Juli*, endeten mit dem Todesurteil oder mit lebenslänglicher Haftstrafe. Freisler erniedrigte die Angeklagten in primitivster Weise, schrie sie förmlich an den Galgen und ließ Prozesse filmen, die selbst in der NS-Führung als unwürdig kritisiert wurden. Bei einem Bombenangriff wurde er im Gerichtsgebäude von einem Balken erschlagen, der Angeklagte Fabian von Schlabrendorff entging so dem Todesurteil.

Freiwilligenverbände

In der deutschen Wehrmacht dienten zahlreiche Freiwillige aus deutsch besetzten oder verbündeten Ländern. 1941 betrug ihre Zahl bereits etwa 200 000 Mann, zum größten Teil handelte es sich dabei um russische Gefangene. Im Winter 1941/42 begann die Aufstellung geschlossener Einheiten v.a. zur Partisanenbekämpfung. Die Kampftruppen aus »Ostfreiwilligen« wurden 1943, weil man bei wankender Ostfront um ihre Zuverlässigkeit fürchtete, auf den Balkan und nach Frankreich verlegt. Kurz vor Kriegsende dienten etwa 600 000 Mann in Heer, Luftwaffe und SS; dazu kamen noch Kosakeneinheiten und unbewaffnetes Personal, insgesamt rd. 1 Mio. Mann. Zu diesen Freiwilligenverbänden gehörte die spanische Blaue Division ebenso wie die *Wlassow*-Armee als letzte größere Einheit. Die *Waffen-SS* warb schon früh um Freiwillige aus Europa. 1940 wurde als erster von schließlich 21 Freiwilligenverbänden die Division »Wiking« gebildet. Sie bestand noch aus verschiedenen Nationalitäten: Dänen, Holländer, Norweger, Finnen. Rein nationale Einheiten dagegen waren die bald danach aufgestellte belgische Sturmbrigade (später Division) »Wallonie«, die französische »Charlemagne«, die skandinavische »Nordland«, die kroatische »Handschar«. Motto der Freiwilligenwerbung war der Kampf gegen den Bolschewismus und für ein »freies« Europa. Die SS-Führung verband damit großgermanische Utopien, die aber bald aufgegeben wurden. Schließlich nahm die Waffen-SS sogar mit der albanischen »Skanderbeg« muslimische Kämpfer auf. In der Spätphase des Krieges kamen – teilweise gezwungen – noch lettische, estnische, ukrainische, italienische und auch turkmenische, tatarische und indische Einheiten hinzu.

Fremdarbeiter

Beschönigende offizielle Bezeichnung für anfangs angeworbene, später gewaltsam nach Deutschland verbrachte *Zwangsarbeiter* aus den von der Wehrmacht besetzten Gebieten.

Fremdvölkische
Alle Personen in den im Krieg besetzten Ländern, die nach NS-Ansicht für eine *Eindeutschung* nicht in Frage kamen, wurden als Fremdvölkische bezeichnet und stellten laut *Himmler* »eine Gefahr für die deutsche Volksgemeinschaft« dar. Sie wurden daher im Dez. 1941 unter Sonderstrafrecht gestellt und sollten höchstens als Arbeitssklaven (»Wanderarbeiter«) Verwendung finden und lernen, »den Deutschen gehorsam zu sein«, wie Himmler in seiner Schrift »Einige Gedanken über die Behandlung der Fremdvölkischen im Osten« schon 1940 darlegte.

Freud, Sigmund
* Freiberg (Příbor; Nordmähren) 6.5.1856, † London 23.9.1939
»Gegen seelenzerfasernde Überschätzung des Trieblebens, für den Adel der menschlichen Seele!« riefen die Redner bei der *Bücherverbrennung* am 10.5.1933 und warfen die Schriften Freuds ins Feuer. Den Begründer der Psychoanalyse lehnten die Nationalsozialisten ab wegen seiner materialistischen Sicht des Seelenlebens und seiner angeblichen »Verleugnung aller sittlichen Werte« durch einseitige Zurückführung des menschlichen Strebens und Handelns auf den (Geschlechts-)Trieb. Freud verkörperte in den Augen der Nationalsozialisten als Jude den für diesen angeblich typischen »hohen Grad moralischer Zersetzung«. Nach dem Anschluß Österreichs mußte er daher, bereits unheilbar krank, nach England fliehen.

Freundeskreis Himmler
Die deutschen Wirtschaftskapitäne hatten sich zwar schnell über die nur scheinbar sozialrevolutionäre Ausrichtung der NSDAP beruhigt, da Hitler offenbar keinerlei Änderung der Produktionsverhältnisse anstrebte, doch sorgten sie sich um ihren Einfluß auf die Wirtschaftspolitik des neuen Staates. Aus dem schon 1932 für die NSDAP beratend tätigen *Keppler-Kreis* bildete sich 1935 ein Freundeskreis Reichsführer SS, meist »Freundeskreis (Heinrich) *Himmler*« genannt. Ihm gehörten zeitweilig über 40 Unternehmer, hohe Beamte und SS-Führer an. Sie wollten Einfluß nehmen, konnten aber kaum mehr tun, als die *SS* beim Auf- und Ausbau ihrer verzweigten Wirtschaftsunternehmen zu beraten. Außerdem bemühten sie sich erfolgreich um staatliches Wohlwollen durch Unterstützung Himmlers mit insgesamt etwa 8 Mio. RM. Nicht von

ungefähr waren sie daher die Hauptgewinner der *Arisierung*. Der Kreis, an dessen unregelmäßigen Treffen Himmler schon seit 1941 nicht mehr teilnahm, tagte letztmalig am 10.1.1945.

Frick, Wilhelm
* Alsenz (bei Kaiserslautern) 12.3.1877, † Nürnberg 16.10.1946 (hingerichtet)
Als Teilnehmer am Hitler-Putsch 1924 rechtskräftig verurteilt, entging der Jurist Frick der Haft durch Wahl in den Reichstag und war dort seit 1928 Fraktionschef der NSDAP. Am 23.1.1930 wurde er erster NS-Minister in einer Landesregierung (Thüringen) und gehörte 1933 dem ersten Kabinett Hitler als Innenminister an. Als solcher war er treibende Kraft bei der *Gleichschaltung* der Länder sowie bei der Abfassung der *Deutschen Gemeindeordnung* und der *Nürnberger Gesetze*. Die Polizeiführung aber blieb ihm verwehrt, so daß er an Einfluß bald hinter *Himmler* zurücktrat, an den er sein Amt am 24.8.1943 abgeben mußte. Trotz dieser sinkenden Bedeutung wurde Frick als Architekt des Polizeistaats und als mitverantwortlich für das Terrorsystem der KZ wegen Verbrechen gegen die Menschlichkeit und als Angehöriger der NS-Führung wegen Verbrechen gegen den Frieden am 1.10.1946 vom internationalen Militärtribunal in Nürnberg zum Tod durch den Strang verurteilt.

Fritsch, Theodor
* Wiesenena (bei Delitzsch) 28.10.1852, † Gautzsch (bei Leipzig) 8.9.1933
Der gelernte Müller Fritsch wurde zum Publizisten in seinem Kampf gegen die Vernichtung des mittelständischen Handwerks durch die Industrie, hinter der er »den Juden« ausgemacht hatte. Dieser Neid-*Antisemitismus* schlug bei ihm um in einen rassisch begründeten Judenhaß. Sein »Antisemitischer Catechismus« (1887), der später den Titel »Handbuch der Judenfrage« erhielt, gehörte zu den »heiligen Schriften« der völkischen Bewegung und des Nationalsozialismus. *Eckart* nannte das Buch 1920 »unser ganzes geistiges Rüstzeug«.

Fritsch-Krise
Eine Sitzung der außenpolitischen und militärischen Spitzen des Reiches am 5.11.1937, festgehalten in der *Hoßbach-Niederschrift*,

F

bestätigte endgültig Hitlers Meinung, daß von der vorhandenen Wehrmachtführung der »unumgängliche« Krieg behindert würde: Reichskriegsminister *Blomberg* und der Oberbefehlshaber des Heeres Werner von Fritsch (* 1880, † 1939) reagierten nicht begeistert genug auf seine Gewaltpläne, obwohl sie keineswegs opponierten. Mit einer Doppelintrige erzwang Hitler kurz darauf ihre Ablösung. Zur Entlassung Blombergs bot der Zufall Gelegenheit: Hitler hatte am 12.1.1938 als Trauzeuge an der Hochzeit des Ministers teilgenommen. Als sich wenig später herausstellte, daß die Braut eine frühere Prostituierte war, wurde Blombergs Stellung unhaltbar, da er das Staatsoberhaupt Hitler bloßgestellt hatte. Am 27.1.1938 erhielt er den Abschied. – Gegen Fritsch präsentierte *Göring*, der sich selbst Hoffnungen auf die Nachfolge Blombergs machte, Erkenntnisse der Gestapo, daß der Generaloberst homosexuelle Beziehungen zu einem Strichjungen unterhalten habe und mithin ein Sicherheitsrisiko sei. Hitler glaubte dem dubiosen Zeugen mehr als dem Ehrenwort seines ranghöchsten Soldaten und entließ ihn am 4.2.1938. Doch Görings Rechnung ging nicht auf: Hitler übernahm selbst die Wehrmachtführung über das unter *Keitel* neu geschaffene *Oberkommando der Wehrmacht*. Daran änderte auch nichts mehr die völlige Rehabilitierung Fritschs am 18.3.1938 durch das Reichskriegsgericht; sie ging im Trubel um den *Anschluß* Österreichs unter. Das Offizierkorps aber hatte sich durch Nichtstun zum Komplizen einer kriminellen NS-Intrige gemacht und war zum Gefangenen der Hitlerschen Risikopolitik geworden.

Fritzsche, Hans

* Bochum 21.4.1900, † Köln 27.9.1953

Studiert hatte er Philosophie und Geschichte, als er 1923 der DNVP beitrat und Redakteur bei einem Nachrichtendienst wurde: Fritzsche stieg rasch auf, wurde 1932 Leiter des Drahtlosen Dienstes des Deutschen Rundfunks und wurde als solcher am 1.5.1933 ins Propagandaministerium übernommen. Am selben Tag trat er der NSDAP bei, deren wichtigster Propagandist er nach seinem Chef *Goebbels* wurde. Fritzsche, der 1938 Leiter der Abteilung Deutsche Presse und 1942 Chef der Rundfunkabteilung wurde, kontrollierte und filterte alle Nachrichten. Seine 1937 gestartete Sendung »Hier spricht Hans Fritzsche« erlangte trotz sorgfältiger Auswahl und linientreuer Ausrichtung mit scheinbar sachlichen Kommentaren höhere Glaubwürdigkeit als die meisten offiziellen Verlautbarungen. Im Mai 1945 wurde Fritzsche von den Sowjets verhaftet, aber im *Nürnberger Prozeß* 1946 freigesprochen. Durch ein Entnazifizierungsgericht 1947 zu neun Jahren Arbeitslager verurteilt, wurde er schon am 29.9.1950 entlassen.

Fromm, Friedrich

* Berlin 8.10.1888, † Brandenburg (Havel) 12.3.1945 (hingerichtet)
Der Generaloberst Fromm war seit 1939 Befehlshaber des Ersatzheers und hatte damit eine Schlüsselposition inne. Die Verschwörer des *Zwanzigsten Juli* mußten ihn in ihre Pläne einweihen; Fromm hielt sich jedoch aus den Putschvorbereitungen heraus, verriet aber den Coup auch nicht. Als sich das Scheitern des Umsturzes abzeichnete, ließ Fromm *Stauffenberg* und vier weitere Hauptverschwörer standrechtlich erschießen. Seine Hoffnung, damit die eigene Mitwisserschaft zu verschleiern, erfüllte sich nicht. Er wurde am nächsten Tag verhaftet und im März 1945 »wegen Feigheit« zum Tod verurteilt.

Fronterlebnis

Der 1. Weltkrieg hatte die Männergenerationen geprägt, die in den 1920/30er Jahren Verantwortung übernahmen als Väter, Arbeit- und Unternehmer, Wähler und Politiker. Angesichts der politischen Zerrissenheit und der wirtschaftlichen Not in der Nachkriegszeit verklärte sich dieses Fronterlebnis zu einer Zeit der klaren Führung, der Kameradschaft und Opferbereitschaft. In Literatur und Kunst, Theater und Film wurde die Sehnsucht danach immer wieder thematisiert. Hitler, selbst entscheidend geformt vom Fronterlebnis, verstand es virtuos, diese Sehnsucht zu beschwören. Seine Wortwahl und Visionen orientierten sich bevorzugt an Heroischem und an Idealen wie dem »Frontsozialismus«, der das Volk zu einer »verschworenen Kampfgemeinschaft« zusammenschweißen und es befreien sollte vom Klassenkampf. Nach der Machtergreifung diente die Verherrlichung des Fronterlebnisses zunehmend der inneren Einstimmung auf den kommenden Waffengang.

»Führer, befiehl, wir folgen«

NS-Ergebenheitsformel, die oft als Redeschluß bei Parteiveranstaltungen verwendet wurde und im Krieg angesichts der zerstörten

Städte vom *Flüsterwitz* verballhornt wurde zu: »Führer, befiehl, wir tragen die Folgen.«

Führerbunker

Unter der *Neuen Reichskanzlei* ließ sich Hitler 16 m unter der Erde einen Bunker bauen, der durch Treppen im Gebäude und vom Garten aus erreichbar war. Dieser Führerbunker mit Wohn-, Personal- und Bürotrakt war durch eine 2,80 m dicke Betondecke und doppelte Panzertüren geschützt. Er diente in den letzten Kriegswochen als Wohnung Hitlers und der Familie *Goebbels*, verfügte über alle nötigen medizinischen Einrichtungen und war letzte Befehlszentrale des Reiches. Hier heiratete Hitler am 29.4.1945 Eva *Braun* und nahm sich am nächsten Tag mit ihr das Leben. *Speer* hatte zwei Wochen zuvor geplant, den Diktator mit Giftgas über die Belüftungsanlage zu töten.

Führerhauptquartiere

Feste Kommandozentralen Hitlers im In- und besetzten Ausland während des Krieges mit Bunkern, Flakständen, Wohngebäuden, Flugplätzen u. a.; bekanntestes der Führerhauptquartiere war die »Wolfsschanze« bei Rastenburg in Ostpreußen; außerdem je nach Kriegslage genutzt: »Felsennest« bei Münstereifel, »Wolfsschlucht« bei Bruly de Pêche (Belgien), »Tannenberg« auf dem Kniebis (Schwarzwald), »Werwolf« bei Winniza (Ukraine), »Wolfsschlucht II« bei Soissons, »Adlerhorst« bei Bad Nauheim.

Führerkult

1918 ist der Schlüssel zu 1933: Der Untergang der Monarchie und die militärische Niederlage brachten eine Republik hervor, die für die meisten Deutschen nie Heimat wurde. Sie fanden sich im »politischen Wirrwarr« der Demokratie nicht zurecht und richteten insbesondere in Krisenzeiten ihre Hoffnung auf einen »starken Mann«, einen Führer, der aller inneren und äußeren Not ein Ende bereiten und »Deutschlands Ehre« wiederherstellen werde. Diese Sehnsucht war keineswegs auf die nationale Rechte beschränkt, auch die Kommunisten und andere Linke entwickelten Kulte um Lenin, *Stalin* oder *Thälmann*. – Hitlers Aufstieg zum »Führer« aller Deutschen wurde vorbereitet in der Partei durch *Eckart* u. a. Propagandisten, die bereits zu Beginn der 1920er Jahre den Begriff Führer für den

Parteichef prägten und für die Durchsetzung des Grußes »Heil Hitler!« sorgten. Dies wies auf die religiöse Dimension hin, die in der Führerverehrung, ja -vergötzung lag. Als »Messias« und »Erlöser« sollte Hitler erscheinen, der seinerseits alles tat, die Legendenbildung um seine Person zu fördern. Dazu nutzte er v.a. sein beachtliches Redetalent, mit dem er Massen förmlich in Trance zu versetzen vermochte. Mit Anrufungen der »Vorsehung« und des »Herrgotts« maßte er sich eine Art nationales Priestertum an, das ihn der Kritik entrücken und seine Anhänger zu fanatisch Gläubigen machen sollte. Das war auch Ziel der NS-*Feiern* und wurde nach der Machtergreifung von der Propaganda in ständiger Wiederholung der Bevölkerung eingehämmert. Sätze wie »Wir glauben auf dieser Erde allein an Adolf Hitler« (NSDAP-Schulungsbrief 1937) oder die schon in der Frühzeit aufgekommene Formel »Der Führer hat immer recht« reklamierten für Hitler Unfehlbarkeit. – Gedichte, Weihespiele, Stilisierung von »*Mein Kampf*« zur Bibel der Deutschen, Plakatierung von »Führerworten« an und in Gebäuden, allgegenwärtige Hitler-Bilder, Siegesfeiern zu Beginn des Krieges unter Beschwörung Hitlers als »Größtem Feldherrn aller Zeiten«, Ausrichtung der *Reichsparteitage* auf Hitler, reichsweite Feiern am Führergeburtstag u.a. rundeten den Führerkult ab. Er zeitigte unübersehbar Wirkung, denn noch in der Katastrophe des *Zusammenbruchs* suchten die Menschen eher die Schuld bei den Umständen oder bei den »Bonzen« als bei Hitler, dessen hehres Wollen von Neidern und Kleingeistern untergraben worden sei. »Wenn das der Führer wüßte!« wurde zum Schlagwort enttäuschter Hoffnungen und zum Ausdruck ungebrochener Gläubigkeit.

Führerprinzip

Als »unbedingte Verbindung von absoluter Verantwortung mit absoluter Autorität« beschrieb Hitler in »Mein Kampf« das für ihn allein in Frage kommende politische Leitungssystem. Dieses kurz »Führerprinzip« genannte System praktizierte er in der NSDAP von Anfang an und verordnete es nach 1933 allen gesellschaftlichen Bereichen. Danach war nur der oberste Führer vom Volk zu bestätigen, während alle weiteren Führer vom jeweils höheren ernannt wurden. Damit würden politische Entscheidungen unabhängig von »Interessenbindungen«, wie sie typisch seien für die *Demokratie*. Das Führerprinzip, später im Bemühen um Vermeidung von

Fremdwörtern »Führergrundsatz« genannt, sei »tief im germanischen Denken« verwurzelt, es verwirkliche die Forderung: »Beratung statt Abstimmung«.

Führer und Reichskanzler

Als »Führer« ließ sich Hitler, vermutlich in Anlehnung an *Mussolinis* Titel »Duce«, schon seit 1921/22 parteiintern bezeichnen. Verfassungsrang erhielt der Begriff mit Übernahme auch der Kompetenzen des Reichspräsidenten durch Hitler bei *Hindenburgs* Tod durch das Gesetz über das Staatsoberhaupt des Deutschen Reiches vom 2.8.1934 und nach der folgenden Volksabstimmung am 19.8., bei der nach offiziellen Angaben 89,9 % der Wähler der Verschmelzung der Ämter von Regierungschef und Staatsoberhaupt unter dem Begriff des »Führers und Reichskanzlers« zustimmten. Später verdrängte die Bezeichnung »Führer« alle anderen (Presseweisung vom 14.1.1939), da sie nach Ansicht der Parteikanzlei Hitlers sämtliche Funktionen als Partei-, Regierungs- und Staatschef sowie seine Stellung als Oberster Befehlshaber der Wehrmacht umfasse.

Führerwille

Die Weimarer Verfassung wurde im 3. Reich nie formal aufgehoben, doch galt spätestens seit 1934 nur noch der Führerwille – nach Auffassung einiger Staatsrechtler sogar bereits der Führerwunsch – als Grundlage für die gesamte Staatstätigkeit. Er sei nämlich der wahre Volkswille, auch wenn der tatsächliche Volkswille in Einzelfragen durchaus einmal davon abweiche. Der Führerwille war daher nicht nur Führerbefehlen und -erlassen, sondern auch Reden, formlosen Verlautbarungen, ja bloßen Gesprächen zu entnehmen. Daß selbst für die schwerwiegendsten Entscheidungen wie die *Endlösung* oft schriftliche Befehle Hitlers fehlen oder wie bei der *Euthanasie* nur in knappster Briefform vorliegen, ist auf diese Herrschaftstechnik zurückzuführen.

Funk, Walther

* Trakehnen (Ostpreußen) 18.8.1890, † Düsseldorf 31.5.1960
Der Wirtschaftsfachmann Funk war 1922–30 Chefredakteur der »Berliner Börsenzeitung«, trat 1931 der NSDAP bei und wurde wegen seiner guten Beziehungen zur Industrie Hitlers Wirtschaftsberater. Mit der Machtübernahme Hitlers wurde Funk Pressechef

der Reichsregierung, 1938 Nachfolger *Schachts* als Reichswirtschaftsminister, Generalbevollmächtigter für die Kriegswirtschaft und 1939 Reichsbankpräsident. Schon vorher maßgeblich an der *Arisierung* beteiligt, war Funk treibende Kraft bei der wirtschaftlichen Ausbeutung der besetzten Länder und bei der Rekrutierung von *Zwangsarbeitern* für die deutsche Industrie. Wegen Verbrechen gegen die Menschlichkeit und wegen Kriegsverbrechen wurde er daher im *Nürnberger Prozeß* zu lebenslanger Haft verurteilt, aber wegen Krankheit schon 1957 entlassen.

Funkmeß

Funkmeß war in Deutschland die Bezeichnung für Ortungs- und Feuerleitverfahren mittels elektromagnetischer Wellen; im englischen Sprachraum wurde die Abkürzung Radar gebraucht. Die deutschen Forschungen konzentrierten sich seit 1934 zunächst auf ein 50-cm-Feuerleitgerät für Kriegsschiffe (Tarnname »Seetakt«). Es kam 1937 in die Erprobung und blieb den ganzen Krieg hindurch im Einsatz. Das Gegenstück bei der Flak hieß »Würzburg«; es war seit 1940 serienreif. Würzburg-Geräte wurden in Verbindung mit dem Frühwarngerät »Freya« bei der bodengeleiteten Nachtjagd eingesetzt. Bordeigene Funkmessung für Nachtjäger wurde 1942 mit dem »Lichtenstein«-Gerät ermöglicht; dem entsprach bei der Marine das Funkmeßgerät »Hohentwiel«. Britischen Kommandotruppen gelang es beim Raid gegen Bruneval im Febr. 1941, ein Würzburg-Gerät abzubauen und nach England zu bringen; das Lichtenstein-Radar fiel der RAF in die Hände, als am 9.5.1943 eine Nachtjägerbesatzung mit ihrer Ju 88 nach Schottland desertierte. Da festgestellt werden konnte, mit welchen Wellen die Geräte arbeiteten, waren sie fortan mit Stanniolstreifen in passender Länge leicht zu stören. Dagegen entwickelte die Flak Entstörgeräte; für die Nachtjagd wurde im Herbst 1943 ein neues Weitwinkel-Lichtenstein eingeführt. Gegen das britische »Rotterdam«-Gerät, das erste operationsreife Bordsichtradar, wurde für die deutsche Nachtjagd und U-Boot-Waffe ein passives Ortungsverfahren (»Naxos«) ersonnen. Ende 1944 hatte die deutsche Hochfrequenztechnik mindestens alliierten Standard erreicht; Neuentwicklungen wie das 9-cm-Nachtjagdradar »Berlin« oder das Ortungs- und Zielsystem »Egerland« der Flak kamen zu spät zum Einsatz.

G

Galen, Clemens August Graf von

* Dinklage (bei Vechta) 16.3.1878, † Münster 22.3.1946

1904 Priesterweihe, 1906–29 Pfarrer in Berlin, 1929 nach Münster, 1933 dort Bischof, 1946 Kardinal, das waren die Stationen der kirchlichen Karriere Galens, der als »Löwe von Münster« bekannt wurde. Der Ehrenname rührte sowohl her von der unbeugsam konservativen, ja antidemokratischen Haltung des Bischofs als auch vom mutigen Widerstand in Glaubensfragen gegen den Totalitätsanspruch des NS-Staats, dem er als einer der ersten Kirchenfürsten den Treueid geleistet hatte. Er bekämpfte mit den »Studien zum *Mythus des 20. Jahrhunderts*« (1934) das Neuheidentum des Nationalsozialismus, sorgte für die Verbreitung der Enzyklika *»Mit brennender Sorge«* und stellte Strafantrag wegen Mordes, als ihm 1941 die Maßnahmen der *Euthanasie* bekannt wurden, gegen die er auch in drei berühmt gewordenen Predigten Stellung nahm. Nach dem Krieg trat er ebenso unerschrocken Übergriffen der britischen Besatzungsmacht entgegen.

Gaskammern

Tarnung war bis zuletzt oberstes Gebot bei den Massenmorden in den *Vernichtungslagern*. Die Räume oder Gebäude, in denen die Opfer durch Gas getötet wurden, waren daher wie Duschräume mit Rohrleitungen und Brausen ausgestattet und gekachelt, letzteres auch zur einfacheren Reinigung. Solche Gaskammern wurden zuerst in kleinem Maßstab im Rahmen des *Euthanasie*-Programms verwendet, ehe sie in *Auschwitz* und den anderen Todesfabriken im Osten sowie in einigen KZ im Reichsgebiet den Völkermord vollendeten. Die Gaskammern waren luftdicht verschließbar und wurden entweder mit Kohlenmonoxid aus Flaschen, das aus den

Brausen strömte, oder mit Motorabgasen, die hineingeblasen wurden, oder, wie v. a. in *Auschwitz*, mit *Zyklon B* betrieben, das durch Schächte in kristalliner Form eingeworfen wurde und bei Luftberührung Blausäuregase freisetzte. Der Tötungsvorgang ließ sich bei den meisten Gaskammern durch Gucklöcher kontrollieren.

Gaswagen
Sie sahen wie Möbelwagen aus, ihre Aufgabe aber war Mord in riesigem Maßstab: 1941 entwickelte eine Arbeitsgruppe des RSHA unter *Rauff* Kastenwagen mit Lkw-Fahrgestell, deren Abgase durch die Ladefläche zur Tötung der Insassen in den luftdicht verschließbaren und mit Blech ausgekleideten Aufbau geleitet werden konnten. Im Spätherbst 1941 kamen die ersten dieser Gaswagen hinter der Ostfront zum Einsatz. In einem Erfahrungsbericht vom 5.6.1942 hieß es, daß drei dieser Wagen ohne größere Pannen »97 000 verarbeitet« hätten. Gemeint waren in erster Linie Juden, aber auch Häftlinge aus Lagern und Gefängnissen. Insgesamt waren mindestens 30 Gaswagen bei den *Einsatzgruppen* und im Vernichtungslager *Kulmhof* eingesetzt.

Gau
Den Begriff gab und gibt es noch in deutschen Landschaftsnamen: Kraichgau, Hennegau, Allgäu u.a. Ihn nutzte die *NSDAP* zur Bezeichnung für die nach dem Reich nächsthöhere Organisationsgliederung (»Hoheitsgebiete«). Ein Gau, geführt von einem Gauleiter, bestand aus Kreisen, die sich aus Ortsgruppen zusammensetzten. 1941 gab es folgende Gaue (alphabetisch): Baden, Bayerische Ostmark, Berlin, Danzig-Westpreußen, Düsseldorf, Essen, Franken, Halle-Merseburg, Hamburg, Hessen-Nassau, Kärnten, Köln-Aachen, Kurhessen, Magdeburg-Anhalt, Mainfranken, Mark Brandenburg, Mecklenburg, Moselland, München-Oberbayern, Niederdonau, Niederschlesien, Oberdonau, Oberschlesien, Osthannover, Ostpreußen, Pommern, Sachsen, Salzburg, Schleswig-Holstein, Schwaben, Steiermark, Sudetenland, Südhannover-Braunschweig, Thüringen, Tirol-Vorarlberg, Wartheland, Weser-Ems, Westfalen-Nord, Westfalen-Süd, Westmark, Wien, Württemberg-Hohenzollern.

Gauleiter

»Hoheitsträger« der NSDAP in den Gauen waren die Gauleiter, meist alte Parteigenossen, die Hitler oft persönlich aus der *Kampfzeit* kannten. Ihm waren sie auch direkt unterstellt und verfügten so über erheblichen Einfluß, zumal sie oft in Personalunion Reichsstatthalter oder Oberpräsidenten der entsprechenden Reichsprovinz waren. Ihr selbstherrliches Regiment führte nicht selten zu Konflikten mit staatlichen Stellen bis hinauf zu den Ministerien des Reiches, so daß Hitler, ganz im Sinn der absichtsvoll gepflegten *Polykratie*, schlichtend eingreifen mußte. Im Krieg wurden die Gauleiter zu Reichsverteidigungskommissaren ernannt und waren seit 1944 zuständig für die Aufstellung des *Volkssturms*.

Gaulle, Charles de

* Lille 22.11.1890, † Colombey-les-deux-Églises (bei Chaumont, Haute-Marne) 9.11.1970

1932–37 Generalsekretär des nationalen Verteidigungsrats, wies der französische Kavallerieoffizier de Gaulle unermüdlich, aber vergeblich auf die Schlüsselrolle von Panzer- und Luftwaffe im modernen Krieg hin. Sein Buch »Frankreichs Stoßarmee« (1934) fand in Deutschland mehr Aufmerksamkeit als in seiner Heimat. Das rächte sich im *Frankreichfeldzug*, als die Wehrmacht die Richtigkeit von de Gaulles Konzept bewies. Erst als der massive deutsche Panzervorstoß beim Angriff im Westen *(Frankreichfeldzug)* die Berechtigung von de Gaulles Warnungen erwies, ließ man ihn am 17.5. mit der 4. französischen Panzerdivision einen geballten Stoß gegen *Guderians* weitgedehnte Flanke führen. Die Aktion kam zu spät, um am Verlauf des Feldzugs noch etwas zu ändern, drang auch nicht vollständig durch, wurde aber zum Ausgangspunkt für de Gaulles militärische und politische Karriere. Er wurde am 6.6. zum Unterstaatssekretär im Kriegsministerium der Regierung Reynaud berufen. Befehlswidrig setzte er sich am 17.6. nach London ab und rief einen Tag später in einer Rundfunkrede alle Franzosen dazu auf, den Widerstand auch nach der Niederlage fortzusetzen. Das Todesurteil, das in *Vichy* im Juli 1940 über ihn gesprochen wurde, blieb wirkungslos. De Gaulle wurde im Londoner Exil zur Seele der *Résistance*, er überspielte seine Rivalen François Darlan und Henri-Honoré Giraud, wurde Chef des Französischen Komitees der Nationalen Befreiung und im Juni 1943 Chef der Londoner Exilregierung, aus der im Mai 1944 die Provisorische Regierung der Französischen Republik hervorging. Am 25.8.1944 hielt er triumphalen Einzug ins befreite Paris, wurde als Ministerpräsident bestätigt und zum provisorischen Staatsoberhaupt gewählt. Nach seinem Rücktritt im Jan. 1946 gründete er die Sammelbewegung RPF. 1958 zum ersten Präsidenten der ganz auf ihn zugeschnittenen Fünften Republik gewählt, beendete er den Algerienkonflikt, führte Frankreich aus der NATO und bewirkte zusammen mit Konrad Adenauer die deutsch-französische Aussöhnung.

Gefolgschaft
Aus der angeblich »natürlichen Ungleichheit der Menschen« ergab sich nach NS-Anschauung eine Gliederung aller gesellschaftlichen Gruppen in Führer und Geführte, für die man die Sammelbezeichnung »Gefolgschaft« wählte. Auf Hitler bezogen entsprach sie dem gesamten deutschen Volk, in den Gliederungen der Partei der vom jeweiligen Führer abhängigen Mitgliederschaft, im Betrieb der vom Betriebsführer geleiteten Belegschaft. Die einzelnen Arbeitnehmer hießen Gefolgschaftmitglieder und bildeten die *Betriebsgemeinschaft*. Auch eine Untergliederung der *HJ* wurde als Gefolgschaft bezeichnet; sie bestand aus drei Scharen mit insgesamt etwa 250 Jungen, drei bis fünf Gefolgschaften bildeten einen Unterbann.

Geheime Staatspolizei
Zunächst »Gestapa« (Geheimes Staatspolizeiamt) abgekürzte politische Polizei des 3. Reiches, die unter der Kurzbezeichnung *Gestapo* zum Inbegriff des Staatsterrors wurde.

Geiselprozeß
1947/48 wurde vor dem Militärgerichtshof V der USA in Nürnberg gegen zwölf Generäle verhandelt, denen Täter- oder Mittäterschaft bei der Ermordung von Tausenden von Zivilisten in Griechenland, Jugoslawien und Albanien vorgeworfen wurde. Das deswegen auch »Prozeß gegen die Südostgeneräle« genannte Verfahren endete mit der Verurteilung von Generalfeldmarschall *List* und eines weiteren Angeklagten zu lebenslanger Haft, sechs Angeklagte erhielten Freiheitsstrafen zwischen 7 und 20 Jahren, zwei wurden freigesprochen, einer hatte Selbstmord begangen (General Franz Böhme), und ein Verfahren (Generalfeldmarschall *Weichs*) wurde abgetrennt. Alle

Strafen wurden am 31.1.1951 herabgesetzt. Das Urteil stieß auf Kritik, weil es die Berechtigung von Geiselerschießungen unter bestimmten Bedingungen anerkannte und Partisanen nicht den Status von Kriegführenden zuerkannte.

Gemeinde →*Deutsche Gemeindeordnung*

gemischtvölkische Ehe
Bezeichnung für eine *Ehe* zweier »rassegleicher« Partner unterschiedlicher Volkszugehörigkeit im Unterschied zur *Mischehe*.

Generalgouvernement
Der nicht annektierte deutsch besetzte Teil Polens wurde seit 26.10.1939 als »Generalgouvernement« bezeichnet und als deutsches »Nebenland« von Generalgouverneur H. *Frank* regiert; nur auf kommunaler Ebene gab es eine begrenzte polnische Selbstverwaltung. Mit den Distrikten Krakau, Warschau, Radom, Lublin (12 Mio. Einwohner) und seit 1.8.1941 Ostgalizien mit Lemberg (5 Mio. Einwohner) umfaßte das Generalgouvernement 142 000 km^2. Es diente als Reservoir für *Zwangsarbeiter*, als Aufnahmeland für die aus dem annektierten Nordpolen vertriebenen 1,2 Mio. Polen und war Schauplatz der *Endlösung* in den dort errichteten *Vernichtungslagern*. Für die Zukunft war die Austreibung von 80 % der überlebenden polnischen Bevölkerung und die Ansiedlung deutscher Bauern geplant. Die Besatzungsmacht schloß die Universitäten und höheren Schulen, dezimierte die Führungsschicht in der *Intelligenz-Aktion* und beutete das Gebiet wirtschaftlich radikal aus. Dagegen bildete sich eine Untergrundbewegung, die jedoch im *Warschauer Aufstand* 1944 weitgehend ausgelöscht wurde.

Generalplan Ost
Am 12.6.1942 zeichnete *Himmler* als *Reichskommissar für die Festigung deutschen Volkstums* eine Denkschrift ab, die seine Hauptabteilung Planung (SS-Oberführer Konrad Meyer-Hetling) über »rechtliche, wirtschaftliche und räumliche Grundlagen des Ostaufbaus« ausgearbeitet hatte. Da daran auch *Rosenbergs* Ministerium für die besetzten Ostgebiete und das *Rassenpolitische Amt* der NSDAP beteiligt waren, gilt dieser kurz »Generalplan Ost« genannte Entwurf als offizielles Programm der NS-*Besatzungspolitik*. Es sah

die Vertreibung oder die Vernichtung von 31 Mio. Bewohnern Polens und der sowjetischen Westgebiete vor, bleiben sollten 14 Mio. vorwiegend »eindeutschungsfähige« Balten und Ukrainer als Arbeitssklaven der deutschen, deutschstämmigen oder anderen Siedler »nordischer Rassezugehörigkeit«. 36 Siedlungsschwerpunkte mit je 20 000 Einwohnern, umgeben von einem Kranz von Dörfern, waren als Netz zur Erschließung der Marken »Ingermanland« um Leningrad, »Gotengau« mit der Krim, Memel-Narew-Gebiet, Generalgouvernement u. a. geplant. Die »deutsche Volkstumsgrenze« sollte damit 1000 km nach Osten vorgeschoben werden. Angesichts der sich rasch verschlechternden Kriegslage unterblieb eine Verwirklichung dieser Vorhaben, doch wurden bereits erste Werbekampagnen z. B. in den Niederlanden für den »germanischen Landdienst im Osten« oder unter den Südtirolern für die Besiedlung der Krim gestartet.

Generalstab
Alle Streitkräfte bilden zur Planung und Vorbereitung militärischer Operationen sowie zur Unterstützung der Truppenführer Stäbe aus besonders ausgewählten und vorgebildeten Offizieren. Der Reichswehr wurde das in Art. 160 des *Versailler Vertrags* untersagt. Erst 1935, nach Wiedereinführung der allgemeinen *Wehrpflicht*, wurde wieder ein deutscher Generalstab gebildet. Er wurde wie das *Oberkommando der Wehrmacht* im Nürnberger Prozeß gegen die Hauptkriegsverbrecher 1946 nicht als *verbrecherische Organisation* eingestuft, weil der Gerichtshof zwar seine Verstrickung in Kriegs- und NS-Verbrechen als bewiesen ansah, aber den Organisationscharakter verneinte und die Aburteilung der einzelnen Mitglieder empfahl.

Genfer Abkommen
Bis zum Kriegsausbruch 1939 gab es drei (nach 1945 kam ein weiterer hinzu) internationale, 1864, 1906 und 1929 in Genf geschlossene, Verträge zum Schutz von Kriegsbetroffenen (Soldaten, Gefangene, Zivilisten) insbesondere vor Tötung, Verstümmelung, Folter, Geiselnahme und Verletzung der Menschenwürde. Deutschland war Signatarstaat aller drei Genfer Abkommen oder Konventionen und hielt sich auf den westlichen Kriegsschauplätzen wenigstens ansatzweise an sie. Der *Rußlandfeldzug* als »Weltanschauungskrieg«

hingegen wurde deutscherseits und als Reaktion darauf oft auch vom Gegner fast gänzlich ohne Rücksicht auf die Abkommen geführt. Dabei diente der Umstand, daß die UdSSR sich von allen »zaristischen« Verträgen losgesagt und auch das 3. Genfer Abkommen nicht unterzeichnet hatte, als willkommener Vorwand für Völkerrechtsverletzungen.

Geopolitik

1905 prägte der schwedische Staatsrechtler Rudolf Kjellén (* 1864, † 1922) den Begriff Geopolitik für die wissenschaftliche Untersuchung der geographischen Einflüsse auf die Politik. In Deutschland entwickelte Karl Haushofer (* 1869, † 1946) diese Lehre weiter, ließ es aber nicht bei der Analyse bewenden, sondern leitete politische Forderungen daraus ab im Sinne einer Rücknahme der Ergebnisse des 1. Weltkriegs und Bildung eines mitteleuropäischen Kontinentalblocks unter deutscher Führung. Zur Durchsetzung einer angeblich wegen des großen »Volksdrucks« berechtigten deutschen Expansion schloß er militärische Mittel nicht aus. Damit und mit der antisemitischen Färbung ihrer Thesen geriet die deutsche Geopolitik in die Nähe der NS-Forderungen nach *Lebensraum* und wurde auch sonst zur Untermauerung der imperialistischen Politik Hitlers genutzt.

Germanenkult

Schon die Romantik entdeckte das Germanentum als Vorläufer der deutschen Kultur und Geschichte. Während des 19. Jh. wurde aus dieser zunächst wertfreien Feststellung bei patriotischen Kultur- und Naturforschern ein Beleg für angebliche kulturelle und »rassische« Überlegenheit der Deutschen. Die deutsche Geschichtswissenschaft bemühte sich um den Entwurf eines »klassischen germanischen Altertums« mit »eigenwertiger Geisteskultur« als Gegenbild zur griechisch-römischen Antike. Der Nationalsozialismus brachte diesem Germanenkult einen neuen Schub; er sollte die historische Verwurzelung, Dauerhaftigkeit und Volkstümlichkeit des Systems ausdrücken. In der bildenden Kunst äußerte sich das in einer Hinwendung zum Monumental-Heroischen, in der Literatur durch Erneuerung etwa der Thingspiele oder in Romanstoffen aus germanischer Vorzeit, in der Musik durch eine von Hitler persönlich geförderte *Wagner*-Verehrung, in der Volkskultur durch

Wiederherstellung oder Neuanlage germanischer Weihestätten und durch Belebung eines angeblich germanischen Brauchtums (Sonnenwendfeiern u.a.).

Germanisierung

Am 3.2.1933, vier Tage nach der Machtübernahme, sprach Hitler vor der Reichswehrführung und forderte »Eroberung von *Lebensraum* im Osten und dessen rücksichtslose Germanisierung«. Darunter waren die Inbesitznahme eroberter Gebiete und ihre Aufsiedlung mit deutschen Kolonisten gemeint bei gleichzeitiger Vertreibung, Unterdrückung oder *Eindeutschung* der einheimischen Bevölkerung. Im 2.Weltkrieg gewann der bevölkerungspolitische Aspekt einer solchen Germanisierung das Hauptgewicht, denn es zeigte sich, daß das »Volk ohne Raum« zahlenmäßig zur Auffüllung der angestrebten Eroberungen bei weitem nicht ausreichen würde. Das *Rasse- und Siedlungshauptamt* der SS führte daher in großem Stil v.a. an Kindern in den besetzten Ländern rassebiologische Untersuchungen durch, um »rassisch wertvollen« Nachwuchs zu gewinnen. Die für tauglich befundenen Kinder wurden von den Eltern getrennt und auf deutsche Familien verteilt oder zur »Aufzucht« der Organisation *Lebensborn* übergeben.

Gerstein, Kurt

* Münster (Westf.) 11.8.1905, † Paris 23.7.1945

Der gelernte Bergbauingenieur Gerstein trat im Mai 1933 in die NSDAP ein, blieb aber in der Bekennenden Kirche. Das brachte ihm KZ-Haft und Parteiausschluß ein. Gerstein, inzwischen Mediziner, meldete sich nach Kriegsbeginn freiwillig zur Waffen-SS, um Einblick in den NS-Herrschaftsapparat zu gewinnen. Als Entseuchungsexperte wurde er im Nov. 1941 zum SS-Führungshauptamt versetzt und erhielt den Auftrag, im Aug. 1942 eine Lieferung von 100 kg *Zyklon B* ins besetzte Polen zu bringen. Dort wurde er in den Vernichtungslagern Zeuge von Massentötungen im Rahmen der *Judenverfolgung*. Er setzte sich mit deutschen und niederländischen Widerstandskreisen sowie kirchlichen Stellen in Verbindung, fand aber für seine ungeheuerlichen Aussagen kaum Glauben. Als SS-Mann in französischer Haft verfaßte er nach Kriegsende den berühmt gewordenen Gerstein-Bericht über die millionenfachen Morde in den Gaskammern. Ob Gerstein in der Haft Opfer der

Rache von SS-Kameraden wurde oder, wie offiziell angegeben, Selbstmord beging, ist ungeklärt.

Gestapo

Zu den Schreckensabkürzungen des 3. Reiches, an die sich Zeitgenossen noch lange schaudernd erinnerten, gehörte neben KZ und SS auch das Kurzwort Gestapo für Geheime Staatspolizei. Sie hatte sich aus der preußischen politischen Polizei entwickelt und trat im Frühjahr 1933 erstmals in Erscheinung, als sie zusammen mit der Hilfspolizei aus SA und SS gemäß *Reichstagsbrandverordnung* politische Gegner des Nationalsozialismus massenhaft in *Schutzhaft* nahm zur Sicherung des Umsturzes. – Seit 1934 von *Heydrich* geführt, wurde die Gestapo weiter ausgebaut, ihre Kompetenzen wuchsen, und ihr Wirken wurde gerichtlicher Kontrolle entzogen. Ja, die Kontrolle kehrte sich um, denn die Gestapo griff bei ihr zu milde erscheinenden Urteilen »korrigierend« ein, z. B. durch Verhaftung Freigesprochener und ihre Überstellung in ein KZ. Solche Festnahmen verfügte die Gestapo ohne rechtliche Grundlage, wie sie überhaupt tatsächliche oder angebliche Straftaten nach Gutdünken mit Mißhandlungen, KZ-Haft bis hin zu verfahrensloser Hinrichtung ahndete. Ihr engmaschiges Spitzelnetz für die Erforschung und Bekämpfung staatsfeindlicher Bestrebungen nutzte sie zur Überwachung mißliebiger Geistlicher und Lehrer ebenso wie zur Infiltration von Widerstandsgruppen und zum Aufspüren von *Arbeitsscheuen* und *Asozialen*. Zu ihren Hauptaufgaben gehörte auch die KZ-Einweisung von Juden, Zigeunern, Homosexuellen, Freimaurern u. a.

Gesundheitspolitik

Gleichschaltung und Zentralisierung kennzeichnete auch die NS-Gesundheitspolitik, wobei das Nebeneinander von Einrichtungen des Staates und der Partei den Erfolg oft zunichte machte. Mit Gesetz zur Vereinheitlichung des Gesundheitswesens vom 3.7.1934 wurden staatliche Gesundheitsämter geschaffen, denen die Gauämter für Volksgesundheit der NSDAP gegenüberstanden. Eine gewisse Koordinierung gelang erst 1939 durch Ernennung *Contis* zum Reichsgesundheitsführer. Gesundheitspolitisches Hauptziel war die erbbiologische und rassische Verbesserung der »völkischen Substanz« durch *Rassenhygiene* und *Leistungsmedizin*.

Gewerkschaften

Erst 1916 staatlich anerkannt, entwickelten sich die deutschen Gewerkschaften nach dem Krieg und mit Anerkennung der Tarifautonomie zu mächtigen Massenorganisationen (zeitweilig über 10 Mio. Mitglieder). Sie waren allerdings in Richtungsgewerkschaften zersplittert, von denen die im Allgemeinen Deutschen Gewerkschaftsbund (ADGB) zusammengeschlossenen sozialdemokratischen Freien Gewerkschaften die größte Gruppe bildeten. Mit der *Weltwirtschaftskrise* schrumpften tariflicher Spielraum wie Mitgliederzahlen (1932 noch 7 Mio., ADGB 4,6 Mio.), die sich zu einer einheitlichen Politik gegen kommunistische wie NS-Bedrohung nicht aufraffen konnten. – Nach Hitlers Machtübernahme suchten sie statt dessen nach einem Überlebensarrangement mit der *Nationalsozialistischen Betriebszellenorganisation* (NSBO), obwohl schon am 9.3.1933 die Volkshäuser der Freien Gewerkschaften von SA besetzt worden waren. Mit Erhebung des 1. Mai zum arbeitsfreien »Tag der nationalen Arbeit« schien Hitler den Gewerkschaften entgegenzukommen, doch schon am 21.4. ergingen die Befehle an SA und SS »zur Besetzung der Gewerkschaftshäuser und zur Inschutzhaftnahme der in Frage kommenden Persönlichkeiten«, Stichtag 2.5. »In Frage« kamen dann fast alle Funktionäre, als der Schlag gegen die Gewerkschaften pünktlich geführt wurde. Deren Vermögen wurde beschlagnahmt, alle Arbeitnehmerorganisationen waren bis spätestens 1.7.1933 in die *Deutsche Arbeitsfront* (DAF) eingegliedert.

Gewerkschaftsachse

Das »Kabinett der Barone« des Reichskanzlers *Papen* zeigte sich Ende 1932 immer weniger in der Lage, Antworten auf die in der *Weltwirtschaftskrise* sich verschärfende soziale Frage zu finden. General *Schleicher*, starker Mann im Hintergrund, trug daher am 1.12. Reichspräsident *Hindenburg* einen Plan vor, der eine Machtergreifung Hitlers wie einen Staatsstreich Papens verhindern sollte und unter der Bezeichnung »Gewerkschaftsachse« in die Geschichte einging: Schleicher wollte die Arbeitnehmerflügel der Parteien, die Gewerkschaften und die »sozialistischen« Kräfte in der NSDAP zu einer temporären Übereinkunft zur Überwindung der Krise gewinnen. Hindenburg ernannte Schleicher daraufhin am 3.12. zum Reichskanzler, doch scheiterte dieser am Widerstand Hitlers, der den kooperationswilligen *Strasser* entmachtete, und an der Weigerung der SPD, mit einem »reaktionären General« zu paktieren. Im Jan. 1933 blieben auch Schleicher nur Gewaltlösungen, die Hindenburg jedoch ablehnte; der sah in einer Kanzlerschaft Hitlers das kleinere Übel.

Ghetto

Seit der frühen Neuzeit gab es in europäischen Städten ganze Viertel oder Straßenzüge für jüdische Bewohner, die dort meist erzwungenerweise, aber teils auch freiwillig ein eigenes Gemeinwesen bildeten. Diese mit dem italienischen Wort »ghetto« bezeichneten Judenquartiere, die mit der Judenemanzipation im 18. und 19. Jh. weitgehend wieder verschwunden waren, nahmen die NS-Behörden als Vorbild zur »Zusammenfassung« der jüdischen Bevölkerung in den besetzten Gebieten während des Krieges. Zum einen ließen sich die Bewohner so besser kontrollieren und zum anderen hinsichtlich des ihnen zugedachten Schicksals irreführen. Durch Einführung einer jüdischen Selbstverwaltung (Kulturhoheit, eigene Polizei, Führung durch einen Judenrat u.a.) sowie effizienter wirtschaftlicher Strukturen wurde die Illusion genährt, die Einrichtung ziele auf jüdische Autonomie ab. In Wirklichkeit diente die Ghettoisierung als Vorstufe zur »Umsiedlung«, sprich: Deportation der Bewohner in die *Vernichtungslager*.

Glaube und Schönheit

Zur Erfassung der 17- bis 21jährigen Mädchen wurde auf der HJ-Führertagung in Berlin am 19.1.1938 eine Sondereinheit des *Bundes Deutscher Mädel* gegründet und »BDM-Werk Glaube und Schönheit« genannt. Der Name war Programm: Die heranwachsenden Frauen sollten zu gläubigen NS-Anhängerinnen erzogen werden; die Betonung der Schönheit wies darauf hin, daß die sonst verpönte »Putzsucht« in dieser Lebensphase der Vorbereitung auf die Ehe in gewissen Grenzen toleriert würde. »Glaube und Schönheit« bot Kurse für Körperpflege, Haushaltsführung, Erziehung, Wohnungsgestaltung an und rief zu Tanz und Gymnastik auf. Der Erfolg war mäßig und verebbte im Krieg fast völlig. Im Todernst des Alltags wirkte die »Anmutsschulung« deplaziert, die jungen Frauen hatten andere Sorgen und (Dienst-)Verpflichtungen.

Gleichschaltung

»Ein Volk, ein Reich, ein Führer« war eine der bekanntesten NS-Parolen. Sie zeigte den Anspruch des Nationalsozialismus auf Ausschließlichkeit, in seinem Reich durfte es nur eine Macht und nur eine Meinung geben. Diesem Anspruch fielen als erste die Länder des Reiches zum Opfer: »Gesetz zur Gleichschaltung der Länder mit dem Reich« (31.3.1933 und 7.4.1933) hieß die rechtliche Grundlage für die Entmachtung der Länder durch Reichsstatthalter der NSDAP. Der *Reichsrat* verlor alle Funktionen und wurde am 14.2.1934 aufgelöst. Gleichschaltung aber, ein aus der Elektrotechnik entlehntes Wort, wurde zum Schlüsselbegriff für die NS-Überwältigung Deutschlands, die schließlich alle Lebensbereiche erfaßte. – Fast rascher noch als die Länder verschwanden die Parteien, die verboten wurden wie KPD (28.3.1933) und SPD (22.6.1933) oder sich selbst auflösten. Mit dem »Gesetz gegen die Neubildung von Parteien« vom 14.7.1933 war die Gleichschaltung des Parteienstaats abgeschlossen. Es folgten die Verbände nach immer dem gleichen Muster: NSDAP-Mitglieder wurden auf staatlichen Druck oder in vorauseilendem Gehorsam in die Vorstände aufgenommen, »reinigten« sie und führten sie unter das Dach der Partei. Notfalls griff man wie bei den *Gewerkschaften* zur Gewalt oder erzwang die Gleichschaltung gesetzlich wie bei den Bauern im *Reichsnährstand*. Für die Ausrichtung von Kultur und Meinung wurde für *Goebbels* eigens das Ministerium für Volksaufklärung und Propaganda geschaffen und am 22.9.1933 die *Reichskulturkammer*. Nur die Gleichschaltung der Kirchen gelang nie ganz, obwohl im *Kirchenkampf* von Schikanen über administrative Gängelung bis zur Gewalt alle Mittel angewandt wurden. – Mit dieser kleinen Ausnahme blieb für andere Ansichten im 3. Reich keine Nische. Nach dem Sommer 1934 war praktisch jeder Deutsche über Beruf, Stellung oder Verein in irgendeiner Weise mit der Partei verbunden, eine *innere Emigration* war nur sehr begrenzt möglich. Wehrpflicht, HJ-Zwang und Reichsarbeitsdienst taten ein übriges, die Menschen zu vereinnahmen. Hitler formulierte das 1938 vor Kreisleitern so: Mit zehn hole er die Kinder ins Jungvolk, mit vierzehn in die HJ, dann folgten Partei, SA oder SS, Arbeitsdienst, Wehrmacht und wieder Partei. Er schloß mit den Worten: »... und sie werden nicht mehr frei ihr ganzes Leben.«

Gleiwitzer Sender

Er werde, versprach Hitler am 22.8.1939 vor hohen Offizieren, einen »propagandistischen Anlaß zur Auslösung des Krieges geben, gleichgültig, ob glaubhaft«: Am 31.8.1939 überfiel gegen 20 Uhr ein deutsches Einsatzkommando in Zivil unter SS-Sturmbannführer *Naujocks* den Rundfunksender in der oberschlesischen Industriestadt Gleiwitz, unterbrach das Programm und verlas einen polnischen Aufruf zum Kampf gegen Deutschland. Zum Beweis der polnischen Täterschaft ließ man einen erschossenen KZ-Häftling (SS-Jargon: »Konserve«) in polnischer Uniform zurück. Hitler behauptete daraufhin am nächsten Tag bei der Verkündigung des Beginns des *Polenfeldzugs* vor dem Reichstag: »Polen hat nun heute nacht zum ersten Mal auf unserem eigenen Territorium auch durch reguläre Soldaten geschossen …« In Wirklichkeit war der Propagandacoup weitgehend fehlgeschlagen, weil der Sender zur Tatzeit nur lokal und nicht einmal schlesienweit ausstrahlte. Erst die NS-Zeitungen vom Folgetag konnten für die nötige Aufbauschung sorgen.

Globke, Hans

* Düsseldorf 10.9.1898, † Bad Godesberg 13.2.1973

Eine NS-Größe war er nicht, erst seine Karriere in der Nachkriegszeit machte ihn zu einem Fall: Der Jurist Globke trat nie der NSDAP bei, wurde aber als Ministerialrat im Reichsinnenministerium einer der eifrigsten Verfechter der Entrechtung der Juden. Er verfaßte einen Kommentar zu den *Nürnberger Gesetzen*, setzte sich für das zwangsweise Führen der Vornamen »Sara« und »Israel« durch alle Juden ein und zeichnete 1944 persönlich einen Erlaß ab, der den Übergang des Vermögens ermordeter Juden auf das Reich regelte. Nach dem Krieg für die CDU im Bundestag und 1953 Staatssekretär Konrad Adenauers im Bundeskanzleramt, behauptete Globke stets, mit seinen Kommentaren die NS-Gesetze abgemildert zu haben. Mehrere Rücktrittsangebote nahm Adenauer nicht an.

Globocnik, Odilo

* Triest 21.4.1904, † bei Weißensee (Kärnten) 31.5.1945

Am 1.3.1931 trat er der österreichischen NSDAP und am 1.9.1934 der SS bei und saß dafür mehrere Haftstrafen ab: Globocnik, ursprünglich Bauunternehmer, war von Anfang an ein fanatischer Nationalsozialist. Zum Standartenführer und SS- und Polizeiführer im Distrikt Lublin aufgestiegen, wurde er von *Himmler* am 17.7.1941 mit dem Aufbau von SS- und Polizeistützpunkten im Osten beauftragt. Danach organisierte Globocnik den Bau der *Vernichtungslager* und leitete seit Mai 1942 die *Aktion Reinhard* zur Ermordung der Juden im *Generalgouvernement*. Er avancierte zum SS-Gruppenführer (9.1.1942), ehe er im Aug. 1943 als Höherer SS- und Polizeiführer in der »Operationszone Adriatisches Küstenland« in seine Geburtsstadt Triest versetzt wurde. Bei Kriegsende von britischen Truppen festgenommen, nahm sich Globocnik mit einer Zyankalikapsel das Leben.

Glücks, Richard

* Düsseldorf 22.4.1889, † Flensburg 10.5.1945
Der Weltkriegsoffizier und Geschäftsmann Glücks trat 1930 in die NSDAP und 1932 in die SS ein, wurde Mitarbeiter *Eickes* als Inspekteur der *KZ* und löste ihn 1939 in dieser Funktion ab. Im März 1942 übernahm Glücks, inzwischen SS-Gruppenführer, die Leitung der Amtsgruppe D im SS-*Wirtschafts- und Verwaltungshauptamt* und war damit auch für die Vernichtungslager zuständig. In seine Verantwortung fielen zahllose Mordbefehle, der Bau der *Gaskammern*, die *Menschenversuche* in den KZ und die Selektion von Arbeitssklaven. Nach Kriegsende beging er in einem Marinelazarett Selbstmord.

Gobineau, Arthur Graf von

* Ville-d'Avray (bei Paris) 14.7.1816, † Turin 13.10.1882
Der französische Diplomat Gobineau wurde mit einer »wissenschaftlichen« Rechtfertigung von Imperialismus und Kolonialismus zu einem Vorläufer der NS-Weltanschauung: Sein »Versuch über die Ungleichheit der Menschenracen« erschien 1898 auf deutsch. Darin unterschied er »niedere« Rassen wie »Neger« und »Semiten« und »höhere« wie die »Germanen«, mit denen er v.a. Engländer und Flamen meinte. Erst seine Anhänger, darunter H.S. *Chamberlain*, reklamierten den Germanenmythos für die Deutschen und machten Gobineau damit zum ideologischen Ahnen des Nationalsozialismus.

Goebbels, Joseph

* Rheydt (heute zu Mönchengladbach) 29.10.1897, † Berlin 1.5.1945

Er teilte Hitlers Rassen- und Raumideologie ohne jede Einschränkung und förderte ihre mörderische Umsetzung fanatisch: Goebbels, Jesuitenschüler, promovierter Germanist und gescheiterter schöngeistiger Schriftsteller (u. a. Roman »Michael«, 1921), fand 1924 zur NSDAP und machte rasch Karriere: 1926 Gauleiter von Berlin, 1928 MdR, 1930 Reichspropagandaleiter der NSDAP, 13.3.1933 Minister für Volksaufklärung und Propaganda, Präsident der *Reichskulturkammer*. Goebbels gehörte zum engsten Führungskreis um Hitler, dem er sklavisch ergeben war und dessen Weltanschauung und Politik er mit den von ihm gleichgeschalteten und gelenkten Medien virtuos »verkaufte«. Der außergewöhnlich talentierte Redner entwickelte einen fast religiösen *Führerkult*, trieb die Ächtung und Entrechtung der Juden voran, organisierte den Pogrom der *Kristallnacht* und flankierte mit Kampagnen die außenpolitischen Aktionen Hitlers in Presse und Rundfunk. – Seit Frühjahr 1939 schürte Goebbels die antipolnischen Ressentiments durch Meldungen über tatsächliche, erfundene und provozierte polnische Ausschreitungen gegen *Volksdeutsche* und stellte die deutsche Aggression als einen Akt der Selbstverteidigung dar. In der ersten Kriegsphase sorgte seine Propagandamaschine für Jubel und »Sondermeldungen« im Rundfunk. Bald verlagerte sich die Aufgabe jedoch auf Bemühungen zur Hebung der Kampfmoral und Pflege von Feindbildern. Den Gipfel erreichte Goebbels dabei in seiner Ausschlachtung der Katastrophe von *Stalingrad* in der Sportpalastrede vom 18.2.1943 und seinem Aufruf zum *totalen Krieg*. Mit einer raffinierten Strategie der (Ver-)Tröstungen auf Wunderwaffen und neue geniale Schachzüge des »Führers« hielt Goebbels die Hoffnungen auf den »Endsieg« wach und sorgte zugleich, v. a. mit Hilfe des *Films*, für Ablenkung vom Elend des Kriegsalltags. – Zwei Tage nach dem Attentat auf Hitler wurde Goebbels am 22.7.1944 Generalbevollmächtigter für den totalen Kriegseinsatz. Als Hitler sich längst aus der Öffentlichkeit zurückgezogen hatte, besuchte Goebbels die zerbombten Städte und die bröckelnden Fronten und prophezeite beim Tod *Roosevelts* noch am 12.4.1945 die Kriegswende. Hitler, den Goebbels in den *Führerbunker* begleitete, ernannte ihn im Testament am 29.4. zum Reichskanzler. Goebbels aber wählte nach Vergiftung seiner sechs Kinder mit seiner Frau Magda einen Tag nach seinem Herrn den Freitod.

Goerdeler, Carl Friedrich
* Schneidemühl (Pommern) 31.7.1884, † Berlin-Plötzensee 2.2.1945 (hingerichtet)
1920–30 war der Jurist Goerdeler, Mitglied der DNVP, stellvertretender Bürgermeister von Königsberg, danach Oberbürgermeister von Leipzig, 1931 wurde er Reichskommissar für die Preisüberwachung. Nach anfänglicher Kooperation mit der NS-Regierung geriet Goerdeler in Konflikt mit Hitlers Rassen- und Religionspolitik, trat 1935 als Preiskommissar und 1937 als Oberbürgermeister zurück, wurde Berater der Firma Bosch und politischer Kopf des bürgerlichen *Widerstands*. Er hielt über *Beck* engen Kontakt zur militärischen Opposition und entwickelte politische Modelle für ein halbdemokratisches Deutschland nach Hitler. Seine konservative Haltung isolierte den für den Fall eines geglückten Putsches als Reichskanzler vorgesehenen Goerdeler zunehmend, zumal er ein Attentat als Mord ablehnte. Schon vor dem *Zwanzigsten Juli* 1944 kam ihm die Gestapo auf die Spur. Goerdeler tauchte unter, wurde aber am 12.8.1944 nach Denunziation verhaftet und am 8.9. zum Tod verurteilt. Erst nach langer Haft und zahllosen Verhören wurde er – auf ausdrücklichen Befehl Hitlers mit dem Handbeil – enthauptet.

Goldenes Parteiabzeichen
Nach dem *Blutorden* höchste NS-Auszeichnung in Form eines runden Steckordens mit Hakenkreuz und der Umschrift »Nationalsozialistische D.A.P.«, von Hitler an Parteimitglieder mit Beitrittsnummern unter 100 000 verliehen sowie an »diejenigen, die sich um die nationalsozialistische Bewegung und um die Erreichung ihrer Ziele besonders verdient gemacht haben«.

Goldfasan
Spöttische Bezeichnung der Umgangssprache für die mit Uniform und Ehrenzeichen herausgeputzten »Bonzen« der NSDAP.

Golm →*Swinemünde*

Göring, Hermann
* Rosenheim 12.1.1893, † Nürnberg 15.10.1946
Im Herbst 1914 wechselte der Infanterieoffizier Göring zu den Fliegern, war bei Kriegsende Kommandeur des Jagdgeschwaders Richthofen und Träger des Pour le mérite. 1922 von Hitler mit dem Aufbau der *SA* betraut und 1923 beim *Hitler-Putsch* schwer verwundet, entwickelte Göring eine Morphinabhängigkeit, die sich im 2. Weltkrieg in wachsender Realitätsferne und Antriebsschwäche bemerkbar machen sollte. 1928 wurde er für die NSDAP in den Reichstag und 1932 zum Reichstagspräsidenten gewählt. Im Kabinett Hitler war er 1933 zunächst Minister ohne Geschäftsbereich, zugleich amtierte er als Reichskommissar für die Luftfahrt und preußischer Ministerpräsident (zeitweilig auch preußischer Innenminister). Im Mai 1933 wurde Göring Reichsminister für die Luftfahrt, 1934 Reichsforst- und Reichsjägermeister sowie Oberbefehlshaber der Luftwaffe und war damit für den Einsatz der *Legion Condor* in Spanien verantwortlich; 1936 wurde er Beauftragter für den Vierjahresplan und Organisator der *Arisierung*, 1938 erster Generalfeldmarschall und 1940 Reichsmarschall, ein eigens für ihn erfundener Titel. – Göring vereinigte im 3. Reich die größte Ämterfülle auf sich und war unangefochten zweiter Mann nach Hitler, der ihn bei Kriegsausbruch in dieser Rolle ausdrücklich bestätigte. Dieses Vertrauen rechtfertigte Göring jedoch allenfalls als Motor der immer brutaleren und schließlich mörderischen *Judenverfolgung*, als militärischer Führer erlitt sein Nimbus nach einer triumphalen kurzen Phase der *Blitzkriege* schon beim nur halben Sieg von Dünkirchen Einbußen und ging durch die Niederlage in der *Luftschlacht um England* vollends verloren. Parallel dazu kam es zu einem Persönlichkeitsverfall, der zu den krassen Fehlentscheidungen in der Luftrüstung und zur illusionären Überschätzung der eigenen Kräfte führte, etwa beim Versprechen, die im Winter 1942/43 in *Stalingrad* eingeschlossene 6. Armee aus der Luft zu versorgen. – Göring gab sich mehr und mehr dem Wohlleben auf seinem Landsitz »Karinhall« in der Schorfheide hin, ließ Europas Kunstsammlungen plündern und galt schließlich selbst bei Hitler nicht mehr viel, der ihn trotz erheblicher Mitschuld für das Versagen der Reichsverteidigung gegen die alliierten Bomberströme verantwortlich machte. Konsequenzen aber zog er erst in den letzten Kriegstagen: Als Göring mit den Amerikanern und Engländern in Verhandlungen treten wollte,

stieß ihn Hitler testamentarisch aus der Partei aus und ordnete seine Verhaftung an, die Göring bald mit amerikanischer Gefangenschaft tauschte. Während des *Nürnberger Prozesses* erholte sich Göring gesundheitlich und war unangefochten die Nr. 1 der angeklagten Hauptkriegsverbrecher. Trotz geschickter Verteidigung konnte er jedoch bei den erdrückenden Beweisen für seine persönliche Täterschaft v. a. beim Völkermord in den *Vernichtungslagern* dem Todesurteil nicht entgehen, doch gelang es ihm trotz schärfster Aufsicht in letzter Stunde, sich durch Giftselbstmord der Hinrichtung zu entziehen.

Göth, Amon Leopold
* Wien 15.12.1908, † Krakau 13.9.1946 (hingerichtet)
SS-Hauptsturmführer, Febr. 1943 bis Sept. 1944 Kommandant des KZ *Krakau-Plaszow*, berüchtigt als Sadist, der willkürlich Häftlinge erschoß oder von seinem Hund zerfleischen ließ, von US-Truppen gefangengenommen und an Polen ausgeliefert, am 5.9.1946 vom Obersten Nationalgericht zum Tod verurteilt.

gottgläubig
Wert legten die Nationalsozialisten auf die Feststellung, daß Kirchenferne nicht automatisch Ungläubigkeit bedeute. Mit Erlaß vom 26.11.1936 wurde daher für Personen, die aus einer anerkannten Religionsgemeinschaft ausgetreten waren, die amtliche Bezeichnung »gottgläubig« eingeführt. Da Gottgläubigkeit typisch sei für die »arteigene Frömmigkeit des deutschen Wesens«, durften sich Juden, die ihre Gemeinde verlassen hatten, nicht als gottgläubig bezeichnen.

Grafeneck
Im Okt. 1939 wurde das Krüppelheim Grafeneck der Stuttgarter Samariter-Stiftung im Kreis Münsingen zu einer der sechs Tötungsanstalten im Rahmen des *Euthanasie*-Programms ausgebaut und unter der Bezeichnung »Anstalt A« im Jan. 1940 in Betrieb genommen. Im Dez. 1940 wurde sie wieder geschlossen, das Personal kam nach *Hadamar*; erhalten gebliebene Unterlagen bezeugen die Ermordung von 9839 Menschen in Grafeneck.

Graf Spee →*Admiral Graf Spee*

Graf Zeppelin

Nach dem Luftschiffpionier Ferdinand Graf von Zeppelin (1838–1917) war der unvollendet gebliebene deutsche Flugzeugträger benannt; Stapellauf 8.12.1938; 31 367 t, 262,5 m lang, 36,2 m breit, max. 34 Knoten, etwa 1700 Mann Besatzung zuzüglich fliegendes Personal für zuletzt geplante 30 Stuka Ju 87 D und 12 Jäger Me 109 G; Bewaffnung 16×15 cm, 12×10,5-cm-Flak sowie bis zu 50 kleinere Fla-Rohre. Schon 1934 waren erste Entwürfe für die Graf Zeppelin entstanden, doch wurde die Fertigstellung v. a. durch die primär kontinentalstrategische Konzeption Hitlers nachhaltig behindert. 1940 erging ein Baustopp, obwohl die Arbeiten fast abgeschlossen waren. Die Graf Zeppelin wurde von Kiel nach Gotenhafen geschleppt, wo sie als Depot diente. Im Sommer 1942 zum Weiterbau nach Kiel zurückverlegt, kam am 30.1.1943 ein erneuter Stopp im Zusammenhang mit Hitlers Verdikt gegen die schweren Überwassereinheiten. Die Graf Zeppelin wurde nach Stettin geschleppt und am 25.4.1945 vor der anrückenden Roten Armee geflutet und auf Grund gesetzt. Nach Kriegsende plante die sowjetische Marine den Träger in eigener Regie weiterzubauen; während des Transports nach Leningrad 1946/47 lief das Schiff jedoch im Finnischen Meerbusen auf eine Mine und wurde schwer beschädigt. Ein Weiterbau kam danach nicht mehr in Frage, das Schiff wurde 1948 abgewrackt.

Greim, Robert Ritter von

* Bayreuth 22.6.1892, † Salzburg 24.5.1945

Der spätere deutsche Generalfeldmarschall (28.4.1945) Greim war im 1. Weltkrieg Flugzeugführer, 1924–27 organisierte er in Kanton den Aufbau der chinesischen Luftwaffe. 1935 wurde Greim Kommandeur des Jagdgeschwaders »Richthofen«, 1938 Generalmajor im Reichsluftfahrtministerium. Als General der Flieger (1940) leitete er seit April 1942 das Luftwaffenkommando Ost. Im April 1945 flog er, zusammen mit *Reitsch*, in das eingeschlossene Berlin ein – Hitler hatte ihn als Nachfolger des »Verräters« *Göring* ausersehen. Der neue Oberbefehlshaber der nicht mehr vorhandenen Luftwaffe fand jedoch keine Gelegenheit mehr, sein Amt auszuüben. Zwar gelang seiner Pilotin Reitsch auch noch der Flug aus Berlin heraus. Aber kurze Zeit später nahmen die Amerikaner Greim gefangen. Aus Furcht vor einer Auslieferung an die Sowjets beging er in der Haft Selbstmord.

Greiser, Arthur
* Schroda (bei Posen) 22.1.1897, † Posen 14.7.1946 (hingerichtet)
Stationen der Karriere des NS-Verbrechers Greiser: erfolgloser Kaufmann, 1924 Mitbegründer des Stahlhelm in Danzig, 1928 NSDAP-Beitritt, 28.11.1934 Nachfolger *Rauschnings* als Danziger Senatspräsident, 21.9.1939 Leiter der Zivilverwaltung im annektierten Posen, 2.11.1939 Reichsstatthalter des Gaus Wartheland. Greiser betrieb eine rücksichtslose Politik der *Eindeutschung*, verdreifachte bis 1944 den deutschen Bevölkerungsanteil, ordnete Massendeportationen von Juden und Polen ins *Generalgouvernement* an, ließ erkrankte Arbeiter im Vernichtungslager *Kulmhof* vergasen und entfesselte eine beispiellose Kirchenverfolgung im Bemühen um Schaffung eines entkirchlichten NS-Mustergaus. 1945 von US-Truppen verhaftet, wurde Greiser an Polen ausgeliefert und nach Todesurteil vor seiner ehemaligen Residenz öffentlich gehängt.

Greuelpropaganda
Die psychologische Kriegführung arbeitete zu allen Zeiten mit Übertreibung oder gar Erfindung gegnerischer Greueltaten. Diese Waffe wurde im 1. Weltkrieg so strapaziert, daß auch wahre Meldungen oft nicht mehr geglaubt wurden; bekannteste Beispiele: Behauptung der Alliierten, Kaiser Wilhelm II. habe die Verstümmelung, Vergewaltigung und Folterung belgischer Kinder angeordnet, oder die Meldung des »Daily Telegraph« im März 1916, die Österreicher hätten 700 000 Serben »vergast«. Diese Greuelpropaganda wurde im 2. Weltkrieg zur wirksamen Tarnung für den Völkermord der *Endlösung*, so daß selbst Augenzeugen wie *Gerstein* auf eine Mauer der Skepsis stießen und Vertreter der *Auschwitz-Lüge* noch heute bei wenig Informierten Glauben finden.

Griechenland
Der 1. Weltkrieg hatte Griechenland erhebliche Gebietsgewinne auf Kosten *Bulgariens* und der Türkei gebracht, doch gingen ehemalige türkische Gebiete im Krieg 1920–22 wieder verloren. 1,4 Mio. Flüchtlinge strömten ins Mutterland und verschärften die sozialen Konflikte. Das wirtschaftlich schwache Griechenland wurde politisch zerrissen vom Konflikt zwischen Republikanern und Monarchisten, erlebte mehrere Umstürze und wurde 1935 wieder Königreich unter Georg II. 1936 übernahm General Ioannis Metaxas die Macht

und errichtete eine faschistische Diktatur. Angelehnt an den Westen und geschützt durch eine britisch-französische Garantie (13.4.1939), konnte Griechenland den italienischen Angriff von *Albanien* aus (28.10.1940) noch erfolgreich abwehren, nicht aber den deutschen *Balkanfeldzug* im April/Mai 1941. König und Regierung flohen, Thrakien ging an Bulgarien verloren, und eine harte Besatzungszeit mit Geiselerschießungen, Hungerkatastrophen und Judenverfolgung (65 000 griechische Opfer der *Endlösung*) begann. Sie einte die rivalisierenden Widerstandsgruppen, deren Konflikte aber nach Abzug der Deutschen 1944 in einen blutigen Bürgerkrieg mündeten, in dem 1949 die vom Westen unterstützten bürgerlichen Kräfte die Oberhand behielten.

Grimm, Hans

* Wiesbaden 22.3.1875, † Lippoldsberg (heute zu Wahlsburg, bei Göttingen) 27.9.1959
Obwohl nicht Mitglied der NSDAP, lieferte der Schriftsteller Grimm ihr eine der eingängigsten Parolen: Er hatte lange in den Weiten Südafrikas gelebt, empfand nach der Rückkehr nach Deutschland bedrückt die »Enge der Heimat« und gab diesem Gefühl im Roman »Volk ohne Raum« (2 Bde., 1926) Ausdruck. Er wurde zur Pflichtlektüre in den Schulen des 3. Reiches und sein Titel zum Programm der *Lebensraum*-Krieger. Grimm sah auch nach dem Krieg in Hitler einen »Reformator« und »guten Europäer«.

Gröfaz

Im Stil der NS-Abkürzungsvorliebe gebildetes Kurzwort im *Flüsterwitz* für Hitler als »Größten Feldherrn aller Zeiten«, eine Formel, die *Keitel* nach dem Frankreichfeldzug geprägt hatte.

Großbritannien

Den 1. Weltkrieg verloren alle beteiligten europäischen Mächte, auch die militärischen Sieger, allen voran Großbritannien. Die parlamentarische Monarchie (1930 rd. 43 Mio. Einwohner, 240 000 km^2) mit ihrem weltweiten Empire sah sich nach 1918 schweren sozialen, politischen und wirtschaftlichen Problemen gegenüber. Mit nur zwei Labour-Unterbrechungen bis 1939 konservativ geführt, verpaßte Großbritannien eine rechtzeitige Modernisierung und setzte auf »Reconstruction, Restoration, Recovery« in der Hoffnung, die

»Uhren auf 1914« zurückdrehen zu können. Es verlor damit wertvolle Zeit und gegenüber den Konkurrenten USA, Deutschland und Japan an Boden. Dem Streben vieler Kolonien nach Unabhängigkeit (v. a. Indien) begegnete man mit starrer Gewaltpolitik, so daß der Umbau des Weltreichs zum Commonwealth nur quälend langsam vorankam und die politischen Energien Londons absorbierte. – Das strahlte auf die Außenpolitik aus, die zunächst ganz auf das System des *Versailler Vertrags* und den *Völkerbund* setzte, Frankreichs Sicherheitsinteressen unterstützte und mit dem *Locarnopakt* ein kontinentales Mächtegleichgewicht anstrebte. Als dies durch Hitlers Forderungen ins Wanken geriet, wählte London die nachgebende Politik des *Appeasement*, da die deutschen Ansprüche nicht völlig unberechtigt waren und Großbritannien für einen Konflikt nicht gerüstet war. Erst nach der gescheiterten *Abrüstung* lief die britische Rüstung wieder an, konnte aber mit der deutschen nicht mithalten. Im *Frankreichfeldzug* wurde Großbritannien zum Rückzug vom Kontinent gezwungen, konnte aber eine deutsche Invasion in der *Luftschlacht um England* abwehren und 1944 als Siegermacht zurückkehren. Der 2. Weltkrieg hatte jedoch die letzten Ressourcen verbraucht, das Empire bröckelte, und London sah sich zum Juniorpartner der USA herabgestuft.

Großdeutsches Reich

Schon in Punkt 1 ihres Parteiprogramms vom 24.2.1920 forderte die NSDAP die Schaffung »Großdeutschlands« durch »Zusammenschluß aller Deutschen«. Es sollten also nicht nur die Ergebnisse des 1. Weltkriegs rückgängig gemacht werden, sondern auch die »kleindeutsche« Lösung Bismarcks bei der Gründung des *Deutschen Reiches* 1871. Ziel der vom Österreicher Hitler geführten Partei war dabei insbesondere ein *Anschluß* seines Heimatlands und die Vereinigung des »geschlossen siedelnden Deutschtums«. Der Begriff »Großdeutschland« kam denn auch nach der Eingliederung Österreichs im März 1938 in Gebrauch. Von einem Großdeutschen Reich aber sollte nach Weisung des Propagandaministeriums vom 21.3.1938 erst gesprochen werden nach Einverleibung weiterer Gebiete, »die wir zu gegebener Zeit beanspruchen werden«. Es wurde aber nicht bei den »deutschen« Gebieten Sudetenland, Memel und Danzig haltgemacht; zum Großdeutschen Reich zählten 1940 auch das tschechische *Protektorat* Böhmen und

Mähren, das polnische *Generalgouvernement*, das belgische Eupen-Malmedy und das französische *Elsaß-Lothringen*. Der Begriff verlor damit die Kontur und ließ bereits als Hitlers wahres Ziel das »Großgermanische Reich deutscher Herrenmenschen« ahnen.

Große Drei

Bezeichnung für die Hauptmächte der *Alliierten* USA, Großbritannien und UdSSR sowie für deren politische Führer *Roosevelt*, *Churchill* und *Stalin*.

Groß-Rosen

Auch Schlesien erhielt ein *KZ*: Ursprünglich als Arbeitslager geplant, wurde das KZ Groß-Rosen bei Striegau im Kreis Schweidnitz 1940 errichtet und mit nur wenigen Häftlingen belegt. Es wuchs aber mit Verlegung von Rüstungsbetrieben in den Osten immer weiter an und hatte zuletzt 70 Nebenlager (Außenkommandos) mit 80 000 Häftlingen, die in diesen Betrieben, aber auch in SS-eigenen Steinbrüchen als Arbeitssklaven dienten. Insgesamt durchliefen Groß-Rosen 125 000 Menschen, von denen mindestens 40 000 umkamen durch Hunger, Mißhandlungen, Erschöpfung, Epidemien wegen der schlechten hygienischen Verhältnisse, Hinrichtungen und bei der Evakuierung des Lagers im Febr. 1945. Wer bei den Märschen nach Westen nicht mehr mitkam, wurde am Straßenrand erschossen; etwa 30 russische und polnische Häftlinge, die sich im Lager versteckt hatten, wurden von Kommandos der SS bei der Spurenbeseitigung entdeckt und umgebracht. Seit 1983 erinnert ein Museum an das Leiden und Sterben in Groß-Rosen.

Grüber, Heinrich

* Stolberg (Rhld.) 24.6.1891, † Berlin 29.11.1975

Wenige setzten sich so beherzt für die Verfolgten ein wie er: Pastor Grüber richtete 1937 für die *Bekennende Kirche* eine Hilfsstelle für rassisch verfolgte evangelische Christen ein, verhalf ihnen zur Emigration, kümmerte sich im Zielland um Arbeitsmöglichkeiten für sie und sorgte für die Familien von Häftlingen. Zwar gab es dauernd Konflikte mit dem Judenreferat *Eichmanns*, doch duldete der Staat zunächst Grübers Aktionen. Dann aber wurde er 1940 verhaftet und bis 1943 in den KZ Sachsenhausen und Dachau festgehalten. Danach nahm er seine Hilfstätigkeit sofort wieder auf und wurde nach dem Krieg Propst in Ostberlin. 1961 wurde er im Eichmann-Prozeß in Jerusalem als Zeuge gehört, ein Forum, das er zu einer seiner unermüdlichen Warnungen vor der Gefahr des *Neonazismus* nutzte.

Gründgens, Gustaf

* Düsseldorf 22.12.1899, † Manila 7.10.1963
»Mephisto« heißt ein 1936 in Amsterdam erschienener Roman von Klaus Mann; gemeint war Gründgens, der als großer Schauspieler nicht nur besonders virtuos diese Rolle in Goethes »Faust« spielte, sondern in den Augen des Autors wenn nicht selbst ein Teufel, so doch dessen Komplize war. Mann warf dem ehemaligen Schwager (1925–28 verheiratet mit Erika Mann) Paktieren mit Hitler vor, doch das war nur die halbe Wahrheit. 1936 zum Generalintendanten der preußischen Staatstheater ernannt, machte Gründgens dem NS-Staat manches Zugeständnis (z.B. Rolle im antibritischen Hetzfilm »Ohm Krüger«, 1941). Doch er nutzte seine starke Stellung zur Bewahrung künstlerischer Freiheiten wie zum Schutz von bedrohten Kollegen. Der Kritiker Friedrich Luft sprach nach dem Krieg davon, daß Gründgens »eine Oase des Geistes in der braunen Wüste« bewahrt habe.

Grynszpan, Herschel

* Hannover 28.3.1921, 1960 für tot erklärt
Die jüdisch-polnische Familie Grynszpan wich vor antisemitischen Ausschreitungen 1911 nach Deutschland aus. Als dort die NS-Judenverfolgung einsetzte, zog der Sohn Herschel nach Paris zu Verwandten und erfuhr dort 1938, daß seine Eltern mit anderen ehemals polnischen Juden in das Niemandsland zwischen Deutschland und Polen abgeschoben worden seien. Aus Rache wollte Grynszpan daher den deutschen Botschafter ermorden, erschoß aber am 7.11.1938 den Legationssekretär *Rath.* Das Attentat wurde von der NS-Propaganda ausgeschlachtet und führte zum Pogrom der *Kristallnacht.* Grynszpan wurde 1940 an Deutschland ausgeliefert, doch zum geplanten Schauprozeß kam es nicht, vielleicht weil der Attentäter plötzlich als Motiv homosexuelle Beziehungen zu Rath angab. Was aus ihm in der weiteren Haft wurde, ließ sich nicht zweifelsfrei klären. Gerüchten, Grynszpan habe den Krieg überlebt und sei nach Palästina emigriert, trat der Vater energisch entgegen. Mithäft-

linge berichteten, daß sie den jungen Mann 1942 letztmalig gesehen hätten.

Guderian, Heinz

* Kulm 17.6.1888, † Schwangau (bei Füssen) 14.5.1954
Seit 1919 bei der Reichswehr und 1933 zum Oberst ernannt, widmete sich Guderian dem Aufbau einer modernen Panzerwaffe. Der »schnelle Heinz« – so sein Spitzname – plädierte für einen Einsatz der Panzer in selbständigen Verbänden, nicht als Begleiter der Infanterie. Sein Konzept brachte er auf eine Formel, die volkstümlich werden sollte: »Klotzen, nicht kleckern!« Nach einer Reihe rascher Beförderungen wurde Guderian 1938 General der Panzertruppen und 1940 Generaloberst. Die von ihm geführten Panzerverbände waren am Verlauf der *Blitzkriege* gegen Polen und Frankreich entscheidend beteiligt. Nach Differenzen mit Hitler über den Einsatz der Panzertruppen während des Rußlandfeldzugs wurde Guderian Weihnachten 1941 zur Führerreserve versetzt. Im März 1943 zum Generalinspekteur der Panzertruppen ernannt, versah er nach dem Umsturzversuch vom 20.7.1944 die Geschäfte des Chefs des Generalstabs des Heeres. Als Mitglied des Ehrenhofs des Heeres, der nach dem *Zwanzigsten Juli* 1944 eingerichtet wurde, beteiligte er sich an der Auslieferung Hunderter von Soldaten an den Volksgerichtshof. Nachdem er Anfang 1945 für einen Waffenstillstand mit den Westmächten eingetreten war, wurde er am 28.3.1945 von Hitler entlassen. Am 10.5.1945 geriet Guderian in Tirol in amerikanische Gefangenschaft, aus der er im Juni 1948 entlassen wurde.

Guernica

Als »Erprobungskrieg« sah die deutsche Luftwaffe den Einsatz der *Legion Condor* im Spanischen Bürgerkrieg, für ihre Opfer jedoch wurde er tödlicher Ernst. Symbol dafür wurde der baskische Ort Guernica, den am 26.4.1937 neun Maschinen mit 7950 kg Bomben angriffen. Sie trafen nicht, wie geplant, militärische Ziele, sondern die Stadt selbst, die zu 71% vernichtet wurde. Propaganda und Gegenpropaganda haben die Details allerdings so verwischt, daß nicht einmal die genaue Zahl der Opfer – sie schwankt zwischen 100 und 1600 – gesichert ist. Möglich erscheint auch, daß das Zerstörungswerk von republikanischen Milizen (»Dinamiteros«) vollendet wurde, die den vorrückenden *Franco*-Truppen nach dem Prinzip der verbrannten Erde nichts Brauchbares in die Hände fallen lassen wollten. Pablo Picasso hielt das Inferno von Guernica auf einem Gemälde fest.

Günther, Hans

* Freiburg i. Br. 16.2.1891, † ebd. 25.9.1968
Er gehörte zu den Theoretikern des Rassismus, die auch nach dem Völkermord an ihren unmenschlichen Thesen festhielten: Günther lieferte mit seiner »Rassenkunde des deutschen Volkes« (1922, bis 1943 über 270 000 Exemplare) die »wissenschaftliche« Grundlage für die *Judenverfolgung* des NS-Staates. Er forderte konsequentes Vermeiden von Mischung mit den »zerstörerischen« jüdischen Elementen und konstruierte einen Zusammenhang zwischen Charakter und Blut. »Rasse-Günther«, so sein Spitzname, wurde im 3. Reich Professor in Berlin und Freiburg, war Direktor der Anstalt für Rassenkunde, Völkerbiologie und ländliche Soziologie und verfaßte zahlreiche Bücher (u. a. »Führeradel durch Sippenpflege«, 1936), die er nach dem Krieg neu erscheinen ließ (z. B. »Frömmigkeit nordischer Artung«, 1934 und 1963).

Gurs

Am Fuß der Pyrenäen wurde in Südfrankreich beim Ort Gurs 1939 ein Lager errichtet zur Aufnahme von Internierten nach dem Spanischen Bürgerkrieg. Es wurde während des Frankreichfeldzugs im Mai/Juni 1940 neu belegt mit Deutschen, die sich als Emigranten im Land befanden oder zufällig dort waren. Für viele wurde Gurs damit zur Falle. Wenig später mußte das Lager auf deutschen Druck hin Juden aus Elsaß-Lothringen aufnehmen. Für diese 8000 Menschen gerade noch ausreichend, wurde Gurs durch Maßnahmen der deutschen Gauleiter im Elsaß und in der Westmark völlig überfüllt: Die beiden Provinzpotentaten nämlich nutzten die Gelegenheit, auch ihre deutschen Gebiete »judenfrei« zu machen, und ließen weitere 7500 Personen nach Gurs verbringen. Die miserablen Verhältnisse dort forderten allein bis Mitte 1942 insgesamt 1260 Opfer, 2000 Häftlinge kamen durch internationale Bemühungen frei, danach wurden mehrere tausend Juden über *Drancy* in die Vernichtungslager deportiert.

Gürtner, Franz

* Regensburg 26.8.1881, † Berlin 29.1.1941

Wie viele konservative Politiker begrüßte Gürtner, 1922–32 bayerischer und seit 1932 Reichsjustizminister, das Ende der ungeliebten Weimarer Republik. Hitler übernahm den einstigen DNVP-Mann in sein Kabinett und hielt ihn, obwohl Gürtner immer wieder – freilich sehr vorsichtig – versuchte, der Zerstörung des Rechts durch die Nationalsozialisten entgegenzuwirken. So gelang es ihm, einige Strafverfahren gegen Parteimitglieder durchzusetzen und die *Priesterprozesse* (1935–39) bis zu einem gewissen Grad zu versachlichen. Keinen Erfolg hingegen hatte sein Bemühen um rechtliche Kontrolle der *KZ*. Bei Gürtners Tod ordnete Hitler ein Staatsbegräbnis an, an dem er selbst und die gesamte NS-Führung teilnahmen.

Gustloff, Wilhelm

* Schwerin 30.1.1895, † Davos 4.2.1936

Die NSDAP unterhielt in vielen Ländern, so auch in der deutschsprachigen Schweiz, Landesgruppen ihrer Auslandsorganisation. Schweizer Statthalter war seit 1932 der am Physikalisch-Meteorologischen Forschungsinstitut in Davos angestellte Gustloff. Er war 1929 zur NSDAP gestoßen und trat mit seinen braunen Anhängern nach Hitlers Machtübernahme immer provokativer auf. Der jüdische Student *Frankfurter* erschoß ihn am 4.2.1936 in seiner Wohnung. Die deutsche Propaganda wertete die Tat als »Komplott des Weltjudentums«, mußte sich aber angesichts der bevorstehenden *Rheinlandbesetzung* zurückhalten. Hitler ordnete an, daß ein im Bau befindliches Schiff der KdF-Flotte, das eigentlich seinen Namen tragen sollte, auf »*Wilhelm Gustloff*« zu taufen sei.

Hácha, Emil
* Schweinitz (Trhové Sviny; bei Budweis, Südböhmen) 12.7.1872,
† Prag 27.6.1945
Als Eduard *Beneš* nach dem *Münchener Abkommen* als Staatspräsident der Tschechoslowakei zurücktrat, folgte ihm am 30.11.1938 der Jurist Hácha im nun noch schwierigeren Amt. Wie schwierig, zeigte sich spätestens am 15.3.1939, als die Slowakei sich vom Staatsverband losgesagt hatte und Hitler nun massiven Druck auf die »Resttschechei« ausübte, einen Protektoratsvertrag mit dem Deutschen Reich zu schließen. Der nach Berlin zitierte herzkranke Hácha beugte sich und fungierte fortan als Marionettenpräsident im *Protektorat* Böhmen und Mähren. Als Kollaborateur 1945 von der Roten Armee festgenommen, starb er vor Beginn eines Prozesses an den in der Haft erlittenen Mißhandlungen im Pankraz-Gefängnis.

Hadamar
In sechs Tötungsanstalten im Reich wurde das *Euthanasie*-Programm durchgeführt. Eine davon war in Hadamar bei Limburg an der Lahn, die im Jan. 1941 die Aufgaben der inzwischen geschlossenen Anstalt Grafeneck übernahm und die Tarnbezeichnung »Anstalt E« erhielt. Erhaltene Unterlagen bezeugen den Tod von 10 072 Menschen bis Aug. 1941 in Hadamar. Ein Jahr später wurden noch einmal über 4400 Menschen Opfer durch überdosierte Medikation.

Hahn, Otto
* Frankfurt a. M. 8.3.1879, † Göttingen 28.7.1968
Deutscher Chemiker, 1928–45 Direktor des Kaiser-Wilhelm-Instituts für Chemie; entdeckte Ende 1938 zusammen mit Fritz Straß-

mann (* 1902, † 1980) die Kernspaltung, Grundlage für den Bau der *Atombombe*. 1945 Chemienobelpreis für das Jahr 1944.

Hakenkreuz

»Swastika« heißt es im Sanskrit, was soviel bedeutet wie »das, was gut ist«: Das Hakenkreuz ist, in verschiedener Ausformung, als glückbringendes Zeichen schon seit der Frühgeschichte belegt. Es wurde als stilisiertes Sonnensymbol gedeutet und war auch in der germanischen Volkskunst üblich. In der Romantik wurde es wiederentdeckt und von der Turnerbewegung zum Zeichen ihres »Bekenntnisses zum deutschen Volkstum« verwendet. Wandervogel und Freikorps schmückten sich mit dem Hakenkreuz und gaben ihm den völkisch-antisemitischen Charakter. Hitler machte mit dem Zeichen in den »Ostara«-Heften von *Lanz* Bekanntschaft, adaptierte es für die NSDAP und entwarf persönlich die Hakenkreuzfahne: »Im Rot sehen wir den sozialen Gedanken der Bewegung, im Weiß den nationalistischen, im Hakenkreuz die Mission des Kampfes für den Sieg des arischen Menschen.« – Hakenkreuz und Hakenkreuzfahne wurden auf der Salzburger Tagung vom 7.8.1920 offiziell zu Symbol und Banner der NSDAP erhoben und Mittelpunkt des Fahnenkults der Partei. 1933 rückte die Hakenkreuzfahne neben der schwarzweißroten in den Rang einer Reichsflagge und wurde mit Reichsflaggengesetz vom 15.9.1935 alleinige Nationalflagge. In genormter Form wurde das Hakenkreuz von allen Parteigliederungen und angeschlossenen Verbänden verwendet, zierte die Reichskriegsflagge, Dienststempel, Orden und Ehrenzeichen, die Flugzeuge der Luftwaffe, Staats- und Parteigebäude. Gegen die übereifrige Verwendung auch auf Gebrauchsgegenständen erging bereits am 19.5.1933 ein »Gesetz zum Schutz der nationalen Symbole«. Nach 1945 wurden Hakenkreuz und andere NS-Symbole zunächst von den Alliierten, dann von der Bundesrepublik als verfassungsfeindlich verboten. Neonazistische Gruppen verwenden es weiter illegal oder setzen deutlich als solche erkennbare Abwandlungen ein. Weltweit hat es eine Bedeutungsverengung zu einem antisemitischen Symbol erfahren.

Halder, Franz

* Würzburg 30.6.1884, † Aschau (Chiemgau) 2.4.1972

Am 1.9.1938 löste Artilleriegeneral Halder den aus Opposition gegen

Hitlers Risikopolitik zurückgetretenen *Beck* als Chef des Generalstabs des Heeres ab. Er stand zwar als konservativer Offizier den Kriegsplänen Hitlers skeptisch gegenüber, doch blieb er stets loyal und plante die Feldzüge gegen Polen, Frankreich, auf dem Balkan und in der Sowjetunion. In Konflikt geriet Halder mit Hitler eher bei »handwerklichen« Fragen, v. a. über die Verlegung von Truppen zur Eroberung *Stalingrads* im Sommer 1941, was zu seiner Verabschiedung führte. Halder, der seit 1938 lose Verbindung zu Widerstandskreisen gehalten hatte, aber aktive Beteiligung nicht mit seinem Treueid meinte vereinbaren zu können, wurde nach dem Attentat vom 20.7.1944 festgenommen und erst von den Amerikanern aus KZ-Haft befreit.

Hamburg

Die Hafenstadt Hamburg an der Elbe war mit rd. 1,7 Mio. Einwohnern (1940) die zweitgrößte Stadt des »Altreichs«. Als bedeutender Industriestandort (Werften, Petrochemie, Asbest, Düngemittel, Fette u. a.) und größter Umschlagplatz des deutschen Seehandels gehörte Hamburg zu den Zielen, die von britischen, später auch amerikanischen Bombern immer wieder angeflogen wurden. Nach ersten Angriffen im Juni 1940 folgten im Okt. 1940, März, Mai und Okt. 1941 weitere Bombardierungen. In der Nacht des 3./4.3.1943 flog die RAF einen ersten Großangriff mit 344 Maschinen, die bei zehn Verlusten 913 t Bomben warfen. Doch auch das war nur ein Vorspiel. In der letzten Juliwoche 1943 zerstörten beim Unternehmen »Gomorrha« 9000 t Minen, Spreng- und Brandbomben das Stadtgebiet (30 500 Tote). Auch dieser schwerste aller Angriffe, die je eine deutsche Stadt trafen, vermochte die industrielle Kapazität nur kurz zu lähmen, die meisten Hamburger Betriebe setzten bald ihre Produktion fort. Deshalb erschienen auch die alliierten Bomberströme wieder über der Stadt. Zuletzt warfen am 30.3. die 8. US-Luftflotte 1103 t und am 8./9.4.1945 die RAF 1491 t Bomben. Insgesamt 55 000 Hamburger fielen dem Luftkrieg zum Opfer. In den letzten Kriegstagen sollte Hamburg laut Führerbefehl noch als »Festung« verteidigt werden. Dazu kam es jedoch nicht. Bei Herannahen britischer Truppen verbot Gauleiter Karl Kaufmann (* 1900, † 1969) die Zerstörung der Versorgungseinrichtungen und übergab die Stadt am 3.5.1945 kampflos.

Harlan, Veit

* Berlin 22.9.1899, † Capri 13.4.1964

Verbittert sah er sich nach dem Krieg als ein Opfer von NS-Mißbrauch, doch wer seine Filme sieht, wird ihn eher zu den Tätern rechnen: Harlan war als Regisseur *Goebbels* durch den Film »Der Herrscher« (1937 mit Emil Jannings) aufgefallen und wurde fortan vom Propagandaministerium bei großen Produktionen bevorzugt. Seine Handschrift trugen Hetzfilme wie »*Jud Süß*« (1940), Heldenverklärungen wie »Der große König« (1941) und Filme im Dienst der Durchhaltepropaganda wie »*Kolberg*« (1945). Dennoch nach dem Krieg als »entlastet« eingestuft, setzte Harlan seine Karriere mit seiner dritten Frau und Lieblingsdarstellerin Kristina Söderbaum fort. 1966 wurden seine Memoiren aus dem Nachlaß unter dem Titel »Im Schatten meiner Filme« herausgegeben.

Harnack, Arvid

* Darmstadt 24.5.1901, † Berlin-Plötzensee 22.12.1942 (hingerichtet)

Er hatte in den USA Nationalökonomie studiert und dort Mildred Fish (* Milwaukee 16.9.1902, † Berlin-Plötzensee 16.2.1943) geheiratet: Harnack trat 1931 ins Reichswirtschaftsministerium ein und sammelte mit seiner Frau einen Kreis von Gegnern des NS-Regimes. Er begriff, daß »die Ungeheuerlichkeit des Nationalsozialismus« nur mit Unterstützung von außen zu besiegen war, nahm Kontakt zum sowjetischen Geheimdienst auf und bildete mit der Gruppe um *Schultze-Boysen* die Widerstands-, Spionage- und Fluchthilfeorganisation *Rote Kapelle*. 1942 wurde sie von der Gestapo zerschlagen und Harnack mit Frau und zahlreichen Freunden zum Tod verurteilt.

Harris, Arthur Travers

* Cheltenham 13.4.1892, † Goring (Oxfordshire) 5.4.1984

Sein erklärtes Ziel war die »Zermürbung der Moral des deutschen Volkes«: Der spätere britische Luftmarschall (1.1.1946) Harris war im 1. Weltkrieg Kommodore eines Nachtfliegergeschwaders. 1937 wurde er Kommandeur der 4. Bomber-Group, 1940 rückte er zum stellvertretenden Oberbefehlshaber der Royal Air Force auf und wurde am 22.2.1942 zum Chef des britischen Bomberkommandos ernannt. Er ordnete den »1000-Bomber-Schlag« gegen *Köln* an und verschärfte durch die fast völlige Vernichtung u.a. *Hamburgs* den Luftkrieg, der in der Zerstörung *Dresdens* gipfelte, womit er nicht die Moral der Bevölkerung unterminierte, sondern nur den Widerstandswillen und die Bindungen an die NS-Führung stärkte. Als »Bomber-Harris« wurde er in Deutschland zur Schreckfigur, aber auch auf seiten der Alliierten gab es kritische Stimmen gegen seine Strategie. Man warf ihm »Vergeudung von Menschen und Material« vor und überging ihn bei Kriegsende zunächst bei der Verteilung militärischer Auszeichnungen. Erst spät (1953) erfolgte die Ernennung zum Baron. Wegen der Aufstellung eines Denkmals für Harris in London kam es 1991 zu einer deutsch-britischen Verstimmung.

Hartheim

Bei Linz an der Donau liegt Schloß Hartheim. Hier richtete die Organisation T4 1940 ihre »Anstalt C« ein, so die Tarnbezeichnung. Sie diente wie fünf weitere Tötungseinrichtungen der Abwicklung des *Euthanasie*-Programms und wurde nach dessen Stopp im Rahmen der *Invaliden-Aktion* weitergeführt. Noch am 11.12.1944 wurde ein Transport von kranken Häftlingen aus *Mauthausen* vergast. Allein für 1940/41 ist die Tötung von 18 269 Menschen belegt. Die Zahl der späteren Opfer wird auf über 4000 geschätzt.

Harzburger Front

Die *Weltwirtschaftskrise* hatte Hitler großen Zulauf gebracht und ihn bei den Nationalisten hoffähig gemacht. DNVP-Chef *Hugenberg* wollte ihn sich als »Trommler« engagieren und lud NSDAP, Stahlhelm, Alldeutschen Verband und Vaterländische Verbände am 11.10.1931 nach Bad Harzburg ein. Hier sollte ein Bündnis der Rechten gegen die Regierung *Brüning* und zum Kampf gegen die Republik geschmiedet werden. Hitler folgte der Einladung, weil er seinerseits eine Aufwertung durch die etablierten rechten Gruppen anstrebte. Und während seine Rechnung aufging durch die große Publizität des Treffens, blieb Hugenbergs Harzburger Front in bloßer Antihaltung stecken. Hitler quittierte das mit demonstrativem Fernbleiben bei der Schlußkundgebung. Im Frühjahr 1932 konnten sich die Harzburger nicht einmal auf einen gemeinsamen Kandidaten bei der Wahl des neuen *Reichspräsidenten* einigen und mußten neidvoll den beachtlichen Alleingang Hitlers hinnehmen.

Am 30.1.1933 schien dieser in seinem ersten Kabinett das Bündnis wiederaufleben zu lassen, doch war auch das nur ein zeitweiliger Notbehelf. Als die konservativen Steigbügelhalter ihre Schuldigkeit getan hatten, schaltete sie Hitler ohne Zögern aus.

Hassell, Ulrich von

* Anklam (Vorpommern) 12.11.1881, † Berlin-Plötzensee 8.9.1944 (hingerichtet)

Der Diplomat Hassell trat 1918 in die DNVP und 1933 in die NSDAP ein, da ihm diese die eigenen Vorstellungen von der Großmachtrolle Deutschlands am konsequentesten zu verfolgen schien. Die Mittel aber der Hitlerschen *Außenpolitik* lehnte der 1932–38 als Botschafter in Rom fungierende Hassell ab und erhielt schließlich den Abschied. Er wandte sich den Widerstandskreisen um *Beck* und *Goerdeler* zu, die ihn für die Zeit nach dem Umsturz als Außenminister vorsahen. Schon seit 1942 unter Gestapo-Überwachung, wurde Hassell wenige Tage nach dem Attentat vom 20.7.1944 festgenommen und zum Tod verurteilt.

Hauptmann, Gerhart

* Bad Salzbrunn (Niederschlesien) 15.11.1862, † Agnetendorf (Riesengebirge) 6.6.1946

Als Hitler in Deutschland bekannt wurde, war Hauptmann schon eine Weltberühmtheit als Verfasser von sozialkritischen Dramen wie »Die Weber« (1892) und Träger des Literaturnobelpreises (1912). Als Hitler an die Macht kam, verließ Hauptmann nicht wie die meisten renommierten Schriftsteller Deutschland, sondern arrangierte sich mit den Machthabern, die ihm als kulturelles Aushängeschild viele Freiheiten ließen und ihm das Wohlleben ermöglichten, was ihm einstige Freunde als Käuflichkeit auslegten und ihm »Kumpanei mit den klobigen Gefängniswärtern Deutschlands« (Alfred Kerr) vorwarfen. Bei Kriegsende behandelte die Rote Armee Hauptmann dennoch mit größtem Entgegenkommen, galt er doch mit seinen Stücken als Wegbereiter des sozialistischen Realismus in der Literatur.

Haus der Deutschen Kunst

1933–37 in München nach Plänen von Paul Ludwig Troost (* 1878, † 1934) erbautes Ausstellungsgebäude, im *Flüsterwitz* wegen der grob antikisierenden Flachbauweise als »Hauptbahnhof Athen« bespöttelt, 1937 genutzt für die Ausstellung »*Entartete Kunst*«.

Hausser, Paul

* Brandenburg (Havel) 7.10.1880, † Ludwigsburg 21.12.1972
Nach dem 1. Weltkrieg Mitglied des Stahlhelms, trat Hausser 1933 bei der Übernahme des völkischen Wehrverbands in die SA zu deren »Konkurrenz« über, der SS. Er war maßgeblich beteiligt am Aufbau der SS-Verfügungstruppe, aus der nach Kriegsbeginn die *Waffen-SS* entstand. Mit ihren Verbänden kämpfte er in Frankreich und Rußland. Im Jan. 1945 wurde Hausser – inzwischen Generaloberst der Waffen-SS und SS-Oberstgruppenführer – Oberbefehlshaber der Heeresgruppe G, jedoch kurz vor Kriegsende von Hitler seines Postens enthoben. Nach US-Gefangenschaft bis 1949 vertrat Hausser als Vorsitzender der Hilfsgemeinschaft auf Gegenseitigkeit (HIAG) die Veteranen der Waffen-SS, die er weitgehend vergeblich als »vierten Wehrmachtteil« zu rehabilitieren suchte.

He 111

Die He 111, von der Firma Heinkel 1934 als Weiterentwicklung des Postflugzeugs He 70 konzipiert, wurde zum zahlenmäßig wichtigsten Standardbomber der Luftwaffe. 1939–44 wurden 5656 Exemplare der Baureihen P und H gebaut. Auch als Pfadfinder, Torpedoflugzeuge, Reisemaschinen und Transporter fanden die Maschinen Verwendung, vom Juli 1944 bis Jan. 1945 sogar als Abschußplattform für die *V 1* bei England-Einsätzen. Eine fünfmotorige Version namens »Zwilling« schleppte im Osten den Großraumlastensegler Me 321. Daten der Bomberversion H-3: 2 × 1200-PS-Motoren, Höchstgeschwindigkeit 415 km/h in 5000 m Höhe, 5 Mann Besatzung, Bombenzuladung bis 2000 kg; Bewaffnung: 1 × 120-mm-Kanone, 5 × 17,9-mm-MG. – Die Kampfgruppe 88 der Legion Condor erprobte den Horizontalbomber mit der charakteristischen, als »Gewächshaus« apostrophierten Vollsichtkanzel im *Spanischen Bürgerkrieg*. Bei Beginn des 2. Weltkriegs stellten 789 He 111 zwei Drittel aller zweimotorigen Bomber. Bei der *Luftschlacht um England* erlitten die Geschwader so schwere Verluste, daß sie von Herbst 1940 an nicht mehr bei Tage, und ein Jahr später auch bei Nacht nicht mehr im Westen eingesetzt wurden. Im Osten dagegen blieben sie, obwohl sie bereits 1942 aus der Produktion hatten genommen werden sollen, noch weit über dieses Datum hinaus unentbehrlich als Unterstützung der Kampfverbände und mehr und mehr auch als Helfer bei der Luftversorgung.

Heidegger, Martin

* Meßkirch 26.9.1889, † Freiburg i. Br. 26.5.1976

Mit der Schrift »Sein und Zeit« wurde der Marburger Professor für Philosophie Heidegger 1927 bekannt. Das verdankte er dem tiefgründigen Deutungsversuch der menschlichen Existenz als eines »sich auf sein Sein verstehendes Dasein« wie der schöpferisch-dichterischen Sprache des Werkes. Beides eignete sich eigentlich gar nicht für die politische Debatte, doch wurde Heidegger in sie hineingezogen durch sein Bekenntnis zu »Größe« und »Herrlichkeit« des deutschen Aufbruchs bei der Amtsübernahme des Rektorats der Freiburger Universität 1933. Zwar wandte sich Heidegger bald ernüchtert von den »widersinnigen Zeugnissen« des NS-Geistes ab, doch wurde sein »Sündenfall« vielfach, v.a. in Deutschland selbst, als typisch für die deutschen Intellektuellen gewertet. Im Ausland, insbesondere in Frankreich, tat das seinem Ruhm keinen Abbruch.

»Heil Hitler«

In der NSDAP seit Wiederbegründung der Partei 1925 übliche Grußform, 1933 als *Deutscher Gruß* allgemein eingeführt, Hitler persönlich gegenüber in »Heil, mein Führer« abgewandelt.

Heimabend

Politische Schulung und Erziehung zur Gemeinschaft waren die beiden Säulen des *HJ*-Programms. Dem dienten v.a. die regelmäßigen – gewöhnlich wöchentlichen – Heimabende, zu denen sich die Mitglieder trafen. Die HJ-Führer referierten bei diesen Gelegenheiten aus Schulungsmappen der Reichsjugendführung zu bestimmten Themen der deutschen Geschichte oder der Rassenkunde die erwünschten Meinungen. Das Gemeinschaftserlebnis sollte durch Gesang, gemeinsames Basteln oder Planen von Aktionen gestärkt werden. Für diejenigen, die an den Treffen nicht teilnehmen konnten, strahlte der Rundfunk eine wöchentliche Heimabendsendung aus.

Heimatarmee

Anfang 1942 schlossen sich im deutsch besetzten Polen verschiedene polnische Widerstandsgruppen zu einer bewaffneten Untergrundorganisation, der Heimatarmee (Armia Krajówa), zusammen. Zunächst geführt von General Stefan Rowecki, der 1943 hingerichtet wurde, erreichte die Heimatarmee unter General *Bór-Komorowski* bis 1944 eine Stärke von rd. 360 000 Mann. Sie war damit die mit Abstand größte Kampfvereinigung des polnischen Widerstands, nur die Kommunisten blieben ihr fern (*Stalin* sah sie als Hort der bürgerlichen Reaktion an). Der Kampf der Heimatarmee, zunächst v. a. Fluchthilfe, Ausbildung und Information, später Sabotage, Partisanentätigkeit und direkter Angriff auf die Besatzer, band zunehmend deutsche Sicherungskräfte. Trotz des traditionellen polnischen Antisemitismus stellte die Heimatarmee jüdischen Organisationen ihr Nachrichtennetz und – in bescheidenem Rahmen – auch Waffen zur Verfügung, von ihr stammten auch die ersten Nachrichten über die Vernichtungslager der nationalsozialistischen *Judenverfolgung*, die 1942 nach London gefunkt wurden. Als die Rote Armee im Sommer 1944 in Polen eindrang und damit die Chancen auf eine erfolgreiche Erhebung gegen die deutsche Fremdherrschaft stiegen, machte die Heimatarmee in großem Umfang mobil. Ihre Führung wollte v. a. der Befreiung der Hauptstadt durch die Sowjets zuvorkommen und löste am 1.8.1944 den *Warschauer Aufstand* aus. Es wurde ihre letzte Schlacht, da die Rote Armee, die bereits die östliche Vorstadt Praga erreicht hatte, keine Hilfe leistete und auch westliche Hilfsflüge behinderte, so daß die Heimatarmee am 2.10.1944 kapitulieren mußte.

Heimatfront

Das Schlagwort »Heimatfront« oder »Heimatkriegsgebiet« sollte die Verbindung zwischen den Soldaten im Feld und den Angehörigen zu Hause enger knüpfen: »Zum ersten Mal in der Geschichte: Ein ganzes Volk ist jetzt im Kampf, teils an der Front, teils in der Heimat.« (Hitler, 1941) Der Begriff aber sagte ungewollt auch, daß im modernen Krieg der weitreichenden Waffen und der Bomber die Front überall ist. Mit wachsender Kriegsdauer erhielt das Wort daher eher Appellcharakter, wonach im *totalen Krieg* nicht mehr zwischen kämpfender Truppe und Zivilisten zu unterscheiden und jede Person aus einem gegnerischen Staat als Feind anzusehen sei.

Der *Alltag im Krieg* hatte allerdings nichts von dem Heroischen, das in dem Begriff mitschwang.

Heimstätte

Der Begriff kam aus den USA, wo 1862 ein Homestead Law verabschiedet wurde, das die Förderung des Erwerbs von Einfamilienhäusern vorsah. Das machte in Deutschland nach dem 1. Weltkrieg Schule, als es um die Versorgung von Kriegshinterbliebenen und -veteranen ging. Im 3. Reich wurde die staatliche Förderung des Erwerbs solcher Heimstätten mit Gesetz vom 25.11.1937 einerseits auf »Opfer der nationalen Erhebung und Arbeit« sowie Wehrmachtveteranen und Kinderreiche ausgedehnt, andererseits schloß man Juden, *Mischlinge* und andere »Unwürdige« davon aus. Die Entscheidung darüber oblag dem Reichsheimstättenamt. Heimstätten durften vererbt, aber nicht spekulativ verkauft werden, da der Staat Vorkaufsrecht behielt, so daß der Besitz auch vor Zwangsversteigerungen wegen persönlicher Schulden geschützt war. Die Propaganda bezeichnete die Heimstätte als »Erbhof der werktätigen Volkskreise«, die so mit dem »Heimatboden verwurzelt« würden.

Heimtückegesetz

Die Einschränkung der Grundrechte erfolgte 1933 Schlag auf Schlag. Fünf Tage nach der Machtübernahme durch Hitler erging eine »Verordnung des Reichspräsidenten zum Schutz des deutschen Volkes« vom 4.2., die die Meinungsfreiheit und das Demonstrationsrecht beschränkte, am 28.2. folgte die *Reichstagsbrandverordnung*, die weitere Verfassungsgarantien aufhob, und am 21.3. kam eine »Verordnung des Reichspräsidenten zur Abwehr heimtückischer Angriffe gegen die Regierung der nationalen Erhebung« heraus, wobei die Definition ins Ermessen der Verfolgungsbehörden gestellt war. Die ersten beiden Verordnungen blieben bis 1945 unverändert in Kraft, die letzte wurde am 20.12.1934 zum eigentlichen Heimtückegesetz – »Gesetz gegen heimtückische Angriffe auf Staat und Partei sowie zum Schutz der Parteiuniformen« – ausgebaut. Es öffnete mit Bestimmungen wie der Strafbarkeit auch »nichtöffentlicher böswilliger Äußerungen« dem Spitzel- und Denunziantenwesen Tür und Tor und wurde zur beschleunigten Ahndung solcher Vergehen begleitet von der Einrichtung von *Sondergerichten*. Auf Straftaten, die in Uniformen begangen wurden, stand die Todesstrafe.

Heiratsbefehl
Mußte der heiratswillige Deutsche im 3. Reich seine *Ehetauglichkeit* nachweisen, so brauchte der SS-Mann darüber hinaus die Genehmigung des Reichsführers SS, dem obendrein drei Monate vor der Verlobung diese Absicht gemeldet werden mußte. Im Heiratsbefehl vom 1.1.1932 hieß es: »Das erstrebte Ziel ist die erbgesundheitlich wertvolle Sippe deutscher nordisch-bestimmter Art. Die Heiratsgenehmigung wird einzig nach rassischen und erbgesundheitlichen Gesichtspunkten erteilt.«

Heisenberg, Werner
* Würzburg 5.12.1901, † München 1.2.1976
Deutscher Physiker, Nobelpreis 1932; geriet 1936/37 wegen Beschäftigung mit der Relativitätstheorie Albert Einsteins in die politische Kritik als Freund »jüdischer Physik«, konnte aber nach Gerichtsbeschluß weiter lehren; maßgeblich beteiligt an der deutschen Atomforschung.

Heißmeyer, August
* Gellersen (heute zu Aerzen, bei Hameln) 11.1.1897,
† Schwäbisch Hall 16.1.1979
Typisch für NS-Führer war die Karriere von Heißmeyer: Weltkriegsleutnant, abgebrochenes Jurastudium, 1925 NSDAP-Beitritt, 1930 SA-Chef Hannover-Süd, im selben Jahr SS-Beitritt und steiler Aufstieg. 1935 SS-Gruppenführer, übernahm Heißmeyer die Leitung des SS-Hauptamts und 1939 – inzwischen weiter befördert – die eigens für ihn geschaffene »Dienststelle Obergruppenführer Heißmeyer«, der u.a. die Inspektion der *Nationalpolitischen Erziehungsanstalten* (NPEA) unterstand. Heißmeyer war zugleich Höherer SS- und Polizeiführer Brandenburg und wurde am 19.11.1944 anläßlich der Bewaffnung seiner NPEA-Schüler zum General der Waffen-SS ernannt. Er und seine Frau, Reichsfrauenführerin *Scholtz-Klink*, wurden nach dem Krieg als Hauptschuldige eingestuft und mit Internierung und Vermögensentzug bestraft.

Heldengedenktag
Seit 1923 beging man in Deutschland am 5. Sonntag vor Ostern einen Volkstrauertag zum Gedenken der Toten des 1. Weltkriegs. Die NS-Regierung verfügte 1934 die Umbenennung in »Heldengedenk-

tag«, an dem auch der »Gefallenen der Bewegung« und von 1940 an zusätzlich der des neuen Krieges gedacht werden sollte. 1939 auf den 16.3. festgelegt zur Erinnerung an die Wiedereinführung der allgemeinen *Wehrpflicht*, diente der Heldengedenktag laut Hitler (10.3.1940) nun v.a. der Pflege des Vorbilds derjenigen, »die bereit waren, sich selbst aufzugeben, um der Gemeinschaft das Leben zu erhalten«.

Helgoland

Die Felseninsel Helgoland in der Deutschen Bucht, Teil der preußischen Provinz Schleswig-Holstein, 45 km vor der Küste, mit 2700 Einwohnern, war 1890 durch Tausch gegen die Insel Sansibar (Indischer Ozean) an Deutschland gekommen. Die (bis 1947 noch) 5,9 km^2 große Insel wurde wegen der strategisch günstigen Lage zum Flottenstützpunkt ausgebaut. 1918 mußten die militärischen Anlagen geschleift werden, im Zuge der Aufrüstung nach 1933 errichtete die Kriegsmarine jedoch wieder U-Boot-Bunker, Flakstellungen, Funkmeß-Stationen und Munitionsdepots auf Helgoland, das daher mehrfach Ziel britischer Luftangriffe war. Die Schäden blieben jedoch zunächst gering. Erst am 18.4.1945 verwüstete ein Großangriff mit 4994 t Bomben die Insel. Am 14.5.1945 landeten britische Truppen. Die Bevölkerung wurde evakuiert. In der Folgezeit diente Helgoland der RAF als Bombenübungsgelände. Mit einer Großsprengung am 18.4.1947 sollte es schließlich ganz verschwinden. Das gelang jedoch nicht; nur ein Teil der Südoststeilküste stürzte ein. Am 1.4.1952 wurde Helgoland an die Bundesrepublik Deutschland zurückgegeben.

Hendaye

Im Atlantikseebad Hendaye im deutsch besetzten Frankreich an der spanischen Grenze traf sich am 23.10.1940 Hitler mit *Franco*, um Spanien zum Kriegseintritt auf seiten des Deutschen Reiches zu bewegen. Es ging der Wehrmacht v.a. um die Kontrolle Gibraltars, von wo aus man den Zugang zum Mittelmeer hätte sperren und Großbritannien von wichtigen Nachschubwegen hätte abschneiden können. Da Hitler jedoch nicht bereit war, Zusagen für eine Ausdehnung des spanischen Kolonialreichs in Nordafrika auf französische Kosten zu machen, lehnte Franco nach geschicktem Hinhalten und unannehmbar hohen Forderungen nach wirtschaftlicher Hilfe im Dez. 1940 das deutsche Ersuchen ab, da sein Land nach dem Aderlaß des *Spanischen Bürgerkriegs* die Lasten eines weiteren Krieges nicht tragen könne.

Henlein, Konrad
* Maffersdorf (Vratislavice nad Nisou; bei Reichenberg, Nordböhmen) 6.5.1898, † Pilsen 10.5.1945
Henlein, 1931 Führer des sudetendeutschen Turnerverbands geworden, war unzufrieden mit der Lage der deutschen Minderheit in der Tschechoslowakei und ihrer politischen Vertretung. Zur Sammlung der deutschen Kräfte gründete er am 1.10.1933 die Sudetendeutsche Heimatfront, die 1935 in Sudetendeutsche Partei (SdP) umbenannt und bald zweitstärkste politische Kraft im Prager Parlament wurde. Doch nun wollte Henlein noch mehr, förderte die Unterwanderung seiner Partei durch NS-Funktionäre und lehnte sich immer enger an Berlin an. Bei einem Treffen mit Hitler am 28.3.1938 wurde die Strategie verabredet, von Prag immer mehr zu verlangen, als erfüllbar war, und so die *Sudetenkrise* zu schüren. Mit dem *Münchener Abkommen* war das Ziel erreicht, aber zugleich der Gipfelpunkt der Karriere Henleins überschritten. Hitler setzte im *Protektorat* nun auf K. H. *Frank*, Henlein wurde Gauleiter und mit der Beförderung zum SS-Obergruppenführer abgespeist. Er nahm sich in amerikanischer Gefangenschaft das Leben.

Herrenklub
1924 gründete der Industrielle Heinrich von Gleichen-Rußwurm einen Deutschen Klub, der allgemein nur »Herrenklub« genannt wurde wegen seiner vornehmen Mitglieder aus Politik, Offizierkorps, Wissenschaft, Publizistik, Schwerindustrie und Unternehmerverbänden. Zeitweilig gehörten ihm in 20 Untergliederungen über 500 einflußreiche Persönlichkeiten an, die Ablehnung der Republik und nationalistische Grundüberzeugung verbanden. Direkten Einfluß nahm der Herrenklub 1932 bei der Bildung der Regierung *Papen*, deren Scheitern zu einer Umorientierung auf die NSDAP führte. Hitler nahm die Unterstützung an, brachte den Herrenklub aber nach der Machtübernahme rasch um jeden Einfluß. Er löste sich 1944 auf.

Herzogenbusch

Die ersten Häftlinge im Anfang 1943 errichteten niederländischen KZ 's-Hertogenbosch-Vught waren deutsche Berufsverbrecher (BV'er). Sie wurden als *Kapos* eingesetzt und halfen den Wachmannschaften bei der Drangsalierung der danach eingelieferten holländischen Häftlinge, darunter auch Juden, die in einem eigenen Durchgangslager auf den Weitertransport in die *Vernichtungslager* warten mußten. Daneben gab es ein Frauenlager und eines für oppositionelle Studenten. Alle Häftlinge mußten Zwangsarbeit leisten, u. a. bei der Elektrofirma Philips. Wie in den anderen KZ kamen Häftlinge durch Entkräftung, Krankheiten und Mißhandlungen ums Leben, die meisten Opfer aber forderten die Weitertransporte in den Osten und im Sept. 1944 die Evakuierung nach Deutschland. Insgesamt waren fast 30 000 Menschen in Herzogenbusch inhaftiert.

Heß, Rudolf

* Alexandria (Ägypten) 26.4.1894, † Berlin 17.8.1987 (Selbstmord)
Als der versponnene kaufmännische Lehrling Heß bei Kriegsbeginn 1914 seinem Hamburger Lehrherrn entwich, um sich freiwillig an die Front zu melden, konnte er von seiner späteren Karriere noch nichts ahnen: Nach der Niederlage 1918 schloß er sich 1920 der NSDAP an, wurde nach dem gescheiterten Putsch von 1923 Hitlers Sekretär während der Festungshaft (Diktate für »*Mein Kampf*«), stieg mit ihm auf und wurde sein Stellvertreter in der Partei (1933), blieb aber ohne wesentlichen Einfluß. Heß, dessen Stabsleiter *Bormann* ihn bald aus dem Machtzentrum verdrängte, hing mit fast religiöser Inbrunst an Hitler und vertrat bedingungslos dessen rassistische und antisemitische Ansichten. Schon lange als Sonderling bekannt, flog er am 10.5.1941 nach England, um im Vorfeld des *Rußlandfeldzugs* auf eigene Faust Frieden mit Großbritannien zu stiften. Hitler ließ ihn für verrückt erklären, doch rettete das Heß nicht vor der Verurteilung im *Nürnberger Prozeß*. Als einziger »Lebenslänglicher« mußte er die Strafe ganz absitzen. Seit 1966 war er völlig allein im Kriegsverbrechergefängnis Spandau eingesperrt als »teuerster Häftling der Welt«, dessen von Prominenten in aller Welt und von der Bonner Regierung immer wieder geforderte Freilassung stets am sowjetischen Veto scheiterte. In Ermangelung eines Grabes von Hitler ist das von Heß in Wunsiedel im Fichtelgebirge zu einem Wallfahrtsort für Neonazis geworden.

»Heuaktion«
Im Zuge der von Hitler schon gleich nach der Übernahme der Macht angekündigten *Germanisierung* unterworfener Gebiete und Menschen lief 1942 unter dem von *Rosenberg* geprägten Decknamen »Heuaktion« ein riesiges Verschleppungsunternehmen an: Etwa 40 000 bis 50 000 Kinder wurden in den beiden folgenden Jahren aus den besetzten russischen Gebieten ins Reich verbracht zur – so Rosenberg in einem Brief vom 20.7.1944 – »Heranbildung von Anlernlingen für die deutsche Wirtschaft«.

Heuss, Theodor
* Brackenheim (bei Heilbronn) 31.1.1884, † Stuttgart 12.12.1963
Der erste deutsche Bundespräsident (1949–59) trug als hochgebildeter Weltmann nach 1945 entscheidend zur Rückkehr Deutschlands in die Völkerfamilie bei. 1933 aber hatte auch Heuss der Machtergreifung Hitlers Vorschub geleistet, als er am 23.3.1933 als Abgeordneter der Deutschen Staatspartei aus Fraktionsdisziplin für das *Ermächtigungsgesetz* stimmte. Vorher schon war sein Buch »Hitlers Weg« (1932) erschienen, in dem der damalige Dozent an der Hochschule für Politik in Berlin sich mit der angeblichen Prinzipienlosigkeit, dem Irrationalismus und der »Kümmerlichkeit« des Nationalsozialismus auseinandergesetzt hatte. Selbst Heuss als Experte erkannte nicht die tödliche Folgerichtigkeit des Hitlerschen Rassismus und schätzte nicht einmal die Gefahr richtig ein, die ihm selber drohte. Er wurde schon 1933 entlassen, seine Schriften flogen bei der *Bücherverbrennung* ins Feuer, und er mußte sich mit Veröffentlichungen unter Pseudonym durchschlagen.

Heyde, Werner
* Forst (Lausitz) 25.4.1902, † Butzbach (bei Gießen) 13.2.1964
Der Arzt und SS-Standartenführer Heyde, 1933 der NSDAP beigetreten, war seit 1939 Professor für Psychiatrie und Neurologie und leitete den Reichsverband deutscher Krankenhäuser und Sanatorien. Er wurde im selben Jahr mit der Führung der Organisation T4 für das *Euthanasie*-Programm betraut, dem mehr als 100 000 Menschen zum Opfer fielen. Heyde nahm auch persönlich an »Selektionen« für die Tötungen teil. Nach dem Krieg konnte er aus amerikanischer Gefangenschaft entkommen und praktizierte jahrelang, geschützt durch einflußreiche Beamte, als Dr. Fritz Sawade

in Flensburg, stellte sich aber 1959. Kurz vor Beginn des Prozesses nahm er sich das Leben.

Heydrich, Reinhard

* Halle (Saale) 7.3.1904, † Prag 4.6.1942

Wie manchen, der aus dem Binnenland stammt, zog es Heydrich zur Marine (1922), aus der er aber Ende 1930 wegen eines gebrochenen Eheversprechens entlassen wurde. 1931 trat er der NSDAP und der SS bei (1.3.1934 Gruppenführer), baute deren Sicherheitsdienst *(SD)* auf und wurde 1936 Chef der Sicherheitspolizei und des SD (CSSD). Heydrich, im Gegensatz zu seinem Vorgesetzten *Himmler* kein Ideologe, war der typische Machtmanager, der ohne innere Beteiligung die Politik des NS-Regimes exekutierte. Mit seinem Namen ist insbesondere die »Gesamt- und *Endlösung* der Judenfrage« verbunden, mit der er durch einen Brief *Görings* vom 31.7.1941 betraut wurde und die am 20.1.1942 mit der *Wannsee-Konferenz* unter seinem Vorsitz in die entscheidende Phase trat. Zum SS-Obergruppenführer befördert (27.9.1941), wurde er stellvertretender Reichsprotektor in Prag und eigentlicher Machthaber im *Protektorat*, das er durch Polizeiterror, v.a. aber durch Maßnahmen zur wirtschaftlichen Gesundung befriedete. Das daher vergleichsweise positive Erscheinungsbild der deutschen Herrschaft in Böhmen und Mähren führte zu dem Entschluß der tschechischen Exilregierung in London, Heydrich zu beseitigen: Am 27.5.1942 lauerten ihm per Fallschirm abgesetzte Agenten auf und schossen auf ihn. Heydrich erlitt schwere Verletzungen, denen er acht Tage später erlag. Zur Vergeltung vernichtete die SS am 10.6.1942 das Dorf *Lidice*. Himmler gab ihm zu »Ehren« der Ermordung der Juden im Generalgouvernement die Codebezeichnung *Aktion Reinhard*.

Hierl, Konstantin

* Parsberg (bei Regensburg) 24.2.1875, † Heidelberg 23.9.1955

Zur *völkischen Bewegung* hielt sich der Freikorps-Führer Hierl von Anfang an, zur NSDAP, an deren Putsch von 1923 er als *Ludendorff*-Anhänger teilgenommen hatte, stieß er 1927. Von Hitler 1929 in die Reichsleitung berufen, entwickelte er den Plan für den *Reichsarbeitsdienst* (RAD), dessen Leitung er als Reichsarbeitsführer 1935 übernahm. Ihm schwebte die Erziehung der »deutschen Jugend im Geist des Nationalsozialismus« vor durch »Erlebnis der *Volksgemeinschaft* aus Arbeit und Leistung« im militärisch straff organisierten RAD. Nach 1945 als »Hauptschuldiger« eingestuft, wurde Hierl zu Vermögensentzug und Arbeitslager verurteilt. Nach der Entlassung verfaßte er verklärende Memoiren unter dem Titel »Im Dienst für Deutschland« (1955).

Hilfskreuzer

Unter Hilfskreuzern verstand man seit der Haager Friedenskonferenz von 1907 bewaffnete Handelsschiffe, die in die Kriegsmarine eingereiht waren und deren Besatzung aus Soldaten bestand. Tarnung und Täuschung waren erlaubt, die Schiffe durften fremde Flaggen und falsche Namen führen und ihre Kanonen hinter Lukendeckeln und Persennigen verstecken – solange sie niemandem etwas taten. Begannen sie jedoch Kampfhandlungen, mußte die Kriegsflagge gezeigt werden und die Besatzung Uniform tragen. Bereits im 1. Weltkrieg hatte das Deutsche Reich Hilfskreuzer eingesetzt, zuerst ehemalige Passagierdampfer, die zwar sehr schnell waren, aber viel zu auffällig und teuer im Unterhalt. Sie wurden abgelöst von kleineren Frachtdampfern. Auch ein Segelschiff war dabei, der Seeadler des bekannten »Seeteufels« Felix Graf von Luckner. – Im 2. Weltkrieg fuhren elf Hilfskreuzer unter deutscher Flagge. Sie trugen nach Verlust des Schlachtschiffs *Bismarck* die Hauptlast im überseeischen Zufuhrkrieg über Wasser und operierten außer im Eismeer auf allen Weltmeeren. Ihnen gelang die Versenkung von insgesamt 138 Schiffen mit 857 533 BRT. Den Rekord erzielte Pinguin oder Schiff 33 – so die offizielle Marinebezeichnung – mit 32 Schiffen und 150 000 BRT. Die Schiffe wurden sorgfältig auf ihre Einsätze vorbereitet; einige waren auch länger als ein Jahr unterwegs. Bewaffnet mit 15-, 10,5- und 6-cm-Geschützen, Fla-Waffen, Torpedos und Bordflugzeugen, waren die Hilfskreuzer so stark, daß sie es, wenn auch nicht in der Panzerung, so doch an Feuerkraft mit einem Leichten Kreuzer aufnehmen konnten. Hilfskreuzer Kormoran brachte es auch tatsächlich fertig, am 19.11.1941 den australischen Kreuzer Sidney zu versenken. Er selbst wurde dabei aber auch so schwer beschädigt, daß die Besatzung das Schiff aufgeben mußte. Wachsende Reichweite, Stärke und Überlegenheit der alliierten Luftwaffen sowie v. a. die Einführung des *Radars* schränkten die Entfaltungsmöglichkeiten der Hilfskreuzer bald ein. Mit dem Untergang von Schiff 28 –

Michel – am 17.10.1943 im Pazifik endete der Kampf der deutschen Hilfskreuzer.

Hilfswerk Mutter und Kind

Die *Nationalsozialistische Volkswohlfahrt* (NSV) gründete 1934 – ganz im Sinne der NS-*Bevölkerungspolitik* – zur Betreuung von »erbgesunden und für die Volksgemeinschaft wertvollen bedürftigen Familien« das Hilfswerk Mutter und Kind. Es bot pflegerische Unterstützung, gewährte Wohnungs- und Siedlungshilfen, stellte Kindergarten- und Krippenplätze bereit, betrieb Jugendberatungsstellen und Erholungsheime und führte Kinderspeisungen durch. 1939 standen 500 000 ehrenamtliche Helfer im Dienst der 34 000 Hilfsstellen, die 1500 hauptamtliche »Volkspflegerinnen« beschäftigten.

Hilfswillige

Die kämpfende Truppe rekrutierte nach 1939 »Fremdvölkische« für die *Freiwilligen-Verbände.* Als zivile Helfer warben Wehrmacht, Polizei und SS sog. Hilfswillige an, meist (z.T. kriegsgefangene) Russen, Ukrainer, Polen und Balten. Sie dienten, vereinzelt zu eigenen Einheiten zusammengefaßt, beim Troß oder im Nachschubdienst, verstärkten die Kommandos der *Einsatzgruppen* und nahmen an polizeilichen Maßnahmen wie »Umsiedlung« oder »Bandenbekämpfung« teil. Da ihnen bei Gefangennahme durch die Rote Armee sofortige Erschießung drohte, schlossen sich die meisten 1944/45 dem deutschen Rückzug an und bildeten bei Kriegsende einen Teil der Displaced Persons.

Himmler, Heinrich

* München 7.10.1900, † Lüneburg 23.5.1945

Der gelernte Landwirt Himmler nahm 1923 am gescheiterten Hitler-Putsch teil, trat in die NSDAP und früh auch in die *SS* ein, deren Reichsführer er 1929 wurde. 1933 zunächst »nur« Polizeipräsident in München, baute er mit *Heydrich* den Sicherheitsdienst (SD) der SS auf und übernahm schrittweise die politische Polizei in den Ländern. 1934 konnte er als Träger der Mordaktion bei der *Röhm-Affäre* die SS aus der Unterstellung unter die SA lösen und wurde am 17.6.1936 Chef der Deutschen Polizei. – Himmler, einem fanatischen Rassenideologen, unterstand damit schon vor Kriegsbeginn ein riesiger Machtapparat, eine Art Staat im Staat: Neben Kripo, *Gestapo*, Ordnungspolizei (Orpo) gebot er über die *KZ*, die *Junkerschulen* und *Ordensburgen*, die SS-Verfügungstruppe, aus der die *Waffen-SS* entstand, wurde im Okt. 1939 zusätzlich Reichskommissar für die Festigung deutschen Volkstums und schuf sich mit dem *Wirtschafts-Verwaltungshauptamt* eine gigantische Behörde zur Kontrolle und Lenkung von SS-eigenen Betrieben, die durch Ausbeutung von *Zwangsarbeitern* und Häftlingen enorme Beträge in die SS-Kassen brachten. Himmlers Rang in der NS-Hierarchie resultierte aber v.a. aus seiner Rolle als Cheforganisator der *Endlösung*, die er mit einer barbarischen Mischung aus Korrektheit und Gnadenlosigkeit betrieb. Zum Dank für seine bedingungslose Treue wurde Himmler 1943 von Hitler zum Nachfolger *Fricks* als Innenminister und nach dem Attentat vom Zwanzigsten Juli zum Befehlshaber des Ersatzheeres ernannt. Dann kam der Sturz: Himmler versagte als Oberbefehlshaber einer Heeresgruppe. Und als Hitler in den letzten Kriegstagen von seinen Kontakten zu den Westalliierten erfuhr, stieß er ihn testamentarisch aus der Partei aus und enthob ihn aller Ämter. Nach Kriegsende versuchte Himmler verkleidet unterzutauchen, wurde aber von britischen Soldaten festgenommen und beging Giftselbstmord.

Hindenburg, Paul von Beneckendorff und von

* Posen 2.10.1847, † Neudeck (Westpreußen) 2.8.1934

Der Feldherr schützte 1914 mit seinem Sieg bei Tannenberg das Deutsche Reich vor dem Einmarsch der Russen, der greise Reichspräsident übergab am 30.1.1933 dem Mann die Macht, der ebendieses Reich in den Untergang führen sollte: Eigentlich hatte Hindenburg seine Karriere schon hinter sich, als er 1914 reaktiviert und zum »Helden der Ostfront« wurde. 1916 übernahm er die Führung der Obersten Heeresleitung, konnte aber das Wunder im Westen nicht wiederholen und mußte 1918 zur Kapitulation raten. Der Republik, der er die *Dolchstoßlegende* in die Wiege legte, stand er innerlich fern, versagte sich aber nicht, als ihn die Konservativen 1925 als Reichspräsidenten wollten. Er gewann die Wahl und wurde 1932, nun gegen Hitler und erst in der Stichwahl, im Amt bestätigt. Zwar hielt er sich als Staatsoberhaupt an die Verfassung, untergrub sie aber zugleich durch inflationären Einsatz von *Notverordnungen*, als seit 1930 kaum noch Mehrheiten im Reichstag herzustellen waren.

Die so etablierten *Präsidialkabinette* mündeten in Hitlers Kanzlerschaft und nach Hindenburgs Tod in die Diktatur des »böhmischen Gefreiten«, wie Hindenburg Hitler meist abschätzig genannt hatte.

Hiroschima

Die japanische Hafenstadt Hiroschima mit knapp 400 000 Einwohnern (1941) war bis 1945 von amerikanischen Bombenangriffen verschont geblieben. Wahrscheinlich deshalb wurde sie als Ziel für den Abwurf der am 16.7.1945 erstmals erfolgreich getesteten *Atombombe* ausgewählt, da ein bis dahin unzerstörtes Stadtgebiet nach der Explosion genaue Aufschlüsse über die Wirkung versprach. Ein Bomberkommando unter Oberst Paul Tibbets begann auf Tinian mit dem Training für den Abwurf der A-Bombe, der am 5.8.1945 für den kommenden Morgen angeordnet wurde. Tibbets selbst flog die B-29 »Enola Gay« (Mädchenname seiner Mutter), die am 6.8. um 8.15 Uhr den Uransprengsatz »Little Boy« über Hiroschima ausklinkte. Die Stadt, in der zahlreiche Menschen gerade zu ihren Arbeitsstätten eilten, wurde vollkommen überrascht, der nur mit wenigen Begleitern anfliegende Bomber war kaum als Bedrohung aufgefaßt worden. Der Tod von Hiroschima kam in mehreren Wellen: Nach einem Lichtblitz von blindmachender Helligkeit folgte eine Hitzewelle, die in der Nähe des Explosionsherds Menschen förmlich verdampfen ließ und noch in über 3 km Entfernung schwere Verbrennungen verursachte. Die anschließende Druckwelle fachte die aufflammenden Brände weiter an, blies Häuser und Autos weg, wirbelte Menschen zu Boden oder gegen Mauern und drückte noch in 12 km Entfernung alle Scheiben ein. Besonders mörderisch war die letzte, die radioaktive Welle, deren tödliche Wirkung sich in größerem Abstand mit Verzögerung entfaltete. Sie zerstörte das Immunsystem der Opfer, verbrannte die Haut und erzeugte schwere Stoffwechselkrankheiten. Bei der Explosion und in den folgenden Wochen kamen mindestens 92 000 Menschen um (andere Angaben sprechen von bis zu 200 000 Opfern). Hiroschima wurde zu über 80 % zerstört. Nach dem Untergang der Stadt setzten Friedensbemühungen der Partei um Kaiser Hirohito ein. Sie wandten sich jedoch zunächst an Moskau, das hinhaltend reagierte und statt zu vermitteln Japan am 8.8. den Krieg erklärte. So kam es zu einem weiteren Atombombenabwurf der Amerikaner auf Nagasaki am 9.8., dem in den folgenden Tagen der Zusammenbruch Japans folgte.

Historikerstreit

Auf der Suche nach neuem deutschen Nationalbewußtsein kamen konservativen Politikern Mitte der 1980er Jahre Historiker entgegen, die sich um eine Relativierung, wo nicht Verharmlosung des NS-Regimes und seiner Verbrechen bemühten. Angeführt von Ernst Nolte (* 1923), behaupteten sie, der Krieg gegen die Sowjetunion sei zum Schutz vor einem russischen Angriff eröffnet worden, der Nationalsozialismus sei als Reaktion auf die bolschewistische Gefahr zu sehen, der Holocaust sei eine Folge der »asiatischen Tat«, die Völkermorde *Stalins*, und zudem keineswegs einzigartig gewesen. Dagegen verwahrte sich am 11.7.1986 der Philosoph Jürgen Habermas (* 1929) in einem scharfen Artikel und geißelte den schändlichen Versuch, den Deutschen »die Schamröte auszutreiben«. Damit brach eine Kontroverse aus, die als »Historikerstreit« in die Annalen einging; Korrekturen aber an der Einschätzung des Hitler-Systems als der furchtbarsten Vernichtungsdespotie der Geschichte wurden nicht nötig.

Hitler, Adolf

* Braunau am Inn 20.4.1889, † Berlin 30.4.1945

Der österreichische Zöllnerssohn Hitler aus Braunau – Vater Alois (* 7.6.1837, † 3.1.1903), Mutter Klara, geb. Pölzl (* 12.8.1860, † 21.12.1907) – machte eine der erstaunlichsten Karrieren der Weltgeschichte: vom namenlosen Gefreiten des 1. Weltkriegs zum »Führer« des »Großdeutschen Reiches« und Herrn über Europa. Begabt mit ungewöhnlichem Redetalent, schloß sich der Weltkriegsgefreite Hitler nach der traumatisch erlebten Niederlage 1918 in München der *Deutschen Arbeiterpartei* (DAP) an und stieg rasch zu deren Vorsitzenden auf. Mit einem nationalistischen Programm aus Revision, Revanche und ungezügelter antisemitischer Hetze machte er den kleinen Verein zur Massenbewegung der *Nationalsozialistischen Deutschen Arbeiterpartei* (NSDAP). Den »linken« Bestandteil des Namens nutzte er als Köder für die unteren und mittleren Schichten des Volkes, mit dem Begriff »national« empfahl er sich »patriotischen« Kreisen. – Zunächst mit einem Putsch gegen die verhaßte Republik 1923 gescheitert, formulierte Hitler in der folgenden Haftzeit sein rassistisches Bekenntnis im Buch »*Mein Kampf*« und erntete nach Wiederbegründung der Partei (1925) in der *Weltwirtschaftskrise* (1929–32) die Früchte seiner Agitation gegen Marxisten,

Juden und »demokratische Volksverderber«. Nach der Ernennung zum Reichskanzler (30.1.1933) spielte er die Konservativen aus, die ihn hatten benutzen wollen, liquidierte die Republik, verbot alle anderen Parteien, beseitigte in der *Röhm-Affäre* die letzten innerparteilichen Gegner und errichtete nach dem Tod des Reichspräsidenten *Hindenburg* im Aug. 1934 eine von halbreligiösem *Führerkult* geprägte persönliche Diktatur. Mit Zuckerbrot – *Arbeitsbeschaffung*, soziale Errungenschaften (Urlaub, Freizeitangebote, Eigenheimbau u.a.), *Olympische Spiele* 1936 – und Peitsche – Polizeiterror, Spitzelsystem, *Gleichschaltung*, KZ-Drohung – brachte er das Volk hinter sich, das er für seine weitreichenden Rüstungs- und Kriegspläne brauchte. Außenpolitisch bescherten ihm das schlechte Gewissen der einstigen Siegermächte und eine unerhörte Risikobereitschaft die nötigen Triumphe: Rückgliederung des Saarlands 1935, Besetzung des Rheinlands und Bildung der *Achse* 1936, *Anschluß* Österreichs 1938, »Heimholung« des Sudetenlands 1938, Pakt mit *Stalin* 1939. – Er nutzte sie zum Aufbau eines Großdeutschlands als Plattform zur »Eroberung von *Lebensraum*« und zum »Endkampf gegen das Weltjudentum«. Diese beiden Säulen, Raum und Rasse, seiner wahnhaften Weltanschauung blieben bis zum Ende in Massenmord und Zerstörung unverrückbar. Sie standen hinter dem Entschluß zum Krieg, der entgegen seiner Kalkulation nach beispiellosen Anfangserfolgen zum Weltkrieg und zum völligen Zusammenbruch führte, wie hinter der *Endlösung* der Judenfrage, dem Holocaust. Alle Versuche, das Verhängnis durch Beseitigung Hitlers aufzuhalten (zuletzt am *Zwanzigsten Juli*), scheiterten. Der Diktator beging im *Führerbunker* im bereits von der Roten Armee erreichten Berlin zusammen mit seiner Frau Eva *Braun* Selbstmord.

Hitlergruß

Statt der bisher in Deutschland üblichen tageszeitlichen oder religiösen Grußformen 1933 allgemein eingeführte Begrüßung mit den Worten »Heil Hitler!« unter Erhebung des rechten Arms als *Deutscher Gruß*.

»Hitlerjugend«

Kriegsgefangene Amerikaner und Briten wollten ihren Augen nicht trauen, wenn sie die Kindergesichter vorbeifahrender Panzerbesatzungen sahen: In der 12. SS-Panzerdivision »Hitlerjugend«, die in den Kämpfen an der Invasionsfront im Juni 1944 zum ersten Mal eingesetzt wurde, dienten tatsächlich 16- bis 18jährige Hitlerjungen, und der grimmige Kampfgeist, den sie zeigten, strafte alle Witze der alliierten Propaganda (die »Baby-Division« sollte als taktisches Zeichen eine Milchflasche führen etc.) Lügen. Die Aufstellung einer Eliteeinheit aus Jugendlichen ging zurück auf eine Idee von Reichsjugendführer *Axmann*. Seit dem Sommer 1943 wurden über 10 000 Freiwillige, z.T. aus Wehrertüchtigungslagern der HJ rekrutiert, vom Stammpersonal der Leibstandarte-SS »Adolf Hitler« ausgebildet. Die Division unter Führung von Brigadeführer Kurt Meyer (genannt Panzermeyer) verblutete bei den Kämpfen im Westen bis auf geringe Reste. Eine neue SS-Division »Hitlerjugend« wurde in der *Ardennenoffensive* und bei Einsätzen in Ungarn weitgehend aufgerieben.

»Hitlerjunge Quex«
Hitler erschien persönlich zur Premiere am 16.9.1933 in München: »Hitlerjunge Quex« war die Ufa-Verfilmung des gleichnamigen Romans von Karl Aloys Schenzinger, der das Schicksal eines in der *Kampfzeit* umgekommenen Berliner HJ-Aktivisten gestaltete: Quex schlägt sich trotz aller Widerstände aus Elternhaus und Schule auf die Seite der Nationalsozialisten und verliert sein Leben im Kampf für die »große Idee«. Sein »Blutopfer« beschwört, so das Filmprogramm, die »Unverbrüchlichkeit eines Geistes, der auf Gedeih und Verderb zum Vaterland steht«. Der Film erhielt von der gleichgeschalteten Filmbewertung das Prädikat »künstlerisch besonders wertvoll«; Hauptdarsteller: Heinrich George, Berta Drews, Claus Clausen; Regie: Hans Steinhoff.

Hitler-Prozeß
Vor dem Münchener Volksgericht wurde vom 24.2.–1.4.1924 gegen die führenden Teilnehmer des *Hitler-Putsches* vom 9.11.1923 verhandelt, darunter Hitler, *Ludendorff*, *Frick*, *Röhm*. Deutlich waren die Sympathien des Gerichts für die Angeklagten, denen ehrenhafte Motive bescheinigt wurden und die reichlich Gelegenheit zu Ausfällen gegen die Republik erhielten. Vor allem Hitler, der nach seiner kläglichen Flucht vor der *Feldherrnhalle* um Rehabilitierung bemüht war, machte den Prozeß zu einem Tribunal gegen das »verjudete System« und gab sich als Prophet: »Mögen Sie uns tau-

sendmal schuldig sprechen, die Göttin des ewigen Gerichts der Geschichte wird lächelnd Ihr Urteil zerreißen, denn sie spricht uns frei.« Er wurde zur Mindeststrafe von fünf Jahren Festungshaft mit der Aussicht auf baldige Strafaussetzung verurteilt, obwohl er nach Republikschutzgesetz als wegen Hochverrats verurteilter Ausländer hätte ausgewiesen werden müssen. Ludendorff wurde in Würdigung seiner Verdienste als Feldherr freigesprochen.

Hitler-Putsch

Modell war der Marsch *Mussolinis* auf Rom 1922: Am 8.11.1923 erklärte Hitler als Führer der inzwischen zu einem bayerischen Machtfaktor herangewachsenen NSDAP im Münchener Bürgerbräukeller die Reichsregierung für abgesetzt und rief zum Marsch nach Berlin auf. Die von ihm unter Druck zum Mitmachen gebrachten konservativen Politiker und Militärs lösten sich aber noch am selben Abend von ihm, die bayerische Regierung wich nach Regensburg aus. Hitler blieb als Verbündeter nur der Weltkriegsgeneral *Ludendorff*, der einen Marsch durch die Münchener Innenstadt anregte, um die Bevölkerung für den Putsch zu mobilisieren. Am 9.11. zogen daraufhin mehrere tausend SA-Männer und NSDAP-Anhänger mit Hitler und Ludendorff an der Spitze zur *Feldherrnhalle*, wo sie von der Polizei gestoppt wurden. Es kam zu kurzem Schußwechsel, dem 16 Putschisten und drei Polizisten zum Opfer fielen. Hitler floh, wurde am 11.11. in Uffing am Staffelsee verhaftet und im *Hitler-Prozeß* verurteilt. Das Putschdatum war im 3. Reich höchster NS-Feiertag.

Hitler-Stalin-Pakt

Hitlers Vision von *Lebensraum* im Osten wäre 1939 nur mit Unterstützung der Westmächte und/oder Duldung durch Polen zu verwirklichen gewesen. Großbritannien aber und in seinem Schlepptau Frankreich hatten mit Aufkündigung des *Appeasement* im Frühjahr 1939 deutlich gemacht, daß weitere deutsche Expansion zum Kriege führen würde; und Polen verweigerte sich deutschen Forderungen, da es sich durch die Garantie der Westmächte vom 31.3.1939 hinreichend gesichert glaubte. Hitler aber wandte sich in abrupter Kehrtwendung seiner *Außenpolitik* dem bisherigen Todfeind *Stalin* zu und schloß mit ihm am 23.8.1939 einen Nichtangriffsvertrag auf zehn Jahre. Der Pakt verschaffte Hitler Handlungsfreiheit gegen

Polen und sicherte bei einem Eingreifen der Westmächte Rückenfreiheit nach Osten sowie unblockierbare Rohstoffzufuhr. Stalin befreite das Abkommen aus der seit dem *Münchener Abkommen* andauernden Isolierung, beseitigte die Gefahr einer Allianz der Demokratien mit den Diktaturen gegen ihn und brachte ihm die für die Industrialisierung der UdSSR lebenswichtigen Lieferungen deutscher Industriegüter. In einem geheimen Zusatzprotokoll steckten die Partner ihre Interessengebiete ab: Polen sollte geteilt, das Baltikum und Finnland den Russen, Südosteuropa den Deutschen überlassen werden. Den in der Folge durch Wirtschaftsabkommen ausgebauten Pakt beendete der deutsche Überfall auf die UdSSR am 22.6.1941.

Hitler-Tagebücher

Verurteilte Hitler die Ausschreitungen der *Kristallnacht*? Errichtete die SS ihr Terrorregiment im Osten ohne sein Wissen? Hatte er selbst *Heß* nach England geschickt? Diese Fragen – und viele andere – bejahten 60 handgeschriebene Kladden, mit deren Veröffentlichung die Illustrierte »Stern« am 23.4.1983 begann. Es waren angeblich persönliche Tagebücher des »Führers«, die dieser 1932–45 geführt habe und nach denen »die Geschichte des 3. Reiches in großen Teilen neu geschrieben werden« müsse. Wenige Tage später aber entpuppten sich die für 9 Mio. DM angekauften Hefte als plumpe Fälschungen und lösten einen der größten Presseskandale der Nachkriegszeit aus. Die dahinterstehenden kriminellen Tatbestände konnten juristisch geklärt werden, die Motive der versuchten Ehrenrettung für Hitler durch ein führendes linksliberales Blatt lassen sich nur in einer verbreiteten Sehnsucht nach einem »Führer ohne Auschwitz« vermuten.

HJ

Eine Jugendorganisation bildete die NSDAP schon 1922 in Form des »Jungsturms Adolf Hitler« in der SA; den Namen »Hitlerjugend«, kurz HJ, erhielt sie 1926. Aber erst 1932 gelang dem seit 30.10.1931 amtierenden Reichsjugendführer der NSDAP *Schirach* die Bündelung aller Jugendverbände der Partei wie NS-Schülerbund, *Bund Deutscher Mädel*, Deutsches Jungvolk unter dem Dach der HJ. Sie besetzte am 5.4.1933 die Zentrale des Reichsausschusses der Deutschen Jugendverbände und übernahm unter dem nun zum Jugendführer des Deutschen Reiches ernannten Schirach die landesweite Organisation der HJ als Staatsjugend, ein Status, der mit Gesetz über die HJ vom 1.12.1936 offiziell bestätigt wurde. – Die HJ gliederte sich nun in Jungvolk und Jungmädel (10–14jährige) sowie BDM und eigentliche HJ (15–18jährige) in 40 Gebieten, die unterteilt waren in Banne, Stämme, Gefolgschaften, Scharen und auf unterster Ebene Kameradschaften. Die Mitgliedschaft in der HJ war spätestens seit 1940 Pflicht, doch auch schon vorher konnten sich nur wenige dem Druck zum Beitritt entziehen. Er wurde verstärkt durch das attraktive Freizeitangebot der HJ mit Fahrten und Lagerleben, Geländespielen, paramilitärischer Ausbildung an der Waffe, sportlichen Wettkämpfen, Möglichkeiten zur Betätigung in Sonderformationen wie Flieger- oder Marine-HJ sowie in Musikkorps (Trommler, Bläser u. a.). Auch das Konzept der »Selbstführung« gemäß Hitlers Forderung: »Jugend muß durch Jugend geführt werden!« reizte viele als Befreiung von der Gängelei in Schule und Elternhaus, wie überhaupt die hohe Wertschätzung der Jugendlichen als »Garanten der Zukunft« durch Staat und »Führer« dem Selbstwertgefühl der Jungen und Mädchen schmeichelte. – Im Krieg wurden auch die HJ-Mitglieder, seit 1940 unter Schirachs Nachfolger *Axmann*, in Dienst genommen, zunächst für soziale Hilfeleistungen und Luftschutzaufgaben, dann u. a. als Begleiter und Lagerführer in der *Kinderlandverschickung* und schließlich im *Volkssturm* und bei der SS als Soldaten. Hier zeigte sich die Abrichtung der Jungen zu fanatischen Kämpfern für die NS-Weltanschauung: Die 12. SS-Panzerdivision »Hitlerjugend« machte den Alliierten etwa an der Invasionsfront mehr zu schaffen als manche Einheit von altgedienten Landsern. Im Kessel von Falaise wurde sie fast völlig aufgerieben. Der englische Historiker Hansjoachim Koch zog das bittere Fazit: »Sie waren einer besseren Sache wert als jener, die der Mann, dessen Namen sie trugen, zu bieten hatte.«

Hochfinanz

Die sozialrevolutionären Anfänge der NSDAP waren Hitler bald lästig, da sie ihn der Wirtschaft entfremdeten. Die nach bolschewistischem Vorbild angegriffene Hochfinanz als Sammelbezeichnung für besonders kapitalkräftige Kreise erhielt daher das ständige Beiwort »jüdisch« zur Betonung der angeblichen »Weltverschwörung des Judentums«. Zum Punkt 17 (Enteignung) des NSDAP-Programms erklärte Hitler am 13.4.1928, er richte sich ausschließlich gegen »jüdische« Spekulation. Die deutsche Hochfinanz blieb im 3. Reich völlig unbehelligt und gehörte zu Hauptnutznießern von *Aufrüstung* und *Arisierung*.

Hoepner, Erich

* Frankfurt (Oder) 14.9.1886, † Berlin 8.8.1944 (hingerichtet)
Für den erfahrenen Troupier Hoepner (Teilnahme am Polen- und Frankreichfeldzug, Juli 1940 Ernennung zum Generaloberst, seit 17.2.1941 Oberbefehlshaber der Panzergruppe 4 bzw. der 4. Panzerarmee) kam das Erlebnis, das ihn zum Gegner des Nationalsozialismus machte, während des Rußlandfeldzugs: Als er Anfang Januar 1942 dem stark gefährdeten rechten Flügel seiner Armee im Raum westlich von Moskau den Rückzug befahl, stieß ihn Hitler »wegen Feigheit und Ungehorsam« aus der Wehrmacht aus. Hoepner nahm danach Kontakt zu den Widerstandskreisen um General Friedrich Olbricht auf und erklärte sich bereit, nach erfolgreichem Attentat Oberbefehlshaber im Heimatkriegsgebiet und Befehlshaber des Ersatzheeres zu werden. Am 20.7.1944 wurde er nach Scheitern des Putsches in der Bendlerstraße verhaftet, am 8.8.1944 vom Volksgerichtshof zum Tod verurteilt und noch am selben Tage in Berlin-Plötzensee gehängt.

Hoffmann, Heinrich

* Fürth 12.9.1885, † München 16.12.1957
Er prägte im wahrsten Sinn des Wortes das Bild Hitlers in der Öffentlichkeit: Hoffmann war im 1. Weltkrieg Bildberichterstatter der bayerischen Armee, lernte 1919 Hitler kennen und wurde dessen Vertrauter und Leibphotograph. Eva *Braun* lernte Hitler in Hoffmanns Atelier kennen. Im 3. Reich erschienen fast nur Hitler-Photos von Hoffmann, der auf nahezu allen Reisen dabei war und sogar beim Abschluß des *Hitler-Stalin-Paktes* im Kreml photographieren durfte. Nach dem Krieg wurde der 1938 zum Professor und 1940 zum Reichstagsabgeordneten ernannte Hoffmann zu Arbeitslager verurteilt, seine Bilder wurden zum großen Teil beschlagnahmt. »Hoffmann & Hitler – Fotografie als Medium des Führer-Mythos« hieß 1994 eine Ausstellung von Hoffmann-Photos in München.

Höhere SS- und Polizeiführer (HSSPF)
Mit Erlaß vom 13.11.1937 geschaffene regionale Kommandos zur zusammenfassenden Führung aller Verbände von Ordnungs- und Sicherheitspolizei sowie der SS, im Krieg auch zuständig für die Festigung der politischen Verhältnisse in den besetzten Gebieten durch »geeignete Maßnahmen«.

Hohe Schule der NSDAP
Die NSDAP strebte als Staatspartei natürlich auch akademische Fundierung ihrer Weltanschauung und Politik an. Sie sollten an einer Hohen Schule der NSDAP, einer Art NS-Universität, gelehrt werden, die aber nur in Ansätzen zustande kam. Die Vollendung scheiterte an der unklaren Zuständigkeit von *Ley* oder *Rosenberg* und an der Konkurrenz der SS-Stiftung *Ahnenerbe*, so daß nur eine Zentralbibliothek in Sankt Andrä bei Villach gegründet und einzelne Institute (»Außenstellen«) regulären Universitäten angegliedert werden konnten: »Indogermanische Geistesgeschichte« in München, »Deutsche Volkskunde« in Graz, »NS-Volkspflege« in Marburg u.a.

Holocaust
Seit 1979 nach Ausstrahlung der gleichnamigen amerikanischen Fernsehserie in Deutschland eingebürgerte englische Bezeichnung für den NS-Völkermord an den europäischen Juden im Rahmen der *Endlösung* nach dem griechischen Wort »holokaútoma«, das Brandopfer oder Ganzopfer bedeutet; zuweilen kritisiert als »Versuch, die Dinge nicht beim Namen zu nennen«, sondern sie per Fremdwort zu verfremden, sich vom Leib zu halten.

Homosexualität
Die sexuelle Neigung zum eigenen Geschlecht, besonders ihre männliche Ausprägung, galt der NS-Weltanschauung als »widernatürliche Empfindung«, die den »Fortbestand des Volkes« gefährde. Im 3. Reich wurden daher die Strafbestimmungen des § 175 wesentlich verschärft und von beischlafähnlichen Handlungen auf jegliche »Unzucht« zwischen Männern selbst gedanklicher Art ausgedehnt. Homosexuellen drohten bis zu zehn Jahre Zuchthaus, in schweren Fällen war Entmannung (Kastration) vorgesehen. In der Praxis verzichtete man jedoch meist auf gerichtliche Verfahren und griff

zur Einweisung in KZ, wo die Homosexuellen mit einem rosa Winkel gekennzeichnet und besonders brutalen Schikanen ausgesetzt waren (über 10 000 Todesopfer). SS-Chef Himmler führte »Abkehrprüfungen« ein: Wer sich von »Dirnen reizen« ließ, wurde als »nicht wirklich homosexuell« eingestuft und konnte entlassen werden. In der Männer-Partei NSDAP und ihren Gliederungen nahm man es mit der Homosexualität jedoch nicht genau; *Röhms* Veranlagung z. B. hinderte Hitler nicht, ihn zum Stabschef der SA zu ernennen. In der sexuellen Notsituation der Krieges wurden homoerotische Beziehungen ohnehin meist stillschweigend geduldet. Weibliche Homosexualität war nicht strafbedroht, führte aber auch zu Diskriminierung und zuweilen zur Einweisung der Frauen als *Asoziale* ins KZ.

Horst-Wessel-Lied

Am 23.9.1929 veröffentlichte der »*Angriff*« Verse eines SA-Sturmführers *Wessel* aus dem »roten« Berlin-Friedrichshain, der wenig später, am 23.2.1930, Opfer eines Eifersuchtsdramas wurde. *Goebbels* stilisierte den jungen Mann in einer umfänglichen Kampagne zum »Blutzeugen der Bewegung« und hob dessen Verse in den Rang eines offiziellen Parteilieds. Zur Melodie des Matrosenlieds »Zum letzten Mal wird zum Appell geblasen ...« wurde nun bei feierlichen Anlässen das Horst-Wessel-Lied gesungen: »Die Fahne hoch, die Reihen fest geschlossen ...« Nach der Machtergreifung avancierte es zur zweiten Nationalhymne, die jeweils nach dem Deutschlandlied gespielt und gesungen wurde.

Höß, Rudolf

* Baden-Baden 25.11.1900, † Auschwitz 16.4.1947 (hingerichtet)
Den streng katholisch erzogenen Höß zog es von Anfang an in nationalistische Kreise und 1922 in die NSDAP. Wegen Mordes 1923 zu zehn Jahren Haft verurteilt, aber schon 1928 amnestiert, lernte er bei den *Artamanen Himmler* kennen, der ihn 1934 in die SS holte und zur Mitarbeit im KZ-Wachdienst gewann. Als SS-Hauptsturmführer übernahm Höß am 1.5.1940 das KZ *Auschwitz* und baute es zum größten Vernichtungslager aus, in dem er mit seiner Frau und fünf Kindern ein bürgerliches Familienleben führte. – Höß sah sich selbst nur als Befehlsempfänger und war noch stolz darauf, das größte Menschenvernichtungszentrum aller Zeiten aufgebaut zu

haben. Der gefühllose Mordtechniker bemühte sich um »korrekte« Behandlung der Häftlinge und um ihre möglichst lange Täuschung über das ihnen zugedachte Schicksal (»duschen«, »entlausen«); für die Tötungen führte er *Zyklon B* ein. Seine letzte große Aufgabe löste er 1944 mit der Organisation der Ermordung von 400 000 ungarischen Juden. Erst am 11.3.1946 wurde er von britischer Militärpolizei verhaftet, sagte als Zeuge im *Nürnberger Prozeß* aus und wurde dann an Polen ausgeliefert. Dort schrieb er das Buch »Kommandant in Auschwitz« und versuchte darzulegen, daß er strikt nach Befehl und daher guten Gewissens gehandelt habe. Die Zahl der Opfer dieses Handelns gab er überhöht mit 2 Mio. an. Das Oberste Volksgericht verurteilte ihn am 2.4.1947 zum Tod und ließ ihn vor seinem einstigen Haus in Auschwitz aufhängen.

Hoßbach-Niederschrift
Im *Nürnberger Prozeß* spielte eine Protokollnotiz eine wesentliche Rolle beim Nachweis der Planung eines Angriffskriegs durch NS- und Wehrmachtführung. Es handelte sich um die Niederschrift des damaligen Obersten und Hitlers Wehrmachtsadjutanten Friedrich Hoßbach (* 1894, † 1980) über eine Besprechung des Regierungs- und Staatschefs mit politischen und militärischen Führern am 5.11.1937 in der Reichskanzlei. Hitler unterrichtete dabei die Gesprächspartner über seine Pläne zur kriegerischen Lösung der »deutschen Raumfrage«. Er fand weitgehend ungeteilte Zustimmung; *Blomberg*, Werner von Fritsch und *Raeder* äußerten nur schwache Bedenken hinsichtlich Termin und Rüstung der Wehrmacht.

HSSPF →*Höhere SS- und Polizeiführer*

Huber, Kurt
* Chur 24.10.1893, † München 13.7.1943 (hingerichtet)
Der Musikwissenschaftler Huber war Experte für Volksliedforschung und fühlte sich vom NS-Mißbrauch der Volkskunst und des Brauchtums abgestoßen. Als Katholik mißbilligte er zudem die Entchristlichung des öffentlichen Lebens und die Kirchenfeindlichkeit des Regimes. Im Krieg gehörten zu seinen Hörern in München Mitglieder des Widerstandskreises der »*Weißen Rose*«, dessen Flugblattaktionen in Universitätsstädten er unterstützte. Huber war auch

Verfasser der Protestschrift, die die Geschwister *Scholl* Anfang Febr. 1943 verbreiteten und die zu ihrer Verhaftung und die Gestapo auch zu Huber führte. Er wurde vom Volksgerichtshof am 19.4.1943 zum Tod durch das Fallbeil verurteilt.

Hugenberg, Alfred

* Hannover 19.6.1865, † Kükenbruch (heute zu Extertal, bei Rinteln) 12.3.1951

Sosehr er sich als rechtsextremer Agitator auch mühte, seinen Platz in der Geschichte erhielt er, indem er einem »Größeren« in den Sattel half: Hugenberg kam aus der Wirtschaft, war 1909–18 Vorstandsmitglied bei Krupp, engagierte sich im Pressewesen und wurde durch Aufkäufe (Provinzblätter, Nachrichtenagenturen u.a.) größter Meinungsmacher in der Weimarer Republik, die er erbittert bekämpfte. Für die *Deutschnationale Volkspartei* (DNVP) kam er 1919 ins Parlament und wurde 1928 Parteivorsitzender. Zusammen mit dem Frontkämpferbund *Stahlhelm* und der NSDAP bildete er 1931 die *Harzburger Front* in der Illusion, Hitler für seine Ziele einspannen zu können. Er verhalf im Gegenteil dem machthungrigen Volkstribun durch seine Presse zum entscheidenden öffentlichen Durchbruch und durch Fehleinschätzung 1933 zur Kanzlerschaft. Damit war Hugenbergs politisches Spiel beendet, er wurde kaltgestellt und mußte große Teile seines Konzerns verkaufen.

Hühnlein, Adolf

* Neustädtlein (bei Kulmbach) 12.9.1881, † München 18.6.1942

Moderne Technik faszinierte Hitler, und er fand in Hühnlein einen Mitstreiter, dem es die Motorisierung angetan hatte. 1923 der SA beigetreten, wurde Hühnlein 1927 Chef ihres Kraftfahrwesens, gründete das NS-Automobilkorps und 1931 das *Nationalsozialistische Kraftfahr-Korps* (NSKK). Er setzte sich für den Bau der *Autobahnen* ein und sorgte für die Gleichschaltung der Kraftfahrzeugvereine und des Motorsports in Parteiregie.

»Ich klage an«
Ausgerechnet die legendären Worte des französischen Schriftstellers Émile Zola (»J'accuse«) gegen die antisemitischen Hetzer in der Dreyfus-Affäre Ende des 19. Jh. nutzte Wolfgang Liebeneiner (* 1905, † 1987) 1941 für den Titel eines Films im Sinn der NS-Ideologie: Eine unheilbar kranke Frau bittet zwei Ärzte, Mann und Freund, um den Tod. Der Mann gibt ihr schließlich Gift, wird unter Mordanklage gestellt und bekennt sich in flammender Rede vor Gericht zum Gnadentod. Der mit dem Prädikat »künstlerisch besonders wertvoll, volksbildend« ausgezeichnete Film »Ich klage an« verklärte die Mordmaßnahmen der *Euthanasie* als humane Sterbehilfe.

I.G. Farben
Am 9.12.1925 schlossen sich die größten deutschen Chemieunternehmen Agfa, BASF, Bayer und Hoechst zur Interessengemeinschaft (I.G.) Farbenindustrie AG mit Sitz in Frankfurt a.M. zusammen. Wegen jüdischer Beteiligung von der NSDAP zunächst scharf angegriffen, wurde der kurz I.G. Farben genannte Konzern bald zu einem verläßlichen Partner der Regierung Hitler beim Streben nach *Autarkie* (z.B. Benzinhydrierung, Schaffung von Ersatzstoffen wie dem synthetischen Kautschuk Buna) und ein eifriger Komplize bei der *Arisierung* von jüdischem Besitz und bei der Ausbeutung der besetzten Länder im Krieg. Direkt in die Verbrechen des NS-Staates wurde die I.G. Farben in Auschwitz verwickelt, wo wegen der billigen Häftlingsarbeit Produktionsstätten errichtet wurden, wobei 25 000 *Zwangsarbeiter* den Tod fanden, weitere Häftlinge fielen dem SS-Programm »Vernichtung durch Arbeit« in den Konzernbetrieben zum Opfer. Außerdem diente das von der Tochterfirma DEGESCH (Deutsche Gesellschaft für Schädlingsbekämpfung) her-

gestellte *Zyklon B* zum Massenmord in den Gaskammern. Vom Militärgerichtshof IV der USA in Nürnberg wurden 13 Manager im Juli 1948 wegen »Versklavung und Tötung von Zivilisten, Kriegsgefangenen und KZ-Insassen« zu Haftstrafen verurteilt, aber sehr bald amnestiert; für den Konzern wurde 1950 die Entflechtung angeordnet.

»Illustrierter Beobachter«
1926 gegründete wöchentliche Parallelzeitung zum »*Völkischen Beobachter*« mit Photoreportagen (z.B. von *Hoffmann*) u.a. über die NS-Prominenz, Auflage März 1944 fast 2 Mio. Exemplare, letzte Nummer 12.2.1945.

Inflation
Der 1. Weltkrieg war weitgehend mit Krediten finanziert worden. Nach der Niederlage 1918 mußte Deutschland riesige Summen und Sachleistungen für die *Reparationen* aufbringen. Wer Geld hatte, investierte im sicheren Ausland: Das waren einige Gründe, die zu Beginn der Weimarer Republik zur Geldentwertung führten. Der 1914 noch auf 4,20 RM stehende Dollar kostete im Juli 1919 schon 14, zwei Jahre später 77 und Mitte 1922 fast 500 RM. Die zusätzliche Belastung durch den Ruhrkampf 1923 ließ die Inflation förmlich explodieren: Im Sommer zahlte man 350 000 und auf dem Gipfel am 15.11.1923 rd. 4,2 Billionen RM für einen Dollar. Sparguthaben und Kapitalien waren vernichtet, die Besitzer von Sachwerten und hohen Schulden die Gewinner. Erst eine Währungsreform durchbrach den Teufelskreis. Viele waren verarmt und aufgrund dieses schweren Schicksals in der *Weltwirtschaftskrise* um 1930 aus Angst vor einer neuen Inflation schnell bereit, den Versprechungen radikaler Parteien wie der NSDAP zu glauben.

innere Emigration
Schon 1933 prägte der Schriftsteller Frank Thieß (*1890, †1977) für Gegner des Nationalsozialismus, die in Deutschland blieben, den Begriff der »inneren Emigration«. Sie sei ebenso ehrenwert, ja womöglich sinnvoller als die eigentliche *Emigration*, die die Flüchtlinge jeden Einflusses auf die Zustände in der Heimat beraube. Das stieß bei Emigranten wie z.B. *Mann* auf scharfen Widerspruch, der im Bleiben durch Steuerzahlen, ja durch bloße Duldung zahl-

loser staatlicher Maßnahmen bereits eine Komplizenschaft mit dem NS-Staat sah. Die Kontroverse setzte sich nach dem Krieg fort, als daheim gebliebenen Künstlern ihre Kompromisse mit dem System vorgehalten wurden, während die Rückkehrer aus dem Exil sich Feigheit und »Vaterlandslosigkeit« vorwerfen lassen mußten.

Innitzer, Theodor
* Weipert-Neugeschrei (Vejprty, Nordböhmen) 25.12.1875,
† Wien 9.10.1955
Wie viele Sudetendeutsche war der katholische Theologe Innitzer nach 1918 Befürworter einer Vereinigung Österreichs mit Deutschland. Seit 1932 Erzbischof von Wien und seit 1933 Kardinal, stand er dem Nationalsozialismus zwar fern, war aber für patriotische Propaganda aufgeschlossen. Das Ja zum *Anschluß* Österreichs an das Deutsche Reich galt ihm daher 1938 als »selbstverständliche nationale Pflicht«. Doch weder dieses Entgegenkommen noch Treffen mit Hitler vermochten antikirchliche Maßnahmen aufzuhalten, ja nicht einmal die Ausdehnung der Geltung des *Konkordats* auf das neue Reichsgebiet ließ sich erreichen. Innitzer zog sich politisch zurück, engagierte sich aber für Verfolgte. Das ersparte ihm nach dem Krieg nicht Kritik wegen seiner anfänglichen Kollaboration.

Inselspringen
Was nach methodischem Vorgehen aussah, nämlich die Art und Weise, wie die Amerikaner bei ihrer Offensive im Pazifik sich Angriffsziele herauspickten, die erobert werden konnten, und andere, bei denen der Erfolg zweifelhaft war, erst einmal ausließen, war materiellen und zeitlichen Zwängen geschuldet. Den Amerikanern standen die Mittel für eine direkte und massive Konfrontation oder gar den Angriff auf das japanische Mutterland vorerst nicht zur Verfügung. Über diese Mängel half die Strategie des Inselspringens hinweg. Sie wurde bei Vorstößen gegen die Salomonen und die Gilbertinseln 1942/43 erprobt. Die Landungen erfolgten im allgemeinen nach massiver Feuervorbereitung durch Luftangriffe und Schiffsartillerie, wobei sich besonders die alten Schlachtschiffe bewährten, die in Pearl Harbor inzwischen gehoben worden waren. Das Inselspringen wurde fortgesetzt, auch als die amerikanische Rüstungsproduktion auf Hochtouren lief und längst genügend schwimmendes Material für direktes Vorgehen bereitstand.

Die letzten Stationen waren Iwo Jima und Okinawa im Frühjahr/Sommer 1945; danach hätte der Sprung auf die japanischen Hauptinseln kommen müssen (Unternehmen »Coronet«), der aber nach Einsatz der *Atombombe* und der Kapitulation Japans nicht mehr nötig war.

Intelligenz-Aktion

Nach dem *Polenfeldzug* wurden die Gaue Danzig-Westpreußen und Posen dem Deutschen Reich einverleibt. Vor allem hier, aber auch im *Generalgouvernement* sollte nach dem Willen Hitlers die polnische Führungsschicht so dezimiert werden, daß Widerstand gegen die Besatzer sich nicht würde bilden können. Unter der Codebezeichnung »Intelligenz-Aktion« wurden daher auf Weisung *Heydrichs* im Okt./Nov. 1939 durch *Einsatzgruppen*, Polizei und Einheiten des volksdeutschen Selbstschutzes rd. 60 000 Ärzte, Anwälte, hohe Beamte, Lehrer, Offiziere, Kaufleute und Geistliche erschossen.

Internationales Komitee vom Roten Kreuz

Während des Krieges bemühte sich das Internationale Komitee vom Roten Kreuz (IKRK) gemäß dem *Genfer Abkommen*, das Los der Gefangenen in aller Welt zu erleichtern, auch in Staaten wie Japan und der UdSSR, die die Vereinbarungen über die Behandlung der Kriegsgefangenen nicht unterzeichnet hatten. Das IKRK schuf Möglichkeiten der brieflichen Kontaktaufnahme mit den Angehörigen, Delegationen besuchten 8000 Gefangenenlager und regelten den Austausch von Verwundeten und Gefangenen, Besuche in 50 Ländern galten Zivilinternierten. Es gelang aber nicht, die deutschen *Konzentrationslager* in das Programm einzubeziehen, lediglich Theresienstadt wurde den IKRK-Mitarbeitern als »Musterghetto« vorgeführt. Besonderen Erfolg hatten die Helfer vom Roten Kreuz mit der Hungerhilfe für Griechenland seit Winter 1941/42; täglich wurden im ganzen Land 800 000 Portionen Essen verteilt. Durch diese und viele andere humanitäre Unternehmungen schwoll die bis dahin kleine Genfer Organisation personell und finanziell bedeutend an. Sie wuchs von 360 Mitarbeitern im Dez. 1933 auf 3373 im Dez. 1944, das Budget vergrößerte sich von 130 000 Franken (1939) auf 43 Mio. (Ende 1945).

Internationalismus

Der Nationalsozialismus betonte v. a. seinen ersten Namensbestandteil und lehnte alle überstaatlichen Bestrebungen als »internationalistisch« ab, weil sie zur »Zersetzung der völkischen Gemeinschaften« führten. Diese Ablehnung bezog sich auf katholische Kirche wie olympische Idee, Kommunismus wie Kapitalismus, Demokratie wie Freimaurerei, besonders aber auf das *Weltjudentum*, daß sich durch das verderbliche »Humanitäts- und Menschheitsideal« des Internationalismus aufzuwerten suche.

International Military Tribunal (IMT)

Bezeichnung für den international besetzten Gerichtshof, der 1945/46 die Hauptkriegsverbrecher in den *Nürnberger Prozessen* aburteilte.

Invaliden-Aktion

Himmler ordnete im Frühjahr 1941 die Aussonderung von kranken und arbeitsunfähigen Häftlingen in den KZ und ihre »Vernichtung« an; Aktenzeichen 14 f 13. Die Aufgabe übernahmen Ärzte der »Organisation T4«, die auch das *Euthanasie*-Programm durchführten und ihre Selektion zuweilen auch auf nichtkranke Kriminelle, »deutschfeindliche Hetzer« und Juden ausdehnten. Die Betroffenen wurden in den Tötungsanstalten Bernburg, Hartheim oder Sonnenstein mit Gas umgebracht. Seit 1943 »arbeitete« nur noch Hartheim, nachdem die Morde vorübergehend auf »geisteskranke« Häftlinge beschränkt worden waren; letzter Todestransport dorthin am 11.12.1944. Insgesamt fielen der Invaliden-Aktion mindestens 15 000 Menschen zum Opfer.

Invasion

Seit 1942 von *Stalin* gefordert, kam die Errichtung einer Zweiten Front in Frankreich nach dem gescheiterten Unternehmen gegen *Dieppe* erst im Juni 1944 zustande. Mit 4126 Landungsfahrzeugen und 2316 Transportflugzeugen, unter dem Schutz einer Armada von Schlachtschiffen, Kreuzern und Zerstörern, setzten die Alliierten gemäß der *Overlord*-Planung am »D-day«, dem 6.6.1944, über den Kanal und landeten in der Normandie. Eine Invasion war von der deutschen Führung lange erwartet worden, nur gingen die Vermutungen eher Richtung Pas-de-Calais als Normandie. Die Verteidiger wurden daher fast völlig überrascht, als im ersten Morgenlicht Fallschirmjäger im normannischen Hinterland niedergingen und wenig später ein Bombenhagel die Küstenbefestigungen umpflügte. Ihm folgte um 5.50 Uhr ein Feuerschlag aus den über 1000 Rohren der Deckungsflotte, ehe um 6.30 Uhr die erste Welle der Landungstruppen das Ufer erreichte. Schon am ersten Tag flogen die alliierten Luftwaffen 14 674 Einsätze, denen nur 319 deutsche gegenüberstanden, und errangen sofort die Luftherrschaft. In fünf Tagen erreichten mit Hilfe der künstlichen »Mulberry«-Häfen 326 000 alliierte Soldaten mit 104 000 t Nachschub und 54 000 Fahrzeugen das Festland. – Die Alliierten hatten fünf Landeköpfe an der Küste vorgesehen: »Utah« nördlich von Carentan auf der Halbinsel Cotentin für das VIII. US-Korps (Collins), »Omaha« 15 km östlich davon für das V. US-Korps (Gerow), »Gold« nordöstlich von Bayeux für das britische XXX. Korps (Bucknall), »Juno« direkt östlich anschließend für die kanadischen Verbände des britischen 1. Korps (Crocker) und »Sword« nördlich von Caen für dessen britische Einheiten. Zwar stabilisierten sich die Landeköpfe rasch, doch wurden die Tagesziele nirgendwo erreicht, da Gegenmaßnahmen der verteidigenden deutschen 7. (Dollmann) und 15. Armee (Salmuth) einsetzten. Als unfreiwilliger Verbündeter der Alliierten erwies sich allerdings Hitler, der lange die Zuführung von Verstärkungen verweigerte, weil er weiter an eine »Hauptlandung« bei Calais glaubte. Nach Plan sollte Cherbourg mit dem wichtigen Hafen noch am ersten Tag der Invasion genommen werden; das gelang jedoch erst drei Wochen später. Der Durchbruch ins französische Hinterland war für den 27.6. vorgesehen, glückte aber erst am 1.8. bei Avranches. Bis dahin hatte die Schlacht auf deutscher Seite 114 000 Gefallene und 41 000 Gefangene gekostet, die Alliierten hatten 122 000 Mann verloren. In der Kesselschlacht von Falaise (16.–20.8.) rieben die Alliierten die letzten deutschen Verbände auf, die ihnen noch den Weg ins Innere Frankreichs hätten verlegen können. Nach dem Fall von Paris (25.8.) war man wieder im Plan (D-Day plus 90). – Inzwischen war (am 15.8.) die Invasion in Nordfrankreich durch eine weitere Landung im Süden, an der französischen Mittelmeerküste (»Dragoon«), flankiert worden, so daß die deutschen Truppen Gefahr liefen, in die Zange zu geraten, und sich deswegen zurückzogen. Am 11.9. trafen sich die aus Südfrankreich heranrückenden alliierten Verbände und die von der Normandie kommende Invasionsarmee bei Dijon, am selben Tag erreichten amerikanische Truppen bei Trier erstmals die Reichsgrenze.

Italien

Wenigstens den Frieden wollte man gewinnen, nachdem der Krieg demütigende Niederlagen gebracht hatte: Italien, südeuropäisches Königreich mit rd. 40 Mio. Einwohner auf 310 000 km², hatte sich trotz Bündnis mit Deutschland im 1. Weltkrieg 1915 auf die Seite der Westmächte geschlagen und erhoffte von den Friedensverträgen 1918/19 die Belohnung dafür. Sie blieb aus. Das führte zu einer scharfen nationalistischen Reaktion, die 1922 in die Übernahme der Macht durch *Mussolini* und seine Faschisten mündete. Im Innern baute der »Duce« seine Diktatur zügig aus, nach außen gab er sich zunächst gemäßigt und machte sogar Front gegen Hitler, als dieser das Mächtegleichgewicht durch heimliche Förderung des *Anschlusses* Österreichs und durch Aufrüstung zu gefährden drohte. – Wenig später aber schlug auch Mussolini den imperialistischen Weg ein und annektierte *Abessinien* (Mai 1936), wofür er nur Unterstützung bei Hitler fand. Die *Achse* Berlin–Rom festigte sich durch gemeinsame Intervention im Spanischen Bürgerkrieg und wurde nach der Annexion Albaniens (12.4.1939) zum engen Bündnis im *Stahlpakt* vom 22.5.1939. Zum Kriegseintritt war Mussolini dennoch nicht sogleich bereit; erst als der deutsche Siegeszug in Frankreich reiche Beute versprach, erklärte auch er den Westmächten am 10.6.1940 den Krieg. Er weitete ihn gegen die britische Mittelmeerposition zu einem Parallelkrieg mit dem Ziel des »mare nostro« (unser Meer) aus, konnte sich aber schließlich nur durch deutsche Hilfe in Nordafrika und Griechenland behaupten. Als Hitlers Kriegsglück sank, verlor Mussolini den Rückhalt selbst in der faschistischen Bewegung. Am 25.7.1943 wurde er gestürzt und gefangengesetzt, Italien schied aus dem Krieg aus. Von deutschen Fallschirmjägern am 12.9.1943 auf dem Gran Sasso befreit, konnte der »Duce« noch bis Kriegsende einen faschistischen Marionettenstaat von Hitlers Gnaden in *Salò* über Restitalien errichten, ehe der deutsche Zusammenbruch auch das Ende des italienischen Faschismus brachte. Er erstand neu im Neofaschismus, der 1994 sogar wieder in ein Regierungsbündnis aufgenommen wurde.

J

Jalta

Im sowjetischen Badeort Jalta an der Südküste der Krim tagten vom 4. bis 11.2.1945 die Großen Drei *Churchill*, *Stalin* und *Roosevelt*. Sie präzisierten die Ergebnisse der Konferenz von *Teheran* und beschlossen: Aufteilung des sehr bald besiegten Deutschlands in *Besatzungszonen* (erstmals wurde eine französische Zone geplant), Koordinierung der Besatzungspolitik in einem Alliierten Kontrollrat, Entmilitarisierung und *Entnazifizierung* Deutschlands, Aburteilung der Kriegsverbrecher, *Demontage* deutscher Industrieanlagen als Kriegsentschädigung, Verschiebung Polens nach Westen, Anerkennung der provisorischen kommunistischen Regierung in Polen, Einberufung einer Konferenz nach San Francisco zur Gründung der Vereinten Nationen, Eintritt der UdSSR in den Krieg gegen *Japan* nach der deutschen Kapitulation. – Jalta bestätigte die sowjetische Politik der Bolschewisierung Ost- und Südosteuropas gegen das »Zugeständnis« des Kriegseintritts in Fernost, den Stalin ohnehin zur Sicherung eines Beuteanteils plante.

Japan

Dem halbdemokratisierten Kaiserreich Japan ging es nach dem 1. Weltkrieg ähnlich wie Italien: Es sah sich als Mitsiegermacht in seinen territorialen Hoffnungen enttäuscht und erlebte eine nationalistische Radikalisierung, die nach »nationaler Wiedergeburt« rief und für die Japaner als »Volk der Götter« einen Führungsanspruch für ganz Ostasien anmeldete. Hinzu kamen Bevölkerungsdruck (65 Mio. Einwohner auf nur teilweise nutzbaren 382 000 km^2) und Rohstoffmangel, die zu expansiver Politik führten. 1931 annektierte Japan die Mandschurei, trat wie Deutschland 1933 aus dem *Völkerbund* aus und eröffnete 1937 den Krieg gegen China. Das bedeutete Konfrontation mit den USA und Großbritannien und trieb Japan in die Arme der *Achse* Berlin–Rom, die durch *Antikominternpakt* und *Dreimächtepakt* auf Tokio ausgedehnt wurde. Zu wirklicher politischer und militärischer Kooperation aber kam es nicht, da sich Japan wegen der Existenzbedrohung durch die USA mit Moskau verständigte (13.4.1941), so daß sowjetische Truppen gegen die Wehrmacht frei wurden. Am 7.12.1941 eröffnete Japan mit dem Überfall auf die US-Flotte in Pearl Harbor den *Pazifikkrieg* und weitete den europäischen Krieg zum 2. Weltkrieg aus, der nach ungeheurem Siegeszug mit dem Zusammenbruch des Kaiserreichs im Atomblitz von *Hiroschima* und Nagasaki (6. und 9.8.1945) und der Kapitulation am 2.9.1945 endete. Sie war nicht gänzlich bedingungslos, denn Japan durfte Kaiser Hirohito als Staatsoberhaupt behalten.

Jasenovac

Kroatien als Parteigänger des Reiches unterhielt 1941–45 in eigener Regie *Konzentrationslager*, deren größtes Jasenovac an der Save war, rd. 100 km südlich von Zagreb. Es bestand aus einem Komplex von Einzellagern sowie einem Frauenlager, das weiter entfernt bei Stara Gradiška (Altgradiska) lag. Kroatische Sicherheitspolizei stellte die Wachmannschaften, viele von ihnen gehörten der faschistischen Ustascha-Organisation an. Nach neueren Schätzungen kamen in Jasenovac 60 000–80 000 Serben, Zigeuner und politische Gegner des Regimes ums Leben. Die Zahl der jüdischen Opfer lag zwischen 20 000 und 25 000, die meisten starben vor dem Aug. 1942, als die Deportationen kroatischer Juden nach *Auschwitz* begannen. Im April 1945 rückten die kommunistischen Partisanen auf das Lager vor. Um alle Spuren der Verbrechen zu verwischen, sprengte die Ustascha alle Gebäude und Einrichtungen und tötete die meisten Insassen. Am 23./24.4. wurde Stara Gradiška, am 2.5. Jasenovac selbst befreit. Das Thema »KZs in Kroatien« wurde einer weiteren Öffentlichkeit ins Gedächtnis gerufen, als Argentinien 1998 den stellvertretenden Lagerleiter von Jasenovac an Kroatien auslieferte, wo ihm der Prozeß gemacht wurde.

Jesuiten

Unheimlich waren die Jesuiten vielen schon immer. Ihre militärische Gliederung unter einem General, der unbedingte Gehorsam ihm und dem Papst gegenüber, der Verzicht auf Ordenskleidung und Kasernierung in Klöstern machten sie zu einer schwer greifbaren verschworenen Gruppierung. Die 1534 von Ignatius von Loyola gegründete internationale Societas (Gesellschaft) Jesu (SJ), so der offizielle Ordensname, galt daher oft als Drahtzieher im Hintergrund und paßte besonders gut in die NS-Verschwörungstheorien um »überstaatliche« Organisationen. Zwar war ein gewisser Respekt diesen »Sturmtruppen des Papstes« (SS-Leitheft) gegenüber unverkennbar, doch um so intensiver wurde der Kampf gegen den »Nachrichtendienst des Vatikans« geführt. In den *Priesterprozessen* versuchte man ihnen moralische und Devisenvergehen nachzuweisen, Ordenseigentum wurde beschlagnahmt, die seelsorgerische Tätigkeit überwacht. Alle etwa 23 000 deutschen Jesuiten schloß das OKW mit Weisung vom 31.5.1941 wegen ihres »verderblichen Einflusses« auf die Truppe aus der Wehrmacht aus.

Jiddisch

Verfolgungen in der Zeit der Kreuzzüge trieb viele Juden Mitteleuropas in den Osten, wohin sie ihr hebräisch durchsetztes und geschriebenes Mittelhochdeutsch mitnahmen. In den folgenden Jahrhunderten reicherte sich diese Sprache mit slawischen Elementen an und wurde schließlich zu einer weltweiten jüdischen Verkehrssprache. Die Nationalsozialisten sahen in ihr eine »Vergewaltigung« der deutschen Sprache und betonten ihre Verwandtschaft zur Gaunersprache Rotwelsch. Im 2. Weltkrieg wurde mit dem Ostjudentum auch die Basis des Jiddischen zerstört. Es wird zwar immer noch von vielen Juden beherrscht und ist bei langsamem Sprechen auch für Deutsche teilweise verständlich, hat aber an Vitalität verloren.

Jodl, Alfred

* Würzburg 10.5.1890, † Nürnberg 16.10.1946 (hingerichtet)

Der Artillerieoffizier des 1. Weltkriegs Jodl stieg in der Reichswehr rasch auf und wurde 1938 als Chef des Wehrmachtführungsamts (8.8.1940 in Wehrmachtführungsstab umbenannt) engster militärischer Berater Hitlers, dessen »Genie« er bewunderte. Nach dem Frankreichfeldzug zum General der Artillerie ernannt (19.7.1940), arbeitete er mit an den Angriffsplanungen gegen die UdSSR, wobei in seiner Abteilung der *Kommissarbefehl* formuliert wurde. Obwohl der *Wehrmachtbericht*, der in seiner Verantwortung herausgegeben wurde, unvermindert Siegeszuversicht verbreitete, hielt Jodl, am 30.1.1944 zum Generaloberst befördert, die Niederlage schon bald für unvermeidlich, ohne freilich Konsequenzen aus dieser Erkenntnis zu ziehen. Erst als Hitler im Frühjahr 1945 erwog, die *Genfer Abkommen* zu kündigen, widersprach Jodl entschieden. Am 7.5. mußte er in Reims die *Bedingungslose Kapitulation* unterschreiben. In Nürnberg vor Gericht gestellt, sprach ihn der Internationale Militärgerichtshof in allen Punkten der Anklage schuldig und verurteilte ihn am 1.10.1946 zum Tod durch den Strang.

Joyce, William

* New York 24.4.1906, † London 3.1.1946 (hingerichtet)

Eine der schärfsten Waffen im Propagandakrieg des Deutschen Reiches gegen England war der in New York geborene Ire Joyce. Er war 1921 zum Studium nach England eingereist und hatte sich den britischen Faschisten um Oswald Mosley angeschlossen. Als dieser 1937 bei den Wahlen ein Fiasko erlitt, trennte sich Joyce von ihm. Sein Idol hieß jetzt Hitler. Er verschaffte sich einen britischen Paß und fuhr im Aug. 1939, wenige Tage vor Kriegsausbruch, nach Berlin. Beim deutschen Runkfunk erhielt er eine Anstellung. Hochbegabt, ehrgeizig und bienenfleißig, machte der Englandhasser rasch Karriere. Seine Sendungen, in denen er geschickt Spionageberichte verarbeitete, erreichten in England zeitweilig Einschaltquoten von 50%, was nicht zuletzt auf den näselnden, bemüht kultivierten Oxfordtonfall seiner Stimme zurückzuführen war, der ihm den Spitznamen »Lord Haw-Haw« einbrachte. Nach dem Untergang des 3. Reiches irrte er als Flüchtling in Norddeutschland umher und wurde am 28.5.1945 von einer britischen Streife bei Flensburg gefaßt. Der erschwindelte britische Paß wurde ihm zum Verhängnis. Die britische Justiz leitete daraus die Berechtigung ab, ihn als Hochverräter vor Gericht zu stellen. Am 19.9. wurde Joyce zum Tod verurteilt. In seiner Abschiedsbotschaft hieß es: »Ich bin stolz darauf, für meine Ideale zu sterben.« Die BBC brachte den Text in den Nachrichten – die letzte Rundfunksendung von Lord Haw-Haw.

Ju 52

»Tante Ju« oder »Eiserne Anna« hieß sie bei den Soldaten: Die Ju 52, ein Transportflugzeug der Firma Junkers, Erstflug 13.10.1930, erwarb sich einen legendären Ruf als robustes, an allen Fronten und bei jedem Wetter einsetzbares Arbeitspferd. Ursprünglich als einmotoriges Frachtflugzeug geplant, wurde die Ju 52 auf Anregung der Lufthansa zu einer dreimotorigen Passagiermaschine weiterentwickelt. Sie war für 15–17 Passagiere eingerichtet und serienmäßig mit BMW-132-Sternmotoren ausgerüstet. Die militärische Version des Wellblechflugzeugs trug bis zu 18 vollausgerüstete Soldaten, 14 Bahren oder 2 t Fracht im Kastenrumpf. Als »Mädchen für alles« schleppte sie Lastensegler, diente als Sanitätsflugzeug, Seetransporter (mit Schwimmern ausgerüstet) und fliegender Minensucher (mit einer Magnetspule unter dem Rumpf). Militärische Premiere hatte die Ju 52 im *Spanischen Bürgerkrieg*: 20 Maschinen transportierten bei Pendelflügen im Aug. 1936 rd. 10 000 Mann der Afrika-Armee von Spanisch-Marokko aufs Festland. Beim Aufbau der Fallschirmtruppe bildete die Ju 52 das Rückgrat der Transportgeschwader; im großen Stil machte die Luftwaffe beim Angriff auf Norwegen und auf Holland 1940 von den Transportflugzeugen Gebrauch, ebenso beim Unternehmen »Merkur« gegen Kreta 1941. Es folgten Einsätze in Rußland und Nordafrika; bei den Luftbrükkeneinsätzen von Demjansk, *Stalingrad* und Tunis trugen die Ju-52-Transporter die Hauptlast. Insgesamt wurden 2084 Exemplare während des Krieges gebaut. Daten der Ju 52/3m g7e: 3 × 830 PS, max. 290 km/h, 11 t Abfluggewicht, 3 Mann Besatzung; Bewaffnung 1 × 13-mm-MG im offenen Drehstand auf dem Rumpfrücken und 2 × 7,9-mm-MG in den Rumpffenstern. Zur Verteidigung trugen viele Ju 52 im Frontgebiet ein zusätzliches MG in einer Plexiglashaube auf dem Dach des Führerraums. Das half jedoch selten, die trägen Maschinen hatten kaum Möglichkeiten, Angriffen auszuweichen, und wurden in großer Zahl abgeschossen. Im April 1945 gab es noch ganze 130 einsatzklare Flugzeuge. Nach dem Krieg wurde die »Tante Ju« u.a. in Frankreich und Spanien weitergebaut, in manchen Ländern versah sie Transportaufgaben noch bis in die 1980er Jahre.

Ju 87 →*Stuka*

Juden, Judentum

Der Stamm des Volkes Israel, der seine Herkunft von Juda, dem Sohn Jakobs und der Lea, herleitete und das Südreich um Jerusalem bildete, wurde Namensgeber für die Angehörigen der jüdischen Religion. Sie lehrte als eine der ersten den einen und einzigen Gott (Jahwe), aus ihr entstanden die Weltreligionen Christentum und Islam. Anders als diese aber erwarten die Juden noch immer den geweissagten Messias und sehen sich als »auserwähltes Volk« Gottes. Nach der Zerstreuung (Diaspora) der Juden durch Römer und Araber in alle Welt wurden ihr hoher Selbstanspruch und ihre daraus resultierende Abschließung zum ständigen Reibungspunkt mit den Völkern, bei denen sie lebten, und führten letztlich zum *Antisemitismus*, der noch durch den Neid auf die außergewöhnlichen Leistungen der Juden genährt wurde. – In christlichen Ländern sahen sie sich wegen der Kreuzigung Christi als »Gottesmörder« gebrandmarkt und wurden etwa zur Zeit der Kreuzzüge blutig verfolgt. Auch später kam es immer wieder zu staatlichen (Spanien) und staatlich geduldeten Verfolgungen, die sich in *Pogromen* entluden. Viele Juden sahen in dieser Lage nur eine Rettung in immer weiterer Anpassung (Assimilation) an die christliche Umwelt, ein Trend der sich in der Zeit der Aufklärung noch verstärkte. Im 19. Jh. erreichten die Juden in Deutschland die weitgehende rechtliche Gleichstellung und leisteten im 1. Weltkrieg einen wichtigen Beitrag zu den militärischen und ökonomischen Anstrengungen. Inzwischen aber war es zu einer Gegenbewegung gekommen, die sich wissenschaftlich gab und die Juden unbeschadet der längst völligen Vermischung als *Rasse* definierte. Gerade die Niederlage im 1. Weltkrieg gab dieser Richtung Auftrieb, weil man Sündenböcke für die selbstverschuldete Katastrophe brauchte. Eine Assimilation hatte in dieser rassistischen Sicht keinen Platz; und so hieß es denn schon im Programm der NSDAP von 1920: »Kein Jude kann daher Volksgenosse sein.« Ächtung, Entrechtung und der Völkermord der *Judenverfolgung* waren die Konsequenz, die das 3. Reich daraus zog.

Judenboykott

Selbst politische Experten wie *Heuss* hielten Hitlers radikalen Antisemitismus 1933 für Taktik oder doch für überwunden. Daß das Gegenteil der Fall war, bewies der 1.4.1933, als ein drei Tage zuvor von der NSDAP-Führung beschlossener Boykott jüdischer Geschäfte und Warenhäuser, Rechtsanwälte und Ärzte reichsweit organisiert wurde. Dazu zogen um 10 Uhr SA-Wachen vor den oft mit Schildern und Schmierereien markierten Geschäften und Praxen auf, um etwaige deutsche Kunden zu »warnen«. Wer darauf nichts gab, mußte mit Belästigungen oder Schlimmerem rechnen. Die Aktion wurde als Reaktion auf angebliche jüdische Übergriffe und Boykottaufrufe gegen deutsche Waren im Ausland ausgegeben und entsprechend von einem »Zentralkomitee zur Abwehr der jüdischen Greuel- und Boykotthetze« unter *Streicher* in München geleitet. Da die Kommentare der internationalen Presse politischen Schaden befürchten ließen, wurde der Boykott in der folgenden Woche nicht fortgesetzt.

judenfrei
Zynische NS-Bezeichnung für Städte oder Gebiete, deren jüdische Bewohner im Rahmen der *Endlösung* in die Vernichtungslager deportiert oder an Ort und Stelle ermordet worden waren.

Judenhäuser
Mit Gesetz vom 30.4.1939 wurde die Möglichkeit geschaffen, jüdische Mieter unter Aufhebung des Mieterschutzes zwangsweise in Häuser jüdischer Besitzer einzuweisen. Zur Kündigung reichte eine Bescheinigung der Gemeinde, die die betroffenen Menschen ohne genaue Platzprüfung in diesen Judenhäusern unterbrachte. Damit wollte man weiteren Druck auf die Juden ausüben, sie zur besseren Überwachung konzentrieren und Wohnraum für »Deutschblütige« freimachen.

Judenräte
In den besetzten Gebieten, v. a. in den Ghettos im Osten, verlangten die deutschen Behörden die Einrichtung von Judenräten, mit denen allein sie zu verhandeln bereit waren und die, unterstützt von einem Ordnungsdienst, für die Sicherheit in den jüdischen Wohngebieten zu sorgen und die deutschen Anordnungen durchzusetzen hatten. Dazu gehörte auch die Zusammenarbeit bei Deportationen, wobei viele Judenräte nur ahnten oder gar nicht wußten, welches Schicksal die »Umgesiedelten« erwartete. So äußerte sich der Amsterdamer Judenrat am 18.9.1942 bestürzt über einen (!) Todesfall in *Auschwitz*, als dort bereits mindestens 10 000 der bis dahin deportierten 15 760 holländischen Juden in den Gaskammern getötet worden waren.

Judenstern

Seit 23.11.1939 mußten alle über sechs Jahre alten Juden im deutsch besetzten Polen und vom 2.9.1941 an auch die im Deutschen Reich als Erkennungszeichen einen aus zwei schwarzumrandeten gelben Dreiecken bestehenden Stern auf der linken Brustseite tragen. Mit diesem Judenstern knüpften die NS-Behörden an die mittelalterliche Kennzeichnungspflicht für Juden an, wobei als Zeichen absichtlich das nationale und religiöse Symbol des Judentums, das Hexagramm des Davidsterns, gewählt wurde. Er mußte nach Weisung des RSHA vom 13.3.1942 auch die Wohnungstüren jüdischer Besitzer oder Mieter markieren. Pässe von Juden trugen als Merkmal bereits seit 1938 das große »J« und die Zwangsvornamen »Israel« oder »Sara«.

Judenverfolgung

Der nationalsozialistische Haß auf die Juden wurde durch die erst im 19. Jh. entstandene rassische Form des *Antisemitismus* gespeist. Eine wie auch immer geartete Emanzipation oder Assimilation (Anpassung) der Juden war danach nicht möglich. NS-Politik konnte also immer nur auf die Ausschaltung der Juden zielen, wie bereits im Programm der Partei vom 24.2.1920 gefordert. – Offiziell schlug sich das erstmals in einem (erfolglosen) Gesetzentwurf der NSDAP vom 13.3.1930 gegen »Rasseverrat« (Vermischung mit Juden) nieder. Das *Ermächtigungsgesetz* vom 24.3.1933 machte dann den Weg frei für eine Ausnahmegesetzgebung gegen Bürger jüdischer Herkunft, eingeleitet mit dem Gesetz »zur Wiederherstellung des Berufsbeamtentums« vom 7.4.1933 mit dem später in zahllose Regelungen und Satzungen staatlicher wie privater Art aufgenommenen *Arierparagraphen*. Er animierte Behörden wie Verbände vielfach ohne Rechtsgrundlage zu Restriktionen: Man verweigerte Juden Konzessionen, entließ sie aus Ehrenämtern oder nahm jüdischen Ärzten die Kassenzulassung. Das Gesetz über die Errichtung der *Reichskulturkammer* vom 22.9.1933 brachte dann den Ausschluß aus dem kulturellen Leben. – Endgültig zu Bürgern zweiter Klasse wurden die Juden, d.h. Personen mit zwei oder mehr »volljüdischen« Großelternteilen, mit den *Nürnberger Gesetzen* vom 15.9.1935. Sie wurden zu bloßen Staatsangehörigen ohne politische Rechte herabgestuft und auch sonst in der Praxis weitgehend rechtlos gestellt. Vor Gericht stand ihre Glaubwürdigkeit von vornherein im Zweifel, und in der

Öffentlichkeit mußten sie Demütigungen aller Art wehrlos hinnehmen. Die *Kristallnacht* gab dann auch der *Arisierung*, also der Ausschaltung aus dem Wirtschaftsleben, den letzten Impuls, die sich schon mit dem *Judenboykott* 1933 abgezeichnet hatte. Hinter der Entrechtung und Drangsalierung stand das Ziel, die Juden zur Auswanderung zu bewegen, was vielen wegen ihrer Ausplünderung gar nicht mehr möglich war. Insgesamt verließen bis Ende 1938 rd. 180 000 und 1939 noch einmal 80 000 der 500 000 deutschen Juden ihre Heimat. Im Krieg endete diese Möglichkeit bald. – *Heydrich* suchte nun die Lösung in Zwangsdeportationen ins besetzte Polen, wo schon die einheimische Bevölkerung kaum überleben konnte und weitere Millionen Juden eine Auswanderung völlig illusorisch machten. Es folgte als letztes, tödliches Stadium der NS-Judenverfolgung die *Endlösung* in den Vernichtungslagern und in den Erschießungsgruben der *Einsatzgruppen*. Hatte man zunächst noch alte und kriegsversehrte deutsche Juden verschont, so wurden auch sie bald in das »Altersghetto« *Theresienstadt* verbracht, wo die meisten starben oder nach Auschwitz »ausgesiedelt« wurden. Von 168 972 Juden, die im Mai 1941 noch in Deutschland gezählt wurden, waren am 1.9.1944 nur noch 14 574 registriert. In einigen besetzten Gebieten hatte der Terror noch gründlicher gewütet, nur in wenigen Ländern (Bulgarien, Dänemark, Italien) fanden die Juden aktive Hilfe; für die emigrierten und ausgebürgerten und damit staatenlosen deutschen Juden, die von der Wehrmacht eingeholt wurden, sprach niemand. Sie fielen ausnahmslos dem Holocaust zum Opfer.

»Jud Süß«

»Staatspolitisch und künstlerisch besonders wertvoll, jugendwert« lautete 1940 das Prädikat für einen Film, den *Goebbels* mit 2 Mio. RM gefördert hatte und der mit der Romanvorlage von Lion Feuchtwanger kaum noch Ähnlichkeit aufweist: »Jud Süß« schildert den Aufstieg des Joseph Süß-Oppenheimer zum Finanzbeamten und Steuereinnehmer beim Herzog von Württemberg im 18. Jh. und brandmarkt die moralische Verkommenheit des »Karrierejuden«, der sich nicht nur schamlos bereichert, sondern auch mit verbrecherischen Tricks Christinnen verführt. Das Porträt war dazu gedacht, Haß gegen die Juden zu schüren und Verständnis für die harten antijüdischen Maßnahmen im Krieg zu wecken. Das gelang dank schauspielerischer Glanzleistungen der Hauptdarsteller Ferdinand Marian, Heinrich George, Werner Krauss und Kristina Söderbaum unter *Harlans* Regie. Nach Vorführungen (Premiere 5.9.1940) kam es vielfach zu Ausschreitungen gegen Juden und jüdische Einrichtungen. Harlan wurde nach dem Krieg zwar von persönlicher Schuld freigesprochen, doch der Film selbst als *Verbrechen gegen die Menschlichkeit* eingestuft.

Jugendprotest
Sammelbezeichnung für die insbesondere seit Kriegsbeginn in Kreisen der Arbeiterjugend und bei Oberschülern zunehmende Widersetzlichkeit, die sich gegen die Gängelei durch HJ und Partei wandte und scharfe Gegenmaßnahmen des Regimes wie die Hinrichtung von *Edelweißpiraten* und die Einrichtung von als »Jugendschutzlager« bezeichneten KZ (z.B. Neuwied, Moringen bei Göttingen) auslöste.

Jugendwalter
Bezeichnung für die in Betrieben von der DAF eingesetzten Betreuer, die Jugendappelle, Weihe- und Feierstunden an NS-*Feiertagen* organisierten und für die weltanschauliche Schulung der »jungen Gefolgschaft« zuständig waren.

Jugoslawien
Ergebnis des 1. Weltkriegs war auch ein neuer Staat auf dem Balkan: Durch Ausrufung eines »Königsreichs der Serben, Kroaten und Slowenen« entstand am 1.12.1918 aus serbisch-montenegrinischem und ehemals österreichisch-ungarischem Gebiet Jugoslawien (so die Eigenbezeichnung seit 3.10.1929). Es litt ständig unter Konflikten zwischen den Staatsvölkern, die schließlich am 6.1.1929 in die Königsdiktatur Alexanders I. mündeten. Nach dessen Ermordung am 9.4.1934 wurde sie von einem Regentschaftsrat für den unmündigen Peter II. fortgesetzt. Der junge Staat versuchte, sich durch Bündnisse außenpolitisch zu sichern, geriet aber in Abhängigkeit durch die italienische Expansion (7.4.1939 Besetzung Albaniens) und die wirtschaftliche Übermacht Deutschlands (1.4.1934 Handelsvertrag). Am 25.3.1941 trat Jugoslawien dem *Dreimächtepakt* bei, wogegen das Militär putschte und den Beitritt rückgängig machte. Hitler weitete daher den gegen Griechenland gerichteten Angriff

zum *Balkanfeldzug* aus, der zur Aufteilung Jugoslawiens führte. Die in London amtierende Exilregierung unter Peter II. verlor 1943 die Anerkennung der Alliierten, die nun auf *Tito* setzten. Unter ihm entstand Jugoslawien 1945 neu als Volksrepublik. Etwa 10 % der rd. 15 Mio. Einwohner des Landes waren durch direkte Kriegseinwirkung oder Verfolgung durch die Besatzungsmächte und die kroatische *Ustascha* umgekommen. Die Rache der siegreichen Partisanen forderte nach Kriegsende noch einmal ungezählte Opfer.

Juliabkommen
Noch beim NS-Putsch vom 25.7.1934 gegen Bundeskanzler *Dollfuß* konnte sich Österreich ganz auf italienische Unterstützung verlassen. Nach der deutsch-italienischen Kooperation bei *Mussolinis Abessinien*-Abenteuer hatte sich die Lage jedoch gewandelt, und Rom drängte nun Wien, die Beziehungen zu Berlin zu entspannen. Hitlers Botschafter in Wien, *Papen*, konnte daher am 11.7.1936 eine Vereinbarung mit Kanzler *Schuschnigg* unterzeichnen, die eine Amnestie für verfolgte Nationalsozialisten in Österreich, Belebung der kulturellen und wirtschaftlichen Beziehungen und politische Konsultationen vorsah. Schuschnigg handhabte dieses Juliabkommen aber sehr lax und beschleunigte damit den von Hitler angestrebten *Anschluß*.

Jungreformatoren
Am 9.5.1933 schaltete sich eine Gruppe von Berliner Theologen in die Diskussion um eine evangelische Reichskirche ein mit dem »Aufruf zum Neubau der Kirche«. Die Geistlichen bezeichneten sich selbst als Jungreformatoren, forderten ein »freudiges Ja zum neuen Staat«, grenzten sich aber auch entschieden gegen ihn ab. So verwarfen sie den *Arierparagraphen* und akzeptierten kirchliche Entscheidungen nur auf der Basis des Bekenntnisses. Sie förderten die Wahl *Bodelschwinghs* zum Reichsbischof und beteiligten sich nach dessen Scheitern mit der Liste »Evangelium und Kirche« gegen die *Deutschen Christen* an den Kirchenwahlen vom 23.7.1933. Nach der Niederlage sammelte *Niemöller*, einer ihrer Wortführer, die Opposition im *Pfarrernotbund*.

Jungvolk →*HJ*

Junideklaration

Vier am 5.6.1945 – daher der Name – herausgegebene Erklärungen Großbritanniens, Frankreichs, der USA und der UdSSR: **1.** »Erklärung in Anbetracht der Niederlage Deutschlands« über die Ausübung aller Regierungsbefugnisse durch die Siegermächte; **2.** Errichtung eines Systems der Viermächtekontrolle über Gesamtdeutschland sowie der selbständigen Verwaltung der *Besatzungszonen*; **3.** endgültige Abgrenzung dieser Zonen; **4.** Erklärung der Diskussionsbereitschaft mit allen Staaten der Vereinten Nationen hinsichtlich der deutschen Frage.

Junkerschulen

1937 wurden die 1934/35 in Bad Tölz und Braunschweig gegründeten SS-Führerschulen in »Junkerschulen« umbenannt, in denen sich künftige SS-Führer in zehnmonatigen Lehrgängen (im Krieg nur vier Monate) auf ihre Aufgaben vorbereiteten. Es dominierte dabei die militärische Schulung, während der weltanschauliche Unterricht mit vier Wochenstunden zurücktrat, weil die »Junker« bereits nach politischer Zuverlässigkeit vorsortiert waren. Zur Teilnahme war nur normaler Volksschulabschluß erforderlich, die erfolgreiche Absolvierung der Kurse brachte auch deswegen kaum Karrierevorteile. Die SS rekrutierte ihre Führung weitgehend durch Verleihung hoher Ränge an bereits anderweitig qualifizierte Persönlichkeiten.

Juristenprozeß

Gegen 16 leitende Beamte des Reichsjustizministeriums sowie Angehörige des *Volksgerichtshofes* und von *Sondergerichten* verhandelte 1947 der Gerichtshof III der USA in Nürnberg wegen »Justizmords und anderer Greueltaten«. Vier Angeklagte wurden zu lebenslänglicher Haft, sechs zu kürzeren Haftstrafen verurteilt, die anderen freigesprochen. In fast allen Fällen wurden die Strafen am 31.1.1951 im Gnadenweg herabgesetzt.

Justiz

Mit dem *Ermächtigungsgesetz* endete im Deutschen Reich 1933 die Gewaltenteilung: Der Exekutive (Regierung) unterstanden fortan Legislative (Gesetzgebung) wie Judikative (Rechtsprechung), letztere verkamen zu Instrumenten der NS-Politik. Hauptmittel zur Disziplinierung der Justiz war die Personalpolitik: Mißliebige, v.a. sozialdemokratische und jüdische, Richter wurden entlassen, andere brachte man durch Versetzung um Einfluß. 1935 wurden alle Gerichte dem Reichsjustizministerium unterstellt, das in Runderlassen, Konferenzen und seit 1942 in Richterbriefen mitteilte, was jeweils erwünscht war. Das war formell nicht verbindlich, doch wem seine Position lieb war, der hielt sich daran. Anstellungen und Beförderungen mußten parteiamtlich befürwortet sein. – Für politische Delikte wurden schon im März 1933 *Sondergerichte* gebildet, und für politische Sachen, die bisher vom Reichsgericht verhandelt worden waren, schuf man 1934 den *Volksgerichtshof*. Gegen ihre Entscheidungen gab es keine Rechtsmittel, und ihre Zuständigkeit weitete sich immer mehr aus, weil »politisch« letztlich alles sein konnte. Während der Instanzenweg sich für Angeklagte und Verurteilte verkürzte und rechtliche Sicherungen abgebaut wurden, schuf der Gesetzgeber neue Eingriffsmöglichkeiten zur Überprüfung unwillkommener Urteile. Außerdem wurde das Rechtsprechungsmonopol der Gerichte durch *SS* und *Gestapo* gebrochen, die in schwebende Verfahren eingreifen, Urteile korrigieren und ohne Verfahren gegen »verdächtige« Personen die KZ-Einweisung anordnen konnten. Eine gerichtliche Überprüfung ihrer Entscheidungen war ausdrücklich ausgeschlossen. – Die Richter bemühten sich um möglichst genehme Urteile, da zu große Milde und damit eine zu hohe Quote von Korrekturen sie selbst gefährdete. Das machte sich v.a. auch bei der Entrechtung der Juden bemerkbar, die von der Justiz eilig umgesetzt und womöglich noch verschärft wurde. Auch die Gegner des NS-Systems bekamen den Diensteifer der Gerichte zu spüren, die *Heimtückegesetz* und Verordnung gegen *Volksschädlinge* so weit wie möglich nutzten. Sie hielten sich an den beliebig auslegbaren, mit Verordnung vom 5.5.1944 vorgegebenen Grundsatz, nach dem im Prinzip für jede Tat jede Strafe möglich war, »wenn der regelmäßige Strafrahmen nach gesundem Volksempfinden zur Sühne nicht ausreicht«. So kam es v.a. im Krieg zu 16000 Todesurteilen der ordentlichen Gerichte und mindestens 40000 Todesurteilen der Militärgerichtsbarkeit, von denen über zwei Drittel vollstreckt wurden. Natürlich gab es auch Juristen, die das Schlimmste zu verhindern suchten, doch ihre Erfolge waren gering. In der Mehrzahl betätigten sich die Richter, wie offiziell gefordert, als »vornehmste Vollstrecker des Führerwillens«.

K

Kaiserwald
KZ und Zwangsarbeitslager bei Riga, in dem 1943/44 über 10 000 lettische und aus dem Reich deportierte Juden ermordet oder Opfer der unmenschlichen Lebensbedingungen wurden; im Sept. 1944 vor der anrückenden Roten Armee zerstört und von den Spuren der Massenmorde im Rahmen der *Enterdungsaktion* gereinigt.

Kalawrita
In den unwegsamen Bergen der nördlichen Peloponnes liegt die Ortschaft Kalawrita, 1940 von rd. 1400 Menschen bewohnt. Dort versteckten Mitte Okt. 1943 griechische *Partisanen* 78 gefangene deutsche Soldaten, die gegen eigene Leute ausgetauscht werden sollten. Die deutschen Behörden gingen zum Schein auf Verhandlungen ein, bereiteten aber einen Angriff vor, bei dessen Beginn die Gefangenen im Gebirge erschossen wurden. Zur Vergeltung brannten die deutschen Truppen Kalawrita am 13.1.1944 völlig nieder und erschossen alle über 13jährigen männlichen Bewohner am Ortsrand. 511 Opfer wurden gezählt, hinzu kamen die Obdachlosen, die im folgenden Winter umkamen, und weitere bei »Sühnemaßnahmen« in den umliegenden Dörfern getötete Personen. Materielle Wiedergutmachung nach dem Krieg blieb weitgehend aus; die Verfolgung der Täter verlief im Sand. Die Ermittlungen wurden 1974 eingestellt.

Kaltenbrunner, Ernst
* Ried im Innkreis 4.10.1903, † Nürnberg 16.10.1946 (hingerichtet)
1932 schloß sich der junge Anwalt Kaltenbrunner der österreichischen NSDAP und SS an, die er seit 1935 leitete. Im Vorfeld des *Anschlusses* organisierte er im März 1938 für *Seyß-Inquart* die poli-

zeilichen Maßnahmen, baute danach die Gestapo der nunmehrigen Ostmark auf und wurde Höherer SS- und Polizeiführer Donau. Als Zwei-Meter-Mann äußerlich imposant, wurde Kaltenbrunner am 30.1.1943 von *Himmler* zum Nachfolger *Heydrichs* als Chef der Sicherheitspolizei und des SD (CSSD) berufen. Damit war er Vorgesetzter *Eichmanns*, den er schon aus der gemeinsamen Schulzeit kannte. Er war nun zuständig für die letzte Phase der *Endlösung*. Im Febr. 1944 entmachtete er die *Abwehr* zugunsten seines SD und war im Herbst 1944 federführend bei der Verfolgung vermeintlicher und tatsächlicher Verschwörer des *Zwanzigsten Juli*. Im Mai 1945 nahm ihn eine US-Streife fest. Als einer der Hauptkriegsverbrecher verurteilte ihn das Internationale Militärtribunal am 1.10.1946 zum Tod durch den Strang.

Kameradschaft

Unter den Werten, die der Nationalsozialismus besonders hochhielt, rangierte ganz oben die Kameradschaft. Sie sei wie die »Bewegung« selbst »im Schützengraben des Weltkriegs« geboren und überwinde alle Klassen auf dem Weg zur *Volksgemeinschaft*. Das Wort wurde im soldatischen Jargon der Partei daher gern verwendet und auch als Bezeichnung für organisatorische Einheiten eingesetzt: Studenten- und Künstlergruppen nannten sich Kameradschaften, auch die unterste Abteilung der *HJ* hieß »Kameradschaft«.

Kamikaze

Ausgehend von Erfolgen in der Schlacht von Leyte (am 25.10.1944 hatten japanische Selbstmordpiloten einen US-Träger versenkt), wurde im Herbst 1944 ein Sonderangriffskorps der japanischen Marineluftwaffe gegründet, dessen Piloten sich mit voller Bombenlast auf feindliche Schiffe stürzten. Die Formation erhielt den Namen Kamikaze (Götterwind); das bezog sich auf einen Taifun, der Japan im Jahr 1281 vor einer mongolischen Flotteninvasion gerettet hatte. Für den Kamikazekampf wurden spezielle Waffen entwickelt wie die bemannte Ohka-Bombe oder die von vornherein als Einwegbomber gebaute Nakajima K-115 Tsurugi (japan. Säbel), die allerdings nicht mehr zum Fronteinsatz kam. Bei den Piloten handelte es sich um Freiwillige, in der Mehrzahl fanatisierte Schüler und Studenten, die innerhalb einer Woche in ihre Aufgabe eingewiesen wurden. Vor dem Start verabschiedete man die Todgeweihten mit einem

Heldenritual. Hauptziel aller Kamikazeflieger waren die alliierten Träger, die sich in zentralen Aufzügen und Flugdecks besonders verheerend treffen ließen. Die Angriffstaktik erreichte während der Schlacht um Okinawa (März–Juni 1945) ihren Höhepunkt; ganze Wellen von Kamikazebombern stürzten sich auf die amerikanische Invasionsflotte und versenkten um den Preis von 903 Maschinen 16 Schiffe, darunter 11 Zerstörer; weitere 185 Schiffe, darunter 7 Träger, wurden beschädigt. Gesamtbilanz aller Kamikazeeinsätze: 1228 Totalverluste einschließlich Begleitjäger, 34 Kriegsschiffe versenkt, 288 beschädigt, darunter nach amerikanischen Angaben 36 Träger, 15 Schlachtschiffe, 15 Kreuzer und 87 Zerstörer. Als die alliierte Invasion des Mutterlands drohte, standen ganze Selbstaufopferungsgeschwader bereit, deren Einsatz dann aber unterblieb. Am Tag der Kapitulation bat der Schöpfer und Kommandeur des Kamikazekorps, Admiral Takijiro Onishi, die Familien seiner geopferten Piloten um Verzeihung und beging Selbstmord.

Kampf

Große Philosophen zitierten die NS-Ideologen, wenn sie ihr kämpferisches Weltbild begründeten: Heraklit habe den Kampf als »Vater aller Dinge und ihren Herrscher« bezeichnet, nach *Nietzsche* sei der Kampf Ausdruck des »Willens zur Macht«, und in der belebten Natur herrsche nach Charles Darwin das »Recht das Stärkeren« im Kampf ums Dasein (»struggle for life«). Gerade die letztere Deutung betonte man als angeblich auch für das menschliche Zusammenleben und insbesondere für den »Rassenkampf« geltend. Den hohen Rang des Begriffs belegt auch Hitlers Bekenntnisbuch »*Mein Kampf*«.

Kampfzeit

Im Rückblick nach der Machtergreifung verklärte die NS-Propaganda die Jahre davor zur Kampfzeit und zu einer Fortsetzung des *Fronterlebnisses.* Wie dieses habe die Kampfzeit die Mitstreiter »gehärtet« für den Sieg im Innern und ihr »politisches Führertum« begründet. Der »Kampfgemeinschaft« der *Alten Kämpfer* werde es daher gelingen, den verlorenen Sieg im 1. Weltkrieg doch noch zu erringen und die »Schmach von Versailles« zu tilgen. Die Geschichte der Kampfzeit mit dem Zentralereignis des *Hitler-Putsches* vom 9.11.1923 gehörte zu den Hauptfächern der politischen Schulung.

Kanaldurchbruch

Von einer »Demütigung, wie sie unsere Seeherrschaft seit dem 17. Jh. nicht erfahren hat«, sprach die britische Presse, die deutsche Propaganda dagegen jubelte: »Deutsche Kriegsschiffe klopfen an Englands Haustür«: Am 11./12.2.1942 glückte Unternehmen »Cerberus«, die Rückführung der deutschen Schlachtschiffe Scharnhorst und Gneisenau sowie des Schweren Kreuzers Prinz Eugen von Brest durch den Ärmelkanal in die Heimat. Die britische Aufklärung hatte seit langem mit einer derartigen Operation gerechnet, konnte zunächst aber erfolgreich getäuscht werden. So wurde der von 6 Zerstörern, 14 Torpedobooten und zahlreichen kleineren Schiffen sowie 176 Maschinen der Luftflotte 3 gesicherte Verband (Befehlshaber: Vizeadmiral Ciliax) erst sehr spät vor Le Touquet erfaßt und angegriffen. Vergeblich blieben jedoch sowohl die Attakken zur See mit Zerstörern und Schnellbooten als auch massive Luftangriffe. Die Briten verloren 17 Jäger, 15 Bomber, 6 Torpedobomber und 3 Zerstörer. Scharnhorst konnte nach zwei Minentreffern ebenso wie die einmal getroffene Gneisenau und der unbeschädigte Kreuzer ohne Probleme Wilhelmshaven und die Elbe erreichen. Im Propagandagetöse über das verwegene Husarenstück ging allerdings unter, daß mit dem Kanaldurchbruch auch ein Verzicht auf künftige Einsätze schwerer Einheiten im überseeischen Zufuhrkrieg verbunden war.

Kanzelparagraph

Keine NS-Erfindung, aber im 3. Reich gern genutzt war der Kanzel-§ 130a des Strafgesetzbuchs, der 1871 im Deutschen Reich eingeführt worden war. Danach machten sich Geistliche des Kanzelmißbrauchs schuldig, wenn sie sich beruflich über staatliche Angelegenheiten »in einer den öffentlichen Frieden gefährdenden Weise« äußerten. Dieser äußerst dehnbare Straftatbestand ermöglichte Verurteilungen zu Haft bis zu zwei Jahren und wurde im *Kirchenkampf* eine scharfe Waffe der NS-Justiz gegen unbequeme Pfarrer wie z. B. *Niemöller*, der im Juli 1937 nach dem Kanzel-§ angeklagt wurde.

Kapitalismus

Nationalsozialismus – das Wort sollte Programm sein und signalisieren, daß der Kapitalismus wie der internationalistische Marxismus

Feinde seien. In der kurzschlüssigen NS-Weltsicht verschmolzen beide jedoch zu einem einzigen Gespenst, denn der Kapitalismus in seinem Bündnis mit der *Hochfinanz* sei ebenso »volksvergessen« wie der Marxismus. Beide schürten den Klassenhaß, und beide stünden im Sold des *Weltjudentums*. Allein der Nationalsozialismus überwinde beide, indem er dem Kapital »angemessenen Gewinn« und dem »schaffenden Volksgenossen« ein Recht auf Arbeit sichere. Die wirtschaftliche Praxis im 3. Reich sah allerdings völlig anders aus: Es änderte sich nichts an der kapitalistischen Produktionsweise, und die Eigentumsverhältnisse änderten sich allenfalls durch die *Arisierung* und damit nur in Richtung auf weitere Konzentration von Kapital in noch weniger Händen. Die zunehmende staatliche Reglementierung der *Wirtschaft* wies allerdings darauf hin, daß in einem siegreichen NS-Staat auch dem Kapitalismus enge Grenzen gezogen worden wären.

Kapitulation (der deutschen Wehrmacht) →*Bedingungslose Kapitulation*

Kapo

Deutsche Schreibweise für das italienische Wort Capo (Kopf) als Bezeichnung für Häftlinge mit Aufsichtsaufgaben (Funktionshäftlinge) in den *KZ*, vermutlich übernommen aus dem Sprachgebrauch der in den 1930er Jahren in Bayern eingesetzten italienischen Straßenarbeiter und daher auch zuerst in *Dachau* belegt.

Karinhall

Nach seiner ersten Frau Karin, geb. Kantzow (* 21.10.1888, † 17.10. 1931), deren Leichnam hierher überführt wurde, nannte *Göring* seinen Landsitz in der Schorfheide nordöstlich von Berlin, den er 1934 erwarb und prunkvoll-altdeutsch ausbauen ließ. Hier empfing er in der 50 m langen »Deutschen Halle« des Hauptgebäudes Staatsgäste, bewirtete Jagdgesellschaften und brachte im Krieg einen Teil der Beute des *Kunstraubs* unter. Auch die Feierlichkeiten zur Hochzeit mit der Schauspielerin Emmy Sonnemann (* 24.3.1893, † 8.6.1973) fanden 1935 in Karinhall statt. 1945 ließ Göring die Wertgegenstände nach Berchtesgaden schaffen und die Gebäude bei Anrücken der Roten Armee sprengen.

Katjuscha
Salvengeschütz der sowjetischen Raketenartillerie, bei den deutschen Soldaten als *Stalinorgel* bekannt und gefürchtet.

Katyn
Am 13.4.1943 meldete der deutsche Rundfunk, Soldaten der Wehrmacht hätten bei Katyn nahe Smolensk Massengräber entdeckt. Eine von der Reichsregierung beauftragte Schweizer Ärztekommission fand darin 4363 Leichen, von denen 2730 als polnische Offiziere identifiziert wurden, die 1939 in sowjetische Gefangenschaft geraten und durch Genickschuß getötet worden waren. *Stalin* wies jegliche sowjetische Schuld an dem Massaker zurück und beschuldigte die Deutschen als Täter. Die Westmächte schlossen sich dem aus Sorge um die Kriegskoalition an. Bei den Ermittlungen für die *Nürnberger Prozesse* ließ sich das aber nicht belegen, so daß der Anklagepunkt entfiel. 1952 bestätigten Untersuchungen die sowjetische Täterschaft, aber erst 1990 gestand Moskau ein, daß 1940 insgesamt 15131 polnische Offiziere vom Geheimdienst NKWD liquidiert wurden, darunter die Opfer von Katyn.

Kauen
Am 15.9.1943 auf dem Gelände des Ghettos der damaligen litauischen Hauptstadt Kaunas (russisch Kowno, deutsch Kauen) errichtetes KZ für mehrere tausend jüdische Häftlinge, die zur Zwangsarbeit eingesetzt und nach Erschöpfung in die Vernichtungslager deportiert wurden; am 12.7.1944 vor der anrückenden Roten Armee geräumt, wobei 2000 Häftlinge getötet wurden.

Kaukasus
Als Teil des deutschen Angriffsplans »*Blau*« im Sommer 1942 befahl Hitler mit Weisung Nr. 45 am 23.7.1942 parallel zum Vorstoß auf *Stalingrad* den Angriff über Rostow und den Westkaukasus zur Ostküste des Schwarzen Meeres und zu den Ölfeldern von Baku und Grosny durch die Heeresgruppe A (List). Am 26.7. lief die Offensive erfolgreich an (9.8. Einnahme Maikops, 21.8. Hissung der Reichskriegsflagge auf dem Elbrus), geriet jedoch wegen der wachsenden Nachschubschwierigkeiten ins Stocken, was zur Ablösung Lists durch Kleist (22.11.) führte. Die krisenhafte Entwicklung bei Stalingrad zwang Hitler am 28.12., den Befehl zum Rückzug in den

Kuban-Brückenkopf zu geben. Die Kaukasus-Offensive hatte sich als verlustreicher Fehlschlag erwiesen; durch Schwächung des Angriffskeils gegen die Wolga trug sie außerdem maßgeblich zur Katastrophe von Stalingrad bei.

KdF →*Kraft durch Freude*

Keitel, Wilhelm

* Helmscherode (heute zu Bad Gandersheim, Harz) 22.9.1882,
† Nürnberg 16.10.1946 (hingerichtet)
Der Artillerie- und Generalstabsoffizier des 1. Weltkriegs Keitel wurde am 1.10.1935 zum Chef des Wehrmachtamts ernannt und rückte damit in die Position, aus der heraus ihn Hitler am 4.2.1938 bei Bildung der Oberkommandos der Wehrmacht (OKW) zu dessen Chef berief. Damit war Keitel in den innersten militärischen Planungsstab aufgerückt und verstrickte sich als diensteifriger Helfer Hitlers – Spitzname »Lakaitel« –, den er nach dem *Frankreichfeldzug* als »Größten Feldherrn aller Zeiten« feierte, in die Kriegsverbrechen des NS-Staates. Keitel, 1938 zum Generalobersten und 1940 zum Generalfeldmarschall befördert, unterzeichnete sowohl den *Kommissarbefehl* als auch den *Kugelerlaß* und den *Nacht-und-Nebel-Erlaß*. Am 22.6.1940 hatte er den größten Triumph Hitlers, die französische Kapitulation in *Compiègne*, entgegengenommen, nun mußte er am 8.5.1945 im sowjetischen Hauptquartier Karlshorst die *Bedingungslose Kapitulation* unterzeichnen. Das Internationale Militärtribunal sprach ihn in allen Anklagepunkten schuldig und verurteilte ihn am 1.10.1946 zum Tod durch den Strang; die Bitte um Erschießung als Soldat lehnte es ab.

Kellogg-Pakt

Nach dem damaligen amerikanischen Außenminister Frank Kellogg benannter, aus einem französisch-amerikanischen Abkommen hervorgegangener, am 27.8.1928 von 15 Staaten (darunter Deutschland) geschlossener Vertrag zur Kriegsächtung, der bis 1939 von 63 Staaten ratifiziert wurde; im *Nürnberger Prozeß* umstrittene Grundlage des Hauptanklagepunkts *Verbrechen gegen den Frieden*.

Kephallenia
Mit 781 km² größte der Ionischen Inseln vor der griechischen Westküste, war Kephallenia Anfang Sept. 1943 Schauplatz eines der schwersten unter den vielen Kriegsverbrechen im Rahmen der Entwaffnung der Italiener durch die Wehrmacht. Nach dem italienischen Ausscheiden aus dem Krieg am 3.9.1943 lösten überall Wehrmachtverbände die italienischen Besatzungen auf dem Balkan und in Südfrankreich ab. Stießen die Deutschen dabei auf Widerstand, kam es oft zu Blutbädern. Doch auch wenn sich die Italiener wie auf Kephallenia bereits ergeben hatten, tobte sich die Wut über den »Verrat« nicht selten in summarischen Erschießungen aus. Auf der griechischen Insel fielen einem solchen Racheakt 5000 Italiener der Division Acqui zum Opfer. Obwohl bereits Thema bei den Nürnberger Prozessen und in den 1960er Jahren Gegenstand eines Ermittlungsverfahrens, kam es zu keiner Verurteilung von Mitgliedern der unter dem Kommandierenden General des XII. Gebirgskorps Hubert Lanz (* 1896, † 1982) agierenden Tätertruppe. Nach Akten aus DDR-Beständen wurden 2001 neue Ermittlungen gegen einige wenige Überlebende eingeleitet.

Keppler-Kreis
Entgegen den Behauptungen, die Industrie habe Hitlers Aufstieg bezahlt, warb der NSDAP-Führer lange vergeblich um Unterstützung. Erfolg hatte er vergleichsweise früh beim Chemieunternehmer Wilhelm Keppler (* 14.12.1882, † 13.6.1960), der schon 1927 der Partei beitrat. Er gründete auf Anregung Hitlers Mitte 1932 einen zwölfköpfigen Beraterkreis aus Bankiers (z. B. *Schacht*), Großindustriellen und anderen Unternehmern, die Hitler den Zugang zu höchsten Wirtschaftskreisen öffnen sollten. Auf Vermittlung des Keppler-Kreises kam am 4.1.1933 das Treffen Hitler–Papen beim Kölner Bankier Kurt von Schröder zustande, das den Weg zur Machtergreifung ebnete. Der Kreis ging 1935 auf im *Freundeskreis Himmler*.

Kerrl, Hanns
* Fallersleben 11.12.1887, † Berlin 14.12.1941
Zu den *Alten Kämpfern* der NSDAP gehörte der Justizbeamte Kerrl, der 1923 der Partei beitrat und für sie 1928–33 im Preußischen Landtag saß, 1932 als dessen Präsident. Er neigte zu radikalen Lösungen,

regte *Papen* zum *Preußenschlag* an, übernahm 1933/34 die preußische Justiz und wurde am 16.7.1935 zum Reichskirchenminister ernannt. Seine Hauptaufgabe bestand in der Disziplinierung der evangelischen Kirche, doch richtete er hier mit seinen Methoden nichts aus. Kompromißversuche scheiterten an geschworenen Kirchenfeinden wie *Bormann*, so daß Kerrl bei Hitler an Kredit verlor. Sein Posten wurde nach seinem plötzlichen Tod nicht wieder besetzt; er erhielt ein Staatsbegräbnis, an dem Hitler allerdings nicht teilnahm.

Kinderlandverschickung (KLV)
Organisationen, die für die Erholung von Stadtkindern in ländlichen Gebieten sorgten, gab es schon vor 1933. Davon zu unterscheiden ist die »Erweiterte Kinderlandverschickung«, die seit 27.9.1940 vom ehemaligen Reichsjugendführer *Schirach* auf Weisung Hitlers in die Wege geleitet wurde. Sie diente dem Schutz von 10- bis 14jährigen Kindern aus den »Luftnotgebieten«, wurde von der NSDAP finanziert und war zunächst auf sechs Monate geplant. Mit Verschärfung des Luftkriegs seit 1943, als viele Schulen den Unterricht einstellten, wurde die KLV drastisch ausgeweitet und zur Dauereinrichtung: Getrennt nach Geschlechtern wurden die Stadtkinder – nun auch kleinere – auf über 5000 Lager verteilt, die meist ältere Lehrer leiteten, während jugendliche »Lagermannschaftsführer« den Dienst gestalteten; Anweisungen dafür gab die Zeitschrift »Unser Lager«. Damit stand die KLV ganz im Zeichen der NS-*Erziehung* und ihrem Prinzip: »Jugend muß durch Jugend geführt werden.« Die Notmaßnahme wurde zur weltanschaulichen Tugend gemacht, da man die Kinder in den Lagern ungestört von Eltern oder kirchlichen Einflüssen politisch schulen und vormilitärisch ausbilden konnte. Zugleich nahm man den Müttern – die Väter waren meist im Krieg oder tot – die Sorge um die Kinder und gewann so Arbeitskraftreserven. Etwa ein Drittel aller deutschen Schul- und Vorschulkinder (insgesamt etwa 5 Mio.) dürfte mit den meist in den besetzten Gebieten des Ostens und Südostens gelegenen KLV-Lagern Bekanntschaft gemacht haben.

Kirchenkampf
Das Programm der NSDAP bekannte sich 1920 zu einem »positiven Christentum«, allerdings nur insoweit, als es nicht »gegen das

Sittlichkeits- und Moralgefühl der germanischen Rasse« verstoße (Punkt 24). Operierte Hitler in der *Kampfzeit* v.a. mit Verweis auf die christliche Bindung seiner Partei, so wurde dies nach 1933/34 allmählich abgelöst durch Betonung der rassistischen Einschränkung. Das führte zu immer schärferer Konfrontation mit beiden Konfessionen und mündete in einen regelrechten Kirchenkampf. Er betraf beide Kirchen in unterschiedlicher Weise, aber mit demselben Ziel: Zerstörung ihrer Verankerung im Volk und dessen Entwöhnung von christlicher Moral, da für eine Gotteskindschaft aller Menschen und die daraus folgende Nächstenliebe im »Rassenkampf« kein Platz sein konnte. – Zunächst aber mußte es um die Gewinnung der Kirchen für das »nationale Aufbauwerk« gehen. Hitler umwarb die evangelische Kirche mit Visionen von einer umfassenden Reichskirche, während er der katholischen die Wahrung ihrer religiösen Rechte durch Festschreibung in einem *Konkordat* in Aussicht stellte. Bei den Protestanten traf er auf tiefe Sehnsüchte nach staatlichem Schutz, und gegenüber den Katholiken nutzte er die ebenso tiefsitzende Furcht vor dem Bolschewismus. So gelang Hitlers 5. Kolonne in der evangelischen Kirche, den *Deutschen Christen*, 1933 ein überwältigender Sieg in den Kirchenwahlen und die Bestellung eines Reichsbischofs. Das *Zentrum* stimmte dem *Ermächtigungsgesetz* und damit der Selbstpreisgabe zu. Erst danach ging beiden Kirchen auf, daß das Bündnis mit dem neuen Staat auch ein Mittragen weltanschaulicher Positionen bedeutete. Das betraf v.a. den zur Staatsdoktrin gewordenen *Antisemitismus*, der den Kern der christlichen Verkündigung bedrohte. Dagegen wandten sich Pfarrernotbund und *Bekennende Kirche* ebenso wie katholische Theologen, die darin einen Angriff auf das Alte Testament und letztlich auf Jesus Christus selbst sahen. – Nach Scheitern der Umarmungstaktik schaltete das Regime auf direkte Pressionen um. Gestapo überwachte Predigten, das kirchliche Vereinsleben wurde eingeschränkt, die religiöse Presse litt unter Zensurmaßnahmen, Bekenntnisschulen wurden die Zuschüsse gesperrt, Verbote von Spendensammlungen und Kürzung des Kirchensteuersatzes behinderten die karitative Tätigkeit der Kirchen. Am 16.7.1935 wurde ein Reichskirchenminister bestellt, der in die Theologenausbildung eingriff, in der evangelischen Kirche das *Führerprinzip* durchzusetzen versuchte, Material für die *Priesterprozesse* lieferte und widerspenstige Pfarrer mit Anklagen nach dem *Kanzelparagraphen* (1938 insgesamt 2256 Fälle) verfolgte. Der Staat verdrängte die Kirchen zunehmend aus der Erziehung, Parteimitgliedern wurde nahegelegt, aus den Kirchen auszutreten, die HJ »reinigte« ihr Liedgut von christlichen Resten, »braune« Feiertage wie Sommersonnenwende oder Julfest sollten Kirchenfeiern ersetzen. – Dennoch bemühten sich beide Kirchen auch noch nach der *Kristallnacht*, den Gesprächsfaden zur Regierung nicht abreißen zu lassen. Der »Burgfrieden«, der mit Rücksicht auf die Stimmung in der Truppe nach Kriegsbeginn einsetzte, und der »Erfolg« der kirchlichen Proteste gegen die *Euthanasie* schienen den Kompromißlern recht zu geben. Die Illusion aber verflog bald: *Besatzungspolitik* und *Judenverfolgung* enthüllten im Krieg, daß es zum NS-Antichristentum keine Brücke gab, aber auch, daß mit Vernichtung rechnen mußte, wer sich ihm in den Weg stellte. Deshalb und aus Sorge um die ständig schrumpfenden Möglichkeiten, Not zu lindern und das Evangelium zu predigen, unterblieb ein klares Wort der Kirchen zum Völkermord der *Endlösung*. An dieser entscheidenden »Front« verloren beide Konfessionen den Kirchenkampf trotz aller Teilerfolge durch Widersetzlichkeit auf anderen Gebieten.

KL

Offizielle Abkürzung für Konzentrationslager, die allgemein als *KZ* bekannt waren.

Kleist, Ewald von

* Braunfels (bei Wetzlar) 8.8.1881, † Lager Wladimirowka Okt. 1954

Der Generalstabsoffizier des 1. Weltkriegs Kleist stand dem Nationalsozialismus kritisch gegenüber; als Befehlshaber im »Wehrgau« Schlesien (seit 1933) trug er scharfe Auseinandersetzungen mit der SA-Führung aus. Im Gefolge der *Fritsch*-Krise am 28.2.1938 verabschiedet, wurde er dennoch vor Kriegsausbruch reaktiviert und befehligte im Polenfeldzug das XXII. Armeekorps. Er erhielt im Westfeldzug wie im Balkanfeldzug eine eigene Panzergruppe, mit der er u.a. Belgrad eroberte. Auch in Rußland führte er Panzerverbände, bevor er am 22.11.1942 zum Oberbefehlshaber der Heeresgruppe A ernannt wurde (Ernennung zum Generalfeldmarschall 1.2.1943). Es gelang Kleist, die Heeresgruppe nach der Katastrophe von Stalingrad intakt vom Kaukasus zurückzunehmen. Gleichwohl fiel er bei Hitler, der ihn für den Verlust der Krim verantwortlich machte, in Ungnade. Am 30.3.1944 wurde er entlassen. Nach Kriegsende lieferten die Amerikaner Kleist an Jugoslawien aus, wo er am 4.8.1948 zu 15 Jahren Zwangsarbeit verurteilt, im Jahr darauf aber an die Sowjets weitergegeben wurde. Er starb in einem Lager für Kriegsverbrecher.

Klepper, Jochen

* Beuthen/Oder 22.3.1903, † Berlin 11.12.1942

Seine nationale Grundeinstellung und sein Talent zu gehobener Unterhaltung wußten die NS-Kulturpolitiker zu schätzen, seine entschieden christliche Haltung aber und die Ehe mit einer Jüdin machten ihn schließlich untragbar: Der evangelische Theologe und Schriftsteller Klepper, 1933 erfolgreich mit dem Roman »Der Kahn der fröhlichen Leute«, verlor 1933 seinen Posten beim Rundfunk und 1935 die Stellung beim Ullstein Verlag, 1937 wurde er aus der Reichsschrifttumskammer ausgeschlossen. Angesichts der *Judenverfolgung* sah er für sich, seine Frau und deren Tochter nur den Ausweg des Freitods. Seine erschütternden Aufzeichnungen aus der letzten Lebensphase erschienen 1956 unter dem Titel »Unter dem Schatten deiner Flügel«. Choräle von Klepper, u. a. »Der du die Zeit in Händen hast« und »Die Nacht ist vorgedrungen«, werden bis heute in der evangelischen Kirche gesungen.

Kluge, Hans Günther von

* Posen 30.10.1882, † bei Metz 18.8.1944

Der militärische Widerstand setzte auf ihn große Hoffnungen, aber der »kluge Hans« – so sein Spitzname – enttäuschte sie: Kluge, ein Generalstabsoffizier des 1. Weltkriegs, der im Polen- und Frankreichfeldzug die 4. Armee (Ernennung zum Generalfeldmarschall 19.7.1940), im Rußlandfeldzug die Heeresgruppe Mitte führte, erhielt am 7.7.1944 den Oberbefehl über das Westheer und übernahm nach *Rommels* Verwundung am 17.7. auch die Heeresgruppe B. Durch seinen Mitarbeiter *Tresckow* seit langem in die Pläne der Verschwörer des *Zwanzigsten Juli* eingeweiht, verweigerte er sich dennoch am Tag des Attentats einer Teilnahme am Umsturz. Er hatte aber bereits den Verdacht der Gestapo erregt und wurde am 17.8.1944 seines Kommandos enthoben. Auf der Fahrt nach Deutschland nahm Kluge Gift. In einem Abschiedsbrief an Hitler betonte er seine unwandelbare Treue, forderte zugleich aber die Beendigung des Krieges.

KLV →*Kinderlandverschickung*

Koch, Erich

* Elberfeld (heute zu Wuppertal) 19.6.1896, † Wartenburg i. Ostpr. (Barczewo) 12.11.1986

Selbst in der Partei, in die er 1922 eingetreten war, galt der Bahnbeamte Koch als unbeherrscht und brutal. Das zeigte sich erst im ganzen Ausmaß, als er in Machtpositionen rückte: 1928 Gauleiter, 1932 Oberpräsident von Ostpreußen, 1942 Reichskommissar in der Ukraine. Mit seinem Terrorregiment der *Eindeutschung*, der Rekrutierung von *Zwangsarbeitern* und der *Judenverfolgung* brachte Koch die deutschfreundliche ukrainische Bevölkerung so gegen die Besatzer auf, daß die Partisanenbewegung dramatisch anwuchs. 1944 kehrte er nach Königsberg zurück, organisierte den *Volkssturm* und tauchte nach Kriegsende unter. Erst 1949 von den Briten gefaßt, wurde er 1950 an Polen ausgeliefert und dort wegen Mordes an mindestens 400 000 Polen (die Verbrechen in der Ukraine blieben unberücksichtigt) zum Tod verurteilt, aus gesundheitlichen Gründen aber nicht hingerichtet, sondern bis zum Lebensende in Haft gehalten.

Koch, Ilse

* Dresden 22.9.1906, † Frauengefängnis Aichach (Oberbayern) 2.9.1967

Die gelernte Sekretärin Ilse Köhler wurde 1933 Bewacherin im KZ Sachsenhausen. Dort heiratete sie den Lagerführer Karl Otto Koch (* Darmstadt 2.8.1897, † Buchenwald April 1945), der 1937 mit dem Aufbau des KZ *Buchenwald* betraut wurde. Während sie wegen ihrer Neigung zu Brutalität als »Hexe« gefürchtet war, verbreitete ihr Mann mit seiner über Leichen gehenden Habgier Furcht und Schrecken. Die Familie wurde daher 1941 nach *Majdanek* strafversetzt, doch trieben es beide dort noch ärger, so daß sie schließlich verhaftet wurden – sie wegen Unterschlagung von 700 000 RM, er, der Organisator des Mordes an Hunderttausenden, wegen Mordes an drei Häftlingen, die zuviel gewußt hatten. Sie wurde freigesprochen, ihr Mann von der SS erschossen. Die Amerikaner verurteilten

Ilse Koch 1947 zu lebenslänglicher Haft, begnadigten sie aber 1949. Obwohl ein deutsches Gericht ihr anschließend nur die Anstiftung zum versuchten Mord in fünf Fällen nachweisen konnte, erhielt sie erneut lebenslänglich und nahm sich in der Haft das Leben.

Kohlenklau
Die Rüstungsindustrie fraß im Krieg gewaltige Energiemengen; Heizmittel für den privaten Gebrauch wurden knapp. Die NS-Propaganda startete daher 1942/43 eine ihrer aufwendigsten Aktionen: Sie ließ einen Finsterling namens »Kohlenklau« umgehen. Auf Plakaten und in Anzeigen, Vorfilmprogramm und auf Verpackungen warnte ein schnauzbärtiger Energieräuber überall vor den schrecklichen Folgen der Verschwendung und hielt dazu an, Fenster geschlossen zu halten und nicht unnötig Licht brennen zu lassen. Sogar ein Würfelspiel mit der Kohlenklaufigur wurde herausgebracht.

Kolbe, Maximilian
* Zduńska Wola (bei Lodz) 7.1.1894, † KZ Auschwitz 14.8.1941
Im Juli 1941 floh aus einem Block des KZ *Auschwitz* ein Häftling. Zur Strafe wurde jeder zehnte Insasse des Blocks zum Hungertod verurteilt, darunter der junge Familienvater Gajowniczek. Daraufhin meldete sich der Franziskanerpater Maximilian (bürgerlich: Raymond) Kolbe und bot sich als Ersatzmann an. Nach einem Monat nahrungsloser Dunkelhaft war er allein noch am Leben und wurde schließlich durch eine Phenolinjektion getötet. Obwohl in Schriften, die unter Kolbes Verantwortung erschienen, und in seinen Briefen antisemitische Tendenzen zu finden sind, wurde der Pater für sein Opfer als »Symbol der Menschenwürde« am 10.10.1982 heiliggesprochen.

»Kolberg«
Nach der Niederlage Preußens gegen Napoleon I. 1806 hielt allein die Festung Kolberg an der Ostsee noch den Belagerern stand und ergab sich erst 1807 nach dem Waffenstillstand. Diese Heldengeschichte verfilmte *Harlan* 1944 mit Heinrich George, Kristina Söderbaum und Paul Wegener, Premiere 30.1.1945, und erhielt dafür das Prädikat »Staatspolitisch und künstlerisch besonders wertvoll – Film der Nation«. Die Nation aber bekam den 8,8 Mio. RM teuren Farb-

film gar nicht mehr zu sehen, denn die Kinos waren zerbombt oder geschlossen. Eine Kopie wurde mit dem Fallschirm über dem eingeschlossenen Atlantikhafen La Rochelle abgeworfen, und in Berlin durften noch ausgewählte Parteifunktionäre den Durchhaltestreifen bewundern.

Kollaboration

Die deutschen Truppen und Besatzungsbehörden fanden in den nach 1939 eroberten Ländern unterschiedliche Aufnahme. Überall bildeten sich Widerstandsgruppen, überall aber fanden sich auch Menschen zur Zusammenarbeit (Kollaboration) mit der Besatzungsmacht bereit. Die französische Regierung in *Vichy* setzte auf Kollaboration (bis hin zur Beihilfe bei der *Judenverfolgung*), um Frankreich das Überleben in einem deutsch beherrschten Europa zu sichern, hielt sich aber aus dem Krieg heraus. In anderen Ländern machten faschistisch orientierte Gruppen gemeinsame Sache mit den Deutschen: der belgische Vlaamsch National Verbond ebenso wie die Nasjonal Samling von *Quisling* in Norwegen oder *Musserts* Nationaal-Socialistische Beweging in den Niederlanden. In Jugoslawien kam es durch die *Ustascha* zu quasi staatlicher Kollaboration, und auch die ungarischen Pfeilkreuzler wurden 1944 staatliche Handlanger der Deutschen, im seit 1943 besetzten Italien wurde in *Salò* ein Kollaborationsregime unter *Mussolini* errichtet. – Zudem strömten in der Siegesphase der Wehrmacht aus vielen Staaten Freiwillige in die *Waffen-SS* oder waren bereit, als *Hilfswillige* im Troß der deutschen Truppen zu arbeiten, unter *Wlassow* sollte sogar eine russische »Volksbefreiungsarmee« im Verband der Wehrmacht entstehen. Auch für die Mordaktionen im Osten fand die SS in Balten, Ukrainern und anderen willige Komplizen. Nach dem Krieg kam es durch die französische *Résistance* und die Widerstandsbewegungen in den anderen Ländern zur Abrechnung mit den Kollaborateuren, der Zigtausende zum Opfer fielen.

Kollektivschuld

Das unfaßbare Ausmaß der NS-Verbrechen schien durch die Schuld einzelner nicht erklärbar. Nach 1945 kam daher der Vorwurf auf, das ganze deutsche Volk sei mitschuldig, trüge eine Kollektivschuld (vom US-Historiker Daniel Jonah Goldhagen 1996 in abgewandelter Form erneuert). Dieser Begriff jedoch widerspricht modernem

Rechtsdenken, das ja auch die *Sippenhaft* als Unrecht verwirft und nur die Rechtsschuld des einzelnen Täters kennt. Der erste Bundespräsident *Heuss* sprach daher lieber von »Kollektivscham«, die uns angesichts der in unserem Namen verübten Verbrechen erfüllen müsse und die eine Verpflichtung zur *Wiedergutmachung* bedeute. In ähnlichem Sinn äußerten sich auch der Philosoph Karl Jaspers (* 1883, † 1969), der 1946 von »Mitbetroffenheit« sprach, und Bundeskanzler Helmut Schmidt in einer Rede am Mahnmal in *Auschwitz* am 23.11.1977, als er die »heutigen Deutschen« als persönlich nicht schuldig bezeichnete, aber eine Mitverantwortung auch der nachwachsenden Generationen für die deutsche Geschichte bejahte.

Köln
Als eine der bedeutendsten Industrie- und Handelsstädte des Deutschen Reiches gehörte Köln mit 770 000 Einwohnern (1940) zu den Hauptzielen der alliierten Luftoffensive. Nach kleineren Angriffen 1941 führte das britische Bomber Command am 30./31.5.1942 den ersten Tausend-Bomber-Schlag gegen Köln (Unternehmen »Millenium«), der 19 370 Wohnungen und 1505 Gewerbebetriebe vernichtete. Es folgten zahlreiche ähnlich schwere Angriffe, u.a. am 29.6., 4.7. und 9.7.1943 mit jeweils rd. 1700 t Bomben. Ende Okt. 1944 luden bei drei Tagesangriffen 1899 britische Maschinen 9019 t Bomben über Köln ab. Insgesamt wurden 76 % des Wohnraums zerstört, zahlreiche unersetzliche Kulturdenkmäler vernichtet oder schwer beschädigt, wie der weltberühmte Dom. Am 7.3.1945 besetzte das VII. Korps (Collins) der 1. US-Armee die Stadt.

komischer Krieg →*Sitzkrieg*

Kommando 99
»99« war die Telephonnummer eines ehemaligen Pferdestalls auf dem Gelände des KZ Buchenwald. Als der Stall zu einer Hinrichtungsstätte für »politisch unerwünschte« sowjetische Kriegsgefangene umgebaut wurde, bekam die dort tätige Exekutionseinheit die Tarnbezeichnung Kommando 99. Den Opfern gegenüber gab man beim Eintreten in den Stall vor, lediglich eine ärztliche Untersuchung vornehmen zu wollen. Die Rotarmisten wurden einzeln in einen Raum geführt, der als Ärztezimmer hergerichtet war, und an

eine Meßlatte gestellt. Aus einem abgedunkelten kleinen Raum hinter der Latte schoß ein SS-Mann dem Gefangenen ins Genick, während Lautsprechermusik im »Wartezimmer« das Schußgeräusch übertönte. Zwei Häftlinge zogen den Toten in eine benachbarte Leichenkammer. Im KZ Buchenwald wurden auf diese Weise mindestens 7000 sowjetische Gefangene umgebracht. Ähnliches ereignete sich in fast allen anderen Konzentrationslagern; dort wurden auch Gas, tödliche Injektionen u.a. Methoden eingesetzt. Die meisten Opfer (rd. 18 000 russische Gefangene) gab es in Sachsenhausen.

Kommandobefehl
Aktive Kriegführung auf dem europäischen Kontinent war den Briten nach 1940/41 zunächst fast unmöglich. London griff daher verstärkt zu Kommandounternehmen, die gegen militärische und wirtschaftliche Einrichtungen in den deutsch besetzten Gebieten gerichtet waren und die deutschen Truppen verunsichern sollten. Im *Wehrmachtbericht* vom 7.2.1942 ließ Hitler daher bekanntgeben, daß künftig Mitglieder solcher Unternehmen »rücksichtslos im Kampf niedergemacht« würden. Diese Absicht wurde auf Hitlers Weisung für die nachgeordneten Dienststellen am 18.10.1942 in den Kommandobefehl gefaßt, nach dem es bei der Bekämpfung von Kommandos möglichst keine Überlebenden geben dürfe. Gerieten Angehörige solcher »Terror- und Sabotagetrupps« in Gefangenschaft, seien sie unverzüglich dem *SD* zu übergeben, was die sofortige Erschießung bedeutete; jede militärische Verwahrung wurde untersagt. Erste Anwendung fand der Befehl bereits am 11.12.1942, als in Bordeaux zwei Mitglieder eines britischen Kommandos, das einen Handstreich auf den Hafen unternommen hatte, nach ihrer Festnahme ohne weiteres erschossen wurden.

Kommissarbefehl
Daß der *Rußlandfeldzug* nach Hitlers Willen ein »Krieg zweier Weltanschauungen« werden sollte, mußte der deutschen Generalität spätestens seit dem 30.3.1941 bekannt sein. An diesem Tag eröffnete Hitler den Kommandeuren, daß in einem kommenden Ostfeldzug politische Kommissare der Roten Armee zu töten seien. Ein entsprechender Kommissarbefehl, ausgearbeitet vom OKW/Wehrmachtführungsstab, erging kurz vor dem Überfall auf die UdSSR. Danach waren gefangene Kommissare von den Kriegsgefan-

genen zu trennen und zu »erledigen«, im rückwärtigen Heeresgebiet ergriffene Kommissare mußten den *Einsatzgruppen* oder dem *SD* (zur Erschießung) übergeben werden. Entsprechende Richtlinien gingen am 6.6.1941 an die Oberbefehlshaber der Armeen, die sie mündlich an ihre Befehlshaber weiterzugeben hatten. Ein Jahr lang blieb der völkerrechtswidrige Befehl trotz wachsender Proteste der Truppe in Kraft, dann ließ ihn Hitler zunächst befristet aufheben, »um die Neigung zum Überlaufen und zur Kapitulation eingeschlossener sowjetischer Truppen zu steigern«. Er wurde nicht wieder in Kraft gesetzt.

Kommunistische Partei Deutschlands (KPD)

Der Philosoph Karl Marx (* 1818, † 1883) sagte Mitte des 19. Jh. eine klassenlose Gesellschaft voraus, die aber nur durch Klassenkampf und den schließlichen Sieg der Arbeiterklasse zu erreichen sei. Ihn zu erfechten sah die am 30.12.1918 gegründete Kommunistische Partei Deutschlands (KPD) als ihr Fernziel an. Sie gewann damit zunächst wenig Sympathien, wuchs aber während der Weimarer Zeit ständig an und erzielte nach 2,1 % 1920 mit 16,9 % im Nov. 1932 ihr bestes Ergebnis. Trotz Verhaftung von 3000 ihrer Funktionäre nach dem *Reichstagsbrand* erhielt sie am 5.3.1933 noch 12,3 % der Stimmen. Hitler sah in den von Anfang an als »Agenten des Weltjudentums« erbittert bekämpften Kommunisten die Brandstifter und ließ alle ihre Mandate kassieren, so daß bei der Verabschiedung des *Ermächtigungsgesetzes* am 23.3.1933 kein KPD-Abgeordneter mehr mitstimmen konnte. Die damit als erste deutsche Partei faktisch verbotene KPD gab sich eine »Auslandsleitung« und arbeitete illegal in Deutschland weiter, erzielte aber wegen massenhafter Verhaftung ihrer nur in kleinen Gruppen operierenden Kämpfer (allein 1936/37 rd. 20 000) und wegen des Gegensatzes zu den Sozialdemokraten, die lange als »Sozialfaschisten« verteufelt wurden, wenig Wirkung.

Königstiger

Deutscher schwerer Panzerkampfwagen VII →*Tiger II*

Konkordat

Schon mit dem Weimarer Staat, den die katholische Kirche marxistischer, also »gottloser« Tendenzen verdächtigte, suchte der Vatikan die vertragliche Einigung, konnte aber nur mit einzelnen Ländern – 1924 Bayern, 1929 Preußen, 1932 Baden – abschließen. Mit dem Machtantritt Hitlers wurde eine reichsweite Regelung noch dringlicher, da mit ideologischen Konflikten und politischer *Gleichschaltung* zu rechnen war. Von Hitlers Seite her galt ähnliches: Er brauchte in der Aufbauphase seiner Diktatur dringend die Loyalität der katholischen Bevölkerung und ein seriöses Image. Beides versprach ein Arrangement mit Rom, und Hitler stellte daher schon im Vorfeld des *Ermächtigungsgesetzes* ein Konkordat (Bezeichnung für Staatsverträge mit dem Heiligen Stuhl) in Aussicht. Kardinalstaatssekretär Pacelli (Papst *Pius XII.*) griff zu, solange er noch etwas für den ohnedies zum Untergang verurteilten politischen Katholizismus, also *Zentrum* und katholische Gewerkschaften, bekommen konnte. – Am 20.7.1933 schlossen der Heilige Stuhl und die Reichsregierung ein Konkordat (Reichskonkordat) über die Freiheit der Religionsausübung, das Recht der Kirche auf unbeeinflußte Besetzung ihrer Ämter, die Sicherung der Bekenntnisschulen, den Schutz katholischer Verbände, die Beibehaltung theologischer Fakultäten an den Hochschulen u. a. Dafür akzeptierte der Vatikan das Verbot jeglicher politischer Betätigung seiner Geistlichen, nicht ahnend, wie weit der Staat den Begriff des Politischen im gleich darauf entbrennenden *Kirchenkampf* fassen würde. Hitler aber hatte mit dem Konkordat seine Vertragswürdigkeit belegt, die außenpolitische Isolierung Deutschlands durchbrochen und im Innern bei den eher reservierten katholischen Schichten ungeheuer an Ansehen gewonnen.

Konzentrationslager →*KZ*

Köpenicker Blutwoche

Viele SA-Stürmer kühlten nach der Machtergreifung ihr Mütchen an der »Linken«, indem sie politische Gegner verschleppten, in »wilden« KZ festhielten und folterten. Einer der übelsten Exzesse ereignete sich am 21.–26.6.1933, als die SA in Berlin-Köpenick wahllos Menschen festnahm und in ihren Sturmlokalen und im Amtsgerichtsgefängnis mißhandelte; 23 ihrer Opfer überlebten die Torturen nicht. Nach 1945 konnten einige der Täter zur Rechenschaft gezogen werden; im genannten Gefängnis erinnert heute eine Ausstellung an die »Blutwoche«.

Korridor
Nach dem 1. Weltkrieg schufen die Siegermächte dem wiedererstandenen *Polen* einen Zugang zur Ostsee durch Abtrennung Ostpreußens vom Reichsgebiet. Dadurch entstand ein Korridor zwischen *Danzig* und Pommern mit einer Fläche von 15 585 km² und 330 000 überwiegend deutschsprachigen Einwohnern. Zwar bestand für deutsche Transporte Verkehrsfreiheit (plombierte Züge ohne Zollkontrolle), doch blieb der Korridor ein Zankapfel, zumal Polen die deutsche Bevölkerung durch Schikanen und Ausweisungen zu vermindern suchte (1939 noch 10 %). Hitler verlangte daher, verbunden mit dem Angebot eines 25jährigen Nichtangriffspakts, am 21.3.1939 ultimativ das Recht zur Schaffung einer exterritorialen Landverbindung (Autobahn) nach Ostpreußen, was Polen am 26.3. ablehnte. Korridor und Danzig wurde so für Hitler zu Vorwänden für den *Polenfeldzug*.

Korczak, Janusz
* Warschau 22.7.1878, † KZ Treblinka 5.8.1942
Der polnische Erzieher Korczak hieß ursprünglich Henryk Goldszmit und war Arzt in einem Kinderkrankenhaus. 1911 übernahm er die Leitung eines jüdischen Waisenhauses in Warschau und schrieb seine Erfahrungen nieder u.a. unter den Titeln »Wie man ein Kind lieben soll« (1926) und »Das Recht des Kindes auf Achtung« (1928). Für seine Kinder verfaßte er phantasievolle Bücher wie »König Hänschen der Erste« oder »König Hänschen auf der einsamen Insel« (beide 1923) und trat als Geschichtenerzähler der Sendereihe »Plaudereien für Kinder über Kinder« im Rundfunk auf. Nach der deutschen Besetzung im Warschauer Ghetto gelegen, wurde Korczaks Waisenhaus im Sommer 1942 »aufgelöst«. Trotz der ihm angebotenen persönlichen Rettung begleitete Korczak seine 200 Kinder ins Vernichtungslager Treblinka und ins Gas. 1972 wurde er postum mit dem Friedenspreis des deutschen Buchhandels geehrt.

KPD →*Kommunistische Partei Deutschlands*

Kraft durch Freude (KdF)
Auch Freizeit war im 3. Reich nicht mehr allein Privatsache: Die DAF als Nachfolgeorganisation der Gewerkschaften sollte mit attrak-

tiven Angeboten die »schaffenden Volksgenossen« ohne Ansehen des Standes zu »sinnvoller« Erholung animieren, die ja wieder der Arbeitsleistung zugute komme und zudem Gemeinschaft schaffe. Das Programm dafür oblag der mit erheblichen Mitteln geförderten Organisation Kraft durch Freude, die in »Ämter« gegliedert war: **1.** Das Amt »Feierabend« veranstaltete Theateraufführungen, Konzerte u.a., die bis 1939 von rd. 38 Mio. Menschen besucht wurden; **2.** das Sportamt leitete den Betriebssport; **3.** das Amt »Schönheit der Arbeit« bemühte sich um Verbesserung der Arbeitsbedingungen; **4.** das Amt »Wehrmachtsheime« sorgte für den *Reichsarbeitsdienst* und für die Truppe; **5.** das Amt »Reisen, Wandern und Urlaub« war mit seinen Angeboten von verbilligten Aufenthalten in Erholungsheimen, Skireisen und erschwinglichen Kreuzfahrten mit der »weißen Flotte des Friedens« das populärste. KdF sollte auch eine tragende Rolle bei der Massenmotorisierung spielen: Mit kleinen und kleinsten Beiträgen konnten die Arbeitnehmer auf ein Auto sparen, offiziell »KdF-Wagen« genannt, bekannt aber unter dem Namen *Volkswagen*.

Kragujevac

Die Stadt Kragujevac in Serbien wurde am 20.10.1941 Schauplatz eines Kriegsverbrechens der deutschen Wehrmacht: Als Vergeltung für die Ermordung deutscher Soldaten durch Partisanen wurden alle in Kragujevac verbliebenen männlichen Einwohner zwischen 16 und 60 Jahren, rd. 2300 Personen, erschossen.

Krakau-Plaszow

Anfang 1942 zunächst als Zwangsarbeitslager (ZAL) errichtetes KZ in einer Vorstadt von Krakau mit einem Lager für politische Häftlinge (etwa 1000) und einem für jüdische Gefangene (bis 25 000), die Zwangsarbeit in SS-eigenen Betrieben oder in der Rüstungsindustrie leisten mußten und zu Tausenden an den entsetzlichen Haftbedingungen und Mißhandlungen starben oder bei Krankheit oder Arbeitsunfähigkeit erschossen wurden; rd. 900 Häftlinge konnte *Schindler* retten.

Kramer, Josef

* München 10.11.1906, † Hameln 13.12.1945 (hingerichtet)
1931 trat der arbeitslose Elektriker Kramer der NSDAP bei und wurde

nach verschiedenen Aufgaben beim Wachpersonal der KZ Dachau, Esterwegen und Sachsenhausen 1940 Adjutant des Auschwitz-Kommandanten *Höß*. 1943 wurde er selbst Kommandant des KZ *Natzweiler* und war persönlich an Tötungen für eine Skelettsammlung der Universität Straßburg beteiligt. 1944 leitete Kramer das Vernichtungslager *Auschwitz*-Birkenau und seit dem 1.12.1944 das KZ *Bergen-Belsen*, in dem sich durch sein völliges Desinteresse am Schicksal der Häftlinge die ohnedies schlechten Lebensbedingungen katastrophal verschlimmerten. Ein britisches Militärgericht verurteilte Kramer im Nov. 1945 zum Tod.

Kreisauer Kreis
Der *Zwanzigste Juli* 1944 hat den Eindruck vermittelt, die deutsche Opposition gegen das NS-System sei erst mit der drohenden militärischen Niederlage erwacht. Das gilt nicht für den Kreisauer Kreis, benannt nach dem niederschlesischen Gut *Moltkes*, wo sich seit 1940 Vertreter aller gesellschaftlichen und politischen Richtungen trafen, die nach Modellen für ein demokratisches Deutschland nach Hitler suchten. Zum Kreisauer Kreis gehörten Adlige (z.B. *Yorck*), Sozialisten (z.B. *Leber*), Geistliche (z.B. *Delp*) beider Konfessionen, Diplomaten (z.B. *Trott zu Solz*), Politiker, Wissenschaftler, Juristen u.a. Die Frage eines Staatsstreichs spielte in den Debatten der drei großen Treffen (Pfingsten 1942, Okt. 1942, Mai 1943) allenfalls am Rande eine Rolle, zumal Moltke den Tyrannenmord aus Gewissensgründen ablehnte und weil er fürchtete, eine neue *Dolchstoßlegende* könne den Neuanfang belasten. Im Sommer 1943 waren »vorläufige Grundsätze für die Neuordnung« formuliert: Demokratie der »kleinen Gemeinschaften« (Kommunen, Betriebe, Nachbarschaften), indirekte Wahlen von der Kreisebene an aufwärts, bundesstaatlicher Aufbau, Verstaatlichung des Grundstoff- und Energiesektors, Aussöhnung mit den Nachbarn, Anstreben eines europäischen Bundes. Der Kreisauer Kreis zerfiel nach der Verhaftung Moltkes im Jan. 1944.

Kreta
Die griechische Mittelmeerinsel am Südrand der Ägäis mit 8379 km² und rd. 430 000 Einwohnern (1939) wurde gegen Ende des *Balkanfeldzugs* Zufluchtsort des griechischen Königs mit seiner Regierung sowie britischer Truppen, die sich vom Festland zurückgezogen hat-

ten. Unter dem Kommando des neuseeländischen Generals Bernard Freyberg setzten die Briten die Insel in Verteidigungszustand. Wegen der strategischen Bedeutung Kretas beschloß die deutsche Führung einen Angriff, beginnend mit einer Luftlandung (Unternehmen »Merkur«). Der Aufklärung war allerdings entgangen, in welcher Stärke der Gegner die Insel besetzt hielt, die Planungen gingen von max. 15 000 Mann aus, tatsächlich jedoch befanden sich 32 382 britische und 10 258 griechische Soldaten in gut getarnten Stellungen auf Kreta. Entsprechend katastrophal ließ sich »Merkur« am Morgen des 20.5.1941 an. Die 15 000 Mann der 7. Fallschirmdivision des XI. Fliegerkorps (Student) gerieten z. T. in mörderisches Abwehrfeuer und konnten zunächst nirgends die gesteckten Ziele erreichen, v. a. Flugfelder für Nachschub und Verstärkungen. Auch die Vereinigung der Landeköpfe gelang nicht, da auch die Hilfe über See ausfiel: Zwar hatten die Briten keinen Luftschirm über der Insel, aber ihre Kriegsschiffe waren zur Stelle; eine erste deutsche Motorseglerstaffel wurde in der Nacht des 21./22.5. von der britischen Force D gestellt und zersprengt. Weiteren Staffeln erging es erst besser, als die Luftwaffe in rollendem Einsatz die britischen Seestreitkräfte vertrieb. Mit dem Eintreffen des Nachschubs stabilisierte sich die Lage der Fallschirm- und Gebirgsjäger auf Kreta. Malemes mit Flugplatz war schon am zweiten Tag genommen worden, am 27.5. fiel die Hauptstadt Chania, tags darauf der Hafen in der Sudabucht. Rethymnon ergab sich am 29.5.1941. 17 000 Verteidiger konnten noch in Sicherheit gebracht werden, ehe am 31.5. der Widerstand erlosch. Die Verluste auf beiden Seiten waren erheblich: Auf seiten der Briten und ihrer Verbündeten 17 754 Mann an Gefallenen und Gefangenen, auf seiten der Angreifer 3725 Tote und Vermißte, 2643 Mann wurden verwundet. Der hohe Blutzoll, den das Unternehmen gefordert hatte, ließ Hitler weitere Luftlandungen mißtrauisch betrachten. So unterblieb denn auch »Herkules«, die im folgenden Jahr geplante Landung auf der noch weit wichtigeren Insel Malta.

Krieg

Das »Recht des Stärkeren« war nach NS-Auffassung ein Naturgesetz im »ewigen Kampf ums Dasein«, der auch das Zusammenleben menschlicher Gemeinschaften (Stämme, Völker) bestimme. Die Bereitschaft zum Krieg beruhe auf der Erkenntnis, »daß nur der Einsatz des Lebens seine Unverlierbarkeit sichere«. Leben wurde hier nicht individuell definiert, sondern völkisch: »Deutschland wird leben, und wenn wir sterben müssen!« Krieg war in dieser Sicht wie bei dem Militärtheoretiker Karl von Clausewitz (* 1780, † 1831) die »Fortsetzung des politischen Verkehrs mit Einmischung anderer Mittel« und damit ein legitimes Instrument zur Durchsetzung von Ansprüchen. Hitler bekannte, daß seine Friedensbeteuerungen der ersten Jahre nur Taktik gewesen seien, während es ihm darum ging, das Volk dazu zu bringen, »geradezustehen, auch wenn es zu blitzen und zu donnern beginnt« (Geheimrede vor der Presse, 10.11.1938).

Kriegsberichterstattung →*Propagandakompanien*

Kriegsgefangene

Fast 20 Mio. Soldaten gerieten 1939–45 in Europa in Kriegsgefangenschaft. Ihr Schicksal war trotz der Regelungen in den *Genfer Abkommen* je nach Zeitpunkt der Gefangennahme und je nach Gewahrsamsmacht unterschiedlich. Die Behandlung der in deutschem Gewahrsam befindlichen westalliierten Kriegsgefangenen entsprach im wesentlichen den internationalen Vereinbarungen, wenn man von Ausnahmen absieht: So waren z. B. nach dem *Kommandobefehl* Angehörige der Kommandotrupps zu erschießen und notgelandete »Terrorflieger« der Lynchjustiz der Bevölkerung zu überlassen. Darüber hinaus befahl Hitler in einigen Fällen Repressalien, die gegenüber Kriegsgefangenen in der Regel verboten waren (u. a. im *Kugelerlaß* die Erschießung wiederergriffener flüchtiger Kriegsgefangener). Gegen alle Grundsätze des Völkerrechts jedoch verstieß die Behandlung der sowjetischen Kriegsgefangenen. Ursache war einmal, daß Hitler sich wegen der fehlenden russischen Unterschrift unter das Genfer Abkommen selbst nicht daran gebunden fühlte, zum anderen die Einstufung des Kampfes im Osten als »Krieg zweier Weltanschauungen«. Zu Hunderttausenden mußten entkräftete, verwundete und kranke Rotarmisten nach den großen Kesselschlachten unversorgt auf freiem Feld kampieren, was zu Massensterben führte. Es setzte sich auf den endlosen Transporten in die Sammellager fort und endete auch dort nicht, da die Versorgung mangelhaft blieb. Erst als sich in der Rüstungsindustrie und in der Landwirtschaft Arbeitskräftemangel bemerkbar machte, änderte sich die Lage wenigstens für die noch arbeitsfähigen Gefangenen. Insgesamt kamen von 5,4 Mio. in deutsche Hand gefallenen Sowjetsoldaten mindestens 2,5 Mio. ums Leben. – Die Behandlung deutscher Kriegsgefangener im Gewahrsam der Westalliierten entsprach im wesentlichen den völkerrechtlichen Vereinbarungen. Allerdings nahmen Übergriffe und Unkorrektheiten in der Endphase des Krieges und nach der Kapitulation zu, meist als Reaktion auf das Bekanntwerden von nationalsozialistischen Verbrechen. Der häufige Vorwurf mangelhafter Versorgung und Unterbringung kann in dieser Allgemeinheit jedoch nicht aufrechterhalten werden. Untersuchungen ergaben, daß diese Verhältnisse sich durchweg auf die Zeit kurz vor und nach der Kapitulation beziehen, als Amerikaner und Briten rd. 4 Mio. deutsche Kriegsgefangene einbrachten, deren Versorgung und Unterbringung erhebliche Schwierigkeiten bereitete *(Rheinwiesenlager)*. Mit der Entlassung der Kriegsgefangenen begannen die westlichen Alliierten schon kurze Zeit nach der Kapitulation, bis Ende 1948 waren bis auf verurteilte Kriegsverbrecher alle deutschen Kriegsgefangenen, die sich im Gewahrsam der Westmächte befunden hatten, auf freiem Fuß. – Wie das Schicksal der Rotarmisten in deutscher Gefangenschaft, war das der deutschen Soldaten in sowjetischer Hand katastrophal. In einem Land, dessen Bevölkerung selbst am Rand des Hungertods lebte, konnten die Gefangenen nie ausreichend versorgt werden. Von den 1941/42 gefangenen Landsern kamen über 90% ums Leben, und selbst von den 1945 eingebrachten Kapitulationsgefangenen starb noch ein Viertel vor der Entlassung. Die UdSSR gab jedoch vorerst nur arbeitsunfähige Gefangene frei. Die übrigen mußten z. T. bis 1955 warten, wobei unterschiedslos Kriegsverbrecher und technische Experten, die man noch brauchte, zu langjährigen Lagerstrafen verurteit wurden. Von insgesamt 3,06 Mio. in sowjetische Gefangenschaft geratenen deutschen Soldaten kehrten 1094250 nicht zurück.

Kriegsgerichtsbarkeit →*Militärgerichtsbarkeit*

Kriegsschuldfrage

Die Niederlage im 1. Weltkrieg belastete das politische Klima in der ersten deutschen Demokratie erheblich. Fast schwerer noch wog, daß Deutschland im *Versailler Vertrag* unter massivem Druck der Siegermächte seine angeblich alleinige Schuld am Kriegsausbruch anerkennen mußte. Aus dieser in Art. 231 des Vertragswerks festgeschriebenen Alleinschuld leiteten die Alliierten ihre Forderungen nach *Reparationen* ebenso ab wie die Berechtigung zur weitgehenden Entwaffnung Deutschlands. Die Kriegsschuldfrage wurde nach dem Empfinden der meisten Deutschen mit einer demütigenden »Kriegsschuldlüge« beantwortet. Sie war Wasser auf die Mühlen der Rechtsparteien, allen voran der NSDAP. Hitler begründete seine Forderungen nach Revision des Friedensvertrags damit und fand auch in weiten Kreisen Englands Verständnis. Am 30.1.1937 zog er die deutsche Unterschrift unter den Versailler Vertrag offiziell zurück.

Kriegssonderstrafrecht
Nicht nur die Wirtschaft, auch die *Justiz* mußte seit 1939 auf Krieg umgestellt werden: Durch Verschärfung von Strafandrohungen, zahllose Erlasse und neue Gesetze wurde ein Kriegssonderstrafrecht geschaffen, das für eine nie dagewesene Zahl von Delikten die Todesstrafe vorsah. Das sollte Straftäter von der Ausnutzung der Notlage im Krieg abschrecken und die »Erledigung« politischer Gegner erleichtern. So wurde 1938/39 der Straftatbestand der *Wehrkraftzersetzung* eingeführt, den das OKW nach eigenem Gutdünken ändern und ergänzen durfte, das Abhören ausländischer Sender wurde am 1.9.1939 unter Strafe gestellt, vier Tage später erging eine Verordnung gegen *Volksschädlinge*, die die Verdunklung bei Fliegerangriffen zu Straftaten nutzten, am 25.11. folgte ein Erlaß über Sabotage, Wehrmittelbeschädigung u.a., am 5.12. wurde »Gewaltverbrechern« bei Straftaten mit einer Waffe die Todesstrafe angedroht. Die Flut der Bestimmungen setzte sich auch in den folgenden Jahren fort und gipfelte am 5.5.1944 in einer allgemeinen Empfehlung der Todesstrafe für alle Fälle, in denen der »regelmäßige Strafrahmen nach gesundem Volksempfinden« nicht ausreiche, sowie in der Verordnung vom 15.2.1945 zur Bildung von Standgerichten.

Kriegsverbrechen
Einer der vier Hauptanklagepunkte bei den *Nürnberger Prozessen* galt den Verletzungen des Völkerrechts durch Mißachtung der Kriegsbräuche und -gesetze und der *Genfer Abkommen*. Unter diese Kriegsverbrechen fielen nach alliierter Definition vom 8.8.1945, »ohne darauf beschränkt zu sein: Mord, Mißhandlungen oder

Deportation zur Sklavenarbeit oder für irgendeinen anderen Zweck von Angehörigen der Zivilbevölkerung von oder in besetzten Gebieten, Mord und Mißhandlungen von Kriegsgefangenen oder Personen auf hoher See, Töten von Geiseln, Plünderung öffentlichen oder privaten Eigentums, die mutwillige Zerstörung von Städten, Märkten oder Dörfern oder jede durch militärische Notwendigkeit nicht gerechtfertigte Verwüstung«. Die Strafjustiz der Siegermächte brachte zahlreiche deutsche Kriegsverbrechen ans Licht, spektakuläre Einzelaktionen *(Oradour, Lidice)*, systematische Verbrechen (Plünderung besetzter Gebiete, Verpflichtungen zu Zwangsarbeit, Verschleppung, Vertreibungen und Massenmord) sowie die hinter den Kriegsverbrechen stehende Ideologie. Zwar versuchten die Militärs in der Regel, die herkömmlichen Kriegsgesetze einzuhalten, jedoch blieb ihr Einfluß beschränkt, da Hitlers Kriegsführung von vornherein mehr als das rein militärische Besiegen des Gegners einschloß und auf totalitäre Herrschaft in den besetzten Gebieten und Vernichtung ethnischer Gruppen (Juden) wie politischer Gegner (Bolschewisten, Oberschicht in Polen usw.) abzielte. Da die Gegenseite solchen Absichten mit Mitteln begegnete, die im Völkerrecht verpönt waren (Partisanenkampf), geriet das Kriegsbild völlig ins Wanken. Daher duldeten die Truppenführer das Wirken der *Einsatzgruppen* im Glauben, es gehe um die Befriedung des Raumes hinter der Front. Nach dem Krieg gab es Stimmen, die Bestrafung von Kriegsverbrechen auch auf der Siegerseite forderten, z.B. die Morde von *Katyn*, den Luftterror gegen die Zivilbevölkerung, den Einsatz der *Atombombe*. Die Verantwortlichen wurden jedoch nie zur Rechenschaft gezogen.

Kriegswirtschaft

Hitlers Politik zielte von Anfang an auf Krieg, die Wirtschaftspolitik aber hinkte aus innenpolitischen Gründen hinterher. Man wollte nach der Elendsphase der *Weltwirtschaftskrise* die Konsumgüterproduktion erst im Notfall drosseln. Das blieb zunächst sogar noch so in der Zeit der *Blitzkriege* 1939–41, obwohl schon am 17.3.1940 ein Ministerium für Bewaffnung und Munition unter *Todt* geschaffen wurde. Auch später scheute das NS-Regime aus ideologischen Gründen z.B. die völlige Ausschöpfung des weiblichen Arbeitsmarkts. Erst mit *Speer* trat 1942 ein Mann an die Spitze des Rüstungsministeriums, der für die Zentralisierung der Produktion, die Standardisierung von Bauteilen, den koordinierten Einsatz von *Zwangsarbeitern* bei der Massenfertigung u.a. sorgte. Unter seiner Verantwortung verdreifachte sich die deutsche Rüstungsproduktion bis Mitte 1944, ehe alliierte Luftangriffe und Rohstoffknappheit aufgrund von Gebietsverlusten zu Einbrüchen führten.

Krim

Die Halbinsel Krim an der Nordküste des Schwarzen Meeres mit 26 000 km^2 und 1,1 Mio. Einwohnern (1939) wurde im Herbst 1941 Kriegsschauplatz: Nach der Eroberung der Ukraine und der Zerschlagung starker sowjetischer Kräfte am Asowschen Meer erzwang die deutsche 11. Armee (v. Manstein) zwischen 24.9. und 27.10.1941 den Zugang zur Krim durch die Enge von Perekop. Bis 16.11. war die Halbinsel bis auf die eingeschlossene Seefestung Sewastopol in deutscher Hand. Rückeroberungsversuche der Roten Armee durch Landungen bei Feodossija und Kertsch (Ende Dez. 1941) sowie bei Jewpatorija (5.1.1942) scheiterten, ein sowjetischer Brückenkopf bei Kertsch wurde im Mai 1942 zerschlagen. Am 1.7.1942 gelangen die Erstürmung Sewastopols und die Gefangennahme der überlebenden rd. 100 000 Verteidiger. Über die Straße von Kertsch konnten Ende 1942 / Anfang 1943 Teile der vom Kaukasus zurückgehenden deutschen Heeresgruppe A (v. Kleist) auf die Krim überführt werden. Im Verlauf des sowjetischen Vormarsches erlitt die auf der Krim abgeschnittene deutsche 17. Armee schwere Verluste, da die Räumung der Halbinsel von Hitler viel zu spät (8.5.1944) genehmigt wurde.

Kristallnacht

Auf dem traditionellen »Kameradschaftsabend« der *Alten Kämpfer* im Münchener Bürgerbräu erfuhren Hitler und *Goebbels* am 9.11.1938, daß der von *Grynszpan* angeschossene Legationssekretär *Rath* in Paris seinen Verletzungen erlegen war. Goebbels hielt daraufhin eine antisemitische Hetzrede, worauf die versammelten Gauleiter und Parteiführer ihre Dienststellen, SA, SS und HJ anwiesen, gegen die Juden vorzugehen. In der Nacht zum 10.11. wurden daher in ganz Deutschland jüdische Einrichtungen demoliert, Synagogen angezündet und jüdische Bürger mißhandelt oder gar erschlagen. Insgesamt fielen der »spontanen Volkswut«, wie die Propaganda die gelenkte Aktion nannte, 7500 Geschäfte und 171 jüdische Gotteshäuser zum Opfer, 91 Menschen wurden ermordet, 26 000 in KZ eingewiesen. Wegen des Scherbenmeers in den Städten bürgerte sich die Bezeichnung »Kristallnacht« für die Ausschreitungen ein; der Volksmund ergänzte den Begriff im Stil der Großsprecherei der Propaganda zur »Reichskristallnacht«. – Dem Straßenterror folgte eine Welle von administrativen Maßnahmen zur weiteren Entrechtung der deutschen Juden: Zunächst einmal wurde verfügt, daß die fälligen Versicherungsentschädigungen an das Reich abzuführen seien, außerdem wurde den Juden als »Buße« eine »Kontribution« von 1 Mrd. RM auferlegt. Am 12.11. folgte ein Verbot für Juden, Theater zu besuchen, am 15.11. wurde die Entfernung jüdischer Kinder aus öffentlichen Schulen angeordnet, am 29.11. schuf ein »Judenbann« die Möglichkeit, die Juden Aufenthaltsbeschränkungen zu unterwerfen, im Febr. 1939 entstand in Berlin die »Reichszentrale für die jüdische Auswanderung«. Die Kristallnacht führte zudem zu einer drastischen Beschleunigung der *Arisierung* jüdischer Betriebe.

Krupp von Bohlen und Halbach, Alfried
* Villa Hügel (heute zu Essen) 13.8.1907, † Essen 30.7.1967
Bekannteste »Rüstungsschmiede« Deutschlands war die Friedrich Krupp AG. Als Alfried Krupp im Dez. 1943 die Alleininhaberschaft des als »NS-Musterbetrieb« ausgezeichneten Unternehmens von seinem Vater Gustav (* Den Haag 7.8.1870, † Blühnbach bei Salzburg 16.1.1950) übernahm, hatte er wegen der umfassenden kriegswirtschaftlichen Lenkung freilich kaum noch unternehmerischen Spielraum. Dennoch wurde er 1948, auch stellvertretend für den verhandlungsunfähigen Vater, vom Militärgerichtshof III der USA in Nürnberg wegen Verbrechen gegen die Menschlichkeit (Beschäftigung von *Zwangsarbeitern* und Kriegsgefangenen) und Plünderung von Wirtschaftsgütern in den besetzten Ländern zu zwölf Jahren Haft und Einzug des Vermögens verurteilt. Am 31.1.1951 wurde er begnadigt und konnte wieder die Leitung seiner – freilich durch Kriegseinwirkung und *Demontage* geschädigten – Firma übernehmen.

Kuban-Brückenkopf
Auf der Tamanhalbinsel am Ostufer des Asowschen Meeres bezog die deutsche 17. Armee (Ruoff, später Jaenecke) eine Stellung, die sie

vom 31.1. bis 9.10.1943 halten konnte, den sog. Kuban-Brückenkopf (nach dem dort mündenden Fluß Kuban). Über den Brückenkopf, der die Straße von Kertsch sicherte, konnten große Teile der deutschen Heeresgruppe A (v. Kleist) rückgeführt werden, nachdem der Vorstoß zum Kaukasus gescheitert war. Im Sept./Okt. 1943 gelangten so noch 239 669 Soldaten, 16 311 Verwundete, 27 456 Zivilisten sowie 115 477 t Wehrmachtsgut (v. a. Munition), 21 230 Kfz, 74 Panzer, 1815 Geschütze und 74 657 Pferde auf die Krim. Transportmaschinen flogen außerdem 15 661 Mann aus.

Kube, Wilhelm

* Glogau 13.11.1887, † Minsk 22.9.1943
Antisemit von Jugend an, schloß sich der Journalist Kube 1919 zunächst der DNVP an, überwarf sich mit ihr und saß von 1928 an als NSDAP-Abgeordneter im preußischen Landtag. 1932 war er Mitbegründer der *Deutschen Christen*, wurde 1933 Gauleiter der Ostmark und Oberpräsident von Brandenburg. 1936 wegen Querelen mit *Bormann* entmachtet, wurde Kube 1941 zum Generalkommissar für Weißruthenien (Teil des Reichkommissariats Ostland) bestellt und geriet hier in Konflikt mit der SS. Er wandte sich nämlich gegen die Massenerschießungen von Juden und gegen die brutale Behandlung der weißrussischen Bevölkerung. Dabei leiteten ihn weniger judenfreundliche Motive als Sorgen um das Ansehen der Besatzungsmacht. Sein so gesehen »mildes« Regiment machte dem sowjetischen Geheimdienst Sorgen und führte schließlich zur Ermordung Kubes durch eine als Dienstmädchen eingeschleuste Partisanin.

Kugelerlaß

Vermutlich Anfang 1944 erließ das OKW einen Befehl zur Behandlung von geflüchteten und wiederergriffenen *Kriegsgefangenen* (ausgenommen britische und amerikanische Soldaten), der als Kugelerlaß bekannt wurde. Mit Fernschreiben vom 4.3.1944 – der Originalbefehl ist nicht erhalten – wurde der Kugelerlaß vom Chef der Sicherheitspolizei und des SD (CSSD) den unterstellten Dienststellen mitgeteilt. Danach waren die fraglichen Gefangenen dem KZ *Mauthausen* unter dem Kennwort »Aktion Kugel« zu überstellen, wo sie getötet wurden. Die Beteiligten hatten über diese Maßnahmen strengstes Stillschweigen zu wahren.

Kulmhof

Ende 1941 wurde in der Nähe von Lodz (Litzmannstadt) im 1939 annektierten Reichsgau Wartheland von der SS ein *Vernichtungslager* errichtet. Es bestand aus einem festen Gebäude, dem »Schloß«, und einem Waldlager. Vor allem Juden aus dem Ghetto von Lodz wurden unter dem Vorwand des Transports zum Arbeitseinsatz im Reich nach Kulmhof (Chełmno) gebracht. Sie mußten im »Schloß« zwecks »Desinfektion« ihre Kleidung ablegen und wurden dann in *Gaswagen* getrieben, getötet und von vorübergehend von der Vergasung zurückgestellten jüdischen Häftlingen in Massengräber des Waldlagers geworfen. Im Sommer 1942 begann man mit einer *Enterdungsaktion* und ging zur Verbrennung der Leichen über. Ende März 1943 wurde Kulmhof aufgelöst und das »Schloß« gesprengt, die jüdischen Arbeiter wurden erschossen. Im April 1944 wurden der erhaltene Schloßkeller sowie behelfsmäßige Baracken erneut als Vernichtungslager verwendet, ehe im Jan. 1945 die endgültige Auflösung und die Erschießung der Arbeitshäftlinge befohlen wurde. Mindestens 145 000 Juden wurden in der ersten und wenigstens 7176 in der zweiten Lagerperiode ermordet, polnische Angaben sprechen von insgesamt 300 000 Opfern.

Kulturschaffende

Zur Aufhebung des elitären Charakters von geistiger und künstlerischer Arbeit geprägte NS-Bezeichnung für alle Personen, die in Berufen tätig waren, die in den Organisationsbereich der *Reichskulturkammer* fielen, als der »berufsständischen Zusammenfassung und Gliederung aller Kulturschaffenden«.

Kunst

Im NS-Verständnis kam »Kunst von Können« *(Goebbels)*, was ganz handwerklich und daher ausschließlich gegenständlich gemeint war. Von »Künden« könne Künstlerisches nur insofern kommen, als es Ausdruck »blutsmäßiger und völkischer Zugehörigkeit« sei, weswegen das »Sinnlich-Triebhafte« des bürgerlichen oder gar sozialistischen Kunstschaffens als *entartete Kunst* abzulehnen sei. Moderne Kunstrichtungen wie Dadaismus oder Kubismus bezeichnete Hitler in »Mein Kampf« als »krankhafte Auswüchse irrsinniger und verkommener Menschen«. Da Kunst in seinem Sinn wie alles Kulturelle den politischen Zielsetzungen des Nationalsozialismus dienen mußte, waren ihre Allgemeinverständlichkeit und Monumentalität oberstes Gebot. *Architektur* und *Film* rangierten in der Wertskala wegen ihrer Massenwirksamkeit daher ganz oben, während die eher individuell aufgenommene Malerei geringere Beachtung fand.

Kunstraub

Nach dem »Endsieg« sollte nach Hitlers Willen in Linz an der Donau das »größte Museum der Welt« entstehen, das aus deutschen Beständen kaum zu bestücken gewesen wäre. Vor allem *Göring*, der außerdem seinen Landsitz *Karinhall* schmücken wollte, und *Rosenberg* mit einem eigens dazu aufgestellten Einsatzstab ließen daher in den besetzten Ländern Kunstwerke »sicherstellen«. Das betraf zunächst jüdischen Besitz, der beschlagnahmt wurde, dann auch Sammlungen anderer »Reichsfeinde« (v. a. in Polen) und schließlich sogar öffentliche Museen. Insgesamt fielen dem NS-Kunstraub nach einer ungefähren Zwischenbilanz vom 15.7.1944 rd. 22 000 Kunstwerke zum Opfer, darunter allein 5281 Gemälde und als wertvollstes Stück das *Bernsteinzimmer* der Zaren. Russischerseits wurde allerdings ein Vielfaches an Objekten als geraubt gemeldet und damit begründet, daß auch die Rote Armee nach 1945 in Deutschland Hunderttausende von Kunstwerken, Millionen von Büchern und erhebliche Mengen an Archivalien beschlagnahmte. Die Rückgabe aufgrund eines deutsch-russischen Abkommens von 1990 ist schleppend in Gang gekommen.

Kursk →*Unternehmen »Zitadelle«*

KZ

Hitler nutzte die *Reichstagsbrandverordnung* vom 28.2.1933 als Freibrief für die wahllose Verhaftung vermeintlicher und tatsächlicher politischer Gegner. Das führte in kürzester Frist zu gänzlicher Überfüllung der Haftanstalten, so daß SA-Hilfspolizei dazu überging, behelfsmäßige Lager zur Vollstreckung von *Schutzhaft* zu errichten. Diese »wilden« Einrichtungen wurden seit Mitte März mit Gründung des Lagers *Dachau* durch »reguläre« Konzentrationslager abgelöst, offiziell KL abgekürzt, bekannter und gefürchtet unter dem Kürzel KZ. Dachau wurde unter Kommandant *Eicke* zur Mustereinrichtung für weitere nun in SS-Regie genommene Lager, deren

K

wichtigste bis 1939 waren: Buchenwald, Flossenbürg, Groß-Rosen, Mauthausen, Neuengamme, Oranienburg (später abgelöst durch Sachsenhausen), Ravensbrück. Sie waren in jeweils fünf Abteilungen gegliedert: Kommandantur (I), politische Abteilung in Gestapo-Aufsicht (II), Schutzhaftlager (III), Verwaltung (IV), Lagerarzt (V). Die Bewachung und das Personal stellte die SS mit den später so bezeichneten *Totenkopfverbänden*. Zunächst nur für politische Häftlinge gedacht, dienten die KZ bald auch zur Inhaftierung von Kriminellen, »Asozialen«, Homosexuellen, Juden, »Zigeunern« und im Krieg auch von »feindlichen« Ausländern. Sie wurden durch farbige Stoffwinkel auf der Kleidung gekennzeichnet: Kriminelle grün, Politische rot, Homosexuelle rosa usw., und wirkten an der Lagerorganisation mit durch Lagerälteste, *Kapos* und andere »Funktionshäftlinge« (Leichenträger, Schreiber u.a.). – Bei Kriegsbeginn wurden in den KZ, die ursprünglich der »Umerziehung« dienen sollten und aus denen die meisten Häftlinge nach einiger Zeit wieder entlassen wurden, 21400 Häftlinge festgehalten. Während des Einsatzes der Insassen zur Zwangsarbeit im Krieg wurden zahlreiche Nebenlager (Außenkommandos) geschaffen und zunehmend mit Ausländern belegt, so daß im Jan. 1945 rd. 600000 KZ-Häftlinge gezählt wurden. Die Gesamtzahl der 1933–45 Inhaftierten (ohne Opfer der *Vernichtungslager*) wird auf mehrere Millionen geschätzt. Sie waren einer immer brutaleren Behandlung ausgesetzt, da trotz entsprechender Verbote Übergriffe des Wachpersonals an der Tagesordnung waren. Mißhandlungen mit Todesfolge, Hinrichtungen, tödliche medizinische Experimente, Folter, Seuchen aufgrund der miserablen hygienischen Verhältnisse, Hunger, Entkräftung und Kälte in den überbelegten Baracken forderten zahllose Opfer; einige Gefangene wurden ausdrücklich zur »Vernichtung durch Arbeit« in die KZ eingewiesen. In regelmäßigen Abständen wurden zudem arbeitsunfähige und kranke Häftlinge (»Muselmänner«) ausgesondert, in Tötungsanstalten der *Euthanasie*-Aktion eingeliefert und ermordet. Bei herannahenden Fronten evakuierte man viele KZ, wobei auf den anschließenden Transporten und Märschen nochmals zahllose Gefangene starben oder wegen Marschunfähigkeit erschossen wurden. Selbst nach Kriegsende ging das Sterben – z.B. in *Bergen-Belsen* – weiter, da viele Menschen sich nicht mehr erholten.

L

Laconia-Befehl

Am 12.9.1941 wurde der britische Truppentransporter Laconia mit 1800 italienischen Kriegsgefangenen an Bord nordöstlich von Ascension im Südatlantik durch U 156 (Korvettenkapitän Werner Hartenstein) versenkt. Der deutsche U-Boot-Kommandant begann sofort mit der Rettung der Schiffbrüchigen, weitere U-Boote kamen zu Hilfe. Am folgenden Tage griff ein amerikanischer Liberator-Bomber trotz der Rotkreuzflagge auf U 156 mehrfach an, so daß Hartenstein die Rettungsarbeiten einstellen mußte, auch U 506 mit 142 Geretteten wurde am 17.9. angegriffen. Daraufhin ordnete der Befehlshaber der U-Boote, *Dönitz*, an, daß künftig die Rettung Schiffbrüchiger von versenkten Schiffen zu unterbleiben habe, um die eigenen U-Boote nicht zu gefährden. Der Laconia-Befehl wurde im *Nürnberger Prozeß* gegen Dönitz verwendet, allerdings folgte das Gericht nicht der Auffassung der Anklage, die von einer Anstiftung zu »vorsätzlicher« Tötung von Schiffbrüchigen ausging.

Lammers, Hans Heinrich

* Lublinitz (bei Kattowitz) 27.5.1879, † Düsseldorf 4.1.1962

Zunächst Mitglied der DNVP, wechselte der Jurist und Ministerialrat im Reichsinnenministerium Lammers 1932 zur NSDAP und wurde nach der Machtergreifung Chef der Reichskanzlei (seit 1937 im Rang eines Reichsministers). Ständiger Zugang zu Hitler verschaffte Lammers erheblichen Einfluß auf die Ausgestaltung des Polizeistaats. Im Krieg verlor er an politischem Gewicht und unterstützte *Göring* bei dessen Vorhaben, die Nachfolge Hitlers anzutreten, weswegen er auf Befehl *Bormanns* am 23.4.1945 verhaftet wurde. Der Erschießung entging er durch amerikanische Gefangennahme.

Im *Wilhelmstraßen-Prozeß* zu 20 Jahren Haft verurteilt, wurde Lammers am 16.12.1954 begnadigt.

Länder

Gliedstaaten des Deutschen Reiches mit eigenen Verfassungen, Parlamenten und Regierungen, auf Reichsebene vertreten durch den *Reichsrat*, erste Opfer der NS-*Gleichschaltung* und seit Auflösung des Reichsrats am 14.2.1934 funktionslos.

Landjahr

Gerne nutzten die NS-Pädagogen eine Einrichtung der Republik: Für 14–15jährige Volksschulabsolventen gab es das sog. Landjahr, ein achtmonatiges »Lager« zur Schulung, für die die ländliche Umgebung den Erlebnishintergrund bilden sollte. Man wollte so die Naturverbundenheit der Stadtjugend stärken und der Landflucht von Jugendlichen entgegenwirken, was in Grenzen gelang. Deswegen stand außer in der Erntezeit auch nicht der halbtägige landwirtschaftliche Dienst im Vordergrund, sondern das Gemeinschaftserlebnis. Im Krieg konnten Mädchen ihr Pflichtjahr auf diese Weise ableisten, wobei man die Lager oft jenseits der Reichsgrenzen als »volkstumspolitische Waffe« einrichtete. Insgesamt nahmen in zehn Jahren 264 000 Jugendliche am Landjahr teil.

Landsberg am Lech

Oberbayerische Stadt, in deren Festung Hitler, nach seinem Putsch (1923) zu fünf Jahren Haft verurteilt, 1924 nur neun Monate (April–Dez.) absitzen mußte. Die Zelle im sog. Feldherrnflügel war im 3. Reich Erinnerungsstätte und ein Ziel des Adolf-Hitler-Marsches der deutschen Jugend bei Reichsparteitagen; nach dem Krieg wurde die Festung Haftanstalt und Hinrichtungsstätte der Amerikaner für verurteilte deutsche Kriegsverbrecher.

Lanz, Josef

* Wien 19.7.1874, † ebd. 22.4.1954

1894 hatte der Zisterziensermönch Lanz eine »Erleuchtung« und erkannte, daß die Welt beherrscht sei vom Gegensatz zwischen dem »blau-blonden Ariertum« und dem »Niederrassentum«. 1899 verließ Lanz das Kloster, gründete einen eigenen »Orden des Neuen Tempels« und sagte den »minderrassigen Sodoms-Äfflingen« den

Kampf an, ausgefochten v.a. in den »Ostara«-Heften, die er unter dem Namen Jörg Lanz von Liebenfels herausgab. Hitler gehörte zu den Lesern und besuchte 1909 den Kämpfer für die »Rassenentmischung« und die »blau-blonde Reinzucht«. Später distanzierte er sich von dem Schwärmer, der 1938 nach dem Anschluß Österreichs Schreibverbot erhielt.

Laval, Pierre

* Châteldon (bei Vichy) 26.6.1883, † Paris 15.10.1945 (hingerichtet)
Ursprünglich Sozialist, hatte der Jurist Laval in den 1920er/30er Jahren mehrfach Ministerposten in konservativen Regierungen inne. Nach dem *Frankreichfeldzug* sorgte er für die Berufung *Pétains* zum Staatschef des unbesetzten Landesteils und verkündete als dessen Ministerpräsident eine Politik der *Kollaboration* mit den Deutschen. Er wurde zwar zwischenzeitlich kaltgestellt, doch im April 1942 wiederberufen unter deutschem Druck, dem er sich in der Folgezeit willig beugte (u.a. *Judenverfolgung*, Rekrutierung von *Zwangsarbeitern*). Im Aug. 1944 wurde Lavals Regierung nach Belfort verlegt und im Monat darauf nach Deutschland verschleppt. Im Mai 1945 gelang ihm die Flucht nach Spanien, doch ließ ihn *Franco* nach Österreich abschieben, von wo ihn die amerikanische Besatzungsmacht an Frankreich auslieferte. Als Symbolfigur der *Kollaboration* wurde Laval am 9.10.1945 zum Tod verurteilt. Seine Hinrichtung sechs Tage später gestaltete sich zum »Meisterstück einer historischen Schauerszene« (R.Cartier): Laval hatte im Gefängnis eine Dosis Zyankali geschluckt und befand sich nach Aussage des herbeigerufenen Arztes unmittelbar vor dem Tod. Aber das Gericht ließ ihm den Selbstmord nicht durchgehen, es ordnete Wiederbelebung an, und nach 18 Magenspülungen war der Verurteilte so weit hergestellt, daß er ordnungsgemäß erschossen werden konnte.

Lebensborn

Im Mai 1942 machte sich Reichsführer SS *Himmler* Gedanken über das brachliegende Gebärpotential von etwa 400000 deutschen Frauen, die wegen des Krieges keine Männer, aber Kinder bekommen könnten. Dabei geriet ein im Dez. 1935 gegründeter Verein des *Rasse- und Siedlungshauptamtes* (RuSHA) wieder in den Blick: das Unternehmen Lebensborn, in dessen Satzung vom 13.9.1936 jedem SS-Mann aufgetragen war, mindestens vier Kinder zu zeugen, notfalls unehelich. Bis 1944 wurden in den 13 Heimen des Vereins 11 000 uneheliche Kinder geboren, für die die SS den Unterhalt regelte, erwünschte Geburtsurkunden und gegebenenfalls Adoptiveltern beschaffte. Später wurde Lebensborn zur Mitwirkung bei der *Eindeutschung* von Kindern »germanischen Typs« herangezogen, die Himmler in den besetzten Ländern rauben ließ. Die Anzahl (einige tausend bis zu 200 000) läßt sich kaum schätzen, wie auch wegen des fast völligen Untergangs der Lebensborn-Unterlagen nur Vermutungen möglich sind über die von Himmler projektierte SS-eigene Kinderproduktion. Es spricht viel dafür, daß dies wegen der sich rapide verschlechternden Kriegslage nicht einmal in Ansätzen Wirklichkeit wurde.

Lebensmittelkarten

Krieg erzeugt wegen des Ausfalls von Arbeitskräften und Umstellung der Produktion auf Rüstung Mangel bei Konsumgütern. Als daher am 27.8.1939 im Deutschen Reich Lebensmittelkarten für die rationierte Zuteilung bestimmter Nahrungsmittel ausgegeben wurden, mußte jedem klar sein, daß Krieg vor der Tür stand. Er führte dann mit zunehmender Dauer zur Rationierung von immer mehr Waren und zur Ausgabe unterschiedlicher Karten für verschiedene Waren- und Personengruppen. So wurden Reichsbrot-, Reichsfettkarten u.a. ausgegeben; Juden, *Zwangsarbeiter* und die Zivilbevölkerung in den besetzten Gebieten erhielten geringere Mengen, Sonderzulagen dagegen, kenntlich durch Färbung der Karten, gab es für werdende und stillende Mütter, Schwer- und Nachtarbeiter, Kleinkinder und Jugendliche, Fronturlauber und Reisende. Während als einzige Waren Kartoffeln und Gemüse nicht rationiert werden mußten, verringerten sich die Zuteilungen bei anderen immer weiter; 1945 erhielt eine erwachsene Person wöchentlich 125 g Fett, 250 g Fleisch, 1700 g Brot. Erst am 10.1.1950 konnten in der Bundesrepublik die Lebensmittelkarten abgeschafft werden. In der DDR dauerte die Rationierung bis zum Mai 1958, und auch Großbritannien trennte sich erst Ende der 1950er Jahre vom System der Lebensmittelkarten.

Lebensraum

Als »heilige Mission meines Lebens« und »Daseinszweck des Nationalsozialismus« bezeichnete Hitler noch im Febr. 1945 die Eroberung von Lebensraum für das deutsche Volk, das nach einem Buchtitel von *Grimm* und einem davon abgeleiteten NS-Schlagwort ein »Volk ohne Raum« sei. Die Lebensraum-Parole war weit älter als der Nationalsozialismus und meinte Ende des 19. Jh. das Recht auf Kolonien auch für das Deutsche Reich, ehe Hitler diese Forderung in »Mein Kampf« zur kontinentalen »Bodenpolitik« umdeutete, denn es habe nur Sinn, sagte er 1945 in seinem »Politischen Testament«, sich dorthin auszubreiten, »wo der geographische Zusammenhang mit dem Mutterland gesichert ist«. – Daß dies immer nur gewaltsam geschehen könne, war von Anfang an Hitlers Überzeugung. Seine Politik der Revision des *Versailler Vertrags* betrieb er nach 1933 ausschließlich zur »Rückendeckung für eine Vergrößerung des Lebensraums«, da sich ein Krieg bloß für die Wiederherstellung der Vorkriegsgrenzen, wie es schon in »Mein Kampf« heißt, nicht lohne und da Bündnisse ohne Kriegsabsicht »sinn- und wertlos« seien. Nur aus taktischen Gründen gegenüber den westlichen Kolonialmächten forderte Hitler auch Kolonien, in Wahrheit ging es ihm, das betonte er schon am 3.2.1933 gegenüber der Generalität, ausschließlich um »Lebensraum im Osten«, also in Rußland. Das Recht dazu leitete Hitler aus den Rassentheorien ab, nach denen die Deutschen ein »Herrenvolk«, Rußland hingegen nach der »jüdischen Machtergreifung« des Bolschewismus »reif zum Zusammenbruch« sei. Hier verschmolzen wahnhaft Raum- und Rassenfrage, Krieg und *Endlösung*.

Leber, Julius

* Biesheim (bei Neuf-Brisach, Elsaß) 16.11.1891, † Berlin-Plötzensee 5.1.1945 (hingerichtet)

Er wurde in den 1920er Jahren zum rechten Flügel der SPD gerechnet: Der Volkswirt und Historiker Leber, 1924–33 Reichstagsabgeordneter und Wehrexperte seiner Partei, war gegen Ende der Republikzeit davon überzeugt, daß nur ein starker Staat der Probleme Herr werden würde. Die SPD jedoch hatte dazu die Kraft nicht und versagte angesichts der NS-Herausforderung. Leber wurde 1933 verhaftet und verließ als geschworener Feind Hitlers nach vier Jahren das KZ. Als Kohlenhändler lebte er fortan in Berlin und engagierte sich im Widerstand des *Kreisauer Kreises*. Als Innenminister einer Regierung *Goerdeler* vorgesehen, bemühte sich Leber um die Unterstützung der Kommunisten und wurde am 4.7.1944 bei einem

Kontaktgespräch Opfer eines Gestapo-Spitzels. Seine Verhaftung beschleunigte die Attentatspläne *Stauffenbergs*, nach deren Scheitern Leber im Okt. 1944 zum Tod verurteilt wurde. »Für eine so gute und gerechte Sache ist der Einsatz des eigenen Lebens der angemessene Preis«, schrieb er vor der Hinrichtung.

Leeb, Wilhelm Ritter von

* Landsberg a. Lech 5.9.1876, † Hohenschwangau (bei Füssen) 29.4.1956

Der Generalstabsoffizier des 1. Weltkriegs Leeb, in der Reichswehr bis zum General der Artillerie aufgestiegen, wurde beim Revirement nach der *Fritsch*-Krise im März 1938 zunächst verabschiedet, nahm aber dann als Generaloberst im Okt. 1938 an der Besetzung des Sudetenlands mit der Heeresgruppe 1 teil und übernahm am 26.8.1939 den Oberbefehl über die Heeresgruppe C am Oberrhein, mit der er im Juni 1940 die *Maginotlinie* durchbrach. Am 19.7.1940 erfolgte die Ernennung zum Generalfeldmarschall. Im Rußlandfeldzug befehligte Leeb die Heeresgruppe Nord, die auf Leningrad vorstieß. Als im Dez. 1941 Verbände der 16. Armee bei Cholm und Demjansk eingekesselt zu werden drohten, befahl Leeb eigenmächtig den Rückzug. Daraufhin wurde er am 16.1.1942 von Hitler entlassen und fand keine Verwendung mehr. Am 22.10.1948 verurteilte ihn ein amerikanisches Militärgericht u. a. wegen Weitergabe des *Kommissarbefehls* zu drei Jahren Haft, die als verbüßt galten.

Legalitätseid

Bezeichnung für die Aussage Hitlers in einem Prozeß gegen Reichswehr-Offiziere wegen der Verbreitung von NS-Propaganda (Ende Sept. 1930), daß er die Macht ausschließlich mit legalen Mitteln anstrebe; brachte dem NSDAP-Führer den Spottnamen »Adolphe Légalité« ein.

Legion Condor

In *Abessinien* begann die politische Zusammenarbeit des faschistischen Italiens mit dem NS-Regime, im *Spanischen Bürgerkrieg* die Waffenbrüderschaft. Während *Mussolini* Bodentruppen zur Unterstützung *Francos* entsandte, beteiligte sich die Wehrmacht mit dem Luftwaffenverband der Legion Condor am Kampf der Falange gegen die Volksfrontregierung. Zunächst leistete die Legion im Juli 1936 Transporthilfe beim Übersetzen von Franco-Truppen aus Marokko, dann griff sie mit Kampfflugzeugen direkt ein und trug, mit Nachrichten-, Transport- und Panzereinheiten insgesamt etwa 6000 Mann stark, oft entscheidend zu Franco-Siegen bei. Ziel war, neben der Eindämmung des Kommunismus, die Erprobung von Waffen »im scharfen Schuß« *(Göring)*. Zunächst geheimgehalten, wurde der Einsatz der Legion Condor mit dem Angriff auf *Guernica* im April 1937 allgemein bekannt. Ihre Heimkehr auf KdF-Schiffen wurde am 6.6.1939 mit einer Parade in Berlin gefeiert, wobei Goldtafeln mit den Namen von 300 Gefallenen (tatsächliche Verluste 420) mitgeführt wurden.

Leibesübungen
Im 3. Reich dem aus dem Englischen stammenden Begriff *Sport* vorgezogene Bezeichnung für Körperschulung wie Wettkampfsport.

Leibstandarte-SS »Adolf Hitler« (LAH)
Am 17.3.1933 wurde aus 120 Mann der vorherigen Leibwache Hitlers eine SS-Stabswache Berlin gebildet, die dann Wachbataillon Berlin und seit Sept. 1933 Leibstandarte-SS »Adolf Hitler« (LAH) hieß und in der ehem. Kadettenanstalt Berlin-Lichterfelde kaserniert war. Kommandiert von J. *Dietrich*, war die am 9.11.1933 auf Hitler persönlich vereidigte Truppe Repräsentationsgarde des 3. Reiches (u. a. Postendienst an und in der Reichskanzlei) und Hitlers »Henker« während der *Röhm-Affäre*. Danach wurde sie mit den Politischen Bereitschaften in der SS-*Verfügungstruppe* zusammengeschlossen und nach dem Polenfeldzug in die *Waffen-SS* eingegliedert. 1940 erreichte die LAH, gefürchtet wegen ihrer überharten Kampfführung, Brigade- und 1941 Divisionsstärke; sie ging 1945 in Österreich unter.

Leih- und Pachtgesetz
Am 11.3.1941 vom US-Parlament bewilligte Ermächtigung (Lend-Lease-Act) für Präsident *Roosevelt*, kriegswichtige Güter ohne Barzahlung an Staaten zu liefern (»verpachten«), deren Schutz er für die Verteidigung der USA als lebenswichtig ansah; zunächst auf 7 Mrd. Dollar begrenzt, bis 1945 auf 50 Mrd. Dollar aufgestockt (30 Mrd. an Großbritannien, 11 Mrd. an die UdSSR, Rest an andere).

Leistungsmedizin

In den Augen der NS-Ideologen war Krankheit fehlende Leistungsbereitschaft und Vernachlässigung der »Pflicht zur Gesundheit«, die in einer echten *Volksgemeinschaft* nicht mehr Privatsache sein könne. »Steigerung der Leistungsfähigkeit jeder Art bis zur äußersten erreichbaren Höhe« war daher Aufgabe der *Medizin* im 3. Reich. Die DAF strebte dementsprechend die Einführung einer Gesundheitskarte mit einer Leistungsdiagnose an, die maßgeblich sein sollte für die Höhe der späteren Rente. Alle Maßnahmen der Leistungsmedizin aber vermochten nicht zu verhindern, daß im Krieg der Krankenstand ständig stieg.

Leningrad

Die sowjetische Gebietshauptstadt Leningrad (heute Sankt Petersburg) am östlichen Ufer des Finnischen Meerbusens (Kronstädter Bucht), mit 3,2 Mio. Einwohnern nach Moskau die zweitgrößte Stadt Rußlands und wichtigstes Kultur- und Wirtschaftszentrum, war im *Rußlandfeldzug* Operationsziel der deutschen Heeresgruppe Nord (v. Leeb), die Anfang Sept. 1941 den Stadtrand erreichte und im Verein mit finnischen Truppen die einstige Hauptstadt des Zarenreichs von allen Landverbindungen abschnitt. Eine Versorgung der Millionenstadt blieb nur noch über das Wasser oder Eis des südlichen Ladogasees möglich – auf einer ständig gefährdeten und nie hinreichend ergiebigen Route. Hitler, der zunächst die Wegnahme der Stadt angestrebt hatte, verzichtete bald darauf und begnügte sich mit einer Belagerung, der insgesamt ein Drittel der Einwohnerschaft durch Hunger, Erfrierungen, Krankheiten und Kriegseinwirkung (Artilleriebeschuß, Luftangriffe) zum Opfer fiel. Erst im Jan. 1943 lockerte sich der Belagerungsring, befreit aber wurde die Stadt erst ein ganzes Jahr später nach 900 Tagen Belagerung: Am 14.1.1944 begann eine sowjetische Offensive, die die deutsche Heeresgruppe Nord (Küchler, später Model) auf den Peipussee zurückwarf.

Les Milles

Gleich nach der Kriegserklärung Frankreichs am 3.9.1939 wurden die dort lebenden deutschen Staatsbürger interniert, viele davon in einer ehemaligen Ziegelei in Les Milles bei Aix-en-Provence. Es handelte sich vornehmlich um Flüchtlinge aus dem NS-Staat, darunter Schriftsteller wie Lion Feuchtwanger, Maler wie Max Ernst und andere Prominente. Für manche wurde das Lager nach der französischen Niederlage zur Falle, da der deutschen Polizei im Waffenstillstandsvertrag ein Durchsuchungsrecht zugestanden werden mußte. *Vichy* nutzte Les Milles danach als Lager für Juden, die zur Zwangsarbeit nach Nordafrika und nach der deutschen Besetzung Restfrankreichs in die *Vernichtungslager* transportiert wurden.

Lettland

65000 Deutsche lebten 1939 unter den 2 Mio. Einwohnern in der baltischen Republik Lettland (65800 km², Hauptstadt Riga), die am 7.5.1939 mit Deutschland einen Nichtangriffsvertrag schloß. Er wurde schon wenige Monate später durch den *Hitler-Stalin-Pakt* Makulatur, nach dessen geheimem Zusatzprotokoll Lettland zur sowjetischen Einflußsphäre gehörte und die Baltendeutschen ins Reich umgesiedelt werden sollten. Am 17.6.1940 annektierte die Sowjetunion Lettland, das ein Jahr später von der Wehrmacht erobert und als Generalkommissariat dem Reichskommissariat Ostland zugeschlagen wurde. In der Hoffnung auf deutsche Unterstützung bei der Wiedererrichtung ihres Staates nach dem Krieg meldeten sich viele Letten zur Waffen-SS (15. und 19. Waffen-Grenadier-Division). Auch die *Einsatzgruppen* fanden hier Hilfswillige. Im Herbst 1944 (Riga 13.10.) eroberte die Rote Armee Lettland zurück, das zu einer Sowjetrepublik wurde.

Leuna-Werke

Im Industrierevier von Leuna an der Saale befand sich Deutschlands größte Anlage zur Herstellung von synthetischem Benzin (aus Kohlehydrierung). Die Leuna-Werke wurden insgesamt 22mal von alliierten Bomberverbänden angegriffen, die über 18000 t Bomben abwarfen. Trotzdem gelang es nie, die Produktion ganz zu unterbinden.

Leuschner, Wilhelm

* Bayreuth 15.6.1890, † Berlin 29.9.1944 (hingerichtet)
Der Holzbildhauer Leuschner saß 1924–33 für die SPD im hessischen Landtag und war 1928–32 Innenminister. Am 2.5.1933 verhaftet, war er zwei Jahre lang Häftling im KZ *Lichtenburg* und arbeitete danach als Inhaber einer kleinen Firma konspirativ im gewerkschaftlichen Widerstand, den er den Kreisen um *Beck* und *Goerdeler*

zuführte. Er war als Vizekanzler einer Nach-Hitler-Regierung vorgesehen, tauchte nach dem gescheiterten Attentat vom *Zwanzigsten Juli* unter, stellte sich aber nach Festnahme seiner Frau als Geisel am 16.8.1944 der Polizei. Nach Folterungen verurteilte ihn der Volksgerichtshof am 9.9.1944 zum Tod.

Ley, Robert

* Niederbreidenbach (heute zu Nümbrecht, Bergisches Land 15.2.1890), † Nürnberg 25.10.1945

Seit 1923 Mitglied der NSDAP, wurde der bei *I.G. Farben* arbeitende Chemiker Ley 1925 Gauleiter Rheinland-Süd. Der später als »Reichstrunkenbold« verspottete Ley verlor 1928 seine Arbeit wegen Alkoholismus, zog 1930 in den Reichstag ein und wurde Nachfolger des Ende 1932 entmachteten *Strasser* als Reichsorganisationsleiter. Hitler ernannte ihn nach der Machtergreifung zum Leiter des »Aktionskomitees zum Schutz der deutschen Arbeit«, aus dem im Mai 1933 die *Deutsche Arbeitsfront* (DAF) hervorging, so daß Ley Chef der größten Organisation des 3. Reiches (1942 rd. 25 Mio. Mitglieder) war. Er baute sie aus durch Gründungen wie *Kraft durch Freude*, die eines ihrer Kreuzfahrtschiffe nach ihm benannte. Ehrgeiz entwikkelte er auch auf dem Bildungssektor und war Mitbegründer der *Ordensburgen* wie der *Adolf-Hitler-Schulen*. Als Mitglied des Generalrats der Wirtschaft hatte er außerdem Einfluß auf die Kriegsproduktion und den Einsatz der *Zwangsarbeiter*. Ley nahm sich in alliierter Haft das Leben.

Lichtenburg

Im Frühjahr 1933 bei Prettin im Kreis Torgau errichtetes KZ, dessen etwa 4000 Häftlinge v.a. in der lagereigenen Gärtnerei eingesetzt waren und von denen einige zu Tode mißhandelt oder nach Fluchtversuch von Hunden zerfleischt wurden; 1937–39 aufgelöst unter Überstellung der Männer ins KZ *Buchenwald*, der Frauen nach *Ravensbrück*.

Lidice

Am 27.5.1942 wurde der stellvertretende Reichsprotektor *Heydrich* in Prag Opfer eines Anschlags tschechischer Agenten, die von der Royal Air Force abgesetzt worden waren, und starb eine Woche später. Aufgrund des bloßen Verdachts einer Verbindung der Attentäter zur Bergarbeitersiedlung Lidice westlich von Prag wurde der Ort auf Befehl Hitlers am Abend des 9.6.1942 von Polizei, Wehrmacht und SD umstellt, die nach eigenen Meldungen »172 erwachsene Männer durch ein Exekutionskommando von 1 Offizier, 2 Unterführern und 20 Mann« erschossen. Hinzu kamen nach Ende der Spätschicht weitere 11 Arbeiter sowie 15 bereits inhaftierte Angehörige von in England dienenden tschechischen Legionären. Von den ins KZ Ravensbrück (184) und in Gefängnisse (11) verbrachten Frauen kehrten 143 nach dem Krieg zurück, von den verschleppten Kindern (98) wurden 8 zur *Eindeutschung* in SS-Familien gegeben, von den anderen ließen sich nach 1945 noch 16 identifizieren. Die von SS-Hauptsturmführer Max Rostock (1951 hingerichtet) geleitete Aktion endete mit der völligen Zerstörung von Lidice. Das Massaker verschärfte die Spannungen im Protektorat dramatisch; wie *Oradour* wurde Lidice zum Symbol der nationalsozialistischen Schrekkensherrschaft. Nach dem Krieg wurde der Ort als Neu-Lidice in der Nähe wiederaufgebaut. Der Schauplatz der Mordaktion ist heute Gedenkstätte.

Lied

Die gemeinschaftsbildende Kraft der Musik wurde zu allen Zeiten auch politisch genutzt. Insbesondere das Lied eignet sich wegen seiner Textbotschaften zur Festigung von Gruppen. Die NS-Pädagogen setzten daher je nach Zielgruppe Liedgut verschiedener Herkunft ein: patriotische Gesänge aus dem 19. Jh. (Deutschlandlied, »Flamme empor«), Naturverbundenes aus der Jugendbewegung (»Aus grauer Städte Mauern«), in der *Kampfzeit* aufgekommene Strophen wie die des *Horst-Wessel-Lieds*, Vertonungen von NS-Texten (»Vorwärts! Vorwärts! schmettern die hellen Fanfaren« von *Schirach*), aber auch Adaptierungen populärer Lieder, darunter sogar kommunistische: Aus »Brüder, zur Sonne, zur Freiheit« wurde »Brüder in Zechen und Gruben«. Das Liedgut wurde sortiert für HJ, Wehrmacht, NS-Frauenschaft, Reichsarbeitsdienst und in zahllosen Broschüren herausgegeben. Für *Feiern* im NS-Jahreslauf bemühte man sich auch um Konkurrenzlieder zu den kirchlichen Chorälen (»Hohe Nacht der klaren Sterne«, 1936, als Weihnachtslied). Eine große Rolle spielten Schlager (»Ein Freund, ein guter Freund«), Film- (»Heimat, deine Sterne«) und Marschlieder (»Auf der Heide blüht ein Blümelein«).

»Lila«

Beim Unternehmen »Anton«, dem Einmarsch deutscher Truppen in die unbesetzte französische Südzone (8.11.1942) als Reaktion auf die alliierte Landung in Nordafrika (»Torch«), war der Kriegshafen Toulon ausgespart worden; die dort seit 1940 liegende französische Mittelmeerflotte sollte zusammen mit der »Waffenstillstandsarmee« der *Vichy*-Regierung die Verteidigung von Stadt und Küste übernehmen. Angesichts der Entwicklungen in Nordafrika (die französischen Befehlshaber verständigten sich nach kurzer Gegenwehr mit den Alliierten) wuchs das deutsche Mißtrauen gegen die französische Admiralität, so daß der Plan »Lila« in Gang gesetzt wurde: Truppen des deutschen II. Panzerkorps (Hausser) drangen am 27.11.1942 in Toulon ein. Sie kamen jedoch zu spät, der OB der französischen Hochseeflotte, Admiral Jean de Laborde, hatte, rechtzeitig gewarnt, noch die Selbstversenkung anordnen können. Sie gelang fast vollständig, die deutschen Verbände fanden nur noch Wracks vor: 3 Schlachtschiffe, 4 Schwere und 3 Leichte Kreuzer, 1 Flugzeugmutterschiff, 30 Zerstörer, 16 U-Boote, 11 Kanonen- und 3 Torpedoboote waren im Hafenbecken gesunken, 5 U-Boote hatten ungesehen auslaufen können. Die Waffenstillstandsarmee wurde aufgelöst.

»Lili Marleen«

Ein im 1. Weltkrieg von Hans Leip (* 1893, † 1983) geschriebenes Gedicht wurde in der Vertonung von Norbert Schultze (* 1911) zum beliebtesten Schlager des 2. Weltkriegs über alle Fronten hinweg: »Unter der Laterne vor dem großen Tor« mit dem Refrain: »... wie einst Lili Marleen.« Seit Aug. 1941 strahlte der deutsche Soldatensender Belgrad das Lied täglich um 21.57 Uhr aus. *Goebbels* klassifizierte es abfällig als »Schnulze mit Totentanzgeruch«, ließ es aber erst nach *Stalingrad* 1943 aus dem Programm nehmen. Inzwischen hatten jedoch längst englische (gesungen von Marlene Dietrich) und französische Versionen (Édith Piaf) den Äther erobert, auch wenn alliierte Kommandeure Sorgen wegen eventueller Schwächung der Kampfmoral äußerten. Die britische Propaganda setzte es in einer Parodie ein: »Der Führer ist ein Schinder, / Das sehn wir hier genau. / Zu Waisen macht er Kinder, / zur Witwe jede Frau. / Oh, der an allem schuld ist, den / will ich an der Laterne sehn! / Hängt ihn an die Laterne / von der Lili Marleen!«

List, Wilhelm
* Oberkirchberg (heute zu Illerkirchberg, bei Ulm) 14.5.1880,
† Garmisch-Partenkirchen 16.8.1971
Seit 1898 beim Heer, wurde List am 1.10.1930 Generalmajor und führte als Generaloberst in Polen 1939 die 14. Armee, in Frankreich 1940 und auf dem Balkan 1941 die 12. Armee. List übernahm am 7.7.1942 die Heeresgruppe A in Rußland, mit der er die Operation Richtung Kaukasus führen sollte. Trotz seiner Warnungen bestand Hitler auf dieser Überdehnung der Kräfte und löste List nach weiteren Protesten am 10.9.1942 ab. Obwohl sich dessen Lagebeurteilung rasch als richtig erwies, fand List keine Verwendung mehr. Nach Kriegsende verhaftet, wurde er im *Geiselprozeß* am 19.10.1948 zu lebenslanger Haft verurteilt, aus Krankheitsgründen aber an Heiligabend 1952 aus dem Kriegsverbrechergefängnis in Landsberg entlassen.

Litauen
Unter dem Schutz der deutschen Besatzungsmacht entstand am 11.12.1917 die an Deutschland grenzende Republik Litauen (1939: 53 000 km², 2,4 Mio. Einwohner, Hauptstadt Kaunas/Kowno). Sie behauptete sich gegen Polen wie Rote Armee, nutzte 1923 die Schwäche des Deutschen Reiches und eignete sich das *Memelland* an. Hitler zwang Litauen am 22.3.1939 zur Herausgabe des Gebiets und akzeptierte im Pakt mit *Stalin* die Einordnung der baltischen Republik in die sowjetische Einflußsphäre. Das führte am 15.6.1940 zur Annexion durch Moskau, die ein Jahr später durch die deutsche Besetzung im *Rußlandfeldzug* ersetzt wurde. Litauen wurde dem Reichskommissariat Ostland angegliedert, die deutsche Bevölkerung ins Reich ausgesiedelt, die jüdische Bevölkerung (über 200 000 Menschen) fiel fast vollständig der *Endlösung* zum Opfer. Die Hoffnung der Litauer auf Wiederherstellung ihres Staates durch die Deutschen erfüllte sich nicht; im Juli 1944 besetzte die Sowjetarmee erneut das Land.

Literatur
Unter NS-Literatur versteht man die Texte, die mit dichterischem Anspruch NS-Inhalte verarbeiteten. Es zählen dazu also auch Werke, die vor 1933 entstanden und ihre Themen im NS-Sinn behandelten. Drei Hauptarten »erwünschter« Literatur lassen sich unter-

scheiden: **1.** »Volkhafte« Literatur boten etwa die Heimat- und Bauernromane, die der Forderung genügten, daß Kunst sich aus den »Kräften des Volkstums« speisen müsse *(Goebbels)*. **2.** »Heldische Dichtungen« waren v.a. die in großer Zahl und in hohen Auflagen verbreiteten Weltkriegsromane, die von »heroischer Haltung« geprägt und dem »Geist der Wehrhaftigkeit« verpflichtet waren. Sie verlängerten wie die Marsch- und Kampflyrik den soldatischen Geist der Front in die neue Volksgemeinschaft. **3.** »Weihedichtung« diente besonders der Ausgestaltung von *Feiern* durch eine Art Liturgie und sollte den »Führer« und den Nationalsozialismus pseudoreligiös überhöhen. Sie machte die Volksgemeinschaft zur »Glaubensgemeinschaft«. – Insgesamt war die Literatur 1933–45 in Deutschland weit hinter die weltliterarischen Standards zurückgefallen, die Exilliteratur allein wahrte den Anschluß. Zu dieser sind im weiteren Sinn auch Werke der *inneren Emigration* zu zählen, da bedeutende Autoren wie Gottfried Benn oder Ernst Jünger nach kurzer Faszination durch den neuen Staat sich dessen Kunstdiktat entzogen.

Locarnopakt

Am 16.10.1925 unterzeichneten im schweizerischen Kurort Locarno (Tessin) Vertreter Belgiens, Deutschlands, Frankreichs, Italiens und Großbritanniens einen Vertrag, der die Unverletzlichkeit der deutschen Westgrenze und damit den Verzicht auf *Elsaß-Lothringen* festschrieb, die Entmilitarisierung des Rheinlands bestätigte, einen Gewaltverzicht zwischen Deutschland und seinen westlichen Nachbarn formulierte und zur friedlichen Beilegung von Streitigkeiten verpflichtete. Damit war für Deutschland der Weg zum Eintritt in den *Völkerbund* frei und ein System kollektiver Sicherheit errichtet. Es brach zusammen, als Hitler am 7.3.1936 den Locarnopakt kündigte und die *Rheinlandbesetzung* befahl.

Löhr, Alexander

* Turnu Severin (heute Rumänien) 20.5.1885, † Belgrad 16.2.1947 (hingerichtet)

Der österreichische Infanterieoffizier Löhr wechselte schon im 1. Weltkrieg zu den Fliegern und war nach 1933 Schöpfer der österreichischen Luftwaffe. Löhr wurde nach dem *Anschluß* Kommandierender General der Luftwaffe in der Ostmark und am 16.4.1939 als

General der Flieger Chef der Luftflotte 4, mit der er am Polen- und Balkan- und bis zum 23.6.1942 am Rußlandfeldzug teilnahm. Seit 1.1.1943 war Löhr als Generaloberst Oberbefehlshaber Südost (später Heeresgruppe E), geriet bei Kriegsende in britische Gefangenschaft und wurde mit seiner Zustimmung am 15.5.1945 an Jugoslawien ausgeliefert. Wegen des von Hitler angeordneten Luftangriffs auf Belgrad am 6.4.1941 wurde er zum Tod verurteilt. Die Enthüllung einer Gedenktafel für ihn in der Wiener Offiziersakademie führte 1986 zu massiven Protesten Belgrads und schließlich zur Entfernung der Tafel.

London

Als Herz des Empire, Schaltzentrale der Kriegsführung und größter Ballungsraum des Landes (1940: rd. 8,7 Mio. Einwohner) wurde London Hauptziel der deutschen Luftoperationen gegen die britischen Inseln. Bis 18.4.1944 erlebte die Stadt an der Themse insgesamt 354 Luftangriffe, dann von Juni 1944 bis März 1945 noch den Beschuß mit V-Waffen. Die ersten Bomben fielen am 23.8.1940 auf die Innenstadt und lösten einen Vergeltungsangriff der RAF gegen Berlin aus, was wiederum zu Hitlers Drohung führte, er werde »London vom Erdboden vertilgen«. Bei der folgenden von den Briten »Blitz« genannten Angriffsserie fielen allein im Sept. 1940 über 5300 t Sprengbomben und 7429 Brandschüttkästen auf die Stadt, allnächtlich suchten die Menschen Schutz in den U-Bahn-Schächten. Seit März 1941 folgten weitere deutsche Nachtangriffe, deren schwerster am 10./11.5.1941 mit 500 Maschinen (711 t Spreng- und 87 000 Brandbomben) 1212 Einwohner Londons tötete und 1769 verletzte, 12 000 wurden obdachlos. Insgesamt vernichtete die deutsche Luftoffensive 1940/41 rd. 84 000 Gebäude und beschädigte zahllose weitere, darunter Westminster Abbey und die Houses of Parliament. Anfang 1943 nahm die Luftwaffe die Nachtbombardements wieder auf. Der Beschuß mit der Robotbombe *V 1* seit dem Sommer 1944 zerstörte 25 000 Häuser, tötete 6184 Menschen und verletzte 17 981, obwohl Flak, Jäger und Ballons die meisten der anfliegenden Projektile unschädlich machten. Die Fernraketen *V 2*, gegen die es keine Abwehrmöglichkeit gab, erzielten vom 8.9.1944 bis 27.3.1945 insgesamt 518 Treffer in Groß-London. Nach britischen Quellen kamen dadurch 2274 Londoner ums Leben, 6523 wurden verletzt.

Londoner Abkommen
Am 8.8.1945 von den vier Siegermächten geschlossene Vereinbarung (Charter) über die Verfolgung und Bestrafung der Hauptkriegsverbrecher der *Achse* durch einen internationalen Gerichtshof, Grundlage des *Nürnberger Prozesses.*

Lothringen →*Elsaß-Lothringen*

Lubbe, Marinus van der
* Leiden 13.1.1909, † Leipzig 10.1.1934 (hingerichtet)
Nach einem Bauunfall arbeitsunfähig, machte sich der niederländische Maurergeselle Lubbe im Febr. 1933 nach Berlin auf, um den bedrohten deutschen Sozialisten nach Hitlers Machtübernahme beizustehen. Er fand aber bei der deutschen Arbeiterbewegung wenig Kampfbereitschaft und beschloß, ein Fanal zu setzen. Nach mehreren mißlungenen Brandanschlägen auf öffentliche Gebäude drang er am 27.2. kurz nach 21 Uhr in den Reichstag ein und setzte mit Kohleanzündern Portieren und Mobiliar des Plenarsaals in Brand, so daß die riesige Glaskuppel barst und der einsetzende Schloteffekt in kürzester Zeit den Kern des Gebäudes vernichtete. Im Prozeß vor dem Leipziger Reichsgericht blieb Lubbe bei der Version von seiner Alleintäterschaft beim *Reichstagsbrand* und wurde nach einer nachträglich eingeführten Strafbestimmung (Lex van der Lubbe) zum Tod verurteilt.

Lübeck
Die Hafenstadt Lübeck an der Trave mit 155 000 Einwohnern (1940) war in der Nacht des 28./29.3.1942 Ziel eines verheerenden Angriffs von 234 schweren britischen Bombern, die bei diesem ersten »area bombing« (Flächenbombardement) 304 t Brand- und Sprengbomben warfen. 320 Zivilisten kamen ums Leben, 785 wurden z.T. schwer verletzt, 1425 Gebäude gingen in Flammen auf, 1976 erlitten schwere Schäden. Die RAF verlor zwölf Maschinen. Da in Lübeck, wie auch beim Angriff auf die Hansestadt Rostock einen Monat später, unersetzliche Kulturgüter des Spätmittelalters zerstört wurden, faßte Hitler einen Vergeltungsbeschluß: Mit sog. *Baedeker-Angriffen* ließ er historische englische Städte wie Bath, Canterbury und Exeter bombardieren.

Ludendorff, Erich

* Kruszewnia (bei Posen) 9.4.1865, † Tutzing (Starnberger See) 20.12.1937

Neben *Hindenburg* wurde er zum wohl populärsten deutschen Heerführer im 1.Weltkrieg: Ludendorff, seit 1881 Offizier, wurde 1914 zum »Helden« durch die Siege bei Tannenberg und an den Masurischen Seen, an denen er als Generalstabschef der 8.Armee maßgeblichen Anteil hatte. Zusammen mit Hindenburg übernahm er 1916 die Oberste Heeresleitung und und wurde zu einer Art Militärdiktator. Daß die deutsche Niederlage unausweichlich war, sah auch Ludendorff nach Scheitern seiner letzten Offensiven 1918 und forderte daher das Ende der Feindseligkeiten. Das hinderte ihn später nicht, die *Dolchstoßlegende* zu fördern und gegen die Republik zu hetzen. Nach Teilnahme am *Hitler-Putsch* (1923) freigesprochen, scheiterte Ludendorff mit der Kandidatur zur Wahl des Reichspräsidenten 1925, zog sich politisch zurück und gründete mit seiner Frau Mathilde (* 1877, † 1966) den Tannenbergbund zur »deutschen Gotterkenntnis«. Obwohl er sich Hitler entfremdet hatte, ließ ihm dieser 1937 ein pompöses Staatsbegräbnis ausrichten.

Lueger, Karl

* Wien 24.10.1844, † ebd. 10.3.1910

Seit 1895 christlich-soziales Stadtoberhaupt von Wien, von großem Einfluß auf den jungen Hitler durch scharf antisemitische und antisozialistische Reden, in »*Mein Kampf*« als »gewaltigster Bürgermeister aller Zeiten« bezeichnet.

Luftkrieg

Schon den Siegern des 1.Weltkriegs war bewußt, daß in einem künftigen Waffengang die Entscheidung an der »dritten Front«, in der Luft, fallen würde. Sie untersagten den Besiegten die Luftrüstung, was aber schon die Reichswehr durch Kooperation mit der Roten Armee zu umgehen verstand, ehe Hitler dann im Zuge seiner Revisionspolitik zu offenem Ausbau der Luftwaffe überging. Sie sollte Rückgrat seiner Strategie des *Blitzkriegs* werden, so daß der Aufbau einer strategischen Bomberwaffe versäumt wurde und in der *Luftschlacht um England* der erste schwere Rückschlag kam. – Unter Luftkrieg im engeren Sinn aber wird allgemein die Bomberoffensive ohne Ansehen der Ziele und Opfer verstanden. Von den deutschen Nachtangriffen auf *London* und *Coventry* 1940/41 führte ein direkter Weg nach *Hamburg* 1943 und *Dresden* 1945. Die Rechnung aber, man könne die Moral des Gegners durch wahllosen Terror brechen, ging weder hüben noch drüben auf. Hatte *Göring* mit seinen Flächenbombardements keinen Erfolg, so erbrachte die um ein vielfaches gesteigerte Wucht des Krieges der Royal Air Force (RAF) gegen die deutschen Städte unter »Bomber«-*Harris* ebensowenig. Und auch die amerikanischen Punktangriffe bei Tage auf Industrieziele und Verkehrswege führten erst gegen Kriegsende zu den erhofften Erfolgen. Insgesamt forderte der Luftkrieg 40 000 Opfer in England und 600 000 in Deutschland, in der Mehrzahl Greise, Frauen und Kinder, 3,37 Mio. Wohnungen in den deutschen Städten wurden vernichtet, die Alliierten verloren rd. 20 000 Flugzeuge und über 100 000 Mann fliegendes Personal. Den Krieg aber entschied nicht der Teppichterror der Bomber, sondern die alliierte Luftüberlegenheit über den Schlachtfeldern.

Luftschlacht um England

Nach der Weigerung Londons, den »sinnlos gewordenen Kampf« (Hitler) 1940 nach dem deutschen Triumph im *Frankreichfeldzug* aufzugeben, plante Hitler eine Invasion Englands (Unternehmen »Seelöwe«), die nur unter einem sicheren Luftschirm durchführbar war. Daher begann am 13.8.1940 der Angriff der Luftwaffe auf die britischen Fliegerbasen. Es gelang jedoch nicht, die britische Jagdabwehr niederzukämpfen, die mit der Radarfrühwarnkette an der Südküste über ein modernes Abwehrmittel verfügte und zudem »Heimvorteil« hatte: Ausgestiegene Besatzungen konnten mit neuen Maschinen mehrmals aufsteigen, während mit den deutschen Flugzeugen zumeist auch die Flieger verloren waren. Als die Verluste der Luftwaffe unerträglich anstiegen, mußte sie seit Anfang Sept. 1940 zu Nachtangriffen auf *London* übergehen. So erholte sich die Royal Air Force (RAF), während die erhoffte Zermürbung der Zivilbevölkerung ausblieb und die angestrebte Schädigung der Industrie nicht erreicht wurde. Selbst so verheerende Angriffe wie der auf *Coventry* am 14./15.11.1940 stählten eher den Widerstandswillen der Briten. Die Krise auf dem Balkan und der *Rußlandfeldzug* zwangen schließlich 1941 zum Abbruch der Luftschlacht, die 40 000 Zivilisten das Leben gekostet hatte und bei der 52 000 schwer verletzt worden waren (bis 31.5.1941); die Luftwaffe hatte 2500 Maschinen eingebüßt. Die Voraussetzungen aber für die Landung »Seelöwe« hatte sie nicht schaffen können.

Luftschutz
Der neuartige Krieg aus der Luft verlangte Maßnahmen zum Schutz der Zivilbevölkerung vor Bombern und Tieffliegern. Im Deutschen Reich wurde dazu gleich nach Hitlers Machtübernahme am 29.4.1933 der Reichsluftschutzbund (RLB) gegründet. Er bildete die Luftschutzwarte aus, die die Luftschutzgemeinschaften in einzelnen Häusern oder Häuserblocks führten. Mit Gesetz vom 26.5.1935 wurde eine Luftschutzpflicht eingeführt, die eine Dienstpflicht (Fliegeralarm, Verdunklung, Brandbekämpfung, Erste Hilfe, Räumarbeiten u.a.) und eine Sachleistungspflicht (Bau von Luftschutzräumen, Bereitstellung von Gerät u.a.) vorsah. Bei Kriegsbeginn verfügte der RLB über 13,5 Mio. Mitglieder, 820 000 Amtsträger und 28 000 Luftschutzlehrer in 3800 Luftschutzschulen, zu deren Lehrgängen jeder verpflichtet werden konnte. Besondere Aufgaben waren dem betrieblichen Luftschutz (Werkluftschutz) zugewiesen. – Kernstück des Luftschutzes war der sog. Selbstschutz, der unter Leitung des Luftschutzwarts Hausfeuerwehr, Laienhelfer und Melder einsetzte. In regelmäßigen »Vollübungen« wurde aufeinander abgestimmtes Handeln trainiert. Zum Selbstschutz gehörte daher die Bereithaltung von Gasmasken, Luftschutzgepäck, Verdunklungsvorrichtungen, Hausapotheke, Löschgeräten (Feuerpatschen, Schaufeln, Äxte, Wassereimer u.a.) sowie eines Luftschutzraums (meist in den Kellern). Er mußte über sanitäre Anlagen verfügen; seine Lage war an den Häuserwänden deutlich und genau zu bezeichnen. Der alliierte Luftkrieg zeigte nach 1942 den begrenzten Wert selbst bester Luftschutzvorsorge im modernen Krieg, zahlreiche Luftschutzhelfer wurden Opfer ihres Dienstes, die Schutzräume nicht selten zu Fallen in den Feuerstürmen, die die deutschen Großstädte verheerten. Besseren Schutz boten die zu spät und in zu geringer Zahl errichteten öffentlichen Luftschutzbunker mit oft mächtigen Flakstellungen auf den Dächern. Sie waren zuweilen so stabil, daß sie bis heute nicht ohne Gefahr für die Umgebung beseitigt werden konnten.

Luftwaffenhelfer →*Flakhelfer*

Lutze, Viktor

* Bevergern (heute zu Hörstel, bei Ibbenbüren) 28.12.1890,
† bei Hannover 2.5.1943 (Autounfall)
Er schlug 1912 die Laufbahn des Berufssoldaten ein und gehörte damit nach dem 1. Weltkrieg zu den Entwurzelten, die in großer Zahl der NSDAP zuströmten: Lutze trat der Partei 1922 bei und der SA im Jahr darauf, 1928 wurde er SA-Oberführer Ruhr und war seit 1930 Reichstagsabgeordneter. Zum Obergruppenführer aufgestiegen und zum Oberpräsidenten von Hannover (März 1933) ernannt, war Lutze einer der Zuträger über angebliche Putschpläne von SA-Stabschef *Röhm*. Nach dessen Liquidierung wurde er von Hitler zum Nachfolger ernannt, konnte aber die entmachtete Parteiarmee nicht mehr aus dem länger und finsterer werdenden Schatten der SS lösen.

Luxemburg

Kleinster westlicher Nachbarstaat Deutschlands ist das Großherzogtum Luxemburg (2587 km², 303 000 Einwohner). Das wirtschaftlich und als Finanzplatz wichtige Land wurde beim deutschen Angriff im Westen (10.5.1940) überrannt, Großherzogin Charlotte (* 1896, † 1985, reg. 1919–64) floh über Paris nach London und bildete dort eine Exilregierung. Die Eigenstaatlichkeit Luxemburgs endete jedoch mit der Angliederung an Deutschland am 30.8.1942 als Teil des Moselgaus Koblenz-Trier unter Gauleiter Gustav Simon. Die Besatzer setzten das Land massiver Eindeutschung aus, verboten die französische Sprache, verfügten die Verdeutschung romanisch klingender Vor-, Familien- und Ortsnamen, übertrugen die Rassengesetze (700 jüdische Bürger wurden Opfer der *Judenverfolgung*) und zogen Luxemburger zur Wehrmacht ein; die Widerstandsbewegung wurde blutig unterdrückt; rd. 8000 Opfer waren zu beklagen. Anfang Sept. 1944 erreichten die alliierten Armeen Luxemburg, im Jan. 1945 kehrte die Großherzogin zurück, die staatliche Souveränität Luxemburgs wurde wiederhergestellt.

M

Machtergreifung

Als Reichspräsident *Hindenburg* Hitler am 30.1.1933 zum Reichskanzler ernannte, sprach die NS-Propaganda von »Machtergreifung«. Hitler nämlich war entschlossen, die Republik zu zerschlagen und eine, seine Diktatur zu errichten. Das NS-Schlagwort wird bis heute verwendet, genauere Betrachter aber unterscheiden die Machtübernahme 1933 von der folgenden Machtergreifung durch Ausschaltung aller Widerstände bis hin zur Vereinigung der Ämter des Regierungschefs und des Reichspräsidenten in der Hand Hitlers als *Führer und Reichskanzler* im Aug. 1934. – 1932 war mehrfach versucht worden, den Führer der stärksten Partei an der Regierung zu beteiligen. Für Hitler aber kam nur die Kanzlerschaft in Frage, nachdem er gegen Hindenburg bei den Reichspräsidentenwahlen im Frühjahr 1932 trotz eines beachtlichen Stimmenanteils unterlegen war. Der Posten des Regierungschefs war mit eigener Mehrheit nicht zu erreichen, wie die Stimmenverluste der NSDAP im Nov. 1932 zeigten. Hitler erwies sich daher dem Vorschlag *Papens* geneigt, mit einem gemeinsamen Kabinett den glücklosen Kanzler *Schleicher* abzulösen. Papen fand bei Hindenburg Gehör, der Schleichers Staatsstreichpläne ablehnte, weil ihm plausibel gemacht wurde, daß gegen Hitler nicht mehr zu regieren war und daß Hitler von einer Mehrheit von konservativen Ministern »eingerahmt« werden würde. Der aber steuerte mit der ultimativ durchgesetzten Forderung nach »letzten« Neuwahlen bereits die zweite Phase an, die totale Machtergreifung. – Der *Reichstagsbrand* vom 27.2.1933 lieferte dann den Vorwand zur Vernichtung der Linken, die Wahl am 5.3. brachte die absolute Mehrheit zusammen mit der DNVP und das *Ermächtigungsgesetz* am 23.3. das Instrument, mit dem auch die Konservativen überspielt wurden. Ihr Plan, Hitler zu »zähmen«, war ins Gegenteil umgeschlagen. Am 14.7.1933 waren alle Parteien außer der NSDAP verboten, und die danach v. a. in der SA lauter werdende innerparteiliche Opposition schaltete Hitler in der Mordaktion der *Röhm-Affäre* am 30.6./1.7.1934 blutig aus.

Madagaskarplan

Nach dem *Frankreichfeldzug* erhielten phantastische Pläne der NS-Führung Auftrieb, darunter auch das Projekt einer »territorialen *Endlösung* der Judenfrage« durch Aussiedlung der jüdischen Bewohner im deutschen Machtbereich (allein in Polen 3 Mio.) auf die unterbevölkerte französische Insel Madagaskar. Ein »Nahplan« sah die Versammlung der Betroffenen im *Generalgouvernement* vor, ein »Fernplan« dann die Deportation auf die afrikanische Ghettoinsel. Das Vorhaben wurde nicht einmal ansatzweise realisiert, da die britische Seeherrschaft, die Ohnmacht der Regierung in *Vichy*, der fehlende Friedensvertrag mit Frankreich und der Fehlschlag des *Rußlandfeldzugs* den ohnedies absurden Plan illusorisch machten.

Maginotlinie

Die weitgehende Entwaffnung Deutschlands nach der Niederlage 1918 durch den *Versailler Vertrag* stillte nicht das französische Sicherheitsbedürfnis: 1929–32 entstand entlang der Ostgrenze von Longwy bis Basel eine nach dem damaligen französischen Kriegsminister André Maginot (* 1877, † 1932) benannte, 3 Mrd. Francs teure Befestigungslinie aus tiefgestaffelten Bunkern, Artillerie- und Infanterieblöcken, Unterständen, unterirdischen Versorgungssystemen und Beobachtungstürmen. Sie galt in Unterschätzung moderner Kriegsmittel als unüberwindlich und förderte ein trügerisches Festungsdenken. Diese Immobilität wurde der französischen Armee im *Frankreichfeldzug* zum Verhängnis, da Hitler die niederländische und belgische Neutralität ignorierte. Die Wehrmacht konnte in den Rücken der Maginotlinie vorstoßen, die am 16.6.1940 auch frontal durchbrochen wurde.

Maifeiertag

Jahrzehntelang hatte die Arbeiterbewegung für einen freien »Tag der Arbeit« am 1. Mai gekämpft. Die NS-Führung machte sich die Forderung zu eigen und erklärte schon 1933 den Maifeiertag als »Tag der nationalen Arbeit« zum Staatsfeiertag. Sie nahm damit den *Gewerkschaften* ein populäres Kampfziel, demonstrierte soziale Fortschrittlichkeit und vereinnahmte die Arbeiterschaft für die »nationale Sache«. Später hieß der 1. Mai »Nationaler Feiertag des deutschen Volkes« und diente der Demonstration der Geschlossenheit der *Volksgemeinschaft*. Im Krieg entfielen die entsprechenden Feiern.

Maifeld
Aufmarschgelände für 210 000 Personen hinter dem Olympiastadion auf dem *Reichssportfeld*.

Majdanek
Im Okt. 1941 errichtete die SS am südöstlichen Stadtrand von Lublin beim Vorort Majdanek ein KZ für bis zu 50 000 meist jüdische Häftlinge. Sie wurden bei völlig unzureichender Versorgung und Unterbringung zu Zwangsarbeit in der Land- und Forstwirtschaft eingesetzt, so daß die Sterblichkeit dramatisch anstieg. Seuchen, Mißhandlungen, Erschießungen von Kranken und willkürliche Hinrichtungen erhöhten die Opferzahl. Im Okt. 1942 nahm eine Vergasungsanlage den Betrieb auf, in der die nicht hinreichend arbeitsfähigen Neuankömmlinge aus Italien, Deutschland, Holland und anderen Ländern getötet wurden: bis Herbst 1943 mindestens 200 000 Menschen. Dann endeten die Vergasungen, die übrigen Juden wurden bei der Aktion *»Erntefest«* erschossen. – Im Okt. 1960 begannen Ermittlungen gegen die überlebenden Verantwortlichen für die Massenmorde und führten im Nov. 1974 zur Anklage von elf Männern und sechs Frauen. Nach Todesfällen und Verhandlungsunfähigkeit sowie Freispruch in vier Fällen wurden 1981 nur noch acht Angeklagte zu Freiheitsstrafen verurteilt. Der späte Majdanek-Prozeß als längstes Verfahren der deutschen Justizgeschichte aber sicherte immerhin unschätzbares Beweismaterial gegen das Vergessen und gegen Geschichtsfälschungen wie die *Auschwitz-Lüge*.

Malmedy-Prozeß
Am 17.12.1944 wurden nahe der damals deutschen, heute belgischen Kreisstadt Malmedy 71 amerikanische Kriegsgefangene vermutlich von Angehörigen der 1. SS-Panzerdivision *Leibstandarte-SS »Adolf Hitler«* erschossen. Deswegen wurden am 16.7.1946 von einem amerikanischen Militärgericht in Dachau 73 ehemalige Soldaten des Ver-

bands verurteilt, 43 zum Tod. Alle Strafen aus dem Malmedy-Prozeß wurden später auf dem Gnadenweg herabgesetzt, kein Todesurteil wurde vollstreckt; Mitte der 1950er Jahre waren alle Verurteilten wieder frei. Einer der Hauptangeklagten, SS-Standartenführer Joachim Peiper, ließ sich 1970 in Frankreich nieder und wurde dort 1976 von unbekannten Tätern ermordet.

Malta

Da Italien nach dem Kriegseintritt (10.6.1940) die Wegnahme der britischen Bastion Malta versäumte, wurde das militärische Potential der Insel, insbesondere die Luftstreitkräfte, erfolgreich ausgebaut. Das machte sich bei Beginn des Krieges in Libyen durch hohe Nachschubverluste Italiens bemerkbar, die deutsche Hilfe *(Afrikafeldzug)* erforderlich machte. Das deutsche X. Fliegerkorps verlegte nach Süditalien und Sizilien und konnte zeitweise die Bedrohung durch Malta ausschalten. Im Sommer 1941 erzwang jedoch der Rußlandfeldzug den Abzug starker Fliegerkräfte – für die Briten eine Gelegenheit, auf Malta neue Flugfelder und Munitionsdepots anzulegen und weitere Bomberstaffeln und Kriegsschiffe zu stationieren. Prompt gingen wieder die Verlustziffern beim Nachschub für die deutsch-italienischen Verbände in Nordafrika in die Höhe: *Rommel* mußte die Cyrenaika preisgeben. Daraufhin verlegte Ende 1941 wiederum ein Luftwaffen-Großverband, die Luftflotte 2 (Kesselring), nach Süditalien. Bis in den Sommer 1942 hinein wurden Flugplätze und Hafenanlagen pausenlos bombardiert, unter schweren Verlusten mußten sich schließlich alle britischen Überwassereinheiten von Malta zurückziehen. Eine gleichzeitig erwogene Eroberung der Insel durch eine Luftlandung (Unternehmen »Herkules«) unterblieb jedoch. Malta erholte sich, als deutsche Fliegerkräfte im Juli 1942 zugunsten der Ostfront abgezogen werden mußten, so daß der Nachschub für die Panzerarmee Afrika erneut entscheidend gestört wurde: Von Aug. bis Okt. 1942 gingen rund ein Drittel aller Transporte verloren. Die Niederlage von *El Alamein* im Nov. 1942 war die Quittung für die Fehleinschätzung von Malta. Die Insel hatte in drei Jahren des Kampfes 3215mal Luftalarm erlebt, 14 000 t Bomben waren niedergegangen, 1490 Zivilisten ums Leben gekommen und 35 000 Wohnungen zerstört worden. Die deutsche Luftwaffe verlor insgesamt über 1000 Maschinen, die RAF bei der Verteidigung 568.

Mann, Thomas

* Lübeck 6.6.1875, † Kilchberg (bei Zürich) 12.8.1955

Der als Autor des Romans »Buddenbrooks« (1901) bekannt gewordene Schriftsteller neigte zunächst nationalen Positionen zu (»Betrachtungen eines Unpolitischen«, 1918), wandelte sich dann aber zum Demokraten und wurde spätestens mit Verleihung des Literaturnobelpreises 1929 weltberühmt. Bei Hitlers Machtübernahme in der Schweiz, kehrte Mann nicht zurück, ging 1938 in die USA und wurde zu einem der Wortführer der deutschen *Emigration* in zahlreichen Rundfunkansprachen gegen das NS-System. Mit ihm setzte er sich auch in dem Roman »Doktor Faustus« (1947) auseinander, der in kunstvoller Verschränkung der Zeitebenen den Teufelspakt eines Komponisten mit dem »Pakt« Deutschlands mit Hitler in Beziehung setzt. Auch Manns Tochter Erika (* 1905, † 1969) und sein Sohn Klaus (* 1906, † 1949) kämpften literarisch gegen den Nationalsozialismus (u. a. Roman »Mephisto«, 1936, über die Kollaboration von *Gründgens* mit dem NS-Staat).

Mannerheim, Carl Gustaf Freiherr von

* bei Villnäs (bei Turku) 4.6.1867, † Lausanne 27.1.1951

Der finnische Berufsoffizier Mannerheim diente im 1. Weltkrieg bis 1917 als Offizier in der russischen Armee. 1917/18 führte er als Oberbefehlshaber die finnische »Weiße« Armee erfolgreich gegen die »Rote« der mit den Bolschewisten sympathisierenden finnischen Kommunisten. Als Reichsverweser konnte er 1918/19 die internationale Anerkennung der finnischen Unabhängigkeit durchsetzen. 1931–39 war Mannerheim Vorsitzender des Kriegsrats (1933 zum Marschall ernannt). In dieser Zeit wurde auf der 125 km breiten Karelischen Landenge zwischen Ladogasee und Finnischem Meerbusen (Ostsee) ein Befestigungsgürtel angelegt, die Mannerheim-Linie, die 1939/40 im finnisch-sowjetischen *Winterkrieg* zwei Monate lang vergeblich von den Sowjets berannt und im Febr. 1940 erstmals durchbrochen wurde. In diesem Krieg wie auch in der Zeit, da Finnland an der Seite Deutschlands gegen die Sowjetunion kämpfte (1941–44), war Mannerheim Oberbefehlshaber der finnischen Streitkräfte. Als Staatspräsident (1944–46) führte Mannerheim durch den Abschluß eines Waffenstillstands mit der Sowjetunion (19.9.1944) sein Land aus dem Krieg.

Manstein, Erich von
* Berlin 24.11.1887, † Irschenhausen (Isartal) 9.6.1973
Für den britischen Militärhistoriker Basil Liddell Hart war er der »gefährlichste Gegner der Alliierten«: Erich von Lewinski genannt von Manstein war der geistige Vater des Plans für den deutschen Vormarsch im Westen 1940, des »Sichelschnitts« durch die Ardennen und Belgien mit schnellen Panzerverbänden zur Kanalküste. Der vom OKH sehr skeptisch beurteilte Plan fand Hitlers Billigung und brachte nach dem Erfolg die Beförderung Mansteins zum General der Infanterie (19.7.1940). Im Rußlandfeldzug führte Manstein die 11. Armee, mit der er 1942 die Krim eroberte. Am 1.7.1942 zum Generalfeldmarschall ernannt, übernahm er den Oberbefehl über die Heeresgruppe Don (später Süd). Zwar konnte er den sowjetischen Kessel um die deutsche 6. Armee in Stalingrad nicht mehr sprengen, doch gelang ihm mit einem genialen Konzept, das er »Schlagen aus der Nachhand« nannte, die Rettung der Südfront in Rußland (u.a. Rückeroberung Charkows 16.3.1943). Nach Meinungsverschiedenheiten mit Hitler, der nun »nur noch Steher« haben wollte, wurde Manstein am 30.3.1944 abgelöst und nicht wieder verwendet. Von den Briten gefangengenommen, wurde er am 19.12.1949 in Hamburg zu 18 Jahren Haft verurteilt, u.a. weil er den *Kommissarbefehl* weitergegeben und die *Einsatzgruppen* bei ihren Mordtaten hatte gewähren lassen. Aus Gesundheitsgründen im Mai 1953 freigelassen, schrieb Manstein seine Memoiren »Verlorene Siege« (1955). Sein Renommee bei den Westmächten reichte so weit, daß er als einziger Wehrmachtfeldmarschall beim Aufbau der Bundeswehr als Gutachter herangezogen wurde.

Maquis
Französisches Wort für Buschwald, Gestrüpp; Versteck der Kämpfer der *Résistance*, die als Maquisards bezeichnet wurden.

»Marita«
Codebezeichnung für die Planung des *Balkanfeldzugs*.

»Market Garden« →*Arnheim*

Marsch auf die Feldherrnhalle →*Hitler-Putsch*

Marxismus

Den Lehren von Karl Marx (* 1818, † 1883) nach ist die Geschichte der Menschheit eine Abfolge von Klassenkämpfen, die nach dem Sieg des Proletariats, also der Arbeiterschaft, und seiner vorübergehenden Diktatur mit der klassenlosen Gesellschaft des Kommunismus enden werden. Hitler sah in Marx in erster Linie einen Juden und im Marxismus daher ein Instrument des *Weltjudentums*, durch Schüren des Klassenhasses die Volksgemeinschaft zu spalten und sie durch *Internationalismus* ihren Wurzeln zu entfremden; der in Form des *Bolschewismus* existierende Marxismus beweise das Verbrecherische dieser Ideologie. Vornehmstes Ziel des Nationalsozialismus sei daher die Überwindung des Klassenkampfs durch »völkische Wiedergeburt«.

Marzabotto

Im Aug./Sept. 1944 wurden das italienische Städtchen Marzabotto bei Bologna und andere weiter westlich gelegene Bergdörfer, darunter Farnocchia und Sant'Anna di Stazzema, südlich der sog. Gotenlinie Schauplatz von Kriegsverbrechen. Einheiten der 16. SS-Panzergrenadierdivision »Reichsführer-SS« zerstörten den Ort und die Dörfer als Antwort auf die Tätigkeit der Partisanen in der Region. Nach italienischen Angaben kamen insgesamt 1830 Zivilisten (mehrheitlich Frauen und Kinder) in den in Brand gesteckten Häusern um oder wurden erschossen, allein im mit Flüchtlingen überfüllten Sant'Anna wurden nach der »Razzia« am 12.8. über 400 Leichen identifiziert. Der Leiter der Aktion, SS-Sturmbannführer Walter Reder, wurde 1951 in Bologna zu lebenslanger Haft verurteilt, aber im Jan. 1985 begnadigt.

Märzgefallene

Während der Revolution 1848 wurden vor dem Berliner Schloß am 18./19.3. Demonstranten von preußischen Truppen niedergeschossen; in ehrendem Gedenken bezeichnete man die Opfer später als Märzgefallene. Daran knüpfte der Flüsterwitz an, der die nach der Wahl vom 5.3. und dem *Ermächtigungsgesetz* vom 24.3.1933 der NSDAP beigetretenen Opportunisten als Märzgefallene verspottete; sie galten selbst in der Partei als »Revolutionsschmarotzer« (H. *Frank*).

Mauthausen

Wenige Wochen nach dem *Anschluß* Österreichs bekam die Ostmark im Aug. 1938 ihr eigenes KZ im 20 km östlich von Linz gelegenen Mauthausen. Es nahm »kaum noch erziehbare Schutzhäftlinge« auf, bei Kriegsbeginn 1500, im April 1942 über 40 000, bei Kriegsende fast 50 000 und in den 56 Außenkommandos nochmals 24 000 Menschen. Die aus fast allen europäischen Nationen stammenden Insassen leisteten Zwangsarbeit in den Granitsteinbrüchen der SS-eigenen Deutschen Erd- und Steinwerke und in der Rüstungsindustrie. Völlig unzureichende Ernährung, kärgste Unterkünfte und denkbar schlechte sanitäre Anlagen führten zu einem ungeheuer hohen Krankenstand mit entsprechender Sterblichkeit. Mißhandlungen, Tötung von Kranken, Hinrichtungen und medizinische Menschenversuche brachten nach offiziellen Sterbebüchern mindestens 71 000 Menschen den Tod.

Me 109

Gemäß einer Ausschreibung des Luftfahrtministeriums, die eine Ablösung der herkömmlichen Doppeldecker forderte, entwickelte die Firma Messerschmitt 1934/35 aus ihrem schnellen Reiseflugzeug Me 108 Taifun eine militärische Variante, die Me 109. Als Ganzmetalleindecker mit einziehbarem Fahrwerk und verglaster Kabine wurde sie typenbildend für eine ganze Generation von Hochleistungsjagdflugzeugen. Die Me 109 war Standardjäger der Luftwaffe, flog aber auch bei allen europäischen Verbündeten Deutschlands. Vom ersten bis zum letzten Kriegstag war sie an allen Fronten eingesetzt und erfüllte Aufgaben nicht nur als Jäger, sondern auch – entsprechend umgerüstet – als Jagdbomber, Höhenjäger, Aufklärer, Pulkzerstörer, Nachtjäger, Trainer u. a. Insgesamt wurden rd. 35 000 Maschinen gebaut. Daten der ersten Großserie E von 1939/40: 1×1100-PS-Reihenmotor, Höchstgeschwindigkeit 570 km/h, 2×20-mm-Kanonen und 2×7,9-mm-MG. Durch Entwicklung neuer Motoren konnten die Höchstgeschwindigkeiten auf 635 km/h in der G-Serie (1942) und 728 km/h in der K-Serie (1944) gesteigert werden. Nach dem Krieg setzte das Prager Flugzeugwerk Avia mit zurückgelassenen Montagebändern und Bauteilen die Produktion der Me 109 unter dem Namen Avia C 10 fort. Auf abenteuerlichen Wegen gelangten einige dieser Maschinen nach Israel, wo sie im Unabhängigkeitskrieg 1948/49 flogen und gegen die Spitfires der ägyptischen Luftwaffe die Duelle des 2. Weltkriegs wiederholten.

Me 262 →*Schwalbe*

Medizin

Volksgesundheit hatte im 3. Reich Vorrang vor der medizinischen Versorgung des einzelnen. Das Volk war nach NS-Auffassung erst gesund, wenn es von Mischungen mit »artfremdem Blut« gereinigt und von »Erbkranken« befreit sei. *Rassenhygiene* und *Erbpflege* waren daher die Säulen der NS-Medizin: Durch Ausgrenzung, Verfolgung und schließlich Ermordung der Juden sollte die erste Forderung erfüllt werden, *Zwangssterilisationen* und *Euthanasie* dienten dem zweiten Ziel. Diese radikale Umwertung ärztlichen Tuns wurzelte in Vorstellungen des *Sozialdarwinismus*, der auch bei der Bestellung von Arbeitseinsatzärzten als Kontrollorgane der *Leistungsmedizin* eine Rolle spielte. Die bisherige Ausrichtung der Medizin kritisierte die NS-*Gesundheitspolitik* als »jüdische Fabrikmedizin«, die unter Berücksichtigung von »naturgemäßen« Methoden durch eine »Neue Deutsche Heilkunde« abzulösen sei. Das gelang nicht, führte aber zu gesetzlicher Anerkennung der Heilpraktiker und zu besonders rascher Ausschaltung der 1933 etwa 9000 jüdischen Ärzte, von denen nach dem 30.9.1938 nur noch 709 als »Krankenheiler« jüdischer Patienten zugelassen waren. Die Rivalität um die freiwerdenden Stellen ist abzulesen an einer ungewöhnlich hohen Quote von NSDAP-Eintritten unter den Medizinern, sie war mit 45 % fast doppelt so hoch wie bei den Lehrern; viele Ärzte waren bedenkenlos bereit, *Menschenversuche* in den KZ vorzunehmen.

»Mein Kampf«

Hitler nutzte die Haftzeit nach dem gescheiterten Putsch vom 9.11.1923 zur Formulierung seiner politischen Überzeugungen und Pläne in der Bekenntnisschrift »Mein Kampf«, die 1925/26 in zwei Bänden erschien und – seit 1930 in einem Band – bis zur Machtübernahme eine Auflage von rd. 300 000 Exemplaren erreichte. Von da an staatlich gefördert (z. B. bei Eheschließungen durch den Standesbeamten überreicht), stieg die deutsche Auflage des schon damals in 16 Sprachen übersetzten Werkes auf über 10 Mio. Stück. Die hohen

Zahlen sagen jedoch nichts über die Anzahl der tatsächlichen Leser, im Gegenteil: »Mein Kampf« war einer der am wenigsten gelesenen Bestseller, was an der unklaren Gliederung und den uferlosen Exkursen ebenso liegen mag wie am schwer lesbaren Redestil. Hitler selbst sah das durchaus kritisch und bezeichnete »Mein Kampf« als eine »Aneinanderreihung von Leitartikeln«. – Inhaltlich aber stand er bis zum Ende fast ohne jede Änderung zu den darin vertretenen Ansichten; seine politische Praxis zeigte, daß das Buch als genauer »Fahrplan« des späteren Staatschefs, Eroberers und Völkermörders anzusehen ist. Es ist zugleich die umfassende Darstellung des mit Hitlers Weltanschauung identischen *Nationalsozialismus.* Nur sehr eingeschränkt entsprechen dagegen die im Buch mitgeteilten autobiographischen Einzelheiten der Wahrheit. Sie waren angeblich gedacht zur »Zerstörung der von der jüdischen Presse betriebenen üblen Legendenbildung«, sind aber vielfach selbst Legende und dienten der Selbststilisierung.

Melmer-Gold

Ein Teil des *Nazi-Golds* bestand aus Schmuck, Münzen, Goldteilen von Uhren, Füllfedern u. a., die die Deportierten bei der Ankunft in den *Vernichtungslagern* hatten abliefern müssen, v. a. aber aus Zahngold, das den Opfern der *Gaskammern* herausgebrochen worden war. Manche Wertgegenstände wurden als Geschenke u. a. für Einheiten der Waffen-SS oder verwundete U-Boot-Männer verwendet, der größte Teil der Beute aber ging in über 70 Lkw-Ladungen an die Reichsbank. Diese Transporte organisierte der Leiter des Amtes II (Finanzen und Soldzahlungen) im *Wirtschafts- und Verwaltungshauptamt* (WVHA), SS-Hauptsturmführer Bruno Melmer, der die von SS-Wachen geschützten Wagen begleitete. Zur Unterscheidung vom Raubgold aus den besetzten Ländern bezeichnet man daher das den Holocaust-Opfern genommene als »Melmer-Gold«.

Memelland

Im äußersten Nordostzipfel Ostpreußens mit der Stadt Memel (lit. Klaipeda) wohnten 1919 rd. 140 000 Menschen, je zur Hälfte Deutsche und Litauer. Dieses 2566 km^2 große Memelland wurde im *Versailler Vertrag* ohne Volksabstimmung vom Reich abgetrennt und französischer Aufsicht unterstellt. Im Jan. 1923 annektierte *Litauen* das Gebiet und gab ihm 1924 einen Autonomiestatus, doch kam es wegen der ethnischen Spannungen nicht zur Ruhe. Unter deutschem Druck mußte Litauen am 22.3.1939 das Memelland zurückgeben, das nach Flucht der restlichen deutschen Bevölkerung Mitte 1944 von der Roten Armee besetzt und im Jan. 1945 der Sowjetrepublik Litauen angegliedert wurde.

Mengele, Josef

* Günzburg 16.3.1911, † Embu (Brasilien) 7.2.1979
1935 promovierte Mengele in Philosophie und 1938 in Medizin, nachdem er im Jahr zuvor der NSDAP und 1938 der SS beigetreten war. 1941 wurde er Bataillonsarzt der SS-Division »Wiking« im Rußlandfeldzug und nach Verwundung am 30.5.1943 zur Dienststelle des »SS-Standortarztes *Auschwitz*« versetzt. Dort leitete Mengele zahlreiche *Selektionen* und war damit Herr über Leben und Tod der Neuankömmlinge. Leben bedeutete im Vernichtungslager allenfalls Vegetieren, bei Mengele aber zudem meist entsetzliche Qualen durch medizinische Versuche, die ebenfalls fast immer tödlich endeten. 1945 entließen die Amerikaner den SS-Arzt aus Gefangenschaft. Er tauchte unter und entkam 1949 nach Südamerika. Die Bundesrepublik betrieb seit 1959 vergeblich die Auslieferung, obwohl 10 Mio. DM Belohnung ausgesetzt waren. 1985 wurde bekannt, daß Mengele vermutlich schon Jahre zuvor bei einem Badeunfall ums Leben gekommen war, was 1992 durch genetische Tests an der exhumierten Leiche bestätigt wurde.

Menschenversuche

Zu den Häftlingen der KZ, die den furchtbarsten Leiden ausgesetzt wurden, gehörten die Opfer der medizinischen Versuche von Lager- und SS-Ärzten während der Jahre 1941–44. Da man sich davon Erkenntnisse zur besseren Behandlung von Verwundeten, die Entwicklung von Impf- und Kampfstoffen sowie effektivere Methoden der *Rassenhygiene* z.B. durch chemische Sterilisationen großer Gruppen versprach, spielten das Leben und die Qualen der Häftlinge keine Rolle. Der größte Teil der Versuche endete tödlich, ob es sich um die Unterkühlungsexperimente in Dachau, die Fleckfieber- und Hepatitistests in Buchenwald oder Transplantationen in Ravensbrück handelte. Riesige Ausmaße nahmen die Versuche in Auschwitz an, wo Zwillinge und Zwergwüchsige zu Tode gequält und zahllose Frauen bei Sterilisationsversuchen mit Röntgenstrahlen und Giften getötet wurden. Im *Ärzteprozeß* wurden 1946/47 einige daran beteiligte Mediziner verurteilt.

Mers el-Kebir

Im französischen Kriegshafen Mers el-Kebir bei Oran in Algerien lag bei Ende des Frankreichfeldzugs ein großer Teil der französischen Kriegsflotte: die Schlachtschiffe Dunkerque, Strasbourg, Provence und Bretagne, das Flugzeugmutterschiff Commandant Teste sowie eine Flottille von sechs Zerstörern. Im Rahmen des Unternehmens »Catapult«, mit dem das britische Kriegskabinett verhindern wollte, daß die französische Flotte den Deutschen in die Hände fiel, erschien am 3.7.1940 die Force H (Somerville) mit den Schlachtschiffen Hood, Resolution und Valiant, dem Träger Ark Royal, zwei Kreuzern und elf Zerstörern vor Mers el-Kebir. Der französische Befehlshaber, Vizeadmiral Marcel-Bruno Gensoul, wurde ultimativ aufgefordert, seine Schiffe an die Navy anzuschließen und sie in britische Häfen – notfalls auch in die USA – zu verlegen oder sie zu versenken. Als die französische Führung dies verweigerte, ließ James Somerville das Feuer auf die vor Anker liegenden und kaum gefechtsbereiten Schiffe eröffnen. Dabei wurden Bretagne mit 977 Mann und ein Zerstörer (42 Tote) versenkt, Provence und Dunkerque (210 Tote) schwer getroffen, während es der Strasbourg mit fünf Zerstörern glückte, nach Toulon zu entkommen. Am 6.7. wurde Mers el-Kebir noch einmal von britischen Torpedoflugzeugen angegriffen; die Gesamtzahl der französischen Opfer erhöhte sich dadurch auf 1297 Mann. In Frankreich löste der Überfall des einstigen Verbündeten einen tiefen Schock aus; die Regierung von *Vichy* brach die Beziehungen zu London ab, bei der Bevölkerung wuchs die Bereitschaft zur *Kollaboration*.

Metallspende des deutschen Volkes

Zur Verbesserung der Rohstoffversorgung der deutschen Industrie mit Aufruf vom 20.4.1940 propagierte Sammelaktion von Nichteisenmetallen, der z.B. viele Kirchenglocken, Zinnwaren, Kupferdächer und kunstvolle Leuchter zum Opfer fielen.

Milch, Erhard

* Wilhelmshaven 30.3.1892, † Wuppertal 25.1.1972
Seine jüdische Abstammung war kein Hindernis; mit dem Wort:

»Wer Jude ist, bestimme ich« fegte *Göring* alle Bedenken beiseite: Der Kampfpilot des 1. Weltkriegs und Manager der Deutschen Lufthansa Milch wurde 1933 zum Reichskommissar für die deutsche Luftfahrt ernannt. Als General der Flieger (seit 1935) und Generalinspekteur der Luftwaffe (seit 1938) hatte Milch eine Schlüsselposition beim Aufbau der Luftwaffe und bei deren Vorbereitung auf den Kriegseinsatz. Am 19.7.1940 wurde Milch zum Generalfeldmarschall ernannt. Nach dem Selbstmord *Udets* übernahm er auch die Aufgaben des Generalluftzeugmeisters. Er verfolgte das Konzept, angesichts der immer mehr anwachsenden alliierten Bomberströme die deutschen Luftstreitkräfte auf die Reichsverteidigung umzustellen, drang jedoch bei Hitler und Göring nicht durch. Im Gegenteil: Die Mißerfolge der Luftwaffe in den Jahren 1943/44 wurden Milch zur Last gelegt; im Jan. 1945 hatte er sämtliche Funktionen verloren. Im Nürnberger Prozeß gegen die Hauptkriegsverbrecher trat er als Zeuge gegen Göring auf; in einem eigenen Verfahren, dem sog. Milch-Prozeß, wurde er am 17.7.1947 zu lebenslanger Haft verurteilt, 1951 zu 15 Jahren begnadigt und 1954 freigelassen. Danach arbeitete er als Industrieberater.

Militärgerichtsbarkeit
»An der Front kann man sterben, als Deserteur muß man sterben«: Hitler sah in der im 1. Weltkrieg geübten »Milde« einen Grund für die Niederlage und forderte drakonische Härte von der Militärgerichtsbarkeit. Schon am 4.11.1933 wurden Kriegsgerichte geschaffen (für SS und Polizeiangehörige gab es seit Okt. 1939 eine Sondergerichtsbarkeit). Die seit Kriegsbeginn zuständigen Feldkriegsgerichte bestanden aus einem Kriegsrichter, der auch die Anklage führte (eine eigene Anklagebehörde gab es nur beim *Reichskriegsgericht*); Rechtsmittel wurden durch Nachprüfverfahren beim Oberbefehlshaber ersetzt. Insgesamt fällten die Militärgerichte im Krieg mindestens 40 000 Todesurteile (westliche Alliierte 300), von denen mehr als drei Viertel vollstreckt wurden (1. Weltkrieg 32 Hinrichtungen bei 148 Todesurteilen). Selbst Zeitstrafen bedeuteten für die Verurteilten nicht selten den Tod, da sie in *KZ* eingeliefert oder bei »Himmelfahrtskommandos« eingesetzt wurden. Vollends zum Terrorinstrument wurde die Militärgerichtsbarkeit gegen Kriegsende, als Standgerichte zur »Sicherung der Disziplin« an der Tagesordnung waren. Wie geölt die Maschinerie lief, zeigen Beispiele

aus deutschen Gefangenenlagern in Norwegen: Auch Tage und Wochen nach der Kapitulation (8.5.1945) wurden dort noch Ermittlungen geführt und Todesurteile ausgesprochen. Nach dem Krieg wurde kein Kriegsrichter wegen der begangenen Greuel zur Rechenschaft gezogen; Entschädigung für die Angehörigen der Opfer dieser Unrechtsjustiz blieben die Ausnahme.

Mischehe

Mit Erlaß vom 26.4.1935 amtlich eingeführte Bezeichnung für eheliche Lebensgemeinschaften zwischen einem Angehörigen »deutschen oder artverwandten Blutes und einer Person anderer rassischer Zugehörigkeit« im Unterschied zu den früher und heute wieder Mischehe genannten »glaubensverschiedenen Ehen« von Partnern unterschiedlicher Religion oder Konfession.

Mischling

Nach den *Nürnberger Gesetzen* vom 15.9.1935 galten Personen mit einem jüdischen Großelternteil als Mischlinge 2. Grades (Vierteljuden), Mischlinge 1. Grades (Halbjuden) waren alle, die zwei jüdische Großelternteile hatten, und Menschen mit drei jüdischen Großelternteilen (Dreivierteljuden) wurden wie »Volljuden« entrechtet und später ermordet. Während Deutschen Eheschließungen mit Mischlingen 1. Grades verboten waren, konnte das Innenministerium für Ehen mit Mischlingen 2. Grades in seltenen Ausnahmen eine Genehmigung erteilen.

»Mit brennender Sorge«

Der »in die deutsche Erde gesenkte Friedensbaum« des *Konkordats*, so klagte Papst *Pius XI.* in einer Enzyklika (Rundschreiben) vom 14.3.1937 mit den Anfangsworten »Mit brennender Sorge«, habe wegen staatlicher Vertragsverletzungen nicht die erhofften Früchte getragen. Die auf Kardinal *Faulhaber* zurückgehende vatikanamtliche Stellungnahme zum *Kirchenkampf* in Deutschland war ausnahmsweise in deutscher Sprache abgefaßt, wurde heimlich nach Deutschland geschmuggelt und am 21.3. von allen Kanzeln der katholischen Kirchen verkündet. Verurteilt wurde v.a. das »Neuheidentum« des Nationalsozialismus mit seinem »Götzenkult« um Rasse, Volk und Staat; KZ-Terror und *Judenverfolgung* ließ der Papst hingegen unerwähnt. Und er ließ am 19.3.1937 eine Enzyklika gegen den atheistischen Kommunismus folgen, konnte damit aber die NS-Führung nicht besänftigen, die mit *Priesterprozessen* und Schikanen den antikatholischen Kurs drastisch verschärfte.

»Mittelbau«

Nach einem schweren britischen Bombenangriff vom 17./18.8.1943 auf die Raketenversuchsanstalt in Peenemünde wurden unter dem Decknamen »Mittelbau« (auch »Dora-Mittelbau«) im Südharz bombensichere unterirdische Produktionsstätten errichtet zur Massenfertigung von »Vergeltungswaffen« *V1* und *V2*. Bei Kriegsende waren rd. 30 000 Menschen, zum weitaus größten Teil *Zwangsarbeiter* und KZ-Häftlinge aus Buchenwald, zu dieser Geheimwaffenproduktion im Lager »Mittelbau« eingesetzt. Die Anlagen fielen im April 1945 fast unversehrt in die Hände von US-Truppen und wurden nach Ausschlachtung am 1.7.1945 den Sowjets übergeben, die die verbliebenen deutschen Spezialisten – die meisten hatten schon die Amerikaner engagiert – in die UdSSR transportierten. Der ehemalige Lagerkommandant Otto Förschner sowie mehrere Angehörige der SS-Wachmannschaft wurden von amerikanischen Militärgerichten zum Tod verurteilt.

Model, Walter

* Genthin (bei Magdeburg) 24.1.1891, † Lintorf (heute zu Ratingen) 21.4.1945

In Militärkreisen galt er als »Meister der Defensive«: Der Generalstabsoffizier des 1. Weltkriegs Model bewährte sich im Polen- und im Frankreichfeldzug, führte im Rußlandfeldzug das XXXI. Panzerkorps bis in die Nähe von Moskau und war Oberbefehlshaber der 9. Armee in der letzten deutschen Offensive im Osten bei Kursk (Juli 1943). Am 9.1.1944 wurde er Heeresgruppenchef, zunächst Nord (Ernennung zum Generalfeldmarschall 1.3.1944), seit 31.3. Nordukraine, am 28.6.1944 Mitte und als Nachfolger *Kluges* am 17.8.1944 im Westen der Heeresgruppe B. Im April 1945 im Ruhrkessel eingeschlossen, gab er seinen restlichen Verbänden (rd. 300 000 Mann) den Befehl, sich aufzulösen, und nahm sich das Leben.

Mölders, Werner

* Gelsenkirchen 18.3.1913, † Breslau 22.11.1941

Bereits in der Legion Condor war er Rekordhalter: Der Jagdflieger

Mölders erzielte im *Spanischen Bürgerkrieg* 14 Abschüsse. Im 2. Weltkrieg errang er 115 Luftsiege und bekam am 16.7.1941 als erster deutscher Soldat die Brillanten zum Ritterkreuz mit Eichenlaub und Schwertern. Nach seinem tödlichen Absturz beim Flug zur Beerdigung von *Udet* entfaltete die Propaganda um Mölders einen beispiellosen Heldenkult. Dabei verschwieg sie geflissentlich, daß der Nationalheld inzwischen Partei für den Münsteraner Bischof *Galen* und dessen Proteste gegen das *Euthanasie*-Programm, die massenhafte Tötung von Geisteskranken, ergriffen hatte und Hitler drauf und dran war, das »Vorbild der Jugend« zu maßregeln. Die Alliierten dagegen griffen gerade Mölders' Religiosität auf: Im Jan. 1942 wurden über Deutschland Flugblätter abgeworfen mit einem gefälschten Schreiben des Fliegers an einen Stettiner Geistlichen, worin er sich klar zum katholischen Glauben bekannte. Dieser Mölders-Brief gab den Gerüchten neue Nahrung, beim Absturz des Jugendidols sei »von oben« nachgeholfen worden.

Molotow, Wjatscheslaw

* Nolinsk (Gebiet Kirow) 9.3.1890, † Moskau 8.11.1986

Seit 1906 bei den Bolschewisten, legte sich der junge W. Skrjabin das Pseudonym Molotow (= der Hammer) zu. Er war 1921–57 Mitglied des Zentralkomitees und 1926–57 des Politbüros. Bei heraufziehender Kriegsgefahr löste *Stalin* seinen jüdischen Außenminister Maxim Litwinow durch Molotow ab, der Verhandlungen mit Deutschland ermöglichen sollte. Molotow gelang am 23.8.1939 der Abschluß des *Hitler-Stalin-Pakts*, und er erreichte flankierend am 14.4.1941 ein Neutralitätsabkommen mit Japan, das beim deutschen Überfall (22.6.1941) den Rücken in Fernost freihielt. Molotow, Stalins meisterhafter diplomatischer Helfer auf allen alliierten Gipfelkonferenzen von *Teheran* bis zum *Potsdamer Abkommen*, verlor nach dem Tod seines Herrn (5.3.1953) an Einfluß und schließlich alle Ämter. Er wurde 1964 aus der Partei ausgeschlossen und erst an seinem 94. Geburtstag rehabilitiert.

Moltke, Helmuth James Graf von

* Gut Kreisau (bei Schweidnitz, Niederschlesien) 11.3.1907,
† Berlin-Plötzensee 23.1.1945 (hingerichtet)

Der Rechtsanwalt Moltke wurde 1939 Sachverständiger für Kriegs- und Völkerrecht beim OKW. Die nähere Bekanntschaft mit dem

NS-System und seinen Verbrechen führte ihn in die Opposition und zur Sammlung des *Kreisauer Kreises* von Gleichgesinnten aus allen politischen Lagern. An den Diskussionen in Kreisau nahmen Theologen, Gewerkschafter wie Konservative teil und entwarfen ein demokratisches Deutschland nach Hitler. Obwohl Gegner eines Attentats und an den Vorbereitungen zum *Zwanzigsten Juli* 1944 nicht beteiligt, wurde der schon am 19.1.1944 verhaftete Moltke nach dem Umsturzversuch zum Tod verurteilt.

Montecassino

Herzstück der »Gustav-Linie«, an der die deutsche Führung nach der Kapitulation Italiens (8.9.1943) den Vormarsch der Alliierten nach Rom aufzuhalten hoffte, war der 519 m hohe Montecassino bei Cassino im mittelitalienischen Latium mit der Gründungsabtei des Benediktinerordens auf dem Gipfel. Wegen Wetter-, Nachschub- und Geländeschwierigkeiten, v. a. aber wegen des geschickten Widerstands der 10. deutschen Armee (v. Vietinghoff), erreichten die amerikanische 5. (Clark) und die britische 8. Armee (Montgomery) erst im Jan. 1944 die »Gustav-Linie« in voller Länge und versuchten in mehreren Schlachten, den Riegel am Montecassino zu durchbrechen; das gelang nach verlustreichen, erbitterten Kämpfen (manche Stellungen wechselten viermal den Besitzer) erst Mitte Mai 1944. Eine Landung im Rücken der deutschen Verteidiger bei *Anzio* (22.1.1944) hatte nichts an der Lage ändern können. Das Kloster war von den deutschen Verteidigern zunächst bewußt aus dem Kampfraum ausgespart und seine Kunstschätze nach Rom ausgelagert worden. Nachdem aber 142 alliierte viermotorige Bomber und 87 weitere Maschinen am 15.2. die Abtei in einen Trümmerhaufen verwandelt hatten, setzten sich auch dort Fallschirmjäger-Einheiten fest. Ständig erneuerte Luftangriffe und Beschießungen durch Artillerie machten das Kampfgebiet zur Mondlandschaft. Die Alliierten verloren bei Montecassino insgesamt 12 000 Mann, die Wehrmacht büßte über 20 000 Mann an Gefallenen, Vermißten und Gefangenen ein.

Montoire

Am 24.10.1940 traf sich Hitler nach seinem Gespräch mit *Franco* in *Hendaye* mit *Pétain*, Präsident des unbesetzten Frankreichs, in Montoire-sur-le-Loir, einer Kleinstadt im Departement Loir-et-

Cher. Wie schon sein spanischer Gesprächspartner wich auch der französische Politiker den deutschen Forderungen nach Beteiligung am Kampf gegen England aus. Trotz der Gefahr einer deutschen Besetzung auch des restlichen Frankreichs ließ Pétain sich nicht festlegen, da Hitler seinerseits nicht bereit war, Zusagen über friedensvertragliche Regelungen und die Rückkehr der französischen Kriegsgefangenen zu machen. Es blieb bei unverbindlichen Absichtserklärungen.

Morell, Theo

* Traisa (heute zu Mühltal, bei Darmstadt) 18.7.1886,
† Tegernsee 26.5.1948
Der Berliner Arzt »für Elektrotherapie und Urologie« Morell behandelte Hitlers Photographen *Hoffmann*, der ihn auf dem *Berghof* einführte. Da Hitler unter Magenbeschwerden litt, zog er Morell zur Behandlung heran und machte ihn, überzeugt von den Erfolgen, zu seinem Leibarzt. Morells Willfährigkeit bei der Verabreichung von immer mehr Medikamenten brachte ihm den Spitznamen »Reichsspritzenmeister« ein und machte Hitler gegen Kriegsende abhängig von den Aufputsch- und Beruhigungsmitteln seines Arztes, der nebenbei ein erhebliches Vermögen anhäufte. Erst am 21.4.1945 verließ Morell den *Führerbunker*, geriet in US-Gefangenschaft und starb in einem amerikanischen Lazarett.

Morgenthau-Plan

Der amerikanische Finanzminister Henry Morgenthau jr. (* 1891, † 1967) entwickelte 1944 ein Programm der USA für die Behandlung des besiegten Deutschlands (»Program to prevent Germany from starting a World War III«). In 14 Punkten sah es neben einer völligen Entwaffnung eine stufenweise Reagrarisierung des Landes vor durch *Demontage* der Industriekapazitäten und Stillegung der Bergwerke. Darüber hinaus sollte die deutsche Wirtschaft für mindestens 20 Jahre international kontrolliert werden; umfangreiche Gebietsabtretungen sollten das Reichsgebiet schrumpfen lassen, auf dem zwei deutsche Staaten zu bilden seien. Im Sept. 1944 US-Präsident *Roosevelt* vorgelegt, fand der Morgenthau-Plan zunächst seine und auch die Zustimmung *Churchills*, doch verwarfen sie ihn wenig später als zu hart. Die NS-Propaganda gab den »Mordplan« dennoch als oberstes alliiertes Kriegsziel aus und nutzte ihn für

Durchhalteparolen. Neonazis dient er bis heute als Grundlage für antisemitische Hetze.

Moskau

Als Hauptstadt der Sowjetunion mit fast 4,2 Mio. Einwohnern (1940) gehörte Moskau zunächst zu den Hauptangriffszielen der Wehrmacht im *Rußlandfeldzug*. Im Juli 1941 verschob Hitler jedoch die Eroberung zugunsten der Einschließung der sowjetischen Armeen in der Ukraine und der Wegnahme des dortigen Industriereviers. Erst am 6.9.1941 erging Weisung Nr. 35 zur Offensive Richtung Moskau (Unternehmen »Taifun«) an die Heeresgruppe Mitte (v. Bock). Diese verfügte über die Panzergruppen 2, 3 und 4 sowie die 2., 4. und 9. Armee mit 14 Panzer-, 8 motorisierten und 56 Infanteriedivisionen, unterstützt durch die Luftflotte 2 (Kesselring). Der Generalangriff begann am 2.10. In einer bis 20.10. andauernden Doppelschlacht bei Brjansk und Wjasma wurden sieben sowjetische Armeen vernichtet und zwei weitere weitgehend aufgerieben, 673 000 Rotarmisten gerieten in Gefangenschaft. Die sowjetische Regierung verließ Moskau am 16.10., der Weg für die deutschen Truppen schien frei. Kurz darauf aber setzte die Schlammperiode ein, die Offensivbewegungen unmöglich machte, so daß der Angriff erst am 15.11. wiederaufgenommen werden konnte. Er kam erneut rasch voran, und am 27.11. erreichte ein Erkundungstrupp den Ort Chimki, 20 km vom Moskauer Stadtzentrum entfernt. Dann aber versteifte sich der russische Widerstand, frische sibirische Truppen trafen ein, am 5./6.12. traten die sowjetische Kalininfront (Konjew) und die Westfront (Schukow) mit 14 Armeen vor Moskau zur Gegenoffensive an. Hitler befahl »Halten um jeden Preis«, die Fronten mußten jedoch zurückgenommen werden und konnten trotz ständiger Angriffe weiter westlich bis zum Ende des Winters stabilisiert werden.

Müller, Heinrich

* München 28.4.1900, verschollen seit 29.4.1945

Er durfte bis 1939 nicht in die NSDAP eintreten und machte doch Karriere: Der Polizeibeamte Müller mußte vor 1933 mehrfach gegen NSDAP-Mitglieder vorgehen und war daher nach 1933 in der Partei zunächst unerwünscht. Die SS aber nahm ihn auf (1937 bereits Standartenführer), und *Heydrich* schätzte seine gute Kenntnis der sowjetischen Geheimpolizeimethoden, was Müller für eine Karriere in der *Gestapo* empfahl. Sie leitete er seit 1939 und wurde unter dem Spitznamen »Gestapo-Müller« zum Symbol für den Polizeiterror. Aktiv war er auch beteiligt an der Judenverfolgung, unterzeichnete eigenhändig Befehle für Deportationen und stellte das Sonderkommando 1005 für die *Enterdungsaktion* auf. Seine blutigen Spuren verlieren sich 1945 im umkämpften Berlin.

Müller, Ludwig

* Gütersloh 23.6.1883, † Berlin 31.7.1945
Im 1. Weltkrieg Marine-, danach in Wilhelmshaven Garnisons- und seit 1926 in Königsberg Wehrkreispfarrer, begegnete der Theologe Müller 1927 Hitler, der ihn 1933 zum »Vertrauensmann und Bevollmächtigten für Fragen der Evangelischen Kirche« ernannte. Als die *Deutschen Christen*, denen Müller nahestand, im Juli 1933 dank Hitlers Unterstützung die Kirchenwahlen überall triumphal gewonnen hatten, bot sich Hitlers Vertrauter als geeigneter Kandidat für den Posten des Reichsbischofs an. Am 27.9.1933 wurde er gewählt, sah sich aber sogleich der Opposition des *Pfarrernotbunds* und der *Bekennenden Kirche* gegenüber, die er nicht gleichzuschalten vermochte. Hitler verlor daher an dem als »Reibi« verspotteten Müller das Interesse und ließ ihn 1935 fallen, ohne daß eine formale Absetzung erfolgte.

München

Die nationalsozialistische Propaganda hatte München, die Hauptstadt Bayerns mit 818 000 Einwohnern (1939), zur »Hauptstadt der Bewegung« ausgerufen. Als Ausgangsort der Karriere Hitlers und wegen der dortigen Parteizentrale (»Braunes Haus«) war München alljährlich am 8./9.11. Schauplatz der Feiern zum Gedenken an den Hitler-Putsch von 1923. Bei diesem Anlaß unternahm der Schreiner *Elser* 1939 im Bürgerbräukeller ein Attentat auf Hitler, dem dieser knapp entging. Während des Krieges war München mehrfach Ziel alliierter Luftangriffe, so im Sept. 1942, im Sept./Okt. 1943 und im Nov./Dez. 1944. Die schwersten Schäden richteten britische Verbände in der Nacht des 7./8.1.1945 an, als rd. 750 Maschinen die Innenstadt mit 2175 t Bomben belegten. Insgesamt wurden rd. 82 000 Wohnungen (33 %) zerstört. Am 30.4.1945 nahmen Einheiten der 7. US-Armee (Patch) die Stadt ein.

Münchener Abkommen

Zu einer ersten Gipfelkonferenz im modernen Sinn kam es am 29./30.9.1938 in München: Die Staats- und Regierungschefs Großbritanniens, Frankreichs, Italiens und des Deutschen Reiches berieten über Hitlers Forderung nach Angliederung des deutsch besiedelten Sudetenlands. Es hatte bis zur Angliederung an die Tschechoslowakei 1918 zu Österreich-Ungarn gehört; Hitler leitete daher aus dem *Anschluß* Österreichs deutsche Ansprüche darauf ab. Er hatte sie seit Mai 1938 durch einen beispiellosen Nervenkrieg unterstützt, indem er die Sudetendeutsche Partei unter *Henlein* die Forderungen nach Autonomie an Prag immer höher schrauben ließ, die Propaganda über angebliche tschechische Greuel anheizte und mit militärischen Maßnahmen drohte. Der britische Premier A. N. *Chamberlain* war schließlich zur Rettung seiner *Appeasement*-Politik mehrmals mit Hitler zusammengetroffen und hatte die Konferenz, vermittelt durch *Mussolini*, akzeptiert. – Sie diente – ohne Zuziehung des Opfers – nur noch der Bemäntelung des Zurückweichens vor dem deutschen Diktator, das im Münchener Abkommen vom 30.9. festgeschrieben wurde: Die Tschechoslowakei mußte das fragliche Gebiet, einen Eckpfeiler seiner Verteidigung, zwischen dem 1. und dem 10.10. an Deutschland herausgeben und erhielt dafür vage Versprechungen einer internationalen Garantie. Hitler bekräftigte zwar, daß dies »die letzte territoriale Forderung« sei, doch stand sein Entschluß zur »Zerschlagung der Resttschechei« längst fest. Chamberlain verkündete seinen »Erfolg« als Sieg des Friedens, ignorierte dabei aber den tiefen Schock, den das Arrangement der Westmächte mit dem NS-Staat in Moskau auslöste. Von München führte ein direkter Weg zum *Hitler-Stalin-Pakt* und damit zum 2. Weltkrieg.

Muselmänner

Rohe Bezeichnung in den *KZ* für völlig entkräftete, dem Hungertod nahe Häftlinge, die durch schlaffes Nachvornsinken islamischen Betern ähnelten.

Musik

Die propagandistische Potenz von Musik und ihre gemeinschaftsfördernde Kraft (z. B. im *Lied*) waren den NS-Kulturpolitikern bewußt, aber auch die Gefahren »musikalischer Zersetzung«. Die

Reichsmusikkammer und in letzter Instanz *Goebbels* entschieden, welche Musik als erwünscht zu gelten habe, welche zeitweilig zu dulden und welche »auszumerzen« sei. Zu den genehmen Kompositionen gehörten die klassischen der »großen Deutschen« von Johann Sebastian Bach bis Anton Bruckner zur »Erbauung«, Märsche und »Festmusiken« aller Art zur Förderung des Gemeinschaftserlebnisses, »deutsche« Tanz- und Unterhaltungsmusik zur Entspannung. Gesorgt sein mußte dabei immer für Verwendung der traditionellen Tongeschlechter und -arten, einprägsame Melodik und Rhythmik sowie unbedenkliche Texte bei Vokalstücken. Diese Musik wurde vom Staat, von der Partei und von ihren Gliederungen gefördert und war im Rundfunk zugelassen. – Bei Grenzfällen kam es zu unterschiedlichen Entscheidungen: Aus Rücksicht auf die Prominenz eines Komponisten (z.B. Richard Strauss) oder Dirigenten (z.B. Wilhelm Furtwängler) akzeptierte man auch weniger gängige Werke; bei Stars wie Hans Albers oder Franz Lehár sah man darüber hinweg, daß sie mit jüdischen Frauen verheiratet waren; während der Olympischen Spiele durfte auch der sonst als »Nigger-Musik« verfemte Jazz gespielt werden (ebenso später an der Westfront). Keine Kompromisse aber gab es bei »fremdvölkischer« Musik (z.B. Zigeunerweisen), jüdischen Komponisten (Felix Mendelssohn-Bartholdy, Gustav Mahler u.a.), deren Schaffen als »süßlich und kraftlos« verworfen wurde, und hinsichtlich der als »chaotisch und zerstörerisch« eingestuften Zwölftonmusik.

Mussert, Anton Adriaan

* Werkendam (Nordbrabant) 11.5.1894, † Den Haag 7.5.1946 (hingerichtet)

1931 gründete der Wasserbauingenieur Mussert in Holland die Nationaal-Socialistische Beweging (NSB) und konnte bei Wahlen 1935 in manchen Gebieten bis zu 20 % der Stimmen gewinnen. Seine Popularität sank jedoch rasch (1937 nur noch 2 %), und erst mit der deutschen Besetzung im Mai 1940 gewann er als Kollaborateur wieder Bedeutung. Mussert, der am 12.12.1941 Hitler »als germanischem Führer Treue bis in den Tod« geschworen hatte, wurde 1942 zum »Leiter des niederländischen Volkes« ernannt, was allerdings mit keinerlei Befugnissen verbunden war. Er rief zum Eintritt in die Freiwilligenlegion »Niederlande« und in die »Standarte Westland« auf und gründete eine Spitzelorganisation zur Unterstützung von Reichsstatthalter *Seyß-Inquart*. Der Verhaftung nach Kriegsende folgte das Todesurteil.

Mussolini, Benito
* Predappio (bei Forlì) 29.7.1883, † Giulino di Mezzegra (bei Como) 28.4.1945
Wie viele später reaktionäre Politiker begann der gelernte Lehrer Mussolini als Sozialist und war 1912–14 Chefredakteur des Parteiorgans »Avanti!«. Im 1. Weltkrieg wandte er sich enttäuscht von der Partei ab, gründete 1919 die »Fasci di combattimento« (Kampfbünde) und propagierte den Kampf gegen sozialistische Revolutionäre wie kapitalistische »Ausbeuter«. Mit einem Marsch seiner »Schwarzhemden« auf Rom am 28.10.1922 erreichte Mussolini die Ernennung zum Chef einer Koalitionsregierung, drängte bald seine Partner beiseite und sicherte dem *Faschismus* die alleinige Macht. Als Oberbefehlshaber der Streitkräfte, Polizeichef und Ministerpräsident nahezu allmächtig, ließ er sich als »Duce« (Führer) huldigen. – Nach außen trieb Mussolini imperialistische Politik und fand in dem zunächst als »Nachäffer« bespöttelten Hitler zunehmend Unterstützung wie z. B. in *Abessinien* 1935/36 und im Spanischen Bürgerkrieg 1936–39. Es entwickelte sich die *Achse Berlin–Rom*, wobei Mussolini allerdings zusehends zum Juniorpartner herabsank. Entgegen den Abmachungen des *Stahlpakts* blieb er im Polenfeldzug (Sept. 1939) dem Krieg noch fern, stürzte sich aber am 10.6.1940 übereilt in den Kampf gegen Frankreich, da er beim raschen Siegeslauf der Wehrmacht die Verteilung der Beute zu verpassen fürchtete. Er wurde damit und mit gescheiterten eigenen »Parallelkriegen« (Albanien, Balkan- und Afrikafeldzug) zum Gefangenen des Hitlerschen Endsiegkonzepts. – Der glücklose Feldherr Mussolini entwickelte als Meister der Pose bei sinkendem Kriegsglück immer operettenhaftere Züge und verschärfte zugleich den Terror im Innern. Schließlich führte der Widerstand in den eigenen Reihen am 25.7.1943 zur Entmachtung und Verhaftung Mussolinis. Zwar befreiten ihn am 12.9.1943 deutsche Fallschirmjäger aus der Internierung auf dem Gran Sasso, doch fristete er fortan als nomineller Chef einer Repubblica Sociale Italiana in *Salò* das Dasein einer Marionette seiner deutschen Aufseher. Als er sich bei Kriegsende in die Schweiz absetzen wollte, wurde er von Partisanen zusammen mit seiner Geliebten Clara Petacci erschossen.

Mütterdienst

Abteilung der NS-*Frauenschaft*, zuständig für die *Bräuteschulen* und die dort vermittelten »hohen Pflichten der Mutterschaft«; Fächer u.a. Säuglingspflege, Schneidern, Brauchtum, Rassen- und Vererbungslehre; Ausbildung des Lehrpersonals in einer Reichsschule des Mütterdienstes.

Mutterkreuz

Da die »deutsche kinderreiche Mutter« den gleichen »Einsatz von Leib und Leben« gezeigt habe im »Geburtenkrieg« wie »Frontsoldaten im Donner der Schlachten« (»Völkischer Beobachter«), stiftete Hitler 1938 ein »Ehrenkreuz der Deutschen Mutter«: Es zeigte ein Hakenkreuz im Strahlenkranz mit der Umschrift »Das Kind adelt die Mutter« und wurde in Bronze für vier oder fünf, in Silber für sechs oder sieben und in Gold für acht und mehr Kinder verliehen, 1939 erstmals in 3 Mio. Exemplaren. Die Verleihungsrichtlinien sahen vor, daß nur »deutschblütige« und »erbgesunde« Mütter in den Genuß der Auszeichnung kamen. Die Nichtverleihung oder gar der Entzug des Mutterkreuzes bei »Unwürdigkeit« wirkte als gesellschaftlicher Makel.

Mutterkult

Das 3. Reich war ein Männerstaat, von Männern geführt und auf Krieg ausgerichtet. Seine Existenz aber und die Möglichkeit zum Kampf konnten nur die Frauen sichern durch Geburten von künftigen Männern und Soldaten. Mutterschaft wurde deswegen von der NS-*Bevölkerungspolitik* massiv propagandistisch aufgewertet, als »das größte Geheimnis auf Erden« gepriesen und von jeder verheirateten Frau als »natürliche Selbstverständlichkeit« gefordert. Kinderlosigkeit galt als »widernatürlich«, da sie letztlich zum »Volkstod« führe. Die für die Fortpflanzung unumgängliche Sexualität sollte daher ebenso von christlichen Fesseln der Sündhaftigkeit befreit werden wie aus dem »marxistischen Sumpf« der freien, folgenlosen Liebe (»Kameradschaftsehe«). Mutterschaft und Mutterliebe waren entsprechend beliebte Themen in *Film* und *Literatur*.

Muttertag

Eigentlich müßte er eine NS-Erfindung sein, ist es aber nicht: Der Muttertag wurde 1907 erstmals von der amerikanischen Journalistin

Ann Jarvis (* 1864, † 1948) propagiert und 1922 vom Verband Deutscher Blumengeschäftsinhaber aufgegriffen. Die NSDAP übernahm die Idee nur zu gern und bemühte sich, durch halbreligiöse Verklärung der Mutterschaft die Ursprünge des Festtags im Profitstreben vergessen zu lassen. Der Muttertag sollte »in den Dienst der Erziehung zu vertieftem Familienleben als der biologischen und sittlichen Grundlage des völkischen Staates« gestellt werden. Zunächst wie heute am 2. Maisonntag begangen, wurde er 1938 auf den 3. verlegt und zum Verleihungstag für das Mutterkreuz gemacht.

»Der Mythus des 20. Jahrhunderts«

Hitler räumte ein, daß er es kaum gelesen habe, und *Goebbels* bezeichnete es als »weltanschaulichen Rülpser«: *Rosenbergs* kulturtheoretisches Hauptwerk »Der Mythus des 20. Jahrhunderts«, Untertitel: »Eine Wertung der seelisch-geistigen Gestaltenkämpfe unserer Zeit«. 1930 erschienen und in drei Bücher gegliedert: »Das Ringen der Werte«, »Das Wesen der germanischen Kunst« und »Das kommende Reich«, legte der »Mythus« dar, daß alle abendländische Kultur von germanischen Stämmen ausgegangen sei. Rosenberg, der sich als Vollender des Systems von H. S. *Chamberlain* verstand, sah in angeblichen Machenschaften der christlichen Priesterschaft, der Jesuiten, der Freimaurer und der »Verschwörer des internationalen Judentums« die Schuldigen für den Niedergang. Die Rettung aber sei nah durch den Sieg des »Blutes«, denn nun gehe es nicht mehr um Klassenkampf oder religiöse Dogmen, sondern um den Kampf »Seelenwert gegen Seelenwert«, aus dem ein rassereines germanisches Imperium als Triumphator hervorgehen werde. Dieses schwerverdauliche Gemisch fand in Parteikreisen wenig Resonanz, stieß aber auf heftige Kritik der Kirchen, formuliert von *Galen* für die katholische und Walter Künneth für die protestantische Seite. Die Auseinandersetzungen, aus denen sich Hitler demonstrativ heraushielt, trieben die Auflage bis 1945 auf 1,08 Mio. Exemplare.

N

Nacht-und-Nebel-Erlaß

Mit »Straftätern« in den besetzten Gebieten gingen nach Hitlers Ansicht die dortigen deutschen Stellen immer noch zu milde um. Auf seinen Befehl gab OKW-Chef *Keitel* daher am 7.12.1941 einen Erlaß heraus, der verfügte, daß Personen, die sich gegen die deutsche Herrschaft stellten, bei »Nacht und Nebel« nach Deutschland zu verbringen seien. Nur wenn ganz sicher war, daß Kriegsgerichte die Todesstrafe verhängen würden, konnte darauf verzichtet werden. Nach dem Erlaß wurden bis Kriegsende etwa 7000 Menschen ins Reich verschleppt und dort von *Sondergerichten* abgeurteilt. Nach Verbüßung der Strafe oder bei Freisprüchen kamen die sog. NN-Häftlinge in KZ. »Aus Abschreckungsgründen« war ihnen jeder Kontakt mit der Heimat verboten.

Nagasaki

Die japanische Hafenstadt mit 250 000 Einwohnern (1942) auf Kiuschu, Marinestützpunkt und Industriezentrum mit den größten Werftanlagen Ostasiens, wurde drei Tage nach *Hiroschima* am 9.8.1945 Opfer eines amerikanischen Atombombenangriffs – eher zufällig, denn eigentlich war die ebenfalls auf Kiuschu gelegene Stadt Kokura als Ziel ausersehen. Aber diese lag unter einer dichten Wolkendecke. Deswegen wich die von Tinian anfliegende B-29-Superfortress unter dem Kommando von Major Charles W. Sweeney auf das Ersatzziel Nagasaki aus, das besser zu erkennen war. Die Detonation der Plutoniumbombe »Fat Man« in 500 m Höhe über der Stadt vernichtete ein Areal von 4,5 km^2 vollständig. Der Ablauf war wie in Hiroschima: Lichtblitz, Feuersturm, Druckwelle und radioaktive Strahlung. Der Stadtteil Urakami verschwand gänzlich vom Erdboden, im Hafen explodierten die Schiffe, die Werftanlagen schmolzen. Ein Höhenzug verhinderte die Vernichtung auch der westlichen Stadtteile. Zerstörungen und Opferzahlen blieben dadurch geringer als beim vorangegangenen Uranblitz von Hiroschima. Nach einer japanischen Studie (1960) starben in Nagasaki am 9.8. und in den Wochen danach 20 000 Menschen, 50 000 erlitten meist schwere Verletzungen.

Namensweihe
Zu den christlichen Feiern, die im 3. Reich allmählich durch »germanische« abgelöst werden sollten, gehörte auch die Taufe. An ihrer Stelle wollte man eine Namensweihe einbürgern, wie sie in der SS praktiziert wurde: Die Eltern sollten ihr Kind »der Gemeinschaft darbringen« und dabei geloben, es im Sinn des »völkischen« Staates zu erziehen. Dabei hatte der Vater in feierlicher Runde ein Feuer (Ersatz für das Taufwasser) neben dem Kind zu entzünden, »auf daß es als Teil des Ganzen entbrenne«.

Napola →*Nationalpolitische Erziehungsanstalten*

Narvik
Der ganzjährig eisfreie Hafen Narvik in Nordnorwegen mit knapp 10 000 Einwohnern (1940), Verladestelle für das schwedische Erz aus den Gruben bei Kiruna und Gällivare, spielte in den alliierten Planungen seit Jan. 1940 eine wesentliche Rolle, zunächst als Basis für ein (mögliches) Eingreifen in den finnisch-sowjetischen *Winterkrieg*, dann, weil hier der deutsche Erznachschub zu unterbinden war. Einer Besetzung Narviks durch die Westmächte kamen jedoch deutsche Truppen zuvor: Im Rahmen des Unternehmens »Weserübung« landeten am 9.4.1940 rd. 2000 Mann Gebirgstruppen unter Generalmajor *Dietl*, die mit der aus zehn Zerstörern gebildeten Kriegsschiffgruppe 1 (Bonte) gekommen waren. Am nächsten Tag griff die britische 2. Zerstörerflottille an und versenkte zwei deutsche Zerstörer, die übrigen acht sanken am 13.4. nach erneutem britischen Angriff, an dem sich auch das Schlachtschiff Warspite beteiligte. Die überlebenden Marinemannschaften (rd. 2100 Mann) schlossen sich Dietls Verband an, dessen Lage nach Landung der britischen 24. Brigade nördlich von Narvik bald kritisch wurde. Die Deutschen zogen sich aus der Stadt zurück, bezogen Stellung an der Erzbahn und konnten sich dort halten, bis die katastrophale Ent-

N

wicklung in Frankreich den Abzug der alliierten Truppen bewirkte. Am 8.6. zogen Dietls Gebirgsjäger wieder in Narvik ein. Es blieb bis Kriegsende in deutscher Hand.

Nationale Erhebung

Hitler bezeichnete den Machtwechsel am 30.1.1933 im »Aufruf der Reichsregierung an das deutsche Volk« vom folgenden Tag als »nationale Erhebung«. Er vermied zur Schonung seiner konservativen Partner die Bezeichnung »nationalsozialistische«, betonte aber mit dem Wort »Erhebung« das Revolutionäre des Vorgangs, womit schon sein Wille zur Zerschlagung der Republik zum Ausdruck kam. Später wurde für die *Machtergreifung* auch die Bezeichnung »Deutsche Revolution« üblich.

Nationalhymne

Im 19. Jh. zusätzlich zur Flagge aufgekommenes nationales Symbol, in Deutschland zunächst die Kaiserhymne »Heil Dir im Siegerkranz« (gesungen nach der Melodie der englischen Hymne »God save the King/Queen«), in der Weimarer Republik das 1841 von August Heinrich Hoffmann von Fallersleben verfaßte *Deutschlandlied* (auf die Melodie der Kaiserhymne von Joseph Haydn von 1797), im 3. Reich beibehalten, aber durch die Parteihymne, das *Horst-Wessel-Lied*, ergänzt.

Nationalismus

Die Zugehörigkeit zu einer Nation ist Zufall, Stolz darauf also widersinnig. Das hat das 19. Jh. nicht daran gehindert, diesem Widersinn zur Geschichtsmächtigkeit zu verhelfen. In allen Ländern Europas brach sich das Bewußtsein Bahn, man sei als Franzose, Russe, Deutscher etwas Besonderes, und zwar etwas besonders Wertvolles. Das ließ sich von der Politik leicht aggressiv ausnutzen, indem die anderen Nationen als entsprechend minderwertig dargestellt oder gar zu Feindbildern gemacht wurden. In dieser Übersteigerung bezeichnet man Nationalbewußtsein oder Patriotismus als »Nationalismus«, wie er in Kriegen zur Förderung des Kampfgeists und nach verlorenen Kriegen aus Revanchegründen besonders verbreitet ist. Hitler machte ihn daher zum Programm seiner Partei, gab ihn zunächst aber zur Tarnung als »nach innen gewandt« aus; er solle nur der »Volkwerdung« dienen. Der Krieg und die Herabwürdigung v.a.

der russischen Gegner als »Untermenschen« bewiesen das Gegenteil.

Nationalkomitee Freies Deutschland

Als sich nach *Stalingrad* die deutsche Niederlage im Osten immer deutlicher abzeichnete, schlossen sich am 13.7.1943 kommunistische Emigranten und deutsche Gefangene in der UdSSR unter sowjetischer Aufsicht zusammen, um gemeinsam für eine Beendigung des Krieges bei den deutschen Kameraden zu werben. Das so entstandene Nationalkomitee Freies Deutschland versuchte mit Flugschriften, eigenen Radiosendungen, abgeworfenen Passierscheinen die deutschen Soldaten von der Aussichtslosigkeit ihres Kampfes zu überzeugen und zum Überlaufen zu bewegen. Zunächst arbeitete das Komitee v.a. mit patriotischen Argumenten, die beim weiteren Vormarsch der Roten Armee immer stärker mit kommunistischen Parolen durchsetzt wurden und damit an Glaubwürdigkeit verloren. Ohnehin waren die Angst vor russischer Gefangenschaft und der Glaube an das »Genie des Führers« bei den Landsern so ausgeprägt, daß die meisten bis zuletzt an den *Endsieg* glaubten. Moskau verlor zudem mit wachsender Siegesgewißheit und angesichts der Sorgen im Westen über eine mögliche deutsch-sowjetische Verständigung das Interesse am Nationalkomitee, das am 2.11.1945 aufgelöst wurde.

Nationalpolitische Erziehungsanstalten (NPEA)

1919 waren die preußischen Kadettenanstalten als »Brutstätten des Militarismus« verboten, aber als »Staatliche Bildungsanstalten« weitergeführt worden. Einige von diesen Internatsschulen unterstellte sich der spätere Bildungsminister *Rust* am 19.3.1933 direkt und verfügte die Uniformierung von Lehrern und Schülern. Zunehmend nahm die SS auf diese nun »Nationalpolitische Erziehungsanstalten«, im Volksmund »Napola« genannten, schulgeldpflichtigen (erst seit 1943 kostenlosen) Einrichtungen Einfluß; ihr Inspekteur wurde Organisationsleiter *Heißmeyer*. Die Schüler (»Jungmannen«) waren in »Hundertschaften« gegliedert, es gab Sonderzüge für die fliegerische Ausbildung, »Einsätze« im Landdienst oder in der Industrie sowie Wehrsport (Reiten, Motorsport, Waffen- und Geländeausbildung). Entsprechend wurde bei der Aufnahme neben der »rassischen Eignung« auf gute körperliche Verfassung geachtet, wofür

Prüfer des *Rasse- und Siedlungshauptamtes* (RuSHA) sorgten. Die Berufswahl war frei für NPEA-Absolventen, in der Praxis aber landeten die meisten bei Wehrmacht und Waffen-SS, da die ersten Jahrgänge erst im Krieg entlassen wurden. 1944 gab es 35 NPEA, davon eine für Mädchen, mit insgesamt rd. 6500 Schülern, die zu dieser Zeit aber schon durch Einsatz als *Flakhelfer* oder als Lagermannschaftsführer in der *Kinderlandverschickung* kaum noch Unterricht erhielten.

Nationalpreis für Kunst und Wissenschaft
Nach den »beschämenden Vorgängen« der Verleihung des Nobelpreises an den Regimegegner *Ossietzky* von Hitler 1937 gestiftete, mit zweimal 100 000 RM dotierte Auszeichnung für »verdiente Deutsche«, verliehen jährlich beim Reichsparteitag; sollte den Nobelpreis ersetzen, dessen Annahme »für alle Zukunft Deutschen untersagt« wurde.

Nationalsozialismus
Der Begriff Nationalsozialismus ist sowohl die – bewußt irreführende – Eigenbezeichnung der von Hitler zur Macht in Deutschland geführten politisch-weltanschaulichen Bewegung als auch die Bezeichnung für das durch sie geformte Herrschaftssystem 1933–45, das nationalistisch, aber nur in einem sehr verdrehten Sinn sozialistisch geprägt war. Ideologisch weitgehend identisch mit der Weltanschauung Hitlers, ist der Nationalsozialismus durch das Parteiprogramm der NSDAP (24.2.1920) nur unzureichend beschrieben. Wichtiger sind die Bekenntnisschrift *»Mein Kampf«* (1925/26) und die sonstigen programmatischen – zumeist mündlichen – Äußerungen Hitlers, in denen sich mehrere Konstanten ausmachen lassen: – **1.** Antiliberalismus und Antiparlamentarismus: Die aus der Niederlage geborene Demokratie wurde abgelehnt als Verstoß gegen das »aristokratische Grundgesetz der Natur«, das allein im *Führerprinzip* die gültige politische Entsprechung finde. Seine Aufgabe sah der Nationalsozialismus im Aufbau einer straffen autoritären Führung auf der Basis von Befehl und Gehorsam und in der Bildung einer verschworenen *Volksgemeinschaft*. – **2.** Antikommunismus und Nationalismus: Jede »internationalistische« Ideologie und Organisation lehnte der Nationalsozialismus als »unvölkisch« ab. Da jeder Mensch Produkt seines Volkstums sei, »entwurzele« ihn

die Bindung an rein theoretische Gebilde wie »Klasse«, »Menschheit« oder »Humanität«. Orientierung biete allein die »Blutsgemeinschaft« des Volkes. Nationalismus war danach die Sicherung ihres Lebensrechts, Sozialismus nicht die marxistische Vergesellschaftung der Produktionsmittel, sondern die Durchsetzung des Prinzips: »Du bist nichts, dein Volk ist alles!« – **3.** Rassismus: Unter Rückgriff auf Theorien des 19. Jh. behauptete der Nationalsozialismus eine Rangfolge von Rassen. Höchstentwickelte sei die »kulturschöpferische arische« *Rasse* mit ihrem »germanischen Vorvolk«, den Deutschen, niedrigste das »ewig kulturzerstörerische« Judentum, das ohne die Spur eines Belegs als Rasse ausgegeben und dem das Lebensrecht abgesprochen wurde. Aus der angeblich rassischen Überlegenheit des »Ariertums« leitete der Nationalsozialismus seinen Anspruch auf Weltherrschaft ab. – **4.** *Antisemitismus*: Aus der rassistischen Theorie folgte in Hitlers ideologischem Gebäude als eine der Hauptsäulen eine tödliche Judenfeindschaft, die er zur Staatsdoktrin des 3. Reiches erhob und bis zum Völkermord der »*Endlösung* der Judenfrage« verwirklichte. Unter Verweis auf den »jüdischen *Bolschewismus*« wurde eine »Weltverschwörung des Judentums« konstruiert, die in einem »Endkampf« zerschlagen werden müsse. – **5.** Militarismus und Imperialismus: Für diesen Rassenkampf mußte die »Raumfrage«, zweite Hauptsäule der Hitlerschen Vision, gelöst werden, und zwar auf Kosten Rußlands (*Lebensraum* im Osten). Aufrüstung und Aggression gehörten daher wesentlich zum Konzept des Nationalsozialismus nach außen wie nach innen, denn nur mit einer militarisierten Gesellschaft waren die weitgesteckten Ziele in einem 2. Weltkrieg zu erreichen. – Dieses sozialdarwinistische Konglomerat verstanden kaum enge Gefolgsleute Hitlers, geschweige denn »das Volk«. Der Nationalsozialismus, oft unzulässig verharmlost als bloße Spielart des *Faschismus*, verschwand daher mit Hitler 1945, seine Anhänger wurden der *Entnazifizierung* unterworfen. Der v. a. nach 1990 wieder aufbrechende *Neonazismus* bewahrt allenfalls nebulöse fremdenfeindliche und chauvinistische Elemente und übertrifft so das scheinbare Vorbild noch an Primitivität.

Nationalsozialistische Betriebszellenorganisation (NSBO)
1928 entstand aus spontanen Gruppenbildungen nach kommunistischem Muster eine NS-Organisation der Arbeiter (»SA der

Betriebe«), seit 8.3.1931 offiziell »NS-Betriebszellenorganisation« genannt, Zeitschrift seit 1.3.1931 »Das Arbeitertum«. Die NSBO, im Mai 1932 etwa 100 000, ein Jahr später schon 730 000 Mitglieder stark, sollte für die »geistig-politische Gewinnung der Arbeitnehmerschaft« sorgen, nicht aber als Gewerkschaft tätig werden. Das widersprach starken sozialrevolutionären Kräften in der NSBO, die nach der Machtübernahme mit Teilen der SA eine »Zweite Revolution« forderte. Nach der *Röhm-Affäre* wurde sie daher entmachtet (Entzug des Rechtes der Beitragserhebung) und im Jan. 1935 als Hauptamt in die DAF eingegliedert.

Nationalsozialistische Deutsche Arbeiterpartei (NSDAP)
Die *Deutsche Arbeiterpartei* vollzog ein halbes Jahr nach Hitlers Beitritt am 24.2.1920 die Umbenennung in Nationalsozialistische Deutsche Arbeiterpartei, gab sich ein 25-Punkte-Programm und wählte das *Hakenkreuz* als Emblem. Ihr seit 29.7.1921 mit diktatorischen Vollmachten amtierender Vorsitzender Hitler bestimmte gemäß *Führerprinzip* allein die Richtlinien der Parteipolitik und die Interpretation dessen, was unter *Nationalsozialismus* zu verstehen war (Anrede und Bezeichnung Hitlers als »Führer« seit 1922). Nach dem *Hitler-Putsch* vom 9.11.1923 verboten, bestand die Partei in Ersatzorganisationen weiter und wurde am 27.2.1925 neu gegründet. Oberstes Organ der NSDAP war die Hitler direkt unterstellte Reichsleitung mit dem Stellvertreter (1925–32 *Strasser*, 1933–41 *Heß*, danach *Bormann* als »Sekretär des Führers«), dem Reichspropagandaleiter, dem Reichsschatzmeister, dem Reichspressechef u.a., denen wieder Hauptämter zugeordnet waren. Regional war die NSDAP in 35 (seit 1940: 41) Gaue und diese in Kreise, Ortsgruppen, Zellen und Blocks gegliedert unter jeweils vom nächsthöheren Funktionär ernannten Leitern. Angeschlossen waren der Partei Verbände wie SA und SS, NSKK und NSFK, HJ und NS-Frauenschaft sowie DAF und berufsständische Organisationen. – Die Mitgliederzahl wuchs von 6000 (1922) auf 400 000 (1930) und erreichte bei der *Machtergreifung* die Millionengrenze. Bis 1928 eine Splittergruppe (2,6 %), sprang der Stimmenanteil der Partei bei den Reichstagswahlen am 14.9.1930 auf 18,3 % (107 Sitze) und am 31.7.1932 auf 37,4 % (230 Sitze), womit sie stärkste politische Kraft der Republik war. Sie profitierte dabei von der *Weltwirtschaftskrise* und von der Zerrissenheit des Parteienspektrums sowie von den Fehlern der

etablierten Parteien, erzeugte aber auch durch bislang ungekannt hemmungslose Propaganda und massiven Straßenterror einen »Sog des Stärkeren«, der schließlich auch die Konservativen erfaßte, die durch »Einrahmung« Hitlers in einer Regierung der »nationalen Konzentration« die Massenbewegung und ihren Führer bändigen zu können meinten. Mit der Märzwahl 1933 (NSDAP 43,9 % und 288 Sitze) und dem *Ermächtigungsgesetz* aber ging auch ihre Kontrolle verloren. Am 14.7.1933 gab es nach dem Gesetz gegen die Neubildung von Parteien nur noch die NSDAP, die nun den Staat ganz erbeutet hatte und die innerparteiliche Opposition in der *Röhm-Affäre* ausschaltete. Ihr Sieg wurde auf pompösen *Reichsparteitagen* gefeiert. Bis 1945 wuchs ihre Mitgliederzahl trotz zurückhaltender Aufnahmepraxis auf 8,5 Mio. Pg. (Parteigenossen). Am 10.10.1945 wurde die NSDAP durch Gesetz Nr. 2 der Alliierten aufgelöst und verboten.

Nationalsozialistischer Deutscher Ärztebund (NSDÄB)
Von 50 Medizinern 1929 auf dem 4. Reichsparteitag in Nürnberg gegründete Berufsorganisation in der NSDAP mit 1930 rd. 3000 und 1938 über 30 000 Mitgliedern, eingesetzt bei der *Gleichschaltung* des Gesundheitswesens und bei der Durchsetzung von *Leistungsmedizin* und *Rassenhygiene*, verfügte über eine Reichsführerschule der Deutschen Ärzteschaft in Alt-Rehse (Mecklenburg).

Nationalsozialistischer Lehrerbund (NSLB)
1929 gegründeter angeschlossener Verband der NSDAP als Organisation der NS-Erzieher, Sitz Bayreuth (»Haus der deutschen *Erziehung*«), gegliedert in zehn Abteilungen unter einem »Reichswalter« (bis 1935 Hans Schemm, dann Fritz Wächtler), Schulung der Funktionäre durch Lehrerlager, Kurse und in einer 1938 eingeweihten verbandseigenen Reichsschule bei Bayreuth.

Nationalsozialistischer Rechtswahrerbund (NSRB)
Aus dem 1928 von H. *Frank* gegründeten »Bund Nationalsozialistischer deutscher Juristen« (BNSDJ) hervorgegangene Fachorganisation der NSDAP unter einem Reichsrechtsführer (bis 1942 Frank, dann *Thierack*), bis 1933 als Rechtsschutzverband der Parteimitglieder, danach zur *Gleichschaltung* des Rechtswesens unter Auflösung der Richter- und Anwaltsvereinigungen und zur poli-

tischen Schulung der Juristen eingesetzt, Mitgliederzuwachs von 233 (1930) über 1374 (1932) auf 82 807 (1935); Zeitschrift »Deutsches Recht«.

Nationalsozialistischer Reichsbund für Leibesübungen (NSRL)
In Ablösung des *Deutschen Reichsbunds für Leibesübungen* (DRL) am 21.12.1938 gegründete Sportorganisation der NSDAP.

Nationalsozialistisches Fliegerkorps (NSFK)
Zivilisationsfeindlichkeit war nur eine Seite der NS-Ideologie, ihre militaristische Komponente forderte dagegen geradezu Zivilisation in Form von moderner Technik, wie sie im Krieg gebraucht wurde. Mit Erlaß Hitlers vom 17.4.1937 wurde ein NS-Fliegerkorps ins Leben gerufen als »luftsportliche Kampforganisation«, die der »deutschen Luftwaffe einen zahlenmäßig starken und fachlich gut vorbereiteten Nachwuchs« sichern sollte. Flugsport war danach nur noch im Rahmen von Parteiaktivitäten und in der Wehrmacht möglich: Das NSFK arbeitete eng mit der Flieger-*HJ* zusammen, schulte im Modellbau und ermöglichte talentierten Jugendlichen die kostenlose Ausbildung zum Piloten. Aus dem Wehrdienst zurückkehrende Flieger wurden ins NSFK mit seinen nach militärischem Muster uniformierten Mitgliedern integriert, damit für die »Erhaltung der Flugfrische« gesorgt würde. Unterstellt war das NSFK dem Luftfahrtministerium, Korpsführer war General Friedrich Christiansen (* 1879, † 1972).

Nationalsozialistisches Kraftfahrkorps (NSKK)
Motorisierung gehörte zu den ökonomischen wie zu den militärischen Zielen Hitlers. Ein früh gegründetes Automobilkorps wurde am 20.4.1931 zum NS-Kraftfahrkorps umbenannt und als Sondereinheit der SA *Hühnlein* unterstellt; am 30.6.1934 wurde es eine eigene Gliederung der Partei. Aufgaben des NSKK waren die »motorische Ertüchtigung« der Jugend in der Motor-*HJ* und die Ausbildung von Wehrmachtkraftfahrern in 21 korpseigenen Motorsportschulen. Motorsport war nur noch im Rahmen des bei Kriegsbeginn etwa 500 000 Mann starken NSKK möglich, das Unfall- und Pannenhilfe organisierte und mitwirkte bei der Umstellung des österreichischen Linksverkehrs auf den deutschen Rechtsverkehr

nach dem *Anschluß*. Im Krieg wurden NSKK-Einheiten bei Heer und Luftwaffe eingesetzt.

Nationalsozialistische Volkswohlfahrt (NSV)
Als »Sozialismus der Tat« konnte die NS-Ideologie in der echten *Volksgemeinschaft* Armut nicht hinnehmen, jedenfalls nicht, sofern die Not »politisch, rassisch und erbbiologisch würdige« Personen betraf. Schon vor der Machtergreifung bemühte man sich daher um verarmte »Volksgenossen«. Am 3.5.1933 verfügte Hitler die Einrichtung einer NS-Volkswohlfahrt, die für alle Fragen der Fürsorge zuständig sein sollte. Sie war seit 29.3.1935 ein angeschlossener Verband der Partei, deren regionale Gliederung sie übernahm und in deren Reichsleitung ihr »Reichswalter« saß. Er leitete auch das *Winterhilfswerk*, dessen Einnahmen neben den halb freiwilligen Beiträgen der 11 Mio. Mitglieder (1938) die Aufgaben finanzierten. Hilfen der NSV waren grundsätzlich als »Erziehung zur Selbsthilfe« gedacht und sollten einen »möglichst hohen Leistungsstand des deutschen Volkes« sichern. »Hoffnungslose Fälle« wie Trinker oder Strafentlassene fanden daher kaum oder gar keine Berücksichtigung. – Durch die Arbeit der NSV mit ihren etwa 1 Mio. ehrenamtlichen Mitarbeitern verloren die Träger der freien Wohlfahrtspflege (Rotes Kreuz, Caritas, Innere Mission) zunehmend an Selbständigkeit, sie wurden in einer Reichsgemeinschaft zusammengeschlossen. Am 22.8.1944 machte Hitler die NSV schließlich zum alleinigen »Träger der Volkspflege«. Sie betraf Gesundheitsfürsorge und -beratung, Kuren, Reihenuntersuchungen, Förderung notleidender Künstler, NSV-Bahnhofsdienst, Ernährungshilfe, Kinder- und Jugendpflege, Landerholung, wobei stationäre Betreuung immer auch zu politischer Schulung genutzt wurde.

Natzweiler
Dem Reich faktisch angegliedert, wurde *Elsaß-Lothringen* im Mai 1941 Standort eines KZ, benannt nach der nahen Ortschaft Natzweiler bei Schirmeck (oder nach einem dortigen Anwesen als Struthof bezeichnet). Es war für 1500 Häftlinge gedacht, im Herbst 1944 aber mit 7000 Menschen belegt; in den 49 Außenkommandos wurden weitere 25 000 Personen zu Zwangsarbeit in Granitbrüchen, beim Straßenbau, in unterirdischen Rüstungsfabriken und beim Ölschieferabbau eingesetzt, und das bei unmenschlicher Behandlung, Ver-

sorgung und Unterbringung. Das forderte insgesamt 12 000 Opfer bis Ende 1944, als das Lager bei Herannahen der Alliierten aufgelöst wurde. Natzweiler war v. a. durch bestialische *Menschenversuche* berüchtigt: So wurden in einer kleinen Gaskammer Häftlinge zum Aufbau einer Skelettsammlung der Universität Straßburg ermordet. Andere starben bei Versuchen mit chemischen Kampfstoffen und Fleckfiebererregern.

Naujocks, Alfred Hermann
* Kiel 20.9.1911, † Hamburg 4.4.1966
SS-Sturmbannführer und Geheimagent, von *Heydrich* am 10.8.1939 mit dem Anschlag auf den *Gleiwitzer Sender* betraut und maßgeblich beteiligt am Fälschungsunternehmen »*Bernhard*«.

Nazi
Kurzbezeichnung für Nationalsozialist, gebildet wie Sozi (für Sozialist oder Sozialdemokrat) und meist ebenfalls abwertend gemeint.

Nazi-Gold
Das Vermögen von hingerichteten oder ermordeten Opfern des Hitler-Regimes fiel dem Reich anheim, ihre ausländischen Werte wurden nach dem Krieg als herrenlos angesehen und von den Verwahrländern stillschweigend übernommen. Das traf auch auf dort vom Reich deponierte Wertsachen und auf den *Holocaust*-Opfern herausgebrochenes Zahngold (sog. *Melmer-Gold*) zu, das die Reichsbank v. a. in der *Schweiz* deponierte. Dorthin gingen auch große beschlagnahmte Goldbestände aus den besetzten Ländern, andere wurden bei Kriegsende von den Siegermächten beschlagnahmt. Über den Verbleib dieser Werte, umgangssprachlich »Nazi-Gold« genannt, und ihre Rückgabe an die Angehörigen der Getöteten kam es seit 1995 zu einer internationalen Debatte und zu schweren Vorwürfen an die Adresse der Schweiz, die seitdem alles unternimmt, Erben der einstigen Besitzer ausfindig zu machen.

Nebe, Arthur
* Berlin 13.11.1894, † ebd. 4.3.1945 (hingerichtet)
Er drang bis ins Machtzentrum des 3. Reiches vor, war aktiv an den schwersten NS-Verbrechen beteiligt und gehörte doch zum Widerstand: Der Polizeikommissar Nebe trat 1931 in NSDAP und

SA ein, kam am 1.4.1933 zur *Gestapo*, wurde am 1.7.1937 Reichskriminaldirektor und war damit 1939 Leiter des Amtes V im RSHA. Zwar konnte er das Bürgerbräu-Attentat vom 9.11.1939 aufklären, doch machte er sich mit dem Beweis der Alleintäterschaft *Elsers* bei *Himmler* wie Hitler unbeliebt. Nebe, der schon vorher Kontakt zu Kreisen der Opposition um *Beck* aufgenommen hatte, wurde als Chef der Einsatzgruppe B nach Rußland kommandiert, ertrug aber die Mordaktionen seiner Kommandos nicht, denen nach eigenen Angaben 45 467 Juden zum Opfer fielen. Nach Berlin zurückgekehrt, unterstützte er die Verschwörer des *Zwanzigsten Juli*, nach dessen Scheitern er durch kopflose Flucht in Verdacht geriet und nach Verhaftung am 16.1.1945 vom Volksgerichtshof am 2.3.1945 zum Tod verurteilt wurde.

Neofaschismus
Während der Nationalsozialismus 1945 mit seinem Begründer Hitler für lange Zeit verschwand, knüpften in Italien und in anderen Ländern bald wieder Gruppen, Organisationen und Parteien an Gesellschaftsentwürfe und Forderungen des *Faschismus* an. Vor allem der 1946 gegründete Movimento Sociale Italiano (MSI) wurde Träger dieses Neofaschismus im engeren Sinn, der bis heute mit seinem scharfen Antikommunismus zu den stärksten politischen Kräften Italiens gehört. Im weiteren Sinn bezeichnet man Militärregimes und nationalistische Gruppierungen in europäischen Staaten als neofaschistisch, z.B. die Front National (FN) in Frankreich, den Vlaamse Militanten Orde (VMO) in Belgien, die NSDAP-Auslands- und Aufbauorganisation in den USA. Gerade die letztere zeigt die verschwimmende Grenze zu einem *Neonazismus*, der auch die deutschen neofaschistischen Gründungen prägte.

Neonazismus
Rechtsextreme, also antiliberal-antidemokratische, nationalistische Vereinigungen, v.a. in Deutschland, wurden und werden in der politischen Auseinandersetzung vereinfachend und übertreibend als »neonazistisch« bezeichnet. Sie stehen mit ihrer Ausländerfeindlichkeit und ihrem Chauvinismus dabei dem *Neofaschismus* meist näher als dem *Nationalsozialismus*, dessen radikaler Rassismus und Biologismus als sein eigentliches Wesen kaum kopiert und in seinen züchterischen Elementen nicht begriffen werden. Erste nennens-

werte Gründung (1949) war die Sozialistische Reichspartei (SRP), die 1952 als grundgesetzwidrig verboten wurde. Es folgten ebenfalls verfassungsfeindliche Organisationen, deren Verbot aber aus politischen Gründen unterblieb: z.B. die bis heute bestehende, 1964 gegründete NPD, über deren Verbot neuerdings diskutiert wird, die Republikaner (seit 1983) oder die Deutsche Volksunion (DVU). – Tatsächlich neonazistisch sind hingegen die Ziele vieler im Untergrund tätiger Wehrsportgruppen, der 1994 verbotenen sog. Wiking-Jugend, Hitlerkult betreibender Klubs oder gar offen rassistischer Zirkel mit Namen wie »Kampfgruppe Heinrich Himmler«. Ins Bewußtsein der Öffentlichkeit trat zeitweilig die »Aktionsfront Nationale Sozialisten« (ANS) mit einem veränderten Hakenkreuz und abgewandeltem Hitlergruß. Nach der Wiedervereinigung bildeten Neonazis (»Faschos« genannt) zahlreiche neue Gruppen in den neuen Ländern. Ihre extreme Gewaltbereitschaft ist zu einem gesellschaftlichen Problem geworden. Im Jahr 2000 rechnete man mit etwa 55 000 organisierten Rechtsradikalen mit neonazistischer Ausrichtung, darunter rd. 10 000 extrem gewaltbereite, die auch aus dem Ausland (v.a. USA) mit Material z.B. zur *Auschwitz-Lüge* unterstützt werden. Sie haben v.a. mit ausländerfeindlichen Aktionen (bis hin zum Mord), militantem Auftreten z.B. als Skinheads und Anleihen beim NS-*Antisemitismus* bei arbeitslosen und unausgebildeten männlichen Jugendlichen Erfolg. Die theoretische und die geschichtliche Kenntnis des NS-Vorbilds erschöpft sich meist im Wiederholen von Parolen, Schmieren von Hakenkreuzen und aggressiver Hitler-Verherrlichung, da solcher Protest mit größter Resonanz in der Öffentlichkeit rechnen kann. Rein polizeiliche Maßnahmen verfehlen daher die Ursachen des Neonazismus.

Nero-Befehl

Am 19.3.1945 ordnete Hitler die Zerstörung aller Versorgungseinrichtungen in Deutschland an, »die sich der Feind für die Fortsetzung seines Kampfes nutzbar machen kann«. Für diese Verfügung setzte sich die Bezeichnung »Nero-Befehl« nach dem altrömischen Kaiser durch, der 64 n.Chr. Rom anzünden ließ. Die Taktik der »verbrannten Erde« hatten schon die Rote Armee beim deutschen und die Wehrmacht beim russischen Vormarsch mit verheerenden Folgen für die Zivilbevölkerung im Osten angewandt, ohne daß der Gegner dadurch nennenswert hatte gebremst werden können.

Die mit rollenden Pipelines und Gerät in Hülle und Fülle angreifenden Westalliierten wären damit in der Endphase des Krieges schon gar nicht aufzuhalten gewesen. Rüstungsminister *Speer* erreichte schließlich am 30.3. und 4.4.1945 bei Hitler, daß Zerstörungsweisungen nur über sein Ministerium gehen durften. Dadurch wurde der Nero-Befehl weitgehend unterlaufen.

Nettuno →*Anzio*

Neue Deutsche Heilkunde →*Medizin*

Neuengamme
Im Dez. 1938 wurde am östlichen Stadtrand von Hamburg beim Ort Neuengamme ein Außenlager des KZ *Sachsenhausen* für zunächst 500 Häftlinge errichtet. Es wuchs ständig und erhielt im Juni 1940 den Status eines selbständigen KZ, das bis Kriegsende insgesamt 105 000 Menschen durchliefen, von denen 56 000 umkamen. Die ungeheure Todesrate weist auf die unmenschlichen Bedingungen hin, unter denen die Insassen hier leben und arbeiten mußten. Unterernährt und mißhandelt, wurden sie in einem Klinkerwerk, bei Arbeiten zur Elbregulierung und in den schließlich 74 Außenkommandos bei Rüstungsunternehmen eingesetzt. Drakonische Strafen und summarische Hinrichtungen z. B. von sowjetischen *Kriegsgefangenen* waren an der Tagesordnung. Im April 1945 wurden 20 jüdische Kinder in der Schule Bullenhuserdamm erhängt, um die an ihnen vorgenommenen Tuberkuloseexperimente zu vertuschen. Als die Front näher kam, evakuierte die SS das Lager und brachte die meisten Häftlinge auf Schiffen, z. B. der *Cap Arcona*, in der Lübecker Bucht unter. Dort wurden 7000 von ihnen am 3.5.1945 Opfer eines britischen Bombenangriffs. Ein Teil des Lagergeländes ist heute Gedenkstätte.

Neue Reichskanzlei
In der Rekordzeit von zwölf Monaten (einschließlich Abrißarbeiten) ließ sich Hitler von *Speer* 1938 in Berlin an der Voßstraße/Ecke Wilhelmstraße einen Amtssitz errichten, die Neue Reichskanzlei. Sie wurde am 12.1.1939 bezogen. Der 220 m lange Bau bestand aus einer Flucht von Sälen und einer 146 m langen Marmorgalerie, die zu Hitlers 400 m^2 großem Arbeitszimmer führte. Sein Inneres

war geschmückt mit Gobelins, Gemälden, Wappen und heroischen Skulpturen (v.a. von *Breker*). Bewacht wurde er von schwarzuniformierten Männern der Leibstandarte-SS »Adolf Hitler« mit weißem Koppelzeug und Stahlhelm. Bei der Übernahme des Baus sagte Hitler vor den 4000 Arbeitern: »Das hier bleibt stehen und wird durch Jahrhunderte zeugen von all denen, die es geschaffen haben.« Nach 1945 wurde die weitgehend zerstörte Neue Reichskanzlei bis auf den *Führerbunker* abgetragen; aus den Steinen errichteten die Sowjets das Treptower »Ehrenmal für die gefallenen Helden der Roten Armee«.

Neurath, Konstantin Freiherr von

* Kleinglattbach (heute zu Vaihingen an der Enz) 2.2.1873,
† Enzweihingen (heute zu Vaihingen an der Enz) 14.8.1956

Er trat erst 1937 der NSDAP bei, obwohl er der Regierung Hitler von Anfang an angehörte: Der Diplomat Neurath, 1921–30 Botschafter in Rom und 1930–32 in London, 1932/33 Außenminister in den Kabinetten *Papen* und *Schleicher*, wurde von Hitler am 30.1.1933 als Außenamtschef übernommen. Erst als seine guten Verbindungen nach England nicht mehr benötigt wurden, löste ihn Hitler am 4.2.1938 durch *Ribbentrop* ab und machte ihn am 18.3.1939 zum Reichsprotektor in Böhmen und Mähren. Dort führte Neurath jedoch »unter« seinen Stellvertretern K.H. *Frank* und *Heydrich* ein Schattendasein und mußte 1943 zurücktreten. In Nürnberg verurteilten ihn die Alliierten 1946 zu 15 Jahren Haft, aus der er krankheitshalber 1954 entlassen wurde.

Niederlande

Nach dem 1. Weltkrieg war das Verhältnis Deutschlands zum Königreich der Niederlande (35 000 km^2 und 8 Mio. Einwohner), das Kaiser *Wilhelm II.* Asyl gewährt hatte, entspannt. Mit dem Aufstieg der NS-Bewegung und ihrer »großgermanischen« Propaganda aber geriet das Nachbarland durch Gründung der *Mussert*-Partei in den Sog der politischen Radikalisierung und die Neutralität in Gefahr. Trotz mehrfacher Vorwarnung durch *Oster* hatte die niederländische Armee beim deutschen Angriff am 10.5.1940 der Wehrmacht kaum etwas entgegenzusetzen und kapitulierte bereits nach fünf Tagen, Königshaus und Regierung flohen nach England. Die Niederlande wurden »Reichskommissariat« unter *Seyß-Inquart* und waren in der Folgezeit harter Besatzungspolitik (u.a. Errichtung der KZ *Westerbork* und *Herzogenbusch*) und massivem Nazifizierungsdruck ausgesetzt. In großer Zahl wurden *Zwangsarbeiter* nach Deutschland verbracht, Juden deportiert, darunter A. *Frank*, und ermordet (insgesamt 102 000 Opfer). Die Bevölkerung reagierte darauf mit Streiks und Sabotageakten, was zu blutigen Repressalien führte. Es gab allerdings auch Kollaboration, z.B. durch Freiwillige der SS-Divisionen »Nederland« und »Landstorm Nederland«. Zur »Festung« erklärt, waren die Niederlande 1944/45 Schauplatz heftiger Kämpfe, die schwere Zerstörungen brachten, u.a. durch Öffnung der Schleusen und Überflutung weiter Landesteile, ehe die Wehrmacht am 5.5.1945 im Nordwestraum kapitulierte.

Niemöller, Martin

* Lippstadt 14.1.1892, † Wiesbaden 6.3.1984

Wie so viele ging er anfangs eine Strecke gemeinsam mit seinen späteren Feinden und Folterern: Niemöller, gefeierter U-Boot-Held des 1. Weltkriegs, weigerte sich nach dem Zusammenbruch 1918, der Republik als Soldat zu dienen, und wurde Theologe (»Vom U-Boot zur Kanzel«, 1934). Nach eigenem Bekunden wählte er seit 1924 Hitlers NSDAP und stand der Demokratie innerlich fern. 1931 übernahm er eine Pfarrstelle in Berlin-Dahlem und erlebte mit Entsetzen die »braune Revolution« 1933. Gegen die NS-Unterwanderung der Kirche gründete Niemöller noch im selben Jahr den *Pfarrernotbund*, der zur Keimzelle der *Bekennenden Kirche* wurde. Erst 1937 wagte sich das Regime an den populären Prediger und machte ihm den Prozeß nach dem *Kanzelparagraphen*. Zu sieben Monaten Haft verurteilt, die als verbüßt galten, wurde Niemöller noch im Gerichtssaal verhaftet und als »persönlicher Gefangener des Führers« ins KZ eingeliefert; die Alliierten befreiten ihn 1945 in Dachau. 1947–64 war er hessischer Kirchenpräsident, bekämpfte die Wiederbewaffnung, warb für Verständigung mit dem Osten und unterstützte in seinen letzten Jahren die Friedensbewegung.

Nietzsche, Friedrich

* Röcken (bei Lützen) 15.10.1844, † Weimar 25.8.1900

Kaum jemand hat sich so negativ, ja abfällig über die Deutschen, über Patriotismus und Nationalismus geäußert wie der Philosoph Nietzsche, dem *Antisemitismus*, zumal rassischer, zudem völlig fremd war. Das ignorierten faschistische wie NS-Ideologen und gaben Nietzsche als einen ihrer geistigen Ahnen aus, fanden sie in seinen nichtsystematisierten Lehren doch manches, das sich in tendenziöser Umdeutung für ihren Herrschaftsanspruch nutzen ließ. Besonders Nietzsches Verachtung für die *Demokratie*, sein Haß auf alles Gleichmacherische, die Kritik an der christlich-jüdischen »Sklavenmoral«, die Verherrlichung des »Willens zur Macht« und die Weissagung des »Übermenschen«, der einer »Eroberer- und Herrenrasse« entstammen werde, wurden gern zitiert.

NN-Häftlinge →*Nacht-und-Nebel-Erlaß*

nordische Rasse

In der Rassenkunde wird auch heute noch der hochgewachsene, hellhäutige, blonde und blauäugige Menschentyp der nordeuropäischen Länder als »nordid« bezeichnet. Die NS-Rasseideologen aber begnügten sich nicht mit seiner Beschreibung, sondern maßen ihm in der Nachfolge *Gobineaus* und H. S. *Chamberlains* im Vergleich mit anderen Rassen einen besonders hohen Wert bei. Die nordische Rasse sei direkter Nachkomme der Germanen und zeichne sich durch Überlegtheit, Mut, Härte, Kühnheit, Entschlußkraft aus. Sie sei die allein »kulturschöpferische« Rasse, während etwa Japaner bloße »Kulturträger« und die als Rasse ausgegebenen Juden »Kulturzerstörer« seien. »Vorvolk« der nordischen Rasse sei das deutsche »Führervolk«, weil es die höchsten nordischen »Blutanteile« habe. Sie noch zu steigern und andere »auszumerzen« sah die NS-*Bevölkerungspolitik* als ihr oberstes Ziel an.

Norwegen

Trotz der traditionellen Neutralitätspolitik Norwegens (1939: 322 538 km^2 und 2,8 Mio. Einwohner, Hauptstadt Oslo) beobachtete Hitler nach Kriegsbeginn argwöhnisch die guten Beziehungen zwischen Oslo und London, weil er um den deutschen Erznachschub über *Narvik* fürchtete. Am 9.4.1940 befahl er die Invasion. Die Hoffnung, man könne wie in *Dänemark* dem Angriff den Charakter einer »friedlichen Besetzung« geben, erfüllten sich nicht, erst nach zweimonatigen Kämpfen war das Land in deutscher Hand, König Håkon VII. floh, in London bildete sich eine Exilregierung. Den Besatzern unter Reichskommissar Josef Terboven stellte sich die

Nasjonal Samling des Faschistenführers *Quisling* zur Verfügung, der am 1.2.1942 zum Ministerpräsidenten ernannt wurde. Man erreichte damit nicht die erhoffte Beruhigung der Lage; die Aktivitäten von Untergrundkämpfern nahmen in dem Maß zu, in dem sie Terboven mit Terror zu ersticken suchte. Gegen Ende waren rd. 40 000 Norweger in KZ-Haft. Zur Verschärfung der Situation trugen die NS-Rassengesetze bei, 900 jüdische Bürger wurden deportiert, 768 davon ermordet. Die Leidenszeit ging mit der kampflosen Kapitulation der deutschen Streitkräfte am 4.5.1945 zu Ende, am 31.5. kehrte die Exilregierung nach Oslo zurück.

Notabitur
1938 wurde aus wehrpolitischen Gründen im Deutschen Reich die Schulzeit bis zum Abitur für Jungen (für Mädchen erst 1940) auf zwölf Schuljahre herabgesetzt. Mit »Anordnung über Reifezeugnisse« schuf man am 8.9.1939 zudem für Schüler der achten Oberschulklasse die Möglichkeit, die Hochschulreife, volkstümlich »Notabitur« genannt, vorzeitig durch bloß mündliche Prüfung zu erwerben, wenn sie eingezogen wurden. 1941 fiel auch noch die mündliche Prüfung bei solchen Fällen weg, die Geltung der Anordnung wurde auf 17jährige ausgedehnt und seit 1943 noch großzügiger gehandhabt. Ein nach dem 1.1.1943 abgelegtes Notabitur hatte nach dem Krieg keine Geltung mehr.

Notverordnungen
Die Weimarer Verfassung räumte nach Art. 48 dem *Reichspräsidenten* die Möglichkeit ein, Gesetze auch ohne parlamentarische Mehrheit im Wege von Notverordnungen in Kraft zu setzen und sogar Grundrechte einzuschränken. Der *Reichstag* konnte die Verordnungen zwar mit Mehrheit wieder aufheben, lief dann aber Gefahr, nach Art. 25 aufgelöst zu werden. Notverordnungen wurden daher nach 1930 zum Ersatz für die mangels Mehrheiten im Reichstag blockierte Gesetzgebung der *Präsidialkabinette*: 1932 wurden nur noch fünf Gesetze regulär verabschiedet, aber 66 Notverordnungen erlassen. Sie wurden auch der Hebel für die Etablierung der Diktatur Hitlers, der mit der *Reichstagsbrandverordnung* vom 28.2.1933 erhebliche Vollmachten erhielt.

NPEA →*Nationalpolitische Erziehungsanstalten*

NS
Abkürzung für nationalsozialistisch/er/e/es.

NSBO →*Nationalsozialistische Betriebszellenorganisation*

NSDÄB →*Nationalsozialistischer Deutscher Ärztebund*

NSDAP →*Nationalsozialistische Deutsche Arbeiterpartei*

NSF →(Nationalsozialistische) *Frauenschaft*

NSFK →*Nationalsozialistisches Fliegerkorps*

NSKK →*Nationalsozialistisches Kraftfahrkorps*

NSLB →*Nationalsozialistischer Lehrerbund*

NSRB →*Nationalsozialistischer Rechtswahrerbund*

NSV →*Nationalsozialistische Volkswohlfahrt*

Nürnberg
Als »Stadt der Reichsparteitage« spielte Nürnberg in Mittelfranken mit 431 000 Einwohnern (1940) eine bedeutende Rolle bei der Selbstdarstellung des nationalsozialistischen Regimes und war schon deswegen und wegen seiner Industriebetriebe eines der bevorzugten Ziele der alliierten Luftoffensive gegen Deutschland. Es geriet wegen der großen Entfernung jedoch erst relativ spät (ab März 1943) in den Aktionsradius des britischen Bomber Command. Bis Kriegsende wurden in Nürnberg 61 200 Wohnungen (50 %) zerstört; unersetzliche Kulturdenkmäler gingen durch die Angriffe verloren. Am 20.4.1945 – pünktlich zu Hitlers Geburtstag – besetzten Einheiten der 7. US-Armee (Patch) die Stadt. Sie war später Schauplatz der alliierten Kriegsverbrecherprozesse.

Nürnberger Gesetze
Auf dem »Reichsparteitag der Freiheit« wurde am 15.9.1935 in Nürnberg die Freiheit eines Teiles der deutschen Bevölkerung noch weiter eingeschränkt, als es schon durch die Maßnahmen der *Gleichschal-*

tung zuvor geschehen war: Nach dem an diesem Tag verkündeten Reichsbürgergesetz waren Juden und andere Personen »nichtarischen Blutes« (z.B. »Zigeuner«) künftig nur noch bloße Staatsbürger ohne politische Rechte im Unterschied zu den anderen Deutschen. Ein weiteres Gesetz war zum »Schutz des deutschen Blutes und der deutschen Ehre« gedacht: Es verbot Eheschließungen zwischen Juden und »Deutschblütigen« und sah für außerehelichen Geschlechtsverkehr zwischen solchen Personen als *Rassenschande* Zuchthausstrafen vor. In diesen Rassengesetzen, zusammenfassend »Nürnberger Gesetze« genannt, wurde auch festgelegt, wer als Jude im Sinn der Gesetze zu gelten hatte: Neben den »Volljuden« alle Personen mit drei jüdischen Großelternteilen (Dreivierteljuden) sowie alle Personen mit nur zwei jüdischen Großelternteilen (Halbjuden), wenn sie sich zum mosaischen Glauben bekannten oder mit einem »Volljuden« verheiratet waren. Die von *Globke* juristisch kommentierten Nürnberger Gesetze waren ein weiterer Schritt bei der Entrechtung der Juden. Daß er nicht radikaler ausfiel, lag an den bevorstehenden *Olympischen Spielen* und an Bedenken z.B. von *Schacht*, der wirtschaftliche Nachteile bei rascherem Vorgehen befürchtete.

Nürnberger Prozesse

Daß die führenden Männer des 3. Reiches nach dem Sieg abgeurteilt werden sollten, wurde schon auf den alliierten Konferenzen in *Teheran* und *Jalta* beschlossen. In Nürnberg kam es daher seit 1945 zu insgesamt 13 Verfahren gegen die wichtigsten NS-Persönlichkeiten aus Politik, Wirtschaft, SS, Polizei, Ärzteschaft und Wehrmacht vor dem Internationalen Militär-Tribunal (IMT). Im Mittelpunkt als eigentlicher Nürnberger Prozeß stand das Verfahren gegen *Göring* und 23 weitere Hauptkriegsverbrecher und sechs Organisationen; Anklagepunkte: *Verbrechen gegen den Frieden* (Planung und Führung eines Angriffskriegs), *Kriegsverbrechen*, *Verbrechen gegen die Menschlichkeit* und Mitgliedschaft in verbrecherischen Organisationen. Am 6.10.1945 wurde Anklage erhoben, am 20.11.1945 begann der Prozeß, und am 1.10.1946 ergingen die Urteile: Zwölfmal Todesstrafe *(Bormann* in Abwesenheit, H. *Frank*, *Frick*, *Göring*, *Jodl*, *Kaltenbrunner*, *Keitel*, *Ribbentrop*, *Rosenberg*, *Sauckel*, *Seyß-Inquart*, *Streicher)*, dreimal lebenslänglich *(Funk*, *Heß*, *Raeder)* und vier zeitige Haftstrafen (*Dönitz*, *Neurath*, *Schirach*, *Speer*), drei Freisprüche

(Papen, Fritzsche, Schacht). Außer Göring (Giftselbstmord) und Bormann (verschollen) wurden alle zum Tod verurteilten Täter am 16.10.1946 hingerichtet. – In den übrigen Nürnberger Prozessen wurde gegen 185 Personen Anklage erhoben und gegen 177 seit 9.12.1946 verhandelt, letztes Urteil am 11.4.1949: Insgesamt wurden 24 Todesurteile, 20 lebenslängliche und 98 zeitige Haftstrafen verhängt; es ergingen 35 Freisprüche. Zahlreiche Strafen wurden durch Gnadenerlaß des US-Hochkommissars am 31.1.1951 herabgesetzt. Die Nürnberger Prozesse sind vielfach als »Siegerjustiz« kritisiert worden, v.a. weil deutsche Richter ausgeschlossen waren, weil Straftatbestände rückwirkend eingeführt wurden (Verbrechen gegen den Frieden u.a.) und weil alliierte Kriegsverbrechen (z.B. *Katyn*) ausgeklammert blieben. Die erhoffte Vorbildwirkung der Nürnberger Prozesse bei kriegerischen Verwicklungen in der Folgezeit blieb aus; erst für Verbrechen während des seit 1990 in Jugoslawien tobenden Bürgerkriegs wurden wieder Gerichtsverfahren vor einem internationalen Tribunal in Den Haag durchgeführt.

n. Zw.
In NS-Publikationen oft verwendete Abkürzung für »nach der Zeitenwende« zur Vermeidung der Bezeichnung »nach Christi Geburt« (n. Chr.).

O

Oberkommando der Wehrmacht (OKW)

Nach der *Fritsch-Krise* bildete Hitler am 4.2.1938 aus dem Wehrmachtsamt im Reichskriegsministerium das Oberkommando der Wehrmacht als oberste, ihm als oberstem Befehlshaber der Wehrmacht direkt unterstellte Kommando- und Verwaltungsbehörde der deutschen Streitkräfte. Sie sollte »im Frieden die einheitliche Vorbereitung der Reichsverteidigung auf allen Gebieten« sicherstellen und ersetzte damit das nun wegfallende Ministerium. Chef OKW wurde Generaloberst *Keitel* im Ministerrang. Er gebot über vier Ämter: Wehrmachtführungsamt unter *Jodl* (1940 umbenannt in Wehrmachtführungsstab) als militärische Stabsabteilung Hitlers, Amt Auslandsnachrichten und *Abwehr* unter *Canaris* (bis Febr. 1944), Allgemeines Wehrmachtamt und Wehrwirtschafts- und Rüstungsamt. Das OKW arbeitete Hitlers Weisungen für die Kriegführung aus und gab seine Befehle an die Teilstreitkräfte weiter, ohne Kommandoberechtigung über sie zu haben. Es kontrollierte nur die militärischen Planungen der Wehrmachtteile auf die Befolgung der Richtlinien Hitlers hin. Im Nürnberger Prozeß wurde das OKW u.a. wegen Weitergabe des *Kommissarbefehls* und des *Kugelerlasses* angeklagt, eine Verurteilung unterblieb jedoch, weil das Gericht den Organisationscharakter verneinte und die Aburteilung der einzelnen Mitglieder empfahl.

Obersalzberg

Etwa 1000 m hoher Gebirgsrücken nordöstlich von Berchtesgaden, auf dem Hitler den *Berghof* ausbauen ließ.

Oberster SA-Führer (Osaf)
Seit 1.11.1926 Bezeichnung für den Chef der *SA*, bis 29.8.1930 Franz von Pfeffer, danach Hitler selbst, der von da an nur noch ihm als Osaf direkt unterstellte Stabschefs der SA berief: bis 30.6.1934 *Röhm*, bis 2.5.1943 *Lutze*, danach Wilhelm Schepmann.

Oder-Neiße-Linie
Im *Potsdamer Abkommen* der Siegermächte vom 2.8.1945 wurde eine Demarkationslinie zwischen den abgetrennten deutschen Ostgebieten und dem restlichen Deutschland festgelegt. Sie sollte bis zu einer friedensvertraglichen Regelung Westgrenze Polens sein. Diese Oder-Neiße-Linie verläuft von der Ostsee westlich von Swinemünde die Oder und die westliche (Lausitzer oder Görlitzer) Neiße entlang bis zur tschechischen Grenze. Von der DDR 1950 anerkannt, wurde die Oder-Neiße-Linie auch von der Bundesregierung 1970 im Vertrag mit Polen akzeptiert und 1975 in der Schlußakte von Helsinki als unverletzlich bekräftigt. Der deutsch-polnische Grenzvertrag vom Nov. 1990 erkannte nochmals auch für das wiedervereinigte Deutschland diese Westgrenze Polens an.

Ohlendorf, Otto
* Hoheneggelsen (heute zu Söhlde, bei Hildesheim) 4.2.1907,
† Landsberg a. Lech 7.6.1951 (hingerichtet)
Der gelernte Rechts- und Wirtschaftsexperte Ohlendorf trat 1925 in die NSDAP und 1926 in die SS ein, in der er es bis zum Gruppenführer (Nov. 1944) brachte. Er leitete bei Kriegsbeginn den Sicherheitsdienst (SD) im Amt III des RSHA und rückte im Juni 1941 als Chef der *Einsatzgruppe* D in Rußland ein, wo seinen Kommandos über 90 000 Zivilisten, meist jüdische Bürger, zum Opfer fielen. Ohlendorf wurde wegen dieser Massaker am 10.4.1948 in Nürnberg vom amerikanischen Militärgerichtshof II wie 13 weitere Angehörige der Einsatzgruppen zum Tod verurteilt, aber erst 1951 gehängt. Die Protokolle seiner Vernehmungen zeigen das Bild eines geständigen Massenmörders mit gutem Gewissen, der seine Taten mit dem amerikanischen Atombombeneinsatz gegen Japan verglich.

Ohrdruf
Bei *Buchenwald* errichtete die SS nahe der Ortschaft Ohrdruf im Jan. 1945 ein Arbeitslager, in das aus dem Osten evakuierte Juden

und russische Kriegsgefangene eingewiesen wurden. Die Häftlinge bauten ein unterirdisches Hauptquartier für die Wehrmacht, wobei 4000 von ihnen wegen der schlechten Versorgung und durch schwere Mißhandlungen umkamen. Die Überlebenden wurden am 3.4.1945 vor den anrückenden US-Truppen in einem Todesmarsch nach Dachau verbracht. Ohrdruf war das erste *KZ*, in dem die amerikanischen Truppen mit dem ganzen Ausmaß des SS-Terrors konfrontiert waren. Photos von Bergen abgemagerter Leichen gingen durch die Weltpresse.

Okinawa

Das letzte Ziel beim amerikanischen *Inselspringen* im mittleren Pazifik hieß Okinawa, die Hauptinsel der japanischen Riukiugruppe mit 1220 km^2 und rd. 450 000 Einwohnern (1941), nur knapp 600 km von der japanischen Hauptinsel Kiuschu entfernt. Der Angriff begann am 23.3.1945 mit einem tagelangen Luft- und Artilleriebombardement. Am 1.4. landete die 10. US-Armee (Buckner) mit dem 3. Amphibischen Korps (Geiger) und dem 14. Armeekorps (Hodges). Die Landungsflotte unter Admiral Richmond Turner umfaßte 1300 Schiffe, darunter 18 Geleitträger und 10 ältere Schlachtschiffe. Dazu kamen die Task Force 58 (Mitscher) mit 18 schnellen Trägern und eine britische Trägergruppe (Rawlings). Okinawa wurde von rd. 130 000 Mann unter Generalleutnant Mitsura Ushijima verteidigt. Vor allem im Süden an der sog. Shuri-Linie stießen die US-Truppen auf erbitterte Gegenwehr. Erst am 21.5. durchbrachen die Amerikaner die Befestigungslinie, und erst am 24.6. waren die Kämpfe beendet; Ushijima und sein Stab hatten Harakiri verübt. Angriffe von Formosa und vom japanischen Mutterland her auf die US-Pazifikflotte vor Okinawa scheiterten. Ein Verband, bestehend aus dem Riesenschlachtschiff *Yamato*, einem Kreuzer und acht Zerstörern, wurde schon beim Anmarsch am 7.4. von der amerikanischen Aufklärung erfaßt, von 280 Trägerflugzeugen angegriffen und bis auf vier Zerstörer vernichtet. Begrenzte Erfolge erzielten hingegen *Kamikaze*-Flieger: Bei einem Verlust von 930 Selbstmord-Maschinen und Begleitjägern versenkten sie 16 amerikanische Schiffe, keines größer als ein Zerstörer, und beschädigten 185, darunter 7 Träger und 10 Schlachtschiffe. Verheerender war die moralische Wirkung auf die US-Soldaten, von denen viele zermürbt aus dem Kampf genommen werden mußten. US-Verluste: 12 520 Gefallene, darunter

Simon Buckner, und 36 631 Verwundete; japanische Opfer: 122 400 Gefallene, 7600 Gefangene, 26 000 Ziviltote.

OKW →*Oberkommando der Wehrmacht*

OKW-Prozeß

Gegen Generalfeldmarschall Wilhelm von Leeb und 13 andere Offiziere im Generalsrang wurde 1947/48 vor dem Militärgerichtshof V der USA in Nürnberg verhandelt wegen Verbrechen gegen den Frieden, Kriegsverbrechen (u.a. Weitergabe des *Kommissarbefehls* und des »*Barbarossa*«-*Gerichtsbarkeitserlasses*) und Verbrechen gegen die Menschlichkeit. Vom Vorwurf, Angriffskriege geplant zu haben, wurden die Angeklagten in dem OKW-Prozeß genannten Verfahren am 28.10.1948 nach acht Monaten Verhandlung freigesprochen, doch ergingen wegen der anderen Delikte zwei lebenslängliche und neun zeitige Freiheitsstrafen bei zwei Freisprüchen (der Angeklagte Johannes Blaskowitz hatte Selbstmord verübt). Alle Verurteilten wurden bis Mitte der 1950er Jahre nach Gnadenerlaß freigelassen.

Olympische Spiele

Zum Erbe der Republikzeit, das die Regierung Hitler übernahm, gehörte auch der 1931 vom Internationalen Olympischen Komitee (IOC) ausgesprochene Zuschlag für die Olympischen Spiele 1936 in Berlin. Zwar lehnte die NSDAP alles »Internationalistische« und schon gar den Wettkampf mit »Negern und Juden« ab, doch Hitler entschied sich für die Spiele als unvergleichliche Chance zur glanzvollen Selbstdarstellung seines Regimes und seiner angeblich friedlichen Absichten. Am 5.10.1933 besichtigte Hitler das vorgesehene Gelände im Westen Berlins und befahl den großzügigen Ausbau des *Reichssportfelds*. Zunehmend aber gefährdete die NS-Rassenpolitik die olympischen Pläne, und nach Verabschiedung der *Nürnberger Gesetze* im Sept. 1935 entwickelte sich in den USA, dem führenden Sportland, eine breite Boykottbewegung. Mit Hilfe leitender IOC-Funktionäre und durch kleine Zugeständnisse wie die Aufnahme zweier jüdischer Sportler in die deutsche Mannschaft gelang es jedoch, diese Bestrebungen zu unterlaufen. Antisemitische Parolen wurden während der Spiele ausgesetzt und über Erfolge farbiger Sportler wie den Star der Spiele, US-Sprinter und -Weitspringer Jesse Owens (viermal Gold), in der Presse betont freundlich berichtet. – An den Winterspielen in Garmisch-Partenkirchen nahmen 756 Athleten aus 28 Ländern, an den Sommerspielen in Berlin 4069 Athleten aus 49 Ländern teil. Die deutschen Teilnehmer erlebten einen ungeahnten Siegeszug und verwiesen mit 33 goldenen, 36 silbernen und 30 bronzenen Medaillen bei den Sommerspielen die USA auf den zweiten Platz. Hitler war Schirmherr der Spiele und präsentierte sich bei seinen fast täglichen umjubelten Auftritten im Olympiastadion als äußerst populärer Staatsmann. Für die Haltbarkeit dieses Eindrucks sorgte ein vielfach international ausgezeichneter Film von *Riefenstahl.*

Oradour-sur-Glane

22 km nordwestlich von Limoges liegt die Ortschaft Oradour-sur-Glane. Das bis dahin vom Krieg kaum berührte Dorf wurde am 10.6.1944 gegen 14 Uhr von der 3. Kompanie des I. Bataillons des Regiments »Der Führer« der 2. SS-Panzerdivision »Das Reich« besetzt. Während einige SS-Leute die männlichen Einwohner in Scheunen und Häusern erschossen, sperrten andere die etwa 500 Frauen und Kinder in der Kirche ein und zündeten das Gebäude an. Anschließend zogen die Soldaten plündernd durch den Ort, legten an allen Häusern Feuer und verließen Oradour gegen Abend. 642 Menschen, von denen nur noch 52 identifiziert werden konnten, waren ihnen zum Opfer gefallen, nur 36 waren entkommen. Offiziell wurde das Massaker von deutscher Seite als Maßnahme gegen angebliche Waffenlager der *Résistance* und als Repressalie für »heimtückische Partisanenangriffe« auf die an die Invasionsfront marschierende Division ausgegeben. Hitler verhinderte eine gerichtliche Verfolgung. Nach dem Krieg konnten nur noch 21 Tatbeteiligte abgeurteilt werden, ein letzter 1983 in Ostberlin. Die Ruinen von Oradour blieben als Mahnmal stehen, der Ort wurde in der Nähe neu aufgebaut.

Oranienburg

Zu den ersten KZ gehörte im März 1933 Oranienburg nördlich von Berlin. Hier wurden v.a. politische Gegner, also in erster Linie Sozialdemokraten und Kommunisten, von der SA inhaftiert und bei Erd- und Straßenbauarbeiten eingesetzt. Im Juli 1934 übernahm die SS das zeitweilig mit bis zu 900 Personen belegte Lager, das im März 1935 geschlossen wurde.

O

Ordensburgen

Die Rivalitäten der NS-Führer äußerten sich bevorzugt auf bildungspolitischem Gebiet: DAF-Chef *Ley* ließ in Konkurrenz zu den *Junkerschulen* der SS zur Ausbildung eines qualifizierten »Führernachwuchses« drei Schulen bauen und als sog. Ordensburgen gestalten: Sonthofen im Allgäu, Crössinsee in Pommern und »Vogelsang« in der Nordeifel. 1936 eröffnet, konnten die Einrichtungen ihren Zweck nur begrenzt erfüllen. Es fand nur ein regulärer Lehrgang für »Ordensjunker« 1937–39 statt, allerdings auf zwei Jahre gekürzt, vorgesehen waren dreieinhalbjährige Kurse. Teilnehmer waren 25jährige Parteiaktivisten unterschiedlichster Ausbildung, was die Schulung erheblich erschwerte. Sie konzentrierte sich daher v. a. auf die Stärkung des Elitebewußtseins und auf körperliche Fitneß. Im Krieg wurden *Adolf-Hitler-Schulen* in den Burgen untergebracht und seit 1943 Kriegsversehrte umgeschult.

Organisation Schmelt

Nach dem Leiter SS-Brigadeführer Albrecht Schmelt benannte SS-Behörde für den »fremdvölkischen Arbeitseinsatz« in Oberschlesien und im Sudetenland mit rd. 50 000 (1943) in 170 bewachten Lagern untergebrachten jüdischen Zwangsarbeitern, die nach dem Programm »Vernichtung durch Arbeit« ausgebeutet und an Rüstungsbetriebe gegen Gebühr »ausgeliehen« wurden.

Organisation Todt (O.T.)

Dienstverpflichtungen schufen 1938 die Möglichkeit zur Aufstellung einer Bautruppe unter dem Generalinspektor für das deutsche Straßenwesen *Todt*. Die nach ihm benannte Organisation war mit dem Bau militärischer Anlagen betraut und wurde der Zuständigkeit des Oberkommandos des Heeres entzogen. Zunächst am *Westwall* eingesetzt, war die O.T. nach Kriegsbeginn v.a. mit der Instandsetzung zerstörter Brücken, Eisenbahnlinien und Straßen im Reich und in den besetzten Gebieten sowie mit weiteren Befestigungsarbeiten (z.B. Atlantikwall) beschäftigt. Sie verfügte dazu Ende 1944 über 1,36 Mio. erdbraun uniformierte, mit Gasmaske und Stahlhelm ausgerüstete Zivil- und *Zwangsarbeiter* und zog auch Häftlinge der KZ und Kriegsgefangene v. a. für lagernahe Projekte heran.

Ortsgruppe
Nach dem Block nächsthöheres »Hoheitsgebiet« war die Ortsgruppe der *NSDAP* auf Gemeinde- und Stadtteilebene. Der Ortsgruppenleiter wurde vom Gauleiter auf Vorschlag des Kreisleiters ernannt. Er hatte nach 1933 auch Befugnisse gegenüber den Nichtmitgliedern in seinem Bereich: Er sollte »durch geeignete Veranstaltungen die Bevölkerung nationalsozialistisch ausrichten« und führte Listen über die »politische Zuverlässigkeit« der Bewohner. Innerparteilich kontrollierte er die *Blockwarte*, auch wenn diese dem Kreisleiter unterstanden, und war verantwortlich für die »gesamtpolitische Lage« in der Ortsgruppe und die Schulung der Politischen Leiter.

Osaf →*Oberster SA-Führer*

Ossietzky, Carl von
* Hamburg 3.10.1889, † Berlin 4.5.1938
Alles, was die Nationalsozialisten haßten, verkörperte er: Der Journalist Ossietzky war Intellektueller, Jude, Pazifist und politisch links orientiert, die von ihm herausgegebene »Weltbühne« war für alle nationalistischen Kreise ein rotes Tuch. 1931 wurde Ossietzky nach Aufdeckung der geheimen Aufrüstung der *Reichswehr* durch seine Zeitschrift wegen Landesverrats zu 18 Monaten Haft verurteilt. Nach dem *Reichstagsbrand* erneut verhaftet, wurde er in verschiedenen KZ festgehalten und mißhandelt, seine Schriften flogen bei der *Bücherverbrennung* ins Feuer, die »Weltbühne« mußte nach Verbot am 13.3.1933 das Erscheinen einstellen. Im Nov. 1936 erhielt der Häftling Ossietzky den Friedensnobelpreis für 1935, was für Hitler der Anlaß war, Reichsdeutschen die Annahme von Nobelpreisen zu verbieten; statt dessen stiftete er den *Nationalpreis für Kunst und Wissenschaft*. An Tuberkulose erkrankt, wurde Ossietzky in eine Berliner Klinik eingeliefert, wo er an den Folgen der KZ-Haft starb.

Oster, Hans
* Dresden 9.8.1888, † KZ Flossenbürg 9.4.1945
Im 1. Weltkrieg Generalstabsoffizier, arbeitete Oster seit 1933 bei der *Abwehr* und war seit 1939 Leiter von deren Zentralabteilung. Seit der Ermordung seines einstigen Chefs *Schleicher* während der *Röhm-Affäre* war er erbitterter Gegner Hitlers und wurde zu einer Zentralfigur des Widerstands. Oster warnte die Niederlande 1940 vor dem

Angriff der Wehrmacht, beschaffte für verschiedene Attentatsversuche Sprengstoff, setzte sich für Verfolgte ein und hielt Verbindung zu alliierten Geheimdiensten. Bei der Verhaftung seines Mitarbeiters *Dohnanyi* fand die Gestapo Belastungsmaterial auch gegen den 1941 zum Generalmajor beförderten Oster, das am 31.3.1944 zu seiner Entlassung führte. Von den Verschwörern des *Zwanzigsten Juli* als Präsident des Reichskriegsgerichts vorgesehen, wurde Oster nach Fehlschlag des Umsturzversuchs am 21.7.1944 verhaftet und kurz vor Eintreffen amerikanischer Truppen mit seinem einstigen Chef *Canaris* nach Standgericht von SS-Leuten gehängt.

Österreich

Der »deutsche Rest« des riesigen Habsburgerreichs wurde nach dem 1. Weltkrieg als Österreich ein eigener Staat mit 6,7 Mio. Einwohnern auf 84 000 km² und der Hauptstadt Wien. Abgeschnitten von seinen einstigen Ernährungsgebieten, schien der Kleinstaat allein nicht lebensfähig, weswegen er sich in einer ersten Verfassung als Teil des Deutschen Reiches deklarierte. Dieser *Anschluß* wurde jedoch von den Siegermächten untersagt, was zu innenpolitischem Dauerkonflikt führte und die Republik nicht zur Ruhe kommen ließ. Nach Ausschaltung der Linken im Febr. 1934 in einem regelrechten Bürgerkrieg etablierte sich ein autoritäres Regime, das die österreichische NSDAP verbot und einen *Austrofaschismus* mit Anlehnung an Italien propagierte. Am 25.7.1934 konnte ein NS-Putsch, bei dem Bundeskanzler *Dollfuß* ums Leben kam, noch niedergeschlagen werden. Der Nachfolger *Schuschnigg* aber mußte Berlin im Zeichen der deutsch-italienischen Annäherung wachsende Zugeständnisse machen und schließlich vor den deutschen Pressionen kapitulieren. Der folgende Anschluß Österreichs als Ostmark an das Deutsche Reich im März 1938 entsprach dem Wunsch der überwältigenden Mehrheit der Bevölkerung. In sieben Gaue gegliedert, ging das Land im Reich auf und teilte dessen Kriegsschicksal und die Judenverfolgung, der dort über 65 000 Menschen zum Opfer fielen; allerdings kam auch ein großer Teil der Täter aus Österreich. Am 27.4.1945 wurde das Land wieder per Proklamation von Deutschland abgetrennt und nach Ende der Besatzungszeit durch Staatsvertrag von 1955 souveräne selbständige Republik.

Ostgebiete
Die wegen der Westverschiebung Polens 1945 polnischer und sowjetischer Verwaltung unterstellten Gebiete Ostpreußen, Pommern und Schlesien (nicht das Sudetenland, da es 1937 noch nicht zum Reich gehörte) wurden in der Folgezeit zusammenfassend »deutsche Ostgebiete« genannt. Es handelte sich um insgesamt 114 296 km^2, auf denen 1939 mehr als 9,5 Mio. Menschen gelebt hatten. Sie waren geflohen oder wurden Opfer der *Vertreibung*. Entgegen den Vereinbarungen im *Potsdamer Abkommen* gliederten Polen und die UdSSR die Gebiete schon kurz nach Kriegsende dem jeweiligen Staatsverband an, was von deutscher Seite in den Verträgen über die *Oder-Neiße-Linie* anerkannt wurde. Der sowjetische Teil Ostpreußens fiel nach dem Ende der UdSSR 1991 an Rußland, zu dem keine Landverbindung besteht.

Ostland
Am 17.7.1941 während des *Rußlandfeldzugs* aus den früheren baltischen Staaten Estland, Lettland und Litauen sowie Teilen Weißrußlands gebildetes deutsches Reichskommissariat unter SA-Obergruppenführer Hinrich Lohse (* 1896, † 1964).

Ostmark
Nach dem *Anschluß* NS-Bezeichnung für Österreich im mittelalterlichen Sinn von »östliches Wehrgebiet«, nach dem Münchener Abkommen auch auf die sudetendeutschen Gebiete ausgedehnt; später mit Weisung vom 22.1.1942 als nicht mehr erwünschter Begriff verboten und durch die Sammelbezeichnung »Alpen- und Donaureichsgaue« ersetzt, da Österreich als Einheit aus dem Bewußtsein getilgt werden sollte; »Bayerische Ostmark« hieß bis 1942 ein Gau der NSDAP, danach umbenannt in »Gau Bayreuth«.

O.T. →*Organisation Todt*

»Overlord« →*Invasion*

P

Pacelli, Eugenio →*Pius XII.*

Panther
Als Antwort auf den bis dahin überlegenen sowjetischen Tank T-34 wurde von MAN und Daimler-Benz der Panzerkampfwagen V mit dem Beinamen Panther entwickelt, der im Nov. 1942 in Serie ging. Von Febr. 1943 an beteiligten sich auch die Henschel-Werke an der Produktion, so daß 1943 schon 1845 Panther gebaut werden konnten. Insgesamt wurden bis 1945 5966 Stück ausgeliefert, wozu noch 341 Jagdpanther mit 8,8-cm-Pak kamen. Die 7,5-cm-Kampfwagenkanone 42 vermochte die Panzerung des T-34 auf jede Entfernung im Schußbereich zu durchschlagen, der mitgeführte Vorrat betrug 79 Granaten. Mit einem 600-PS-(Dauerleistung-)Maybach-Motor erreichte der 45,5 t schwere Panzer auf der Straße max. 55 km/h, im Gelände 24 km/h, der Kraftstoffvorrat von 730 l reichte für 177 km auf der Straße und 89 km im Gelände. Gepanzert war der Panther an der Fahrerfront bis 80 mm, an der Turmfront mit 110 mm. Wie der *Tiger I* wurde der Panther zu früh ins Gefecht geschickt, erstmals beim Unternehmen »Zitadelle« Anfang Juli 1943. Zum großen Teil fielen die Wagen schon beim Anmarsch aus. Später wurde der Panther ein zuverlässiges Kampffahrzeug, das sich fast allen Panzern der Gegner überlegen zeigte.

Panzerfaust
Bei den schweren Abwehrkämpfen seit Sommer 1944 gewann eine Waffe Bedeutung, die im Jahr zuvor beim deutschen Heer eingeführt worden war: die Panzerfaust, eine rückstoßfreie Schulterwaffe mit nach hinten offenem Rohr zum Verfeuern von Hohlladungsgeschossen. Erste Versionen (Panzerfaust klein 30) hatten noch

geringes Kaliber (4,5 cm) und Gewicht (3 kg), später folgten die 6,1 kg schwere Panzerfaust 60 mit Kaliber 5 cm und schließlich die Panzerfaust 100, die bei einem Kaliber von 6 cm 6,8 kg wog und deren Rohr 1,5 m lang war. Erst mit dieser größeren Version wurde eine Reichweite von 150–200 m erreicht. Im Juli 1944 wurden 120 000 Stück gefertigt, im Jan. 1945 sogar 1,25 Mio. Als Handicap dieser Waffe blieb aber bestehen, daß sie nur in deckungsreichem Gelände eingesetzt werden konnte und angesichts der immer noch geringen Reichweite nur in der Hand von absolut furchtlosen und nervenstarken Schützen Wirkung entfalten konnte.

Panzerwaffe
Der Versailler Vertrag verbot der Reichswehr den Aufbau einer Panzerwaffe, was aber schon in den 1920er Jahren durch Zusammenarbeit mit der Roten Armee umgangen wurde. Hitler setzte sich wie bei der Wehrpflicht im Zuge der Aufrüstung vollends über die Restriktionen hinweg und ließ Männern wie *Guderian* freie Hand bei der Aufstellung gepanzerter Verbände. Zwar waren sie bei Kriegsbeginn etwa den französischen zahlenmäßig immer noch unterlegen, technisch aber mit den Panzerkampfwagen III (1937 eingeführt) und IV (seit 1940 bei der Truppe) im Vorteil. Das operative Konzept der Panzergeneräle, ihre schnellen Verbände massiert einzusetzen und nicht auf andere Truppenteile verteilt, erwies sich zusammen mit der *Blitzkrieg*-Strategie anfangs als überlegen. Doch die Gegner lernten schnell, und mit dem sowjetischen T-34 begegneten die deutschen Kampfwagen schon 1941 einem mehr als ebenbürtigen Gegner. Erst die Typen *Panther*, *Tiger I* und *Tiger II* (Königstiger) stellten die technische Überlegenheit wieder her. Das machten jedoch die ungeheuren Stückzahlen wett, mit denen v. a. die Amerikaner nach der *Invasion* aufwarteten: Allein von ihrem Standardpanzer Sherman tauchten über 50 000 Stück auf den Schlachtfeldern auf, während es der meistgebaute deutsche Kampfwagen vom Typ IV nur auf 8000 Exemplare brachte. Spritmangel nahm der deutschen Panzerwaffe zudem zunehmend die Beweglichkeit.

Papen, Franz von
* Werl (bei Unna) 29.10.1879, † Obersasbach (heute zu Sasbach, bei Achern, Baden) 2.5.1969
Erzkonservativ war der ehemalige Offizier Papen, der 1920–32 für

das Zentrum im preußischen Landtag saß. Er identifizierte sich aber schon seit 1925, als er für *Hindenburg* als Reichspräsidenten stimmte und nicht für den Parteifreund Wilhelm Marx (* 1863, † 1946), kaum noch mit den liberalen Zielen der Partei und brach mit ihr, als Hindenburg im Mai 1932 den Zentrumsmann *Brüning* als Reichskanzler entließ. Papen wurde mit einem »Kabinett der Barone« Nachfolger und untergrub die Republik mit seinem *Preußenschlag* und autoritärer Amtsführung auf der Basis von Notverordnungen immer weiter. Die Wirtschaftskrise bekam er nicht in den Griff und wurde im Dez. 1932 durch *Schleicher* ersetzt, behielt aber das Ohr des Reichspräsidenten. Er nutzte dies zur Intrige gegen den Nachfolger, den er im Bündnis mit Hitler aushebelte. Hitler nämlich konnte die parlamentarische Basis bieten, über die weder Papen selbst noch Schleicher verfügt hatten. Daß Hitler sie zur Vernichtung des Parlaments nutzen wollte, paßte durchaus in Papens Konzept, der Hitlers Vizekanzler wurde und sich schon als Erbe des »Führers« sah, den er nur vorübergehend zu »benutzen« gedachte. Es kam umgekehrt, und nur der Dank Hitlers für die Dienste bei der *Machtergreifung* bewahrte Papen im Sommer 1934 vor Schleichers Schicksal in der *Röhm-Affäre*. Er wurde auf den Botschafterposten in Wien, dann in Ankara abgeschoben und gewann keinerlei Einfluß mehr. Das Internationale Militärtribunal sprach ihn 1946 in Nürnberg frei, eine deutsche Spruchkammer verurteilte ihn 1949 zu acht Jahren Arbeitslager, die allerdings durch die vorherige Haft als verbüßt galten. Papens Memoiren »Der Wahrheit eine Gasse« (1952) dienten der Selbstrechtfertigung und haben nur geringen Quellenwert.

Le Paradis

Bei der nordfranzösischen Ortschaft Le Paradis (bei Béthune, Pas-de-Calais) kam es im Westfeldzug am 27.5.1940 zu einem Kriegsverbrechen: Etwa 100 britische Gefangene, die sich den deutschen Truppen ergeben hatten, wurden von Angehörigen des 2. SS-Totenkopfregiments an der Scheunenwand eines Bauernhofs mit MG niedergeschossen; Überlebende wurden durch Genickschuß oder mit dem Bajonett getötet. Der für das Massaker verantwortliche Offizier, SS-Obersturmführer Fritz Knöchlein, wurde nach dem Krieg von einem britischen Militärgericht zum Tod verurteilt und am 21.1.1949 in Hameln hingerichtet.

Paris

Paris, die Hauptstadt Frankreichs an der Seine mit rd. 2,9 Mio. Einwohnern (1940), war eines der Hauptziele der zweiten Phase des deutschen *Frankreichfeldzugs* (Fall »Rot«). Am 3.6.1940 bombardierte die Luftwaffe Bahnhöfe, Flugplätze und Industrieanlagen im Raum Paris. Dabei gab es 254 Todesopfer, 26 deutsche Maschinen wurden abgeschossen. Nach dem Zusammenbruch der Front an der Aisne erklärte das französische Oberkommando Paris zur offenen Stadt, am 14.6. rückte die deutsche 87. Infanteriedivision ein. Neun Tage später (23.6.) erschien Hitler zu einem Blitzbesuch, von dem kaum ein Pariser etwas mitbekam, weil der »Führer« die frühen Morgenstunden für seine Besichtigungstour wählte. In der folgenden Besatzungszeit war Paris, in dem trotz aller Einschränkungen das kulturelle und gesellschaftliche Leben pulsierte, ein beliebter Standort deutscher Etappensoldaten. Mit dem guten Leben war es vorbei, als sich im Aug. 1944 die alliierten Truppen näherten. Hitler befahl die Verteidigung bis zum letzten Mann unter Sprengung sämtlicher Seinebrücken. Entgegen der deutschen Annahme planten die Alliierten jedoch zunächst keine Einnahme der Stadt, Dwight D. Eisenhower scheute das Risiko von Straßenkämpfen. Als aber in Paris Unruhen ausbrachen und die *Résistance*-Führer den bewaffneten Aufstand proklamierten, drängte de *Gaulle*, der den wachsenden kommunistischen Einfluß in der Hauptstadt fürchtete, zum Handeln. Daraufhin wurde die französische 2. Panzerdivision unter *Leclerc* zum Eilmarsch auf Paris freigegeben. Die Vorhut traf am 24.8. ein, das Gros folgte am nächsten Tag unter dem Jubel der Bevölkerung, während zugleich die 4. US-Infanteriedivision die Vorstädte erreichte. Der deutsche Stadtkommandant von Paris, General *Choltitz*, verstand es, Hitlers Zerstörungsbefehle unwirksam zu machen, er verabredete mit den Aufständischen Waffenruhe und übergab Leclerc am 25.8. eine nahezu unversehrte Hauptstadt. 12 800 seiner Soldaten gingen in Gefangenschaft, 3200 waren gefallen. Die Verluste der regulären französischen Truppen beliefen sich auf 310 Gefallene und 319 Verwundete, während die Freischärler der Résistance 1000 Tote und 1500 Verletzte verloren hatten, hinzu kamen 582 tote und 2000 verwundete Zivilisten.

Parteiabzeichen
Rundes, weiß emailliertes Abzeichen mit schwarzem Hakenkreuz und der Umschrift »Nationalsozialistische D.A.P.«, von den Mitgliedern der NSDAP als Anstecknadel am Jackenaufschlag getragen.

Parteigenosse (Pg.)
Zur Unterstreichung ihres Charakters als Arbeiterpartei übernahm die NSDAP die Bezeichnung »Genosse« für ihre Mitglieder. Sie legte aber Wert auf die Feststellung, daß das Wort »völkisch« im mittelalterlichen Sinn von »Gefährte, Kamerad« zu verstehen sei, und sprach immer von »Parteigenosse« oder Pg. im Unterschied zur SPD-Anrede »Genosse«.

Parteikanzlei
Seit 12.5.1941 nach dem Englandflug von *Heß* Bezeichnung für die Dienststelle des Stellvertreters des Führers unter *Bormann*, der den Reichsministern gleichgestellt und bei allen Erlassen der anderen Ressorts zu unterrichten war.

Partisanen
Zivilisten oder nicht zu den regulären Truppen gehörende Kombattanten, die einzeln oder in Gruppen aus dem Hinterhalt im Operationsraum oder in den besetzten Gebieten den Feind bekämpfen, werden als »Partisanen« bezeichnet und bei Gefangennahme oft nicht als *Kriegsgefangene* behandelt, da ihnen der Kombattantenstatus im Sinn des Völkerrechts fehlt. Partisanen traten in allen von der Wehrmacht besetzten Ländern auf, doch während sie in vielen Gebieten (z.B. Frankreich, Griechenland, Polen, Slowakei) die Truppe erst 1943/44 vor ernsthafte Probleme stellten, entwickelte sich ihre Schlagkraft in der UdSSR und in Jugoslawien sehr rasch. Sie rekrutierten sich aus von der Front überholten Rotarmisten, entwichenen Kriegsgefangenen und zunehmend aus Zivilisten, darunter auch zahlreiche Frauen. Für 1943 meldeten die sowjetischen Partisanen 11000 Sprengungen von Bahnlinien und 9000 zum Entgleisen gebrachte Transportzüge, wobei rd. 6000 Lokomotiven und 40000 Waggons zerstört oder beschädigt wurden, sowie die Zerstörung von 22000 deutschen Kraftfahrzeugen. Zu Beginn des Jahres 1944 operierten hinter den deutschen Linien über 250000 sowjetische Partisanen, die v.a. beim Zusammenbruch der Heeres-

gruppe Mitte im Sommer 1944 eine bedeutende Rolle spielten. – Die deutsche Besatzungsmacht stand den Aktivitäten der Partisanen durchweg machtlos gegenüber und versuchte ihrer durch brutalen Abschreckungsterror ohne taktisches Konzept Herr zu werden: Partisanen und ihre Helfer wurden erschossen oder gehenkt, Dörfer, in denen sie tatsächlich oder angeblich Unterschlupf gefunden hatten, dem Erdboden gleichgemacht und die Bewohner getötet. Ihre Stärke nahm dennoch zu, in Jugoslawien auch durch den Zustrom von Ausländern und Abwürfe von alliierten Hilfsgütern und Waffen, so daß sie bei Herankommen der Roten Armee überall zum Angriff übergehen und die Besatzer aus Städten und ganzen Landstrichen vertreiben konnten. In Frankreich machten die Kämpfer der *Résistance* nach der *Invasion* der Wehrmacht schwer zu schaffen. In Italien wurden allein im Sommer 1944 nach Wehrmachtsangaben 12582 »Banditen« getötet. In Deutschland riefen die nationalsozialistischen Machthaber kurz vor Kriegsende noch zur Bildung einer Partisanenbewegung auf: Der *Werwolf* fand unter der kriegsmüden Bevölkerung allerdings kaum Mitglieder.

Paulus, Friedrich

* Breitenau (heute zu Guxhagen, bei Melsungen) 23.9.1890,
† Dresden 1.2.1957

»Der Mann hat sich totzuschießen!« tobte Hitler am 2.2.1943, als die Nachricht von der Kapitulation der deutschen 6. Armee in Stalingrad kam. Gemeint war der erst drei Tage zuvor zum Generalfeldmarschall ernannte Paulus, der mit noch 90 000 (von einmal 250 000) Mann die Waffen vor dem vielfach überlegenen sowjetischen Gegner gestreckt hatte. Er war seit 1910 Berufsoffizier und im Sept. 1940 zum Oberquartiermeister des Generalstabs des Heeres befördert worden. An der Planung des *Rußlandfeldzugs* beteiligt, hatte er im Sommer 1942 den deutschen Vorstoß an die Wolga geführt und war dort Opfer einer sowjetischen Zangenoffensive und des Starrsinns Hitlers geworden, der jeden Ausbruch aus dem Kessel verboten hatte. Paulus beteiligte sich in der Gefangenschaft am Aufbau des *Nationalkomitees Freies Deutschland* und rief die deutschen Truppen der Ostfront zum Überlaufen auf. 1953 entlassen, nahm er Wohnsitz in der DDR. 1960 erschien seine Rechtfertigungsschrift »Ich stehe hier auf Befehl«.

Pavelić, Ante

* Bradina (bei Sarajevo) 14.7.1898, † Madrid 28.12.1959
1929 mußte der kroatische Jurist Pavelić wegen nationalistischer Hetze ins Exil nach Italien gehen, von wo er die Unabhängigkeitsbewegung Ustascha leitete und ihre Terroranschläge organisierte. Der von *Mussolini* unterstützte Pavelić wurde nach der Kapitulation Jugoslawiens (17.4.1941) im *Balkanfeldzug* Chef (Poglavnik) eines »Unabhängigen Staates Kroatien«, den er schon am 10.4. proklamiert hatte und den er bis hin zur Ermordung und Deportation der Juden ganz im Sinn seiner NS-Protektoren führte. Im Gegensatz zu den meisten seiner Anhänger, die bei Kriegsende Opfer der Abrechnung mit den Kollaborateuren wurden, konnte Pavelić über Österreich und Italien nach Argentinien entkommen, wo er eine bedeutungslose Exilregierung gründete.

Pazifikkrieg

1931 annektierte Japan Mandschukuo, 1937 griff es China an, 1940 nahm es den durch die Niederlage gegen die Wehrmacht geschwächten Franzosen Indochina ab. Dahinter stand ein »Lebensraum«-Programm, das dem nationalsozialistischen Modell ähnelte durch Züge rassistischen Sendungsbewußtseins (»Volk der Götter«). Auch die innere Situation Japans bot Parallelen zu Deutschland: Eine nach preußischem Vorbild aufgebaute Armee propagierte die »nationale Wiedergeburt« und beeinflußte zunehmend die Politik, die einen autoritären Kurs einschlug und die Massen mobilisierte und radikalisierte. Durch seine Expansion auf dem asiatischen Festland geriet Japan in Konfrontation mit den USA, die dort ihre Wirtschaftsinteressen verletzt sahen. Am 26.7.1941 froren die Vereinigten Staaten, Großbritannien und die Niederlande alle japanischen Guthaben ein und verhängten ein Öl- und Schrottembargo, das Japans Industrie im Lebensnerv traf. Damit erhielt die Kriegspartei in Japan Auftrieb; sie ging aufs Ganze: Am 7.12.1941 versuchte sie mit dem Angriff auf *Pearl Harbor* die amerikanische Pazifikflotte auszuschalten. Fast gleichzeitig brach eine japanische Offensive im Süden los, wo Malaya (mit Singapur), Sumatra, Borneo, Hongkong und die Philippinen fielen. Birma wurde von den Japanern überrannt, im Pazifik gingen Guam, Wake, Gilbertinseln, Bismarckinseln und der Norden von Neuguinea verloren. Günstig für die Japaner wirkte sich dabei v. a. in den britischen und niederländischen Gebieten der

Haß der einheimischen Bevölkerungen auf die europäischen Kolonialherren aus. Die relativ leichten Siege führten jedoch andererseits zu verhängnisvoller Überschätzung des eigenen Potentials, die sich in überdimensionierten Planungen niederschlug. So machte dann auch Japan keine Anstalten, seine Kriegführung mit der des Deutschen Reiches zu koordinieren, obwohl dieses am 11.12.1941 gleichfalls in den Krieg mit den USA eintrat. – Hatten die Japaner noch die Schlacht in der Javasee gegen Briten und Niederländer (27.2.1942) für sich entschieden, gingen die folgenden See-Luft-Schlachten in der Korallensee (7./8.5.) und bei Midway (4.6.1942) schlecht für sie aus. Eine Gegenoffensive der Amerikaner setzte ein. Auch wenn die »Germany first«-Strategie keinen vollen Einsatz erlaubte, standen doch genügend Mittel zur Verfügung, um sowohl im Zentralpazifik (Kommando: Admiral Chester William Nimitz) als auch im Südwestpazifik (Kommando: General Douglas MacArthur) vorzugehen. Das *Inselspringen* begann mit der Landung auf Guadalcanal (7.8.1942), es setzte sich fort mit einer Serie von amphibischen Operationen, wobei systematisch die Außenbastionen des japanischen Reiches zerstört wurden, bis nach der Eroberung der Inseln Saipan, Tinian und Guam (Juli/Aug. 1944) das Mutterland selbst in die Reichweite der amerikanischen Langstreckenbomber kam. In der Trägerschlacht in der Philippinensee (19./20.6.1944) und in der dreitägigen Seeschlacht im Leytegolf (Ende Okt. 1944) wurde die kaiserliche Marine weiter dezimiert. Am 9.1.1945 landeten die Amerikaner auf Luzon, im März 1945 zogen sie in der Philippinen-Hauptstadt Manila ein. – Auch in Birma blieb den Japanern 1944/45 nur noch die Defensive gegen die vom Westen angreifenden Briten und die im Norden operierenden, von den Amerikanern beratenen und versorgten chinesischen Truppen, zumal hier, wie überall, wo die brutale japanische Militärverwaltung die besetzten Länder im Griff hielt, der »Befreiungseffekt« der Anfangsjahre längst verpufft war. Mit der Eroberung von Iwo Jima und *Okinawa* (März bzw. Juni 1945) war die Voraussetzung für eine Landung auf den japanischen Hauptinseln geschaffen (Plan »Coronet«). Dazu kam es jedoch nicht. Eine neue Waffe der Amerikaner, die *Atombombe* (Abwürfe auf *Hiroschima* und *Nagasaki* 6.8. bzw. 9.8.1945), ließ das ohnedies kapitulationsbereite Japan zusammenbrechen. Am 2.9.1945 wurde auf dem Schlachtschiff Missouri in der Bucht von Tokio die Kapitulation Japans unterzeichnet. Um bei der Verteilung der Beute dabeizusein, hatte *Stalin* noch am 8.8.1945 Japan den Krieg erklärt; Sowjettruppen besetzten die Mandschurei und Nordkorea.

Pearl Harbor

Die Hafenstadt Pearl Harbor auf der Hawaii-Insel Oahu war (und ist noch heute) ein Hauptstützpunkt der US-Pazifikflotte. Am 7.12.1941 griffen 355 Maschinen der japanischen Marine-Luftwaffe Pearl Harbor an, versenkten fünf Schlachtschiffe, beschädigten drei weitere und vernichteten außerdem zahlreiche Schiffe, Flugzeuge und Militäreinrichtungen. Die USA verloren 2403 Tote und 1178 Verwundete, die Angreifer kostete der Luftschlag 29 Maschinen mit 55 Mann Besatzung. Der japanische Kampfverband, der ohne Kriegserklärung den Hafen überfiel, bestand aus sechs Flottenträgern, die von zwei schnellen Schlachtschiffen, drei Kreuzern und neun Zerstörern gesichert waren. Die Idee zu dem Unternehmen stammte von Japans Flottenchef Isoroku Yamamoto, die Leitung der Operationen hatte Vizeadmiral Chuichi Nagumo. Das Hauptziel wurde nicht erreicht: Die drei modernen, kampfstarken US-Träger, auf deren Ausschaltung es der japanischen Führung besonders ankam, befanden sich am Angriffstag zu Übungen auf See und entgingen so der Zerstörung. Drei Schlachtschiffe konnten wieder instand gesetzt werden, auch die riesigen Treibstofflager und die Marinewerften waren intakt geblieben. Pearl Harbor wurde zum Auslöser des amerikanisch-japanischen Krieges und der deutschen Kriegserklärung an die USA (11.12.1941). US-Präsident *Roosevelt* fand nun volle Zustimmung in der Öffentlichkeit für ein aktives Eingreifen Amerikas in den Krieg gegen die Achsenmächte. Daß er zu diesem Zweck Pearl Harbor absichtlich preisgegeben habe, bleibt Spekulation.

Peenemünde

Seit 1936 war das kleine Fischerdorf Peenemünde an der Nordspitze der Ostseeinsel Usedom Sitz der Raketenversuchsanstalt des Heeres. Unter Leitung u.a. von Wernher von Braun (* 1912, † 1977) wurde hier die erste ballistische Fernrakete der Welt, die *V2*, am 3.10.1942 erstmals erfolgreich getestet. Ein schwerer britischer Bombenangriff in der Nacht des 17./18.8.1943, der 773 Menschen tötete, führte zu einer Verzögerung des Raketenprogramms um etwa zwei Monate und zur Verlegung der Fertigung in unterirdische Schachtanlagen des KZ »*Mittelbau*« im Harz. Auch die von der Luftwaffe entwikkelte Flugbombe *V1* entstand seit 1943 in Peenemünde.

Persilschein

Nach dem Krieg war es plötzlich von erheblichem Vorteil, mit einem anerkannten Gegner des NS-Systems befreundet gewesen zu sein oder gar einem KZ-Häftling geholfen zu haben. Im Zuge der *Entnazifizierung* wurden solche Bekanntschaften oder Hilfeleistungen oft ohne reale Grundlage gegen Bezahlung dokumentiert. Diese Ehrenerklärungen zur Weißwaschung erhielten nach dem bekannten Waschmittel den Spitznamen »Persilscheine«. Sie brachten die Gesinnungsschnüffelei der Entnazifizierer nachhaltig in Verruf.

Pétain, Henri Philippe

* Cauchy-à-la-Tour (bei Béthune, Pas-de-Calais) 24.4.1856,
† Port-Joinville (Insel Yeu, Vendée) 23.7.1951

Als Verteidiger Verduns genoß der im Nov. 1918 zum Marschall ernannte Pétain bedeutendes Ansehen in Frankreich. Nach dem deutschen Angriff (10.5.1940) berief ihn Ministerpräsident Paul Reynaud als nationale Symbolfigur ins Kabinett. Zunächst stellvertretender Ministerpräsident, übernahm Pétain nach dem Fall von Paris am 16.6.1940 selbst das Amt des Regierungschefs. Er schloß am 22.–24.6. Waffenstillstand mit Deutschland und Italien und wurde am 10.7. von der französischen Nationalversammlung in *Vichy* zum Oberhaupt des »État Français« berufen und mit diktatorischen Vollmachten ausgestattet. Pétain verfolgte einen Doppelkurs der begrenzten Zusammenarbeit mit der deutschen Besatzungsmacht und der gleichzeitigen Verweigerung. So gelang es ihm, Frankreich aus Hitlers Kriegsplänen herauszuhalten; andererseits ließ er die Werbung von Freiwilligen »gegen den Bolschewismus«, Geiselerschießungen und Judendeportationen geschehen. Unter der Parole »Travaille, Famille, Patrie« (Arbeit, Familie, Vaterland) versuchte er einen Ständestaat aufzubauen; er entließ alle einstigen Repräsentanten der III. Republik, suchte die wirtschaftlichen Folgen des Krieges zu mildern und kämpfte vergeblich um die Freilassung der französischen Kriegsgefangenen in Deutschland. Pétains Doppelspiel war seinen Landsleuten nicht durchsichtig, viele zogen aus der Politik des Marschalls den Schluß, *Kollaboration* sei angesagt. Entsprechend das Rachebedürfnis nach Kriegsende. Pétain, der von den Deutschen am 20.8.1944 nach Belfort und am 8.9. nach Sigmaringen verbracht worden war, stellte sich am 24.4.1945 den französischen Behörden. Dem greisen Nationalheros wurde ein Prozeß gemacht, das Todesurteil (15.8.1945) jedoch nicht vollstreckt. In Festungshaft auf der Insel Yeu verbrachte Pétain seine letzten Jahre.

Pfadfinder

Einem Bomberverband pflegten sog. Pfadfinder vorauszufliegen, d.h. Maschinen, die mit besonderen elektronischen Navigationshilfen ausgerüstet und mit speziell geschulten Elitebesatzungen bemannt waren. Sie hatten die Aufgabe, den Angriffsbereich mit Leuchtbomben und speziellen Leuchtzeichen, den sog. »Christbäumen«, zu markieren. In der Luftwaffe war die erste geschlossene Pfadfindereinheit die selbständige Kampfgruppe KG 100. Seit 13.8.1940 über England im Einsatz, führten die deutschen Pfadfinder vom KG 100 u.a. den Nachtangriff auf *Coventry* (14./15.11.1940); später, beim Unternehmen »Steinbock«, wurden die Pfadfinder von der I. Gruppe/KG 66 gestellt. Auf alliierter Seite wurde am 15.8.1942 ein Pfadfinderkorps der RAF unter Oberst Bennett aufgestellt; auch bei der 8. US-Luftflotte in England gab es radarbestückte Pfadfinder für die Tagesangriffe.

Pfarrernotbund

Im Sommer 1933 schien es, als sei die evangelische Kirche fest im Griff der von Hitler geförderten *Deutschen Christen*, doch der Widerstand gegen die staatliche Unterwanderung der Kirchen versteifte sich im Vorfeld der Wahl L. *Müllers* zum Reichsbischof. *Niemöller* und zwei seiner Amtskollegen gründeten am 21.9.1933 in Berlin einen Pfarrernotbund, der sich v.a. gegen das Eindringen von NS-Gedankengut in die christliche Verkündigung wehrte. Bereits bis zum 15.1.1934 waren 7036 Pastoren dem Bund beigetreten, der die alleinige Bindung der Geistlichen an die Heilige Schrift forderte, deswegen verfolgten Personen Hilfe versprach und ausdrücklich den *Arierparagraphen* verwarf. Damit wurde er zu einer Keimzelle der *Bekennenden Kirche*.

Pfeilkreuzler

Nach ihrem Parteiemblem, einem gepfeilten Hakenkreuz, war die 1935 gebildete ungarische faschistische »Partei des Willens der

Nation« benannt: Die Pfeilkreuzler sprachen mit einem radikalnationalistischen, antisemitischen und sozialrevolutionären Programm v.a. »Lumpenproletariat« und Kleinbürgertum an. Ihr Gründer Ferenc Szálasi wurde nach der Besetzung Ungarns durch deutsche Truppen (März 1944) zur Schlüsselfigur in Budapest und nach der Verhaftung des Reichsverwesers Miklós Horthy (16.10.1944) von der deutschen Besatzungsmacht als Ministerpräsident einer faschistischen Regierung und als »Staatsführer« eingesetzt. Für die Juden des Landes bedeutete die Herrschaft der Pfeilkreuzler den Untergang, denn sie wirkten sofort bei den Deportationen mit. Szálasi und die anderen Führer der Partei wurden von den Amerikanern nach ihrer Verhaftung in Österreich der ungarischen Nachkriegsregierung ausgeliefert und 1946 nach Verurteilung durch ein Volksgericht fast alle gehenkt.

Pflichtjahr
Am 15.2.1938 erging eine »Anordnung zur Durchführung des *Vierjahresplans* über den verstärkten Einsatz weiblicher Arbeitskräfte in der Land- und Hauswirtschaft«. Sie verfügte eine einjährige Dienstpflicht für alle Frauen zwischen 18 und 25 Jahren, ausgenommen solche, die ohnehin in land- oder hauswirtschaftlichen Berufen tätig waren oder dafür ausgebildet wurden. Das Pflichtjahr war schriftlich zu bescheinigen als wesentliche Voraussetzung für die spätere Berufstätigkeit. *Landjahr* oder Einsatz beim *Reichsarbeitsdienst* konnten mit sechs Monaten, das hauswirtschaftliche Jahr und der Einsatz bei der Sozialfürsorge des Deutschen Frauenwerks voll angerechnet werden. Daheim oder bei Verwandten war das Pflichtjahr nur ableistbar, wenn mindestens vier Kinder im Haushalt lebten.

Pg. →*Parteigenosse*

Pimpf
Heute bezeichnet man als Pimpf einen unreifen, mickrigen Menschen, in den 1920er Jahren wurde der Begriff auf die Jüngsten der Jugendbewegung und im 3.Reich amtlich auf die Mitglieder des Deutschen Jungvolks in der *HJ* angewandt. Leistungsprüfungen im Jungvolk hießen entsprechend Pimpfenprobe; sie umfaßte Abfragen von Lebensdaten Hitlers, Hersagen des *Horst-Wessel-Lieds*, Sport-

wettkämpfe und eine »Mutprobe«. Bei Bestehen erwarb der Pimpf z. B. das Recht zum Tragen eines Fahrtenmessers.

Pius XI.

* Desio (bei Monza) 31.5.1857, † Rom 10.2.1939

1879 Priester, 1914 Präfekt der Vatikanischen Bibliothek, 1919 Nuntius in Polen und 1921 Kardinal und Erzbischof von Mailand – das waren die Stationen, die Achille Ratti durchlaufen hatte, ehe er am 6.2.1922 zum Papst gewählt wurde und den Namen Pius XI. annahm. Im Zentrum seines Pontifikats stand die Sicherung gegen die kommunistische Gefahr, wofür er Verträge auch mit faschistischen Regimen schloß, insbesondere die Lateranverträge mit *Mussolini* 1929 und das *Konkordat* mit dem 3. Reich am 20.7.1933. Daß die braune Gefahr für die Kirche kaum geringer zu veranschlagen war als die rote, erkannte er bald und versuchte die Welt mit der Enzyklika *»Mit brennender Sorge«* vom 14.3.1937 aufzurütteln. Sie führte jedoch nur zu einer Verschärfung des NS-*Kirchenkampfs.*

Pius XII.

* Rom 2.3.1876, † Castel Gandolfo (bei Rom) 9.10.1958

Eugenio Pacelli wurde 1899 Priester, war 1920–29 Nuntius bei der deutschen Reichsregierung, seit 1930 Kardinalstaatssekretär und wesentlich beteiligt am Zustandekommen des *Konkordats*; am 2.3.1939 wurde er zum Papst gewählt und nahm den Namen Pius XII. an. Er versuchte vergeblich, durch Vermittlungsangebote den Frieden zu retten. Auch seine Bemühungen um Hilfe für Verfolgte erzielten nicht die erhofften Erfolge. In seiner Handlungsfreiheit im faschistischen, später deutsch kontrollierten Italien stark eingeschränkt, mied Pius XII. die Konfrontation mit den Machthabern. Obwohl er über den Völkermord der *Judenverfolgung* unterrichtet war, riet er seinen Bischöfen von offenen Anklagen ab, »um größere Übel zu vermeiden« (Brief an den Berliner Bischof Konrad Graf von Preysing vom 30.4.1943), bestärkte den französischen Staatschef *Pétain* in seinem Kurs der *Kollaboration* und beschränkte sich weitgehend auf kirchliche Fragen. Nach dem Krieg unternahm er nichts gegen oder billigte gar die Unterstützung kirchlicher Stellen bei der Fluchthilfe (»Ratline«) für NS-Verbrecher. Diese Verstrikkung brachte ihn postum ins Zwielicht (Drama »Der Stellvertreter« von Rolf Hochhuth 1963) und verdunkelte seine theologische Bedeutung.

PK →*Propagandakompanien*

Ploieşti

Das Erdölgebiet von Ploieşti (früher Ploeşti) in Rumänien war die wichtigste Quelle für Deutschlands Treibstoffversorgung. 1940 wurde Ploeşti auf Wunsch von Staatschef *Antonescu* von der deutschen 16. Panzerdivision besetzt. Nach der deutsch-italienischen Niederlage in Nordafrika 1943 geriet es in den Operationsbereich der viermotorigen Bomber der 9. US-Luftflotte. Am 1.8.1943 flogen B-24 Liberator von Derna (Libyen) aus den ersten Großangriff (Operation »Tidalwave«), der allerdings wenig ausrichtete und mit großen Verlusten der Angreifer endete: Die Flak schoß 54 Bomber ab, weitere stürzten beim Rückflug ab oder mußten in der Türkei notlanden, von 178 gestarteten Maschinen kamen nur elf zurück. Am 5.4.1944 wurden die Erdölfelder erneut angegriffen, diesmal durch die 15. US-Luftflotte. Am 30.8.1944 besetzte die Rote Armee die Stadt.

Plötzensee

Im weitläufigen Gelände der Strafanstalt Plötzensee im Nordwesten Berlins steht ein Ziegelschuppen, der 1933–45 als Hinrichtungsstätte diente. Über 2400 Männer, Frauen und Jugendliche unterschiedlichster Nationalität und Herkunft wurden hier Opfer der NS-Blutjustiz. Die Vollstreckung geschah durch das Fallbeil oder durch Erhängen an den berüchtigten »Fleischerhaken«. Die meisten der wegen Teilnahme am Anschlag des *Zwanzigsten Juli* verurteilten 200 Männer, denen man auf Hitlers Befehl jeden seelsorgerischen Beistand verweigerte, starben hier. Sie wurden ausnahmslos gehängt, da dies für sie als Offiziere eine zusätzliche Schande bedeutete. Seit 1952 ist das Hinrichtungsgebäude Gedenkstätte für die Opfer der NS-Diktatur.

Plutokratie

Griechisch »Plutokratie« heißt Reichtumsherrschaft. Der Begriff kam im 19. Jh. auf als Schlagwort zur Kennzeichnung von politischen Systemen, in denen die wahre Macht beim großen Geld liege, also bei *Hochfinanz* und Wirtschaft. Die NS-Propaganda griff das Wort auf zur Brandmarkung der USA und Großbritanniens, die nur demokratisch getarnt seien. Da das große Geld dort aber fast gänzlich von Juden kontrolliert werde, seien die Staaten »jüdische Plutokratien«, die im Bündnis mit dem ebenso »jüdischen *Bolschewismus*« die Welt zu beherrschen suchten. Gegen diese Verschwörung des *Weltjudentums* richte sich der Kampf des Nationalsozialismus.

Pogrom

Im 19. Jh. kam es v. a. in Rußland immer wieder zu antijüdischen Übergriffen der Bevölkerung oder sogar zu behördlich geförderter Verfolgung der Juden. Das russische Wort »Pogrom«, das soviel wie Gewitter oder Verwüstung bedeutet und ursprünglich ganz allgemein zur Bezeichnung von Ausschreitungen gegen Minderheiten verwendet wurde, erfuhr in der Folgezeit eine Verengung auf antisemitische Aktionen und ging in diesem Sinn in die meisten Weltsprachen ein. So bezeichnet man die *Kristallnacht* auch als »Pogromnacht«, was allerdings die von der NS-Propaganda behauptete »Spontaneität« der Übergriffe ungewollt und unzutreffend bestätigt. Heute spricht man bei Verfolgungen auch anderer Gruppen wieder im weiteren Sinn von Pogromen.

Pohl, Oswald

* Duisburg 30.6.1892, † Landsberg a. Lech 7.6.1951
(hingerichtet)

1926 fand der Marinezahlmeister Pohl zur NSDAP und wurde am 1.2.1934 als SS-Standartenführer Verwaltungschef im SS-Hauptamt. Er baute einen Konzern aus SS-eigenen Wirtschaftsunternehmen auf, die am 31.12.1942 unter dem Dach des *Wirtschafts- und Verwaltungs-Hauptamts* (WVHA) zusammengefaßt wurden. Pohl, inzwischen SS-Obergruppenführer (21.4.1942), konnte ein Heer von KZ-Häftlingen, Anfang 1945 über 700 000, einsetzen. Er beutete sie radikal aus, erfüllte damit *Himmlers* Auftrag der »Vernichtung durch Arbeit« und erzielte enorme Gewinne, zumal er zahlreiche Häftlinge zu profitablen Bedingungen auch an die Industrie »vermietete«. Die Zahl der als *Zwangsarbeiter* umgekommenen KZ-Insassen wird auf eine halbe Million geschätzt. In einem Prozeß vor dem Militärgerichtshof III der USA gegen 18 Mitarbeiter des WVHA wurden Pohl und drei weitere Angeklagte am 3.11.1947 zum Tod verurteilt; nur das Urteil gegen Pohl wurde vollstreckt.

Polen

Die Entwicklung des 1918 neu entstandenen Staates Polen (1939: 390 000 km² und 34,8 Mio. Einwohner, Hauptstadt Warschau) war geprägt von der Lage zwischen den übermächtigen unmittelbaren Nachbarn Sowjetunion und Deutsches Reich, deren offenbar unüberbrückbare ideologische Differenzen in den 1930er Jahren dem Land eine trügerische Sicherheit gab und es zu riskanter Schaukelpolitik verführte. Das lieferte nach Verweigerung der Rückgabe *Danzigs* und der harten Haltung in der *Korridor*-Frage Hitler im Frühjahr 1939 den Vorwand zur Kündigung des *Deutsch-Polnischen Nichtangriffspakts* von 1934. Da Polen zugleich Durchmarschrechte für die Rote Armee ablehnte, scheiterten die Verhandlungen der Westmächte mit Moskau, was schließlich zum *Hitler-Stalin-Pakt* vom 23.8.1939 und zum deutschen Überfall führte. Polen verschwand vorübergehend von der Landkarte, bestand aber völkerrechtlich durch eine Exilregierung in London weiter, die auch ein eigenes Truppenkontingent für den Krieg gegen Deutschland aufstellen konnte. Im Land bildete sich angesichts der brutalen deutschen Besatzungspolitik im *Generalgouvernement* (5–6 Mio. Todesopfer, davon allein 3 Mio. Juden) eine Heimatarmee, die, von den Sowjets im Stich gelassen, im *Warschauer Aufstand* (Aug.–Okt. 1944) unterging. Das belastete die wegen *Katyn* ohnehin gespannten Beziehungen zwischen der Exilregierung und *Stalin*, der die Bolschewisierung des Landes durchsetzte. Es verlor nach dem Krieg das schon 1939 vorübergehend von der Roten Armee besetzte Ostpolen und wurde im Westen durch die deutschen Gebiete hinter der *Oder-Neiße-Linie* entschädigt.

Polenfeldzug

Als Antwort auf den *Hitler-Stalin-Pakt* vom 23.8.1939 schloß das nun in tödliche Umklammerung geratene Polen zwei Tage später einen Beistandspakt mit London. Der deutsche Angriff am 1.9., propagandistisch vorbereitet durch den Anschlag auf den Sender *Gleiwitz*, war damit nicht zu verhindern und auch nicht wieder zu stoppen durch Ultimaten aus London und Paris am 3.9. Hitler setzte auf eine Strategie des *Blitzkriegs* und nahm die Kriegserklärungen der Westmächte in Kauf. In zwei Angriffskeilen aus Pommern/Ostpreußen sowie aus Schlesien und der Slowakei ließ er 57 Divisionen – das Gros des deutschen Feldheers – nach Polen eindringen. Sie verfügten über rd. 2500 Panzer und wurden unterstützt von den Luftflotten 1 und 4 mit insgesamt 1107 Maschinen. Polen besaß 40 Divisionen und 16 Brigaden mit 1132 leichten Panzerfahrzeugen, 745 Flugzeuge standen bereit. Die polnische Heeresleitung (Marschall Edward Rydz-Smigły) hatte das Gros ihrer Kräfte (26 Divisionen, 10 Brigaden) entlang der 1900 km langen Grenze aufmarschieren lassen. Dafür gab es psychologische und wehrwirtschaftliche Gründe, aber es war die ungünstigste Position. – Bis zum 7.9. waren alle polnischen Armeen im Grenzgebiet entweder durchbrochen, angeschlagen oder zum Rückzug gezwungen. Aus dem Westen kam nicht die erhoffte Hilfe. Am 5.9. befahl Rydz-Smigły den Rückzug hinter die Weichsel. Zwischen dem 8. und 13.9. kam es bei Radom zur ersten Kesselschlacht, 65 000 Polen wurden gefangengenommen. Bereits am 11.9. hatte das deutsche I. Korps Warschau von seinen östlichen Verbindungen abgeschnitten. Vom 17. bis 20.9. brachte die Heeresgruppe Süd bei Lublin 60 000 Gefangene ein. Zugleich vollzog sich der Untergang der polnischen Armeen »Posen« und »Pomerellen«; 170 000 Polen gingen in Gefangenschaft. Die polnischen Luftstreitkräfte verloren in den ersten beiden Kriegswochen 330 Maschinen, davon die meisten im Luftkampf. Am 17.9. griff von Osten her die Rote Armee ein. Zwei Heeresgruppen marschierten in die Gebiete ein, die der UdSSR im Pakt mit Hitler zugesprochen worden waren. Die polnische Regierung floh am selben Tag nach Rumänien, die Reste der Luftstreitkräfte folgten (116 Maschinen). Der Zusammenbruch vollzog sich unaufhaltsam. Polens seit dem 19.9. eingeschlossene, von 120 000 Soldaten verteidigte Hauptstadt Warschau kapitulierte am 28.9. nach Beschießung und schweren Luftangriffen. Mit der Kapitulation von 16 857 polnischen Soldaten bei Kock (östlich von Dęblin) am 6.10. erlosch der letzte Widerstand. Die polnische Armee verlor gegen Deutschland 70 000 Tote, 133 000 Verwundete und 700 000 Gefangene, die Rote Armee meldete zudem 217 000 gefangene Polen bei 737 eigenen Toten und 1859 Verwundeten. Die Wehrmacht hatte an Verlusten: 10 572 Tote, 3409 Vermißte und 30 322 Verwundete. – Noch während des Feldzugs begann der Terror der deutschen *Einsatzgruppen* – eine Vorahnung der Leiden der kommenden Besatzungszeit. Polen wurde zwischen

Deutschland und der Sowjetunion geteilt (im sowjetischen Teil setzte sogleich die Schreckensherrschaft der NKWD-Geheimpolizei ein). Die deutsch besetzten Gebiete wurden z.T. dem Reich einverleibt (Danzig-Westpreußen, Warthegau, rd. 90 000 km² mit 10 Mio. Einwohnern), der Rest am 26.10.1939 zum *Generalgouvernement* zusammengefaßt. Der Krieg aber war damit nicht vorüber, da die Westmächte Hitlers Friedensangebote ablehnten.

Politische Bereitschaften

Nach der Machtergreifung bildeten örtliche SS-Führer allenthalben Stabswachen und Sonderkommandos mit hilfspolizeilichen Befugnissen. Einige von ihnen wurden zu größeren Einheiten aus mehreren Kompanien zusammengeschlossen und als »Politische Bereitschaften« bezeichnet, die v.a. der SA gegenüber als Elitetruppen auftraten und am 30.6.1934 Träger der Mordaktionen in der *Röhm-Affäre* wurden. Danach verschmolz man sie mit der Leibstandarte-SS »Adolf Hitler« zur SS-*Verfügungstruppe*.

Politische Leiter

Die Amtsträger der NSDAP vom *Blockwart* bis zum *Reichsleiter* nannte man »Politische Leiter«, von denen es 1937 insgesamt etwa 700 000 gab. Sie arbeiteten von der Ebene der Kreisleiter an aufwärts hauptamtlich und sollten »Prediger und Soldat zugleich« sein. Das »Korps der Politischen Leiter« wurde im Nürnberger Prozeß 1946 zur verbrecherischen Organisation erklärt, da es maßgeblich mitgewirkt hatte an der Ausbeutung von *Zwangsarbeitern*, der Mißhandlung von *Kriegsgefangenen* und an der *Judenverfolgung*. Weil dies alles Kriegsverbrechen waren, nahm man Personen von der kollektiven Verurteilung aus, deren Tätigkeit als Politische Leiter vor dem 1.9.1939 geendet hatte.

Polizei

Nachdem *Himmler* am 17.6.1936 die gesamte Polizei unterstellt worden war, nannte er sich »Reichsführer SS und Chef der Deutschen Polizei« (RFSSuChdDtPol). Er gliederte den Polizeiapparat in die beiden großen Bereiche Ordnungspolizei (Orpo mit Schutzpolizei, Gendarmerie u.a.) und Sicherheitspolizei (Sipo), die letztere mit den Unterbereichen Kriminalpolizei (Kripo), Geheime Staatspolizei *(Gestapo)* und Sicherheitsdienst *(SD)* des Reichsführers SS, 1939 unter *Heydrich* zum Reichsicherheitshauptamt (RSHA) verschmolzen. Himmler verschmolz Polizei und SS immer weiter, bis 1943 alle uniformierten Ordnungs- und Sicherheitspolizisten automatisch in die SS aufgenommen wurden. Seit 1937 kontrollierten die Höheren SS- und Polizeiführer alle regionalen Sicherheitskräfte, Offiziere der Polizei wurden auf SS-*Junkerschulen* ausgebildet. Die Bindung der Polizei an das Gesetz wurde ersetzt durch eine Verpflichtung auf den von Fall zu Fall interpretierbaren *Führerwillen*. Die dadurch entstehende völlige Rechtsunsicherheit war das wirkungsvollste Instrument zur totalen Machtentfaltung des Polizeistaats.

Ponary

An der Straße nach Grodno etwa 10 km von Wilna (Litauen) entfernt nutzten SS- und Polizeieinheiten seit Juli 1941 bereits von der Roten Armee ausgehobene Gruben in einem Waldgebiet bei der Ortschaft Ponary zu Massenerschießungen von Juden und sowjetischen Gefangenen. Die bis zu 100 000 Opfer wurden seit Herbst 1943 von rd. 80 »Arbeitsjuden« wieder ausgegraben und verbrannt. Die Mitglieder des Arbeitskommandos wurden anschließend getötet; nur 15 von ihnen konnten im April 1944 entkommen.

positives Christentum

Festlegungen schätzte Hitler nicht. Wie schon der Begriff »Nationalsozialismus« allen alles zu versprechen schien, so wurde die Haltung der NSDAP zur Religion bewußt nebulös formuliert. In Punkt 24 des Parteiprogramms hieß es, die Partei vertrete ein »positives Christentum«. Das war konfessionsneutral und ließ auch antikirchliche Optionen offen. Im 3. Reich wurden gläubige Parteigenossen mit dem Hinweis auf die »positiv-christliche« Ausrichtung der NSDAP beschwichtigt, kirchliche Klagen wies man mit dem gleichen Argument zurück. Der *Kirchenkampf* freilich entlarvte die reine Tarnfunktion des Begriffs.

Potempa

Obwohl politischer Mord in der Endphase der Weimarer Republik nicht allzu selten war, erregte ein Fall besondere Aufmerksamkeit: In der Nacht des 9./10.8.1932 überfielen fünf SA-Männer im oberschlesischen Potempa einen kommunistischen Arbeiter und mißhandelten ihn vor den Augen der Mutter zu Tode. Nach der Notverordnung gegen politischen Terror vom 9.8.1932 verhängte das Sondergericht Beuthen gegen die Täter die Todesstrafe. Hitler schickte den Verurteilten ein Solidaritätstelegramm, in dem er ihre Befreiung als eine »Frage unserer Ehre« bezeichnete. Nach Umwandlung der Strafe in lebenslängliche Haft auf Druck der Regierung *Papen* ließ die Regierung Hitler die Mörder im März 1933 frei. Der Ort Potempa wurde im Zuge des Eindeutschungsprogramms 1936 in Wüstenrode umbenannt.

Potsdam, Tag von

Am 21.3.1871 eröffnete Otto Fürst von Bismarck den ersten Reichstag des »Zweiten« Reiches. 62 Jahre später wählten deshalb Hitler und *Goebbels* den Jahrestag zur feierlichen Eröffnung des am 5.3.1933 gewählten Reichstags des »Dritten« Reiches, das damit erkennbar an die altpreußischen Traditionen anknüpfen sollte. Die Wahl des Schauplatzes verstärkte diesen Effekt noch: Der Tag von Potsdam begann mit Gottesdiensten für die Protestanten in der Nicolaikirche, wo *Dibelius* predigte, und für die Katholiken in der Pfarrkirche. Hitler blieb dem Hochamt fern, um die deutschen Bischöfe, die sich gegen den Nationalsozialismus ausgesprochen hatten, als »Saboteure der nationalen Erhebung« an den Pranger zu stellen. In die Kirche aber ging er doch, nämlich zusammen mit allen Abgeordneten in die traditionsreiche Garnisonkirche, wo in einem Staatsakt mit feierlichem Händedruck von Reichskanzler Hitler und Reichspräsident *Hindenburg* die »Vermählung von alter Größe und neuer Kraft« gefeiert wurde. Anschließend nahmen beide, Hitler ganz gegen seine Gewohnheit zivil im Cut, die Parade von Reichswehr, Polizei, Stahlhelm, SA und SS ab. Die reichsweit im Rundfunk übertragenen Feierlichkeiten präsentierten Hitler als hochseriösen Staatsmann und zerstreuten Sorgen wegen seiner bisherigen Radikalität.

Potsdamer Abkommen

Das Abschlußkommuniqué der Konferenz der Regierungschefs der »Großen Drei« USA *(Truman)*, UdSSR *(Stalin)* und Großbritannien (*Churchill*, später Clement Attlee) in Potsdam vom 17.7. bis 2.8.1945 hatte Vertragscharakter: Es regelte insbesondere die Behandlung des besiegten Deutschlands und bestimmte: **1.** völlige Abrüstung und Entmilitarisierung Deutschlands; **2.** Auflösung der *NSDAP* und Entfernung aller ihrer Mitglieder aus öffentlichen Ämtern sowie die

Aburteilung der Kriegsverbrecher; **3.** Demokratisierung; **4.** Dezentralisierung der deutschen Verwaltung. – Wirtschaftliche Beschlüsse betrafen: **1.** Verbot der Rüstungsproduktion; **2.** *Demontage* von Produktionsanlagen; **3.** Förderung einer Friedensindustrie; **4.** alliierte Kontrolle der Wirtschaft; **5.** Wiederaufbau; **6.** Behandlung Deutschlands als wirtschaftliche Einheit; **7.** Entschädigungszahlungen. – An Gebietsveränderungen wurde verfügt (allerdings vorbehaltlich einer endgültigen friedensvertraglichen Regelung): **1.** Übergabe von Nord-Ostpreußen an die UdSSR; **2.** Unterstellung der anderen Gebiete östlich der *Oder-Neiße-Linie* unter polnische Verwaltung; **3.** Ausweisung, genauer: *Vertreibung*, der deutschen Bevölkerung aus Osteuropa und den deutschen Ostgebieten. Das Potsdamer Abkommen, dem die provisorische französische Regierung am 4.8. im wesentlichen zustimmte, bildete die rechtliche Grundlage für die gemeinsame Verantwortung der Siegermächte gegenüber Deutschland als Ganzem.

Prag

Seit der deutschen Besetzung (15.3.1939) war Prag, die Hauptstadt der Tschechoslowakei mit rd. 1 Mio. Einwohnern (1939), Sitz des Reichsprotektors für Böhmen und Mähren. Wegen seiner Lage blieb es lange von direkter Kriegseinwirkung verschont. Das änderte sich nach dem Attentat auf den stellvertretenden Reichsprotektor *Heydrich* (27.5.1942). Die bis dahin relativ vorsichtige Behandlung der für die deutsche Rüstungsindustrie wichtigen Bevölkerung (u.a. Hydrieranlagen in Brüx, Škoda-Werke) schlug abrupt in brutale Unterdrückung um (z.B. *Lidice*) und führte bei Herannahen der Roten Armee am 5.5.1945 zur Erhebung tschechischer Nationalisten in Prag. Die Aufständischen wollten durch Selbstbefreiung den sowjetischen Truppen zuvorkommen und hofften dabei auf die 3. US-Armee (Patton), die sich der Hauptstadt auf 60 km genähert hatte. Der Oberbefehlshaber im Raum Prag, Generalfeldmarschall *Schörner*, ließ angreifen, so daß es v.a. am 7./8.5. zu schweren Straßenkämpfen kam. George Patton, der bereit war, den Widerstandskämpfern zu Hilfe zu kommen, wurde von Dwight D. Eisenhower mit Rücksicht auf den sowjetischen Verbündeten zurückgehalten. Am 9.5. drangen Einheiten der sowjetischen 3. Garde-Panzerarmee (Rybalko) in Prag ein, die deutschen Truppen kapitulierten einen Tag später.

Präsidialkabinette

Seit 1930 wurde das Regieren mit Mehrheiten im Reichstag immer schwieriger. Die Verfassung bot einen Ausweg über den Art. 48, der Gesetzgebung per *Notverordnung* durch den Reichspräsidenten ermöglichte. Die Kanzler *Brüning* (1930–32), *Papen* (1932) und *Schleicher* (1932/33) mußten immer häufiger darauf zurückgreifen, da ohne die NSDAP, die immer stärker wurde, die Mehrheitsbildung schließlich ganz unmöglich war. Man nennt diese Regierungen daher Präsidialkabinette. Sie untergruben die Autorität des Parlaments und bereiteten damit der Diktatur Hitlers den Weg.

Presse

Meinungs- und Pressefreiheit galt Nationalsozialisten als »liberalistische Verirrung«. Im 3. Reich wurde entsprechend journalistische Arbeit als Dienst an Volk und Staat verstanden, in dem abweichende Meinungen natürlich keinen Platz hatten. Die NS-Pressepolitik war daher von Anfang an auf eine möglichst lückenlose politische und ökonomische Kontrolle der veröffentlichten Meinung gerichtet. Das erste Ziel wurde durch Pressekonferenzen und *Presseanweisungen* des Propagandaministeriums angestrebt, das zweite durch entschädigungslose Beschlagnahme der »linken« Verlage von SPD, KPD und Gewerkschaften und durch Aufkäufe bürgerlicher Presseunternehmen mittels Tarnfirmen. Kirchliche und andere »unbotmäßige« Verlage konnten nach einer Verordnung vom 24.4.1935 zwangsweise geschlossen oder im Krieg durch Verweigerung der Papierzuteilung zur Einstellung ihrer Zeitschriften gezwungen werden. Im Okt. 1944 erschienen im NSDAP-eigenen *Eher-Verlag* 82,5 % der deutschen Zeitungsauflage, Wochenzeitschriften und Illustrierte waren zu 100 % in seiner Hand. – Die inhaltliche *Gleichschaltung* erreichte *Goebbels* als oberster Meinungsmacher nicht nur durch genaues Vorschreiben der Tendenz, sondern auch durch die Monopolisierung des Nachrichtenmaterials durch das Deutsche Nachrichtenbüro (DNB) und die NS-Parteikorrespondenz (NSK). Hinzu kamen die Ausschaltung »unzuverlässiger« Journalisten durch das *Schriftleitergesetz* und die Einrichtung der *Reichspressekammer*. Eine Reichspresseschule sorgte seit 1935 für die Ausbildung eines ganz auf Parteilinie ausgerichteten Nachwuchses. Die Folge war ein von *Goebbels* selbst beklagter Einheitsbrei, der zu Auflagenschwund führte. Der Krieg mit seinem Nachrichtensog brachte zwar leichte

Besserung, doch sah sich Goebbels zu gezielter Lockerung der Lenkung der Presse gezwungen. So konnte etwa die »*Frankfurter Zeitung*« noch bis 1943 gemäßigt kritisch berichten. Insgesamt aber kam es zu einem dramatischen Verfall der Qualität und der Glaubwürdigkeit der Presse.

Presseanweisungen

Die Presseabteilung des Propagandaministeriums hielt seit Juli 1933 täglich eine Pressekonferenz ab, auf der die Journalisten der großen Tageszeitungen mündlich Presseanweisungen für Aufmacher, Artikeltendenz, Kommentare, Nachrichtenauswahl und -plazierung erhielten. An kleinere Regionalzeitungen gingen schriftliche Presseanweisungen im gleichen Sinn über die Landesstellen des Ministeriums. Zeitschriften erhielten ihre Weisungen auf einer gesonderten Konferenz und seit 9.5.1939 durch einen Zeitschriftendienst. Für die Tagespresse wurde seit Nov. 1940 eine »Tagesparole des Reichspressechefs« diktiert, die den Tenor der Berichterstattung festlegte.

Preußenschlag

Das Land Preußen umfaßte fast zwei Drittel Deutschlands. Was dort politisch geschah, hatte nationale Bedeutung: Am 24.4.1932 wurde der preußische Landtag gewählt, und die bisher regierende Weimarer Koalition aus SPD, Zentrum und Deutscher Staatspartei verlor die Mehrheit. Eine andere aber ließ sich auch nicht herstellen, so daß die schon seit 1925 im Amt befindliche Regierung des Ministerpräsidenten Otto Braun (SPD) geschäftsführend weiterregierte. Die zu dieser Zeit – keineswegs nur in Preußen – gefährdete innere Sicherheit durch Straßenkämpfe von Kommunisten und Nationalsozialisten wie beim *Altonaer Blutsonntag* nahm die Reichsregierung zum Vorwand, die preußische Regierung abzusetzen. Reichskanzler *Papen* ernannte sich selbst zum Reichskommissar in Preußen und übernahm die Regierungsgeschäfte. Er versuchte mit dem Coup, allgemein als Preußenschlag bezeichnet, die NSDAP für seine Politik zu gewinnen, zerstörte aber nur das letzte demokratische Bollwerk gegen sie und ebnete Hitler den Weg zur Macht. Eine Klage der SPD gegen den Staatsstreich hatte zwar am 25.10.1932 Erfolg, brachte jedoch die Regierung Braun nicht wieder ins Amt. Eine Verordnung des Reichspräsidenten setzte sie am 6.2.1933 endgültig ab.

Prien, Günther

* Osterfeld (bei Naumburg) 16.1.1908, † im Nordatlantik 7.3.1941

Er lieferte der Kriegspropaganda in Deutschland die erste Sensation: Kapitänleutnant Prien drang am 14.10.1939 mit U 47 in den vielfach gesicherten Ankerplatz der britischen Home Fleet in Scapa Flow ein und versenkte das Schlachtschiff Royal Oak. Sein Husarenstück wurde 1940 zu einem Buch verarbeitet (»Mein Weg nach Scapa Flow«, 1940), das in Deutschland Riesenauflagen erlebte und nach dem Krieg auch noch den Weg nach England fand und dort zum Erfolg wurde (»I sank the Royal Oak«). Prien versenkte 1940/41 weitere Schiffe mit insgesamt 160 935 BRT und wurde schließlich während einer Geleitzugschlacht südlich von Island mit allen Besatzungsmitgliedern Opfer der Wasserbomben des britischen Zerstörers Wolverine.

Priesterprozesse

Durch das Pochen der katholischen Kirche auf ihre Rechte nach dem *Konkordat* fühlte sich Hitler provoziert. Mit einer Welle von Prozessen gegen katholische Geistliche sollte die Widersetzlichkeit gebrochen werden. 1935 wurden die ersten Verfahren zunächst wegen tatsächlicher oder angeblicher Devisenvergehen von Ordenspriestern eröffnet, begleitet von einer Pressekampagne, die sich bis zur Verbreitung von Schmähliedern steigerte: »Ja, das Leben in dem Kloster, / ja, das Leben dort ist schön, / ja, da kann man, statt zu beten, / auch Devisen schieben gehn! Hollerie ...« Die Klöster waren wegen ihrer grenzüberschreitenden Verpflichtungen und Einnahmen besonders betroffen von den Regelungen zur Devisenbewirtschaftung und verfingen sich leicht im Gestrüpp der Vorschriften. Insgesamt wurden 60 Priesterprozesse wegen solcher Delikte geführt. Noch öffentlichkeitswirksamer ließen sich angebliche oder tatsächliche Sittlichkeitsverbrechen von katholischen Geistlichen ausschlachten. Erste Prozesse waren bereits angelaufen, als die Enzyklika *»Mit brennender Sorge«* die NS-Führung 1937 erneut in Rage brachte. Unter Ausbreitung aller pikanten Details berichtete die sonst betont prüde Presse von Verfehlungen der wegen des Zölibats ohnehin beargwöhnten Priester. Es wurde der Eindruck eines ungeheuerlichen Sumpfes erweckt – *Goebbels* sprach von »Tausenden von Fällen«, Kirchenminister *Kerrl* von 7000 –, obwohl es letztlich nur zur Verurteilung von 58 Geistlichen kam, die z. T. schon vorher Kirchenstrafen erhalten hatten. Die Rechnung aber, die Gemeinden dem Klerus zu entfremden, ging nicht auf. Die offenkundige Bösartigkeit der Darstellung erreichte eher das Gegenteil.

Propaganda

»Der Sieg einer Idee wird um so eher möglich sein, je umfassender die Propaganda die Menschen in ihrer Gesamtheit bearbeitet hat« – so wie Hitler in »*Mein Kampf*« würde das heute niemand mehr ausdrücken, doch auch Demokratien kommen nicht ohne Propaganda aus. Nur so »umfassend« wie im 3. Reich kann sie nicht sein, auch muß sie sich in Konkurrenz zu anderen durchsetzen. Das traf in der »*Kampfzeit*« auch auf die NS-Propaganda zu, die dennoch die anderer Parteien an Wirksamkeit deutlich übertraf. Hitler v. a., aber auch sein Chefpropagandist *Goebbels*, hatte erkannt, daß große Lügen eher geglaubt werden als kleine Flunkereien, daß von Drohungen begleitete Visionen besser Gefolgschaft schaffen als abgewogene Stellungnahmen, daß »granitene Entschlossenheit« glaubwürdiger ist als tastendes Sowohl-Als-auch, daß mit spektakulären Aktionen flankierte Propagandakampagnen weit nachhaltiger wirken als bloßes Reden, daß das gesprochene Wort dem geschriebenen deutlich überlegen ist, kurz: daß die Welt getäuscht werden will, wie es schon ein altrömisches Sprichwort wußte (»mundus vult decipi«). – Manipulieren und Verschleiern waren daher nach der Machtergreifung die Richtlinien der Meinungslenkung, die Goebbels mit dem am 13.3.1933 geschaffenen Ministerium »für Volksaufklärung und Propaganda« zentral ausübte, aber nicht so umfassend, wie er eigentlich wünschte. Er steuerte die Presse, unterband durch die Zwangsmitgliedschaft in den verschiedenen Kammern der *Reichskulturkammer* abweichende Meinungen, beherrschte die neuen Massenmedien des Rundfunks und des Films, entfaltete einen pompösen *Führerkult* und nutzte virtuos Hoffnungen und Vorurteile der Bürger zur Bindung an das System. Seine Darstellung nach außen aber mußte er mit dem Auswärtigen Amt teilen und die Berichterstattung im Krieg mit der *Wehrmacht*, beides zwar auch Organe des Führerstaats, aber doch mit eigenen Traditionen und Ambitionen, die nicht immer auf der Linie der Goebbelsschen Propaganda lagen. Auch das Erziehungswesen befand sich zum Leidwesen des Ministers nicht allein in seinen Händen, denn gerade die Formung der Jugendlichen als »Garanten der Zukunft« versprach propagandistische Erfolge. Bei ihnen ließen sich Feindbilder leichter verankern, sie sprachen am besten an auf die Flut der Symbole und Fahnen, sie waren besonders zugänglich für die einfachen Schlagworte und Parolen wie »Ein Volk, ein Reich, ein Führer« oder »Die Juden sind unser Unglück«, eine Zeile, die auf der Titelseite jeder Ausgabe des *»Stürmers«* prangte; und bei den Jugendlichen ließen sich am ehesten Aggressivität und Opferbereitschaft wecken. – Mittel der Propaganda aber waren nicht nur Strategien der Überredung oder – im Krieg – der Vertröstungen (auf *Wunderwaffen* oder *Endsieg*). Ihre Wirksamkeit bezog sie auch aus ihrer Konkurrenzlosigkeit und aus der latenten Drohung, Verweigerung von Zustimmung mit Haft, Folter, KZ oder gar Tod zu ahnden. Diese unterschwellig immer mitschwingende Gewalt äußerte sich im brutalen Auftreten der Parteifunktionäre, im hämmernden Marschtritt von SA und SS, im angsteinflößenden Schwarz der Uniformen, in den Paraden der bewaffneten Macht, in der monumentalen *Architektur* und in der Zerstörung des Rechtes. Hinzu kam die Allgegenwart der Propaganda in Form von Plakaten, *Feiern* oder Umgangsformen wie dem *Deutschen Gruß*.

Propagandakompanien (PK)
Die deutsche Wehrmacht stellte seit Aug. 1938 Sondereinheiten auf, die über das militärische Geschehen berichten und die psychologische Kriegführung unterstützen sollten. Bis 1941 lag die Hauptaufgabe dieser Propagandakompanien in der Kriegsberichterstattung. Erst die große Umorganisation der deutschen Propagandatruppen 1943 brachte die *psychologische Kriegführung* stärker zur Geltung, die während des Ostfeldzugs und an der Italienfront v. a. durch ihre Flugblatt- und Rundfunkpropaganda Teilerfolge erzielte. Die Personalstärke betrug 15 000 Mann, von denen bis Kriegsende etwa 1000 fielen. Auch viele nach dem Krieg prominente Journalisten und Schriftsteller dienten als PK-Männer, z. B. Lothar-Günther Buchheim, Kurt W. Marek (C. W. Ceram), Joachim Fernau, Werner Höfer, Ernst Jünger, Werner Keller, Heinz Maegerlein, Henri Nannen, Rudolf Pörtner, Peter von Zahn. Ihre Kriegsberichte wirkten dann am stärksten, wenn sie nicht ideologisch gefärbt waren, sondern als freie und unabhängige Meinung erschienen. Durch die

ständigen *Goebbels*-Weisungen an die Propagandakompanien verlor ihre Berichterstattung immer mehr an Glaubwürdigkeit.

Propagandaministerium
Kurzbezeichnung des am 13.3.1933 geschaffenen Ministeriums für Volksaufklärung und *Propaganda*, noch kürzer Promi genannt, als zentraler Stelle zur Lenkung der öffentlichen Meinung und zur Selbstdarstellung des Regimes.

Prora
Gigantomanie zeichnete viele Planungen des NS-Staates aus. So wollte *Ley*, Chef der DAF und damit der weltgrößten Arbeiterorganisation, für deren Werk *Kraft durch Freude* fünf »Seebäder der 20 000« gründen, also Kurorte für je 20 000 »Volksgenossen«. Sie sollten dort billige Pauschalurlaube unter Betreuung durch NS-Funktionäre verbringen. Anfang 1936 wurden daher elf Architekten zu einem Wettbewerb für das erste der Projekte in Prora (bei Binz, Rügen) eingeladen, und schon im Mai war die Grundsteinlegung nach dem Entwurf eines Architekten mit dem sprechenden Namen Clemens Klotz (*1886, †1969). Es sollte eine 4 km lange sechsgeschossige Mammutanlage in acht Blöcken entstehen, ausgeführt von rd. 50 Baufirmen mit 5000 Arbeitern. Der auf der Pariser Weltausstellung 1937 prämierte Entwurf wurde mit ersten 500 m 1938 fertig, der Rest stand im Rohbau, ehe der Krieg die Stillegung der Baustelle und die Umnutzung zum Lazarett erzwang. Später wurden Flüchtlinge aus dem Osten untergebracht. Sowjettruppen sprengten nach 1945 Teile der Anlage, die dann die DDR als Kaserne für die Volksarmee nutzte. Ein Museum dokumentiert heute die Geschichte des »Kolosses von Rügen«.

Protektorat Böhmen und Mähren
Mit Erlaß Hitlers vom 16.3.1939 wurde, nach dem Einmarsch deutscher Truppen am Vortag, aus dem tschechischen Teil der Tschechoslowakei ein angegliedertes »Schutzgebiet« des Deutschen Reiches mit 48 900 km^2 und 7,5 Mio. Einwohnern, Hauptstadt *Prag*. Dieses Protektorat wurde von einem Reichsprotektor (zunächst *Neurath*, seit Aug. 1943 *Frick*) regiert, wobei die eigentliche Macht jedoch bei ihren Stellvertretern (bis Mai 1942 *Heydrich*, dann *Daluege* und seit Aug. 1943 K. H. *Frank*) lag. Ihre Politik verfolgte einen konsequen-

ten Kurs der Eindeutschung, Ausbeutung und Herabstufung der Tschechen zu Bürgern zweiter Klasse. Dennoch bemühte man sich anfangs um einigermaßen korrekte Behandlung, da die Arbeiterschaft für die Rüstungsproduktion gebraucht wurde. Erst nach dem Attentat auf Heydrich gingen die deutschen Behörden zu brutaler Unterdrückung über, so daß die auch wegen der *Judenverfolgung* ohnehin gespannte Lage sich weiter verschärfte. Insgesamt fielen dem NS-Terror rd. 65 000 Juden und 40 000 Tschechen zum Opfer. Bei Näherrücken der Fronten kam es daher Anfang Mai 1945 zu Aufständen tschechischer Nationalisten und nach Kriegsende bei der *Vertreibung* der deutschen Bevölkerung zu blutigen Racheakten.

»Protokolle der Weisen von Zion«

Schon im Aug. 1921 entlarvte die Londoner »Times« ein Dokument als Fälschung, das den Antisemiten zum Beweis ihrer These einer »jüdischen Weltverschwörung« gedient hatte und trotz der Entlarvung weiter diente: Die in Sankt Petersburg 1905 erstmals veröffentlichten und in Deutschland zuerst 1920 erschienenen »Protokolle der Weisen von Zion«, einer angeblich jüdischen Geheimregierung, enthielten auf etwa 100 Druckseiten in Form von Aufzeichnungen und Reden den Plan zur Eroberung der Weltherrschaft durch die Juden und Anweisungen für den Weg dorthin. Es komme v.a. darauf an, daß die Juden in aller Welt Unruhen, Revolutionen und politische Zersetzung unterstützten, weil dadurch die jüdische Macht unausweichlich wachse und in die Weltherrschaft münden werde. – Die auf eine französische Schrift von 1864 gegen Napoleon III. zurückgehende Fälschung stammte aus der Werkstatt der zaristischen Geheimpolizei Ochrana, erregte in Deutschland erhebliches Aufsehen und erreichte bis 1933 über 30 Auflagen. Hitler bezeichnete sie in *»Mein Kampf«* als echt, die Mörder des jüdischen Reichsaußenministers Walther Rathenau verteidigten sich damit, daß sie ihn für einen der »Weisen von Zion« gehalten hätten.

psychologische Kriegführung

Der 2. Weltkrieg verlangte in einem bisher unbekannten Ausmaß den totalen Einsatz aller Kräfte. Kein Bereich des gesellschaftlichen Lebens blieb verschont, die Front war überall, nicht nur draußen bei den kämpfenden Heeren, sondern auch in jeder Stadt und in jedem Dorf in der Heimat. Die psychologische Kriegführung mit ihrer Propaganda wurde daher zu einem wichtigen Element der Gesamtkriegführung. Nach innen gerichtet, versuchte sie Moral und Widerstandswillen zu stärken; auf den Gegner gerichtet, war ihr Ziel, Verwirrung und Verunsicherung zu stiften. – Man unterschied dabei »weiße«, »graue« oder »schwarze« Propaganda. Die weiße nannte klar und erkennbar Auftraggeber oder Produzenten. Dazu gehörten die »Passierscheine«, die von militärischen Behörden ausgegeben wurden und Überläufern gute Behandlung versprachen. Graue Propaganda ließ sich ihrer Herkunft nach nicht sofort identifizieren. Beispiel dafür waren die »Nachrichten für die Truppe«, eine anglo-amerikanische Flugblattzeitung, die vorgab, von der deutschen Wehrmacht zu stammen, deren Charakter als Feindpropaganda jedoch leicht zu durchschauen war. Schwarze Propaganda schließlich arbeitete mit allen Mitteln der Täuschung. So enthielt ein britisches Flugblatt einen gefälschten Brief von *Mölders*, in dem der populäre Kriegsheld seinen christlichen Glauben und seine Ablehnung des Hitler-Regimes bekannte. Das Falsifikat war so gelungen, daß weite Kreise der deutschen Bevölkerung es für echt hielten. – Neben der Arbeit mit Flugblättern, die es in den Kriegen davor auch schon gegeben hatte, fand die Propaganda ein weiteres Betätigungsfeld im neuen Medium des Rundfunks. Der »Krieg der Ätherwellen« entwickelte sich zu einer Spitzendomäne der psychologischen Kriegführung, deutsche und englische Rundfunkpropagandisten brachten es zu bemerkenswerter Perfektion, so z.B. auf englischer Seite Sefton Delmer oder auf deutscher der als Lord »Haw-haw« berüchtigte *Joyce*. Nach einer Zusammenstellung des Auswärtigen Amtes gab es im Febr. 1944 insgesamt 55 Geheimsender der Feindmächte, die ihre Programme in 16 Sprachen ausstrahlten; als einer der gefährlichsten galt der Soldatensender *Calais*. Die deutschen Geheimsender erreichten ihre Höhepunkte vor dem Hintergrund der »Blitzsiege« der deutschen Wehrmacht. »Radio Humanité« und »Voix de la Paix« erzeugten mit Greuelpropaganda Panik unter der französischen Bevölkerung und lösten ein Flüchtlingschaos aus, das für die Operationsfreiheit der alliierten Verbände im Frankreichfeldzug zum bedeutenden Hindernis werden sollte. – Ob und wieweit psychologische Kriegführung über kurzzeitig gelungene Desinformation hinaus auch langfristig wirklich erfolgreich war, ist schwer zu sagen. Auf den Kriegsausgang im Großen hatte jedenfalls die Propaganda keinen Einfluß. Der von den

Alliierten erhoffte psychische Kollaps der deutschen Zivilbevölkerung trat trotz aller Rundfunksendungen und trotz des Abwurfs von Milliarden von Flugblättern nicht ein. Nach dem Krieg resümierte ein amerikanischer Propagandist: »Die Kapitulation der deutschen Armeen war weder das Ergebnis einer inneren Revolution noch das Ergebnis eines moralischen Zusammenbruchs der Heimat, sondern die Folge der totalen Niederlage auf dem Schlachtfeld.«

Putten

Im Okt. 1944 wurde die niederländische Ortschaft Putten Schauplatz einer deutschen Terroraktion. Als Vergeltung für einen Anschlag auf ein mit Wehrmachtsangehörigen besetztes Auto, wobei ein Offizier getötet und ein anderer verletzt und entführt worden war, ließen die Besatzungsbehörden einen Teil des Dorfes niederbrennen und alle männlichen Bewohner zwischen 18 und 50 Jahren zum Arbeitseinsatz nach Deutschland transportieren. Die meisten von ihnen sind vermutlich im KZ *Neuengamme* und seinen Außenlagern umgekommen. Das Verbrechen von Putten war im Aug. 1948 Gegenstand eines Strafverfahrens vor dem niederländischen Sondergerichtshof in Arnheim: Der verantwortliche Wehrmachtsbefehlshaber der Niederlande, General der Flieger Friedrich Christiansen, wurde zu zwölf Jahren Haft verurteilt (1951 begnadigt).

Q

Quebec-Konferenzen

Zweimal trafen sich alliierte Politiker während des 2. Weltkriegs in der kanadischen Provinzhauptstadt Quebec. Die 1. Quebec-Konferenz (Codebezeichnung »Quadrant«) vom 17. bis 24.8.1943 mit *Churchill*, *Roosevelt*, ihren Außenministern, dem kanadischen Premier und dem chinesischen Außenminister beschloß die »Germany first«-Strategie, die vorrangige Bekämpfung Deutschlands. – Bei der 2. Quebec-Konferenz vom 11. bis 16.9.1944 besprachen Roosevelt und Churchill Fragen der Niederwerfung Japans und der Besetzung Deutschlands (u.a. *Morgenthau-Plan*).

Quisling, Vidkun

* Fyresdal (Telemark) 18.7.1887, † Oslo 24.10.1945 (hingerichtet)
Sein Name wurde zum Synonym für Landesverräter und Kollaborateur: Der norwegische Politiker Quisling stand zunächst links. 1927/28 war er Legationssekretär an der Botschaft in Moskau. Das Erlebnis des realen Sozialismus machte ihn zum radikalen Antibolschewisten. Heimgekehrt, gründete er 1933 die faschistische »Nasjonal Samling«. Einen Parlamentssitz aber konnte nicht einmal er selbst als Parteivorsitzender erringen. Im Krieg setzte Quisling ganz auf die deutsche Karte, wurde 1939 von Hitler empfangen und stellte sich nach der Besetzung *Norwegens* (1940) dem deutschen Reichskommissar zur Verfügung. Zwar wurde seine Partei zur einzig zugelassenen erklärt und Quisling 1942 zum Ministerpräsidenten einer »nationalen Regierung« gemacht, doch blieb sein Einfluß auf die deutsche Besatzungspolitik unbedeutend. Nach der Befreiung festgenommen, wurde er zum Tod verurteilt.

R

RAD
Abkürzung für *Reichsarbeitsdienst.*

Radar
Bei den Deutschen hieß es *Funkmeß*, die Briten nannten es Radar (Kurzwort aus Radio detecting and ranging): das mit elektromagnetischen Wellen arbeitende Verfahren zur Ortung von Flugzeugen, Schiffen u.a., das auch als Navigationshilfe verwendet wurde. Die Briten setzten wegen ihrer insularen Lage die Radartechnik vorrangig in der Luftverteidigung ein. Bei Kriegsbeginn verfügten sie über ein funktionsfähiges Frühwarnsystem, das 18 Stationen entlang der Süd- und Ostküste zwischen Portsmouth und Aberdeen umfaßte. Sie meldeten schon auf 160 km Entfernung anfliegende Maschinen, was dem Fighter Command in der *Luftschlacht um England* einen entscheidenden taktischen Vorsprung gegenüber den deutschen Bombern sicherte. Vom bodenständigen Luftwarnraum weitete sich die Radartechnik auf immer neue Anwendungsgebiete aus: Feuerleitsysteme, boden- oder bordgestütze Navigation für Flugzeuge, U-Boot-Ortung, Nachtjagd u.a. Während die Briten im Sommer 1941 noch kein dem deutschen »Seetaktgerät« (das im Dezimeterwellenbereich arbeitete) gleichwertiges Ortungsmittel besaßen, gelang ihren Wissenschaftlern bald darauf der Durchbruch: Das Magnetron, eine leistungsstarke Senderöhre für scharf gebündelte Zentimeterwellen, verhalf den Anglo-Amerikanern seit 1942/43 in allen Bereichen des Radars zu einer klaren Überlegenheit und führte u.a. zur siegreichen Wende in der *Atlantikschlacht*. Weiterentwicklung wie das H2S-Navigations- und Zielfindungsradar ermöglichten den alliierten Bomberflotten bei Tag und Nacht das Operieren über dem

Reichsgebiet und über Japan unabhängig von elektronischen Leitstrahlen.

Raeder, Erich

* Wandsbek (heute zu Hamburg) 24.4.1876, † Kiel 6.11.1960

1894 trat Raeder in die kaiserliche Marine ein, wurde Berufsoffizier und 1928 zum Admiral ernannt. Seit 1.10.1928 Chef der Marineleitung (1.1.1935 Oberbefehlshaber der Kriegsmarine), hatte er entscheidenden Einfluß auf den Ausbau der Kriegsmarine. Er begrüßte Hitlers Aufrüstungskurs, warnte aber vor einem Konflikt mit Großbritannien als größter Seemacht. Verbittert stellte er 1939 bei Kriegsbeginn fest, die völlig unzureichend gerüstete deutsche Kriegsmarine könne nun nur noch »in Ehren untergehen«. Der Konflikt mit Hitler war programmiert, zumal Raeder (seit 1.4.1939 Großadmiral) sich mit der Beibehaltung der Militärseelsorge in der Kriegsmarine auch ideologisch verdächtig machte. Am 31.1.1943 wurde er von *Dönitz* abgelöst. Das bewahrte ihn nicht vor der Anklagebank in Nürnberg, wo er wegen der Planung eines Angriffskriegs (Verbrechen gegen den Frieden) am 1.10.1946 zu lebenslanger Haft verurteilt wurde; 1955 Entlassung aus Gesundheitsgründen.

Rangklassen

Abstufung der *Dienstgrade* beim Heer, bei der Luftwaffe und bei der Marine sowie bei SS/Waffen-SS und SA.

Rapallo

Das italienische Städtchen Rapallo südöstlich von Genua war 1922 Ort der Verständigung zwischen den Kriegsverlierern Deutschland und der jungen Sowjetunion während eines Weltwirtschaftsgipfels in Genua. Man vereinbarte u. a. die Aufnahme von diplomatischen und konsularischen Beziehungen und einen Verzicht auf Reparationen. Rapallo wurde in der Folge zur polemischen Bezeichnung für angebliche ostpolitische Alleingänge Deutschlands (»Gespenst von Rapallo«). Die Vereinbarungen galten bis zum Beginn des deutschen *Rußlandfeldzugs* am 22.6.1941.

Rasse

Die Biologen verstanden unter Rasse die Unterart einer Tier- oder Pflanzenart. In diesem Sinn wurde der Begriff von der Anthropologie übernommen und zur Bezeichnung der verschiedenen Formengruppen des Menschen verwendet, vom Rassismus mit Werturteilen gekoppelt und unzulässig mit dem Begriff der Art als Fortpflanzungsgemeinschaft gleichgesetzt. Da sich die Menschenrassen in ihren Merkmalen im wesentlichen erhalten hätten, schloß man daraus auf Paarungsgrenzen zwischen ihnen. Daß dem eher Vorurteile, räumliche Trennung, geringe Bevölkerungsdichte und dergleichen zugrunde liegen, ignorierten die Rasseideologen und warnten vor möglicher, aber angeblich gefährlicher Mischung, die »Bastarde« hervorbringe. Das gefährde v.a. die Weißen, bei denen »die Menschheit in ihrer größten Vollkommenheit« angelangt sei, wie der Philosoph Immanuel Kant 1775 schrieb. Von diesem Irrtum bis zur Rechtfertigung von Unterdrückung, ja Versklavung der Farbigen war es nur ein kleiner Schritt. Und die Forschungen von Charles Darwin (* 1809, † 1882) über »Die Entstehung der Arten durch natürliche Zuchtwahl« (1859) schien dieses »Recht« naturwissenschaftlich zu untermauern. Es wurde kulturell von *Gobineau*, H.S. *Chamberlain* und anderen dahin gehend präzisiert, daß v.a. die »nordische Rasse«, also die Germanen und ihre Nachkommen, allen voran das deutsche »Vorvolk«, zum Herrschen bestimmt seien. Allerdings stünden die Deutschen in einem harten »Rassenkampf«, weil Vermischung stattgefunden habe und weiterhin drohe. Daraus ergaben sich Forderungen nach Reinzüchtung durch Ausscheidung der bereits aufgenommenen Fremdanteile im »Blut« und nach Verboten geschlechtlicher Kontakte mit anderen Rassen. Zu diesen zählte man nun ohne die Spur eines Belegs auch die Juden. – Hinter diesem Rasse-*Antisemitismus* standen der Wunsch nach Ausgrenzung einer erfolgreichen Minderheit und die Schlußfolgerung, die Sonderrolle der Juden in den europäischen Gesellschaften sei auf ihre angeblich verderblichen Rasseeigenschaften zurückzuführen. Die historischen Gründe dafür (Religion, Neid) ließen die Rasseideologen unberücksichtigt und sahen es als besonders heimtükkisch an, daß man Juden nicht einmal auf den ersten Blick als »fremdrassisch« erkennen könne, was die »Blutreinheit« des »deutschen Menschen« in Gefahr bringe. Vermischung aber bedeute eine »Senkung des Rasseniveaus«, die mit allen Mitteln zu verhindern sei. So weit verstiegen sich natürlich nur wenige Fanatiker, doch konnten sie erfolgreich anknüpfen an religiöse und andere Vorurteile den Juden gegenüber. Und so erschraken die meisten zu spät über die

NS-Rassenpolitik. Hitler hatte schon in »*Mein Kampf*« ihren Zweck mit »Erhaltung des rassischen Daseins des Menschen« bestimmt. Nach seiner Überzeugung hatte der »aristokratische Grundgedanke der Natur« zu der unterschiedlichen Wertigkeit der Rassen geführt, gegen den sich niemand ungestraft versündigen dürfe. Die Unterschiede zwischen den Einzelmenschen erklärten sich so als verschiedene Zusammensetzung der Rasseanteile, so daß besonders stark »jüdisch belastete« Individuen eben auch besonders minderwertig seien. Das Unvorstellbare dieser unmenschlichen Konstruktion war Teil ihres »Erfolgs«, denn wer davor warnte, galt als der eigentlich Verrückte, und selbst die künftigen Opfer erfaßten lange die Tragweite nicht.

Rassenhygiene

Körper wie Charakter seien nur dann wirklich »sauber«, wenn auch die Rasse, also das »Blut« des Menschen »rein« sei und gehalten werde. In diesem sehr dinglichen Sinn übertrugen die Rasseideologen den Begriff der »Hygiene« auf die Rasse und den »Volkskörper«. Die »Lehre von der optimalen Erhaltung der menschlichen Rasse« hieß demgemäß »Rassenhygiene« und zielte v.a. auf die Begünstigung kinderreicher Familien »tüchtiger« Menschen und die »Ausmerzung Minderwertiger«. In diesen Rahmen gehörten die Bekämpfung von »Keimgiften« (z.B. Geschlechtskrankheiten, Suchtmittel) und die Förderung von Wehrhaftigkeit. Im 3. Reich wurde diese »Wissenschaft« die »Grundlage der heutigen Staatsräson«, wie es Reichsärzteführer Gerhard Wagner ausdrückte. Die Gesetze gegen »erbkranken Nachwuchs«, gegen »gefährliche Gewohnheitsverbrecher« und das *Erbhofgesetz* (alle schon 1933) sollten der Rassenhygiene ebenso dienen wie die *Nürnberger Gesetze* (1935) und schließlich die *Endlösung*.

Rassenpolitisches Amt

Am 1.5.1934 gründete *Heß* als Stellvertreter des Führers eine Parteidienststelle für *Bevölkerungspolitik* und Rassenpflege. Dieses Rassenpolitische Amt beriet Parteigliederungen wie die HJ in rassischen Fragen v.a. der »Mädelarbeit«, veranstaltete entsprechende Filmabende und Kurse und gab eigene Schriften wie den Kalender »Neues Volk« heraus zur »Hebung der rassischen Kraft der Nation«.

Rassenschande

Mit den *Nürnberger Gesetzen* vom 15.9.1935 wurden die Eheschließung zwischen Juden und Staatsangehörigen »deutschen oder artverwandten Blutes« und auch der außereheliche Verkehr zwischen ihnen verboten. Der Verstoß dagegen hieß »Rassenschande«. Laut Gesetz machte sich dabei zwar nur der Mann strafbar, doch wurden immer wieder auch Frauen angezeigt und verurteilt. Meist stand hinter solchen Anzeigen Rache oder Eifersucht, und die gewöhnlich drastischen Strafen (Zuchthaus) kamen aufgrund höchst dürftiger Beweise oder nach erpreßten Geständnissen zustande. Im Krieg wurde das Verbrechen der Rassenschande sogar mit dem Tod bestraft, wenn die Tat unter Ausnutzung der Kriegsumstände (Verdunklung, Not) ausgeführt wurde und eine Verurteilung nach der »Verordnung gegen *Volksschädlinge*« vom 5.9.1939 erfolgte. Angebliche oder tatsächliche Verstöße gegen das »Blutschutzgesetz« führten auch oft ohne Verfahren zu KZ-Haft.

Rasse- und Siedlungshauptamt (RuSHA)

»Rassenmäßige Ausrichtung« der SS, Bauern- und Siedlungsfragen, »Sippenpflege« und rassische Schulung – dafür schuf sich der Reichsführer SS *Himmler* 1931 mit dem Rassenamt der SS eine eigene Dienststelle, die am 30.1.1935 zum Rasse- und Siedlungshauptamt (RuSHA) aufgewertet wurde. Es beschäftigte Rasse- und Bauernreferenten und gab die »SS-Leithefte« heraus, die unter der Führung des Amtschefs *Darré* einen praxisfernen *Blut-und-Boden*-Mythos pflegten. Das Amt verlor dadurch an Einfluß, und auch nach der Ablösung Darrés im Sommer 1938 übernahm das SS-Hauptamt immer mehr seiner Funktionen wie z.B. die Rekrutierung von Freiwilligen für die *Waffen-SS* und die »germanische Arbeit« in den besetzten Ländern. Auch an den Verein *Lebensborn* und andere Stellen mußte das RuSHA Kompetenzen abgeben, so daß seine Hauptaufgaben schließlich darin bestanden, Heiratsgesuche von SS-Männern zu bearbeiten, *Abstammungsnachweise* zu prüfen, rassebiologische Untersuchungen z.B. in den Napolas oder bei Umsiedlern vorzunehmen und Siedler zu werben. Außerdem oblagen dem Amt die Betreuung der Gräberoffiziere der Waffen-SS und die Erfassung der Verluste der SS im Krieg.

Rassismus
Ideologisierung der Rassenkunde und des Begriffs der *Rasse* sowie seine politische Nutzung.

Rath, Ernst vom
* Frankfurt a. M. 3.6.1909, † Paris 9.11.1938
Deutscher Diplomat, Opfer des Anschlags von *Grynszpan*, der ihn mit dem deutschen Botschafter verwechselte, und damit Anlaß für die Auslösung der *Kristallnacht*.

Rationierung →*Lebensmittelkarten*, →*Reichskleiderkarte*

Raubal, Angelika
* Linz 4.1.1908, † München 18.9.1931
Nichte und Ende der 1920er Jahre Geliebte Hitlers, genannt »Geli«, Selbstmord nach Beginn der Affäre Hitlers mit Eva *Braun*.

Rauff, Walther
* Köthen (Anhalt) 19.6.1906, † Las Condes (Chile) 14.5.1984
Noch als Marineoffizier trat Rauff am 1.5.1937 der NSDAP bei, ließ sich Ende desselben Jahres verabschieden, fand Verwendung beim SD und wurde am 20.4.1938 Mitglied der SS, die ihn rasch beförderte (21.6.1944 Standartenführer). Rauff übernahm, zur Sicherheitspolizei abgestellt, im RSHA die Gruppe IID (Technische Angelegenheiten) mit dem Referat Kraftfahrzeugwesen. Dort wurde der *Gaswagen* entwickelt zur Beschleunigung der Massenmorde der *Einsatzgruppen* im Osten. Zwar geriet Rauff in amerikanische Gefangenschaft, konnte aber, wohl mit Hilfe von Geistlichen, fliehen und sich nach Chile absetzen. Ein deutsches Auslieferungsersuchen wurde 1963 abgelehnt, weil die Taten Rauffs nach chilenischem Recht verjährt waren.

Raum
Wie *Blut*, *Rasse*, Boden und ähnliche Wörter war »Raum« im Sinn von *Lebensraum* ein NS-Schlüsselbegriff zur Bezeichnung des »Urgrunds« des Volkes. Er war daher mehr als bloße Anbaufläche oder Kammer der Bodenschätze, galt als seelische Basis der »Volkskraft«, die zu erweitern sei. Politik war danach v. a. die Lösung der Rasse- und Raumfrage.

Rauschning, Hermann
* Thorn (Westpreußen) 7.8.1887, † Portland (Oregon) 8.2.1982
Studiert hatte er Musikgeschichte, tätig war er als konservativer politischer Publizist (»Die Entdeutschung Westpreußens und Posens«, 1929) und als Landwirt in *Danzig*: Rauschning trat 1931 bei sich abzeichnendem Sieg der NSDAP in die Partei ein und wurde am 20.6.1933 Senatspräsident von Danzig. Trotz scharf antisemitischer Politik und Förderung des *Führerkults* mußte er Ende 1934 auf Druck Hitlers zurücktreten, weil er sich mit Gauleiter *Forster* überworfen hatte. Rauschning ging in die Schweiz und veröffentlichte »Die Revolution des Nihilismus« (1938) als »Abrechnung« mit der NS-Ideologie. Noch erfolgreicher waren seine »Gespräche mit Hitler« (1939), die weitgehend frei erfunden, aber in Stil und Ton Hitlerschen Äußerungen in den *Tischgesprächen* täuschend ähnlich waren. Seit 1948 lebte Rauschning in den USA.

Ravensbrück
Für weibliche Häftlinge richtete die SS am 15.5.1939 nördlich von Fürstenberg an der Havel das KZ Ravensbrück ein. Dort wurden Ende 1939 rd. 2000, aber Ende 1942 schon 10 800 Frauen festgehalten; insgesamt durchliefen 107 753 Häftlinge vieler Nationen das Lager und seine 42 Außenkommandos. Die harte Zwangsarbeit in Industrie, Landwirtschaft oder in SS-eigenen Betrieben kostete viele der unterernährten Frauen das Leben. Schlechte Unterbringung und unzureichende sanitäre Anlagen führten zu Seuchen mit hoher Sterblichkeit. Andere Inhaftierte wurden Opfer von Mißhandlungen und der von 1942 an vorgenommenen *Menschenversuche* (Gasbrand, Wundinfektionen, Experimente zur Sterilisierung an »Zigeunerinnen«), Kranke mit schlechter Prognose oder Arbeitsunfähige kamen im Rahmen der Aktion 14 f 13 als Fortsetzung der *Euthanasie* ums Leben. In einer noch im Frühjahr 1945 in Betrieb genommenen Gaskammer wurden mindestens 2300 Frauen ermordet. Bei der Evakuierung von Ravensbrück im April 1945 gab es weitere Todesfälle. Am 29./30.4. befreite die Rote Armee das Lager. Die Gesamtopferzahl wird auf über 75 000 Menschen geschätzt.

Recht
Die Gesamtheit der Gesetze, die das Zusammenleben der Menschen regeln, nennt man Recht. Gemeinhin dient es dazu, dem einzelnen

einen gewissen Freiraum und Entfaltungsmöglichkeiten zu sichern, seine Pflichten dem Mitbürger und dem Gemeinwesen gegenüber und seine Ansprüche an sie zu definieren. – Der Nationalsozialismus wandte sich von dieser Rechtstradition radikal ab und definierte: »Recht ist, was dem Volke nützt«, und was das war, bestimmte allein die politische Führung, also letztlich der *Führerwille* allein. In dieser rein von der Volksgemeinschaft her begründeten Rechtsetzung galten insbesondere die Menschen- und Bürgerrechte nicht, da sie einem »schrankenlosen Individualismus« Vorschub leisteten; im krassen Fall etwa der *Nürnberger Gesetze* wurde offenes Unrecht in Rechtsform gekleidet. Aufgabe der *Justiz* war demgemäß nicht mehr das Schaffen von Gerechtigkeit, sondern die Durchsetzung des von oben diktierten Gemeinnutzens. Da die Definition je nach Situation schwankte, kam es zu allmählicher Erosion des Rechts selbst in den weitgehend unveränderten Bereichen des Zivil-, Wirtschafts- oder Steuerrechts; damit entstand allgemeine Rechtsunsicherheit.

Rechtswahrer
Eindeutschung des Wortes Jurist; in der NS-Sprachregelung v.a. Bezeichnung für die akademisch ausgebildeten »Arbeiter am Recht«, zusammengeschlossen im *NS-Rechtswahrerbund*.

Reder, Walter
* Freiwaldau (Nordmähren) 4.2.1915, † Wien 26.4.1991
Als SS-Obersturmbannführer befehligte Reder im Sept. 1944 die Aufklärungsabteilung der 16. SS-Panzergrenadierdivision. Zur Vergeltung von Partisanenanschlägen ließ er das Städtchen Marzabotto bei Bologna und einige umliegende Dörfer niederbrennen. Seine Leute töteten dabei nach offiziellen italienischen Angaben 1830 Zivilisten. Reder wurde dafür 1951 in Italien zu lebenslänglicher Haft verurteilt und erst im Jan. 1985 begnadigt. Sein Empfang in Österreich als letzter »Kriegsgefangener« durch den Verteidigungsminister führte zu einer Regierungskrise und zu einer Belastung der Beziehungen zwischen Rom und Wien.

»Das Reich«
Die NS-Einheitspresse mißfiel selbst *Goebbels*. Er ließ daher 1940 ein Blatt für das Ausland und die deutsche Intelligenz konzipieren,

das unter dem Titel »Das Reich« und dem Untertitel »Deutsche Wochenzeitung« erstmals am 26.5.1940 in Berlin erschien. Goebbels selbst schrieb regelmäßig die Leitartikel, renommierte Journalisten gestalteten den Inhalt. Sie konnten dabei auf Material zurückgreifen, das anderen Zeitungen vorenthalten wurde. Die Zeitschrift vermittelte daher einen Hauch von Pressefreiheit, was ihre Auflage schon bis Okt. 1940 auf 500 000 und bis März 1944 auf 1,4 Mio. Exemplare emporschnellen ließ. Die letzte Nummer erschien am 15.4.1945.

Reichenau, Walter von

* Karlsruhe 8.10.1884, † Poltawa 17.1.1942

1903 trat Reichenau ins Heer ein und machte in der Reichswehr Karriere (1.10.1936 General der Artillerie). Bei Kriegsbeginn war er Oberbefehlshaber der 10. Armee, die er schon beim Einmarsch in die Tschechoslowakei (März 1939) geführt hatte. Er stieß mit ihr im Zentrum der Heeresgruppe Süd im Polenfeldzug Richtung Warschau vor, das am 27.9.1939 kapitulierte. Am 1.10.1939 zum Generaloberst ernannt, führte Reichenau im Westen die 6. Armee am Südflügel der Heeresgruppe B und nahm am 28.5.1940 die belgische Kapitulation entgegen. Mit der 6. Armee zog er auch gegen die Sowjetunion (22.6.1941) und erreichte am 24.10.1941 Charkow und Belgorod. Nach dem Rückschlag bei Rostow löste Reichenau *Rundstedt* als Chef der Heeresgruppe Süd ab, konnte die Stadt aber auch nicht halten. In höherem Maß als die meisten seiner Standesgenossen engagierte sich Reichenau für den Nationalsozialismus; davon zeugt u. a. sein Tagesbefehl vom 10.10.1941, in dem er die *Judenverfolgung* als »harte, aber gerechte Sühne am jüdischen Untermenschtum« bezeichnet. Der hochdekorierte Heerführer (Ernennung zum Generalfeldmarschall 19.7.1940) starb an den Folgen eines Schlaganfalls.

Reichsarbeitsdienst (RAD)

Eine Dienstpflicht für Jugendliche wurde schon in der Weimarer Republik immer wieder diskutiert und v. a. in der Zeit der *Weltwirtschaftskrise* als Mittel zur Bekämpfung der Jugendarbeitslosigkeit aktuell. 1931 wurden die Grundlagen für einen freiwilligen von der Reichsanstalt für Arbeitsvermittlung finanzierten Dienst geschaffen. Hitler störte daran nur die Freiwilligkeit, und er ließ schon seit 1929 von *Hierl* einen Plan für einen Reichsarbeitsdienst entwickeln, der dann mit Gesetz über eine allgemeine Dienstpflicht vom 26.6.1935 für männliche Arbeitskräfte von 18 bis 25 Jahren geschaffen wurde. Für junge Frauen folgte ein, allerdings freiwilliger, Arbeitsdienst am 1.4.1936, ein *Pflichtjahr* für sie wurde erst 1939 eingeführt. Die jungen Männer dienten ein halbes Jahr (oder freiwillig bis zu einem Jahr) in geschlossenen Einheiten und verrichteten Kultivierungsarbeiten, waren beim Bau der *Autobahn* beschäftigt oder wurden zu Hilfsdiensten für die Wehrmacht herangezogen (z.B. Errichtung des *Westwalls*); im Krieg waren sie in allen besetzten Ländern eingesetzt. Die vorgesehene politische Schulung der RAD-Männer kam mangels geeigneten Personals meist zu kurz. Die Gesamtstärke des RAD betrug 1935 rd. 200 000 Mann und wurde bis 1939 auf 350 000 Mann aufgestockt.

Reichsautobahn →*Autobahn*

Reichsberufswettkampf

Entsprechend dem heutigen »Jugend forscht« könnte man das von *Axmann* entwickelte Programm zur beruflichen Leistungssteigerung von Jugendlichen als »Jugend werkelt« bezeichnen: Der 1933 vorgeschlagene und seit 1934 gemeinsam von HJ und DAF im Frühjahr durchgeführte Reichsberufswettkampf (nach 1939 als Kriegsberufswettkampf) prämierte Arbeiten in allen Ausbildungsberufen nach einem Punktsystem. Es berücksichtigte in erster Linie die praktische Ausführung, dann die berufstheoretischen Kenntnisse der Wettkämpfer und ihre weltanschauliche (politische) Sattelfestigkeit, auch sportliche Mindestanforderungen mußten erfüllt werden. 1938 nahmen 2,2 Mio. Jugendliche in 1600 Berufssparten an den Ausscheidungen teil, 500 000 Mitarbeiter waren auf Orts-, Gau- und Reichsebene erforderlich zur Prüfung der eingereichten Arbeiten. Besonders gelungene Ausführungen wurden ausgestellt und kamen zusätzlich in einen Schaufensterwettbewerb.

Reichsbischof

Die von Hitler angestrebte Einigung der 28 evangelischen Landeskirchen in einer Reichskirche sah als Oberhaupt einen Reichsbischof vor. Noch ehe die dafür erforderliche neue Reichskirchenverfassung stand, einigten sich die Landeskirchen am 27.5.1933 auf *Bodel-*

schwingh als Reichsbischof. Die fehlende Verfassung nahm die Staatsführung als Druckmittel gegen ihn, erreichte seinen Rücktritt und setzte einen Reichskommissar bis zu einer regulären Wahl ein. Sie fiel nach dem Sieg der *Deutschen Christen* in den Kirchenwahlen (23.7.1933) auf einer Nationalsynode in der Lutherstadt Wittenberg am 27.9.1933 auf Hitlers Favoriten L. *Müller*, der sich aber gegen den Widerstand der *Bekennenden Kirche* nicht durchsetzen ließ, so daß ihm am 24.11.1935 die Leitungsbefugnisse ohne Titelverlust entzogen wurden.

Reichsbund Jüdischer Frontsoldaten (RJF)
Patriotismus und nationale Gesinnung waren in jüdischen Kreisen sehr verbreitet. Der am 8.2.1919 ins Leben gerufene Reichsbund Jüdischer Frontsoldaten diente der Pflege dieser Haltung, kümmerte sich um die Kriegsopfer und betrieb Öffentlichkeitsarbeit, indem er den Anteil der deutschen Juden an den Kriegsanstrengungen im 1. Weltkrieg hervorhob, z. B. in der Schrift »Die jüdischen Gefallenen des deutschen Heeres« (1932) und in dem seit 1921 erscheinenden Wochenblatt »Der Schild«. Der RJF erreichte 1933 noch mit Unterstützung *Hindenburgs* für seine Mitglieder die Ausnahme von antijüdischen Maßnahmen des NS-Regimes wie dem *Arierparagraphen*, wurde dann aber auch von der Judenverfolgung erfaßt und 1938 aufgelöst.

Reichsfilmkammer →*Reichskulturkammer*

Reichsfrauenführerin
Amtsbezeichnung von *Scholtz-Klink* (seit Nov. 1934) als Leiterin aller Frauenorganisationen des 3. Reiches, deren Leiterinnen ihren »Stab« bildeten; der Reichsleitung der NSDAP unterstellt.

Reichsführer SS und Chef der Deutschen Polizei (RFSSuChdDtPol)
Amtsbezeichnung *Himmlers* nach Übernahme auch der Leitung der gesamten Polizei im Reich am 17.6.1936 mit dem formalen, aber durch direkte Unterstellung des Reichsführers SS unter Hitler bedeutungslosen Zusatz »im Reichsministerium des Innern«.

Reichsgericht

Bis 1945 war das Reichsgericht in Leipzig oberste Revisionsinstanz in Zivil- und Strafsachen, doch wurden seine Kompetenzen nach dem für die NS-Führung unbefriedigend verlaufenen Prozeß um den *Reichstagsbrand* beschnitten durch die Errichtung des *Volksgerichtshofs*. Mit Einrichtung der *Sondergerichte* verlor das Reichsgericht zudem die Revisionsbefugnis für politische Strafsachen und behielt sie nur bei Verfahren aufgrund der *Nürnberger Gesetze*. 1939 wurde ein besonderer Senat gebildet für Einsprüche gegen rechtskräftige Strafurteile (meist zwecks Verschärfung) und für Sachen, die wegen ihrer »besonderen Bedeutung« dort anzuklagen, genauer: im Sinne der politischen Führung zu behandeln waren.

Reichsjugendführung

Die Jugendarbeit der NSDAP wurde am 30.10.1931 in einer Dienststelle unter *Schirach* bei der Reichsleitung zusammengefaßt. Diese Reichsjugendführung betreute den NS-Schülerbund, den NS-Studentenbund und die *HJ*. Mit Ernennung Schirachs zum »Jugendführer des Deutschen Reiches« am 17.6.1933 wurde sie staatlich anerkannt und mit dem Gesetz über die HJ vom 1.12.1936 eine Oberste Reichsbehörde.

Reichskanzlei

Bezeichnung sowohl für die von *Lammers* geleitete Behörde Hitlers als Regierungschef wie für deren Amtssitz in der Wilhelmstraße, ein Gebäude, das Hitler nicht leiden konnte und allenfalls als angemessen für »einen Seifenkonzern« hielt; 1939 durch die *Neue Reichskanzlei* Ecke Voßstraße ersetzt.

Reichskanzler

Nach der Weimarer Verfassung war der Regierungschef mit der Amtsbezeichnung »Reichskanzler« dem Parlament verantwortlich und wurde vom Reichspräsidenten ernannt. Schon die *Präsidialkabinette* aber lösten sich mangels Mehrheit immer weiter aus der parlamentarischen Verantwortung. Sie schaffte Hitler mit dem *Ermächtigungsgesetz* vom 24.3.1933 vollends ab, verschmolz das Amt des Regierungschefs mit dem des Präsidenten am 2.8.1934 und nannte sich fortan *Führer und Reichskanzler*.

Reichskleiderkarte
Bezugsschein für den Einkauf von Textilien, eingeführt mit Verordnung vom 14.11.1939, ein Jahr gültig nur für Kleidung, während Tisch-, Haus- und Bettwäsche sowie Schuhe und Berufskleidung mit gesonderten Bezugsscheinen zugeteilt wurden; nur an alle nicht in Uniform dienende Deutsche abgegeben; Juden erhielten seit 1940 keine Reichskleiderkarte mehr.

Reichskommissar
In der Weimarer Republik gab es die verfassungsmäßige Möglichkeit für die Reichsregierung, einen Reichskommissar als Beauftragten mit weitreichenden Befugnissen zu entsenden, wenn es galt, Rechte des Reiches z.B. in den Ländern zu sichern oder Sonderaufgaben zu erfüllen. Schon beim *Preußenschlag* nutzte die Regierung *Papen* das Instrument, das dann von Hitler als bevorzugtes Mittel zur *Gleichschaltung* eingesetzt wurde, z.B. bei der Disziplinierung der evangelischen Kirche, im Sport, in den Ländern oder bei der »Verreichlichung« der Justiz. Bei der Rückgliederung des Saarlands bediente sich Hitler ebenso eines Reichskommissars wie beim *Anschluß* Österreichs und der Eingliederung des Sudetenlands. Im Krieg waren Reichskommissare Leiter der deutschen Besatzungsbehörden, in Rußland wurden eigens zwei Reichskommissariate geschaffen (Ostland und Ukraine). Reichskommissare mit Sonderaufgaben waren *Himmler* »für die Festigung deutschen Volkstums« (seit 7.10.1939) und *Ley* »für sozialen Wohnungsbau« (seit 19.11.1940).

Reichskonkordat →*Konkordat*

Reichskriegsgericht
Schon 1936 schuf die Reichsregierung als oberste Instanz der *Militärgerichtsbarkeit* das Reichskriegsgericht in Berlin, das bis zum Krieg in erster Instanz zuständig war für Hoch-, Landes- und Kriegsverrat von Wehrmachtsangehörigen sowie für Wehrdienstverweigerung. Im Krieg war das Reichskriegsgericht alleinige Instanz für Spionage, Wirtschaftssabotage und *Wehrkraftzersetzung*, ihm wurde 1943 ein »Sonderstandgericht für die Wehrmacht« angegliedert.

Reichskristallnacht →*Kristallnacht*

Reichskulturkammer
Laut Gründungsgesetz vom 22.9.1933 und folgenden Durchführungsverordnungen hatte sie die Aufgabe, »die deutsche Kultur in Verantwortung für Volk und Reich zu fördern, die wirtschaftlichen und sozialen Angelegenheiten der Kulturberufe zu regeln und zwischen allen Bestrebungen der ihr zugehörenden Gruppen einen Ausgleich zu bewirken«: Die Reichskulturkammer war eine Körperschaft öffentlichen Rechtes, und jeder kulturell Tätige mußte einer ihrer sieben Unterkammern angehören, wenn er seinen Beruf ausüben wollte. Diese waren Reichsfilm-, Reichsmusik-, Reichsschrifttums-, Reichspresse-, Reichstheater- und Reichsrundfunkkammer sowie die Reichskammer der bildenden Künste. Mitglied mußte man sein, durfte es aber nur bei »politischer Zuverlässigkeit« und »arischer Abstammung«. Die Reichskulturkammer war daher oberste Kontrollbehörde darüber, daß nur Erwünschtes von linientreuen »Kulturschaffenden« produziert wurde und daß Abweichler mundtot gemacht wurden. Förderung erhielten ohnedies nur durch besonderen NS-Eifer ausgezeichnete Werke und Personen.

Reichsleiter
Im Braunen Haus in München residierte die Reichsleitung der NSDAP, bestehend aus den Reichsleitern, von denen einige wegen gleichzeitiger Regierungsfunktionen auch Büros in Berlin hatten. Die Reichsleiter wurden von Hitler ernannt und waren ihm als oberste Politische Leiter direkt unterstellt. Sie sollten die »politische Zielsetzung des deutschen Volkes« nach seinen Weisungen festlegen und waren in jeweils bestimmten Aufgabenbereichen dafür verantwortlich, »daß eine Führung vorhanden ist, die unbeirrbar zur nationalsozialistischen Weltanschauung steht«. Hitler wünschte sich die Reichsleiter »volksnah« in der NS-typischen Doppelbedeutung von populär und wachsam. Zu den Reichsleitern gehörten 1940: Der Stellvertreter des Führers *(Heß)* und sein Stabsleiter *(Bormann)*, Chef der Kanzlei des Führers *(Bouhler)*, der Reichsorganisationsleiter *(Ley)*, der Reichspropagandaleiter *(Goebbels)*, der Reichsschatzmeister (Franz Xaver Schwarz), der Oberste Parteirichter *(Buch)*, des weiteren *Amann*, O.*Dietrich*, *Rosenberg*, *Darré*, H.*Frank*, *Frick*, Franz von Epp.

Reichsmarschall →*Göring*

Reichsmusikkammer →*Reichskulturkammer*

Reichsnährstand
Das *Bauerntum* genoß im 3. Reich halbmythische Verehrung. Sie ging allerdings nicht so weit, daß man den Landwirten blindlings traute. Auch sie und mit ihnen alle auf dem Agrarsektor tätigen Personen wurden in einer Zwangsorganisation, dem am 13.9.1933 geschaffenen Reichsnährstand unter Reichsbauernführer *Darré*, gleichgeschaltet; andere Interessenverbände mußten sich auflösen. Der Reichsnährstand gliederte sich in die drei Hauptabteilungen: **1.** »Der Mensch« mit der Aufgabe, die Landflucht einzudämmen, die *Blut-und-Boden*-Ideologie zu verbreiten und das Brauchtum zu pflegen; **2.** »Der Hof« für fachliche und betriebliche Angelegenheiten sowie die Durchführung der »Erzeugungsschlacht«; **3.** »Der Markt« zur Regelung der Einfuhren, Festsetzung der Handelsspannen, Kontrolle der Markt- und Preisverhältnisse, Erfassung und Lenkung der inländischen Produktion im Sinne der angestrebten *Autarkie*.

Reichsparteitage
Auf Parteitagen wird normalerweise über Anträge abgestimmt und diskutiert. Bei der NSDAP war alles anders: Man traf sich zwar regelmäßig, doch nur zur Schau nach außen und als Beschwörung der Verbundenheit nach innen, die politische Richtung bestimmte allein Hitler. Reichsparteitage hießen die Treffen schon, als die Partei noch ein kleiner bayerischer Verein war. Sie fanden seit 1927 immer in Nürnberg statt. Hier nämlich erzielten die Nationalsozialisten die ersten großen Erfolge außerhalb Münchens, und hier hatte zur Kaiserzeit vor 1806 auch der Reichstag des »ersten Reiches« getagt (keineswegs immer, wie man glauben machen wollte, aber oft). – Das *Dritte Reich* wollte an die große Vergangenheit anknüpfen, und die Reichsparteitage eigneten sich dazu besonders. Sie wurden nach 1933 von *Speer* ausgestaltet und fanden nun immer Anfang Sept. unter einem griffigen Schlagwort statt auf einem ständig weiter ausgebauten Gelände: Luitpoldarena, Kongreßhalle für 60 000 Menschen, Zeppelinfeld mit Walltribünen, Fahnentürmen und riesiger Pfeilerhalle über der Haupttribüne, Märzfeld und Stadion. Die

Teilnehmer wurden von den örtlichen Führern und den Parteiformationen bestimmt. An einem der bis zu sieben Festtage hielt Hitler eine Rede, die auch ans Ausland gerichtet war; die Jubelstürme dabei ebenso: Alle Welt sollte sehen, daß »Führer und Volk« eins seien. Die anderen Tage waren eine endlose Kette von Aufmärschen, Fahnenappellen, Treuegelöbnissen und Totenehrungen. Weihevoll wurde es v.a. am Abend, wenn Flakscheinwerfer das Gelände mit einem »Lichtdom« überwölbten. In späterer Zeit zeigten auch Luftwaffe, Panzerverbände und Artillerie ihre Stärke vor den nach Hunderttausenden zählenden Massen. Prägend war das Erlebnis v.a. für die jungen Leute: Aus allen Gauen waren ausgewählte HJ-Gruppen in einem »Adolf-Hitler-Marsch der deutschen Jugend« nach Nürnberg gewandert, wo sie von Hitler besonders geehrt wurden.

Reichsparteitage der NSDAP

1. 27.–29.1.1923: München, nachträglich in die Zählung aufgenommen
2. 3./4.7.1926: Weimar, erster R. nach der Wiederbegründung
3. 19.–21.8.1927: von nun an immer in Nürnberg
4. 1.–4.8.1929: letzter R. der »Kampfzeit«
5. 31.8.–3.9.1933: »R. des Sieges«
6. 4.–10.9.1934: »Triumph des Willens«
7. 10.–16.9.1935: »R. der Freiheit« / Nürnberger Gesetze
8. 8.–14.9.1936: »R. der Ehre«
9. 6.–13.9.1937: »R. der Arbeit« / Vierjahresplan
10. 5.–12.9.1938: »R. Großdeutschlands«
11. für Sept. 1939 geplant: »R. des Friedens«, ausgefallen wegen Krieges

Reichspräsident

Die Schöpfer der ersten demokratischen Verfassung Deutschlands konnten sich noch nicht ganz lösen vom Kaiser. Sie wünschten sich eine über den Parteien stehende Autorität. Die 1919 verabschiedete *Weimarer Verfassung* bestimmte: Der Reichspräsident mußte gewählt werden, aber nicht von Abgeordneten, sondern vom Volk, und zwar gleich auf sieben Jahre. Er berief und entließ den *Reichskanzler*, konnte das Parlament auflösen (Art. 25), Grundrechte außer Kraft setzen und *Notverordnungen* mit Gesetzeskraft erlassen (Art. 48); zudem war er Oberbefehlshaber der Streitkräfte (Art. 47). Abzusetzen war er allenfalls durch Volksentscheid oder Klage des Reichstags vor dem Staatsgerichtshof. Der erste Reichspräsident wurde 1919 noch von der Nationalversammlung gewählt: Friedrich Ebert (SPD) hielt sich politisch sehr zurück und konnte das auch, denn die Regierungen wechselten zwar oft, fanden aber immer Mehrheiten im *Reichstag*. Sein Nachfolger *Hindenburg* änderte anfangs wenig. Als aber seit 1930 – auch durch den Aufstieg der NSDAP – im Reichstag kaum noch Mehrheiten zustande kamen, fiel ihm bald die ganze politische Macht zu, indem er *Präsidialkabinette* regieren ließ. Hitler strebte daher zunächst das Amt des Reichspräsidenten an und trat 1932 gegen Hindenburg an. Er verlor zwar, erhielt aber fast 37% der Stimmen. Als Kanzler sorgte er nach Hindenburgs Tod im Aug. 1934 für die Zusammenlegung der Ämter des Regierungschefs und des Staatsoberhaupts als *Führer und Reichskanzler*.

Reichspressekammer →*Reichskulturkammer*

Reichsrat
Wie es heute in der Bundesrepublik Deutschland neben dem Bundestag den Bundesrat gibt, existierte im Deutschen Reich nach 1919 neben dem *Reichstag* eine Länderkammer, der Reichsrat. Darin saßen je nach Bevölkerungszahl Vertreter der 17 deutschen Länder: 17 für Preußen, 11 für Bayern, 7 für Sachsen usw. Sie konnten Gesetze im Reichstag einbringen, durften gegen Gesetzespläne der Regierung oder des Reichstags Einspruch erheben (das führte oft zu Änderungen oder verhinderte Gesetze ganz) und hatten bei Haushaltsfragen, die die Länder angingen, mitzureden, also z. B. bei der Kultur, bei Eisenbahn-, Polizei- oder auch Postangelegenheiten. Mit Hitlers Modell von »straffer Führung« vertrug sich solche Machtzersplitterung nicht. Schon im März 1933, noch ehe er eigentlich das Recht dazu hatte, setzte er in allen Ländern Parteigänger als Regierungschefs durch, genehmigte sich das nachträglich mit dem Gesetz zur *Gleichschaltung* der Länder mit dem Reich vom 31.3.1933 und löste die Länder schließlich mit dem Gesetz über den Neuaufbau des Reiches am 30.1.1934 auf.

Reichsrundfunkkammer →*Reichskulturkammer*

Reichsschrifttumskammer →*Reichskulturkammer*

Reichssicherheitshauptamt (RSHA)

SS-Chef *Himmler* hatte schon die politische Polizei, die gefürchtete *Gestapo*, aufgebaut. 1936 ernannte ihn Hitler zum Chef der gesamten deutschen Polizei. Er verfügte damit über einen Sicherheitsdienst seiner SS, über die reguläre und über die geheime Polizei, ein riesiger Apparat von Beamten und Spitzeln, halb staatlich, halb zur Parteiformation der SS gehörig. Und da Partei und Staat ohnehin kaum noch zu trennen waren, wurden beide Polizeiorganisationen am 27.9.1939, also kurz nach Kriegsbeginn, zum Reichssicherheitshauptamt zusammengelegt. Das Kürzel RSHA wurde womöglich noch gefürchteter als das der Gestapo, dafür sorgten Himmlers oberste Polizisten *Heydrich* und nach dessen Tod 1942 *Kaltenbrunner*. Sie machten die Mammutbehörde zur Zentrale des staatlichen Terrors und der Unterdrückung, v.a. in den besetzen Gebieten. Dort setzte das RSHA zur »Gegnerbekämpfung« auch mobile *Einsatzgruppen* ein, die angebliche oder tatsächliche »Reichsfeinde« ohne Gerichtsurteil erschossen oder in Lager sperrten. Seine ganze tödliche Macht aber entfaltete das RSHA erst nach Übertragung der »technischen Durchführung« der *Endlösung*, dem Völkermord an den europäischen Juden. *Vernichtungslager* und *KZ* unterstanden ihm, und in den besetzten Gebieten des Ostens waren die RSHA-Funktionäre und -Polizisten Richter und Henker in einer Person.

Organisation des RSHA
Amt I (Streckenbach): Personal, Mitarbeiterkontrolle
Am II (*Best*/Nockmann): Organisation, Recht, Verwaltung
Amt III (*Ohlendorf*): SD/Inlandsnachrichten
Amt IV (H. *Müller*): Geheime Staatspolizei
Amt V (Nebe): Reichskriminalpolizei
Amt VI (Jost/Schellenberg): Auslandsnachrichten
Amt VII (Six/Dittel): »weltanschauliche Forschung und Auswertung«

Reichssportfeld

Am 5.10.1933 besichtigte Hitler das für die *Olympischen Spiele* 1936 vorgesehene Gelände in Berlin. Eigentlich paßten sie nicht in sein völkisches Konzept, doch ihn reizte die Möglichkeit, vor aller Welt zu prunken und seine angebliche Friedfertigkeit zu demonstrieren. Nach kurzem Rundgang verkündete er: »Wir werden bauen!« Als verhinderter Baumeister mischte sich Hitler in jedes Detail der Planung ein: Der Entwurf des Architekten Werner March war ihm bei aller Riesenhaftigkeit noch nicht wuchtig genug, und er ließ *Speer* den Beton-Glas-Bau des Olympiastadions mit Natursteinen verkleiden, es mit Großplastiken (z.B. »Faustkämpfer« von Josef Thorak) schmücken und die Haupttribüne des Maifelds mit einem 76 m hohen »Führerturm« krönen. Die Propaganda schwelgte nach Fertigstellung in Superlativen, das Reichssportfeld sei die »größte, zweckmäßigste und schönste Sportanlage der Welt«: Auf 132 ha entstanden das Olympiastadion mit 97 000 Plätzen, das Schwimmstadion (17 000), das Reitergelände (2000), das Hockeystadion (16 500), das Tennisstadion (3000), das Maifeld (70 000, Aufmarschplatz für 200 000), die Dietrich-Eckart-Freilichtbühne (20 000), die Gaststätte »Stadionterrassen« (5000). Außerdem war auf dem Gelände das »Haus des Deutschen Sports« untergebracht, in dem die Zentralverwaltung des *Deutschen Reichsbunds für Leibesübungen* und die Reichsakademie für Leibesübungen residierten.

Reichsstatthalter

Als Hitler die Reichsregierung übernahm, gab es noch 17 Landesregierungen, die über den *Reichsrat* politischen Einfluß hatten. Den schaltete der neue Kanzler aus, indem er sie am 7.4.1933 unter die Aufsicht des Reiches stellte. Als Aufseher wurden Reichsstatthalter bestellt. Sie waren fast ausnahmslos *Gauleiter* der NSDAP und erhielten die Macht, Landesminister zu entlassen. Mit dem Ende der Länderregierungen 1934 waren die Hitler direkt unterstellten Reichsstatthalter praktisch Alleinherrscher in den Ländern (z.B. in Preußen Hitler selbst, der sich von *Göring* vertreten ließ), was oft zu Streit mit den Reichsministern führte. Hitler war damit – das war der Sinn der vielen konkurrierenden Instanzen, die er schuf – wieder Schiedsrichter, der je nach Bedarf die eine oder die andere Seite stärken konnte.

Reichstag

Als »Quasselbude« empfanden immer mehr Bürger Ende der 1920er Jahre ihr Parlament. Für die 1929 ausbrechende *Weltwirtschaftskrise* machten bald viele Menschen die Demokratie überhaupt verantwortlich, und die weitere Entwicklung schien ihnen sogar recht zu geben: Mit der Krise kamen radikale Parteien auf oder legten doch so erheblich zu, daß ohne sie im Parlament, dem Reichstag, kaum

R

noch eine Mehrheit zu finden war. Und da die demokratischen Parteien ein Bündnis mit den Kommunisten genauso ablehnten wie mit den Nationalsozialisten, gelangen nur noch selten Entscheidungen. Auch häufige Neuwahlen brachten keinen klaren Auftrag; das war in der Konstruktion angelegt: Auf der einen Seite hatte die Verfassunggebende Versammlung im *Reichspräsidenten* eine mächtige Instanz außerhalb des Parlaments geschaffen, auf der anderen Seite hatte sie dafür gesorgt, daß die Wählermeinung im Reichstag möglichst genau widergespiegelt wurde. Er wurde alle vier Jahre nach einem *Wahlrecht* gewählt, das keinerlei Beschränkungen für Splittergruppen vorsah, so daß zahllose Gruppen und Grüppchen ins Parlament einzogen und die Arbeit, d.h. die Mehrheitsbildung, blockierten. Da weiterregiert werden mußte, behalf man sich seit 1930 mit Notverordnungen und mit *Präsidialkabinetten*, die sich nicht mehr auf den Reichstag stützten, sondern auf die Macht des Präsidenten. Sie höhlten die Funktionen des Parlaments aus, die Hitler schließlich mit dem Ermächtigungsgesetz ganz beseitigte. Der Reichstag existierte danach zwar formal noch weiter (letzte Reichstagssitzung 26.4.1942), doch aus der »Quasselbude« war ein reiner Jubelklub für Hitler geworden, der Volksmund spottete nun über den »teuersten Männergesangsverein der Welt«.

Reichstagsbrand

Das Gebäude des Reichstags, in dem heute der Bundestag untergebracht ist, steht heute noch, sieht aber doch sehr anders aus als 1933: Da die deutschen »Genossen« nichts gegen Hitler unternahmen, sah sich der holländische Sozialist *Lubbe* aufgerufen, ein Zeichen zu setzen. Er wanderte nach Berlin, versuchte mehrere Brandstiftungen und stieg am Abend des 27.2.1933 gegen 21 Uhr durch ein Fenster in das Reichstagsgebäude ein. Mit Kohleanzündern setzte er im Plenarsaal die Portieren und Sitze in Brand, trug das Feuer mit Stoffackeln weiter und wurde um 21.27 Uhr gestellt. Da aber war nur noch wenig zu retten. Die Hitze hatte die gewaltige Glaskuppel über dem Plenarsaal (inzwischen nach einem Entwurf von Norman Foster neu errichtet) zum Bersten gebracht und damit einen alles verschlingenden Schloteffekt ausgelöst. Selbst der Einsatz zahlloser Löschzüge richtete dagegen nichts mehr aus. – Hitler, *Göring*, *Goebbels* und andere Prominenz der neuen Regierung erschienen fast so schnell vor der glühenden Ruine wie die Feuerwehr. Für sie stand fest: »Das war die Kommune!« Nach vorbereiteten Listen wurden noch in der Nacht 4000 KP-Funktionäre festgenommen. Die *Reichstagsbrandverordnung* vom nächsten Tag war der erste Schritt zu Hitlers Diktatur. Und wem ein Verbrechen so deutlich nützt, der gerät natürlich selbst in Verdacht: Vom Palais des Reichstagspräsidenten Göring gab es einen unterirdischen Gang ins Parlamentsgebäude, ein idealer Weg zur Tat und zur Flucht. Aber man fand keinerlei Spuren in dem staubigen Gang; und der Täter beharrte im Herbst 1933 auch vor dem Leipziger Reichsgericht auf seiner Alleinverantwortung. Er wurde zum Tod verurteilt und am 10.1.1934 hingerichtet. Doch die Nationalsozialisten konnten die Tat den Kommunisten auch nicht beweisen, obwohl sie massiven Druck auf das Gericht ausübten. Es sprach die mitangeklagten Kommunisten frei, darunter den Kominternfunktionär Georgi Dimitrow. Das wurde zum Auslöser für die Gründung des *Volksgerichtshofs*, der nur noch erwünschte Urteile fällte.

Reichstagsbrandverordnung
Hitler erreichte bei *Hindenburg* noch in der Nacht des *Reichstagsbrands* die Unterschrift unter ein Dokument, das die Axt an die Wurzeln der Republik legte. Mit der »Verordnung des Reichspräsidenten zum Schutz von Volk und Staat« vom 28.2.1933 wurden fundamentale Grundrechte außer Kraft gesetzt: Unverletzlichkeit der Wohnung, persönliche Freiheit, Meinungsfreiheit, Brief-, Post- und Fernsprechgeheimnis sowie Versammlungs- und Vereinigungsfreiheit waren fortan nicht mehr garantiert. Selbst die Garantie des Privateigentums galt nur noch bedingt. Die Reichsregierung, also Hitler, erhielt das Recht, die Befugnisse der Länderregierungen »vorübergehend wahrzunehmen«, für Brandstiftung und Hochverrat wurde die Todesstrafe eingeführt. Die *Gleichschaltung* der Länder war nun nur noch eine Frage der Zeit, es hagelte Zeitungsverbote, und angebliche oder tatsächliche Gegner des Regimes wurden fast vogelfrei. Noch ehe das *Ermächtigungsgesetz* den Weg in die Diktatur ebnete, konnte das Regime, gestützt auf die Verordnung, KZ einrichten und wahl- und begründungslos Verhaftungen vornehmen.

Reichstheaterkammer →*Reichskulturkammer*

Reichsvertretung der deutschen Juden

Gegen den zu erwartenden Druck nach dem Machtantritt Hitlers schlossen sich die Juden 1933 unter *Baeck* zusammen. »Reichsvertretung der deutschen Juden« nannten sie ihren Interessenverband, doch schon 1935 mußten sie ihn in »Reichsvertretung (von 1939 an Reichsvereinigung) der Juden in Deutschland« umbenennen: Erst wurde ihnen die Nationalität genommen, dann entzog man ihnen die Vertretung (von Rechten und Ansprüchen) und stufte sie zu einem unverbindlichen Verein herab. Entsprechend wandelten sich ihre Aufgaben und verringerten sich ihre ohnedies kargen Möglichkeiten. Anfangs war am dringlichsten die Schaffung eigener, v.a. höherer und weiterbildender Schulen, denn hier setzte die Behinderung von Juden sofort ein. Bald aber trat nackte Not in den Vordergrund: Viele Juden, z.B. die im Staatsdienst oder im Kulturleben, verloren ihre Verdienstmöglichkeiten und waren auf Hilfe angewiesen. Mit Spenden aus dem Ausland und Leistungen reicher Mitglieder schuf man eine jüdische Sozialhilfe. Nach der *Kristallnacht* 1938 wurden dann immer mehr Mittel aufgewandt, armen Juden die Auswanderung zu ermöglichen – wenn sich überhaupt ein Staat fand, der arme Flüchtlinge aufnahm. Dabei mußte die Reichsvereinigung, ob sie wollte oder nicht, mit SS-Stellen zusammenarbeiten. Immerhin konnten 300 000 der etwa 500 000 Juden Deutschland bis zum Auswanderungsverbot 1941 verlassen. Für die übrigen sorgte die Reichsvereinigung bis zur *Deportation*. 1943 wurde sie aufgelöst.

Reichswehr

Nach dem *Versailler Vertrag* wurde das riesige kaiserliche Heer, nun »Reichswehr« genannt, auf 100 000 Mann verkleinert und aller schweren Waffen beraubt. Sie durfte keine Luftwaffe und nur noch eine Marine von 15 000 Mann ohne Schlachtschiffe und U-Boote haben. Die Schuld daran gaben die Militärs nicht nur den Siegern, sondern auch der ungeliebten Republik. – Erst ganz allmählich besserte sich das Klima, v.a. nach dem Amtsantritt *Hindenburgs* als Reichspräsident und Oberbefehlshaber der Reichswehr. Man spähte nach Möglichkeiten zu geheimer Aufrüstung. Deutsche Flieger wurden in der Sowjetunion ausgebildet, heimlich wurde der Panzerkampf geübt. Was man an Masse nicht haben durfte, wollte man wenigstens an Klasse wettmachen. Hitler, Verehrer alles Soldatischen, begriff den hohen Wert der Reichswehr als Kerntruppe einer späteren großen Armee. Eifrig umwarb er die Soldaten. Das Offizierkorps begrüßte die Aufrüstungspläne, die der neue Kanzler am 3.2.1933, nur vier Tage nach seiner Ernennung, der Generalität vortrug. Und als er am 30.6.1933 in der *Röhm-Affäre* die eigene *SA*, diese braune Konkurrenzarmee, entmachtet hatte, faßte die Reichswehr endgültig Zutrauen zum früheren Gefreiten. Die Soldaten wurden auf Hitler persönlich vereidigt; ein halbes Jahr später gab es wieder die allgemeine Wehrpflicht. Die Reichswehr hieß fortan *Wehrmacht*.

Reichswerke Hermann Göring

Die Blockade Deutschlands durch die britische Flotte während des 1. Weltkriegs wirkte nach: Die Abhängigkeit von fremden Rohstoffen wollte Hitler so weit wie möglich abbauen; *Autarkie* hieß das Schlagwort. Selbst unrentable deutsche Erzvorkommen (bei Salzgitter, in Baden und in der Oberpfalz) sollten daher gefördert werden. Dafür gründete der Staat eine »AG für Erzbergbau und Eisenhütten«, die den Beinamen des dafür zuständigen Ministers erhielt: kurz die Reichswerke Hermann *Göring*. Viel erreicht hätten sie nicht, wenn nicht der Krieg neue Rohstoffquellen erschlossen hätte, so daß die Verarbeitung in den Vordergrund rückte. Weit mehr als 600 000 Menschen arbeiteten schließlich bei den Reichswerken, darunter zahllose Fremd- und *Zwangsarbeiter*. Doch mit dem Verfall der Macht Görings sank auch die Bedeutung der Reichswerke, die sich in Einzelfirmen auflösten und nach dem Krieg von den Alliierten endgültig zerschlagen wurden.

Reichwein, Adolf

* Bad Ems 3.10.1898, † Berlin-Plötzensee 20.10.1944 (hingerichtet)
Viele junge Leute aus der Wandervogel-Bewegung wurden vom Nationalsozialismus angezogen. Nicht so Reichwein: Als Lehrer in der Erwachsenenbildung tätig, tendierte er eher zum Pazifismus und wurde daher 1933 von den neuen Machthabern als Professor an der Lehrerbildungsanstalt Halle entlassen. Er erhielt einen Posten als Dorfschullehrer. Nicht die Verbitterung über diese Zurückstufung, sondern der »braune« Alltag machte ihn zum entschlossenen Gegner Hitlers. Er fand zum *Kreisauer Kreis*, entwarf dort Modelle für ein demokratisches Schulwesen und war von den Männern des

Zwanzigsten Juli als Reichskulturminister vorgesehen. Noch vor dem Scheitern ihres Attentats jedoch wurde Reichwein am 4.7.1944 Opfer eines in die Gruppe eingeschleusten Spitzels. Nach Verhaftung und Folter erging das Todesurteil des Volksgerichtshofs.

Reitsch, Hanna

* Hirschberg i. Rsgb. (Niederschlesien) 29.3.1912,
† Frankfurt a. M. 24.8.1979
Frauen waren im Nationalsozialismus politisch nicht vorgesehen und militärisch natürlich schon gar nicht. Um so erstaunlicher die Karriere einer Fliegerin gerade in dieser waffenstarrenden Zeit: Reitsch stellte schon als 20jährige Segelflugrekorde auf, wurde 1937 erster weiblicher Flugkapitän und flog noch im selben Jahr den ersten Hubschrauber der Welt (Focke Wulf Fw 61). Sie wurde Testpilotin bei der Luftwaffe und erhielt 1942 sogar das Eiserne Kreuz I. Klasse. Als glühende Verehrerin Hitlers besuchte sie den gescheiterten Führer noch eine Woche vor seinem Selbstmord 1945 im umkämpften Berlin. Nur kurz interniert, widmete sich Reitsch nach dem Krieg wieder dem Segelflug und stellte noch mit 58 Jahren einen deutschen Rekord auf. »Das Unzerstörbare in meinem Leben« nannte sie 1975 ihre Memoiren, in denen sie zu kritischer Sicht der Hitler-Zeit fand.

Remagen

1918 weihte der Stadtrat von Remagen, einem 5500-Seelen-Städtchen nördlich von Koblenz am linken Rheinufer, eine Rheinbrücke ein und benannte sie nach dem Feldherrn *Ludendorff*. Für den 1. Weltkrieg kam sie zu spät, doch ein gutes Vierteljahrhundert später, genauer am 7.3.1945, spielte sie dann doch die vorgesehene strategische Rolle, nur anders als geplant: Die Spitzen der 9. US-Armee tauchten auf und stellten erstaunt fest, daß die Ludendorff-Brücke noch stand. Im Handstreich nahmen sie die Zufahrt, Jagdbomber vertrieben die deutschen Verteidiger, und innerhalb von 24 Stunden waren 8000 GIs aufs rechte Ufer vorgedrungen. Ein nicht abreißender Strom von Lkw, Panzern, Geschützen und Soldaten folgte, ehe zehn Tage später die von vergeblichen deutschen Sprengversuchen angeknackste Brücke unter der Transportbelastung zusammenbrach und 46 US-Soldaten in den Tod riß. 60 000 andere aber waren längst zum Vormarsch auf Berlin angetreten. Weder Luftwaffe noch *V2*-Beschuß hatten das verhindern können. Hitler ließ die für den Brückenbereich verantwortlichen Offiziere hinrichten. Sie starben für viele, die durch den nun um Wochen beschleunigten Sieg der Amerikaner gerettet wurden.

Remarque, Erich Maria

* Osnabrück 22.6.1898, † Locarno 25.9.1970

Seine Mitarbeiter hatten den Berliner Gauleiter *Goebbels* selten so heiter gesehen: Anfang Dez. 1930 war Lewis Milestones Film »Im Westen nichts Neues« in den Kinos der Hauptstadt angelaufen, in den Augen der Nationalsozialisten ein übles Machwerk, das die »Ehre des Frontkämpfertums« in den Dreck zog. Goebbels hatte SA-Männer ausgeschickt, die mitten in der Filmvorführung weiße Mäuse losließen. Die Polizei mußte einschreiten, und schließlich wurde der Film verboten. Ihm lag Remarques 1929 erschienener Roman zugrunde, der den Krieg ungeschminkt schildert und den gern beschworenen »Heldentod« als elendes Verrecken vorführt. Das reizte die Verherrlicher von Kampf und Krieg natürlich bis aufs Blut. Vorläufig griffen sie nur mit weißen Mäusen an, aber bald mußte Remarque Deutschland schleunigst verlassen. Er lebte später in der Schweiz und in den USA. Bekannt wurden auch weitere Romane wie »Drei Kameraden« (1938) und »Die Nacht von Lissabon« (1962).

Remer, Otto-Ernst

* Neubrandenburg 18.8.1912, † Marbella (Spanien) 4.10.1997

Dem Kommandeur des Wachbataillons Berlin, Major Remer, war von den Verschwörern des *Zwanzigsten Juli* eine wichtige Rolle zugedacht: Er sollte mit seiner Truppe das Regierungsviertel absperren und das Zentrum der Verschwörung in der Bendlerstraße sichern. Eingeweiht war er nicht, man verließ sich auf seinen soldatischen Gehorsam. Am Abend des 20.7.1944 mit der Verhaftung von *Goebbels* beauftragt, ließ er sich von diesem zu einem Telephonat mit dem Führerhauptquartier überreden und konnte sich so von Hitlers Überleben überzeugen. Er übernahm nun umgekehrt die Verhaftung der Widerstandskämpfer und wurde dafür zum Dank am 31.1.1945 zum Generalmajor befördert. Nach dem Krieg gehörte Remer zu den Mitbegründern der später verbotenen rechtsradikalen Sozialistischen Reichspartei (SRP) und machte bis zuletzt als rechtsextremistischer Agitator und Verbreiter der *Auschwitz-Lüge* von sich reden. 1993 entzog er sich der Vollstreckung einer Freiheitsstrafe wegen Volksverhetzung durch Flucht nach Spanien.

Reparationen

Verlierer müssen nach Kriegen meist die Kosten tragen, so auch Deutschland nach dem 1. Weltkrieg, an dem es gemäß Art. 231 des *Versailler Vertrags* allein schuld war. Die dafür angesetzten Reparationen waren zugleich als Bestrafung gedacht und sollten durch Schwächung neuerlichen Waffengängen vorbeugen. Die Gesamtforderung belief sich auf 226 Mrd. Goldmark und ließ eine Erholung Deutschlands auf Jahrzehnte hinaus unmöglich erscheinen. Die bald galoppierende *Inflation* war die unmittelbare wirtschaftliche Folge, so daß politische Bemühungen um verträglichere Zahlungsbedingungen einsetzten. 1929 wurden schließlich im Young-Plan 59 Jahresraten (also bis 1988) von 34,5 Mrd. RM festgesetzt. Auch das erwies sich in der *Weltwirtschaftskrise* als illusionär. Nach einer einjährigen Zahlungspause 1931/32 und einer Schlußzahlung von 3 Mrd. RM wurden die Reparationen im Lausanner Abkommen vom 9.6.1932 ganz gestrichen. Bis dahin waren 53 Mrd. Goldmark an die Siegermächte geflossen, was bei wachsender Verarmung den radikalen Parteien in Deutschland Auftrieb gab, allen voran der NSDAP, die nach Hitlers Machtergreifung die Früchte des Schuldenerlasses erntete. So entstand der falsche Eindruck, Hitler habe die Reparationen beseitigt.

Repubblica Sociale Italiana →*Salò*

Résistance

Im deutsch besetzten Frankreich bildeten sich rasch Widerstandsorganisationen, zusammenfassend »Résistance« genannt. Sie erhielt einen ersten Impuls durch den Aufruf de *Gaulles* über die BBC vom 18.6.1940 zur Weiterführung des Kampfes aus dem Untergrund. Der war anfangs kaum möglich, und erst 1941/42 bildete sich eine regional organisierte, parteiübergreifende, von inneren Spannungen allerdings nicht freie Untergrundbewegung in der besetzten Nordzone Frankreichs, wo es zu Zwangsrekrutierungen für die deutsche Industrie, wirtschaftliche Ausplünderung und Geiselerschießungen kam. Auch gegen die *Kollaboration* der französischen

Regierung in Vichy mit den Deutschen regte sich Widerstand. Hemmend wirkte sich zunächst aus, daß die Kommunisten vom Hitler-Stalin-Pakt irritiert waren; erst nach dem deutschen Überfall auf die Sowjetunion am 22.6.1941 stießen auch sie zur Résistance und verliehen ihr mit ihren bewaffneten Einheiten (»Franc-Tireurs Partisans Français«, FTPF) erheblich mehr Schlagkraft. Offener Kampf war zwar auch dann nicht möglich, doch nahmen die Attentate, Sabotageakte, Informationen für die Alliierten, bewaffnete Überfälle, Fluchtaktionen u.a. ständig zu, was in wachsendem Maß deutsche Kräfte band und »Vergeltungsmaßnahmen« wie in *Oradour-sur-Glane* auslöste. – Obwohl die Résistance ursprünglich von Intellektuellen, einstigen Politikern und Offizieren ausging, strömten mit der Zeit Menschen aller Bevölkerungsschichten in ihre Gruppen. Am 27.5.1943 gelang Jean Moulin, dem Gesandten de Gaulles, der Zusammenschluß der diversen Widerstandsgruppierungen im »Conseil National de la Résistance« (CNR). Die bewaffneten Einheiten verschmolzen am 1.2.1944 zu den »Forces Françaises de l'Intérieur« (FFI), deren Kampfwert der amerikanische Oberkommandierende Dwight D. Eisenhower auf 15 Divisionen schätzte. Als mit den Alliierten am 6.6.1944 freifranzösische Truppen landeten, stellten die FFI-Einheiten eine wertvolle Verstärkung dar und unterstrichen den französischen Anspruch auf internationale Mitsprache bei der Nachkriegsordnung. De Gaulle nahm als Chef der provisorischen Regierung am 9.9.1944 mehrere Mitglieder der Résistance in sein Kabinett auf. Sie repräsentierten das »geistige Gewissen der Nation« und gaben der politischen Erneuerung Frankreichs in der nun beginnenden IV. Republik entscheidende Impulse. – Genaue Opferzahlen der Résistance sind kaum zu ermitteln. Schätzungen sprechen von bis zu 30 000 Hingerichteten und weiteren etwa 75 000 Deportierten, die die Haft in deutschen Konzentrationslagern nicht überlebten. Sie fielen nicht nur deutschen Schergen zum Opfer, sondern in großer Zahl auch den Milizen der mit der Besatzungsmacht zusammenarbeitenden Vichy-Regierung. Darin wurde der Riß deutlich, der durch die französische Gesellschaft ging und der nach dem Abzug der Deutschen zu blutiger Abrechnung mit tatsächlichen oder vermeintlichen Kollaborateuren führte. Sie kostete weitere 10 000 Franzosen und besonders auch Französinnen das Leben, die bezichtigt wurden, den Besatzern zu Diensten und zu Willen gewesen zu sein.

RFSS →*Reichsführer-SS*

Rheinlandbastarde
Auch die Hautfarbe gehörte in den Augen der NS-Rassisten zu den Erbkrankheiten. Das machte der Fall der »Rheinlandbastarde« deutlich. So hatte man schon in der Zeit vor 1933 die Kinder von farbigen Vätern und deutschen Müttern genannt, gezeugt während der Besetzung des linksrheinischen Gebiets durch alliierte Truppen 1918–29. Auch aus den Kolonien der Siegermächte waren dort Soldaten stationiert. Es hatte schon früh Überlegungen gegeben, deren Kinder zur »Rassereinhaltung« zu sterilisieren, doch erst im Staat Hitlers gab es die Möglichkeit dazu. Man wartete aber bis nach der Besetzung des Rheinlands durch deutsche Truppen 1936, ehe die Betroffenen vorgeladen und unter massivem Druck ihre oder die elterliche »Einwilligung« zu dem angeblich völlig harmlosen Eingriff gaben. Nach der Zwangssterilisation galten die Opfer als »geheilt«.

Rheinlandbesetzung
Nach Art. 42 ff. des *Versailler Vertrags* und den Abmachungen im *Locarnopakt* sollte das deutsche linksrheinische Gebiet entmilitarisiert bleiben und einen Puffer zu Frankreich bilden. Hitler sah darin eine Einschränkung der deutschen Souveränität und der Wehrhoheit und ließ gegen den Rat seiner politischen und militärischen Mitarbeiter am 7.3.1936 – wie immer bei seinen Überraschungscoups ein Sonnabend – Truppen der Wehrmacht ins Rheinland einrücken. Von der Bevölkerung jubelnd begrüßt, hatten die Einheiten gleichwohl Befehl, sich bei erster »Feindberührung« zurückzuziehen, da die deutschen Streitkräfte den französischen noch hoffnungslos unterlegen waren. In dieser »aufregendsten Zeitspanne in meinem Leben«, wie Hitler rückblickend sagte, beließen es die Westmächte jedoch bei einer bloßen Verurteilung des deutschen Vorgehens. – Hitler hatte flankierend noch am selben Tag den westlichen Nachbarstaaten einen Nichtangriffspakt auf 25 Jahre angeboten und die Rückkehr in einen reformierten Völkerbund in Aussicht gestellt. Zudem schob er Frankreich die Schuld zu, das mit seinem Bündnis mit Moskau vom 27.2.1936 die europäischen Sicherheitsinteressen verletzt habe. Die unentschlossene Haltung des Westens bescherte Hitler erneut einen kostenlosen Triumph

und erhöhte sein Prestige nach innen – offiziell 98,3 % Zustimmung einer Volksabstimmung am 29.3. – und außen. Allerdings führte der Erfolg auch zu einer fatalen Selbstüberschätzung und machte Hitler taub für Warnungen vor weiteren Abenteuern.

Rheinwiesenlager

Nach Überschreiten des Rheins 1945 fielen den amerikanischen Truppen Massen von deutschen Kriegsgefangenen in die Hand, für die es zunächst kaum Unterbringungsmöglichkeiten gab. In aller Eile wurden Prisoner of War Transient Enclosures (PWTE) errichtet, Gefangenenlager mit einer Aufnahmekapazität von 1,3 Mio. Mann, die umgangssprachlich Rheinwiesenlager hießen. Unterkünfte fehlten darin, den einrückenden Kompanien wurde »mit einer Armbewegung« ein Stück freies Gelände zugewiesen, das mit Stacheldraht umzäunt war oder wurde. Die Gefangenen gruben sich Erdlöcher, die bei anhaltendem Regen oft einstürzten. Verpflegung gab es in den ersten Tagen nicht, erst nach einiger Zeit wurden karge Brotrationen verteilt. Durch Korruption der deutschen Lagerverwaltung und des amerikanischen Aufsichtspersonals verschwanden zuweilen ganze Wagenladungen mit Lebensmitteln. Die Amerikaner versuchten ohne Erfolg, das Ernährungsproblem durch Entlassung von Kranken, Verwundeten und Jugendlichen zu lösen. Erst nach Wochen besserten sich die Lebensverhältnisse, Zelte wurden als Unterkünfte zur Verfügung gestellt, und die Verpflegungssätze stiegen. Am 12.6.1945 wurden die Lager Rheinberg (94788 Mann) sowie Wickrathberg (84370) den Briten und am 10.7.1945 Sinzig (25200), Andernach (16600), Siershahn (25000), Bretzenheim (17200), Dietersheim (33600), Koblenz (21600) sowie Dietz (22000) den Franzosen übergeben. Nach Aufzeichnungen der Besatzungsmächte und Mitteilungen der deutschen Gemeindeverwaltungen betrug die Zahl der Todesopfer in den Rheinwiesenlagern etwa 5300 Mann.

Ribbentrop, Joachim von

* Wesel 30.4.1893, † Nürnberg 16.10.1946 (hingerichtet)
Wegen seiner eher tölpelhaften Diplomatie zog sich Hitlers späterer Außenminister Ribbentrop – den Adel verschaffte ihm die Adoption durch eine blaublütige Tante (1925) – den Spitznamen »der Weinreisende« zu. Er war nämlich seit 1920 mit der Tochter Anne-

liese des schwerreichen Sektfabrikanten Henkell verheiratet und vertrat dessen Produkte in Berlin. Dort begegnete er Hitler, der die Beziehungen des gewandten Geschäftsmanns nutzte und ihn als außenpolitischen Berater rasch aufsteigen ließ. Als Mitarchitekt des *Deutsch-Britischen Flottenabkommens* 1935 wurde er 1936 auf den Londoner Botschafterposten berufen und zwei Jahre später zum Außenminister als Nachfolger *Neuraths*. Da Hitler aber die auswärtige Politik als seine eigene Domäne betrachtete, war Ribbentrop fortan allerdings kaum mehr als sein Sonderbotschafter (z. B. beim Abschluß des *Hitler-Stalin-Pakts* 1939 in Moskau), der im Krieg unter der weiter sinkenden Bedeutung seines Amtes litt und es ganz in den Dienst der *Judenverfolgung* stellte. 1945 verhaftet, wurde Ribbentrop als einer der Hauptkriegsverbrecher am 1.10.1946 in Nürnberg zum Tod verurteilt.

Richthofen, Wolfram Freiherr von

* Barzdorf (bei Striegau, Niederschlesien) 10.10.1895, † Lüneburg 12.7.1945

1917 kam er als Jagdflieger zum Geschwader seines Vetters Manfred, des »roten Barons« (gefallen 1918): Richthofen machte in der Reichswehr Karriere und wurde 1933 Leiter der Erprobungsabteilung im Reichsluftfahrtministerium. Im *Spanischen Bürgerkrieg* kommandierte er seit Nov. 1938 die deutsche Legion Condor. Zu Beginn des 2. Weltkriegs war Richthofen Fliegerführer z. b. V. (Stuka-Verbände) und übernahm nach dem Polenfeldzug das VIII. Fliegerkorps, mit dem er als General der Flieger (19.7.1940) in Frankreich, auf dem Balkan und in Rußland kämpfte. Am 1.3.1942 zum Generaloberst befördert, übernahm Richthofen am 24.6.1942 die Luftflotte 4 im Osten und führte vom 12.6.1943 bis zum 27.10.1944 die Luftflotte 2 in Italien. Der hochdekorierte Offizier (Ernennung zum Generalfeldmarschall 16.2.1943) starb an einem Gehirntumor.

Riefenstahl, Leni

* Berlin 22.8.1902

Ganz zu erklären ist bis heute nicht, wie eine Frau im totalen Männerstaat Hitlers eine derartige Karriere machen konnte: Die Schauspielerin und Tänzerin Riefenstahl wurde in den 1920er Jahren für den Film entdeckt und wenig später fürs Regiefach – erster Film »Das blaue Licht« (1932). Vermutlich Hitlers Vorliebe für Überraschungscoups verdankte sie die Aufträge, die ersten beiden *Reichsparteitage* nach der Machtergreifung filmisch festzuhalten. Mit »Sieg des Glaubens« (1933) und v.a. mit »Triumph des Willens« (1934) schuf Riefenstahl so überzeugende Propagandastreifen, daß sie auch den Auftrag für die Filmdokumentation der Olympischen Spiele 1936 erhielt. Sie meisterte dies in den beiden Teilen »Fest der Völker« und »Fest der Schönheit« und erhielt dafür internationale Auszeichnungen, sogar noch 1948 durch das IOC. Angefeindet als Komplizin der NS-Gewaltherrschaft und wegen der Rekrutierung von Zigeunern aus einem KZ für ihren Film »Tiefland« (1940–44), wandte sie sich nach dem Krieg der Photographie zu und veröffentlichte sehr erfolgreiche Bildbände (z.B. »Die Nuba«, 1973). In einem 1994 ausgestrahlten zweiteiligen Fernsehporträt zeigte sie wenig Verständnis für die Kritik an ihrem Tun in der NS-Zeit.

Riga

Im *Rußlandfeldzug* lag Riga, die Hauptstadt Lettlands mit knapp 400 000 Einwohnern (1940), im Angriffskorridor der deutschen Heeresgruppe Nord (v. Leeb); es wurde am 12.6.1941 von einer Kampfgruppe des I. AK erreicht und bis 1.7. erobert. In Kaiserwald bei Riga richteten die nationalsozialistischen Besatzungsbehörden noch im selben Jahr ein *Konzentrationslager* ein, in dem über 10 000 lettische und deportierte deutsche Juden ermordet wurden und das später als Lager für Zwangsarbeiter fungierte. Bei Näherrücken der Roten Armee bildete die Heeresgruppe Nord (Schörner) im Sept. 1944 vor Riga Auffangstellungen, die jedoch bald von den sowjetischen Baltischen Fronten 2 und 3 durchbrochen wurden. Am 13.10.1944 räumten die deutschen Truppen die Stadt und zogen sich nach Kurland zurück.

Ritterkreuz

Am 1.9.1939 stiftete Hitler als nächsthöhere Stufe des *Eisernen Kreuzes* (EK) das Ritterkreuz als Ersatz für die höchsten Kriegsauszeichnungen des 1. Weltkriegs wie den Pour le mérite. Das an schwarzweißrotem Band am Hals zu tragende Ritterkreuz, größer als das EK, wurde rd. 7300mal verliehen, nicht nur an Wehrmachtangehörige, sondern vereinzelt auch an Volkssturm, RAD, Polizei sowie an Soldaten der Verbündeten (43 Träger). Als höchste Tapferkeitsauszeichnung erfuhr es im Krieg weitere Aufwertungen: mit

Eichenlaub 3.6.1940 (882 Träger), dazu Schwerter 19.7.1940 (159 Träger), dazu Brillanten 28.9.1941 (27 Träger) und das Ritterkreuz mit Goldenem Eichenlaub, Schwertern und Brillanten 29.12.1944 (einziger Träger: Kampfflieger *Rudel*). Wie das EK darf das Ritterkreuz gemäß Gesetz vom 26.7.1957 nur ohne Hakenkreuz getragen werden.

Röhm, Ernst

* München 28.11.1887, † München-Stadelheim 1.7.1934
Wie so viele seiner Altersgenossen gehörte der Hauptmann Röhm zur »verlorenen Generation«, die sich nach dem großen Töten im 1. Weltkrieg im Zivilleben nicht zurechtfand und sich in rechtsradikalen Gruppierungen sammelte, die die Republik bis aufs Messer bekämpften. Röhm lernte 1919 Hitler kennen, beteiligte sich an dessen gescheitertem Putsch 1923, trennte sich aber später von ihm, weil er den legalistischen Kurs des NSDAP-Führers nicht billigte. 1929 Militärberater in Bolivien, nahm er 1930 dann doch erfreut Hitlers Angebot zur Führung der *SA* als Stabschef an. Röhms skrupellose Landsknechtsart machte in der Parteiarmee rasch Schule und seine homosexuelle Veranlagung bald Schlagzeilen. Dennoch wertete Hitler den einzigen Duzfreund nach der Machtergreifung 1933 zum Reichsminister ohne Geschäftsbereich auf und wandte sich erst gegen ihn, als der Stabschef mit seinen Forderungen nach Ausbau der SA zu einem Volksmilizheer die Aufrüstungspläne störte und den Ruf nach einer *zweiten Revolution* nicht mäßigte. Wegen angeblicher Putschpläne ließ Hitler Röhm im Zuge einer großangelegten Mordaktion gegen die SA-Führung erschießen.

Röhm-Affäre

Nach Hitlers Machtübernahme erhielt die *SA* als Hilfspolizei und Wachpersonal der KZ hoheitliche Aufgaben und sah darin eine erste, freilich nicht ausreichende Belohnung für ihren Anteil an der Eroberung der Macht. Die Unzufriedenheit wuchs und schlug um in teilweise offenes Aufbegehren, als zum Jahresende 1933 die Hilfspolizei aufgelöst und die KZ-Wachmannschaften fast nur noch von der SS gestellt wurden. Die Forderung nach einer *zweiten Revolution* wurde laut, und auch die Ernennung von SA-Stabschef *Röhm* zum Reichsminister ohne Geschäftsbereich im Dez. 1933 konnte die Wogen nicht glätten. Sogar gegen Hitler selbst richtete sich Kritik, da man ihn in den Fängen konservativer und bürgerlicher Kreise wähnte. Das sahen viele durch sein Hofieren der *Reichswehr* genauso bestätigt wie durch seine Weigerung, Röhms Konzept eines Ausbaus der SA zu einem Volksmilizheer auch nur zu diskutieren. Auf der Gegenseite alarmierten die SA-Pläne die Reichswehrführung, da die Gleichschaltung aller Kriegervereine und paramilitärischer Verbände, darunter auch das Reichswehr-Mündel, der Frontkämpferbund Stahlhelm, die SA auf 4,5 Mio. Mann anschwellen ließ. – Anfang Febr. 1934 forderte Röhm sogar das Aufgehen der Reichswehr in der SA, was das Ende aller Offensivplanungen Hitlers bedeutet hätte. Durch Zuträger aus der SA, darunter der künftige Stabschef *Lutze*, und seine politischen Polizisten *Himmler* und *Heydrich* gewarnt, sah sich Hitler zum Handeln gezwungen, als am 17.6. sein Vizekanzler *Papen* in Marburg sehr deutlich den Unmut der Konservativen über die SA-Forderungen in einer Rede aussprach. Die im Juni beurlaubte SA-Führung wurde von Hitler zu einer Tagung am 30.6. nach Bad Wiessee beordert, dort verhaftet und in München-Stadelheim liquidiert. Im ganzen Reich löste daraufhin die von der Reichswehr mit Waffen versorgte SS eine Mordaktion aus (Stichwort »Kolibri«), der nach offiziellen Listen 83 Personen zum Opfer fielen, darunter der ehemalige Kanzler *Schleicher* mit seiner Ehefrau und der Parteirebell *Strasser*. Röhm selbst erhielt Gelegenheit zum Selbstmord, nach dessen Verweigerung ihn Dachau-Kommandant *Eicke* erschoß. Die Zahl der nicht registrierten Opfer persönlicher Racheakte von SS-Mordkommandos ging in die Hunderte. Todesanzeigen wurden den Angehörigen verboten. Hitler ließ das Blutbad am 3.7.1934 als »Staatsnotwehr« gesetzlich für rechtens erklären. Die SS löste sich am 25.7. aus der Unterstellung unter die SA-Führung. Hitlers letzter Gegenspieler war beseitigt, Reichspräsident *Hindenburg* todkrank und der Weg zur persönlichen Diktatur frei.

Rommel, Erwin

* Heidenheim an der Brenz 15.11.1891, † Herrlingen (heute zu Blaustein, bei Ulm) 14.10.1944

1910 trat Rommel ins kaiserliche Heer ein, war im 1. Weltkrieg bei der Infanterie und erhielt die höchste deutsche Tapferkeitsauszeichnung, den Pour le mérite. Er blieb nach Kriegsende bei der Reichswehr, war 1929–33 Taktiklehrer an der Infanterieschule Dresden, wurde 1935 Verbindungsoffizier zur Reichsjugendführung und fungierte 1938/39 als Kommandant des Führerhauptquartiers, seit 1.8.1939 im Rang eines Generalmajors. Rommel erhielt am 5.2.1940 das Kommando über die 7. Panzerdivision, die sich im Frankreichfeldzug durch ihr stets völlig unvermutetes Auftauchen an den Brennpunkten der Kämpfe den Beinamen »Gespensterdivision« erwarb. Am 1.1.1941 zum Generalleutnant befördert, wurde Rommel am 14.2.1941 Kommandierender General des *Deutschen Afrika-Korps*, das den in Libyen bedrängten italienischen Verbündeten zu Hilfe kam. Als »General in der Sonne« brachte der wegen seiner listenreichen Kampfführung auch »Wüstenfuchs« genannte Rommel, der am 1.7.1941 General der Panzertruppen und am 30.1.1942 Generaloberst wurde, die britische 8. Armee an den Rand einer Niederlage. Am 21.6.1942 fiel ihm Tobruk in die Hände, was ihm am nächsten Tag die Beförderung zum Generalfeldmarschall einbrachte, und am 30.6.1942 stand er mit seiner Panzerarmee Afrika bei *El Alamein*, nur 80 km westlich von Alexandria. Wegen der von Hitler und *Mussolini* versäumten Wegnahme Maltas wuchsen jedoch die Nachschubprobleme, so daß Rommel Anfang Nov. 1942 vor den angreifenden Briten unter Bernard Law Montgomery den Rückzug antreten mußte, zumal er nun durch die alliierte Landung »Torch« in Marokko und Algerien (8.11.1942) auch im Rükken bedroht war. Vergeblich forderte er in den folgenden Wochen die noch mögliche Rettung der deutsch-italienischen Heeresgruppe Afrika. – Hitler berief Rommel am 9.3.1943, kurz vor der endgültigen Niederlage in Tunesien (13.5.1943), zurück und beauftragte ihn als Oberbefehlshaber der Heeresgruppe B mit der Organisation der Verteidigung Italiens und am 1.12.1943 mit den Vorbereitungen zur Abwehr der in Nordfrankreich erwarteten alliierten Invasion. Dabei kam es immer wieder zu Reibungen mit dem Oberbefehlshaber West *Rundstedt*. Am 15.7.1944 beschwor Rommel Hitler brieflich, den sinnlosen Kampf zu beenden. Zwei Tage später wurde er bei einem Fliegerangriff schwer verwundet und fiel dadurch als militärische Integrationsfigur des Widerstands aus (die Verschwörer des *Zwanzigsten Juli* hatten ihn zum Oberbefehlshaber des Heeres machen wollen). Seine Kenntnis der Umsturzpläne jedoch wurde ihm zum Verhängnis; man zwang ihn zum Selbstmord. Zur Bemäntelung ordnete Hitler für den wohl populärsten deutschen Heerführer des Krieges ein Staatsbegräbnis an.

Roosevelt, Franklin D(elano)

* Hyde Park (New York) 30.1.1882, † Warm Springs (Georgia) 12.4.1945

Seine Regierungszeit als 32. Präsident der USA deckte sich fast auf den Tag genau mit der Hitlers in Deutschland, und beide wurden zum Schicksal füreinander. Roosevelt, Jurist aus reicher Familie, wurde in seiner steilen Karriere durch Erkrankung an Kinderlähmung 1920/21 gebremst, wurde 1929 aber demokratischer Gouverneur von New York und in den Präsidentschaftswahlen 1932 Wahlsieger über den Amtsinhaber Herbert Clark Hoover. Mit einer Politik des »New Deal« (Neuverteilung) versuchte er die schwere Wirtschaftskrise zu meistern. Trotz neutralistischer öffentlicher Meinung schwenkte er nach seiner Wiederwahl 1936 auf Rüstungskurs um und setzte – 1940 zum drittenmal gewählt – die Unterstützung Englands und 1941 auch der UdSSR gegen das NS-Deutschland durch. Seiner totalen Mobilisierung der gewaltigen Wirtschaftskraft der USA nach dem japanischen Angriff und der deutschen Kriegserklärung (11.12.1941) verdankten die Alliierten den Sieg im 2. Weltkrieg, den er jedoch mit einem Vordringen der Sowjets an die Elbe erkaufte. Auf ihn ging auch die problematische Forderung nach *Bedingungsloser Kapitulation* zurück, die dem NS-Regime den Kampf bis zum Untergang erleichterte und die Widerstandsbewegung in Deutschland lähmte. 1944 (schon schwerkrank) nochmals wiedergewählt (nach ihm wurde die Präsidentschaft auf maximal zwei Amtszeiten begrenzt), starb Roosevelt nur knapp drei Wochen vor Hitler. Sein Tod löste im Führerbunker noch einmal Illusionen aus über einen Zerfall der »widernatürlichen Koalition« der kapitalistischen und kommunistischen Kriegsgegner. Den Machtzuwachs der USA durch die *Atombombe*, die Roosevelt 1939 in Auftrag gegeben hatte, erlebte er nicht mehr.

Rosenberg, Alfred

* Reval 12.1.1893, † Nürnberg 16.10.1946 (hingerichtet)

Nach dem Architekturstudium trat Rosenberg 1919 fast gleichzeitig mit Hitler in die DAP ein, wurde 1921 Chefredakteur des Parteiblatts »Völkischer Beobachter« (seit 1938 Herausgeber) und nahm am Hitler-Putsch 1923 teil. 1930 erschien sein Buch »Der *Mythus des 20. Jahrhunderts*« (neben Hitlers »Mein Kampf« wichtigste NS-Programmschrift). 1933 avancierte er zum Leiter des Außenpolitischen

Amtes der Partei. 1934 wurde er »Beauftragter des Führers für die Überwachung der gesamten geistigen und weltanschaulichen Schulung und Erziehung der NSDAP«. Der in der Partei wenig geschätzte Rosenberg wurde von Hitler am 17.11.1941 zum Reichsminister für die besetzten Ostgebiete berufen und geriet dadurch in Konflikte mit Auswärtigem Amt, Wehrmacht und SS, deren Terror in Rußland er für falsch hielt. Er konnte jedoch seine Vorstellungen von einer Förderung der kleineren Völker gegen die Russen und die bolschewistische Herrschaft nicht durchsetzen. Er war dabei selbst höchst bedenkenlos in der Wahl seiner Mittel und profilierte sich durch seinen *Einsatzstab Reichsleiter Rosenberg* als Kunsträuber in den besetzten Gebieten, wobei es zu Reibereien mit *Göring* kam. Bei Kriegsende verhaftet, wurde Rosenberg am 1.10.1946 als einer der Hauptkriegsverbrecher vom Internationalen Militärtribunal in Nürnberg zum Tod verurteilt.

Rote Kapelle

Im Auftrag *Stalins* baute der polnische Kommunist Leo Trepper (* 1904, † 1982) seit 1938 eine sowjetische Spionage- und Widerstandsorganisation auf. Trepper, der Zweigstellen in Den Haag, Marseille, Nizza, Genf, Bern, Basel und Schweden errichtete, fand Kontakt zu einer Gruppe deutscher Gegner des NS-Regimes um den Offizier *Schulze-Boysen* und den Oberregierungsrat im Wirtschaftsministerium *Harnack*, die Kern der deutschen Sektion wurden und Nachrichten für die UdSSR beschafften, da sie einen Sieg über Hitler nur mit Unterstützung von außen für möglich hielten. Ein Netz von Mitgliedern, »Pianisten« genannt, sorgte durch wechselnde Standorte für ständigen Funkkontakt mit den sowjetischen Stellen, die bis 1943 rd. 1500 Funksprüche über deutsche Agenten, Aufmarschpläne, neue Waffen u. a. auffingen. Die deutsche Abwehr richtete im Juli 1942 wegen der von der Gestapo Rote Kapelle genannten Gruppe ein Sonderkommando ein, dem schon im Aug. 1942 die führenden Mitglieder ins Netz gingen. Nach Folterungen wurden sie fast ausnahmslos als »Volksverräter« zum Tod verurteilt und hingerichtet. Die Rote Drei, Schweizer Zweig der Roten Kapelle, setzte ihre Tätigkeit bis zur Auflösung der Organisation 1943 fort.

Rotterdam

Die größte Hafenstadt der Niederlande (1940 rd. 620 000 Einwohner) bildete im Verteidigungskonzept der Regierung in Den Haag einen Eckpfeiler der »Festung Holland«, wohin sich die Streitkräfte bei einem deutschen Angriff zurückziehen sollten. Zum deutschen Offensivplan gehörte daher die Besetzung einiger Brücken in Rotterdam sowie des Flugplatzes Waalhaven im Süden der Stadt. Am 10.5.1940 nahmen deutsche Luftlandetruppen die vorgesehenen Punkte und hielten sich gegen holländische Angriffe bis zum Eintreffen der Spitzen der 18. Armee. In der danach aussichtslosen Lage bot Stadtkommandant Oberst Pieter Scharroo die Kapitulation an. Inzwischen war jedoch das Kampfgeschwader 54 mit 100 Bombern vom Typ He 111 zum Angriff auf Rotterdam gestartet. Nur 40 Maschinen konnten noch mit Leuchtraketen gestoppt werden, die anderen entfesselten mit 97 t Bomben in der Altstadt einen Feuersturm, in dem 917 Zivilisten ums Leben kamen, 78 000 wurden obdachlos. Nach Warschau war dies der zweite vernichtende Luftschlag gegen die Zivilbevölkerung, der später zur Rechtfertigung das alliierten strategischen Bombenkriegs diente. Er zerstörte auch das bis Kriegsende deutsch besetzte Rotterdam weiter.

RSHA →*Reichssicherheitshauptamt*

Rudel, Hans-Ulrich

* Konradswaldau (bei Landeshut i. Schles.) 2.7.1916,
† Rosenheim 18.12.1982

Er war der am höchsten dekorierte Soldat der Wehrmacht: Stuka-Flieger Rudel erhielt für seine phänomenalen Schießleistungen das Goldene Eichenlaub mit Schwertern und Brillanten zum Ritterkreuz. Mit seiner besonders bewaffneten Ju 87 schoß er bis Kriegsende bei 2530 Einsätzen 519 Panzer ab. Hinzu kamen 800 zerstörte Fahrzeuge, ein versenkter Kreuzer und ein schwer beschädigtes Schlachtschiff. Rudel entkam im März 1944 sowjetischer Gefangenschaft, verlor im Febr. 1945 sein rechtes Bein und geriet am 8.5.1945 in amerikanische Gefangenschaft. Nach dem Krieg lebte er lange in Argentinien und setzte sich später in der Bundesrepublik für rechtsextremistische Organisationen ein.

Rudeltaktik

Schon im 1. Weltkrieg vereinzelt angewandt, kam die Rudeltaktik, die von *Dönitz* entwickelte und perfektionierte Angriffstechnik der U-Boote nach Art eines Wolfsrudels, durch die modernen Nachrichtenmittel erst im Krieg 1939–45 zum Tragen. Sie war die Antwort auf das System der Geleitzüge, deren Bekämpfung auch die Zusammenfassung der U-Boot-Kräfte erforderte. Von Land aus wurden die Boote an die Konvois herangeführt, wo dann ein Führer den weiteren Kampf leitete, von Land kontinuierlich mit Lagedaten versorgt. Die Rudeltaktik entfaltete ihre volle Wirksamkeit 1941/42, als U-Boote in genügend großer Zahl zur Verfügung standen. Mit Verbesserung der alliierten Abwehrmittel durch *Radar* und Einbruch in den deutschen Code mit Hilfe von Ultra wurden die Erfolgsaussichten von Massenangriffen wieder geringer, und im Mai 1943 gab man die Rudeltaktik wegen zu hoher Verluste ganz auf.

Rumänien

Einer der Gewinner des 1. Weltkriegs war Rumänien, das in den Friedensverträgen von 1919/20 das westliche Banat, Siebenbürgen, Bessarabien, die Süddobrudscha und die Bukowina erhielt. Das setzte den mit 295 000 km^2 und 18 Mio. Einwohnern mittelgroßen Staat Revancheansprüchen Ungarns, der Sowjetunion und Bulgariens aus, so daß Bukarest Anlehnung an die Großmächte suchte, zunächst an das ebenfalls romanische Frankreich. Innenpolitisch nämlich war Rumänien wegen der Minderheiten, rasch wechselnden Koalitionen, Korruption und Königsputsch Karls II. 1938 instabil und damit außenpolitisch schwach. Mit wachsender deutscher Macht kam es zur Umorientierung auf Berlin, denn Hitlers Diktatur wurde mehr und mehr auch als politisches Modell für Rumänien angesehen. Des Königs Diktatur kopierte es schon, vollends aber wurde es nach dem 23.8.1940 von Marschall *Antonescu* übernommen, der ein faschistisch-autoritäres Regime errichtete. Deutschland, das wegen der Ölvorkommen bei Ploieşti stark an Rumänien interessiert war, nahm das Land nach dem Sieg im Westen ganz ins Schlepptau. Antonescu trat dem *Dreimächtepakt* bei und beugte sich dem 2. *Wiener Schiedsspruch*, nachdem schon der König 1940 Bessarabien und die Norddobrudscha im Gefolge des *Hitler-Stalin-Pakts* hatte preisgeben müssen. Um so engagierter beteiligte sich Rumänien dann seit 24.6.1941 am »heiligen Krieg« gegen die Sowjetunion und wurde in die Niederlage Hitlers gezogen. Nach Einbruch der Roten Armee wurde Antonescu am 23.8.1944 verhaftet und später hingerichtet. Rumänien erklärte am 28.8.1944 Deutschland den Krieg; nach 1945 wurde es in eine kommunistische Volksrepublik umgewandelt.

Rundfunk
Propagandaminister *Goebbels* sah in dem neuen Medium des Rundfunks das »allermodernste und allerwichtigste Massenbeeinflussungsinstrument« und legte sofort nach Amtsantritt auf rasche Gleichschaltung und lückenlose Kontrolle der Redaktionen und des Sendbetriebs Wert. Die Abteilung III seines Ministeriums war dafür zuständig als »Befehlszentrale des Deutschen Rundfunks«, die Länderrundfunkanstalten wurden bis Mai 1934 aufgelöst, ihr Vermögen übernahm die Reichsrundfunkgesellschaft (RRG) unter Reichssendeleiter Eugen Hadamovsky. Alle »Rundfunkschaffenden« mußten der Reichsrundfunkkammer angehören, die sie vor Aufnahme »rassisch« und politisch durchleuchtete. Die damit gesicherte Verbreitung nur linientreuer Sendungen sollte möglichst alle »Volksgenossen« erreichen. Daher wurden Billigapparate wie der *Volksempfänger* (1933) oder der Arbeitsfrontempfänger für die Betriebe (1935) entwickelt. Sie hatten in der einfachen Bauweise auch den Vorteil, daß fast nur Reichssender damit zu empfangen waren, so daß das seit 7.9.1939 verbotene Abhören von »Feindsendern« schon technisch eingeschränkt war. Die Rundfunkanstalten der besetzten Länder wurden entweder der RRG einverleibt oder der deutschen Militärverwaltung unterstellt, die Programme der Verbündeten suchte man durch Austausch von Sendungen zu beeinflussen und die der Gegner durch Störsender zu behindern.

Rundfunkverbrechen →*Feindhörer*

Rundstedt, Gerd von
* Aschersleben 12.12.1875, † Hannover 24.2.1953
Der Generalstabsoffizier des 1. Weltkriegs Rundstedt befand sich 1938 bereits im Ruhestand (letzter Rang Generaloberst). Er wurde bei Beginn des 2. Weltkriegs reaktiviert und führte im Polenfeldzug die Heeresgruppe Süd, in Frankreich die Heeresgruppe A, die den siegbringenden Stoß durch die Ardennen zum Ärmelkanal unter-

nahm (Ernennung zum Generalfeldmarschall 19.7.1940), und im Osten wieder die Heeresgruppe Süd. Angesichts starker sowjetischer Bedrohung seines rechten Flügels nahm Rundstedt die Front bei *Rostow* im Nov. 1941 zurück und wurde daraufhin von Hitler am 28.11. abgelöst und durch *Reichenau* ersetzt. Am 1.3.1942 zum Oberbefehlshaber West ernannt, blieb Rundstedt in diesem Amt bis zum 10.3.1945 – allerdings mit einer Unterbrechung: Nach der *Invasion* der Alliierten in der Normandie zog er sich Hitlers Unwillen wegen Drängens auf Beendigung des Krieges zu und wurde ins Reich zurückbeordert. Dort leitete er vom 2.7. bis zum 5.9.1944 u.a. den »Ehrenhof« der Wehrmacht zur Maßregelung von Offizieren, die der Verbindung zu den Verschwörern des *Zwanzigsten Juli* verdächtig waren. Als den Amerikanern bei *Remagen* der Übergang über den Rhein gelang, fiel Rundstedt endgültig in Ungnade. Nach Kriegsende kam er erst in amerikanische, dann in britische Gefangenschaft. Im Mai 1949 wurde er schwerkrank entlassen.

RuSHA →*Rasse- und Siedlungshauptamt*

Rußland →*Sowjetunion*

Rußlandfeldzug
Nachdem England nicht zu bezwingen war, sollte der Feldzug gegen Rußland die Kriegsentscheidung bringen und zudem das Lebensraum-Konzept verwirklichen, das Hitler als »heiligste Mission meines Lebens« bezeichnete. Er deklarierte daher das dazu entworfene Unternehmen »Barbarossa« als »Krieg zweier Weltanschauungen«, in dem Ritterlichkeit und traditionelle soldatische Ehrbegriffe nur Hemmnisse seien. Ziel der Eroberung sollten die Dezimierung der slawischen Bevölkerung und die »rücksichtslose Germanisierung« sein, von der Hitler schon am 3.2.1933 vor hohen Militärs gesprochen hatte. Über den Pakt mit *Stalin* setzte sich Hitler bedenkenlos hinweg. Nach Abschluß des *Balkanfeldzugs* (Mai 1941), der Hitlers Zeitplan für 1941 durcheinandergebracht hatte, kamen die seit Juni 1940 vorbereiteten Maßnahmen für einen Angriff auf die UdSSR zu ihrem Höhepunkt. Absicht der Operationsplanung (Weisung Nr. 21 vom 18.12.1940) war, »Sowjetrußland in einem schnellen Feldzug niederzuwerfen« und dazu bis zur Linie Archangelsk–Astrachan vorzustoßen, ehe die UdSSR ihre riesigen Reserven von 12 Mio.

Soldaten mobilisieren konnte. – Zum Angriff ohne Kriegserklärung traten am 22.6.1941 rd. 75% des deutschen Feldheers (3 Mio. Mann mit 3580 Panzern und Sturmgeschützen) in drei Heeresgruppen mit insgesamt 152 Divisionen an: Nord (v. Leeb) mit Stoßrichtung baltische Länder und Leningrad, Mitte (v. Bock) in Richtung Minsk–Smolensk–Moskau und Süd (v. Rundstedt) in Richtung Kiew–Dnjeprbogen. Dazu kamen finnische, ungarische, slowakische, rumänische und italienische Verbände. Der deutsche Angriff traf auf fünf sowjetische Heeresgruppen, formiert in 15 Armeen mit 149 Divisionen. Die deutsche Luftwaffe bot mit den Luftflotten 1, 2, 4 und 5 insgesamt 1945 Bomber, Stukas, Zerstörer und Jäger auf, die Sowjetunion verfügte in den westlichen Militärbezirken über 8000 Maschinen. – Der Sommerfeldzug brachte den deutschen Armeen große Landgewinne: Baltikum, Weißrußland, Ukraine. In der Kesselschlacht von Białystok und Minsk (bis 9.7.) gingen 324 000 sowjetische Soldaten in Gefangenschaft, bei Smolensk (bis 5.8.) weitere 310 000, bei Kiew (bis 26.9.) 655 000 und in der Doppelschlacht von Wjasma und Brjansk (bis 15.10.) 673 000. Die Erfolge verleiteten Hitler früh zur Annahme, der Rußlandfeldzug sei bereits gewonnen. Vorsorge für einen Winterfeldzug hielt er nicht für nötig. Am 2.10. trat die Heeresgruppe Mitte zum Angriff auf Moskau an und kam so gut voran, daß die sowjetische Regierung am 16.10. die Stadt verließ und nach Kuibyschew ging. Dann aber brachten erst die Schlammperiode und nachfolgend ein Kälteeinbruch mit Temperaturen unter –30 °C den Vormarsch zum Stehen. Sowjetische Gegenoffensiven mit frischen Kräften aus Sibirien setzten ein. Gut funktionierende Spionage hatte signalisiert, daß von seiten Japans kein Angriff auf die Sowjets zu befürchten war; also wurden Divisionen aus Fernost abgezogen und auf den Kriegsschauplatz bei Moskau geworfen. Sie retteten die Hauptstadt und zwangen die Deutschen zur Aufgabe weiter Gebiete. – Der Feldzug des Jahres 1942 begann mit dem Entsatz der Kessel von Cholm und Demjansk. Es folgten die Kesselschlacht südlich von Charkow (17.–26.5.) und die Zerschlagung der sowjetischen Stellungen auf der Krim. Dann trat das deutsche Heer am 28.6. im Süden zur Sommeroffensive an: Die Heeresgruppe B erreichte am 3.7. den Don bei Woronesch; auf der Krim gelang die Eroberung von Sewastopol. Aber die nun erheblich niedrigeren Gefangenenzahlen zeigten, daß der Gegner nicht geschlagen war. In einer zweiten Operationsphase

R

wurde am 23.7. Rostow erobert. Entgegen der bisherigen Planung befahl Hitler Operationen, die sich zugleich gegen *Stalingrad* und gegen den Kaukasus richten sollten. Damit waren die deutschen Kräfte überfordert, die Heeresgruppe A blieb am Terek stecken, die Heeresgruppe B erreichte Mitte Sept. 1942 Stalingrad und wurde in wochenlange verlustreiche Häuserkämpfe verwickelt. Die Front dort bot sich der Roten Armee für eine großangelegte Zangenoperation an. Am 19.11. brach sie über die italienischen, ungarischen und rumänischen Divisionen herein, die nördlich und südlich von Stalingrad zur Flankensicherung eingeteilt waren. Die deutsche 6. Armee wurde mit 250 000 Mann abgeschnitten. Hitler untersagte, nicht zuletzt von *Görings* Versprechungen einer Luftversorgung verleitet, den noch möglichen Ausbruch. Am 2.2.1943 kapitulierten die Verteidiger in Stalingrad. 91 000 gerieten in sowjetische Gefangenschaft, nur 6000 kehrten später heim. – Die Rote Armee drang im Winter 1942/43 überall weit nach Westen vor. In den deutsch besetzten Gebieten führten zudem die Unterdrückung und Ausbeutung der Bevölkerung durch die NS-Verwaltung zu lawinenartig anwachsenden Angriffen von *Partisanen*. Der letzte Versuch einer deutschen Offensive fand bei Kursk statt, wo man einen großen sowjetischen Frontbogen mit 33 Divisionen, 2000 Panzern und 1800 Flugzeugen abschneiden wollte. Der deutsche Angriff blieb jedoch nach Anfangserfolgen am 12.7. liegen. Im Herbst mußte der Kuban-Brückenkopf über See geräumt werden (7.9.–9.10.). Zu Beginn des Jahres 1944 überschritt die Rote Armee bei Sarny (Wolhynien) die ehemals polnisch-sowjetische Grenze. Zugleich brach sie endgültig den deutschen Blockadering um das seit Aug. 1941 eingeschlossene Leningrad und trat am 4.3. in der Ukraine zur Offensive an. Die deutsche Front wich über den Pruth bis weit nach Rumänien, an die Karpaten und nach Ostgalizien zurück. Bis 12.5.1944 vernichteten sowjetische Truppen die abgeschnittene deutsche 17. Armee auf der Krim, deren rechtzeitige Räumung Hitler verboten hatte. Im Juni/Juli 1944 ging die deutsche Heeresgruppe Mitte (28 Divisionen mit 350 000 Mann) unter – eine Katastrophe weit größer als die von Stalingrad. Auch im Norden drang die Rote Armee weiter vor, nahm Estland und den größten Teil von Lettland und Litauen und erreichte am 29.7.1944 die Rigaer Bucht. Der nächste Schlag fiel im Süden gegen die deutsche Heeresgruppe Südukraine. In wenigen Tagen wurde die neuaufgestellte deutsche

6. Armee mit 18 Divisionen zerschlagen, am 25.8. erklärte der frühere Bundesgenosse Rumänien Deutschland den Krieg, das Ölgebiet von Ploieşti ging verloren (30.8.), am 31.8. fiel Bukarest. – Südosteuropa wurde schrittweise aufgegeben. Am 16.9.1944 besetzten sowjetische Truppen Sofia, neben der rumänischen nahm nun auch die bulgarische Armee den Kampf gegen die Wehrmacht auf. Nach dem Ausscheiden Finnlands aus dem Krieg (4.9.) blieb Ungarn, seit 19.3.1944 deutsch besetzt, als letzter Bundesgenosse des Reiches übrig. Im Okt. 1944 drang die Rote Armee auch auf ungarisches Gebiet vor und eroberte einen Teil Jugoslawiens. Zwischen 12. und 14.1.1945 traten vier sowjetische Heeresgruppen mit 25 Armeen zur Großoffensive auf das Reich an. Die deutsche Front zerbrach, am 17.1. zog die Rote Armee in Warschau ein, am 19.1. in Krakau und Lodz und erreichte am 22.1. die Oder nördlich und südlich von Breslau. Das oberschlesische Industrierevier ging verloren, und am 26.1. riß die Landverbindung zu Ostpreußen ab. Zahllose Flüchtlingstrecks in Schlesien und Ostpreußen gerieten in das Inferno des Zusammenbruchs. Die deutsche Kriegsmarine konnte über die Ostsee noch über 2 Mio. Menschen nach Westen retten. Am 16.4. eröffneten zwei sowjetische Heeresgruppen aus den Oderbrückenköpfen heraus die Schlacht um *Berlin*. Die Reichshauptstadt kapitulierte am 2.5., und in Berlin-Karlshorst unterzeichnete Generalfeldmarschall *Keitel* am 8.5. die Bedingungslose Kapitulation vor der siegreichen Roten Armee.

Rust, Bernhard

* Hannover 30.9.1883, † Berne (bei Oldenburg) 8.5.1945

»1 Rust«, spottete der Flüsterwitz, »ist die kürzeste Zeit zwischen dem Erlaß und der Aufhebung einer Verfügung.« So karikierte man die orientierungslose Politik des seit 30.4.1933 amtierenden Reichsministers für Wissenschaft, Erziehung und Volksbildung Rust, der dafür nur seine Ausbildung als Studienrat und die Linientreue eines Alten Kämpfers (Parteigenosse seit 1925) und Gauleiters (1925 Hannover, 1928 Südhannover-Braunschweig) mitbrachte. 1930 wegen angeblicher sexueller Verfehlungen aus dem Schuldienst entlassen, fand sich der alkoholabhängige Rust im Gestrüpp der NS-Kompetenzen nie zurecht und mußte oft vor den Ansprüchen der konkurrierenden Erziehungsträger in HJ, DAF und SS zurückweichen. Er erschoß sich bei der Nachricht von der deutschen Kapitulation.

S

SA

1920 gründete die NSDAP zur Auseinandersetzung mit den politischen Gegnern und zum Schutz von Kundgebungen eine Kampftruppe, die »Sturmabteilung«, bekannter unter dem Kürzel SA. Die *braun* uniformierte SA wurde von Hitler zu Propagandamärschen, Provokationen der Gegner, v.a. der Kommunisten, und zu Werbefeldzügen eingesetzt. Ihr Straßenterror trug in der Endphase der Weimarer Republik wesentlich zur Rechtsunsicherheit bei, zu deren Überwindung sich Hitler als Ordnungsfaktor empfahl. Nach der Machtergreifung 1933 wurde in der nun bei der Bewachung der KZ oder als Hilfspolizei zur Verfolgung der Opposition eingesetzten SA unter ihrem Stabschef *Röhm* der Ruf nach einer *zweiten Revolution* laut, und es keimten Pläne, aus der inzwischen über 4 Mio. Mann umfassenden Truppe ein Volksmilizheer zu machen. Da dies mit Hitlers Kriegsplänen kollidierte, für die er eine Berufsarmee brauchte, und in der Reichswehr Unruhe hervorrief, wurde die SA-Führung am 30.6./1.7.1934 in einer reichsweiten Mordaktion in der sog. *Röhm-Affäre* von SS und Gestapo liquidiert. Die SA, deren Mitgliederbestand bis 1938 auf 1,2 Mio. sank, diente fortan als Kader für die Wehrertüchtigung der Jugend, organisierte Straßensammlungen, betrieb Gesinnungsschnüffelei an der Basis und fungierte als Kulisse des Führerkults. Nur noch einmal, beim Pogrom der *Kristallnacht* 1938, übernahm sie ihre angestammte Terrorrolle.

Saargebiet

Preußisches und bayerisches (Pfalz) Gebiet wurden im *Versailler Vertrag* zum rd. 2000 km² großen Saargebiet zusammengefaßt und mit den 800 000 Einwohnern französischer Nutzung überantwortet, verwaltet wurde es von einer Kommission des Völkerbunds.

Nach 15 Jahren sollte sich die Bevölkerung für Deutschland, Frankreich oder den Status quo, also die Beibehaltung der Konstruktion, entscheiden. Am 13.1.1935 kam es zu dieser Volksabstimmung, in deren Vorfeld sich die massiv von Berlin unterstützten Reichsbefürworter zur *Deutschen Front* zusammengeschlossen hatten. Sie erhielt in der international kontrollierten Wahl über 90 % der Stimmen, während für den Status quo 8,8 % und für Frankreich 0,4 % votierten. Es hatte nichts genützt, daß prominente Emigranten wie Bertolt Brecht oder Heinrich Mann gegen einen Anschluß an Deutschland agitiert hatten. Auch die Hinweise auf KZ und Gestapo-Terror verpufften, zu überzeugend schienen die Vorteile: Im Saargebiet herrschte noch 24,4 % Arbeitslosigkeit, während sie im Reich rapide sank; die französische Dominanz war als Fremdherrschaft empfunden worden; die mächtige katholische Kirche hatte zudem mit zündenden Appellen zur »Heimkehr« ins Reich aufgefordert: »Wer seinem Vaterland die Treue bricht, hält sie auch unserem Herrgott nicht.« Hitler hatte nach dem Konkordat von 1933 seinen nächsten außenpolitischen Erfolg; am 1.3.1935 ließ er sich im Triumphzug durch Saarbrücken fahren.

Sachsenhausen
Etwa 25 km nordöstlich von Berlin, beim Ort Sachsenhausen, mußten im Aug. und Sept. 1936 Häftlinge der *Emslandlager* ein weiteres KZ für rd. 10 000 Gefangene bauen. Die Belegzahlen aber stiegen ständig, zeitweise auf über 45 000 Menschen. Insgesamt durchliefen das Lager 140 000 registrierte Häftlinge, vermutlich aber wurden mehr als 200 000 Menschen dorthin deportiert, von denen 30 000 umkamen, einige davon bei *Menschenversuchen* z. B. mit vergifteter Munition. Außerdem ermordeten Sonderkommandos in einer Genickschußanlage, die als ärztliche Ambulanz getarnt war, mindestens 11 000 sowjetische Kriegsgefangene, die gar nicht erst im Lager registriert worden waren; andere wurden bei der Erprobung eines Gaswagens im Herbst 1941 umgebracht. Nicht gezählt sind auch die Opfer der Evakuierung im Frühjahr 1945, als kranke und nicht marschfähige Häftlinge noch im Lager oder unterwegs getötet wurden. Die Rote Armee befreite am 22./23.4.1945 noch etwa 3000 Häftlinge. – Sachsenhausen gehörte zu den großen KZ und hatte 61 Nebenlager. Die Gefangenen, darunter im Krieg Menschen aus allen von der Wehrmacht besetzten Ländern, wurden

zur Zwangsarbeit in der Rüstungsindustrie eingeteilt, mußten in einem eigens errichteten Klinkerwerk schuften oder im Schuhläuferkommando auf mörderischen Marschstrecken die Haltbarkeit von Wehrmachtsstiefeln erproben. Versorgung, Ernährung, Unterbringung, sanitäre Einrichtungen waren menschenunwürdig, Seuchen wie Mißhandlungen und Hinrichtungen an der Tagesordnung. In einem Sonderlager waren prominente Häftlinge untergebracht, darunter der österreichische Bundeskanzler *Schuschnigg* und der Industrielle *Thyssen*.

Salò

Am Gardasee, im kleinen Ort Salò, erhielt der befreite *Mussolini* im Herbst 1943 einen Amtssitz, von dem aus er seine schrumpfende Repubblica Sociale Italiana unter deutscher Aufsicht regieren durfte. Während die Alliierten den italienischen Stiefel von Süden aufrollten, versuchte Mussolini hier eine Neubelebung des *Faschismus* durch Anknüpfen an seine sozialistisch-republikanischen Anfänge. Die Hoffnung aber, damit noch einmal eine nennenswerte Gefolgschaft zu finden, erwies sich im kriegsmüden Land als Illusion. Die Republik von Salò stützte sich allein auf deutsche Truppen und Polizei sowie einige – unsichere – italienische Verbände, die zudem einen schweren Stand gegen die erstarkenden Partisanen hatten. Mussolini konnte nicht einmal abwenden, daß Südtirol einem deutschen Gauleiter unterstellt wurde, daß man seinen »Staat« nun gnadenlos zur *Endlöung* heranzog und daß die Industrie von einem Reichsbevollmächtigten kontrolliert wurde. Bei herankommender Front brach am 24.4.1945 ein Aufstand der Resistenza aus, vor der Mussolini vergeblich in die Schweiz zu entkommen versuchte. Mit seiner Erschießung durch Partisanen am 28.4. und dem deutschen Sonderwaffenstillstand vom selben Tag ging die Republik von Salò unter.

Sant'Anna di Stazzema →*Marzabotto*

Sauckel, Fritz

* Haßfurt (Unterfranken) 27.10.1894, † Nürnberg 16.10.1946 (hingerichtet)

Zunächst Seemann, dann Schlosser, machte Sauckel als »Alter Kämpfer« (NSDAP-Beitritt 1923) Karriere in Thüringen, wo er

1927 Gauleiter, 1929 Fraktionschef der NSDAP im Landtag und im Mai 1933 Reichsstatthalter wurde. Seine eigentliche Bedeutung aber gewann er im Krieg als Generalbevollmächtigter für den Arbeitseinsatz seit 21.3.1942. In dieser Eigenschaft war er verantwortlich für die Rekrutierung eines Millionenheers von *Zwangsarbeitern* und für ihr schreckliches Schicksal in der deutschen Industrie und in deutschen Lagern. Das Internationale Militärtribunal ahndete das am 1.10.1946 mit der Todesstrafe.

Schacht, Hjalmar
* Tingleff (Nordschleswig) 22.1.1877, † München 3.6.1970
Hohe Achtung und große Verdienste erwarb sich der Bankier Schacht bei der Überwindung der *Inflation*. Im Nov. 1923 zum Reichswährungskommissar und im folgenden Monat zum Reichsbankpräsidenten berufen, gelang ihm die Stabilisierung der deutschen Währung durch die Rentenmark und im folgenden Jahr eine verträglichere Regelung der *Reparationen* (Dawes-Plan). Politisch neigte Schacht zunächst den Liberalen zu (1918 Mitbegründer der DDP), nahm aber dann zunehmend konservative Positionen ein (1926 Austritt aus der DDP) und half mit, Hitler in Industrie- und Finanzkreise einzuführen. Der 1930 von seinem Reichsbankposten zurückgetretene Finanzexperte übernahm nach der Machtergreifung erneut dieses Amt und wurde 1935 zusätzlich Reichswirtschaftsminister und Generalbevollmächtigter für die Kriegswirtschaft. Schacht gewann damit eine Schlüsselrolle bei der Aufrüstung, geriet aber immer wieder in Konflikt mit dem wirtschaftspolitischen Abenteurertum *Görings* und zog sich bis 1939 von allen Ämtern zurück; allerdings war er bis 1943 noch Minister ohne Geschäftsbereich. Nach dem *Zwanzigsten Juli* geriet er in Verdacht und wurde bis Kriegsende inhaftiert. Im Nürnberger Prozeß gegen die Hauptkriegsverbrecher wurde er freigesprochen.

Schellenberg, Walter
* Saarbrücken 16.1.1910, † Turin 31.3.1952
Erst wollte er Mediziner, dann Jurist werden, wurde aber schließlich Geheimagent: Schellenberg trat im Mai 1933 der NSDAP und der SS bei, die ihn seit Sommer 1934 im *SD* einsetzte und ihm 1939 die Leitung der Amtsgruppe IVE (Spionageabwehr Inland) und Ende 1941 das Amt VI (Auslandsnachrichtendienst) im RSHA übertrug.

Inzwischen zum SS-Brigadeführer aufgestiegen, empfahl sich Schellenberg durch die Zerschlagung der Spionagegruppe *Rote Kapelle* und die Ausschaltung des Widerstandsnests in der *Abwehr*, wobei er persönlich die Verhaftung von *Canaris* vornahm. Zusammen mit *Himmler* suchte er kurz vor Kriegsende den Kontakt mit den Alliierten und sorgte als Vorleistung für die Freilassung zahlreicher Häftlinge. Er kam daher am 11.4.1949 vor dem Militärgericht in Nürnberg mit einer sechsjährigen Haftstrafe wegen Beihilfe zum Mord an sowjetischen Kriegsgefangenen davon und wurde wegen einer Krebserkrankung schon 1950 freigelassen.

Schicklgruber

Geburtsname von Hitlers Vater Alois, im *Flüsterwitz* Spottname für den Diktator etwa beim Grüßen mit »Heil Schicklgruber!«.

Schindler, Oskar

* Zwittau (Svitavy; Ostböhmen) 28.4.1908, † Hildesheim 9.10.1974
Der sudetendeutsche Jungunternehmer und *Henlein*-Anhänger ergriff die günstige Gelegenheit: Schindler übernahm 1939 in Krakau zu niedrigstem Preis zwei beschlagnahmte jüdische Betriebe zur Herstellung und zum Vertrieb von Haushaltswaren. Seine jüdischen Arbeitskräfte konnte er dank bester Beziehungen zu den NS-Besatzungsbehörden und zur SS vor der Deportation bewahren, 1943 aber zunächst nicht vor der Einweisung in das KZ *Krakau-Plaszow*, dessen Kommandant *Göth* als Sadist berüchtigt war. Schindler erreichte jedoch die Errichtung einer Außenstelle des Lagers auf seinem Firmengelände und rettete so »seine« Juden zum zweitenmal. Bei Herankommen der Roten Armee gerieten sie ein drittes Mal in Gefahr, doch erhielt Schindler die Genehmigung, seinen Betrieb nach Brünnlitz (Brnenc) nahe seiner Heimatstadt zu verlegen und jüdische Arbeitskräfte, 800 Männer und 300 Frauen, nach einer vorzulegenden Aufstellung mitzunehmen. Damit rettete Schindler sie erneut. Das alles war nur möglich durch Bestechung und Kumpanei mit den Verfolgern, die Schindler sogar zweimal verhafteten, sich dann aber immer »überzeugen« ließen, daß seine Aktivitäten kriegswichtig seien. Nach dem Krieg von den geretteten Juden unterstützt, wurde er in Israel hoch geehrt und dort auch bestattet. 1993 setzte Steven Spielberg mit dem Film »Schindlers Liste« dem Judenretter ein eindrucksvolles Denkmal.

Schirach, Baldur von

* Berlin 9.5.1907, † Kröv (Mosel) 8.8.1974

Wie eine »Offenbarung« erlebte der Abiturient Schirach 1925 eine erste Begegnung mit Hitler und trat dessen Partei bei. Als Germanistikstudent in München baute er den NS-Studentenbund auf, wurde am 30.10.1931 Reichsjugendführer der NSDAP (18.6.1933 Jugendführer des Deutschen Reiches) und war nach dem Gesetz über die Staatsjugend vom 1.12.1936 zuständig für die gesamte außerschulische Jugenderziehung. In dieser Rolle sah sich Schirach als ein »Priester des NS-Glaubens« und veröffentlichte – persönlich eher weichlich – Schriften, die Härte und Wehrhaftigkeit als hohe Ideale priesen (z.B. »Revolution der Erziehung«, 1939). Schirach, der schwärmerische Hymnen auf den »Führer«, Lieder und Gedichte für die *HJ* schrieb (»Unsre Fahne flattert uns voran«), geriet im Machtkampf der Günstlinge Hitlers bald an den Rand und wurde 1940 durch *Axmann* als Reichsjugendführer abgelöst. Nach kurzem Fronteinsatz zum Gauleiter und Reichsstatthalter nach Wien weggelobt, war Schirach verantwortlich für die Deportation von 185000 Juden aus Österreich in den Osten. Nach einem Schuldgeständnis, die deutsche Jugend »für einen millionenfachen Mörder« erzogen zu haben, wurde er vom Internationalen Militärtribunal in Nürnberg als einer der Hauptkriegsverbrecher am 1.10.1946 zu 20 Jahren Haft verurteilt, die er in Berlin-Spandau verbüßte. Er verfaßte Memoiren unter dem Titel »Ich glaubte an Hitler« (1966).

Schlegelberger, Franz

* Königsberg/Pr 23.10.1876, † Flensburg 14.12.1970

Daß die Justiz zur Weimarer Zeit »auf dem rechten Auge blind« war, belegt auch seine Karriere: Schlegelberger war 1931 zum Staatssekretär im Reichsjustizministerium berufen worden und konnte diese Position bruchlos bis 1941 halten. Dann starb sein Chef *Gürtner*; Schlegelberger, seit 1938 NSDAP-Mitglied, wurde mit der Wahrnehmung der Geschäfte des Ministers beauftragt. In nur anderthalb Jahren verschärfte er das Strafrecht maßlos, ließ die Rechte von Angeklagten und Verteidigern weiter einschränken und versuchte durch sog. Vor- und Nachschau von Urteilen direkt Einfluß auf die Gerichte zu nehmen. Das sah Hitler gern, aber nicht gern sah er Schlegelberger, den er 1942 durch *Thierack* ablöste. Im Juristenprozeß wurde Schlegelberger 1947 zu lebenslänglicher Haft verurteilt aber schon 1951 begnadigt.

Schleicher, Kurt von

* Brandenburg (Havel) 7.4.1882, † Berlin 30.6.1934

Lange machte er seinem Namen alle Ehre, agierte geschickt und lautlos im Hintergrund: Schleicher war nach rascher militärischer Karriere 1929 als General zum Staatssekretär im Reichswehrministerium avanciert und wurde mehr und mehr zum »starken Mann« unter Reichskanzler *Brüning*. Nach dessen Sturz 1932 sorgte Schleicher dafür, daß *Papen* zum Nachfolger ernannt wurde. Als aber der Rückgang der NSDAP im Nov. 1932 die Stunde günstig erscheinen ließ, übernahm er selbst die Regierungsgeschäfte. Sein Versuch jedoch, eine »Gewerkschaftsachse« vom linken NSDAP-Flügel bis zum Allgemeinen Deutschen Gewerkschaftsbund (ADGB) zu bilden und, gestützt auf eine breite Mehrheit, den Kampf gegen Not und Arbeitslosigkeit aufzunehmen, scheiterte an Hitler und der SPD. Als Schleicher zur Abwehr der NS-Gefahr daraufhin die zeitweise Aussetzung der Verfassung verlangte, lehnte der Reichspräsident ab. Der Kanzler trat zurück und machte Platz für die Machtübernahme durch Hitler. Dessen Rache für den Versuch, die NSDAP zu spalten, ereilte den General während der *Röhm-Affäre*: Ein Mordkommando der SS erschoß ihn und seine Frau in seiner Wohnung.

Schmeling, Max

* Klein-Luckow (bei Strasburg, Uckermark) 28.9.1905

Buchstäblich mit einem Schlag, der nicht einmal von ihm kam, wurde er zum Idol: Zu tief setzte Jack Sharkey, Boxweltmeister aller Klassen, am 12.6.1930 eine Linke an, schickte Schmeling, den »schwarzen Ulan vom Rhein«, zu Boden und wurde disqualifiziert. Schmeling hatte als erster und bis heute einziger Deutscher die höchste Krone des Faustkampfs erobert. Er verlor sie im Rückkampf 1932 wieder, aber das konnte seinem Nimbus nur noch wenig anhaben. Und als er am 19.6.1936 den ungeschlagenen »Braunen Bomber« Joe Louis in New York ausknockte, war er endgültig zur lebenden Legende geworden – und wider Willen zum Vorzeige-»Arier« der NS-Rassisten. Sie sahen daher »jüdische Schiebung« am Werk, als Schmeling den Rückkampf 1938 verlor. Er aber gewann damit etwas Distanz zu den unerwünschten Fans, die ihn wegen seines jüdischen Managers Joe Jacobs unter Druck setzten. Schmeling ließ sich nicht vereinnahmen und rettete so seinen sportlichen Ruhm über den Krieg.

Schmitt, Carl

* Plettenberg (Sauerland) 11.7.1888, † ebd. 7.4.1985
Bis heute scheidet er die juristischen Geister: Der Staatsrechtler Schmitt trat im Frühjahr 1933 der NSDAP bei und wurde führender Rechtstheoretiker des NS-Regimes. Er begründete seine Verteidigung der Mordaktion während der *Röhm-Affäre* damit, daß der »wahre Führer« immer auch Recht setze, und forderte eine Säuberung des deutschen Rechtes vom »jüdischen Geist«. Den Krieg Hitlers rechtfertigte Schmitt 1940 als »Raumordnungskrieg« und »Raumrevolution«. Nach dem Krieg nicht wieder in den Hochschuldienst aufgenommen, blieb er einflußreich durch seine zahlreichen Schüler und durch umstrittene Lehren vom Wesen des Politischen als Unterscheidung zwischen Freund und Feind.

Schneider, Paul

* Pferdsfeld (heute zu Bad Sobernheim, bei Bad Kreuznach) 28.8.1897, † KZ Buchenwald 18.7.1939
Noch aus dem Zellenfenster spendete er seinen Mithäftlingen geistlichen Trost und nahm dafür Schikanen und Mißhandlungen in Kauf: Der evangelische Pastor Schneider, zunächst in Hochelheim bei Wetzlar tätig, dann wegen Konflikts mit der SA strafversetzt nach Dickenschied im Hunsrück, verweigerte den Gehorsam, als er 1937 aus dem Rheinland ausgewiesen wurde. Das brachte ihn ins KZ *Buchenwald*, wo er an seiner Kritik am NS-Terror festhielt. Nach schweren Prügelstrafen starb er an einer überdosierten Strophanthininjektion.

Scholl, Hans

* Ingersheim (heute zu Crailsheim) 22.9.1918, † München-Stadelheim 22.2.1943 (hingerichtet)
Ein Kurzporträt des Studenten und Soldaten Scholl kann kaum etwas von der Person ins Bild rücken. Die Biographie wird überstrahlt von dem kurzen Abschnitt, in dem er und seine Schwester Sophie (* Forchtenberg bei Künzelsau 9.5.1921, † München-Stadelheim 22.2.1943 – hingerichtet) ihren Kampf gegen das NS-Unrechts-

regime kämpften. »*Weiße Rose*« nannte sich die Gruppe von Münchener Studenten um den Professor *Huber*, die sich aus Empörung über die sittliche und politische Kapitulation der Intellektuellen 1942/43 mit Flugblättern und Inschriften auf Hauswänden wie »Nieder mit Hitler« an die Öffentlichkeit wandten. Die »Weiße Rose« versuchte den Teufelskreis zu durchbrechen, in dem »jeder wartet, bis der andere anfängt«, und so alle schuldig werden. Besonderes Aufsehen erregte das letzte Flugblatt, das von den Geschwistern Scholl am 18.2.1943 in hoher Auflage in der Eingangshalle der Münchener Universität verstreut wurde und umgehend durch Denunziation des Hausmeisters zu ihrer Verhaftung führte. Es forderte »die Brechung des nationalsozialistischen Terrors aus der Macht des Geistes«. Der Festnahme folgte schon vier Tage später das Todesurteil. Sophie Scholl rief als Schlußwort in den Gerichtssaal: »Was wir geschrieben haben, das denkt ihr ja alle auch, nur fehlt euch der Mut, es auszusprechen!«

Scholtz-Klink, Gertrud

* Adelsheim (bei Heidelberg) 9.2.1902, † Bebenhausen (heute zu Tübingen) 24.3.1999

Frauen waren politisch im NS-System nicht vorgesehen, und doch mußten Frauenangelegenheiten organisatorisch geregelt werden. Wegen ihrer politischen Zurückhaltung, ihrer »nordischen« Erscheinung und als Mutter zahlreicher Kinder galt die 1928 der NSDAP beigetretene Scholtz-Klink, später in dritter Ehe verheiratet mit SS-Obergruppenführer *Heißmeyer*, als besonders geeignet für diese Aufgabe. Am 1.1.1934 wurde sie Leiterin des weiblichen Arbeitsdienstes und am 24.2.1934 Reichsführerin der NS-*Frauenschaft*. Im Nov. 1934 erhielt sie den Titel »Reichsfrauenführerin«. Eine Spruchkammer stufte sie 1950 als »Hauptschuldige« ein, verurteilte sie zu 30 Monaten Haft und entzog ihr die bürgerlichen Ehrenrechte. Noch in ihren Memoiren bezog sie NS-Positionen (»Die Frau im Dritten Reich«, 1978).

Schönheit der Arbeit

Mit Parolen wie »Saubere Menschen im sauberen Betrieb!« bemühte sich das Amt »Schönheit der Arbeit« in der DAF um leistungssteigernde Ausgestaltung der Arbeitsplätze in Industrie und Verwaltung. Dazu gehörten die Einrichtung von Betriebsbibliotheken, farbliche Aufhellung von Werkshallen, Blumenschmuck in den Büros, gemütliche Einrichtung der Kantinen, Verbesserung der Beleuchtung in Lagerhallen und Schreibstuben. Das alles wurde auf Kosten der Betriebe geschaffen, wobei die »Gefolgschaften« unentgeltlich halfen. Besonders gelungene Verschönerungen wurden im Rahmen eines »Leistungskampfs der deutschen Betriebe« öffentlich ausgezeichnet.

Schörner, Ferdinand

* München 12.6.1892, † ebd. 2.7.1973

Im 1. Weltkrieg mit dem Pour le mérite ausgezeichnet, wurde Schörner 1939 zum Oberst befördert und kämpfte im Frankreichfeldzug 1940 als Kommandeur der 6. Gebirgsdivision. Am 1.6.1942 wurde er zum General der Gebirgstruppen ernannt. Seine eigentliche Karriere aber begann nach der Kriegswende 1942/43, als Hitler »Steher« suchte, die sein starres Verteidigungskonzept mit der nötigen Härte durchsetzen konnten. Als Heeresgruppen-Oberbefehlshaber (31.3.1944 Süd, 20.7.1944 Nord, 18.1.1945 Mitte) hatte der fanatische Nationalsozialist Schörner mit seinen brutalen Disziplinierungsmaßnahmen (Erschießungen, Himmelfahrtskommandos u. a.) zunächst »Erfolg«, verheizte dann aber vielfach sinnlos seine zusammenschmelzenden Verbände. Sein Gönner Hitler hatte nach der Ernennung zum Generalfeldmarschall (5.4.1945) noch eine letzte Erhöhung für ihn parat: Testamentarisch bestimmte er ihn zum OB des Heeres. Schörner verließ am 11.5.1945 seine Truppen in Böhmen und setzte sich in Zivil nach Österreich ab. Schon Ende Mai wurde er von den Amerikanern ergriffen und an die Sowjetunion ausgeliefert, wo er bis 1955 in Gefängnissen und Kriegsverbrecherlagern festgehalten wurde. Nach Deutschland zurückgekehrt, wurde Schörner im Okt. 1957 wegen Totschlags zu viereinhalb Jahren Haft verurteilt, 1960 aber bereits aus Gesundheitsgründen entlassen.

Schriftleitergesetz

Die »Mitwirkung an der Gestaltung des geistigen Inhalts der im Reichsgebiet herausgegebenen Zeitungen und politischen Zeitschriften« wurde im 3. Reich zu einer durch »Gesetz geregelten öffentlichen Aufgabe«. Dieses hieß nach dem eingedeutschten Wort für Redakteur »Schriftleitergesetz« und war am 4.10.1933 erlassen worden. Danach durften nur Personen »arischer« Abstammung und solche, die »nicht mit einer Person nichtarischer Abstammung verheiratet« waren, Schriftleiter sein. Politisch Mißliebige wurden durch Zwangsmitgliedschaft in der *Reichspressekammer* und durch die Forderung ausgeschlossen, daß Schriftleiter alle Eigenschaften haben mußten, »die die Aufgabe der geistigen Einwirkung auf die Öffentlichkeit erfordert«. Der Schriftleiter sollte »in erster Linie Diener der Volksgemeinschaft und erst in zweiter Linie Angestellter eines privaten Verlages« sein.

Schulze-Boysen, Harro

* Kiel 2.9.1909, † Berlin-Plötzensee 22.12.1942 (hingerichtet)
Er drang bis ins Machtzentrum der NS-Führung vor: Der linksliberale Journalist Schulze-Boysen fand durch familiäre Beziehungen seiner Frau Libertas (* Paris 20.11.1913, † Berlin-Plötzensee 22.12.1942 – hingerichtet) zu *Göring* Anstellung in der Nachrichtenabteilung des Luftfahrtministeriums und damit Zugang zu kriegswichtigen Informationen. Schulze-Boysen wurde Mittelpunkt eines Kreises von Regimegegnern, den er 1939 mit der Gruppe um A. *Harnack* verschmolz und 1941 in den Dienst der sowjetischen Aufklärung stellte. Die Gestapo, in deren Akten die Organisation als *Rote Kapelle* geführt wurde, kam Schulze-Boysen und seinen Leuten 1942 auf die Spur, verhaftete ihn, seine Frau und zahlreiche andere Mitglieder, die fast alle zum Tod verurteilt wurden.

Schuschnigg, Kurt Edler von

* Riva (Gardasee) 14.12.1897, † Mutters (bei Innsbruck) 18.11.1977
Als Hitler deutscher Reichskanzler wurde, konnte es nur noch eine Frage der Zeit sein, bis er nach Österreich, seiner Heimat, greifen würde. Bundeskanzler Schuschnigg, Nachfolger des 1934 von den Nationalsozialisten ermordeten *Dollfuß*, suchte daher Anlehnung bei Italien und den Westmächten. Selbst zwar faschistisch-autoritären Modellen zugeneigt, lehnte der Christsoziale, seit 1927 im Nationalrat und mehrfach Minister, die Hakenkreuzideologie mit ihrem Rassismus ab. Doch der braune Riese im Norden wuchs, eine *Achse Berlin–Rom* bahnte sich an, die Nationalsozialisten im eigenen Land ließen sich auch durch Terror kaum noch bändigen. 1938 mußte Schuschnigg schließlich Hitlers Mann in Wien, *Seyß-Inquart*, ins Kabinett aufnehmen, versuchte aber weiteren Zuge-

ständnissen durch eine Volksabstimmung zuvorzukommen. Das provozierte im März 1938 den deutschen Einmarsch, der auch nicht durch Hilferufe nach London und Paris abzuwenden war. Schuschnigg wurde bis Kriegsende in KZ-Haft gehalten und war danach Dozent in den USA.

Schutzhaft

Zur Beseitigung einer Störung der öffentlichen Ordnung, zur Abwehr einer unmittelbaren polizeilichen Gefahr oder zum eigenen Schutz konnten Personen auch schon vor 1933 in Verwahrung genommen werden. Sie mußten aber spätestens am Folgetag wieder in Freiheit gesetzt werden (Ausnahme: gemeingefährliche Geisteskranke). Nach der Machtergreifung wurden die Möglichkeit der Inschutzhaftnahme stark ausgeweitet und die Befristung nach der *Reichstagsbrandverordnung* aufgehoben. Rechtsbehelfe dagegen gab es fortan nicht mehr. Schutzhaft wurde daher zum bevorzugten Instrument bei der Ausschaltung politischer Gegner und anderer »unerwünschter« Personen. Anfangs in Strafanstalten untergebracht, füllten Schutzhäftlinge bald die KZ. Die Zahl der Inhaftierten erreichte nach offiziellen und daher vermutlich geminderten Angaben bereits im April 1933 über 15 000; insgesamt wurde nach Schätzungen bis 1939 in bis zu 500 000 Fällen mehr oder minder lange Schutzhaft verhängt. Darin nicht enthalten waren in der Frühphase die Fälle eigenmächtiger Verhaftungen durch SA und SS, die Mißliebige in Hinterzimmern oder improvisierten »wilden« KZ (Scheunen, leerstehende Hallen u.a.) festhielten und mißhandelten. – Frühe Lager zur Vollstreckung von Schutzhaft waren u.a.: Ahrensbök (Schleswig-Holstein), Ankenbrück (Baden), Augustusburg (Sachsen), Bad Salza (Thüringen), Benninghausen (Kreis Lippstadt), Bronim (bei Potsdam), Brandenburg an der Havel, Brauweiler (bei Köln), Breitenau (Hessen-Nassau), Bremen-Ochtumsand (auf einem Schiff), Bremerhaven (»Langenlütjen«), Breslau-Dürrgoy, Chemnitz und Colditz (Außenlager von Sachsenburg), Columbia-Haus in Berlin (erst 5.11.1936 aufgelöst), Dresden (Gefängnis), Dresden-Drachenberg (zu Sachsenburg), Fuhlsbüttel (Hamburg), Gollnow (Pommern), Gotteszell (bei Schwäbisch Gmünd), Hainewalde (Sachsen), Hainichen (Sachsen), Hammerstein (Posen-Westpreußen), Heuberg (bei Stetten am Kalten Markt, Württemberg), Hohenstein (Sachsen), Kemna (Wuppertal), Kislau (Baden), Königstein (Sachsen), Sankt-Georg-Hospital (Frauen-KZ in Leipzig), Leschwitz (bei Görlitz), Moringen (Kreis Nordheim), Osthofen (bei Worms), Quedenau (Ostpreußen), Reichenbach (Vogtland), Roßlau (Anhalt), Sachsenburg (Sommer 1937 aufgelöst), Sonnenburg (Neumak), Stettin-Bredow, Taufkirchen (Bayern), Ulm-Oberer Kuhberg und Garnisons-Arresthaus, Werden (Rheinprovinz), Wittmoor (Hamburg), Zschochau (Sachsen), Zwickau (Sachsen).

Schutzstaffel →*SS*

Schwalbe
»Als ob ein Engel schiebt«, sagte Flieger-As Adolf Galland nach seinem ersten Flug mit der Me 262: Der erste frontreife Düsenjäger der Geschichte mit dem Beinamen Schwalbe kam mühelos auf Geschwindigkeiten über 800 km/h. Die Entwicklung eines zweistrahligen »Verfolgungs-Jagdflugzeugs« hatte bei Messerschmitt bereits im Juni 1939 begonnen. Danach dauerte es bis zum 18.7.1942, ehe ein erster Erprobungsflug stattfinden konnte. Erst Anfang 1943 erhielt das Entwicklungsprogramm erhöhte Dringlichkeitsstufe. Hitler wurde die Maschine am 26.11.1943 in Insterburg (Ostpreußen) vorgeführt. Er forderte jedoch sofort, aus der Schwalbe seinen langersehnten »Blitzbomber« zu machen, so daß eine Variante als Bombenträger unter dem Namen Sturmvogel entwickelt wurde (mit 2×250-kg-Bomben bestückt und deutlich langsamer). Dadurch verzögerte sich wiederum der Einsatz des Düsenflugzeugs als Jäger. Im Okt. 1944 flogen die ersten Maschinen gegen Verbände amerikanischer Viermotoriger, wobei durch Unfälle und Feindverluste 26 Maschinen verlorengingen. Bei späteren Einsätzen zeigten sich jedoch die Qualitäten des Jägers. Insgesamt wurden 1433 Me 262 gebaut, von denen allerdings nur ein Viertel zum Fronteinsatz kam. Daten der Version Me 262 A-1a: 2×900-kp-Strahlturbinen Jumo 004-B1, Höchstgeschwindigkeit 870 km/h, max. Reichweite 1050 km, Startgewicht 6,4 t; Bewaffnung: 4×30-mm-Kanonen in der Rumpfnase, Abschußroste für 24×5-cm-R4M-Raketen unter den Tragflächen.

»Das Schwarze Korps«
Donnerstags erscheinendes Wochenblatt der SS mit dem Untertitel »Zeitung der Schutzstaffeln der NSDAP«, 1. Nummer 6.3.1935, Auf-

lagensteigerung von 200 000 auf 750 000 (1944), scharf antisemitische und antiklerikale Ausrichtung, aber auch kritisch gegenüber parteiinternen Mißständen; letzte Nummer 12.4.1945.

Schwarzer Freitag
Bezeichnung für den 25.10.1929, an dem die Börsenkurse an der Wall Street (New York) zusammenbrachen, Beginn der *Weltwirtschaftskrise.*

Schweden
Einer der wenigen Staaten der Erde, der bis zum Ende des 2. Weltkriegs neutral blieb, war Schweden, mit 450 000 km² fast so groß wie Deutschland, mit 6,1 Mio. Einwohnern aber äußerst dünn besiedelt (Hauptstadt Stockholm). Schon in Friedenszeiten wichtiger Handelspartner, gewann Schweden für die deutsche Kriegführung besondere Bedeutung durch das hochwertige Erz aus dem Norden des Landes. Die deutsche Besetzung *Norwegens*, über das die Exporte liefen, hatte auch darin ihren Grund. Schweden war zwar durch Handelsverträge auch mit Großbritannien und den USA verbunden, doch führte die deutsche Herrschaft im Ostseeraum seit 1941 zu einer derartigen Bedrohung, daß die Aufrechterhaltung der Neutralität nur durch wirtschaftliches Wohlverhalten (u. a. Lieferung von Flugabwehrgeschützen) und die Genehmigung von deutschen Militär- wie Gütertransporten durch Lappland von und nach Finnland aufrechterhalten werden konnte. Das war v. a. wichtig für politische Flüchtlinge und rassisch Verfolgte aus dem deutschen Herrschaftsbereich. In Schweden fanden Sozialdemokraten wie der spätere Bundeskanzler Willy Brandt ebenso Zuflucht wie die vor dem SS-Zugriff gewarnten dänischen Juden. Seit Ende 1943 löste sich Schweden aus der deutschen Einschnürung und wandte sich den Westmächten zu.

Schweiz
Zwischen NS-Deutschland und dem faschistischen Italien gelegen, hatte die kleine demokratische Schweiz (41 000 km², 4 Mio. Einwohner, Hauptstadt Bern) schon in der Zeit vor dem 2. Weltkrieg einen schweren Stand. Nach der Ermordung *Gustloffs* sah sie sich zudem wachsendem deutschen Druck ausgesetzt, der nach dem *Frankreichfeldzug* zu direkter militärischer Bedrohung wurde. Wenn

Hitler dennoch letztlich eine Besetzung (Unternehmen »Tannenbaum«) unterließ, so wegen des schwierigen Geländes, wegen des Rußlandfeldzugs und wegen der Vorteile eines angrenzenden neutralen Staates. Über die Schweiz nämlich liefen die geheimen Kontakte zu den Kriegsgegnern, hier fand die *Abwehr* Zugang zu wichtigen Informationen, und über die Gotthardbahn wurden deutsch-italienische Materialtransporte abgewickelt. Auch lieferte die Schweiz Präzisionsinstrumente und -waffen und kam deutschen Wünschen nach einer Pressezensur entgegen. Dafür nahm Berlin in Kauf, daß politische Flüchtlinge und auch einige Juden im Nachbarland Zuflucht fanden, das die Zuwanderung allerdings streng kontingentierte nach der Parole: »Das Boot ist voll.«

Schwerin von Schwanenfeld, Ulrich-Wilhelm Graf
* Kopenhagen 21.12.1902, † Berlin-Plötzensee 8.9.1944
(hingerichtet)
»Ich dachte an die vielen Morde ...«, begann der Angeklagte Schwerin am 8.9.1944 vor dem *Volksgerichtshof* seine Verteidigungsrede. Weiter kam er nicht, denn der Vorsitzende *Freisler* brüllte ihn als »schäbigen Lumpen« nieder und verhängte das Todesurteil, das am selben Tag vollstreckt wurde. Schon 1935 hatte Schwerin die Ansicht vertreten, daß nur die Beseitigung Hitlers Deutschland vor dem Untergang bewahren könne. Seit 1942 Ordonnanzoffizier bei *Witzleben*, danach als Hauptmann im Oberkommando des Heeres, schloß er sich dem militärischen Widerstand an und wurde nach Scheitern des Attentats vom *Zwanzigsten Juli* verhaftet.

SD
Unter seiner Abkürzung wurde der 1931 gegründete Sicherheitsdienst des Reichsführers SS bekannter als unter dem Vollnamen: SD gehörte wie KZ oder Gestapo zu den gefürchtetsten Kürzeln des 3. Reiches. Er war auf einem reichsweiten Spitzelsystem aufgebaut und in Abschnitte und Oberabschnitte gegliedert. Die SS- und Parteiführung erhielt von ihm regelmäßige Berichte über die Stimmungslage der Bevölkerung und über tatsächliche oder angebliche Regimegegner und oppositionelle Gruppen wie z. B. die Kirchen. Darüber hinaus nahm der SD unter seinem Chef *Heydrich* (nach 1942 *Ohlendorf*) polizeiliche Aufgaben wahr, was 1939 zum Zusammenschluß mit der Sicherheitspolizei im *Reichssicherheitshauptamt*

führte. Sipo und SD stellten im Krieg das Gros der *Einsatzgruppen.* 1944 übernahm der SD auch die *Abwehr* als Militärisches Amt.

Seekrieg →*Atlantikschlacht*

»Seelöwe«
Nach dem Zusammenbruch Frankreichs im Juni 1940 rechnete Hitler mit einem Einlenken Englands. Als dieses ausblieb, wurde am 2.7.1940 der Befehl zu Vorbereitungen und am 16.7. mit Weisung Nr. 16 das Unternehmen »Seelöwe«, die Landung von Wehrmachttruppen in Großbritannien, in Auftrag gegeben: Bis zum 15.8. sollte in den Kanalhäfen »Transportraum für 260 400 Mann, 61 983 Pferde, 34 200 Fahrzeuge, darunter Panzer, Artillerie und 52 leichte Flakbatterien der Luftwaffe« bereitgestellt werden. Die dafür erforderliche Flotte sollten die deutschen Armeen 9 (Strauß) und 16 (Busch) in drei »Treffen« übersetzen, wozu allerdings zuvor die Luftherrschaft über dem Ärmelkanal zu erringen und die britische Flotte durch Minensperren und geeignete Ablenkungsangriffe fernzuhalten war. Weder die Truppenmassierung von 40 Divisionen (später auf 25 reduziert) noch das Zusammenziehen der größtenteils im französischen Hinterland requirierten zahllosen Transportmittel ließ sich verheimlichen. Mit Luftangriffen dezimierten die Briten die Schlepperflotte. Der Angriffstermin wurde daher mehrfach verschoben, bis die Herbststürme einen Beginn noch im Jahr 1940 nicht mehr ratsam erscheinen ließen. Entscheidend aber wirkte sich die Entwicklung der *Luftschlacht um England* aus. Da es der Luftwaffe nicht gelang, der britischen Abwehr Herr zu werden, wurde »Seelöwe« erst aufs nächste Jahr vertagt, dann (10.1.1941) endgültig aufgegeben.

Sektenverfolgung
Schon die großen Kirchen hatten im *Kirchenkampf* einen schweren Stand, doch schützte sie die große Zahl ihrer Mitglieder vor der Vernichtung. Den kleinen Religionsgemeinschaften gegenüber aber kannte das NS-Regime keine Rücksichten. Ihnen wurde jede Unterstützung entzogen: Beiträge aus dem Ausland unterlagen der Devisenbewirtschaftung, ihre Druckschriften wurden v.a. im Krieg durch Verweigerung der Papierzuteilung eingeschränkt. Sekten, die wie die *Ernsten Bibelforscher* den Wehrdienst ablehnten, wurden

verboten, ihre Mitglieder in Schutzhaft genommen und nicht selten in KZ zu Tode mißhandelt, weil ihre Glaubensgewißheit die Peiniger besonders reizte.

Selektion

Der lateinische Begriff für »Auslese« spielte nicht nur eine Rolle in der Abstammungslehre, sondern auch als Bezeichnung für die Sortierung der in den *Vernichtungslagern* eintreffenden Deportierten. Nach bloßem Augenschein entschieden z.B. an der Rampe von Auschwitz SS-Männer, ob Häftlinge noch arbeitsfähig waren oder gleich getötet werden sollten. Manche Transporte wurden auch ohne Selektion insgesamt in den Tod geschickt. Bei den zunächst zur Arbeit befohlenen Häftlingen wurden regelmäßig durch Ärzte und SS-Sanitätspersonal weitere Selektionen durchgeführt, bei denen kranke und erschöpfte Personen als »unnütze Esser« zur Tötung ausgesondert wurden. Selektion nannte man auch schon beim *Euthanasie*-Programm die Auswahl der zu tötenden Anstaltsinsassen.

Sewastopol

Bereits im Krimkrieg (1853–55) war um die Festung Sewastopol monatelang gekämpft worden; die Historiker sprechen in diesem Zusammenhang vom ersten Stellungskrieg der Militärgeschichte. Im 2. Weltkrieg rückte die Hafenstadt und Seefestung auf der Krim mit rd. 110 000 Einwohnern (1939) abermals ins Kriegsgeschehen, als die Halbinsel im Herbst 1941 von der deutschen 11. Armee (v. Manstein) erobert wurde und nur Sewastopol als Hauptstützpunkt der sowjetischen Schwarzmeerflotte in der Hand der Roten Armee blieb. Versuche, die von See versorgte Festung im Sturm zu nehmen, scheiterten. *Manstein* mußte zur Belagerung übergehen und weitere Kräfte heranziehen. Luftwaffe (VIII. Fliegerkorps unter Generaloberst v. Richthofen) und schwere Artillerie (insgesamt 600 Rohre, darunter das Eisenbahngeschütz Dora) nahmen die Befestigungswerke seit 7.6.1942 unter Dauerfeuer. Nach 250 Tagen Belagerung mußten die sowjetischen Verteidiger am 1.7. kapitulieren; rd. 100 000 Rotarmisten gingen in deutsche Gefangenschaft. Belagerung und Erstürmung wiederholten sich 1944 mit umgekehrten Vorzeichen: Nachdem die deutsche 17. Armee (Jaenecke) im Dez. 1943 auf der Krim abgeschnitten worden war und Hitler eine rechtzeitige Räumung untersagt hatte, begann am 8.4.1944 eine Offensive der sowjetischen 2. Gardearmee (Sacharow), der 51. Armee (Kreïzer) und der selbständigen Küstenarmee (Jeremenko) gegen die auf Sewastopol zurückgehenden deutschen Truppen. Erst am 8.5. genehmigte Hitler die Evakuierung, so daß ein Teil der 17. Armee in Gefangenschaft geriet. Unter schweren sowjetischen Luftangriffen gelang es bis 13.5. noch 37500 Mann aus Sewastopol herauszubringen, wobei 8100 der eingeschifften Soldaten mit Transportern und Kleinfahrzeugen untergingen. Am 12.5.1944 befand sich Sewastopol wieder in sowjetischer Hand.

Seyß-Inquart, Arthur
* Stannern (bei Iglau, Südmähren) 22.7.1892, † Nürnberg 16.10.1946 (hingerichtet)
Der gelernte Jurist Seyß-Inquart war Anhänger eines *Anschlusses* Österreichs an Deutschland. Aktiv in nationalen Verbänden, wandte er sich 1931 der österreichischen NSDAP zu, wurde 1938 Bundeskanzler *Schuschnigg* von Hitler als Innenminister aufgezwungen und wenig später am 11.3.1938 auf deutschen Druck hin dessen Nachfolger als Regierungschef. Seyß-Inquarts einzige Amtshandlung bestand darin, die ohnehin schon marschierenden deutschen Truppen ins Land zu rufen und es dem Reich anzugliedern. Er wurde zum SS-Obergruppenführer ernannt und Reichsminister ohne Geschäftsbereich. 1940 machte ihn Hitler zum Reichskommissar für die besetzten *Niederlande*, die unter ihm eine Zeit der Judendeportationen, Verschleppung von Fremdarbeitern, Ausplünderung der Wirtschaft und des Polizeiterrors erlebten. Dafür als einer der Hauptkriegsverbrecher 1945 in Nürnberg angeklagt, wurde Seyß-Inquart am 1.10.1946 zum Tod verurteilt.

Sicherheitsdienst →*SD*

»Signal«
Für das Ausland entwickelte die Abteilung Wehrmachtpropaganda beim Wehrmachtführungsstab unter dem Namen »Signal« 1940 eine repräsentative Illustrierte, die »das Vertrauen und den Arbeitswillen der Bevölkerung besetzter Gebiete« gewinnen und die neutralen Staaten im »prodeutschen und antigegnerischen Sinn« beeinflussen sollte. Als »Zeitschrift des Neuen Europa« verzichtete »Signal« auf

antisemitische Kampagnen und allzu aufdringliche Indoktrination, statt dessen prunkte sie mit Farbdruck und sprach v.a. die Jugend mit spannenden Reportagen an. Sie erschien 14tägig im Berliner Deutschen Verlag in 20 Sprachen mit einer Auflage von 2,5 Mio. (1943), davon ein Fünftel auf deutsch und 800 000 auf französisch. Die letzte Ausgabe kam am 13.4.1945 heraus.

Sinti

Eigenbezeichnung der Volksgruppe der im 14. Jh. in die deutschsprachigen Gebiete eingewanderten *Zigeuner*.

Sippenhaft

Der Rechtsstaat kennt nur die strafrechtliche Haftung des einzelnen, totalitäre Staaten aber greifen oft zum Druckmittel der Sippenhaft, bei der Angehörige eines Täters für dessen Delikte mit haftbar gemacht werden. Im 3. Reich wurden nach dem gescheiterten Anschlag vom *Zwanzigsten Juli* die Frauen, zuweilen auch die Eltern und Enkel der Verschwörer in Lagern inhaftiert, ihre Kinder gab man in linientreue Gastfamilien. Auch Angehörige von »Landesverrätern« oder von Offizieren, die Rückzugsbefehle gegeben hatten, oder von Personen, die Zweifel am »Endsieg« geäußert hatten, wurden oft in Sippenhaft genommen. Ein OKW-Befehl vom 5.2.1945 verfügte: »Für Wehrmachtsangehörige, die in der Kriegsgefangenschaft Landesverrat begehen und deswegen zum Tode verurteilt werden, haftet die Sippe mit Vermögen, Freiheit oder Leben.«

Sippenkunde

Die Genealogen, im NS-Jargon »Sippenkundler« genannt, hatten Hochkonjunktur im 3. Reich, da jedermann einen *Abstammungsnachweis* beibringen mußte. Darum kümmerte sich eine ganze Reihe von Stellen: Das Reichssippenamt in Berlin, die Zentralstelle für Deutsche Personen- und Familiengeschichte in Leipzig, die Hauptstelle für auslandsdeutsche Sippenkunde beim Deutschen Auslandsinstitut in Stuttgart, die Deutsche Ahnenstammkartei in Dresden, der Volksbund der deutschen sippenkundlichen Vereine sowie zahlreiche freiberufliche Sippenforscher, die in einem Reichsverband zusammengeschlossen waren.

Sitzkrieg

Selbst Hitler war einen Moment sprachlos, als am 3.9.1939 die Ultimaten der Westmächte und wenig später deren Kriegserklärungen eintrafen. Es zeigte sich aber, daß Engländer und Franzosen nicht für einen Angriff gerüstet waren, so daß der *Polenfeldzug* ohne Störung aus dem Westen beendet werden konnte. Auch danach blieb es ruhig bis auf Propagandaaktionen, so daß die Briten von »phoney war« (falscher Krieg) sprachen, was durch einen Hörfehler als »funny war« Verbreitung fand und zur französischen Übersetzung »drôle de guerre« (komischer Krieg) führte. Auf deutscher Seite nannte man die Phase der Untätigkeit an der Westfront bis zum deutschen Angriff am 10.5.1940 »Sitzkrieg«.

Sizilien

Die süditalienische Insel Sizilien im zentralen Mittelmeer mit 25709 km^2 und rd. 4,1 Mio. Einwohnern (1940) spielte während des *Afrikafeldzugs* eine entscheidende Rolle als Ausgangsbasis für Nachschubgeleite. Nach dem Ende der Kämpfe in Nordafrika war sie Ziel der alliierten Landungsoperation »Husky«: Am 10.7.1943 setzte eine Flotte (Cunningham) von 320 Transportern, 900 großen und 1125 kleinen Landungsfahrzeugen die amerikanische 7. Armee (Patton) und die britische 8. Armee (Montgomery) an Land. Das Unternehmen wurde gedeckt von 280 Kriegsschiffen und einer Luftstreitmacht (Tedder) von 3680 Maschinen. Der Versuch, mit Luftlandetruppen im Vorgriff strategisch wichtige Punkte zu besetzen, schlug wegen des stürmischen Wetters weitgehend fehl, die amphibischen Verbände kamen aber ohne größere Schwierigkeiten an die Küste, die Amerikaner im Golf von Gela, die Briten zwischen der Halbinsel von Pachino an der Südostspitze der Insel und Syrakus, dessen Hafen bis zum Abend genommen war und eine wichtige Nachschubbasis wurde. Die auf der Insel stationierte italienische 6. Armee (Guzzoni) mit vier Infanterie- und fünf Küstenschutzdivisionen lief nach wenigen Tagen auseinander. Um so verbissener wehrten sich die deutschen Truppen, die Panzerdivision »Hermann Göring« und die 15. Panzergrenadierdivision, die Verstärkung durch das XIV. Panzerkorps (Hube) erhielten. Die Attacken insbesondere der Panzer von »Hermann Göring« führten zeitweilig zu Panik bei den Amerikanern. Dennoch befanden sich die Verteidiger bald in aussichtsloser Lage, da der Nachschub für die Invasoren ungehindert heranfloß. Nach der Entmachtung *Mussolinis* (25.7.) konnte es daher nur noch um geordnete Rückführung aufs italienische Festland gehen. Am 12.8. lief das Unternehmen »Lehrgang« zur Räumung von Sizilien an, das am 17.8. ohne wesentliche Verluste abgeschlossen werden konnte. Am selben Tag nahmen die Alliierten Messina.

Skorzeny, Otto
* Wien 12.6.1908, † Madrid 6.7.1975
Er wurde von der NS-Propaganda zum Helden aufgebaut: Der österreichische Diplomingenieur Skorzeny, 1930 der NSDAP beigetreten und 1939 zur *Leibstandarte-SS »Adolf Hitler«* gestoßen, wurde bekannt durch die Befreiung *Mussolinis* aus einem Sporthotel auf dem Gran Sasso am 12.9.1943. Zwar war er nur Begleiter der eigentlichen Befreier, deutscher Fallschirmjäger, doch die Propaganda machte aus ihm den kühnen Retter. In der Folgezeit erhielt Skorzeny weitere riskante Aufträge, etwa bei der Festsetzung der ungarischen Regierung Horthy (Unternehmen »Panzerfaust«, 16.10.1944) und beim Unternehmen »Greif«, als seine Einheit bei der *Ardennenoffensive* in amerikanischen Uniformen Verwirrung beim Gegner stiftete. Im April 1945 noch mit dem utopischen Auftrag eines Ausbaus der *Alpenfestung* betraut, wurde Skorzeny, inzwischen SS-Standartenführer, in der Steiermark gefangengenommen und am 9.8.1947 in einem Kriegsverbrecherprozeß von einem US-Militärgericht freigesprochen. Aus der anschließenden Internierung in einem Lager bei Darmstadt entkam er nach Spanien.

Slowakei
Das *Münchener Abkommen* amputierte nicht nur die Tschechoslowakei, sondern bereitete bereits deren Spaltung vor: Der slowakische Teil nämlich erhielt erhebliche Autonomierechte und erklärte am 14.3.1939 in Absprache mit Berlin die volle Selbständigkeit. Das nahm Hitler als Vorwand zur Besetzung der »Resttschechei« und deren Umwandlung in das deutsche *Protektorat Böhmen und Mähren*. Die so entstandene Slowakei als kleiner südlicher Nachbar (38 000 km^2, 2,6 Mio. Einwohner, Hauptstadt Preßburg) des immer größeren Deutschen Reiches konnte in dessen Schatten kaum noch politisches Eigenleben entwickeln, wurde in das deutsche Bündnissystem integriert und sollte als »Schutzstaat« Muster für die

NS-Neuordnung Europas sein. Schon für den *Polenfeldzug* Aufmarschgebiet der Wehrmacht, trat die Slowakei am 24.6.1941 in den Krieg gegen Rußland ein, verfügte am 10.11.1941 ein Judenstatut und wurde seit 1942 in die *Endlösung* einbezogen. Bei näherrückender Roter Armee brach im Sept./Okt. 1944 ein Aufstand gegen die deutsche Herrschaft aus, der aber von SS und Wehrmacht blutig erstickt wurde. Nach der Besetzung durch russische Truppen erklärte der Nationalrat im Mai 1945 wieder den Zusammenschluß mit dem tschechischen Staat.

Sobibór
Im Rahmen der *Aktion Reinhard* errichtete die SS in einem Waldgelände an der östlichen Grenze des Distrikts Lublin seit März 1942 ein Vernichtungslager mit drei Gaskammern, die nach einer »Probevergasung« von etwa 30 jüdischen Frauen im Mai 1942 mit der Massenvernichtung begannen. Die Opfer wurden nach Ausladung auf dem Bahnhof Sobibór gruppenweise in die Vergasungsanstalt geführt und durch Auspuffgase von Verbrennungsmotoren getötet. Ein Kommando aus vorübergehend verschonten Häftlingen reinigte danach die Gaskammern von den jeweils etwa 200 Leichen, die in Massengräber geschafft wurden. Im Herbst 1942 begann die SS die Spuren des Massenmords zu beseitigen, indem die Leichen exhumiert und auf Rosten verbrannt wurden. Die weiteren Opfer wurden gleich nach der Tötung verbrannt. Im Juli befahl *Himmler* die Umwandlung von Sobibór in ein KZ, in dem aber in geringerem Umfang weiter Vergasungen stattfanden. Bei einem Aufstand der jüdischen Häftlinge am 14.10.1943 gelang einigen die Flucht, die anderen wurden erschossen, das Lager schloß. Die Anzahl der Opfer von Sobibór ließ sich nach dem Krieg nur noch näherungsweise ermitteln. Sicher ist, daß hier mindestens 150 000 Juden ermordet wurden.

Solf-Kreis
Um den langjährigen deutschen Botschafter in Japan Wilhelm Heinrich Solf (* 1862, † 1936) bildete sich nach der Machtergreifung ein Kreis von Gegnern des NS-Regimes, der als »Frau Solfs Teegesellschaft« nach dem Tod Solfs von dessen Ehefrau Johanna (* 1887, † 1954) weitergeführt wurde. Zu den Mitgliedern gehörten Frauen und Männer aus dem Adel wie *Moltke*, Kirchenmänner und ehema-

lige Kollegen Solfs, die Verfolgte unterstützten und ihnen zur Flucht verhalfen. Der Solf-Kreis wurde Anfang Jan. 1944 Opfer eines eingeschleusten Spitzels der Gestapo, die zahlreiche Mitglieder festnahm. Viele wurden zum Tod verurteilt; Johanna Solf überlebte dank der Intervention des japanischen Botschafters.

Sonderbehandlung

Zu den Mitteln der Geheimhaltung gehörte im 3. Reich auch die sprachliche Tarnung von Gewaltmaßnahmen. Der Begriff »Sonderbehandlung« gehörte zu den dazu verwendeten Umschreibungen und meinte die physische Vernichtung von Menschen. Ein Fernschreiben *Heydrichs* an alle Staatspolizeistellen vom 20.9.1939 sagte das in aller Offenheit: In Sicherheitsfragen gebe es Fälle, »die einer Sonderbehandlung zugeführt werden müssen«, und das seien solche, die »hinsichtlich ihrer Verwerflichkeit … geeignet sind, ohne Ansehen der Person durch rücksichtsloses Vorgehen [nämlich durch Exekution] ausgemerzt zu werden«. Das Wort tauchte in den kommenden Jahren immer wieder in Erlassen auf und fand auch Verwendung im Protokoll über die *Wannseekonferenz*. Der Begriff verlor dadurch allmählich seine Tarnfunktion, so daß *Himmler* in einem Schreiben an den Inspekteur für Statistik vom 10.4.1943 die Ersetzung durch andere Vokabeln forderte. Dennoch wurde weiterhin, v.a. im Rahmen der *Judenverfolgung*, von Sonderbehandlung gesprochen.

Sondergerichte

Schon 1933 wurden zunächst 26 besondere Strafkammern zur Ausschaltung politischer Gegner geschaffen; ihre Zahl stieg bis Ende 1942 auf 74. Diese Sondergerichte waren anfangs nur zuständig für bestimmte politische Verbrechen, seit 1938 konnte ihnen die Anklagebehörde aber auch andere Verfahren zuweisen, was v.a. dann geschah, wenn schnelle Urteile erwünscht waren und Exempel statuiert werden sollten. Denn bei den Sondergerichten gab es kein gerichtliches Vorverfahren, die Ladungsfristen wurden immer weiter verkürzt, die Verteidigerrechte eingeschränkt, die Urteile mit Verkündung rechtskräftig und oft sofort vollstreckt. Deswegen standen v.a. bei Verurteilungen nach dem *Kriegssonderstrafrecht* Rechtsmittel nur auf dem Papier; aufheben konnte Urteile der Sondergerichte ohnedies nur das *Reichsgericht*.

Sonderkommandos (SK) →*Einsatzgruppen*

Sonnenstein

Seit April 1940 diente die bei Pirna gelegene Heil- und Pflegeanstalt Sonnenstein als »Anstalt D« zur Tötung von Behinderten im Rahmen des *Euthanasie*-Programms. In Sonnenstein sind allein 1940/41 nach offiziellen Unterlagen 13 720 Menschen ermordet worden; die Anstalt wurde im Frühjahr 1943 geschlossen.

Sorge, Richard

* bei Baku (UdSSR) 4.10.1895, † Tokio 9.7.1944 (hingerichtet)
In der Geschichte der Spionage einer der ganz Großen: Der Journalist Sorge ging 1929 als Korrespondent der »Frankfurter Zeitung« nach Fernost. Seit 1933 war er damit beschäftigt, ein sowjetisches Agentennetz aufzubauen. Dabei blieb er zunächst unbehelligt; nicht einmal die Tatsache, daß er 1919 Mitglied der KPD und 1925 sowjetischer Staatsbürger geworden war, ließ die hohen japanischen und deutschen Funktionsträger, die er aushorchte, Verdacht schöpfen. Seine Meldungen über den deutschen Angriff auf die UdSSR ließ *Stalin* allerdings ebenso unbeachtet wie die Nachricht vom bevorstehenden japanischen Überfall auf *Pearl Harbor*. Dagegen drangen Sorges Berichte über die mangelnde japanische Bereitschaft, sich in den Krieg Deutschlands mit der Sowjetunion einzumischen, bis in den Kreml vor; sie gaben Stalin die Sicherheit, daß ihm kein Angriff in Fernost drohe, so daß er gefahrlos Truppen aus Sibirien abziehen und in die Schlacht um Moskau werfen konnte. Am 16.10.1941 wurde Sorge verhaftet, mit Rücksicht auf den japanisch-sowjetischen Nichtangriffsvertrag vom April 1941 aber erst 1944 vor Gericht gestellt und zum Tod verurteilt. Die Sowjets ehrten ihn 1964 postum als »Held der Sowjetunion«, noch heute erinnert in Moskau ein Denkmal an den deutschen Spion.

Sowjetisch-Finnischer Krieg →*Winterkrieg*

Sowjetunion

Der »jüdische *Bolschewismus*« und damit sein Träger, die Union der Sozialistischen Sowjetrepubliken (UdSSR), kurz »Sowjetunion« genannt, war Hauptfeind des Nationalsozialismus. Nachdem die Weimarer Republik zu diesem größten Staat der Erde (22 Mio. km^2,

164 Mio. Einwohner, Hauptstadt Moskau) seit Rapallo 1922 gedeihliche Beziehungen entwickelt hatte, führte die Machtübernahme Hitlers zu einem Kurswechsel, sichtbar in der Hinwendung zum ebenfalls antibolschewistischen und traditionell antirussischen Polen (1934 Nichtangriffspakt). Der sowjetische Diktator *Stalin* beantwortete das mit einer Öffnung nach Westen (Anerkennung durch die USA 1933, Beistandspakte mit Frankreich und der Tschechoslowakei 1935) sowie Unterstützung der Volksfront im *Spanischen Bürgerkrieg.* Erfolg hatte er mit dieser Strategie nicht: Für die innenpolitisch und militärisch durch die blutigen »Säuberungen« in Staat und Armee 1935–37 geschwächte Sowjetunion wurde das britische *Appeasement* zur Bedrohung. Die von Stalin forcierte Industrialisierung und die Aufrüstung hatten bei weitem noch nicht den Stand erreicht, der für einen Konflikt mit Deutschland erforderlich gewesen wäre. Zeitgewinn um jeden Preis stand daher hinter der Ablösung des jüdischen Außenministers Maxim Litwinow und seiner Ersetzung durch *Molotow* (3.5.1939), die eine Verständigung mit Hitler einleitete. Im Vorfeld des *Polenfeldzugs* stellte auch dieser ideologische Bedenken zurück und schloß mit dem bisherigen Todfeind den *Hitler-Stalin-Pakt* (23.8.1939). Er brachte der UdSSR nach Abgrenzung der Interessensphären erhebliche territoriale Gewinne durch die Besetzung Ostpolens, den Sieg im *Winterkrieg* gegen Finnland im März 1940, die Angliederung Bessarabiens und der Nordbukowina am 27.6.1940 und die Annexion der baltischen Staaten im Juli/Aug. 1940. – Stalins Zeitgewinn aber fiel unerwartet kurz aus, da die Wehrmacht nach dem Sieg in Polen im Mai/Juni 1940 Frankreich überrannte und nach Fehlschlag der *Luftschlacht um England* die Entscheidung im Osten suchte. Am 22.6.1941 fielen die deutschen Armeen in der Sowjetunion ein, die in einem vierjährigen Abwehrkampf, den Stalin zum »Großen Vaterländischen Krieg« proklamierte, an den Rand der Katastrophe geriet und schwerste Verluste erlitt. Brutale Besatzungspolitik und eine deutsche Kriegführung auf dem Rückzug nach der »Strategie der verbrannten Erde« kostete mindestens 20 Mio. Sowjetbürger das Leben. Der gemeinsame Sieg der Alliierten aber schob den sowjetischen Machtbereich nach den Abmachungen von *Jalta* (Febr. 1945) und dem *Potsdamer Abkommen* (2.8.1945) bis weit nach Südost- und Mitteleuropa vor.

Sozialdarwinismus
1859 veröffentlichte Charles Darwin seine Erkenntnisse über »Die Entstehung der Arten durch natürliche Zuchtwahl«. Die dabei wirkenden Prinzipien von Selektion, Kampf ums Dasein und Überleben der am besten angepaßten Organismen (»persuit of the fittest«) wurde von Gesellschaftstheoretikern auf das Zusammenleben menschlicher Gruppen, Rassen und Völker übertragen und daraus das Recht des Stärkeren abgeleitet. Die künstliche Auslese durch Zuneigung zu Schwächeren, »Humanitätsduselei« und Gleichmacherei wie in der Demokratie seien demnach Verfallserscheinungen, die dem »aristokratischen Gesetz der Natur« zuwiderliefen. Dieser Sozialdarwinismus befruchtete insbesondere die Rassenlehre, die daraus einen natürlichen Führungsanspruch der nordischen *Rasse* ableitete und die Ausmerzung von »Blutmischungen« forderte. Hinter den NS-Programmen der *Zwangssterilisationen*, der *Euthanasie* und der *Judenverfolgung* stand solches sozialdarwinistisches Gedankengut.

Sozialdemokratische Partei Deutschlands (SPD)
Die älteste politische Partei im Deutschen Reich entstand 1875 durch Vereinigung des 1863 gegründeten Allgemeinen Deutschen Arbeitervereins und der 1869 gebildeten Sozialdemokratischen Arbeiterpartei zur SPD (so der Name seit 1890). Trotz Verfolgung im Bismarck-Reich wurde sie bis zum 1.Weltkrieg stärkste politische Kraft Deutschlands und prägte den Übergang in die Weimarer Republik 1918/19 entscheidend. Bis 1930 stellte sie mehrfach den Reichskanzler, ging dann aber in die Opposition und tolerierte aus Sorge vor den Radikalen von links (KPD) und rechts (NSDAP) das *Präsidialkabinett Brünings*. Als sie 1932 gegen die Nachfolger *Papen* und *Schleicher* Front machte, war es zu spät und die SPD schon zu schwach, um das Abgleiten in die autoritäre und bald totalitäre Hitler-Diktatur zu stoppen. Die SPD nahm den *Preußenschlag* der Regierung Papen fast widerstandslos hin, verweigerte sich der *Gewerkschaftsachse* der Regierung Schleicher, war aber auch die einzige Partei, die im Reichstag am 23.3.1933 bei der Debatte über das *Ermächtigungsgesetz* geschlossen die Forderungen Hitlers zurückwies. Zu diesem Zeitpunkt waren viele ihrer führenden Politiker schon verhaftet oder geflohen. Am 22.6.1933 wurde die SPD verboten. Sie bildete eine Exilorganisation (SOPADE) in Prag, die 1938

nach Paris und 1940 nach London ausweichen mußte. In Deutschland arbeiteten einige Gruppen der SPD im Untergrund weiter. An der Verschwörung des *Zwanzigsten Juli* waren u.a. die Sozialdemokraten *Leber*, *Leuschner* und *Reichwein* beteiligt. Nach Kriegsende entstand die SPD im Sommer/Herbst 1945 in den einzelnen Besatzungszonen neu, in der Sowjetzone wurde sie am 21.4.1946 mit der KPD zwangsweise zur SED zusammengeschlossen.

Spanien

Einst weltpolitisches Zentrum, war die Iberische Halbinsel seit dem 18. Jh. an den Rand geraten und kämpfte mit erheblichen sozialen Problemen. Vor allem das größere Spanien (505 000 km^2, 24 Mio. Einwohner, Hauptstadt Madrid) litt unter der Kluft zwischen wohlhabendem Großbürgertum und Großgrundbesitz auf der einen und dem besitzlosen Landproletariat und der sozialistisch eingestellten Arbeiterschaft auf der anderen Seite. Der Konflikt entlud sich im *Spanischen Bürgerkrieg* Mitte der 1930er Jahre als Reaktion auf den Machtantritt einer Volksfrontregierung am 16.2.1936. Der Krieg blieb aber nicht auf Spanien beschränkt, sondern wurde durch sowjetisches, italienisches und deutsches Eingreifen zu einer Generalprobe im Vorfeld des 2. Weltkriegs. Allerdings gelang es Hitler nicht, den siegreichen Faschistenführer *Franco* völlig ins Schlepptau zu nehmen. Der Caudillo schloß sich zwar der antibolschewistischen Politik an, konnte sich aber beim Treffen in *Hendaye* (23.10.1940) deutschen Wünschen nach einem Kriegseintritt Spaniens auf seiten der Achse entziehen. Mehr als eine Freiwilligentruppe, die Blaue Division, für den Krieg im Osten bekam Hitler nicht.

Spanischer Bürgerkrieg

Weder die Militärdiktatur unter Primo de Rivera (1923–30) noch die 2. Republik seit 1931 vermochte die anhaltende Staats- und Gesellschaftskrise in *Spanien* zu entschärfen und die verfeindeten Lager zu versöhnen. Als sich im Frühjahr 1936 eine Volksfrontregierung aus Linksrepublikanern, Sozialisten und Kommunisten gebildet hatte, putschten am 13.7. Truppen im spanischen Nordafrika unter General *Franco* und setzten zum Vormarsch auf Madrid an. Der dadurch entbrennende Krieg zog Sympathisanten beider Seiten nach Spanien. Für die Republik engagierten sich Freiwillige zahlreicher demokratischer Staaten in Internationalen Brigaden, und auch die Sowjetunion unterstützte die Volksfront. Franco dagegen fand Hilfe bei Italien, das 20 000 reguläre Soldaten und 27 000 Freiwillige schickte, und beim Deutschen Reich, das die *Legion Condor* entsandte, um sowohl Waffensysteme wie die politische Reaktion der europäischen Staaten zu testen. Daß die Westmächte sich aus dem Krieg heraushielten, gehörte zu den Erfahrungen, die Hitler in seinen aggressiven Absichten bestärkten. Innerspanisch endete der Krieg, der mit seinen Grausamkeiten die spanische Gesellschaft auf Jahrzehnte spaltete, am 1.4.1939 mit dem Sieg Francos; 500 000 Menschen hatten den Tod gefunden.

SPD →*Sozialdemokratische Partei Deutschlands*

Speer, Albert
* Mannheim 19.3.1905, † London 1.9.1981
Im Nürnberger Prozeß war der einstige Architekt und Freund Hitlers einer der wenigen, die sich zu ihrer Mitschuld an den namenlosen Verbrechen des Nationalsozialismus bekannten: Speer war 1931 der NSDAP beigetreten und zu einem Bewunderer Hitlers geworden. Er stieg rasch auf, organisierte Weiheveranstaltungen und *Reichsparteitage*, baute u.a. die *Neue Reichskanzlei* (1939) und wurde 1942 Reichsminister für Bewaffnung und Munition. Unter seiner Führung erreichte die deutsche Kriegswirtschaft enorme Produktionszahlen (Höhepunkt 1944), und das trotz zunehmender Bombenangriffe auf Fabriken und Verkehrswege. Im März 1945 widersetzte sich Speer der Anordnung Hitlers, mit einer Taktik der »verbrannten Erde« die Alliierten aufzuhalten *(Nero-Befehl)*, und konnte so noch manche wichtige Einrichtung retten. Das bewahrte ihn nicht vor schwerer Strafe: 1946 zu 20 Jahren Haft verurteilt, blieb er die volle Zeit im Kriegsverbrechergefängnis Spandau. Danach veröffentlichte er erfolgreiche Memoirenbände.

Sperrle, Hugo
* Ludwigsburg 7.2.1885, † bei Landsberg a. Lech 2.4.1953
Der Fliegeroffizier des 1.Weltkrieges Sperrle hatte wesentlichen Anteil an der getarnten Luftrüstung der Reichswehr. 1935 wurde er Befehlshaber im Luftgau V (München) und führte 1936/37 im *Spanischen Bürgerkrieg* die Legion Condor. Am 1.7.1938 erhielt er

das Kommando über die Luftflotte 3, die er auch im Frankreichfeldzug befehligte (Ernennung zum Generalfeldmarschall 19.7.1940). 1944 leitete Sperrle die Operationen der Luftwaffe zur Abwehr der Invasion der Alliierten in Frankreich. Nach deren Scheitern wurde er am 23.8.1944 abgelöst und verabschiedet. Im Prozeß gegen das *Oberkommando der Wehrmacht* gehörte Sperrle zu den Angeklagten, wurde aber am 22.10.1948 in allen Punkten freigesprochen.

Sporrenberg, Jacob
* Düsseldorf 16.9.1902, † Warschau 6.12.1952 (hingerichtet)
Nach dem 1. Weltkrieg fand der gelernte Mechaniker Sporrenberg 1921 Arbeit bei der Reichspost. Er arbeitete mit in rechtsradikalen Organisationen und war seit Aug. 1925 am Aufbau der NSDAP in seiner Heimatstadt beteiligt, 1930 übernahm ihn die SS als Sturmführer. Nach verschiedenen Posten (u. a. Chef des SD in Königsberg) und Beförderungen wurde Sporrenberg Mitte 1941 als Generalleutnant der Polizei und SS-Gruppenführer mit der Partisanenbekämpfung hinter der Ostfront beauftragt und im Herbst 1943 SS- und Polizeiführer von Lublin, wo er die Mordaktion *»Erntefest«* leitete. Am 5.11.1944 kam er in gleicher Funktion nach Südnorwegen und geriet dort in Gefangenschaft. Die Westalliierten lieferten ihn an Polen aus; 1950 erging das Todesurteil.

Sport
Der NS-*Erziehung* sollte es nach »Mein Kampf« »in erster Linie um das Heranzüchten kerngesunder Körper« gehen. Das Mittel dazu seien intensive »Leibesübungen«, ein Wort, das in der NS-Sprachregelung dem aus dem Englischen stammenden Begriff »Sport« vorgezogen wurde. Schon vor 1933 beherrschte den bürgerlichen Sportbetrieb der Gedanke körperlicher Stählung mit Blick auf die Wehrertüchtigung. Die Arbeitersportbewegung, in der 1933 etwa 1,3 Mio. Menschen organisiert waren, setzte dagegen auf die Förderung des Gemeinschaftsgedankens durch Spiel und Sport. Sie wurde daher auch erstes Opfer der Gleichschaltung, ihre Vereine wurden verboten, ihre Sportstätten geschlossen oder genehmeren Gruppen übergeben. Ebenso erging es konfessionellen Sportorganisationen wie Eichenkreuz (evangelisch) und Deutsche Jugendkraft (katholisch), die in der HJ aufgingen und bis 23.7.1935 sämtlich den Betrieb einstellen mußten. Die bürgerlichen Vereine und Verbände

kamen der Gleichschaltung meist durch Anbiederung zuvor und gliederten sich widerstandslos in den *Deutschen Reichsbund für Leibesübungen* (DRL) ein. Die jüdischen Vereine Makkabi und Schild blieben hingegen zwecks Ausgrenzung ihrer Mitglieder zunächst unbehelligt. Erst nach den *Olympischen Spielen* 1936 wurden sie ebenfalls verboten. – Der staatlichen Lenkung des deutschen Sports durch Zentralisierung und Gliederung in Fachämter folgten 1938 die stärkere Bindung an die Partei und die straffere ideologische Ausrichtung. Der DRL wurde als NSRL eine betreute Organisation der Partei. Rasse, Führertum und Wehrhaftigkeit waren fortan die Orientierungswerte des Sports. Sogenannte *Dietwarte* sorgten für die Vermittlung des Leitbilds vom »politischen Soldaten« und trimmten die Richtlinien für den Sportbetrieb in Vereinen, Schulen und Gliederungen der Partei auf Wehrsport. Erfolge deutscher Sportler wie *Schmeling* wurden als Beleg für rassische Überlegenheit ausgegeben; im Krieg stilisierte man den Sport zur »Werkstatt des Sieges«. Wegen dieser völligen Vereinnahmung hatte es der Sport nach 1945 schwer, Glaubwürdigkeit zurückzugewinnen. Eine deutsche Teilnahme an den Olympischen Spielen 1948 und an der Fußballweltmeisterschaft 1950 war nicht möglich.

Spruchkammern

Nach 1945 geschaffene gerichtsähnliche Organe aus Laienrichtern und öffentlichen Anklägern zur Durchführung der *Entnazifizierung*.

SS

Die *SA* entwickelte im Sog der nationalen Wehrverbände nach Hitlers Geschmack zuviel Eigenleben, als daß er sich ihrer Loyalität immer sicher sein konnte. Mit »Stabswachen« zu seinem persönlichen Schutz, zur Sicherung von Versammlungen und zur Durchführung von Werbeaktionen legte er daher 1923 den Grundstein für eine Parteiformation, die zwar der Obersten SA-Führung unterstellt war, sich aber zunehmend als »Führerelite« verstand. Seit 1925 nannten sich die einzelnen Wachen »Schutzstaffeln«, kurz SS, was also Mehrzahl wie Einzahl sein konnte. Wenn von »der SS« in der Einzahl gesprochen wird, sind gewöhnlich die Gesamtheit aller Staffeln und ihre Organisation gemeint, deren eigentliche Geschichte mit der Ernennung *Himmlers* zu ihrem Reichsführer (RFSS) am

6.1.1929 begann. Er steigerte die Mitgliederzahl von wenigen hundert auf 52000 bis Ende 1932, ließ seit 1931 *Heydrich* einen Sicherheitsdienst *(SD)* aufbauen und machte die SS so zu einer Art Parteipolizei. Gleichzeitig entstand der Vorläufer des *Rasse- und Siedlungshauptamts* gemäß Himmlers Ziel, aus der SS durch »biologische Auslese« einen Führungsorden zu schaffen. – Im ersten Jahr nach der Machtergreifung wuchs die SS auf über 200000 Mann und damit auf eine Stärke und eine reichsweite Repräsentanz, die den Einsatz als »Führerexekutive« ermöglichten. Diese Rolle spielte sie bei der Übernahme der *KZ*, für deren Bewachung die *Totenkopfverbände* aufgestellt wurden, und bei der Mordaktion während der *Röhm-Affäre*. Sie brachte die Emanzipation von der SA-Führung und die Aufwertung der SS zur »selbständigen Organisation« der NSDAP (20.7.1934). Himmler baute sie in der Folgezeit zu einem »Staatsschutzkorps« aus, das er nach Übernahme auch der Polizei immer weiter mit ihr verschmolz, so daß Staats- und Parteifunktion bald nicht mehr zu trennen waren. Im *Reichssicherheitshauptamt* bündelte er 1939 seine Macht als oberster Rassewächter der Partei und allmächtiger Polizist des Reiches. Stützen konnte er sich außerdem auf bewaffnete Verbände der SS: Neben den KZ-Wachmannschaften hatte sich die *Leibstandarte-SS »Adolf Hitler«* gebildet, die nach Zusammenfassung mit den Politischen Bereitschaften zur SS-*Verfügungstruppe* wuchs. Zwar erreichte sie wegen des Widerstands der Wehrmacht bis Kriegsbeginn nur eine Stärke von 15000 Mann, doch war sie durch Totenkopfverbände und *Junkerschulen* rasch aufzustocken. Das geschah schon im Polenfeldzug, nachdem die dort eingesetzten SS-Einheiten zur *Waffen-SS* ausgebaut worden waren. Diese gewann mit wachsender Kriegsdauer gegenüber der nicht beruflichen Allgemeinen SS an Gewicht, obwohl sie durch schließlich fast beliebige Aufnahme die rassischen und körperlichen Normen der SS längst nicht mehr erfüllte. Stand Ideologisches noch im Vordergrund bei der Ernennung Himmlers zum »Reichskommissar für die Festigung deutschen Volkstums« (7.10.1939), so wurde der RFSS gegen Kriegsende zunehmend von militärischen Aufgaben okkupiert. Nach dem *Zwanzigsten Juli* ernannte ihn Hitler zum Befehlshaber des Ersatzheers und übergab ihm im Dez. 1944 sogar den Oberbefehl über eine Heeresgruppe. – Zu dieser Zeit waren die anderen Aufträge der SS weitgehend erfüllt: Sie hatte sich zu einem »Orden unter dem Totenkopf« (Wahlspruch: »Unsere Ehre heißt

Treue«) entwickelt mit dem Anspruch, die NS-Ideologie zu verkörpern. Mit Organisationen wie *Ahnenerbe* oder *Lebensborn* hatte sie nach wissenschaftlicher Fundierung der Weltanschauung gesucht und ihre praktische Umsetzung durch »Auslese« eingeleitet. Das blieb in Ansätzen stecken, während die Kehrseite, die »Ausmerze«, bis zum Völkermord gesteigert wurde. Die SS bestimmte im Krieg die *Besatzungspolitik* mit Deportationen, »Umsiedlungen«, Ausplünderung der eroberten Gebiete und ihrer terroristischen »Befriedung«. Aus ihrem SD und der Sicherheitspolizei rekrutierten sich die *Einsatzgruppen*, deren Blutspur direkt in die ebenfalls in SS-Regie betriebenen *Vernichtungslager* führte. Himmler sah die dort vollzogene »*Endlösung* der Judenfrage« als ein »ewiges Ruhmesblatt« der SS, die auch in Deutschland ihrer Vernichtungsarbeit nachging. In den KZ sammelte sie ein Heer von mehreren Millionen Arbeitssklaven, deren oft buchstäblich mörderische Ausbeutung ein gewaltiges Wirtschaftsimperium entstehen ließ, gesteuert vom *Wirtschafts- und Verwaltungshauptamt*. Im Nürnberger Prozeß gegen die Hauptkriegsverbrecher stand auch die SS vor Gericht. Sie wurde mit allen ihren Untergliederungen (außer der Reiter-SS) zur verbrecherischen Organisation erklärt.

Stahlpakt

Mussolini sprach pathetisch von einem »Blutsbündnis« und meinte den am 22.5.1939 in Berlin auf zehn Jahre geschlossenen deutsch-italienischen Vertrag. In die Geschichte ging er als Stahlpakt ein wegen der »ehernen« Solidarität, derer sich die Achsenpartner versicherten. Der Pakt schrieb den Verzicht Deutschlands auf Südtirol fest, sah eine politische Konsultationspflicht vor, sollte aber v. a. die uneingeschränkte und unbedingte gegenseitige Hilfe bei militärischen Konflikten garantieren. Zur besseren Koordinierung waren gemeinsame Kommissionen vorgesehen, ein einseitiger Sonderfrieden wurde ausdrücklich ausgeschlossen. Während Hitler im Stahlpakt eine diplomatische Absicherung seines geplanten Angriffs auf *Polen* sah und sich eine Abschreckung der Westmächte davon versprach, hoffte Mussolini, durch das so gewonnene Mitspracherecht den Krieg hinausschieben zu können. Das führte bei dem nicht abgesprochenen frühen Beginn des Polenfeldzugs zur Erklärung der italienischen Nichtkriegführung (»nonbelligeranza«). Im Krieg blieb der Stahlpakt ohne nennenswerte Auswirkung, die vorgesehene Institutionalisierung der gemeinsamen Kriegführung kam nicht zustande. Italien schloß im Sept. 1943 ohne Rücksicht auf die Vertragsbestimmungen einseitig Waffenstillstand mit den Alliierten.

Stalin, Josef

* Gori 21.12.1879, † Kunzewo (heute zu Moskau) 5.3.1953
Der georgische Schuhmacherssohn Jossif Wissarionowitsch Dschugaschwili wurde 1903 Bolschewist, beteiligte sich an Anschlägen gegen das zaristische Regime, war Mitbegründer der Parteizeitung »Prawda«, nahm den Kampfnamen »Stalin« (der Stählerne) an und wurde nach der Oktoberrevolution 1917 Volkskommissar für Nationalitätenfragen. Seit 1922 Generalsekretär des Zentralkomitees der KPdSU, errang Stalin nach Wladimir Lenins Tod (1924) in jahrelangem Machtkampf bis 1928/29 die unumschränkte Herrschaft in der UdSSR. Nach seiner zum Zeitgewinn für Industrialisierung und Aufrüstung entwickelten Theorie vom »Sozialismus in einem Lande« (im Gegensatz zum vorherigen weltrevolutionären Konzept) wurden nach 1928 mit Fünfjahresplänen die Schwerindustrie rücksichtslos ausgebaut und die Landwirtschaft unter ungeheuren Opfern (Hungersnöte) kollektiviert. – In der »Großen Säuberung« entledigte sich Stalin in den 1930er Jahren mittels Schauprozeß, Verbannung und Ermordung der meisten vermeintlichen oder tatsächlichen Gegner seiner persönlichen Diktatur, darunter vieler hoher Militärs, deren Ausfall die Rote Armee nachhaltig schwächte. Der *Hitler-Stalin-Pakt* (1939) als radikale Abkehr von ideologischen Prinzipien zog die Konsequenz aus dem Scheitern des sowjetischen Engagements im *Spanischen Bürgerkrieg* und aus der Anbiederung der Westmächte an Hitler im *Münchener Abkommen.* Als jedoch die erhoffte Atempause kürzer als erwartet ausfiel, nahm Stalin nach dem deutschen Überfall (22.6.1941) das Bündnisangebot Großbritanniens und später der USA an. Mit ihrer Hilfe und dank der russischen Menschenreserven gelang es, die drohende Katastrophe abzuwenden, den Aggressor zu besiegen und im Gegenzug den sowjetischen Macht- und Einflußbereich weit nach Mittel- und Südosteuropa vorzuschieben. Mit rücksichtsloser Bolschewisierung der besetzten Länder begann Stalin den kalten Krieg gegen die einstigen Alliierten im Westen und sicherte in den Jahren nach 1945 die Weltmachtstellung der UdSSR. Auf dem XX. Parteitag der

KPdSU 1956 wurden der Diktator und sein verbrecherisches Regime postum verurteilt (»Entstalinisierung«).

Stalingrad

Das bis 1925 Zarizyn, seit 1961 Wolgograd genannte Stalingrad war seit den 1930er Jahren eine bedeutende sowjetische Industrie- und Handelsstadt am hohen Westufer der unteren Wolga in flacher, karger Steppenlandschaft. Die Stadt mit ihren etwa 600 000 Einwohnern (1942) spielte im *Rußlandfeldzug* eine Schlüsselrolle. Ursprünglich gar nicht in der Zielplanung, schien Stalingrad im Sommer 1942 plötzlich erreichbar, als Hitler die Rote Armee durch die ersten Erfolge der deutschen Sommeroffensive für so weit geschwächt hielt, daß er nun beide Ziele: Kaukasus und Stalingrad, erreichen wollte. Richtung Stalingrad ließ er die 6. Armee (Paulus) aus Nordwesten und die 4. Panzerarmee (Hoth) aus Südwesten angreifen. Die Luftunterstützung übernahm das VIII. Fliegerkorps (Fiebig). Stalingrad wurde damit zum Angelpunkt der Gesamtoffensive, was das sowjetische Oberkommando erkannte und mit dem Ausbau dieser Zone zum Verteidigungsschwerpunkt beantwortete. Unter Generaloberst Andrei Jeremenko und Politkommissar Nikita Chruschtschow wurden vor Stalingrad vier Stellungsbögen ausgebaut und sechs Armeen, zwei Panzerarmeen sowie eine Luftarmee konzentriert. – Diese Massierung konnte den deutschen Einbruch in das Vorfeld von Stalingrad, den die sehr starke 6. Armee bei Kalatsch (7.–14.8.) erkämpfte, empfindlich hemmen, aber nicht verhindern; immerhin vermochten die sowjetischen Armeen die 4. Panzerarmee bei Tinguta zu stoppen und den größeren Teil der 6. Armee in ihrer linken Flanke durch Brückenköpfe zu binden. Das deutsche XIV. Panzerkorps (v. Wietersheim), das am 23.8. die Wolga und Stalingrad erreichte, wurde sogar vorübergehend in zwei Teile gespalten und teilweise eingeschlossen. Wegen der sowjetischen Gegenstöße aus den Don-Brückenköpfen gelang es der 6. Armee nicht, im Verein mit der 4. Panzerarmee die sowjetische 62. und 64. Armee vor Stalingrad zu fassen. Die Verteidiger mußten im frontalen Angriff verdrängt oder vernichtet werden. Von Ende Aug. bis Mitte Nov. kämpften sich die Deutschen in mehreren Angriffen durch die Trümmer des zerbombten Stalingrad zur Wolga durch, an der die sowjetische 62. Armee zuletzt nur noch wenige Brückenköpfe hielt, aber die deutschen Hauptkräfte band und verschliß. –

Spätestens seit dem 12.9. bereitete *Stalin* die Einschließung der von 250 000 auf 140 000 Mann zusammengeschmolzenen deutschen 6. Armee vor; dazu warf er sieben weitere Armeen und vier Luftarmeen an die Stalingradfront. Hitler seinerseits verstärkte die Donlinie im Okt. mit der rumänischen 4., der italienischen 8. Armee und dem XXXVIII. Panzerkorps als Rückhalt. Doch schon im ersten Anrennen durchbrachen oder vertrieben die sowjetischen Truppen am 19./20.11. die rumänischen Verbände an beiden deutschen Flanken. Die wegen ungenügender Zufuhr in der Beweglichkeit sehr eingeschränkte 6. Armee vermochte nur noch ihre Aufrollung, aber nicht mehr ihre Einschließung zu verhindern. Bereits früher hatte Hitler Anträge von *Paulus*, die zur Abnutzungsschlacht degenerierte Operation abzubrechen und die exponierte Armee aus Stalingrad zurückzuziehen, kategorisch abgelehnt. So verbot er auch jetzt den Ausbruch, den Paulus vorschlug. Hitler verließ sich auf Versprechungen *Görings*, der behauptete, die Armee aus der Luft versorgen zu können, und ließ 13 der 23 eingeschlossenen Divisionen der 6. Armee und ein Korps der 4. Panzerarmee den Angriff wolgawärts fortsetzen. Das verbrauchte die letzten Kräfte; Winterwetter und ungenügender Luftnachschub taten ein Übriges, die Bewegungsfähigkeit der 6. Armee immer weiter einzuschränken, so daß sie sich der Entsatzoperation der 4. Panzerarmee (»Wintergewitter«) im Dez. nicht mehr entgegenzukämpfen vermochte. – Nach weiteren Operationen der Roten Armee, die seit 16.12. die italienische 8. Armee und seit 24.12. die deutsche 4. Panzerarmee trafen, fand die deutsche Front erst nahe der Ausgangslinie vom Juli wieder Halt. Das Kaukasusgebiet mußte geräumt werden. Dennoch beharrte Hitler auf dem Halten des Stalingrad-Kessels als vorgeschobene Offensivbasis für 1943. Das Verlöschen der 6. Armee – deren hohe Moral seit der Jahreswende ins Wanken geriet – durch Kälte, Hunger, Krankheit und Kampf (Gefechtsverluste durchschnittlich bis 10.1.1943 rd. 650 Mann/Tag) nahm der Oberste Befehlshaber nicht zur Kenntnis. Am 31.1./2.2.1943 ergaben sich die letzten Verteidiger im Kessel. Die sowjetischen Verluste in der Schlacht um Stalingrad sind unbekannt, auf deutscher Seite fielen 58 000 Mann; nur 6000 der in Stalingrad in Gefangenschaft geratenen 90 000 Soldaten kehrten später heim. Die deutsche Niederlage beendete den Vormarsch der Wehrmacht im Rußlandfeldzug und wurde allgemein als Wendepunkt des Krieges empfunden.

Stalinorgel
Der sowjetische Raketenwerfer Katjuscha erhielt im deutschen Landserjargon die Bezeichnung »Stalinorgel« – Reflex des Respekts, den das Salvengeschütz mit seinem jaulenden Abschußgeräusch den deutschen Soldaten abnötigte. Die erstmals vor Leningrad am 21.9.1941 eingesetzte Waffe bestand aus schwenkbaren 2,5–5 m langen Leitschienen, die auf Lastwagen montiert wurden, und verschoß elektrisch gezündete Granaten verschiedenen Kalibers auf Entfernungen zwischen 2500 und 8400 m. Die zunächst eingesetzte leichtere Version BM 8 feuerte Salven von 32 oder 36 Geschossen vom Kaliber 7,5 und 8,2 cm ab, die schwerste Stalinorgel brachte es bis auf 54 bis zu 80 kg schwere Granaten vom Kaliber 40,6 cm. Die geringe Treffgenauigkeit wurde durch Masseneinsatz, schnelle Schußfolge, Flächenabdeckung und die Beweglichkeit des Lkw-Transporters, v. a. aber durch die verheerende moralische Wirkung des Salvenfeuers ausgeglichen.

Stangl, Franz
* Altmünster (Oberösterreich) 26.3.1908, † Düsseldorf 28.6.1971
Erst Weber, dann seit 1931 Polizist, trat Stangl nach dem Anschluß Österreichs am 1.5.1938 der NSDAP bei und erhielt Anfang 1940 die Aufforderung, sich zum Dienst bei der mit der *Euthanasie* beauftragten Tarnorganisation zu melden. Er wurde zum Oberleutnant befördert und in zwei Tötungsanstalten eingesetzt, ehe er im Frühjahr 1942 im Rahmen der *Aktion Reinhard* Kommandant der Vernichtungslager Sobibór und Treblinka wurde. Im Aug. 1943 wurde er nach Triest versetzt und erlebte das Kriegsende in Wien. Aus der folgenden Untersuchungshaft in Linz konnte Stangl am 30.5.1948 fliehen und sich über Italien nach Syrien absetzen. Von dort wanderte er 1951 nach Brasilien aus, das ihn 1967 an die Bundesrepublik auslieferte. Das Schwurgericht beim Landgericht Düsseldorf verurteilte ihn wegen gemeinschaftlichen Mordes in mindestens 400 000 Fällen am 22.12.1970 zu lebenslänglicher Haft.

Stauffenberg, Claus Graf Schenk von
* Jettingen (bei Günzburg) 15.11.1907, † Berlin 20.7.1944
Der Kavallerieleutnant Stauffenberg begrüßte 1933 die Ernennung Hitlers zum Reichskanzler als Aufbruch aus lähmender politischer Zerstrittenheit, elf Jahre später leitete er die Verschwörung zur Besei-

tigung des Tyrannen. 1941 an die Ostfront kommandiert, mußte Stauffenberg erkennen, daß der NS-Rassismus eine wahnwitzige Ausrottungsideologie war. 1943 wurde er als Oberstleutnant nach Afrika versetzt und dort schwer verwundet. Nach der Genesung schloß er sich dem *Widerstand* an und wurde durch seine mitreißende Energie bald der Motor der Attentatsvorbereitungen. 1944 als Oberst in den Stab des Befehlshabers des Ersatzheers berufen, bekam er Zugang zu den Besprechungen im Führerhauptquartier »Wolfsschanze« bei Rastenburg, deponierte bei einer solchen »Lage« am *Zwanzigsten Juli* eine Zeitzünderbombe und verließ in der Annahme, Hitler könne nicht entkommen, vor der Detonation den Raum und flog nach Berlin, um dort den weiteren Putsch zu leiten. Als die Nachricht vom Überleben des Diktators durchsickerte, brach der angelaufene Umsturz zusammen, Stauffenberg wurde verhaftet und sofort standrechtlich erschossen.

Stein, Edith

* Breslau 12.10.1891, † KZ Auschwitz 9.8.1942

Schwester Teresia Benedicta a Cruce hieß sie, als Anfang Aug. 1942 die Häscher ins niederländische Echt kamen und die Karmelitin deportierten. Die Nonne nämlich war die Jüdin Stein, die Philosophie studiert und 1922 zum Katholizismus konvertiert war. Schon 1933 war ihre jüdische Herkunft Ursache für die Entlassung als Dozentin der Pädagogischen Akademie in Münster; 1938 führte diese Herkunft zur Flucht der am 15.10.1933 ins Karmelitinnenkloster in Köln eingetretenen Schwester Teresia nach Holland, weil ihr Bleiben nach der *Kristallnacht* zur Gefahr für den Orden hätte werden können. In ihrem Exil holte sie die SS ein und schickte sie nach Auschwitz ins Gas. Ihre bedeutenden philosophischen Schriften erschienen postum 1950 unter dem Titel »Endliches und ewiges Sein«. Stein wurde 1987 selig- und 1998 heiliggesprochen.

Steiner, Felix

* Stallupönen (seit 1938 Ebenrode; Ostpreußen) 23.5.1896,
† München 17.5.1966

Der fähige Troupier Steiner stieg in der Waffen-SS bis zum Rang eines Obergruppenführers (= General) auf und versuchte dort sein Konzept einer modernen Elitetruppe zu verwirklichen. Im November 1940 wurde er Kommandeur der 5. SS-Panzergrenadierdivision

»Wiking«, die aus europäischen Freiwilligen (Flamen, Wallonen, Niederländern, Dänen, Norwegern, Finnen) bestand. Im November 1942 übernahm Steiner das III. Panzerkorps des Heeres, im Mai 1943 das III. SS-Panzerkorps. Von Ende Januar bis 25.3.1945 war er Oberbefehlshaber der neugebildeten 11. Panzerarmee in Pommern und danach bis 3.5.1945 einer nach ihm benannten Armeegruppe. Am 21.4.1945 erging an ihn aus dem Führerbunker in Berlin der Befehl, die Hauptstadt zu entsetzen, was angesichts der tatsächlichen Kräfteverhältnisse völlig utopisch war. Steiner geriet am 3.5.1945 in britische Gefangenschaft, aus der er am 27.4.1948 entlassen wurde.

Stellvertreter des Führers

Zu seiner Entlastung als Parteiführer richtete Hitler am 21.4.1933 die Dienststelle des Stellvertreters des Führers mit Sitz im »Braunen Haus« (München) ein, deren Leitung *Heß* übernahm. Er sollte in Hitlers Namen »in allen Fragen der Parteiführung« entscheiden können, hatte das Recht, an allen Kabinettssitzungen teilzunehmen, und rückte nach Erlaß des »Gesetzes zur Sicherung der Einheit von Partei und Staat« vom 1.12.1933 in den Rang eines Reichsministers auf. Die Verquickung staatlicher und parteiamtlicher Funktionen ließ den Eindruck entstehen, Heß sei schlechthin Stellvertreter Hitlers gewesen, doch beschränkte sich das auf die Partei, auf die Politik gewann Heß kaum Einfluß. Sein Stabsleiter *Bormann* dagegen wirkte über die Partei auf staatliche Behörden ein und zeigte, welche Machtfülle im Amt des Stellvertreters steckte, nachdem Heß nach England geflogen und sein Amt in eine Parteikanzlei mit Bormann als »Sekretär des Führers« (seit April 1943) an der Spitze umgewandelt worden war.

Stoßtrupp Adolf Hitler

1922 von Hitler geschaffene Garde zu seiner ausschließlichen Verfügung, Keimzelle der *SS*.

Strasser, Gregor

* Geisenfeld (bei Dachau) 31.5.1892, † Berlin 30.6.1934

Reichskanzler *Schleicher* sah in ihm den Mann, mit dem er den linken Flügel der NSDAP auf seine Seite zu ziehen hoffte, und trug ihm die Vizekanzlerschaft und das Amt des preußischen Ministerpräsidenten an: Strasser war gelernter Apotheker, im 1. Weltkrieg Offizier, war 1921 der NSDAP beigetreten und hatte am *Hitler-Putsch* 1923 teilgenommen. Nach Wiederbegründung der Partei mit dem Aufbau der norddeutschen Organisation beauftragt, schuf sich der von sozialrevolutionären Ideen durchdrungene Strasser zusammen mit seinem Bruder Otto (* 1897, † 1974) eine Hausmacht, die in Gegensatz zum nationalistischen Hitler-Flügel geriet. Dennoch zum Propagandaleiter (1926–30) und 1927 zum Reichsorganisationsleiter aufgestiegen, steuerte Strasser Linkskurs und wurde so für Schleicher interessant. Der Versuch jedoch, die NSDAP zu spalten, scheiterte an Hitlers Eingreifen und führte am 8.12.1932 zum Rücktritt Strassers von allen Ämtern. Das konnte Hitler nicht besänftigen: Er ließ den einstigen Rivalen während der *Röhm-Affäre* erschießen.

Streicher, Julius

* Fleinhausen (heute zu Dinkelscherben, bei Augsburg) 12.2.1885, † Nürnberg 16.10.1946 (hingerichtet)

Er war der personifizierte Antisemitismus: Der gelernte Volksschullehrer Streicher trat 1921 der NSDAP bei und gründete 1923 das Hetzblatt »*Der Stürmer*«, was ihm die Suspendierung vom Schuldienst einbrachte, aber auch raschen Aufstieg in der Partei. Nach Teilnahme am Hitler-Putsch wurde Streicher 1928 Gauleiter von Franken (»Frankenführer«) und 1933 Reichstagsabgeordneter. 1933 organisierte er in Hitlers Auftrag den ersten Judenboykott und war 1935 maßgeblich am Zustandekommen der *Nürnberger Gesetze* beteiligt. Obwohl in der Folgezeit wegen persönlicher Verfehlungen zunehmend entmachtet, trug Streicher mit seinem pathologischen Haß auf alles Jüdische entscheidend zur Verschärfung der *Judenverfolgung* bei und bereitete dem Völkermord den Weg. Er wurde nach Kriegsende am 23.5.1945 verhaftet und am 1.10.1946 vom Internationalen Militärtribunal in Nürnberg als einer der Hauptkriegsverbrecher wegen Verbrechen gegen die Menschlichkeit zum Tod verurteilt.

Stresa

Die Regierungschefs Englands, Italiens und Frankreichs konferierten vom 11. bis 14.4.1935 im malerischen italienischen Kurort Stresa am Lago Maggiore über gemeinsames Vorgehen gegen Hitlers Eigenmächtigkeiten bei der Korrektur des *Versailler Vertrags.*

Alarmiert hatten sie v.a. der gescheiterte NS-Putsch in Wien am 25.7.1934 und die Wiedereinführung der allgemeinen *Wehrpflicht* in Deutschland am 16.3.1935. In einer gemeinsamen Erklärung, trutzig »Stresa-Front« genannt, verurteilten die Westmächte und Italien den deutschen Aufrüstungskurs, betonten die Unabhängigkeit Österreichs und warnten Hitler vor weiteren Schritten der Revision von Versailles, insbesondere vor einer *Rheinlandbesetzung*. Wie wenig wert die Absichtserklärungen waren, entlarvte schon am 18.6.1935 der Abschluß des *Deutsch-Britischen Flottenabkommens*.

Stresemann, Gustav

* Berlin 10.5.1878, † ebd. 3.10.1929

Mit dem noch recht jungen Reichsaußenminister (seit 1923) starb die Hoffnung auf eine friedliche Revision des *Versailler Vertrags*: Als Nationalliberaler hatte Stresemann im Reichstag während des 1. Weltkriegs noch starr die Position des Siegfriedens um jeden Preis verfochten. Nach der Niederlage führte er dann seine *Deutsche Volkspartei (DVP)* von der Ablehnung der Republik über ihre Tolerierung bis zur aktiven Unterstützung des demokratischen Systems. 1923, 100 Tage lang Reichskanzler, schlug er den Hitler-Putsch nieder, beendete die *Inflation* durch Einführung der Rentenmark und gab den ruinösen passiven Widerstand gegen die französische Ruhrbesetzung auf. Als Außenminister setzte er diese Linie fort, schloß 1925 den *Locarnopakt*, führte Deutschland in den Völkerbund (1926) und mühte sich um Aussöhnung mit Frankreich. 1926 erhielt er zusammen mit seinem französischen Kollegen Aristide Briand den Friedensnobelpreis.

Stroop, Jürgen

* Detmold 26.9.1895, † Warschau 6.3.1952 (hingerichtet)

Nach Kriegsbeginn v.a. zur »Bandenbekämpfung« im Osten eingesetzt, erhielt SS-Gruppenführer Stroop am 19.4.1943 den Auftrag, den *Warschauer Ghettoaufstand* niederzuschlagen. Bis 16.5. vernichtete er planmäßig den jüdischen Stadtbereich und wurde danach als Höherer SS- und Polizeiführer nach Griechenland versetzt. Das Wüten seiner Leute gegen die Warschauer Juden hatte er in dem nach ihm benannten Stroop-Bericht minuziös mit Photos und in Zahlen festgehalten unter dem Titel »Es gibt keinen jüdischen Wohnbezirk in Warschau mehr!«. Am 21.3.1947 verurteilte ihn ein amerikanisches Militärgericht auch aufgrund dieses Berichts zum Tod, ließ ihn dann aber an Polen ausliefern, wo er ebenfalls zum Tod verurteilt wurde.

Stuka

Als »fliegende Artillerie« war das Sturzkampfflugzeug Junkers Ju 87, kurz Stuka genannt, wesentlicher Bestandteil der *Blitzkrieg*-Strategie der ersten Kriegsjahre. Stukas vermochten Ziele mit größerer Genauigkeit zu treffen als gewöhnliche Bomber, im Zusammenwirken mit den Bodentruppen bekämpften sie Bunker, Artilleriestellungen, Truppen- und Panzeransammlungen sowie strategisch wichtige Ziele wie Brücken und Bahnanlagen; ebenso vielseitig waren ihre Einsatzmöglichkeiten im Seekrieg. Die Wirkung der Bombenangriffe wurde noch verstärkt durch das infernalische Geheul einer Propellersirene, die am linken Radbein des Sturzkampfflugzeugs angebracht war. Die in Dreierketten anfliegenden, aus 3000–5000 m Höhe über die Tragfläche abkippenden und fast senkrecht auf ihr Ziel zurasenden Maschinen mit den häßlichen Knickflügeln, dem Hängekühler unter der Motorschnauze und dem klobigen Fahrwerk wurden so zum Schrecken der Marschkolonnen auf den Straßen und der Zivilbevölkerung in den Kampfgebieten. Erste Kampfeinsätze flog die Ju 87 bei der Legion Condor im Spanischen Bürgerkrieg. Für den Überfall auf Polen zog die Luftwaffe neun Gruppen und eine Staffel mit 348 Stukas zusammen; etwa ebenso viele unterstützten den Panzerdurchbruch im Frankreichfeldzug. – Der Stuka verlor seinen Nimbus in der Luftschlacht um England. Voraussetzung erfolgreicher Einsätze war der ungehinderte Anflug, und der war hier nicht mehr gegeben. Britische Spitfires schossen die langsamen und wenig wendigen Bomber reihenweise ab. Ähnlich die Erfahrungen im Mittelmeerraum und Nordafrika: Nur solange sich die Achsenmächte der Luftüberlegenheit erfreuten, ließen sich Stukas mit einigem Erfolg einsetzen. In Rußland operierten die Stuka-Verbände anfangs noch einmal nach dem bewährten Blitzkriegskonzept, bald jedoch wurden sie als »Feuerwehr der Luft« bei den immer härteren Schlachten verschlissen. 1943 kam die letzte und zahlenmäßig bedeutendste Großserie an die Front: 1 × 1420 PS, 410 km/h Höchstgeschwindigkeit in 4200 m Höhe, 830 km Reichweite, 2 × 7,7-mm-MG als bewegliche Bewaffnung nach hinten, 2 × 20-mm-Kanonen oder 2 × 7,9-mm-MG starr in den Flügeln, Gehänge für 1800 kg Bombenlast. Im Osten wurde in den letzten Kriegsjahren eine neue Taktik für die Ju 87 entwickelt: Die Version G, als »Panzerknacker« konzipiert, trug zwei automatische 3,7-cm-Flak 18. Mit einer solchen Maschine erzielte Oberst *Rudel* seine legendären Abschußserien. Insgesamt wurden 5709 Stukas gebaut.

Sturmabteilung →*SA*

»Der Stürmer«
Selbst nicht gerade zimperliche Antisemiten wandten sich angewidert ab angesichts mancher Nummer einer Zeitschrift aus der Werkstatt von »Frankenführer« *Streicher*: »Der Stürmer«, 1923 in Nürnberg gegründet mit dem Untertitel »Deutsches Wochenblatt zum Kampf um die Wahrheit«, sah seine einzige Aufgabe in einer oft ins Pornographische ausartenden Judenhetze. Seit 1927 »schmückte« jede Ausgabe am Fuß des Titelblatts das Zitat des Historikers Heinrich von Treitschke (* 1834, † 1896): »Die Juden sind unser Unglück.« Anfangs kam »Der Stürmer« auf eine Auflage von 2000–3000 Stück, steigerte sie bis 1933 auf 20 000 Exemplare, konnte 1940 rd. 600 000 absetzen und 1944 noch 398 000. Davon waren viele in allen deutschen Städten und Dörfern in den seit 1933 aufgestellten »Stürmer-Kästen« ausgehängt und sorgten dafür, daß niemand die ekelhaften »Stürmer«-Karikaturen der Juden von »Fips« (Philipp Rupprecht) übersehen konnte.

Stuttgarter Schuldbekenntnis
Ratlos standen die Kirchen 1945 vor den moralischen Trümmern, die der Nationalsozialismus hinterlassen hatte, und mußten sich eingestehen, daß sie aus wie verständlichen Gründen auch immer versagt hatten. Der neugebildete Rat der Evangelischen Kirche in Deutschland (EKD) faßte das am 19.10.1945 in Stuttgart in ein Schuldbekenntnis, in dem es heißt: »Wohl haben wir lange Jahre im Namen Jesu Christi gegen den Geist gekämpft, der im NS-Gewaltregiment seinen Ausdruck gefunden hat; aber wir klagen uns an, daß wir nicht mutiger bekannt, nicht treuer gebetet, nicht fröhlicher geglaubt und nicht brennender geliebt haben.« Daß sich zu dieser Schuld Menschen bekannten, die wie *Niemöller* kein persönliches Opfer gescheut hatten, verlieh dem kirchlichen Neuanfang

weithin Glaubwürdigkeit. Der Vorwurf, die Kirche habe damit eine *Kollektivschuld* akzeptiert, trifft diesen Versuch der Übernahme von Mitverantwortung nicht.

Stutthof

Das KZ-System verbreitete sich nach und nach über ganz Deutschland: 1939 entstand östlich von Danzig am Ortsrand der Gemeinde Stutthof ein Lager für Zivilgefangene, das von Nov. 1941 an als SS-Sonderlager weitergeführt und am 13.1.1943 als staatliches KZ übernommen wurde. Zunächst recht klein – Anfang 1942 rd. 3000 und Ende Mai 1944 etwa 8000 Insassen –, stieg die Belegstärke im Sommer 1944 dramatisch an durch Einlieferung ungarischer Jüdinnen und durch evakuierte Häftlinge aus Lagern im Baltikum (Riga u.a.). Um die Jahreswende 1944/45 waren in Stutthof und in 100 Außenkommandos mehr als 52000 Häftlinge vieler europäischer Nationen eingesperrt; insgesamt durchliefen das Lager 115000 Menschen. Sie mußten Zwangsarbeit in SS-eigenen oder privaten Firmen leisten. Da die Ausrüstung des Lagers mit der Häftlingsflut nicht Schritt gehalten hatte, starben viele Menschen schon wegen der völlig unzulänglichen Unterbringung und der katastrophalen hygienischen Verhältnisse. Hinzu kamen Todesfälle durch Mißhandlungen, Hunger, Hinrichtungen und durch systematisches Morden in einer im Frühjahr errichteten Gaskammer. Im Jan. 1945 begann die Evakuierung des Lagers, der weitere Menschen zum Opfer fielen. Letzte Transporte gingen im April 1945 per Schiff in die Neustädter Bucht, wo 400 Häftlinge am Strand erschossen wurden, einige wenige konnten fliehen. Im Lager selbst befreiten sowjetische Truppen am 1.5. noch 120 Häftlinge. Insgesamt sind 65000 Menschen in Stutthof umgekommen.

Sudetendeutsche Partei (SdP)

Das Selbstbestimmungsrecht der Völker ließ sich 1919 bei der Auflösung des Habsburgerreichs nicht ohne Kompromisse durchsetzen, wollte man lebensfähige Staaten schaffen. In der jungen Tschechoslowakei lebten daher allein über 3 Mio. Deutsche v.a. im Sudetenland. Am 1.10.1933 gründete *Henlein* dort eine Sammlungsbewegung, die spätere Sudetendeutsche Partei, die sich als »deutsche Kultur- und Schicksalsgemeinschaft« verstand und Autonomieforderungen stellte. Von Berlin finanziert und vom wirtschaftlichen Aufschwung im Reich profitierend, gewann sie 1935 zwei Drittel aller deutschen Stimmen und damit 44 von 300 Parlamentssitzen in Prag; im Juli 1938 hatte sie 1,3 Mio. Mitglieder. Sie wurde Hitlers Fünfte Kolonne bei der Anheizung der *Sudetenkrise* und ging nach der Besetzung am 11.12.1938 in der NSDAP auf.

Sudetenkrise

Das Zusammenleben von Tschechen, Slowaken, Ungarn und Deutschen in der Tschechoslowakei nach 1919 war konfliktträchtig, v. a. weil der ungefestigte Staat sich durch überzogenen Zentralismus eine stabile Klammer zu geben suchte. Das führte zu immer lauteren Autonomieforderungen u. a. der *Sudetendeutschen Partei* und 1937/38 zu einer Krise mit internationaler Ausstrahlung. Hitler heizte sie bewußt an, indem er *Henlein* ermunterte, seine Forderungen immer so hoch zu schrauben, daß Prag sie nicht erfüllen konnte. Die erwartete Ablehnung beantwortete die deutsche Propaganda mit Greuelmeldungen über angebliche und in Einzelfällen auch zutreffende tschechische Ausschreitungen gegen Sudetendeutsche. Da Hitler entschlossen war, die Tschechoslowakei zu »zerschlagen« (Weisungen vom 21.4. und vom 30.5.1938), blieben Vermittlungsversuche erfolglos. Militärische Drohungen aus Berlin riefen schließlich den britischen Premier *Chamberlain* auf den Plan, der nach zwei Treffen mit Hitler (15.9. und 22./24.9.1938) und auf Vorschlag *Mussolinis* einer Konferenz der Großmächte zustimmte. Sie sprach im *Münchener Abkommen* das Sudetenland Deutschland zu.

Südostgeneräle →*Geiselprozeß*

Südtirol

Schon 1915 sagten die Westmächte Italien den Erwerb Südtirols (italienisch Alto Adige) zu als Gegenleistung für den Kriegseintritt auf ihrer Seite. Die überwiegend deutsche Bevölkerung sah sich nach 1919 immer stärkerer Italienisierung ausgesetzt (Verbot des Deutschen als Amts- und Unterrichtssprache, Ortsnamenänderungen, Zuzug von Italienern u. a.). Sosehr die Bewohner daher eine großdeutsche Politik des *Anschlusses* Österreichs und darüber hinaus erhofften, so sehr mußte Rom diese fürchten. Beim NS-Putschversuch in Wien am 25.7.1934 ließ *Mussolini* daher drohend Truppen am Brenner aufziehen. Der Anschluß verlor für ihn erst seine

Schrecken, als Hitler Südtirol auf dem Altar der *Achse Berlin–Rom* opferte. Am 21.10.1939 wurden den Südtirolern in einem deutsch-italienischen Vertrag Umsiedlungsangebote gemacht, auf die bis 1943 etwa 70 000 Menschen eingingen. Sie zogen vorwiegend nach Österreich und Bayern, 25 000 wanderten nach 1945 wieder zurück.

Swastika →*Hakenkreuz*

Swinemünde
Bis 1945 vom Krieg kaum berührt, wurde die Kreisstadt Swinemünde mit ihren gut 30 000 Einwohnern bei Herannahen der Roten Armee zum Flüchtlingsumschlagplatz zu Land wie zur See. Als Vorhafen von Stettin an der linken Seite der Mündung der Swine in die Ostsee bot der Badeort auf Usedom beste Chancen für ein Entkommen nach Westen. Am 12.3.1945, in der Stadt drängten sich über 100 000 Menschen, flog die 8. US-Luftflotte mit 643 Viermotorigen unter Deckung durch 402 Langstreckenjäger vom Typ P-41 »Mustang« um 12 Uhr mittags einen Großangriff gegen die fast völlig unverteidigte Stadt. Binnen einer Stunde verwandelten sie 1500 t Bomben in ein rauchendes Trümmermeer. Über 20 000 Menschen kamen an Land und auf den gesunkenen Schiffen im Hafen um. Bis heute ist unklar, welchen Zweck die Angreifer verfolgten. Daß sie den nur 30 km vor der Stadt stehenden Russen hatten helfen wollen, wie offiziell verlautbart, kann bei dem Risiko von Fehlwürfen in solcher Nähe ausgeschlossen werden. Vermutlich starben die Menschen um einer Machtdemonstration der Westalliierten willen gegenüber der UdSSR. Die Opfer wurden auf dem Golm, einer 59 m hohen nahen Anhöhe, beigesetzt; heute Gedenkstätte auf deutscher Seite. Die Stadt selbst gehört seit 1945 als Świnoujście zu Polen.

Systemzeit
Bei der Verunglimpfung der Weimarer Republik sprachen die Gegner von rechts, insonderheit die Nationalsozialisten, gern vom demokratischen »System« als etwas Konstruiertem, Aufgepfropftem. Es sei ein »November-« oder »Schandsystem« und tauge für den »deutschen Menschen« nicht, der sich nach einer »germanischen *Demokratie*« sehne. Nach 1933 nannte man daher die zurückliegenden, »überwundenen« Jahre der Republik abfällig »Systemzeit« oder »Zwischenreich«.

T

T 4 →*Euthanasie*

Tag der nationalen Arbeit →*Maifeiertag*

Tausendjähriges Reich
In der mittelalterlich-christlichen Heilserwartung spielte das tausendjährige Reich Christi auf Erden am Ende der Geschichte (nach der Offenbarung des Johannes) eine große Rolle. Als angeblicher Vollender der deutschen Geschichte usurpierte der Nationalsozialismus den Begriff zur Bezeichnung und Überhöhung seiner Herrschaft. Gerade wegen der religiösen Assoziationen lehnte Hitler ihn ab, verkündete aber in seiner Vorliebe für Visionäres selber auf dem Reichsparteitag 1934, es werde »in den nächsten tausend Jahren keine Revolution mehr in Deutschland« geben, und sagte bei Beginn des deutschen Angriffs im Westen (10.5.1940), dieser werde das deutsche Schicksal »für die nächsten tausend Jahre« bestimmen.

Teheran
In der Hauptstadt des Iran (1939 rd. 530 000 Einwohner) tagte vom 28.11. bis zum 1.12.1943 eine Konferenz der politischen Führer Großbritanniens *(Churchill)*, der UdSSR *(Stalin)* und der USA *(Roosevelt)*. Themen waren die Neuordnung Europas nach dem Krieg, die Behandlung des besiegten Deutschlands, die Beendigung des Pazifikkriegs und die Errichtung einer Weltfriedensorganisation. Die deutsche Frage wurde an eine Europäische Beratende Kommission (European Advisory Commission, EAC) überwiesen, eine Westverschiebung Polens aber schon definitiv beschlossen. Zur Entlastung der UdSSR sagten die Westmächte eine *Invasion* in Nord-

frankreich für Mai 1944 zu, während die UdSSR nach Kriegsende in Europa in den Kampf gegen Japan einzutreten versprach.

Terboven, Josef

* Essen 23.5.1898, † Oslo 11.5.1945

Der gelernte Bankkaufmann Terboven trat 1923 der NSDAP bei, nahm am Hitler-Putsch teil, wurde 1928 Gauleiter seiner Heimatstadt Essen und am 5.2.1935 Oberpräsident der Rheinprovinz. Hitler, der sich gut mit Terboven verstand und 1934 an seiner Hochzeit teilgenommen hatte, ernannte ihn am 24.4.1940 nach der deutschen Besetzung *Norwegens* zum Reichskommissar in Oslo. Dort wurde er zur Symbolfigur der deutschen Unterdrückungs- und Ausbeutungspolitik. Angesichts des sicheren Todesurteils nahm sich Terboven bei Kriegsende das Leben.

Terror- und Sabotageerlaß

Im Juli 1944 erlassene Verfügung, nach der bei »Terror«- und Sabotageakten nur deutsche Staatsbürger der *Militärgerichtsbarkeit* unterlagen, während alle anderen sofort »niederzukämpfen« oder dem SD (zur Tötung) zu übergeben waren.

Thälmann, Ernst

* Hamburg 16.4.1886, † KZ Buchenwald 18.8.1944

Der Hafen- und Transportarbeiter Thälmann war seit 1925 Vorsitzender der KPD und verantwortlich für die Linientreue der deutschen Kommunisten *Stalin* gegenüber. Bei den Reichspräsidentenwahlen 1925 und 1932 kandidierte er ohne Erfolg, beim Kampf gegen den Berliner Gauleiter *Goebbels* stand er diesem in Bedenkenlosigkeit kaum nach und trug zu Radikalisierung der politischen Auseinandersetzung bei. Das kam Hitler gelegen, der sich als Ordnungsfaktor anbot und darunter in erster Linie die Mundtotmachung politischer Gegner verstand, allen voran natürlich auch Thälmanns, der schon am 3.3.1933 verhaftet und elf Jahre später während eines Luftangriffs mit großer Wahrscheinlichkeit von SS-Männern ermordet wurde. Eine Freilassung nach dem *Hitler-Stalin-Pakt* 1939 war an der Weigerung Thälmanns gescheitert, politische Abstinenz zu versprechen.

Theresienstadt
7000 Einwohner mußten ihre Stadt verlassen, als die NS-Besatzer beschlossen, darin ältere Juden aus dem Protektorat Böhmen und Mähren und reichsdeutsche jüdische Bürger unterzubringen: Das etwa 60 km nördlich von Prag an der Mündung der Eger in die Elbe gelegene Theresienstadt war eine alte Garnison, die offiziell zum »Altersghetto« werden sollte, in Wirklichkeit aber für die meisten Ankömmlinge nur Durchgangslager wurde. 1944 waren zur Täuschung von Rotkreuzemissären Verschönerungsmaßnahmen durchgeführt worden. Ein danach gedrehter Film mit dem Titel »Der Führer schenkt den Juden eine Stadt« zeigte Theresienstadt als »Reichsaltersheim« und Musterghetto. Wo einst wenige tausend Bürger gelebt hatten, wurden zeitweise bis zu 58000 Menschen zusammengepfercht, was medizinische Versorgung ebenso unmöglich machte wie zureichende Ernährung und die sanitären Anlagen völlig überforderte. Das ließ die ohnehin hohe Sterblichkeit wegen der Altersstruktur weiter ansteigen, zumal die alten Menschen gezwungen wurden, im Bergbau und durch Land- oder Forstarbeit ihren Unterhalt zu verdienen. Von den insgesamt 152000 eingewiesenen Personen wurden 85934 in die *Vernichtungslager* nach Polen weitergeleitet, wo mindestens 84000 von ihnen umkamen; 34000 Menschen starben im Lager selbst, und etwa 30000 Überlebende fand die Rote Armee bei der Befreiung am 8.5.1945 noch vor.

»Thielbek«
Deutscher Frachter, der, überfüllt mit 2800 Häftlingen aus dem KZ Neuengamme, am 3.5.1945 wie die *»Cap Arcona«* in der Neustädter Bucht von britischen Bombern versenkt wurde.

Thierack, Otto
* Wurzen (Sachsen) 19.4.1889, † Lager Eselheide/Sennelager (bei Paderborn) 22.11.1946 (Selbstmord)
Zunächst Staatsanwalt, kam Thierack 1926 ans Oberlandesgericht Dresden und wurde nach NSDAP-Beitritt 1932 im folgenden Jahr kommissarischer sächsischer Justizminister, 1935 Mitglied des Reichsgerichts und 1936 Präsident des *Volksgerichtshofs*. Nach *Gürtners* Tod 1942 ernannte ihn Hitler zum Reichsjustizminister. Verglichen mit *Freisler* zwar fast gemäßigt, sah Thierack seine Hauptaufgabe dennoch darin, »das Kriegsstrafrecht zu einer allen

Anforderungen genügenden Waffe umzuschmieden«. Damit war er maßgeblich an der Ausgestaltung der *Justiz* zum Terrorinstrument beteiligt, in der unter ihm v.a. junge »erprobte Nationalsozialisten« Karriere machten.

Thyssen, Fritz

* Styrum (heute zu Mülheim a. d. Ruhr) 9.11.1873, † Buenos Aires 8.2.1951

Den Reichtum, der es ihm erlaubte, sich in die Politik einzumischen, verdankte Thyssen seinem Vater August, der einen bedeutenden Stahlkonzern aufgebaut hatte. Seine Leitung übernahm der Sohn 1926, überführte ihn im selben Jahr in die Vereinigten Stahlwerke AG und war bis 1935 deren Aufsichtsratsvorsitzender. Schon vor Übernahme der Firmenleitung hatte Thyssen völkische Kreise unterstützt (u.a. *Ludendorff* 1923 mit 100 000 Goldmark) und wandte später seine Gunst ganz der NSDAP zu, obwohl er erst am 1.5.1933 in die Partei eintrat. Hitler erhielt durch Thyssen das Entree bei der Schwerindustrie und die nötige Unterstützung in der Phase vor der Machtergreifung. Wie viele jedoch, die Hitler nur hatten benutzen wollen, erschrak auch Thyssen vor der Wirklichkeit der Diktatur und kritisierte Aufrüstung wie Judenverfolgung. 1939 emigrierte er, wurde aber in Frankreich von Hitlers Sieg eingeholt und in KZ-Haft genommen. 1948 wanderte er nach Argentinien aus. Seine Memoiren »I paid Hitler« (Ich finanzierte Hitler) überzeichnen seine Bedeutung für den Aufstieg der NSDAP.

Tiger I

Als Antwort auf den sowjetischen Tank T-34 wurde in Deutschland der schwere Panzerkampfwagen VI entwickelt, bei der Truppe bekannt als Tiger I; 55 t, 6,20 m lang (mit Rohr 8,56 m), 3,54 m breit, 2,88 m hoch, Panzerung bis 110 mm. Mit einem 700-PS-Maybach-Motor erreichte der Koloß 37 km/h auf der Straße und noch 20 km/h im Gelände, Verbrauch 486 l/100 km. Bewaffnung: 8,8-cm-Kampfwagenkanone, 2×7,92-mm-MG. Der Tiger, eine Entwicklung der Firma Henschel, ging im Aug. 1942 in Serie. Der erste Einsatz im Herbst 1942 am Wolchow südlich von Leningrad stand unter schlechtem Stern: Noch war der Kampfwagen allzu störanfällig. Dafür sorgte sein Auftauchen auf dem nordafrikanischen Kriegsschauplatz (Tunesien) seit Nov. 1942 für erheblichen Schrecken bei den US-Truppen. Wenn der Tiger auch an Panzerung und Feuerkraft fast allen Panzertypen der Gegner überlegen war, machten ihn doch die ungünstige Formgebung und die geringe Beweglichkeit verwundbar; dazu kam die Wehrlosigkeit gegenüber raketenbewaffneten Jagdbombern. Von den insgesamt 1343 bis Aug. 1944 (Ablösung durch den *Tiger II*) gebauten Tiger I waren 1162 bis Jan. 1945 außer Gefecht.

Tiger II

Die verbesserte Version des *Tiger I* war der schwere Panzerkampfwagen VII, auch Tiger II oder Königstiger genannt; 69,7 t, 7,26 m (mit Rohr 10,26 m) lang, 3,75 m breit und 3,09 m hoch, Panzerung 150 (Fahrerfront) bis 185 mm (Turmfront). Mit einem 600-PS-Motor erreichte er auf der Straße 41 km/h und im Gelände 17 km/h bei einem Fahrbereich von 170 bzw. 121 km, Kraftstoffverbrauch 500 l/100 km Straße, Bewaffnung: 8,8-cm-Kampfwagenkanone, 2 × 7,92-mm-MG. Im Okt. 1943 fuhr der Prototyp bei der Firma Henschel in Kassel, im Jan. 1944 kamen die ersten Exemplare an die Truppe. Wegen der ständigen Luftangriffe auf die Fertigungsstätten wurden insgesamt nur 459 Stück gebaut. Der Tiger II war der am besten gepanzerte und feuerstärkste Panzer des Krieges.

Tischgespräche

Im *Führerhauptquartier* versammelte Hitler im Krieg zu den Mahlzeiten und bei langen nächtlichen Teestunden Mitarbeiter, Vertraute und hohe Militärs um sich. »Die Tischunterhaltung«, erinnerte sich ein Teilnehmer, »glich einem halblauten Geflüster und verstummte sofort, sobald Hitler etwas sagte.« *Bormann* beschloß gleich nach Beginn des Rußlandfeldzugs, Hitlers Äußerungen, meist ausgedehnte Monologe, für die Nachwelt festzuhalten, und ließ Mitschriften anfertigen, die für die Zeit vom 5.7.1941 bis 7.9.1942 vorliegen. Es sind sinngemäße Zusammenfassungen aufgrund von Notizen. Inhaltlich unterscheiden sie sich nur durch die noch größere Spontaneität von den in »Mein Kampf« oder in Reden vertretenen weltanschaulichen Positionen, die allerdings oft weiter überzeichnet sind. Antisemitische Tiraden und sonst in der Öffentlichkeit vermiedene Angriffe auf die Kirchen überwiegen bei weitem in dem sprunghaften Geplauder über alle denkbaren Themen, ungeachtet der oft nur dürftigen Kenntnisse. Die Tischgespräche sind daher eine wichtige Quelle für die Analyse von Charakter und Vorstellungswelt Hitlers.

Tito, Josip

* Kumrovec (Kroatien) 25.5.1892, † Ljubljana 4.5.1980

Josip Broz, der sich später Tito nannte, diente 1918–20 in der Roten Armee und war 1920 Mitbegründer der kommunistischen Partei in Jugoslawien (KPJ). 1937 wurde er Generalsekretär der Partei und nahm teil am Kampf gegen *Franco* im *Spanischen Bürgerkrieg*. Nach dem *Balkanfeldzug* beschloß die KPJ am 4.7.1941 den bewaffneten Kampf gegen die deutschen und italienischen Besatzer, wobei Tito zunächst mit den Četnici seines bürgerlichen Rivalen Draža Mihailović zusammenarbeitete. Er löste dann aber seine *Partisanen* aus dieser Verbindung und konnte allmählich neben der sowjetischen auch britische Hilfe gewinnen. Seine Verbände entwickelten sich zu einer regulären Armee, die den deutschen Truppen erhebliche Schwierigkeiten bereitete und bald das gesamte Landesinnere bis auf die Städte kontrollierte; Tito avancierte zum Marschall (29.11.1943). Nach dem Krieg und blutiger Abrechnung mit Kollaborateuren und politischen Gegnern wurde Tito am 29.11.1945 Ministerpräsident der Volksrepublik Jugoslawien, brach 1948 mit *Stalin*, wurde 1953 Staatspräsident (seit 1963 auf Lebenszeit) und stabilisierte den Vielvölkerstaat dank seiner großen Autorität und durch den Nimbus des Befreiers von der Fremdherrschaft.

Tobruk

Das libysche Hafenstädtchen Tobruk mit 1600 Einwohnern (1936), von der italienischen Kolonialmacht zur Festung ausgebaut, war während des *Afrikafeldzugs* mehrmals Schauplatz schwerer Kämpfe. Am 22.1.1941 gelang dem britischen XIII. Korps (O'Connor) die Eroberung der Stadt und die Gefangennahme der 25 000 italienischen Verteidiger. Weiter befestigt und mit tiefen Minengürteln abgeriegelt, behauptete sich Tobruk gegen die Angriffe des Deutschen Afrika-Korps (14.4.–30.4.1941) und blieb bei der ersten Offensive *Rommels* zur ägyptischen Grenze im Frühjahr 1941 als britisches Bollwerk im Rücken der deutsch-italienischen Front zurück. Die Einschließung dauerte bis Jahresende; erst im Rahmen des Unternehmens »Crusader« konnte die britische 8. Armee (Cunningham) Tobruk am 10.12.1941 entsetzen. Im Mai 1942 wurde es erneut

Ziel einer deutsch-italienischen Offensive. Rommel durchbrach die Abwehr von Südosten her und nahm am 21.6. die Kapitulation der Besatzung (2. südafrikanische Division und andere Kolonialtruppen unter General Klopper) entgegen. 32 200 Mann gerieten in Gefangenschaft, den deutsch-italienischen Truppen fielen 5000 t Versorgungsgüter und 10 000 t Treibstoff in die Hände. Rommel wurde zum Generalfeldmarschall ernannt. Die reiche Beute und der Gewinn eines günstig gelegenen Nachschubhafens verleiteten die deutsche Führung zu einer Überschätzung der eigenen Möglichkeiten und zum Verzicht auf die Wegnahme Maltas. Der Nachschub über Tobruk erreichte jedoch nie die erforderlichen Mengen, wodurch der Vormarsch auf Ägypten ins Stocken kam. Nach der Niederlage von *El Alamein* mußte Tobruk am 13.11.1942 endgültig aufgegeben werden.

Todesmärsche

Als gegen Ende des Krieges die Fronten dem Reichsgebiet näherrückten, ergingen in den *Konzentrationslagern* Evakuierungsbefehle: Die Gefangenen sollten den alliierten Truppen nicht in die Hände fallen. Sie wurden in Güter- und Viehwagen gepfercht oder in endlosen Fußmärschen ins Reichsinnere getrieben. Dabei grassierten Seuchen, erschöpfte Häftlinge wurden am Weg erschossen; noch in den letzten Tagen des Krieges kamen dabei Tausende um. Doch selbst im Reich waren die Transporte nicht sicher vor dem Wahnwitz der nationalsozialistischen Machthaber. So trieben Wachmannschaften des Lagers Dachau einen Teil der Häftlinge vor den amerikanischen Panzern her in Richtung einer angeblichen *Alpenfestung*, so wurden 5000 Häftlinge des Lagers Neuengamme in Lübeck auf die *Cap Arkona* verladen, wo sie fast alle bei einem britischen Bombenangriff ums Leben kamen. In Bergen-Belsen fanden die Briten bei der Befreiung am 15.4.1945 ein mit 60 000 Menschen überfülltes Lager vor; zumeist handelte es sich bei den Häftlingen um Überlebende von Transporten. In den nächsten Wochen starben noch 13 000 der völlig erschöpften und kranken Opfer.

Todt, Fritz

* Pforzheim 4.9.1891, † bei Rastenburg (Ostpreußen) 8.2.1942
Am 5.1.1922 der NSDAP beigetreten, war der Tiefbauingenieur Todt ein Exponent des linken Parteiflügels. 1931 promovierte er mit dem

Thema »Die Fehlerquellen beim Bau von Landstraßendecken aus Teer und Asphalt«. Hitler wurde dadurch auf ihn aufmerksam und berief ihn am 5.7.1933 zum Generalinspektor für das deutsche Straßenwesen, also auch für den Bau der *Autobahn*. Todts Erfolge brachten ihm immer neue Aufgaben ein: Leiter des Hauptamts Technik der NSDAP (1933), Generalbevollmächtigter für die Regelung der Bauwirtschaft im Rahmen des Vierjahresplans (Dez. 1938), Chef der nach ihm benannten *Organisation Todt* (O.T.), Minister für Bewaffnung und Munition (17.3.1940), Generalinspektor für Wasser und Energie (1941). Trotz dieser Ämterfülle hielt Todt immer eine gewisse Distanz zur Partei. Er wählte seine Mitarbeiter, darunter ausgesprochene Regimegegner und auch »jüdisch versippte« Techniker, ausschließlich nach fachlicher Kompetenz und weckte damit Argwohn in der NS-Führung, die zudem seine kritische Beurteilung der Kriegslage spätestens seit Herbst 1941 verärgert registrierte. Als Todt unmittelbar nach einem Besuch im Führerhauptquartier »Wolfsschanze« bei einem Flugzeugabsturz ums Leben kam, wollten Gerüchte über »Nachhilfe von oben« nicht verstummen.

»Torch«

Im Sommer 1942 nahmen die alliierten Stäbe die Planungen für eine Landung in Nordafrika auf; die Codebezeichnung des Unternehmens lautete zunächst »Gymnast«, dann »Torch« (Fackel). In den Augen der US-Militärs war das ein Umweg, aber nach den Erfahrungen von *Dieppe* (19.8.1942) schien eine Invasion des europäischen Festlands auf dem direkten Weg von England aus vorerst nicht ratsam. Zudem war nach dem Fall von *Tobruk* (21.6.1942) der Suezkanal akut gefährdet. Mit »Torch« wollte man nun *Rommels* Position im Rücken bedrohen, eine Basis für Angriffe gegen Italien gewinnen, den schwächeren Bundesgenossen der Achse, die scheinbar dem Zusammenbruch nahe Rote Armee möglichst rasch entlasten, das faschistische Spanien vom Kriegseintritt auf seiten Deutschlands abschrecken und auch einem deutschen Zugriff auf die französischen Besitzungen in Nordafrika zuvorkommen. Ein Risiko bestand darin, daß *Pétain* Weisung erlassen hatte, Französisch-Nordafrika gegen jeglichen Angriff mit Waffengewalt zu verteidigen. Die Alliierten versicherten sich daher über Geheimdienstkontakte der Kooperation zahlreicher französischer Offiziere. – Dennoch kam es zu erheblicher Gegenwehr der französischen

Streitkräfte, als die Landungen am 8.11.1942 begannen. Für »Torch« waren angesetzt: Western Task Force (Hewitt) aus den USA mit 35 000 Amerikanern (Patton), die an der marokkanischen Küste an Land gehen und Casablanca nehmen sollten; aus Großbritannien die Center Task Force (Troubridge) mit 39 000 Mann US-Landungstruppen (Fredendall), die im Raum Oran an der algerischen Küste abgesetzt werden sollten, und ebenfalls aus Großbritannien die Eastern Task Force (Burrough) sowie die britische »Force O« mit 23 000 Briten und 10 000 GIs (Ryder), die Algier nehmen sollten. Zwar gelang überall die völlige Überraschung der Verteidiger, doch kam es danach an allen Landeköpfen zu Gefechten und Verlusten an Menschen und Material auf beiden Seiten. Erst am 10.11. um 11.20 Uhr fand sich der französische Oberbefehlshaber François Darlan zum Waffenstillstand bereit; in Casablanca schwiegen die Waffen erst gegen Abend. Als Reaktion auf »Torch« wurden ab 9.11. deutsche Truppen von Sizilien aus nach Tunesien verlegt. Der alliierte Plan, Rommels Armee nach der Niederlage von *El Alamein* in Libyen einzuschließen, wurde damit vereitelt, obwohl die gelandeten Verbände rasch vorstießen und durch Luftlandungen u.a. bei Bône (12.11.) und Souk el Arba (16.11.) der deutschen Besetzung zuvorzukommen versuchten. Der Krieg in Tunesien zog sich noch bis Mai 1943 hin. Eine weitere deutsche Antwort auf »Torch« war der Einmarsch in die bisher unbesetzte Zone im Süden Frankreichs (10./11.11.).

Torgau

In der sächsischen Kreisstadt Torgau an der Elbe (1942 fast 18 000 Einwohner) zwischen Dessau und Dresden trafen am 25.4.1945 gegen 16 Uhr Spitzen der sowjetischen 58. Garde-Schützendivision mit Teilen der 68. US-Division aufeinander und zerschnitten damit den restlichen deutschen Kampfraum in zwei Teile. Als Stelle der Begegnung wurde nachträglich aus symbolischen Gründen die Strommitte auf einer zerstörten Brücke gewählt und nicht das Ostufer der Elbe, wo das Treffen tatsächlich stattgefunden hatte. Die später wieder von der DDR instand gesetzte Brücke wurde im Juni 1994 kurz vor dem 50. Jahrestag der historischen Begegnung aus Kostengründen gesprengt.

totaler Krieg

Ludendorff prägte 1935 in einem Buch mit gleichnamigem Titel den Begriff »totaler Krieg« für die Mobilisierung »buchstäblich der gesamten Kraft eines Volkes« für den bewaffneten Kampf. Das Schlagwort wurde von der NS-Propaganda aufgegriffen und durch die Rede von *Goebbels* im Berliner Sportpalast nach der Katastrophe von *Stalingrad* am 18.2.1943 propagiert. Die Verwirklichung ging von der Einführung einer allgemeinen Dienstpflicht über die Rekrutierung von *Zwangsarbeitern*, Betriebsschließungen, Verlängerung der Arbeitszeiten, drastische Einschränkungen des kulturellen Lebens bis hin zur Aufstellung des *Volkssturms* (25.9.1944). Verschärfungen des *Kriegssonderstrafrechts* sollten für den nötigen Nachdruck sorgen. Goebbels wurde im Juli 1944 zum Generalbevollmächtigten für den totalen Kriegseinsatz ernannt. Er preßte mit einer Mischung aus Hoffnungsvisionen (Wunderwaffen u.a.) und Drohungen die letzte Kraft aus dem Volk und verlängerte den Krieg nach Hitlers Formulierung bis »fünf Minuten nach Zwölf«.

Totenkopfverbände

Sie trugen im Unterschied zum »schwarzen Orden« der Allgemeinen *SS* erdbraune Uniformen mit einem Totenkopf auf dem rechten Kragenspiegel, hießen zunächst SS-Wachverband und hatten die *KZ* zu bewachen. Die meist blutjungen Männer, die SS-Gruppenführer *Eicke* für diesen Dienst rekrutierte, wurden regelrecht »scharfgemacht« auf die Häftlinge und hatten bedingungslos den Weisungen der Vorgesetzten, also letztlich Hitlers, zu folgen. Ihre Bewährungsprobe bestanden sie bei der *Röhm-Affäre*, als sie maßgeblich an der Liquidierung der SA-Führung beteiligt waren. Inzwischen makaber als »SS-Totenkopfverbände« bezeichnet, wuchs ihre Zahl bis Ende 1938 auf vier Standarten mit etwa 9000 Mann. Bei Kriegsbeginn stellten sie ein willkommenes Reservoir dar für die Aufstockung der militärischen Verbände der SS-*Verfügungstruppe*, wurden zum großen Teil aus dem KZ-Dienst abgezogen und nach dem Polenfeldzug mit anderen SS-Verbänden zur *Waffen-SS* verschmolzen. Innerhalb der SS-Truppe bewahrten sie ein Eigenleben in der SS-Division »Totenkopf«, einer wegen ihrer überharten Kampfführung und ihrer Beteiligung an Kriegsverbrechen berüchtigten Einheit.

Treblinka

In einem abgelegenen Waldgebiet nördlich von Warschau wurde nahe der Bahnstation Treblinka Ende Mai 1942 mit der Errichtung eines Lagers begonnen, das im Rahmen der *Aktion Reinhard* im Juli 1942 mit der Vernichtung der jüdischen Bevölkerung des *Generalgouvernements* begann. Die ankommenden Juden wurden nach Männern, Frauen und Kindern getrennt, mußten Bekleidung und Gepäck angeblich zur Desinfektion abgeben und Wertsachen an einer Kasse hinterlegen. Kinder und Frauen kamen als erste zum »Duschen«, wie es hieß, indem sie vom Lagerpersonal (etwa 40 Deutsche und 120 ukrainische Hilfswillige) durch den »Schlauch«, auch »Himmelfahrtsstraße« genannt, in *Gaskammern* getrieben wurden. Nach Beseitigung der Leichen folgten die Männer, die ebenfalls vergast oder aber in vorbereiteten Gruben erschossen wurden. Kranke und Gebrechliche wurden in einem als »Lazarett« bezeichneten Lagerbereich ermordet. – Am Leben blieben vorübergehend nur die Personen, die die SS für Arbeiten im Lager brauchte, z. B. Beseitigung der Leichen aus den Gaskammern oder Reparaturen. Darunter waren die »Goldjuden« genannten Ordner und Packer der erbeuteten Wertsachen und die »Dentisten«, die den Leichen Goldzähne herausbrechen mußten. Ihre Überlebensfrist war angesichts der brutalen Behandlung durch das Wachpersonal und der ungeheuren seelischen wie körperlichen Belastung meist auch nur kurz bemessen. Bei Erschöpfung wurden sie wie die Kranken im »Lazarett« erschossen. Vor der Auflösung von Treblinka wurden die Massengräber beseitigt, indem man die Leichen exhumierte und auf riesigen Rosten verbrannte. Ein Häftlingsaufstand am 2.8.1943 beschleunigte das Ende des Lagers, das dem Erdboden gleichgemacht wurde. Am 17.11.1943 erschoß die SS die letzten 30 »Arbeitsjuden«, das Personal wurde nach Triest abkommandiert. Insgesamt starben in Treblinka mindestens 700 000 Juden.

Tresckow, Henning von

* Magdeburg 10.1.1901, † bei Białystok 21.7.1944

Nachdem er als Freiwilliger am 1. Weltkrieg teilgenommen hatte, schlug Tresckow 1924 die Offizierslaufbahn ein. Zunächst nach der Machtergreifung Hitlers abwartend, war er spätestens seit 1938 Gegner des NS-Regimes und engagierte sich aktiv im militärischen *Widerstand*. Bei Kriegsbeginn war er Chef des Stabes der 221. Infanteriedivision und hatte die gleiche Dienststellung später u. a. bei der Heeresgruppe Mitte in Rußland, wo er sich vergeblich bemühte, Generalfeldmarschall *Kluge* für einen Putsch gegen Hitler zu gewinnen. Immerhin verriet ihn dieser nicht, so daß der inzwischen (30.1.1943) zum Generalmajor beförderte Tresckow am 13.3.1943 ein Sprengstoffattentat auf Hitler organisieren konnte, das aber wegen Versagens des Zeitzünders scheiterte. Seit 20.11.1943 Chef des Generalstabs der 2. Armee, förderte er die Staatsstreichpläne *Stauffenbergs* und nahm sich am Tag nach deren Scheitern in einem Waldstück das Leben.

Treuhänder der Arbeit

»Wahrung des Arbeitsfriedens«, »Ausschaltung einseitiger Interessen« und »Überwindung des Klassenkampfs« – dies waren nach NS-Lesart die Ziele der gleich nach der Machtergreifung einsetzenden staatlichen Eingriffe in das Tarifgeschehen. Sie wurden am 19.5.1933 mit dem Gesetz über die Treuhänder der Arbeit institutionalisiert und mit dem Arbeitsordnungsgesetz vom 20.1.1934 endgültig geregelt. Danach wurde das Reich in zunächst 14, später 22 Wirtschaftsgebiete aufgeteilt, für die je ein Treuhänder der Arbeit zuständig war. Er erließ Tarifordnungen, prüfte die Betriebsordnungen, wirkte mit bei der Bildung der Vertrauensräte in den Firmen, war bei Kündigungen, insbesondere bei Massenentlassungen, zu Rate zu ziehen und vertrat die Anklage vor den sozialen Ehrengerichten. Das Treuhändersystem bedeutete das Ende der Tarifautonomie und diente der staatlichen Aufsicht über die Wirtschaft, die in den Dienst der Kriegsvorbereitungen genommen und daher vor sozialen Turbulenzen bewahrt werden sollte.

»Triumph des Willens«

Nach der *Röhm-Affäre* und der Inthronisation als *Führer und Reichskanzler* 1934 sollte nach Hitlers Wunsch der anstehende Reichsparteitag eine Demonstration der Geschlossenheit werden. Als Motto wurde daher im Sinne der »befreienden Tat« beim Schlag gegen die SA-Opposition die Parole »Triumph des Willens« gewählt. Sie war auch der Titel eines Films über die Parteifeier, mit dessen Herstellung Hitler *Riefenstahl* beauftragte. Mit 30 Kameraleuten und einem Heer von Komparsen fertigte die Regisseurin einen Propagandastreifen, der den nationalen Filmpreis 1934/35 erhielt und auch international vielfach ausgezeichnet wurde. Hitler erschien darin als vom Himmel gesandtes (mit dem Flugzeug einschwebendes) höheres Wesen, und aus seiner Perspektive wurden die unübersehbaren Marschsäulen der »braunen Bataillone« und die wogenden Fahnenmeere gezeigt. Alle Elemente des *Führerkults* von der halbreligiösen Verehrung Hitlers bis zur dumpfen Drohung des Marschtritts seiner Kolonnen sind hier vorhanden.

Truppenbetreuung

Soldaten müssen bei Laune gehalten werden, je schwieriger die Lage, desto mehr. Die Wehrmacht zog daher Sänger-, Tänzer-, Musiker- und Schauspielergruppen zusammen, die per Bus und Bahn an die zahllosen Frontabschnitte und Besatzungszentren in ganz Europa transportiert wurden. Selbst die prominentesten Stars konnten sich dem nicht entziehen und nur Dispens erhalten, wenn sie im Reich für kriegswichtige Filme und Aufgaben an der »Heimatfront« gebraucht wurden. Besonders hochkarätige Auftritte im Rahmen der Truppenbetreuung übertrugen die Soldatensender, oft in Konferenzschaltung, in alle Kampfgebiete. Die Soldaten schätzten die Programme sehr, und die Akteure nahmen die Aufgabe auch gern wahr, v.a. wenn es in Länder ging, wo man Mangelwaren günstig erwerben konnte; besonders beliebt waren daher Aufenthalte im Westen oder an der »Butterfront« in Skandinavien. Den »selbstlosen« Einsatz der Truppenbetreuer verherrlichte Georg Hurdaleks Film »Fronttheater« mit René Deltgen und Heli Finkenzeller (Okt. 1942).

Tschechoslowakei

Die aus Teilen der Donaumonarchie 1919 gebildete Tschechoslowakei, südöstlicher Nachbarstaat des Deutschen Reiches (1939: 140 485 km² und 15 Mio. Einwohner, Hauptstadt Prag), litt von Beginn an unter erheblichen Nationalitätenproblemen; v.a. die starke deutsche Minderheit (22,4 %) machte wegen der mächtigen Unterstützung aus Berlin nach der NS-Machtergreifung Schwierigkeiten, zumal sie geschlossen rings an den Grenzen zu Deutschland im Sudentenland siedelte. Im *Münchener Abkommen* vom 29.9.1938 erreichte Hitler die Abtretung des Gebiets an das Deutsche Reich und setzte in den folgenden Monaten trotz gegenteiliger Versprechungen den Druck auf Prag fort. Nach von ihm angeregter Proklamation der Unabhängigkeit der *Slowakei* am 14.3.1939 nutzte er die »Selbstauflösung« der Staates zur »Zerschlagung der Resttschechei«, auf deren Gebiet das *Protektorat Böhmen und Mähren* als deutsches Nebenland gebildet wurde. Dieser Akt der Annexion eines nichtdeutschen Landes wurde zum entscheidenden Schritt auf dem Weg in den Krieg, da die Westmächte ihren bisherigen Kurs eines *Appeasement* gegenüber den Diktaturen abrupt beendeten. Die Tschechoslowakei wurde nach der Befreiung durch die Rote Armee (Mai 1945) wiederhergestellt.

Türkei

Fast bis Kriegsende blieb sie neutral, Folge der traditionellen Bindungen zu Deutschland und Ergebnis eines kunstvollen Bündnissystems: Die Türkei, Republik in Kleinasien und Südosteuropa (1940: 772 000 km^2 und 17,9 Mio. Einwohner, Hauptstadt Istanbul), sicherte ihre Nichtkriegführung nach Ausbruch der Feindseligkeiten sowohl durch einen Pakt mit Großbritannien und Frankreich (19.10.1939) als auch durch einen Freundschaftsvertrag mit Deutschland (16.6.1941). Viele Flüchtlinge entkamen über die Türkei aus dem deutsch besetzten Europa. Auch als Tummelplatz der Agenten beider Seiten spielte das Land eine Rolle im Krieg. Zwar übte London beim Treffen *Churchills* mit dem türkischen Regierungschef İsmet İnönü am 30./31.3.1943 in Adana erheblichen Druck aus, konnte aber die Türkei nicht zum Kriegseintritt auf seiten der Alliierten bewegen. Istanbul versuchte im Gegenteil, wenn auch vergeblich, zwischen Moskau und Berlin zu vermitteln, und wandte sich erst von Deutschland ab, als die Niederlage offenkundig wurde. Am 2.8.1944 wurden die diplomatischen Beziehungen abgebrochen, am 1.3.1945 folgte die Kriegserklärung als Eintrittskarte für die *Vereinten Nationen*.

überstaatliche Mächte

Die *völkische Bewegung*, allen voran der Tannenbergbund *Ludendorffs*, verdächtigte pauschal alle religiösen, politischen und weltanschaulichen Gruppierungen der »Wühlarbeit« gegen Deutschland, die einen übernationalen Geltungsanspruch erhoben. Zu diesen überstaatlichen Mächten rechnete man die katholische Kirche, Freimaurer, Juden, Hochfinanz, Bolschewismus u. a. und machte sie für die »deutsche Schmach« (Niederlage im 1. Weltkrieg) ebenso verantwortlich wie für den angeblich allgemeinen »moralischen und kulturellen« Verfall. Hauptsündenbock waren die Juden, und in diesem *Antisemitismus* trafen sich völkische Hetze gegen die überstaatlichen Mächte und NS-Ideologie, die zwar den sektiererisch belasteten Begriff mied, aber ähnliche Frontstellungen aufbaute.

Udet, Ernst

* Frankfurt a. M. 24.6.1896, † Berlin 17.11.1941

Der Jagdflieger des 1. Weltkriegs (62 Abschüsse) und Pour-le-mérite-Träger Udet wurde im Rang eines Oberst im Febr. 1936 Inspekteur der Jagd- und Sturzkampfflieger und im Juni desselben Jahres Chef des Technischen Amtes der Luftwaffe. Am 1.12.1939 zum Generalluftzeugmeister ernannt (19.7.1940 Generaloberst), war Udet damit für das Konzept der Luftrüstung verantwortlich. Es bewährte sich zwar in der ersten Kriegsphase, als v. a. taktische Aufgaben zu lösen waren, zeigte aber schon während der Luftschlacht um England 1940/41 ernste Mängel. Als sich im Feldzug gegen Rußland die Probleme der Luftwaffe verschärften, nahm sich Udet das Leben. Aspekte seiner Person gingen in die Figur des Generals Harras in Carl Zuckmayers Drama »Des Teufels General« (1946) ein.

UdSSR →*Sowjetunion*

Ukraine

Die deutsche Wehrmacht wurde zu Beginn des *Rußlandfeldzugs* in der Ukraine, einer Sowjetrepublik im Süden des europäischen Rußlands (1939: 601 000 km² und 39,5 Mio. Einwohner, Hauptstadt Kiew), vielfach als Befreierin vom bolschewistischen und russischen Joch begrüßt. Hitler hatte nach dem raschen Vormarsch der deutschen Truppen im Sommer 1941 die Ukraine statt Moskau zum ersten Hauptziel der deutschen Offensive bestimmt. Sie war nach einer riesigen Kesselschlacht östlich von Kiew, in der 665 000 Mann starke sowjetische Kräfte untergingen, Ende Sept. 1941 in deutscher Hand und der geplanten Ausbeutung ausgeliefert *(Generalplan Ost)*. Die NS-Behörden unter Reichskommissar *Koch* unterdrückten aufkommende ukrainische Autonomiebestrebungen ebenso hart wie die kommunistischen *Partisanen*, ließen Zigtausende als *Zwangsarbeiter* nach Deutschland verschleppen und lieferten einen Großteil der Ernten und der Produktion ins Deutsche Reich. Der braune Terror, gipfelnd in der *Judenverfolgung*, übertraf den roten um ein Vielfaches. Die Rückeroberung der Ukraine durch die Rote Armee bis Herbst 1943 erlebten die Ukrainer daher erneut als Befreiung, was durch die anschließende blutige Abrechnung *Stalins* mit angeblichen oder tatsächlichen ukrainischen Kollaborateuren verdunkelt wurde.

Umsiedlung

Zu den typischen Tarnwörtern der Organisatoren der *Judenverfolgung* gehörte neben »Endlösung« und »Sonderbehandlung« der Begriff »Umsiedlung«. Er meinte in diesem Zusammenhang nicht die Zuweisung neuer Wohnsitze an Personen- oder Volksgruppen oder ihre *Vertreibung*, sondern ihre Deportation an Orte, wo sie getötet werden sollten, also zumeist die Einlieferung in ein *Vernichtungslager*.

Umvolkung

Die NS-*Bevölkerungspolitik* machte sich Sorgen um den Erhalt der »rassischen Identität« von Deutschen, die im Ausland oder als *Volksdeutsche* mit fremder Staatsangehörigkeit dem Anpassungsdruck anderer Nationen ausgesetzt waren. Es könne insbesondere durch

Vermischung mit dem »Wirtsvolk« zu einer »Umvolkung« kommen und damit zu einem Verlust an deutscher »völkischer Substanz«. Im Extremfall stehe am Ende solcher Entwicklung die »Entvolkung«, so daß davon betroffene Personen nicht einmal mehr für eine *Eindeutschung* in Frage kämen.

Ungarn
Der Thron blieb leer, obwohl das aus der Donaumonarchie gelöste unabhängige Ungarn (1937: 93 000 km^2 und 9 Mio. Einwohner, Hauptstadt Budapest) 1919 als Königreich etabliert wurde. Es gelang wegen des Widerstands der Siegermächte nicht, die Habsburger wieder zu inthronisieren. Ungarn suchte daher die Anlehnung an Deutschland, was sich in den *Wiener Schiedssprüchen* 1938 und 1941 auszahlte (Vergrößerung auf 161 000 km^2 und 15 Mio. Einwohner). Ungarn wurde damit aber auch zum Gefangenen der Kriegspolitik Hitlers, trat dem Antikominternpakt (24.2.1939) und dem Dreimächtepakt (20.11.1940) bei, beteiligte sich mit zehn Brigaden am *Balkanfeldzug* und erklärte am 27.6.1941 der UdSSR und Großbritannien den Krieg (12.12.1941 Kriegserklärung auch an die USA). Nach schweren Verlusten im Raum *Stalingrad* im Jan. 1943 und den folgenden Rückschlägen für die deutsche Wehrmacht suchte Budapest die Verständigung mit Moskau, was nach Bekanntwerden in Berlin zur Besetzung Ungarns am 19.3.1944 durch deutsche Truppen führte. Obwohl sich die deutsche Niederlage bereits abzeichnete, fand die SS noch Zeit, einen Großteil der ungarischen Juden zu deportieren (über 447 000 Opfer). Die Rote Armee schloß Budapest im Dez. 1944 ein und eroberte das ganze Land bis zum 11.2.1945.

Untermensch
Zur Verminderung der Tötungshemmung wurde zu allen Zeiten und in allen Kulturen der Gegner als minderwertig dargestellt oder ihm gar der Menschenstatus ganz abgesprochen. Entsprechend verhielt sich die NS-Propaganda bei der Hetze gegen die Juden, die genauso als »Untermenschen« herabgewürdigt wurden wie später Polen und Russen. In einer Presseanweisung vom 24.10.1939 hieß es: »Es muß auch der letzten Kuhmagd in Deutschland klargemacht werden, daß das Polentum gleichwertig ist mit dem Untermenschentum.« Und 1942 erschien eine Broschüre des SS-Hauptamts mit dem Titel »Der Untermensch«, in der u. a. fratzenhaft photogra-

phierte Gesichter von Russen deren Bestialität belegen sollten. Dem entsprach auf sowjetischer Seite *Stalins* Klassifizierung der Deutschen als »Wilde mit einem sadistischen Haß auf die Leistungen menschlicher Wesen« und der Aufruf seines Chefpropagandisten Ilja Ehrenburg: »Es gibt nichts, was an den Deutschen unschuldig ist, die Lebenden nicht und die Ungeborenen nicht. Zerstampft für immer das faschistische Tier in seiner Höhle!«

USA →*Vereinigte Staaten von Amerika*

Ustascha

Gegen den serbischen Zentralismus und die Königsdiktatur Alexanders I. im jungen Balkanstaat *Jugoslawien* bildete sich eine katholisch-kroatische Verschwörerbewegung um den Anwalt *Pavelić*, der sie am 7.1.1929 als Ustascha (= Empörer) institutionalisierte. Sie versuchte mit terroristischen Mitteln (u.a. Ermordung des Königs 1934), eine kroatische Autonomie durchzusetzen, vertrat faschistisches Gedankengut und fand daher Unterstützung bei Italien. Nach dem deutschen *Balkanfeldzug* wurde die Ustascha Trägerin des völlig von Deutschland abhängigen »Unabhängigen Staates Kroatien«, der in die *Judenverfolgung* wie in die Kriegsanstrengungen eingespannt wurde. Die Ustascha dehnte allerdings die NS-Ausrottungspolitik auf die orthodoxen Serben wie auf die Muslime in ihrem Machtbereich aus und schuf damit ein Klima der Unversöhnlichkeit, das, verschärft durch die blutige Abrechnung mit Pavelić' Anhängern unter *Tito*, den Balkan bis heute nicht zur Ruhe kommen läßt.

V

V 1

Wie die *V 2* gehörte die V 1 (Abkürzung für Vergeltungswaffe 1; weitere Namen waren »Kirschkern« und Flakzielgerät FZG 76) zu den vielbeschworenen »Wunderwaffen«, die dem Deutschen Reich in letzter Minute die Kriegswende und damit den »Endsieg« bringen sollten. Bei der V 1 handelte es sich um den unbemannten Flugkörper Fieseler Fi 103, der bei einem Gesamtgewicht von 2180 kg einen 850-kg-Gefechtskopf bis zu 370 km weit transportieren konnte. Ein Argus-AS-014-Staudruckrohr über dem Heck entwickelte 335 kp Schub; das Stummelflügelgeschoß flog mit einer Geschwindigkeit von 480–640 km/h. Der Kurs wurde von einem automatischen Kreiselkompaß vorgegeben, ein eingebautes Zählwerk löste den Absturz über dem Ziel durch Abschalten der Brennstoffzufuhr aus. Die Großserienproduktion lief im März 1944 an; insgesamt wurden 30 329 Exemplare zum Stückpreis von 5060 RM gebaut. Die Luftwaffe, unter deren Hoheit die V 1 entwickelt wurde, dachte hauptsächlich an einen Einsatz gegen London. Entsprechend wurde das Gerät vom Flak-Regiment 155 (W) unter Oberst Wachtel an der Kanalküste erprobt. Am 12./13.6.1944 flog die erste V 1 in Richtung auf die britische Hauptstadt. Danach lag London den ganzen Sommer unter Dauerbeschuß. Erst als die Alliierten die letzten Feuerstellungen in Nordfrankreich besetzt hatten, war die akute Gefahr für die Themsestadt gebannt, doch blieb Südostengland noch bis Ende März 1945 Ziel der V 1. Von insgesamt 22 679 eingesetzten Flugbomben versagten 1052 beim Start, viele gingen in offenem Gelände nieder, 1871 wurden Opfer britischer Jäger, 4061 wurden durch die Flak mit Hilfe eines neuen Annäherungszünders zur Strecke gebracht. Insgesamt wurden 5823 Einschläge in England gezählt. Seit Herbst 1944 rückten auch Festlandziele, z. B. Antwerpen und

Lüttich, ins Visier der V1-Offensive. Dort richteten die Geschosse zwar beträchtliche Schäden an, aber das hatte militärisch keinerlei Bedeutung mehr. Eine bemannte V1-Version »Reichenberg« war als sog. Verlustgerät für »Totaleinsätze« gegen Punktziele bestimmt. Etwa 100 Freiwillige befanden sich noch in der Ausbildung, als Hitler das Selbstmordprojekt Ende Febr. 1945 aus Sorge um die öffentliche Wirkung verbot. Rund 1000 »Reichenbergs« wurden bei Kriegsende von den Alliierten in einer unterirdischen Fertigungsstätte bei Hamburg entdeckt.

V 2

Mit der ballistischen Fernrakete A-4, bekannter unter dem Propagandanamen V 2 (Abkürzung für Vergeltungswaffe 2), leiteten deutsche Ingenieure das Zeitalter der Weltraum- und Interkontinentalraketen ein. Die militärische und psychologische Wirkung dieser »Wunderwaffe« blieb jedoch hinter den Hoffnungen der nationalsozialistischen Führung zurück. Die Entwicklungen begannen Anfang der 1930er Jahre auf dem Versuchsgelände des Heereswaffenamts in Kummersdorf bei Berlin und wurden seit 1937 in Peenemünde fortgesetzt. Am 3.10.1942 glückte dort der erste 120-km-Probeflug. Das Projekt erhielt darauf höchste Dringlichkeitsstufe. Anders als bei der relativ langsam fliegenden *V1* war eine direkte Abwehr der Fernrakete nicht möglich. Die V 2 flog schneller als der Schall und zudem, von einem Leitstrahl gelenkt, in einer Höhe von 29 km. Das 14 m lange Projektil wog unbetankt etwa 4 t, der Motor für flüssigen Sauerstoff und ein Äthylalkohol-Wasser-Gemisch entwickelte 25 t Startschub. Die Reichweite betrug max. 340 km, der Gefechtskopf wog fast 1 t. Die Serienfertigung wurde mehrfach durch alliierte Luftangriffe verzögert und unterirdisch fortgesetzt. Bis April 1945 wurden 5940 Exemplare zum Stückpreis (ohne Sprengkopf) von 119 600 RM geliefert. Da die für den Beschuß *Londons* in den Niederlanden errichteten Riesenbunker vor ihrer Fertigstellung von der RAF zerbombt wurden, begann die V 2-Offensive am 8.9.1944 durch mobile Heeresartillerie aus dem Raum Den Haag. Von den insgesamt 1269 Raketen, die auf England abgefeuert wurden, ging über ein Drittel schon während des Fluges verloren. Auch Paris wurde beschossen. Die meisten V 2 (1539) flogen gegen Antwerpen, wo am 16.12.1944 ein Volltreffer 567 Besucher eines Kinos, darunter 490 britische Soldaten, tötete. Insgesamt 6448 Menschen fielen in Belgien den V-Waffen zum Opfer, 22 524 wurden verletzt.

Vatikan →*Pius XI.*, →*Pius XII.*

Verbrechen gegen den Frieden
Einer der Hauptanklagepunkte im *Nürnberger Prozeß* war gemäß Kontrollratsgesetz Nr. 10 vom 20.12.1945 die »Planung, Vorbereitung, Einleitung oder Durchführung eines Angriffskrieges oder eines Krieges unter Verletzung internationaler Verträge, Abkommen oder Zusicherungen«, kurz als Verbrechen gegen den Frieden zusammengefaßt. Die Verteidiger wandten gegen diesen Anklagepunkt ein, daß er bei Begehung der fraglichen Taten noch kein Straftatbestand war und somit rückwirkend Recht setze, was dem rechtsstaatlichen Prinzip »nulla poena sine lege« (keine Strafe ohne gesetzliche Strafbarkeit zur Tatzeit) verstoße. Dennoch hielt das Internationale Militärtribunal daran fest, da der Anklagepunkt dem »Fortschritt des völkerrechtlichen Gewohnheitsrechts« entspreche.

Verbrechen gegen die Menschlichkeit
Einer der vier Hauptanklagepunkte im *Nürnberger Prozeß* nannte als abzuurteilende Straftaten gemäß Kontrollratsgesetz Nr. 10 vom 20.12.1945: »Mord, Ausrottung, Versklavung, Deportation oder andere unmenschliche Handlungen, begangen an irgendeiner Zivilbevölkerung vor oder während des Krieges, Verfolgung aus politischen, rassischen oder religiösen Gründen«, zusammengefaßt als Verbrechen gegen die Menschlichkeit. Eine andere, allgemeinere Definition verstand darunter Taten, die der unterschiedslosen und systematischen Zerstörung von Leben und Freiheit dienen (Urteil des Militärgerichtshofs II der USA vom 10.4.1948).

verbrecherische Organisation
Mit Kontrollratsgesetz Nr. 10 vom 20.12.1945 schufen die Alliierten auch die Möglichkeit zur Aburteilung von kollektiven Straftaten beim *Nürnberger Prozeß*. Danach konnten Organisationen als verbrecherisch eingestuft werden und ihren Mitgliedern allein deswegen der Prozeß gemacht werden (wie heute bei einer kriminellen Vereinigung). Angeklagt wurden sechs Organisationen des 3. Reiches, verurteilt wurden zwei: SS (mit Gestapo und SD) und das

Führerkorps der NSDAP, während Generalstab, OKW, Reichskabinett und SA nicht alle Kriterien für eine Verurteilung erfüllten, z. B. mangels Organisationscharakters (wie beim Generalstab); hier empfahlen die Richter die Aburteilung der einzelnen Mitglieder. Das Gericht stellte zudem fest, daß die bloße Mitgliedschaft in einer verbrecherischen Organisation zwar zur Anklage ausreiche, nicht aber zu einer Verurteilung; dazu bedürfe es der Kenntnis (Mitwisserschaft) von Verbrechen oder der direkten Verwicklung in diese.

Verdunklung

Verordnungen vom 23.5.1939 und 22.10.1940 verfügten im Sinn eines effektiven *Luftschutzes* die Verdunklung künstlicher Lichtquellen im Reich. Damit sollten feindlichen Fliegern die Orientierung und das Auffinden der Ziele erschwert werden. Es bestand daher v. a. bei Fliegeralarm Verdunklungspflicht zur Dämpfung auch von »Lichtaustrittsöffnungen« (Fenster); bis auf 500 m durfte kein Schimmer mehr wahrzunehmen sein. Die Verdunklungsverordnungen galten auch für Kfz- und Fahrradscheinwerfer, die vom 1.10.1940 an mit Schlitzblenden ausgerüstet sein mußten. Wer die Verdunklung zu Straftaten nutzte, wurde als *Volksschädling* zumeist mit dem Tod bestraft.

Vereinigte Staaten von Amerika (USA)

Sie entschieden den Krieg, verloren aber den Frieden: Die USA (United States of America, 1930: 7,8 Mio. km^2 und 123 Mio. Einwohner, Hauptstadt Washington) gaben mit ihrem Eintritt in den 1. Weltkrieg den Ausschlag zugunsten der Alliierten, die nach dem Sieg jedoch die von US-Präsident Woodrow Wilson geforderte Mäßigung verweigerten und mit dem *Versailler Vertrag* ein hartes Friedensdiktat durchsetzten, das den Keim zu neuen Konflikten in sich trug. Der Kongreß der USA lehnte 1920 daher die Ratifizierung ab, schloß eigene Verträge mit den Verliererstaaten und trat dem selbst angeregten, aber mit zuwenig Kompetenzen ausgestatteten *Völkerbund* nicht bei. Als Hauptgläubiger der Verbündeten und auch Deutschlands nach der Regelung der *Reparationen* blieben die USA aber in die europäischen Verhältnisse verwickelt und wirkten ihrerseits auf Europa. Diese wechselseitige Abhängigkeit zeigte sich im Negativen während der *Weltwirtschaftskrise*, die vom Börsenkrach an der Wall Street 1929 ausging, im Positiven im Rückhalt, den die von Hitler bedrohten demokratischen Staaten Europas in den USA fanden. – Dort regierte 1933–45 fast auf den Tag genau zeitgleich mit Hitler Präsident *Roosevelt*, der mit ähnlichen Rezepten der Arbeitsbeschaffung im Rahmen seiner Politik des New Deal (Neuverteilung) die Krise zu meistern suchte. Zu Kollisionen aber kam es durch die aggressive Außenpolitik Deutschlands, das die Ruhe störte, die Roosevelt für seine liberale Welthandelspolitik brauchte. Hinzu kam die Annäherung Berlins an Tokio, was zu Machtverschiebungen auch im pazifischen Raum zu führen drohte. Unvereinbar mit den traditionellen amerikanischen Werten der Humanität und Toleranz waren zudem Totalitarismus und *Antisemitismus* Hitlers; der US-Botschafter in Berlin legte anläßlich der *Kristallnacht* am 10.11.1938 offiziell Protest ein. Dies alles führte allmählich zur Aufweichung der an sich neutralistischen Haltung der USA, die Roosevelt nach der Wiederwahl 1936 und erneutem Wahlsieg 1940 konsequent an die Seite Großbritanniens führte, das nach der Niederlage Frankreichs letzter Vorposten der Demokratie in Europa war. Japans Überfall auf die US-Pazifikflotte am 7.12.1941 zog schließlich die USA in den Krieg auch gegen Deutschland. Seine Niederringung wurde oberstes Ziel der amerikanischen Strategie nach dem Motto »Germany first«. Und wieder entschieden die Vereinigten Staaten mit ihrem gewaltigen Wirtschafts- und Rüstungspotential den Weltkrieg. Der Frieden aber konnte wie 1918 nicht gewonnen werden, da der Sieg in den kalten Krieg zwischen West und Ost mündete.

Vereinte Nationen

Am 26.6.1945 gründeten 50 Kriegsgegner Deutschlands eine Weltorganisation (englisch: United Nations/UN, deutsch: Vereinte Nationen) anstelle des gescheiterten *Völkerbunds* auf der Basis der Absichtserklärungen der *Atlantikcharta* von 1941. Die Vereinten Nationen sollten und sollen nach den Vorstellungen des Hauptinitiators, US-Präsident *Roosevelt*, und den in einer UN-Charta festgelegten Prinzipien, Frieden und internationale Sicherheit fördern, freundschaftliche Beziehungen zwischen den Völkern stiften, den Menschenrechten Achtung verschaffen und zur Lösung internationaler Probleme beitragen. Das alles soll auf der Basis der Gleichberechtigung aller Mitglieder geschehen, die sich verpflichten, alle Streitigkeiten friedlich beizulegen. Ursprünglich eine antideutsche

Gründung, ausgedrückt in den sog. Feindstaatenklauseln, haben die UN spätestens seit Aufnahme der Bundesrepublik und der DDR 1972 dieses Kriegserbe überwunden.

Verfügungstruppe (VT)
Die Reichswehr hatte wegen der ihr Waffenmonopol bedrohenden Pläne der SA-Führung dem Morden während der *Röhm-Affäre* billigend zugesehen und sich anschließend persönlich auf den *Führer und Reichskanzler* vereidigen lassen. Hitler aber honorierte das nicht lange, sondern ließ mit Weisung vom 14.12.1934 die *Leibstandarte-SS »Adolf Hitler«* mit den Politischen Bereitschaften der SS zur SS-Verfügungstruppe (VT) verschmelzen. Sie erreichte zwar bis Kriegsbeginn nur geringe Stärke, auch blieben ihr schwere Waffen und Divisionsbildung versagt, doch das Waffenmonopol des Heeres war gebrochen. Die SS bildete in eigenen *Junkerschulen* den Führernachwuchs der VT aus und schuf eine Staatstruppenpolizei, die von ideologischem Fanatismus geprägt war. Hitler hatte in ihr eine bedingungslos gehorsame Truppe, für die er schon am 17.8.1938 die »mobile Verwendung im Rahmen des Kriegsheers« vorsah; sie kam im Polenfeldzug, in den die SS-Regimenter noch auf die Angriffsarmeen verteilt zogen. Erst danach wurden sie mit den *Totenkopfverbänden* zur *Waffen-SS* vereinigt.

Vergangenheitsbewältigung
Angesichts der unvorstellbaren Verbrechen des Hitler-Staats stellte sich für die Menschen in beiden deutschen Staaten nach 1945 die Frage, wie sie damit und mit ihrem Anteil daran umgehen sollten. Besonders drängend war das Problem, wie man den nachwachsenden Generationen dieses »dunkelste Kapitel« der deutschen Geschichte nahebringen könnte. Für die Bemühungen darum bürgerte sich in der Bundesrepublik der problematische Begriff »Vergangenheitsbewältigung« ein, während in der DDR jede Verantwortung für diese Vergangenheit abgelehnt wurde. Auch im Westen dominierte zunächst eine Schonhaltung gegenüber den Schuldvorwürfen; von vielem und schon gar vom Völkermord in den *Vernichtungslagern* wollte kaum jemand gewußt haben, die Sorgen um den Wiederaufbau verdrängten die in Reden oft beschworene Bewältigung. Erst mit den großen Verfahren gegen NS-Täter wie den *Auschwitz-Prozessen* waren die Verstrickung vieler und die

Mitverantwortung aller nicht mehr zu verdrängen. – Durch die Studentenbewegung, durch die breite Darstellung der NS-Zeit in den Medien, durch die Debatten um die Verlängerung der Verjährung für Völkermord und durch das allmähliche Wegsterben direkt Beteiligter an Kriegs- und KZ-Greueln entstand ein Klima, in dem offener gefragt und ehrlicher mit dieser Vergangenheit umgegangen wurde. Ein Markstein war die Rede von Bundespräsident Richard von Weizsäcker zum 40. Jahrestag der deutschen Kapitulation am 8. Mai 1985. In ihr rückte er auch den schiefen Begriff »Bewältigung« gerade: »Es geht nicht darum, Vergangenheit zu bewältigen. Das kann man gar nicht. Sie läßt sich ja nicht nachträglich ändern oder ungeschehen machen. Wer aber vor der Vergangenheit die Augen schließt, wird blind für die Gegenwart.«

Vernichtungslager

Neben den KZ, die für einen Großteil der Häftlinge den Tod bedeuteten, wurden im Krieg von der SS im besetzten Polen Lager eingerichtet, die bloße Durchgangsstationen in den Tod waren: *Bełżec*, *Sobibór*, *Treblinka* und *Kulmhof*, als KZ und zugleich »Todesfabrik« fungierten *Auschwitz* und *Majdanek*. Hauptopfergruppe dieser Vernichtungslager waren die Juden, die aus dem gesamten deutsch besetzten Europa in Deportationszügen in den Osten verschleppt wurden. Die Überlebenden dieser Transporte – viele Menschen starben unterwegs in den völlig überfüllten Güterwagen an Durst oder Kälte – wurden entweder sofort ausnahmslos in *Gaskammern* getötet oder an einer Rampe »selektiert« nach Arbeitsfähigen, die zunächst am Leben blieben, und zu tötenden Personen, meist Schwache, Alte, Frauen und Kinder. Die noch Verschonten wurden Kommandos für Leichenbeseitigung oder für andere Arbeiten im Lager zugeteilt, in Auschwitz und Majdanek mußten sie für Rüstungsfirmen oder SS-eigene Betriebe arbeiten und wurden nach Erschöpfung ihrer Arbeitskraft ebenfalls vergast oder mit Injektionen ermordet. Das Schicksal der Juden teilten auch andere Gruppen wie *Zigeuner* oder »politisch untragbare« sowjetische *Kriegsgefangene*.

Versailler Vertrag

In 15 Teilen mit insgesamt 440 Artikeln legten die Siegermächte des 1. Weltkriegs die Bedingungen fest, unter denen Deutschland, das nicht mit verhandeln durfte, Frieden gewährt wurde. Nach Drohung mit einer Kriegsfortsetzung durch die Alliierten ermächtigte die deutsche Nationalversammlung mit 237 zu 138 Stimmen die Reichsregierung zur Unterschrift, die am 28.6.1919 geleistet wurde. Sie akzeptierte damit u.a.: **1.** Die Satzung eines *Völkerbunds*. – **2.** Gebietsabtretungen ohne (Elsaß-Lothringen, Westpreußen-Posen, Hultschiner Ländchen, Memelland, Danzig, alle Kolonien) und mit Volksabstimmungen (Ostoberschlesien, Eupen-Malmedy, Nordschleswig) sowie den zeitweiligen Verlust des Saarlands. – **3.** Militärische Beschränkungen wie die Besetzung des linken Rheinufers durch alliierte Truppen, die Entmilitarisierung des Rheinlands, die Begrenzung des Feldheers auf 100 000 Mann und der Marine auf 15 000 Mann, den Verzicht auf schwere Waffen (Panzer und Flugzeuge), die Auslieferung allen Kriegsmaterials, die Abschaffung der allgemeinen Wehrpflicht und die Kontrolle der Rüstung. – **4.** Wirtschaftliche Folgen wie die Zahlung von *Reparationen* in Geld und Sachleistungen (Fabriken, Kohle, Maschinen, Vieh usw.), die Auslieferung der Handelsflotte, die Beschlagnahme des gesamten Auslandsvermögens (auch des privaten). – **5.** Die alleinige Kriegsschuld sowie eine geplante Aburteilung des Kaisers und anderer Personen, die gegen das Kriegsvölkerrecht verstoßen hatten, durch einen internationalen Gerichtshof. Vor allem der als »Kriegsschuldlüge« empfundene Punkt 5 erbitterte die deutsche Bevölkerung und machte Hitlers Revisionspolitik populär, der am 30.1.1937 den Vertrag auch formal kündigte.

Versorgungslage

Aus Furcht vor einer Wiederholung der nicht zuletzt durch Lebensmittelknappheit ausgelösten Revolution von 1918/19 unternahm die deutsche Führung nach Kriegsbeginn 1939 erhebliche Anstrengungen zur Sicherung einer befriedigenden Versorgung der Zivilbevölkerung mit Lebensmitteln und Konsumgütern. Zwar mußten die Rationen mit wachsender Kriegsdauer gekürzt *(Lebensmittelkarten)* und vielfach Ersatzstoffe angeboten werden, doch war eine ausreichende Ernährung der Bevölkerung mit Ausnahme der *Zwangsarbeiter* v.a. aus dem Osten bis 1944 gewährleistet. Ermöglicht wurde das hauptsächlich durch die Plünderung der besetzten Gebiete, wo Hungersnöte in Kauf genommen wurden. Weniger günstig gestaltete sich die Versorgungslage bei den Konsumgütern. Die Produktion für den zivilen Bedarf ging bis 1941 (Phase der *Blitzkriege*) langsam, dann beschleunigt zurück. Hinzu kamen auch hier qualitative Verschlechterungen. Auch wurden die Fertigungskapazitäten zunehmend beansprucht für die Ausstattung von Ausgebombten. Eine dramatische Verschlechterung der Versorgungslage trat aber erst in den letzten Kriegswochen und v.a. in den ersten Nachkriegsjahren ein.

Vertreibung
Die schon in Teheran Ende 1943 beschlossene Westverschiebung Polens zugunsten der UdSSR und zu Lasten Deutschlands war nur durch Aussiedlung der in den deutschen Ostgebieten lebenden Bevölkerung zu erreichen. Ein großer Teil der dortigen Bewohner war schon bei Herannahen der Roten Armee Anfang 1945 geflohen, die anderen wurden vertrieben. Zwar bestimmte das *Potsdamer Abkommen*, daß dies in »geordneter und humaner Weise« zu geschehen habe, doch waren zu diesem Zeitpunkt schon die meisten Ostdeutschen zum Verlassen der Heimat gezwungen worden, und das unter Umständen, die den barbarischen Methoden der deutschen Besatzer in den Ländern Europas kaum nachstanden. Von den insgesamt 19,7 Mio. Deutschen östlich der *Oder-Neiße-Linie* und in Ost- und Südosteuropa kamen bis 1950 fast 12 Mio. nach Westdeutschland und 4,4 Mio. in die DDR (von wo sie meist als Sowjetzonenflüchtlinge nach Westen weiterzogen). Sie hatten fast alle ihre gesamte Habe verloren; 2 Mio. verloren auch ihr Leben während der Vertreibung, in der sich aufgestauter Haß entlud, aber auch planmäßig mit tödlicher Brutalität zur Abschreckung von Rückkehrwilligen vorgegangen wurde. In der Bundesrepublik erhielten die Vertriebenen durch Gesetz vom 19.5.1953 einen besonderen Rechtsstatus und Hilfen nach dem am 14.8.1952 erlassenen Lastenausgleichsgesetz; sie hatten schon 1950 in einer »Charta der Heimatvertriebenen« ausdrücklich auf Vergeltung verzichtet; ihre Verbände jedoch halten zumeist bis heute an der Forderung nach Entschädigung und letztlich auch nach – friedlicher – Wiedergewinnung der Grenzen von 1937 fest.

Vichy
Nach der Niederlage Frankreichs 1940 wurde das Land nördlich der Loire, also inklusive Paris, und entlang der gesamten Atlantik-

küste von deutschen Truppen besetzt. Die französische Regierung nahm Sitz im unbesetzten Landesteil im Kurort Vichy (1940 etwa 45 000 Einwohner) in der Auvergne, nordöstlich von Clermont-Ferrand. Hier trat am 10.7.1940 zum letzten Mal die französische Nationalversammlung zusammen und wählte mit 569 zu 80 Stimmen *Pétain* zum Staatspräsidenten mit diktatorischen Vollmachten, dessen Regierung, meist nach ihrem Sitz kurz »Vichy« genannt, u.a. vom Vatikan, von den USA und der UdSSR anerkannt wurde, aber weitgehend von Berlin abhängig war. Trotz des daher gewählten Kurses der *Kollaboration* konnte Vichy Frankreich aus dem weiteren Krieg zunächst heraushalten, mußte jedoch dafür Zugeständnisse machen und bei einer grundsätzlichen Haltung des »attentisme« (Abwarten) u.a. die *Judenverfolgung* unterstützen, an der die Vichy-Miliz erheblichen Anteil hatte. Gegen diese Erfüllungspolitik und die deutschen Besatzer bildete sich eine starke *Résistance*, die Vichy viele Schwierigkeiten bereitete, v.a. nach der Besetzung auch Südfrankreichs durch die Wehrmacht nach der alliierten Landung in Französisch-Nordafrika im Nov. 1942. Vichy hatte nun den letzten politischen Handlungsspielraum verloren und konnte nur noch nach deutschen Anweisungen handeln. Bei Herannahen der Alliierten wurde die Stadt geräumt und die Regierung über Belfort (26.8.1944) nach Sigmaringen (7.9.1944) verbracht, wo sie ihre bis heute umstrittene Tätigkeit einstellte.

Vierjahresplan

Rückwirkend bezeichnete die NS-Propaganda in Anlehnung an die Fünfjahrespläne der UdSSR die Wirtschaftsphase von der Machtergreifung bis 1936 als 1. Vierjahresplan, nachdem Hitler auf dem Reichsparteitag den eigentlichen Vierjahresplan verkündet und mit Verordnung vom 18.10.1936 geregelt hatte. Er zielte auf eine rüstungsorientierte Lenkung der deutschen Wirtschaft, die sich in schwieriger Versorgungslage befand. Zum Beauftragten für den Vierjahresplan wurde mit *Göring* der zweite Mann im Staat ernannt. Ihm gab Hitler, der eine Lösung der *Autarkie*-Frage »nur in einer Erweiterung des Lebensraums bzw. der Rohstoff- und Ernährungsbasis«, also in Eroberungen sah, in einer Denkschrift den Auftrag: »I. Die deutsche Armee muß in 4 Jahren einsatzfähig sein. II. Die deutsche Wirtschaft muß in 4 Jahren kriegsfähig sein.« Das sollte durch Kontingentierung von Rohstoffen, Steuerung des Arbeitseinsatzes (Beschränkungen bei der Arbeitsplatzwahl, Dienstverpflichtungen u.a.), Verbrauchslenkung, Investitionen nach Rüstungsgesichtspunkten sowie Lohn- und Preiskontrollen geschehen. Dennoch wurden die Planvorgaben nur in Teilgebieten erreicht, was an Kompetenzenwirrwarr und Bürokratisierung lag.

Viktor Emanuel III.

* Neapel 11.11.1869, † Alexandria 28.12.1947
Mit 31 Jahren wurde er König des erst wenige Jahrzehnte zuvor geeinten Italiens: Viktor Emanuel III. sollte Italien in die Demokratie führen, bereitete aber der Diktatur den Weg. Hatte er 1915 für einen Kriegseintritt auf seiten der Alliierten votiert, so sah er sich nach 1918 wie viele seiner Landsleute um die Früchte des Sieges gebracht und begleitete das Aufkommen der faschistischen Bewegung *Mussolinis* mit zwiespältiger Sympathie. Trotz eines Restes Mißtrauen ernannte er den »Duce« nach dessen Marsch auf Rom 1922 zum Ministerpräsidenten, wurde von dessen Gnaden 1936 Kaiser von Abessinien sowie 1939 König von Albanien und hielt bis tief in den 2.Weltkrieg zu ihm. Die langen Jahre im Schatten der faschistischen Diktatur beließen Viktor Emanuel immerhin so viel Autorität, daß er den Sturz Mussolinis im Juli 1943 erfolgreich unterstützen konnte. Das rettete jedoch weder ihn noch die italienische Monarchie: Am 9.6.1944 (endgültig 9.5.1945) dankte der faschismusbelastete König zugunsten seines Sohnes Umberto II. ab.

Völkerbund

Am 28.4.1919 beschloß die Vollversammlung der Pariser Friedenskonferenz die Gründung einer von den USA angeregten Weltorganisation der Staaten. Diesem mit Ratifizierung des *Versailler Vertrags* am 10.1.1920 ins Leben gerufenen Völkerbund gehörten 32 Kriegsgegner Deutschlands und 13 neutrale Staaten an. Der amerikanische Kongreß verweigerte den Beitritt wegen der zu geringen Kompetenzen des Bundes und wegen der seinen Grundsätzen widersprechenden harten Friedensbedingungen. Bis 1934 fanden neun weitere Staaten Aufnahme, darunter 1926 Deutschland, das wie Japan allerdings schon 1933 wieder ausschied, und die UdSSR 1934, die 1940 wegen des *Winterkriegs* gegen Finnland ausgeschlossen wurde. Organe des Völkerbunds waren die jährlich tagende Vollversammlung, ein Völkerbundsrat mit den Großmächten als ständigen und weiteren für drei Jahre gewählten nichtständigen Mitgliedern sowie ein Generalsekretariat, das u.a. die Verwaltung der Mandatsgebiete (z.B. ehemalige deutsche Kolonien) überwachte. Hinsichtlich der humanitären und wirtschaftlichen Ziele konnte der Völkerbund einiges erreichen, auch Konflikte unter kleineren Mitgliedsstaaten ließen sich zuweilen auf dem vorgesehenen Verhandlungsweg schlichten. War aber eine Großmacht beteiligt, z.B. wie 1935/36 Italien am *Abessinien*-Konflikt, fehlten die erforderlichen Machtmittel zu geeigneten Gegenmaßnahmen. Wirtschaftliche Sanktionen scheiterten an Uneinigkeit und Eigennutz der Mächte. Auch die Bemühungen um *Abrüstung* blieben ergebnislos oder schlugen gar wie im Fall Deutschland ins Gegenteil um.

völkische Bewegung

Nach der Niederlage im 1.Weltkrieg machten sich viele Deutsche auf die Suche nach ihrer – wie man heute sagt – Identität und nach Sündenböcken. Sie fanden das Deutschsein als Wert an sich und die Juden als Schuldige an der »Schmach« von Versailles. Die völkische Seite der Medaille wurde bald rassisch aufgeladen, so daß sich »deutsch« zu »germanisch« und »nordisch« steigerte, der *Antisemitismus* erhielt ebenfalls halbreligiöse Züge. Aufgehoben war dieses wahnhafte Ideengemisch in diversen Zirkeln, Bünden und politischen Sekten, eine davon die *Deutsche Arbeiterpartei* (DAP), die erst nach dem Beitritt Hitlers das Sektiererstadium überwand. – Während Hitlers Haftzeit 1924 beteiligte sich eine Koalition der völkischen Bewegung an Reichstagswahlen und gewann 32 Sitze, bröckelte dann aber rasch ab. Hitler hatte die völkische Bewegung in der Aufstiegsphase benutzt als Türöffner für die »bessere« Münchener Gesellschaft und als Beschafferin der notwendigen Finanzmittel. Bald aber distanzierte er sich von den »völkischen Schlafwandlern« und »Wanderpredigern« und bezeichnete ihre Bewegung abfällig als einen Verein »höchst ehrenwerter, aber phantastisch-naiver Gelehrter, Professoren, Land-, Studien- und Justizräte«. Er sog ihr Wählerpotential auf, stellte ideologische Konkurrenten wie *Dinter* kalt und verbot nach der Machtergreifung verbliebene völkische Klubs wie *Ludendorffs* Tannenbergbund.

»Völkischer Beobachter« (VB)

Mit seinen Massenkundgebungen erreichte Hitler viele potentielle Wähler, aber eben nur in großen Abständen. Im Dez. 1920 erwarb die NSDAP daher die Wochenzeitschrift »Münchner Beobachter«, aus der der »Völkische Beobachter« wurde, der seit 8.2.1923 als Tageszeitung erschien und den Untertitel trug »Kampfblatt der national-sozialistischen Bewegung Großdeutschlands«. Der VB hatte übergroßes Format, bot Schwarz-Rot-Druck und Illustrationen und war damit zugleich Massenblatt und Zentralorgan der Partei, die ihn als »Bindeglied zwischen Führer und Gefolgschaft« bezeichnete. Nach dem Hitler-Putsch verboten, erschien der VB nach Wiederbegründung der Partei 1925 erneut und steigerte unter Chefredakteur (Hauptschriftleiter) *Rosenberg* seine Auflage von 4000 (1925) über 126000 (1932) auf 600000 (1938) und schließlich 1,7 Mio. (1944) in mehreren Ausgaben (München, Berlin, Wien); seit 1941 erschien auch eine Feldpostausgabe; letzte Nummer: süddeutsche Ausgabe vom 30.4.1945. Der VB war seit der Machtergreifung praktisch Regierungsorgan, seine Verlautbarungen hatten offiziellen Charakter, die weltanschaulichen Artikel waren verbindliche Interpretationen der Ansichten Hitlers.

Volksdeutsche

Im Unterschied zu den *Auslandsdeutschen* mit deutscher Staatsangehörigkeit hießen die außerhalb des Reiches lebenden Personen deutscher Herkunft, aber ohne deutsche Staatsangehörigkeit, im NS-Jargon »Volksdeutsche«. Als solche konnten jedoch nur diejenigen gelten, die »deutschen oder artverwandten Blutes« waren, die sich »willensmäßig zur deutschen Volks- und Kulturgemeinschaft« bekannten und deutsch sprachen. Volksdeutsche konnten Nachkommen von im Mittelalter nach Südosteuropa ausgewanderten Deutschen ebenso sein wie die Wolgadeutschen oder durch die Gebietsabtretungen nach dem *Versailler Vertrag* zu anderen Staatsbürgern gewordene einstige Reichsangehörige. Die oft schwierige Lage der Volksdeutschen wurde von der NS-Propaganda gern genutzt zur Begründung der aggressiven deutschen Außenpolitik wie in der *Sudetenkrise* oder im Vorfeld des *Polenfeldzugs*. In anderen Fällen gab man die Parole »Heim ins Reich!« aus, wenn man wie bei Südtirol oder im Baltikum Vertragspartner nicht beunruhigen wollte. Nach dem *Hitler-Stalin-Pakt* wurden viele Baltendeutsche in den Warthegau umgesiedelt. Bei Kriegsende wurden 7 Mio. der in den Gastländern Ost- und Südosteuropas verbliebenen Volksdeutschen vertrieben, wobei etwa 1 Mio. Menschen ums Leben kamen.

Volksdeutsche Mittelstelle (Vomi)
Wie die *Auslandsdeutschen* versuchte die NSDAP die deutschstämmigen Bürger fremder Staaten für die eigenen politischen Ziele einzuspannen. *Heß* schuf dazu 1936 die Volksdeutsche Mittelstelle unter SS-Gruppenführer Werner Lorenz (* 1891, † 1974), der seit 1938 Hitler direkt unterstellt war. Die Vomi warb Anhänger unter den *Volksdeutschen* und versorgte sie mit Propagandamaterial. Seit 1939 war sie auch zuständig für die Umsiedlung von Deutschstämmigen ins Reich oder in die besetzten Gebiete, prüfte ihre »rassische und politische Zuverlässigkeit« und die Eignung von Ausländern für eine *Eindeutschung.*

Volksempfänger
Hitler hatte schon in »Mein Kampf« die propagandistische Überlegenheit des gesprochenen Wortes gegenüber dem geschriebenen betont. Das neue Medium des *Rundfunks* bot die unschätzbare Möglichkeit, Gesprochenes bis in die entlegensten Winkel zu verbreiten und außerdem – im Krieg besonders wichtig – für Unterhaltung zu sorgen. Dazu aber mußten genügend Empfangsgeräte vorhanden sein, was durch den hohen Durchschnittspreis von 200–400 RM für ein Radio behindert wurde. Im Auftrag des Propagandaministeriums wurde daher 1933 ein Volksempfänger entwickelt, der durch Vereinfachung, Standardisierung und Großserienfertigung zu einem Preis von schließlich 76 RM (inklusive Antenne) geliefert werden konnte. Damit gelang eine Steigerung der Rundfunkdichte von 25 % (1933) auf 65 % (1941) der Haushalte. Der Volksempfänger, im Flüsterwitz auch »Goebbelsschnauze« genannt, besaß nur einen Mittelwellenteil, so daß ausländische Sender, im Krieg also »Feindsender«, damit kaum zu empfangen waren.

Volksgemeinschaft
»Über Klassen und Stände, Berufe, Konfessionen und alle übrige Wirrnis des Lebens hinweg erhebt sich die soziale Einheit der deutschen Menschen ohne Ansehung des Standes und der Herkunft, im Blute fundiert, durch ein tausendjähriges Leben zusammengefügt,

durch das Schicksal auf Gedeih und Verderb verbunden.« Mit diesem Worten zum »Heldengedenktag« am 10.3.1940 beschrieb Hitler in typischer Inbrunst das, was die NS-Propaganda unter Volksgemeinschaft verstand. Es sollte v.a. eine Opfergemeinschaft sein, in der jeder das Seine und notfalls sein Leben für die Ziele der NS-Politik hinzugeben bereit sei. Gleichzeitig enthielt die Beschwörung des »Blutes« eine Ausgrenzung von »Artfremden«, denen von dieser Volksgemeinschaft der Kampf angesagt werden müsse; der Rassenkampf trat somit an die Stelle des Klassenkampfs, der in der Volksgemeinschaft überwunden werde. Damit sei aber keineswegs eine Verwischung der Standesgrenzen gemeint, denn, so *Goebbels* 1928: »Wir sind keine Gleichmacher und Menschheitsanbeter. Wir wollen Schichtung des Volkes, hoch und niedrig, oben und unten.«

Volksgerichtshof
Für Hoch- und Landesverrat schuf der NS-Staat nach der Enttäuschung über den Ausgang des Prozesses um den *Reichstagsbrand* schon am 24.4.1934 ein *Sondergericht*, das nach dem Grundsatz »Recht ist, was dem Volke nützt« als »Volksgerichtshof« bezeichnet und am 18.4.1936 in ein ordentliches Gericht umgewandelt wurde. Gleichzeitig wurde seine Zuständigkeit insbesondere auf Wehrkraftzersetzung, Spionage und Beschädigung von Wehrmachtseigentum erweitert. Die Mitglieder des Volksgerichtshofs, dessen sechs Senate mit je fünf Richtern besetzt waren, davon nur zwei Berufsrichter, wurden von Hitler persönlich bestimmt; Anklagebehörde war der Oberreichsanwalt. Schon unter dem ersten Präsidenten *Thierack* verschärfte sich die Rechtsprechung des Volksgerichtshofs ständig, unter seinem Nachfolger *Freisler* (seit 1942) war sie nach Ansicht des Bundesgerichtshofs (BGH) nur noch eine »Ausnutzung gerichtlicher Formen zur widerrechtlichen Tötung«. Bis 1944 fällte der Volksgerichtshof 4951 Todesurteile, darunter auch die gegen die Mitglieder der *Weißen Rose* und die Männer des *Zwanzigsten Juli*. Die Verfahren dienten nun allein der Verächtlichmachung der Angeklagten, die vom Vorsitzenden förmlich an den Galgen gebrüllt wurden. Am 25.1.1985 wurde durch Entschließung des Bundestags den Entscheidungen des Volksgerichtshofs jegliche Rechtswirkung abgesprochen, da er »kein Gericht im rechtsstaatlichen Sinn, sondern ein Terrorinstrument zur Durchsetzung der NS-Willkürherrschaft« gewesen sei.

Volkslied →*Lied*

Volksschädlinge

Begriffe aus dem Arsenal der Biologie waren bei NS-Propagandisten beliebt: Wie die Juden als »Parasiten« gebrandmarkt wurden, so bezeichnete man Menschen, die sich an der *Volksgemeinschaft* vergingen, als »Volksschädlinge«, ein Begriff, der sogar rechtsförmig verwendet wurde: Am 5.9.1939 erging eine »Verordnung gegen Volksschädlinge«, die eine drastische Ausweitung des Strafrahmens und der Möglichkeiten zur Strafverfolgung brachte. Konnte einem Straftäter Ausnutzung der besonderen Verhältnisse des Krieges nachgewiesen werden – und das war mit geringer Anstrengung in nahezu jedem Fall möglich –, drohte ihm die Todesstrafe. Das betraf nicht nur Delikte gegen Leib, Leben oder Eigentum, sondern auch alle anderen Straftaten, »wenn dies das gesunde Volksempfinden wegen der besonderen Verwerflichkeit der Tat« angeblich erforderte. Ein nach der »Volksschädlingsverordnung« vor Gericht gestellter Angeklagter verlor alle Verfahrensrechte, wenn er auf frischer Tat ertappt worden war »oder sonst seine Schuld offen zu Tage lag«. Er wurde dann sofort abgeurteilt; von den insgesamt 15 000 Todesurteilen ziviler Gerichte nach 1939 gingen die meisten auf diese Verordnung zurück.

Volkssturm

Durch Führererlaß wurde am 25.9.1944 aus bisher nicht eingezogenen Männern zwischen 16 und 60 Jahren eine »Volkssturm« genannte Truppe aufgestellt. Zuständig für die Bildung dieses letzten Aufgebots des geschlagenen 3. Reiches waren politisch *Bormann* und militärisch *Himmler*, betroffen davon waren rd. 6 Mio. Männer, die aus beruflichen, Alters- oder Gesundheitsgründen bisher freigestellt gewesen waren. Die Volkssturmeinheiten erreichten bei bereits empfindlichem Material- und Munitionsmangel keinen befriedigenden Kampfwert mehr, erlitten aber v.a. bei der erbitterten Verteidigung im Osten gegen die Rote Armee erhebliche Verluste und wurden nicht selten in ihren feldgrau umgefärbten Parteiuniformen trotz der Armbinde mit der Aufschrift »Deutscher Volkssturm – Wehrmacht« vom Gegner als *Partisanen* behandelt. Zwar wurde nur noch ein kleiner Teil der für den Volkssturm vorgesehenen Männer erfaßt und eingezogen, doch waren wegen der schlechten Ausbildung und der hoffnungslosen militärischen Situation die Opferzahlen hoch. Nach dem Krieg wurden 175 000 Volkssturmmänner in den Vermißtenkarteien geführt, genaue Angaben über die Zahl der Gefallenen fehlen.

Volkstrauertag →*Heldengedenktag*

Volksverrat

Hochverrat war seit 28.2.1933 ein todeswürdiges Verbrechen, Landesverrat ebenfalls (Gesetz vom 24.4.1934); beide Straftatbestände stellte in den Augen der NS-*Justiz* jedoch der Volksverrat in den Schatten. Er galt als das »Staatsverbrechen« schlechthin und umfaßte alle Angriffe auf die Autorität des Staates und auf die »Idee der *Volksgemeinschaft*«. Ein Volksverräter zerriß nach NS-Vorstellung das »Bewußtsein seiner heiligen Bindung« zum »Staat als einer verschworenen Treuegemeinschaft«. Er beging damit ein »unmittelbar gegen das deutsche Volk gerichtetes Verbrechen«, weil er seine »politische Einheit, Freiheit und Macht zu erschüttern« versucht habe. So nebelhaft diese Umschreibungen waren, so weiten Spielraum hatte der *Volksgerichtshof*, dem die Aburteilung solcher Fälle oblag, bei der Feststellung des Tatbestands. Bei der allgemeinen Verschärfung der Urteile konnte daher schließlich jede mißliebige Äußerung oder Verhaltensweise als Volksverrat mit dem Tod bestraft werden.

Volkswagen (VW)

»Wie ein Maikäfer soll er aussehen; man braucht nur die Natur zu betrachten, um zu wissen, wie sie mit der Stromlinie fertig wird«, soll Hitler zum Konstrukteur Ferdinand Porsche (* 1875, † 1951) gesagt haben, als er ihm 1933 den Auftrag zur Entwicklung eines erschwinglichen Volkswagens gab. Mit ihm sollten eine Massenmotorisierung erreicht und ein sozialpolitischer Akzent gesetzt werden: Das Auto sollte den Charakter des Statussymbols reicher Leute verlieren und Klassenschranken abbauen helfen. Daher durfte der Wagen nicht mehr als 1000 RM kosten, nur wenig (bis 8 l) verbrauchen und mußte robust sein. Schon im Jan. 1934 wurde ein Entwurf vorgestellt, und 1936 fuhren erste luftgekühlte, hinterradgetriebene Prototypen des »KdF-Wagen« genannten VW, für den wegen der schleppenden Behandlung durch die um den Absatz ihrer teuren Modelle besorgten Industrie ein eigenes Werk in einer eigens gebauten »Stadt des KdF-Wagens« (Wolfsburg) errichtet wurde. Es wurden Sparkarten ausgegeben, auf denen Marken zum Erwerb eines VW gesammelt werden konnten, Parole: »5 Mark die Woche mußt du sparen, willst du im eignen Wagen fahren.« Von den 336 000 VW-Sparern bekam jedoch keiner seinen Wagen zu Gesicht, da im Krieg der VW nur als Kübelwagen für die Wehrmacht gebaut wurde. Erst in der Nachkriegszeit trat er als »Käfer« seinen Siegeszug um die Welt an und wurde mit über 20 Mio. Stück das meistgebaute Auto der Welt.

Vrba, Rudolf

* Topol'čany (Westslowakei) 11.9.1924

Obwohl die *Slowakei* formal ein selbständiger Staat blieb, paßte sie sich nach 1939 der deutschen Rassegesetzgebung an: Der jüdische Schüler Walter Rosenberg mußte das Gymnasium verlassen und wurde 1942 nach *Auschwitz* deportiert. Am 7.4.1944 gelang ihm und seinem Freund Alfred Wetzler die Flucht aus dem Vernichtungslager, die sie gewagt hatten, um die Juden im soeben von der Wehrmacht besetzten *Ungarn* zu warnen. Sie verfaßten einen Bericht über das Morden in Auschwitz, der zwar nach Ungarn gelangte, aber den erhofften massenhaften Widerstand gegen die nun auch dort einsetzenden Deportationen nicht auslöste. Vrba, so nannte sich Rosenberg seit der Flucht, beteiligte sich später am slowakischen Aufstand, studierte Chemie und emigrierte über Israel, England und die USA nach Kanada, wo er eine Professur für Biochemie übernahm. Über sein Entkommen aus Auschwitz schrieb er 1964 das Buch »Ich kann nicht vergeben« (Neuausgabe 1998 unter dem Titel »Als Kanada in Auschwitz lag«).

v. Zw.

In NS-Publikationen übliche Abkürzung für »vor der Zeitenwende« zur Vermeidung der Bezeichnung »vor Christi Geburt« (v. Chr.).

W

Waffen-SS

Die bewaffneten Verbände der *SS* verfügten nicht über schwere Waffen und zogen daher, verteilt auf die Angriffsarmeen, als Infanterieeinheiten in den Polenfeldzug. Erst danach faßte man *Junkerschulen*, *Verfügungstruppe*, *Totenkopfverbände* und Polizeikräfte zusammen und gab der nun als Waffen-SS bezeichneten Truppe ein eigenes SS-Führungshauptamt als militärische Kommandozentrale. Tatsächlich aber unterstanden die Verbände der Waffen-SS dem Feldheer, während die SS-Führung in personeller, ausbildungsmäßiger und disziplinarischer Hinsicht zuständig war, was bei wachsendem militärischem Gewicht der Soldaten mit den SS-Runen auf dem Kragenspiegel immer wieder zu Reibereien führte. Ihre Zahl nämlich nahm rasant zu. Hatte die SS Anfang 1939 nur insgesamt 20 000 Mann unter Waffen, so verfügte sie gegen Kriegsende über 600 000 Mann in 38 Divisionen. – Diese Entwicklung war natürlich nur möglich durch Verzicht auf das Freiwilligkeitsprinzip, das formal aufrechterhalten wurde, und durch Senkung der Anforderungen an die Tauglichkeit. Auch ideologisch-rassische Gesichtspunkte mußten zurücktreten, als man auf Tataren, Albaner u. a. sonst gern als »*Untermenschen*« bezeichnete Truppen zurückgriff. Schließlich bestand die einstige rein deutsche Elitetruppe aus Freiwilligen fast aller Länder Europas und war zu einer multinationalen Massenarmee angewachsen. Die SS-Führung versuchte das ohne Erfolg durch Dreiteilung der Waffen-SS in »SS-Divisionen« aus »ordenfähigen« Männern, in solche aus nicht-SS-tauglichen »Germanen« (Freiwillige aus West- und Nordeuropa) und in »Waffendivisionen« aus »nichtgermanischen«, meist osteuropäischen Freiwilligen. Der Kampfwert der Divisionen war entsprechend unterschiedlich, doch konnte die Waffen-SS aufgrund der Leistungen einiger besonders gut ausgerüsteter Einheiten (z. B. »Leibstandarte«, »Totenkopf«) das Image einer militärischen Elite bewahren. Ihr Todesmut kehrte sich freilich oft auch gegen die Zivilbevölkerung und führte zu schweren Kriegsverbrechen, für die das Beispiel *Oradour-sur-Glane* steht. Dies und die Verquickung mit dem Vernichtungsapparat der SS ließ die Richter im Nürnberger Prozeß zur Einstufung der Waffen-SS als *verbrecherische Organisation* kommen. 1961 dagegen bekamen ihre einstigen Mitglieder den Status von Wehrmachtangehörigen (mit allen Rechtsfolgen) zugesprochen.

Wagner, Richard

* Leipzig 22.5.1813, † Venedig 13.2.1883

Mit seinen monumentalen Musikdramen (v. a. »Der Ring des Nibelungen«, 1854–74), seiner Wahl mittelalterlich-deutscher Stoffe (z. B. »Parsifal«, 1882), seinem Bemühen um Wiedervereinigung von Musik, Dichtung und bildender Kunst im »Gesamtkunstwerk« und nicht zuletzt mit antisemitischen Schriften wie »Das Judentum in der Musik« (1850) wurde Wagner zum Lieblingskünstler Hitlers. Die alljährlichen Festspiele in Bayreuth im 3. Reich ließ er zu nationalen Weiheveranstaltungen ausgestalten, das »Haus Wahnfried«, das Wagner mit dem Geld seines Mäzens, des bayerischen »Märchenkönigs« Ludwig II., gebaut hatte, sah Hitler oft zu Gast bei Wagner-Schwiegertochter Winifred (* 1897, † 1980). NS-Interpreten deuteten Wagners Werk, insbesondere »Die Meistersinger von Nürnberg« (1867), als »aus dem Urquell des Volkes gespeiste Kunst« und als »starkes Bekenntnis zu deutscher Art«. *Goebbels* sah darin einen Spiegel »unserer Zeit in ihren seelischen und geistigen Spannungen«. Zur NS-Vereinnahmung beigetragen hatte auch, daß Wagners Schwiegersohn H. S. *Chamberlain* die Wagner-Rezeption in die völkische Richtung gelenkt hatte.

Wallenberg, Raoul

* Stockholm 4.8.1912, † Moskau 16.7.1947 (?)

In den Wirren des Kriegsendes sind viele Menschen spurlos verschwunden, aber nur wenige so hochrangige wie der schwedische Unternehmerssohn Wallenberg. Er war seit 1944 im deutsch besetzten Budapest im Auftrag des schwedischen Außenamts für eine amerikanische Hilfsorganisation tätig. Dank seines Diplomatenstatus gelang es ihm, Tausende von ungarischen Juden vor der durch *Eichmann* organisierten Deportation in die Vernichtungslager durch Ausgabe von sog. Schutzpässen zu bewahren. Da Schweden dem Krieg ferngeblieben und zwischen den Parteien laviert hatte, begegneten die Sowjets nach der Eroberung der Stadt im Febr. 1945 Wallenberg mit Argwohn. Sie bestellten ihn in ihr Hauptquartier, von wo er in Bewachung noch einmal zu seinen Schutzbefohlenen zurückkehrte, dann aber nie wieder gesehen wurde. Zwar meldeten sich manche Augenzeugen noch bis in die 1950er Jahre, die Wallenberg in sowjetischen Lagern und im Moskauer Lubjanka-Gefängnis begegnet sein wollten. Doch Definitives war nicht in Erfahrung zu bringen. Auf Intervention der schwedischen Regierung teilte Moskau in einer »Gromyko-Note« 1957 mit, der Diplomat sei 1947 in der Haft »gestorben«. Neueste offiziöse Quellen sprechen von »erschossen«. Postum erhielt Wallenberg die US-Ehrenbürgerschaft und wurde als »Gerechter unter den Völkern« ausgezeichnet.

Wannseekonferenz

Am 31.7.1941 erhielt SD-Chef *Heydrich* einen Brief von *Göring* mit dem Auftrag, eine »Gesamtlösung der europäischen Judenfrage« in die Wege zu leiten. Heydrich lud daher für den 20.1.1942 Vertreter höchster Reichsbehörden, der Partei und der SS zu einer Konferenz ins Gebäude der Kripo Am Großen Wannsee 56/58. Ihnen gab er einen Überblick über die bisherigen Maßnahmen für eine *Endlösung*, schilderte die Bemühungen um Auswanderung der Juden und ihre Evakuierung in die besetzten Ostgebiete. Dies alles könne jedoch nur eine Zwischenlösung sein. Wie mit den etwa 11 Mio. Juden künftig verfahren werden sollte, darüber vermerkt das Protokoll: »Unter entsprechender Leitung sollen ... die Juden in geeigneter Weise im Osten zum Arbeitseinsatz kommen. In großen Arbeitskolonnen, unter Trennung der Geschlechter, werden die arbeitsfähigen Juden straßenbauend in diese Gebiete geführt, wobei zweifellos ein Großteil durch natürliche Verminderung ausfallen wird. Der allfällig verbleibende Restbestand wird, da es sich bei diesem zweifellos um den widerstandsfähigsten Teil handelt, entsprechend behandelt werden müssen, da dieser, eine natürliche Auslese darstellend, bei Freilassung als Keimzelle eines neuen jüdischen Aufbaus anzusprechen ist ...« Dieses Dokument weist die Wannseekonferenz als wichtigen Schritt bei der Entwicklung der

Völkermordstrategie gegen die Juden Europas aus, nachdem die *Einsatzgruppen* schon Hunderttausende in Polen und Rußland umgebracht hatten. Jetzt entstanden *Vernichtungslager*, die bei der im Sommer 1942 anlaufenden *Aktion Reinhard* ihre mörderische Arbeit aufnahmen.

Warschauer Aufstand

Als sich die Rote Armee Warschau näherte, sah die Führung der polnischen Heimatarmee unter General *Bór-Komorowski* die Chance, die deutsche Herrschaft abzuschütteln und so einen eigenen Beitrag zur Befreiung zu leisten. Der Aufstand konnte sich jedoch zunächst nur auf 14 000, später 36 000 völlig unzureichend bewaffnete Kämpfer stützen, die seit dem 1.8.1944 die deutsche 9. Armee und die Polizei- und SS-Kräfte unter General *Bach-Zelewski* zu vertreiben suchten. Sie erlitten in langen, erbitterten Kämpfen schwere Niederlagen und mußten am 2.10. kapitulieren, obwohl seit 14.9. die sowjetischen Truppen die Weichsel und die Vorstadt Praga erreicht hatten. Warschau wurde auf Befehl Hitlers weitgehend zerstört. Die Aufständischen verloren 16 000 Gefallene, 6000 wurden verwundet; auf deutscher Seite kamen 2000 Mann ums Leben, 9000 wurden verwundet, 166 000 Zivilisten sollen Opfer der Kämpfe geworden sein, 70 000 Polen wurden zur Zwangsarbeit in KZ verschleppt. Damit hatte die Wehrmacht *Stalins* Geschäft besorgt, der nach der Ausschaltung der bürgerlichen Kräfte Warschau erobern ließ und eine kommunistische provisorische Regierung etablierte.

Warschauer Ghettoaufstand

Nach Deportation von mehr als 300 000 Juden aus Warschau in die *Vernichtungslager* beschloß die SS im Frühjahr 1943 die endgültige Räumung des Ghettos der polnischen Hauptstadt. Erstmals aber wehrten sich die Juden und nahmen die am 19.4. einrückenden deutschen Einheiten unter Feuer. Allerdings beteiligte sich nur ein Teil der 75 000 im Ghetto verbliebenen Juden. Die SS-Truppen unter Brigadeführer *Stroop* wurden immer wieder von den jüdischen Kämpfern vertrieben, so daß man am 23.4. die Häuser im Ghetto in Brand setzen ließ. Viele Bewohner, die dem Flammenmeer entkamen, leisteten aus Kellern und Abwasserkanälen weiter Widerstand und konnten nur durch Flutung und Sprengungen niedergekämpft werden. Mitte Mai gaben die letzten überlebenden Aufständischen auf. 56 000 Juden waren gefangengenommen worden, die anderen waren gefallen, 7000 wurden nach der Kapitulation erschossen, 21 000 deportierte man in die Vernichtungslager, die übrigen wurden in Arbeitslager eingewiesen; deutsche Verluste: 16 Tote, 90 Verwundete.

Wehrkraftzersetzung

Mit Verordnung vom 17.8.1938 wurde gemäß *Kriegssonderstrafrecht* der Straftatbestand der Wehrkraftzersetzung eingeführt, der mit dem Tod bedroht war. Als Wehrkraftzersetzung galten die öffentliche Aufforderung zur Verweigerung der Dienstpflicht in der Wehrmacht und alle Versuche, den Willen zur »wehrhaften Selbstbehauptung« zu lähmen. »Öffentlich« waren Äußerungen bereits dann, wenn auch nur die Möglichkeit des Hinausdringens etwa aus privatem Kreis bestand, was bei Bedarf jederzeit unterstellt werden konnte. In diesem Verständnis wurden mit wachsender Kriegsdauer schließlich alle kritischen Äußerungen als Wehrkraftzersetzung gewertet, aufgrund deren – neben der Fahnenflucht – die meisten Todesurteile verhängt wurden.

Wehrmacht

Bis 1934 hießen die deutschen Streitkräfte »Reichswehr«, erst bei der Vereidigung der Truppe auf Hitler nach dessen Ernennung zum »Führer und Reichskanzler« im Aug. 1934 und mit dem »Gesetz für den Aufbau der Wehrmacht« vom 16.3.1935 wurde der neue Sammelbegriff »Wehrmacht« für Heer, Marine und Luftwaffe üblich. Gleichzeitig wurden aus dem Reichswehrminister der Reichskriegsminister und aus dem Chef der Heeresleitung der Oberbefehlshaber des Heeres. Oberster Befehlshaber der Wehrmacht war laut Gesetz Hitler, der 1938 die Doppelintrige der *Fritsch-Krise* nutzte, um den Reichskriegsminister durch das Oberkommando der Wehrmacht (OKW) zu ersetzen, das ihm direkt unterstellt war.

Wehrmachtbericht

Vom 1.9.1939 bis zum 9.5.1945 gab das OKW täglich ein Bulletin über die militärische Lage heraus. Dieser Wehrmachtbericht wurde jeweils mit den Mittagsnachrichten ausgestrahlt. Insgesamt entstanden 2080 Wehrmachtberichte unter der Verantwortung der

Amtsgruppe Wehrmachtpropaganda, die anfangs relativ korrekt berichteten, dann aber zunehmend der Bemäntelung der immer schwierigeren Situation an den Fronten dienten und schließlich nur noch die Stationen des Untergangs, propagandistisch verbrämt (»heldenhaftes Ringen«), nachzeichneten.

Wehrmachthelferinnen

Alle im Dienst der Wehrmacht stehenden Frauen wurden unter dem Sammelbegriff »Wehrmachthelferinnen« zusammengefaßt oder kollektiv als weibliches Wehrmachtgefolge bezeichnet. Dazu gehörten die nach dem Frankreichfeldzug eingesetzten Nachrichtenhelferinnen (»Blitzmädel«) ebenso wie Stabs-, Flak- oder Luftwaffenhelferinnen. Sie hatten trotz Uniformierung keinen militärischen Status und gehörten zu dem völkerrechtlich geschützten Personenkreis, dessen Zurückhaltung in der Gefangenschaft nur zur Sicherung der Pflege von Verwundeten und Kranken der eigenen Streitkräfte gestattet ist. In diesem Fall genossen sie die Rechte von Kriegsgefangenen. Von den 1943/44 etwa 300 000 zur Hälfte dienstverpflichteten eigentlichen Wehrmachthelferinnen dürften nur wenige in Gefangenschaft geraten sein, zumal die Truppe bemüht war, die Frauen bei Näherrücken der Front in die rückwärtigen Gebiete zu verlegen oder nach Hause zu entlassen. Dagegen sind von den rd. 362 000 im Sanitätsdienst der Wehrmacht stehenden weiblichen DRK-Kräften mit Sicherheit viele in alliierte Hand gefallen, weil sie bei Zurückweichen der deutschen Front nicht selten bei den Verwundeten und Kranken ausharrten, die nicht mehr zurückgeführt werden konnten. Über die nicht unerhebliche Zahl der Opfer fehlen genaue Angaben.

Wehrpflicht

Unter Verletzung der Abrüstungsbestimmungen des *Versailler Vertrags* (Art. 173) wurde am 16.3.1935 mit »Gesetz über den Aufbau der Wehrmacht« im Deutschen Reich wieder die allgemeine Wehrpflicht eingeführt und durch das Reichsverteidigungsgesetz vom 21.5.1935 ausgestaltet. Es sah eine vorläufige Friedensstärke von 36 Divisionen mit 550 000 Mann vor. In einer Friedensrede bot Hitler Nichtangriffspakte an und begründete seinen Schritt mit französischer Aufrüstung (Verlängerung der Dienstzeit am 6.3.1935), der Erneuerung des französisch-belgischen Militärabkommens (7.3.1935) und dem britischen Verteidigungsweißbuch, in dem am 4.3.1935 die eigene Rüstung als Reaktion auf geheime deutsche Aufrüstungsmaßnahmen ausgegeben wurde. Zwar protestierten die Westmächte und Italien gegen Hitlers Vorgehen (Konferenz in *Stresa*), doch Aktionen unterblieben, und Großbritannien unterlief die gemeinsamen Bemühungen sogar durch das Arrangement mit Hitler im *Deutsch-Britischen Flottenabkommen* vom 18.6.1935.

Weichs, Maximilian Freiherr von

* Dessau 12.11.1881, † Gut Rösberg (bei Bonn) 27.9.1954
1902 ins Heer eingetreten, machte Weichs nach dem 1. Weltkrieg in der Reichswehr und in der Wehrmacht Karriere. Am 1.10.1937 wurde er Kommandierender General des XIII. AK, mit dem er in Polen kämpfte, und am 20.10.1939 Oberbefehlshaber der 2. Armee, mit der er am Angriff im Westen beteiligt war. Weichs führte dann seine Armee im Balkanfeldzug (April 1941) und zu Beginn des Rußlandfeldzugs. Für die deutsche Sommeroffensive 1942 (»Blau«) bildete er eine nach ihm benannte Armeegruppe, kurz darauf löste er am 15.7.1942 *Bock* als Chef der Heeresgruppe B ab. Am 1.2.1943 wurde er zum Generalfeldmarschall ernannt. Seit 26.8.1943 Oberbefehlshaber Südost und der Heeresgruppe F, befehligte er den Großverband bis zur Auflösung am 25.3.1945. Eine Verwendung als Chef der Heeresgruppe Weichsel scheiterte am Mißtrauen Hitlers dem praktizierenden Katholiken Weichs gegenüber. Im Nachkriegsprozeß gegen die Südostgeneräle gehörte er zu den Angeklagten, wurde aber wegen schlechten Gesundheitszustands noch vor Eröffnung des Verfahrens gegen ihn am 3.11.1948 freigelassen.

Weimarer Republik

Am 9.11.1918 rief der SPD-Abgeordnete Philipp Scheidemann von einem Fenster des Reichstags die Republik aus, am 10.11. floh der Kaiser, am 11.11. brach das Kaiserreich militärisch zusammen, und am 28.11. dankte Wilhelm II. ab. Die erste deutsche Republik mußte mit der Niederlage fertig werden und mit Radikalen von links und rechts, deren Auseinandersetzungen bürgerkriegsähnliche Formen annahmen, so daß die im Jan. 1919 gewählte Nationalversammlung nach Weimar ausweichen mußte. Die dort verabschiedete Verfassung und die von ihr geprägte Republik hießen daher nach der Goethe-Stadt, doch beider Schicksal bestimmte weniger das große kulturelle Erbe als die Tatsache, daß hier eine Demokratie ohne Demokraten geschaffen wurde. Die Siegermächte diktierten ihr den *Versailler Vertrag*, der ihre Fundamente untergrub; die Verfassung hatte keine Sicherungen gegen parlamentarische Zersplitterung und erlaubte dem *Reichspräsidenten* mit seinem Recht zum Erlaß von Notverordnungen eine Art Nebenregierung. – Immerhin ist es erstaunlich, wie die Republik mit den ersten Notjahren, den diversen Umsturzversuchen, darunter der *Hitler-Putsch* vom 9.11.1923, der Belastung durch die *Reparationen* und der Inflation fertig wurde. Dieser ersten Phase folgte seit 1924 eine ruhigere der allmählichen Konsolidierung bei wirtschaftlichem Aufschwung durch amerikanische Kredite. Sie ist mit dem Namen *Stresemann* verbunden, der Deutschland wieder in das Konzert der Mächte zurückführte und die Aussöhnung mit Frankreich auf den Weg brachte. Doch gerade die US-Kredite leiteten die dritte, die Untergangsphase der Weimarer Republik ein. Der Schwarze Freitag (25.10.1929) an der New Yorker Börse löste die *Weltwirtschaftskrise* aus, die Deutschland besonders traf. Die demokratischen Politiker wurden von NSDAP wie KPD verantwortlich gemacht für die rapide um sich greifende neue Not, und sie verfielen nach Verlust der Mehrheitsfähigkeit des *Reichstags* auf das untauglichste Mittel zur Bewahrung der Demokratie: die *Präsidialkabinette*.

Weiße Rose

Um den Münchener Professor *Huber* sammelte sich 1942 eine Gruppe von Studenten, die mit Flugblättern gegen den NS-Terror kämpfte. Die Gruppe, zu deren Hauptakteuren Hans und Sophie *Scholl* gehörten, gab sich den Namen »Weiße Rose« und rief zu Sabotage und passivem *Widerstand* auf, um »den Nationalsozialismus so zu Fall zu bringen« und »eine Erneuerung des schwerverwundeten deutschen Geistes von innen her zu erreichen«. Bei der Verteilung des letzten Flugblatts im Lichthof der Münchener Universität am 18.2.1943 wurden die Geschwister Scholl vom Hausmeister beobachtet und denunziert, was zu sofortiger Verhaftung und vier Tage später zum Todesurteil durch den eigens nach München gereisten Volksgerichtshof führte. Das letzte Flugblatt der »Weißen Rose« mahnte: »Der Tag der Abrechnung ist gekommen, der Abrechnung der deutschen Jugend mit der verabscheuungswürdigsten Tyrannis, die unser Volk je erduldet hat«, und forderte die

»Erkämpfung unserer freien Selbstbestimmung, ohne die geistige Werte nicht geschaffen werden können«.

Weltjudentum

Nach den »*Protokollen der Weisen von Zion*«, einer antisemitischen Fälschung, war das Judentum so etwas wie eine weltumspannende Mafia, die nach der Herrschaft über alle Völker strebe und sie auszusaugen trachte. Obwohl es keinerlei Beleg für politisch koordiniertes jüdisches Handeln – schon gar nicht im Weltmaßstab – gab und Juden nirgendwo mehr waren als eine verschwindende Minderheit, die v.a. in Osteuropa noch dazu zu den Unterschichten gehörte, hielten die Antisemiten an der Legende vom Weltjudentum fest. Das Argument der geringen Zahl suchten sie mit Hinweis auf Juden in den Schlüsselstellungen der *Hochfinanz* oder auf ihre Rolle im *Bolschewismus* zu entkräften. Für die angebliche verbrecherische Grundhaltung der Juden griff man auf haltlose Rassetheorien zurück, nach denen kulturschöpferisch nur »der *Arier*« sei, während »der Jude« nach Hitler »ewig kulturzerstörerisch« sei.

Weltwirtschaftskrise

Amerikanische Spekulanten lösten am 25.10.1929, dem Schwarzen Freitag, an der Wall Street einen Kurssturz aus, der in kürzester Frist Existenzen vernichtete und Banken zusammenbrechen ließ. In panischer Reaktion darauf wurden kurzfristige Kredite umgehend zurückgefordert, was v.a. in Deutschland zu tiefen Bremsspuren in der Konjunktur führte. Hier kamen zur Krise das allgemein niedrige Wohlstandsniveau, die durch Reparationen und Inflation zerschlissene Kapitaldecke der Unternehmen und der geringe finanzielle Handlungsspielraum des Staates. Der deutsche Export sank 1932 auf die Hälfte des Wertes von 1928, die Industrieproduktion um 40%, da vielen traditionellen Abnehmerländern durch Verfall der Agrarpreise die Devisen ausgingen. Politische Labilität nach dem Trauma der Niederlage im 1. Weltkrieg verschärfte die Lage, und die explodierende *Arbeitslosigkeit* (1932 über 6 Mio. oder 38%) trieb den radikalen Parteien die Wähler zu. Not und Verlust der Mehrheitsfähigkeit des Reichstags führten zur Etablierung von *Präsidialkabinetten*, deren erstes unter *Brüning* Rettung nur in schärfstem Sparkurs (Deflation) sah und die Krise zusätzlich anheizte. Zu spät kam der Erfolg der Beendigung der Reparationszahlungen im Sommer 1932, und zu spät besannen sich die nachfolgenden Regierungen unter *Papen* und *Schleicher* auf Konjunkturprogramme. Erst Hitlers bedenkenlose Ausgaben- und v. a. Aufrüstungspolitik überwand die Krise vorübergehend und gewann die Menschen für die Diktatur. Sie hätte Deutschland ohne den Krieg allerdings unausweichlich in ein neues wirtschaftliches Desaster gestürzt.

Werwolf

Himmler lernte von den Freischärlern in den deutsch besetzten Gebieten und ließ im Sommer 1944 seinen »Generalinspekteur für Spezialabwehr«, SS-Obergruppenführer Hans-Adolf Prützmann (* 1901, † Mai 1945), eine Partisanenorganisation namens »Werwolf« gründen, die hinter den Linien der vorrückenden Alliierten kämpfen sollte. Mangels Material und Personal erzielten die Werwolf-Kommandos kaum Wirkung und fanden auch wenig Zulauf nach einem Aufruf von *Goebbels* am 1.4.1945. Außerdem bekämpften die wenigen Werwölfe nicht in erster Linie die Alliierten, sondern vornehmlich NS-Gegner. So ermordete ein von einem US-Beutebomber abgesetztes Kommando aus sechs Männern und einer Frau am 20.3.1945 einen belgischen Grenzposten und drei Tage später den von den Amerikanern eingesetzten Oberbürgermeister von Aachen Franz Oppenhoff. Im Schwarzwald erschossen Werwolf-Aktivisten Ende April acht litauische und russische Zwangsarbeiter, und im bayerischen Penzberg kam es am 28./29.4. zur »Hinrichtung« von acht Bürgern, die den Ort kampflos hatten übergeben wollen.

»Weserübung«

Im Febr. 1940 planten die Alliierten, mit vier Divisionen in den finnisch-sowjetischen *Winterkrieg* einzugreifen, und bereiteten dazu eine Landung in Norwegen vor. Zwar durchkreuzte der Moskauer Friede vom 12.3.1940 dieses Vorhaben, doch wurde die alliierte Operation neu angesetzt für den 8.4.1940. Hitler sah darin eine Gefährdung sowohl der Ostseezugänge als auch der schwedischen Erzlieferungen, die über den nordnorwegischen Hafen *Narvik* liefen. Er gab daher am 1.3.1940 Weisung für das Unternehmen »Weserübung«, die Besetzung von Norwegen und Dänemark. Am 7.4. begannen die Operationen, die die Alliierten völlig überraschten, obwohl ihnen kurz zuvor der Einbruch in den deutschen »Enigma«-Funkschlüssel gelungen war. Aber zu dieser Zeit richtete sich ihre ganze Aufmerksamkeit bereits auf den deutschen Aufmarsch im Westen, wo man den nächsten Angriff erwartete. Für »Weserübung« setzte die Kriegsmarine zur Sicherung alle fahrbereiten Einheiten ein: 2 Schlachtschiffe, 7 Kreuzer, 14 Zerstörer, 8 Torpedoboote, 12 Schnellboote, 31 U-Boote sowie zahlreiche kleinere Schiffe. Die Luftsicherung übernahm das X. Fliegerkorps mit 430 Maschinen, davon 220 Bomber. Als Gruppe XXI (Falkenhorst) wurden nach und nach sieben deutsche Divisionen auf dem See- und Luftweg in Oslo, Kristiansand, Stavanger, Bergen und Narvik gelandet. Die Besetzung Dänemarks gelang fast kampflos, Norwegen aber setzte sich mit sechs Divisionen und der Flotte zur Wehr und bekam Hilfe von britischen, französischen und polnischen Truppen, die zwischen dem 14. und 18.4. bei Harstad, Namsos, Andalsnes und Narvik landeten. Hier kamen die deutschen Gebirgsjäger und Besatzungen von zehn versenkten Zerstörern unter General *Dietl* in schwere Bedrängnis. Sie hielten sich aber gegen überlegene alliierte Kräfte, bis diese aufgrund des *Frankreichfeldzugs* vom 3.6. an zurückgezogen wurden. Am 9.6. ordnete König Håkon VII. die Einstellung der Feindseligkeiten an. Die deutsche Kriegsmarine hatte drei Kreuzer, zehn Zerstörer, ein Torpedoboot und sechs U-Boote verloren, ihre beiden Schlachtschiffe sowie drei Kreuzer waren beschädigt worden. Alliierte Schiffsverluste: ein Träger, zwei Kreuzer, neun Zerstörer und U-Boote, dazu einige norwegische Einheiten, darunter zwei Panzerschiffe, ein Zerstörer, zwei Torpedoboote und drei U-Boote. Deutschland beklagte 3692 Tote, Großbritannien 3349, Norwegen 1355, Frankreich und Polen 530.

Wessel, Horst

* Bielefeld 9.10.1907, † Berlin 23.2.1930

Der evangelische Pfarrerssohn Wessel ging 1926 zum Jurastudium nach Berlin, trat 1926 in die NSDAP ein und wurde Sturmführer der SA im »roten« Friedrichshain. Politik und Studium gab er auf, als er sich in eine Prostituierte verliebte und mit ihr eine gemeinsame Wohnung bezog. Dort spürte ihn der aus der Haft entlassene Zuhälter Ali Höhler mit Hilfe einiger Genossen aus dem Rotfrontkämpferbund am 14.1.1930 auf und schoß ihm in den Mund. Berlins Gauleiter *Goebbels* machte aus dem Eifersuchtsdrama einen Anschlag der »Kommune« und berichtete im »Angriff« täglich über das Befinden des Verwundeten. Als Wessel starb, zog Goebbels eine gewaltige Beerdigungsschau auf und erhob 1929 geschriebene Verse des Verstorbenen als *Horst-Wessel-Lied* zur Parteihymne.

Westerbork

Schon vor dem deutschen Einmarsch war in der Drenter Heide beim ostniederländischen Westerbork ein Lager für jüdische Flüchtlinge aus Deutschland errichtet worden. Nach dem Vormarsch der Wehrmacht wurde es für sie zur Falle und schließlich für sie und viele tausend andere zum Durchgangslager in den Tod. Das aber war zunächst nicht ersichtlich, denn die 1941/42 in Lagerwerkstätten, im Straßenbau und in der Landwirtschaft eingesetzten etwa 1600 Lagerinsassen wurden anfangs relativ gut behandelt, waren erträglich untergebracht und ausreichend versorgt. Im Sommer 1942 aber waren weitere Baracken für mehr als 10 000 Häftlinge fertig geworden, und es begann die Masseneinlieferung von Juden, die seit dem 15.7.1942 mit Eisenbahntransporten in die *Vernichtungslager* im Osten deportiert wurden. 69 000 Menschen, die bis 1945 ins Lager Westerbork gebracht wurden, erlitten dieses Schicksal. Einige wenige wurden auch nach Theresienstadt, Bergen-Belsen und in andere Lager verbracht, ehe die Alliierten Westerbork im April 1945 befreiten.

Westwall

Zwischen Mai 1938 und Sept. 1939 erbauten *Organisation Todt* und *Reichsarbeitsdienst* entlang der deutschen Westgrenze auf 630 km Länge vom Oberrhein bis in den Raum Aachen für 3,5 Mrd. RM eine Befestigungslinie, den sog. Westwall, der 4,5 Mio. t Material verschlang und aus 14 000 Bunkern, Kampfanlagen und Unterständen sowie Betonigeln zur Panzerabwehr bestand. Mit großem Propagandaaufwand gefeiert und als unüberwindlich dargestellt, erfüllte er 1939/40 tatsächlich eine gewisse Abschreckungsfunktion gegenüber den Westmächten, bestand aber seine Bewährungsprobe 1944/45 nirgendwo, zumal moderne Waffen in vielen Bunkern keinen Platz fanden, während andere Stellungen inzwischen ihre Ausrüstung eingebüßt hatten.

Widerstand

Die Geschichte der Hitler-Diktatur ist nicht zuletzt eine Geschichte der Unterschätzung des Nationalsozialismus. Widerstand dagegen baute sich daher unterschiedlich rasch auf, hatte ebenso vielfältige Ursachen und Ziele und reichte in seinen Ausprägungen vom *Flüsterwitz* bis zur Umsturzplanung. Er war oft gar nicht als Widerstand gemeint und wurde es erst durch die harte Reaktion des Regimes, das in seinem totalitären Anspruch bereits bloßes Abseitsstehen als Widerstand auffaßte und bekämpfte. Die weiteste Definition von Widerstand gegen die NS-Herrschaft ist daher die von dieser selbst gegebene nach dem Motto: Wer nicht für uns ist, der ist gegen uns. Gefahr für das Regime aber ging nur von einigen wenigen Gruppen aus, die jedoch unkoordiniert handelten und selbst bei Erfolg bis zuletzt nicht auf breite Zustimmung aus der Bevölkerung hätten rechnen können. – Erste Opfer Hitlers wurden die Kommunisten, die aber noch in der Illegalität am Dogma festhielten, daß Hitler nur die finale Krise des Kapitalismus und unmittelbare Vorstufe zur proletarischen Revolution darstelle. Erst 1935 änderte sich das, doch war es da für ein Zusammengehen mit den Sozialdemokraten zu spät, die man allzulange als »Sozialfaschisten« verteufelt hatte. Die SPD nährte ihrerseits noch bis weit in die 1930er Jahre Illusionen über den wahren Charakter des NS-Systems und vermochte lange keine einheitliche Haltung und Strategie im Untergrundkampf zu entwickeln. Den *Gewerkschaften* ging es ähnlich: Zunächst hofften sie auf ein Arrangement mit Hitler, dann darauf, daß er bald abgewirtschaftet haben werde, und fanden erst zu entschlossenem Widerstand, als ihnen die Erfolge des Regimes schon die Masse der Arbeiterschaft abspenstig gemacht hatten. So hatte der »linke« Widerstand zwar eine Unzahl von Opfern zu beklagen, erzielte aber erst Wirkung, als er Kontakt zur nationalkonservativen Opposition fand. – Die Kirchen kamen anfangs Hitler weit entgegen, die katholische durch das *Konkordat*, die evangelische durch die völkisch-theologischen Konstrukte der *Deutschen Christen* und mit der Bereitschaft, sich in einer Reichskirche zu organisieren. Widerstand bildete sich zunächst allenfalls innerkirchlich gegen die ideologische Umarmung durch den Staat, dessen Rassenpolitik, totalitärer Anspruch und Entchristlichungsmaßnahmen mit der Bildung der *Bekennenden Kirche* beantwortet wurden. Sie blieb als Organisation aber ebenso unterhalb der Schwelle zum politischen Widerstand wie die katholische. Beide machten Front gegen den Staat nur dort, wo kirchliche Rechte oder Glaubensinhalte bedroht waren. Der *Kirchenkampf* galt daher nur am

Rande auch der Einhaltung von Menschenrechten (z.B. Proteste gegen die *Euthanasie*), denn etwa zur Judenfrage äußerten sich die Amtskirchen nur im Fall getaufter Juden. Andere Formen des Widerstands durch Einsatz für verfolgte Juden blieben wie bei *Grüber* individuelle Aktionen. Und politischer Widerstand aus dem Raum der Kirchen, die lange an ein Arrangement mit Hitler glaubten, wurde ebenfalls nur von einzelnen gewagt wie etwa von *Bonhoeffer* oder *Delp*. Auch sie aber wurden erst im Zusammenhang mit dem nationalkonservativen Widerstand dem Regime gefährlich. – Und dieser bildete sich als letzter, denn lange hielt eine scheinbare Identität der Ziele Militärs und hohe Beamtenschaft in Loyalität zu Hitler, auf den zudem der Eid geleistet worden war. In der *Fritsch-Krise* und verstärkt in der *Sudetenkrise* kam es zwar 1938 zur Bildung einer Oppositionsgruppe um *Beck* und *Canaris*, doch machten das *Münchener Abkommen* und später die Blitzsiege der Wehrmacht einen Umsturz illusorisch. Erst seit Anfang 1942 nach der Katastrophe vor Moskau wuchs der Widerstand der konservativen Eliten, und es entstanden Verbindungen zum sozialdemokratischen und zum christlichen Widerstand, wie er sich z.B. im *Kreisauer Kreis* gefunden hatte. Das Scheitern des *Zwanzigsten Juli* vernichtete alle Hoffnungen auf eine Befreiung von innen, denn andere Widerstandsgruppen wie die kommunistische *Rote Kapelle*, die *Weiße Rose* oder die *Edelweißpiraten* waren zerschlagen oder konnten doch nur sehr begrenzt etwas ausrichten. Natürlich versuchten sich die Verfolgten, ob Juden, Zigeuner oder Sektenmitglieder, zu wehren, doch gab es weder einen koordinierten jüdischen Widerstand – ein verschworenes Judentum existierte nur in NS-Wahnvorstellungen –, noch konnten etwa KZ-Häftlinge Widerstand über den Kampf ums nackte Überleben hinaus leisten. – Letztlich gelang es keiner Gruppe und keiner Form des Widerstands, die NS-Herrschaft zu erschüttern, seine eigentliche Wirkung entfaltete er erst nach ihrem Zusammenbruch. Der Widerstand als »Frontbildung des Menschlichen gegen das Unmenschliche«, so der Historiker Hans Rothfels, stand Pate beim demokratischen Neuanfang.

Wiedergutmachung

Der Völkermord am jüdischen Volk ist nie zu sühnen und schon gar nicht wiedergutzumachen, insofern war das, was zwischen der

Bundesrepublik Deutschland und Israel 1952 vertraglich geregelt wurde allenfalls finanzieller Ersatz für materielle Schäden. Es wurden im Rahmen einer globalen Wiedergutmachung Zahlungen von 3 Mrd. DM an Israel und von 0,45 Mrd. DM an die sog. Claims Conference von 23 jüdischen Organisationen der außerhalb Israels lebenden Juden vereinbart. Die Zahlungen waren in Israel umstritten, weil man dahinter eine deutsche Freikaufstrategie argwöhnte. Auch andere Länder erhielten Entschädigungszahlungen, die sich bis 1980 auf über 63 Mrd. DM beliefen. Rechnet man die Wiedergutmachungsleistungen nach dem am 29.6.1956 erlassenen Bundesentschädigungsgesetz (BEG) für Einzelpersonen hinzu, erreichte der Finanzaufwand über 85 Mrd. DM. Die Privatunternehmen haben eine Wiedergutmachung für die Ausbeutung von *Zwangsarbeitern* in den meisten Fällen verweigert oder sich mit symbolischen Zahlungen begnügt. Erst im Jahr 2001 kam es zu einer Einigung über Entschädigungszahlungen in Höhe von 10 Mrd. DM, wovon ein Fonds der deutschen Wirtschaft die Hälfte aufgebracht hat, die andere kam aus Bundesmitteln.

Wiener Schiedssprüche

Ungarn als Teil der Donaumonarchie gehörte 1918 zu den Kriegsverlierern und wurde im Frieden von Trianon entsprechend behandelt: Es mußte ungarisch besiedeltes Gebiet an die Tschechoslowakei und an Rumänien abtreten. Budapest bemühte sich lange vergeblich um eine Revision dieser Entscheidung. Im *Münchener Abkommen* war eine bilaterale Einigung mit der Tschechoslowakei vorgesehen, die aber nicht gelang. Daher fällten der italienische und der deutsche Außenminister auf Wunsch beider Seiten am 2.11.1938 den 1. Wiener Schiedsspruch, der Ungarn die Rückgabe eines 12 000 km² großen Streifens mit 1 Mio. Einwohner aus der Slowakei und der Karpato-Ukraine brachte. In einem 2. Wiener Schiedsspruch der beiden Außenminister vom 30.8.1940 wurden die ungarischen Ansprüche an Rumänien, das sich dem deutschen Druck beugen mußte, teilweise erfüllt: Nordsiebenbürgen und das Szekerland, 43 000 km² mit 2,5 Mio. Einwohnern, fielen an Ungarn zurück, eine deutsch-italienische Garantie sicherte die neuen rumänischen Grenzen. Beide Schiedssprüche wurden 1945 für nichtig erklärt.

Wilhelm II.

* Potsdam 27.1.1859, † Doorn 4.6.1941

Monarchisches Sendungsbewußtsein erfüllte den dritten und letzten Kaiser des »zweiten« Reiches: Wilhelm II. kam am 15.6.1888 als Nachfolger seines 99-Tage-Vorgängers und Vaters Friedrich auf den Thron des erst 17jährigen Deutschen Reiches. Er geriet sogleich in Konflikt mit Reichsgründer Otto Fürst von Bismarck, den er 1890 entließ. Die Nach-Bismarck-Ära war geprägt von sozialpolitischen Rückziehern und konzeptlos-martialischem Auftreten. Konnten die innenpolitischen Gegensätze noch durch eine relative Prosperität unter Kontrolle gehalten werden, so führte »weltpolitisches« Draufgängertum zur Isolierung des Reiches, 1914 in den 1. Weltkrieg und nach der Niederlage 1918 zum Sturz Wilhelms, der ins holländische Exil ging. Bei Aufkommen des Nationalsozialismus erhoffte sich der Exkaiser eine Restauration, mußte aber spätestens 1934 die Illusion begraben; er sprach fortan vom 3. Reich nur als der »Mostrich-Republik – braun und scharf«. Hitler, der allen Offizieren 1940 beim Einmarsch in Holland den Kontakt zu Wilhelm II. untersagte, genehmigte jedoch bei dessen Tod eine Beisetzung mit militärischen Ehren. Auch sein Statthalter *Seyß-Inquart* nahm daran teil.

»Wilhelm Gustloff«

Ursprünglich sollte es Hitlers Namen tragen, doch nach der Ermordung des Schweizer NS-Aktivisten *Gustloff* wurde das neue Fahrgastschiff der »Flotte des Friedens« von KdF beim Stapellauf am 5.7.1937 nach diesem benannt. Die »Wilhelm Gustloff« hatte 25 484 BRT, war 208,5 m lang und 23,5 m breit und bot mit ihren zehn Decks 417 Mann Besatzung und 1465 Kreuzfahrtgästen Platz. Sie diente am 10.4.1938 als schwimmendes Wahllokal vor London für die Deutschen in England bei der Abstimmung über den *Anschluß* Österreichs, machte einige Kreuzfahrten nach Madeira und in die norwegischen Fjorde und holte 1939 die Soldaten der *Legion Condor* aus Spanien. Nach Kriegsausbruch wurde sie als Lazarettschiff eingesetzt und lag seit 1940 als Kasernenschiff in Gotenhafen (Gdingen). Trotz der Beschädigung durch Bombentreffer konnte die »Wilhelm Gustloff« am 30.1.1945 mit 4974 Flüchtlingen und 1626 Soldaten, Marinehelferinnen und Besatzungsmitgliedern an Bord bei –18 °C nach Kiel auslaufen. Um 21.08 Uhr von drei Torpedos des sowjetischen U-Boots S 13 getroffen, sank sie innerhalb von

62 Minuten vor Stolpmünde. 5348 Menschen kamen in der eisigen See ums Leben, 1252 wurden gerettet.

Wilhelmstraßen-Prozeß

Die Leitung der deutschen Außenpolitik wurde nach dem Sitz des Außenministeriums in Berlin als »die Wilhelmstraße« bezeichnet. Das Verfahren gegen 21 führende Diplomaten des Reiches, darunter Staatssekretär Ernst von Weizsäcker (* 1882, † 1951), vor dem Militärgerichtshof V der USA in Nürnberg hieß daher Wilhelmstraßen-Prozeß. Anklagepunkte waren *Verbrechen gegen den Frieden*, Kriegsverbrechen (Mord an Kriegsgefangenen u.a.), *Verbrechen gegen die Menschlichkeit* (v.a. gegen die Zivilbevölkerung in den besetzten Gebieten) und die Mitgliedschaft in *verbrecherischen Organisationen*. 19 Angeklagte erhielten mit Urteil vom 11.4.1949 Freiheitsstrafen zwischen 3 und 25 Jahren, zwei wurden freigesprochen. Manche Strafen wurden schon Ende 1949 (z.B. die Weizsäckers von sieben auf fünf Jahre) und alle am 31.1.1951 im Gnadenweg herabgesetzt.

Wilna

Gemäß den geheimen Zusatzvereinbarungen zum *Hitler-Stalin-Pakt* wurde Wilna (Vilnius), die Hauptstadt Litauens mit 209 000 Einwohnern (1939), am 16.6.1940 von der Roten Armee besetzt, die nach Beginn des Rußlandfeldzugs am 24.6.1941 die Stadt wieder räumte. Die nationalsozialistischen Behörden richteten in Wilna ein Ghetto ein, das immer wieder durch Massenerschießungen (wöchentlich bis zu 1000 Menschen) dezimiert wurde. Die Massaker steigerten sich im Herbst, Mitte Okt. 1941 fielen ihnen 15 000 Insassen, am 24.10. rd. 7000 und am 5.11. 3000 Insassen zum Opfer. Bis Herbst 1943 wurden die meisten der überlebenden jüdischen Einwohner in die baltischen Staaten deportiert. SS-Kommandos erschossen die verbleibenden rd. 3000 Juden im Juli 1944. Wenige Tage später traten vier sowjetische Fronten (= Heeresgruppen) zum Vorstoß Richtung Wilna an und eroberten die Stadt am 13.7.1944.

Winterhilfswerk (WHW)

Schon seit 1931/32 bemühten sich private und staatliche Stellen in einem Winterhilfswerk um die Linderung der Not durch Sammlung von Geld, Lebensmitteln, Kleidung und Brennstoff, die an

Arme verteilt wurden. Die NSDAP griff die Idee auf, unterstellte das WHW der *Nationalsozialistischen Volkswohlfahrt* und rief zur ersten Aktion am 13.9.1933 auf. Das für das WHW nunmehr verantwortliche Propagandaministerium entwickelte vielfältige Ideen zur Steigerung der Sammlungsergebnisse: Neben Straßen- und Haussammlungen brachte der *Eintopfsonntag* Gewinne, wurden »freiwillige« Lohn- und Gehaltsabzüge eingeführt, standen Sparbüchsen für einen »Winterpfennig« in den Geschäften, warb man für den Kauf von Losen der WHW-Lotterie. In den ersten fünf Jahren kamen 2,5 Mrd. RM zusammen, was propagandistisch als »Sozialismus der Tat« gepriesen wurde. Der sah jedoch so aus, daß für die Mittelvergabe Bedürftigkeit allein nicht reichte, Hilfen erhielten nur »würdige« und »erbgesunde« Personen, was parteiamtlich nach politischen, sozialen und rassischen Merkmalen festgesetzt wurde. Die dadurch erforderliche Bürokratisierung verdarb bald die erwünschte Aufbruchsstimmung, die allgegenwärtige Spendenbelästigung führte zu Überdruß und dämpfte die Gebefreudigkeit.

Winterkrieg

Ultimativ forderte Moskau im Okt. 1939 von Finnland, das im *Hitler-Stalin-Pakt* der sowjetischen Einflußsphäre zugeschlagen worden war, die Überlassung von Stützpunkten und Grenzkorrekturen. Die finnische Ablehnung führte am 30.11.1939 zum Angriff der Roten Armee und zu einem Feldzug, der als Winterkrieg in die Geschichte einging. Der erwartete rasche Zusammenbruch Finnlands nämlich blieb aus, obwohl die Sowjets ihre Offensive mit 450 000 Mann und massiver Luft- und Panzerunterstützung vortrugen. Erst die Mobilisierung weiterer 500 000 Rotarmisten brachte die Entscheidung zugunsten der Russen, die den Sieg aber nicht ausnutzen konnten und am 12.3.1940 den Frieden von Moskau schlossen, weil eine Intervention der Westmächte drohte. Mit 207 000 Mann hatte die Rote Armee fast zehnmal so viele Opfer zu beklagen wie Finnland, das 35 000 km^2 sowie einige Stützpunkte einbüßte. Den erzwungenen Nichtangriffsvertrag kündigte Helsinki am 26.6.1941 und trat auf deutscher Seite in den Kampf gegen die Sowjetunion ein, den es als »Fortsetzungskrieg« verstand und den Hitler auch im Blick auf das Versagen der Roten Armee im Winterkrieg gewagt hatte.

Wirth, Christian

* Oberbalzheim (heute zu Balzheim, bei Biberach an der Riß) 24.11.1885, † bei Triest 26.5.1945

Zunächst Handwerker, trat Wirth 1910 in den Polizeidienst ein, in dem er auch nach der Soldatenzeit im 1. Weltkrieg blieb. 1931 wurde er Mitglied der NSDAP, 1933 der SA und 1939 der SS, in der er es bis zum Sturmbannführer brachte (Mai 1943). Die Karriere verdankte er Tätigkeiten im Rahmen des *Euthanasie*-Programms und der *Aktion Reinhard*, für die Wirth das Vernichtungslager Bełżec aufbaute. Vorwärts brachte ihn auch seine Brutalität, die ihn im Aug. 1942 zum Inspekteur der *Vernichtungslager* aufsteigen ließ und ihm die Beinamen »Christian der Grausame« oder »wilder Christian« einbrachte. Mit seinem Vorgesetzten *Globocnik* wurde Wirth 1943 nach Triest versetzt, wo er die »Aussiedlung« der Juden organisieren sollte. Auf einer Dienstfahrt nach Fiume (Rijeka) erschossen ihn Partisanen.

Wirtschaft

»Die Geschichte wird ihr Urteil über uns nicht danach abgeben, ob wir möglichst viele Wirtschaftler abgesetzt und eingesperrt haben, sondern danach, ob wir es verstanden haben, Arbeit zu schaffen.« Das schärfte Hitler am 6.7.1933 seinen Reichsstatthaltern ein, denn ideologischer Übereifer gefährdete sein Aufbauprogramm. Wirtschaftspolitische Ruhe brauchte Hitler nicht nur zur Gewinnung der Arbeiterschaft, sondern v. a. für den geplanten Eroberungskrieg. Von Anfang an war daher die wirtschaftliche Belebung, die das Regime in erstaunlich kurzer Frist in Gang brachte, auch getragen von der *Aufrüstung*: 1933 gab das Reich 0,75 Mrd. RM für Rüstung aus, 1934 waren es bereits 4,2 und 1938 über 17 Mrd. RM, nicht gerechnet verkappte Rüstungsaufwendungen wie die für den Bau der *Autobahnen*, der für den stärksten Nachfragestoß auf dem Arbeitsmarkt sorgte. Finanziert wurde dies alles durch Geldschöpfung. – Bemerkbar machte sich die Rüstungslastigkeit der NS-Wirtschaft auch dadurch, daß der wachsenden Kaufkraft kein entsprechendes Warenangebot auf dem Konsumgütersektor gegenüberstand, so daß der Geldüberhang durch allerlei Programme wie *Volkswagen*-Sparen, Spendenaktionen, Pflichtbeiträge in den diversen Organisationen u. a. abgeschöpft werden mußte. Man werde »Kanonen und Butter« produzieren, hatte *Göring* versprochen. Es stellte sich aber bald heraus, daß das allenfalls in der Sparversion von »Kanonen und Kunsthonig« gelten konnte. Denn Deutschland ist ein rohstoffarmes Land, so daß mit Devisen gespart werden mußte für rüstungswichtige Einfuhren. Wo es ging, wurden Ersatzstoffe entwickelt vom synthetischen Kautschuk (Buna) bis zur Kohlehydrierung zur Benzingewinnung. Die angestrebte *Autarkie* ließ sich dennoch nur sehr beschränkt erreichen, und sie erforderte zudem kostspielige Kraftakte wie die unrentable Verhüttung deutscher Erze. Den dadurch und durch ungebremste Ausgabenpolitik wachsenden Kostendruck versuchte man durch zunehmende Reglementierung in den Griff zu bekommen, gipfelnd in der Verkündung des *Vierjahresplans* 1936. – Seine Forcierung führte zu Arbeitsmarktproblemen, denn die Arbeitslosigkeit schlug seit 1936 um in Arbeitskräftemangel. Und wieder wurde administrativ gegengesteuert: Die Dienstverpflichtung wurde eingeführt, die Freiheit der Berufswahl eingeschränkt, ein Pflichtjahr verordnet. Dennoch mußte man nichtrüstungswichtigen Bereichen, v.a. der Landwirtschaft, Arbeitskräfte entziehen und Unmut in Kauf nehmen. Ihn sollten Sozialprogramme dämpfen, allen voran *Kraft durch Freude*, das DAF-Amt zur Freizeitgestaltung. Es erzielte mit Kultur- und Urlaubsangeboten beträchtliche propagandistische Wirkung. Die aus der Krise geborene Herrschaft Hitlers wäre jedoch unweigerlich in die nächste Krise hineingeschlittert, hätte der Krieg nicht bald große Eroberungen gebracht, deren gnadenlose Ausbeutung den auf Pump geschaffenen Boom nachträglich bezahlte.

Wirtschafts- und Verwaltungshauptamt (WVHA)

Mit *Himmlers* Ernennung zum Reichsführer erhielt die SS 1929 ein Verwaltungsamt, dessen Leitung am 1.2.1934 *Pohl* übernahm. Er durfte sich nach Übernahme auch der Zuständigkeit für die bewaffneten SS-Verbände »Verwaltungschef der SS« nennen und war damit auch oberster Verwalter des *SD* und des RuSHA. Der Gesamtbereich firmierte seit 20.4.1939 als Hauptamt Verwaltung und Wirtschaft, dem in Personalunion das Hauptamt Haushalt und Bauten angeschlossen war. Mit ihm kontrollierte Pohl auch staatliche Mittel des Innenministeriums (Besoldung der *Verfügungstruppe* u.a.) und schloß am 1.2.1942 beide Ämter zum Wirtschafts- und Verwaltungshauptamt (WVHA) zusammen. Pohl verfügte in dieser Großbehörde über 1500 Mann Personal, die in fünf Amtsgruppen tätig waren: Truppenverwaltungsamt (A) für Gehälter, Prüfwesen und Kassenfragen; Truppenwirtschaft (B) für Bekleidung, Verpflegung, Unterkunft und Beschaffung; Bauwesen (C) u.a. für den Bau von Kasernen, Dienstgebäuden, Wohnungen und Lagern sowie für die Errichtung von Anlagen zur unterirdischen Fertigung von Waffen (z.B. *V2*); Inspektion der KZ (D) mit der Zuständigkeit für den Arbeitseinsatz der Häftlinge; SS-Wirtschaftsunternehmen (W), die mit ihren zahllosen Firmen einen recht selbständigen Konzern innerhalb des Hauptamts bildeten.

Witzleben, Erwin von

* Breslau 4.12.1881, † Berlin-Plötzensee 8.8.1944 (hingerichtet)
»Sie schmuddeliger alter Mann«, tobte Gerichtspräsident *Freisler*, den die Ruhe und Überlegenheit des Angeklagten zur Raserei trieb: Der Offizier Witzleben, 1934 zum Generalmajor ernannt, Befehlshaber der 1.Armee in Polen 1939 und Frankreich 1940, war schon seit 1938 Befürworter eines Sturzes Hitlers, der den unbequemen Offizier, den er noch im Juli 1940 zum Generalfeldmarschall befördert hatte, 1942 kaltstellte. Gegen schwere religiöse Bedenken schloß sich Witzleben 1944 den Männern des *Zwanzigsten Juli* an. Für den Fall des Gelingens des Umsturzes als Oberbefehlshaber der Wehrmacht vorgesehen, wurde er nach dem Fehlschlag verhaftet und vom Volksgerichtshof am 8.8.1944 zum Tod verurteilt. Sein Schlußwort vor Freisler, dem er empfahl, sich mit dem Todesurteil zu beeilen: »In drei Monaten zieht Sie das gequälte Volk zur Rechenschaft!«

Wlassow, Andrei

* Gorki 1.9.1900, † Moskau 2.8.1946 (hingerichtet)
Er sollte Priester werden, schloß sich aber 1919 der Roten Armee an, trat 1930 in die KPdSU ein und war 1939 Divisionskommandeur. Wlassow hatte als Oberbefehlshaber der 20.Armee wesentlichen Anteil am Abwehrsieg vor Moskau, geriet am 12.7.1942 als Oberbefehlshaber der 2.Stoßarmee im Wolchowkessel in deutsche Gefangenschaft und stellte sich der antibolschewistischen Propaganda zur Verfügung. Sein Plan, aus sowjetischen Hilfswilligen und Kriegsgefangenen eine Freiwilligenarmee zur Befreiung Rußlands von der Sowjetdiktatur zu bilden, wurde von Hitler lange blockiert. So konnte Wlassow, der vergeblich auf eine Änderung der ver-

hängnisvollen deutschen *Besatzungspolitik* im Osten gehofft hatte, erst am 10.11.1944 mit der Bildung der ersten Divisionen beginnen und sie am 10.2.1945 auf dem Truppenübungsplatz Münsingen als »Oberbefehlshaber der russischen Streitkräfte« übernehmen. Mit seiner »Wlassow-Armee« genannten Truppe geriet er Anfang Mai 1945 südwestlich von Prag in US-Gefangenschaft und wurde am 12.5. an die Sowjets ausgeliefert, die ihn mit neun seiner Generäle zum Tod verurteilten.

Wolff, Karl
* Darmstadt 13.5.1900, † Rosenheim 15.7.1984
1931 trat der gelernte Kaufmann und Weltkriegsoffizier Wolff der NSDAP und der SS bei, wurde im Juli 1933 persönlicher Adjutant *Himmlers* und 1939 als SS-Gruppenführer (30.1.1937) Verbindungsmann zum Führerhauptquartier. Er ging, befördert zum SS-Obergruppenführer und General der Waffen-SS (30.1.1942), als Höchster SS- und Polizeiführer im Herbst 1943 nach Italien, wo er seit 26.7.1944 als Bevollmächtigter General der Wehrmacht die Regierung *Mussolini* in *Salò* kontrollierte. Bei sich abzeichnender deutscher Niederlage knüpfte Wolff Kontakte zum US-Geheimdienst in der Schweiz und erreichte einen vorzeitigen Waffenstillstand am 29.4.1945 (in Kraft 2.5.1945). Im *Nürnberger Prozeß* gegen die Hauptkriegsverbrecher trat Wolff als Zeuge der Anklage auf, wurde in einem deutschen Spruchkammerverfahren 1949 zu vier Jahren Gefängnis und am 30.9.1964 wegen Beihilfe zum Mord in mindestens 300 000 Fällen (Judendeportationen) zu 15 Jahren Zuchthaus verurteilt; 1971 Haftverschonung aus Gesundheitsgründen.

»Wolfsschanze«
Name des Führerhauptquartiers bei Rastenburg (Ostpreußen), wo am *Zwanzigsten Juli* 1944 das Bombenattentat *Stauffenbergs* scheiterte.

Wunderwaffen
Mit Hoffnungen auf revolutionäre Waffenentwicklungen versuchte die NS-*Propaganda* den Glauben an den »Endsieg« in der zweiten Kriegshälfte aufrechtzuerhalten. Diese Wunderwaffen und das »Genie des Führers« seien Garanten für die erfolgreiche Beendigung des Krieges. Ob die Messerschmitt Me 262, erster operati-

onsreifer Düsenjäger der Welt, Raketenjäger, Einmann-Torpedos, Kleinst-U-Boote, Flugbombe *V1* oder Rakete *V2* – sie alle wurden als Wunderwaffen begrüßt, erzielten aber keine durchschlagende Wirkung mehr gegen die Materialmassen, mit denen die Alliierten angriffen. So machte sich allmählich Skepsis breit, und man sprach im Stil der NS-Abkürzungssucht verächtlich von den »Wuwa des *Gröfaz*«.

Wunschkonzert (für die Wehrmacht)
Die beliebteste deutsche Rundfunksendung während des Krieges war das live ausgestrahlte Wunschkonzert, erstmals am 1.10.1939, dann jeden Sonntag 16–20 Uhr im Großen Sendesaal des Berliner Rundfunkhauses, moderiert von Heinz Goedeke, Motto: »Die Front reicht ihrer Heimat jetzt die Hände, die Heimat aber reicht der Front die Hand.« Umrahmt von Musik, wurden Wünsche, Grüße und Mitteilungen zwischen den Soldaten im Feld und Angehörigen daheim ausgetauscht, oft erste Nachricht seit längerer Zeit; so gab es etwa ein »Geburtenregister«, aus dem nach einleitendem Babygeschrei mancher Soldat erfuhr, daß er Vater geworden war. Besonders geschätzt waren Schlager aus Musikfilmen (»Das kann doch einen Seemann nicht erschüttern«) und Soldatenlieder (»Erika«), von der Front meistgewünscht: »Heimat, deine Sterne«. Das streng zensierte Wunschkonzert – im Notfall konnte ein Zensuroffizier eine technische Panne auslösen – verfolgte mit den nur positiven und meist heiteren Meldungen einen schönfärberischen Zweck, doch ließen manche Liedtexte auch die Nöte des soldatischen Alltags erkennen. – 1940 entstand eine Filmromanze von Eduard von Borsody unter dem Titel »Wunschkonzert« mit Carl Raddatz und Ilse Werner (bis Kriegsende 20 Mio. Zuschauer).

Y

Yorck von Wartenburg, Peter Graf
* Klein Oels (bei Breslau) 13.11.1904, † Berlin-Plötzensee 8.8.1944 (hingerichtet)
Nach dem Jurastudium schlug Yorck die Beamtenlaufbahn ein und erhielt in seinen Stellungen beim Oberpräsidenten in Breslau (seit 1934) und beim Reichskommissar für die Preisbildung in Berlin (seit 1936) Einblick in die Gleichschaltungsmaschinerie des NS-Staates. Er lehnte dessen Totalitätsanspruch ab und verwarf aus christlicher Grundüberzeugung die rassistischen Lehren und, seit 1939 als Reserveoffizier eingezogen (1942 im Wirtschaftsstab des OKW), den NS-Raubkrieg. Befreundet mit *Moltke*, gehörte Yorck zu den ersten Mitgliedern des *Kreisauer Kreises* und überwand in Diskussionen mit seinem Vetter *Stauffenberg* die Vorbehalte gegen den Tyrannenmord. Als Mitverschwörer des *Zwanzigsten Juli* wurde er nach dem Scheitern des Umsturzversuchs zum Tod verurteilt.

Z

Zensur →*Presse*

Zentrum
Im Gegensatz zum eng mit dem Hohenzollernreich verbundenen Protestantismus schuf sich die katholische Kirche in der Deutschen Zentrumspartei, gegründet am 13.12.1870 und kurz »Zentrum« genannt, eine politische Vertretung. Das Zentrum wandelte sich nach 1918 zu einer republikanischen Partei, die an allen 19 Regierungen bis 1932 beteiligt war (gewöhnlich in Koalition mit SPD und DDP) und die meisten Reichskanzler stellte. In der Krisenzeit von Weimar gab es kaum Stimmen an die radikalen Parteien ab, und seine Hochburgen erwiesen sich als besonders widerstandsfähig gegen die NS-Propaganda. Die Führung des Zentrums aber erlag wie so viele einer Fehleinschätzung Hitlers und verschaffte ihm beim *Ermächtigungsgesetz* am 23.3.1933 die erforderliche Mehrheit. In den dafür in Aussicht gestellten Verhandlungen über ein *Konkordat* opferte der Vatikan die Partei, die sich am 5.7.1933 unter NS-Druck auflöste. Die Neugründung 1945 blieb erfolglos.

Zeugen Jehovas →*Ernste Bibelforscher*

Ziegler, Adolf
* Bremen 16.10.1892, † Varnhalt (heute zu Baden-Baden) 18.9.1959
Sie verstanden sich sofort, der NSDAP-Chef Hitler mit seinem Haß auf den modernen »Kunstbolschewismus« und der Maler Ziegler, als sie sich 1925 erstmals begegneten. Hitler bestellte bei ihm später ein Porträt seiner Nichte und Geliebten Geli *Raubal.* Der Kanzler Hitler erinnerte sich an den klassizistisch malenden Künstler, berief ihn 1933 zum Professor an der Münchener Kunstakademie

und zum Kunstsachverständigen der NSDAP. Ziegler machte weniger mit seinen peinlich genauen Frauenakten (Spitzname »Meister des gekräuselten Schamhaars«) von sich reden als durch seine Tätigkeit als Präsident der Reichskammer der bildenden Künste (1936–43). In dieser Eigenschaft sorgte er nicht nur für Malverbote für moderne Künstler (»Schrittmacher des internationalen Judentums«), sondern auch im Auftrag Hitlers für die »Reinigung« der deutschen Museen und Galerien von *Entarteter Kunst*, für die er 1937 Beispiele in der berüchtigten Propagandaschau in München zusammentrug.

Zigeuner

Heute wird der Name auch wegen der Verfolgung durch den NS-Staat als diskriminierend empfunden, doch damals kannte kaum jemand die Eigenbezeichnung der Zigeuner als Sinti und Roma. Sie sind eine zwischen 800 und 1000 n. Chr. aus Nordwestindien nach Westen gewanderte Volksgruppe, die seit dem 15. Jh. in größeren Verbänden auch nach Mitteleuropa zog, wo sie wegen des fremdländischen Aussehens mit Argwohn betrachtet und als »Türkenspione« verdächtigt wurde. Wie die Juden gerieten die Zigeuner immer wieder in die Sündenbockrolle, wurden verfolgt, vertrieben oder gar als »Landplage«, angebliche Kindesräuber und Brunnenvergifter umgebracht. Ihre nomadisierende Lebensweise diente schon 1926 im »Gesetz zur Bekämpfung von Zigeunern, Landfahrern und Arbeitsscheuen« als Vorwand für staatliche Diskriminierung, die sich im 3. Reich zu tödlicher Verfolgung steigerte. Eine scheinwissenschaftliche Zigeunerkunde (»Tziganologie«) »bewies« die »rassische Minderwertigkeit« der Zigeuner aus ihrer asiatischen Herkunft und stellte charakterliche Defekte noch bei Viertelzigeunern fest. Mit einem Runderlaß *Himmlers* vom 8.12.1938 begannen die Erfassung der Zigeuner und ihrer »Abkömmlinge« und die Behandlung gemäß den *Nürnberger Gesetzen*, in denen sie nicht ausdrücklich genannt waren. Zunächst vielfach in KZ eingeliefert, wurden sie nach 1940 in Ghettos im Osten deportiert und schließlich auf Befehl vom 16.12.1942 ins Vernichtungslager *Auschwitz* verbracht. Insgesamt kamen durch NS-Verfolgung mindestens 200 000 Zigeuner ums Leben. Die Überlebenden haben bis heute Schwierigkeiten, als Opfer anerkannt zu werden, die von der NS-Propaganda zementierten Vorurteile wirken weiter. Eine Sonderregelung für Sinti und Roma in der Asylgesetzgebung wurde noch 1993 abgelehnt.

»Zitadelle«

Mit einer Offensivoperation gegen den weit nach Westen vorspringenden Frontbogen vor Kursk wollte die deutsche Führung Mitte 1943 noch einmal die Initiative im Krieg gegen die Sowjetunion an sich reißen. Für das am 5.7.1943 ausgelöste Unternehmen »Zitadelle« traten an: im Süden bei Belgorod die Armee-Abteilung Kempf und die 4. Panzerarmee (Hoth) mit 7 Infanterie- und 11 Panzerdivisionen sowie 3 Sturmbrigaden, im Norden bei Orel die 9. Armee (Model) mit 7 Infanterie-, 6 Panzer- und 2 Panzergrenadierdivisionen. Insgesamt setzte die Wehrmacht 2000 Panzer, darunter erstmals 90 schwere *Tiger I* sowie *Panther*, und 1800 Flugzeuge der Luftflotten 4 (Deßloch) und 6 (v. Greim) ein. Die deutschen Angriffsabsichten waren den Stäben der Roten Armee längst durch den langwierigen Aufmarsch und die ständige Unterrichtung durch Partisanen in allen Details bekannt. Entsprechend konzentrierten sich die Kräfte an den Einbruchstellen. Den nördlichen deutschen Vorstoß sollte die Zentralfront (Rokossowski) auffangen, die dafür über 37 Schützendivisionen, 6 Panzerkorps und 3 motorisierte Brigaden verfügte; im Süden verteidigte die Woronesch-Front (Watutin) mit 30 Schützendivisionen, 8 Panzerkorps und 13 motorisierten Brigaden. Insgesamt nahmen fast 2 Mio. Mann an dieser größten Panzerschlacht des Krieges teil. – Gegen die geballte Streitmacht hinter tiefgestaffelten Abwehrstellungen kam der deutsche Angriff nur schwer voran, im Norden blieb er am 10.7. nach einem Geländegewinn von 15 km liegen, im Süden gelang es den deutschen Truppen, 35 km vorzudringen, bis auch hier nach dem Eintreffen sowjetischer Verstärkungen das Halt für die Angreifer kam. Vollends gescheitert war das Unternehmen im Kursker Bogen spätestens am 12.7., als nördlich von Orel eine sowjetische Gegenoffensive der West- (Sokolowski) und der Brjansker Front (Popow) gegen die deutsche 2. Panzerarmee (Schmidt) losbrach. Obendrein erforderte die krisenhafte Entwicklung auf Sizilien die Abgabe von Kräften an den italienischen Bundesgenossen. Am 13.7. gab Hitler daher Befehl zur Einstellung des Angriffs. Fortan diktierte die Rote Armee das Kriegsgeschehen im Osten, auch wenn ihre Verluste durch die Operation »Zitadelle« höher lagen als bei der Wehrmacht: Die Sowjets zählten 17 000 gefallene und 34 000 gefangene Rotarmisten, auf deutscher Seite waren 3300 Mann gefallen und 17 420 in Gefangenschaft geraten.

Zusammenbruch

Für den Endkampf in Deutschland seit Anfang 1945 hat sich aus deutscher Sicht die Bezeichnung »Zusammenbruch« eingebürgert. Ende 1944 war das europäische Kriegsgebiet im Kern auf den Raum des »Großdeutschen Reiches« geschrumpft, auch wenn in Italien, Ungarn, Slowakei noch deutsche Soldaten kämpften und Dänemark, Norwegen, Holland weiterhin besetzt waren. Die *Ardennenoffensive* hatte wertvolle Reserven verschlungen. Sie wurden im Osten bitter vermißt, denn dort trat am 12.1.1945 die Rote Armee aus den Weichselbrückenköpfen zum Sturm an und erreichte bis 27.1. die Oder beiderseits von Breslau und wenig später auf der gesamten Länge. Pommern und Ostpreußen waren abgeschnitten und wurden in den folgenden Monaten überrannt. Die »Festung Königsberg« ergab sich am 9.4. Im Südosten nahmen die Sowjets am 13.2. Budapest und stießen weiter auf Wien vor, das am 13.4. fiel. Nur im Nordosten hielt noch ein Kessel in Kurland, als am 16.4. die sowjetische Schlußoffensive über die Oder gegen Berlin losbrach. Die Reichshauptstadt lag seit Angriffsbeginn unter Artilleriefeuer und wurde umgangen, so daß Mecklenburg, Brandenburg und Sachsen-Anhalt besetzt waren, ehe in Berlin am 2.5. die weiße Fahne wehte. Breslau hielt noch bis zum 6.5., und als letzter Großverband der Wehrmacht im Osten kapitulierte die Heeresgruppe Kurland mit 208 000 Mann am 10.5.1945. Hitler hatte sich am 30.4. im *Führerbunker* das Leben genommen, nachdem er zum Nachfolger in der Reichspräsidentschaft Großadmiral *Dönitz* bestimmt hatte. – An der Südfront in Italien erreichten die Alliierten am 21.4. Bologna, der Weg in die Poebene war frei. Die deutsche Heeresgruppe C gab den Kampf auf und vereinbarte die Übergabe zum 29.4.; 250 000 Mann gingen in Gefangenschaft, 47 000 waren in Italien gefallen, 170 000 verwundet worden. Im Westen gestaltete sich die alliierte Offensive über den Rhein schwierig und gelang erst, als am 7.3. die Ludendorff-Brücke in *Remagen* unversehrt in die Hand der Amerikaner fiel. Dann aber brachen alle Dämme: Im Ruhrkessel ging die deutsche Heeresgruppe B (325 000 Mann) am 16./17.4. unter, am 22.4. erreichten US-Truppen die deutsch-tschechische Grenze, am 19.4. Leipzig und am 30.4. München. Fünf Tage zuvor hatten sich bei *Torgau* an der Elbe GIs und Rotarmisten die Hand gereicht. Die Briten besetzten inzwischen Norddeutschland: Bremen 26.4., Lübeck 2.5., Hamburg 3.5. Am 4.5. kapitulierten die deutschen Streitkräfte im Nordwestraum und in den Niederlanden. Drei Tage später wurde im Hauptquartier des amerikanischen Oberbefehlshabers Dwight D. Eisenhower in Reims die *Bedingungslose Kapitulation* der Wehrmacht unterzeichnet, ein Vorgang, der am Tag darauf vor der Roten Armee in Berlin-Karlshorst wiederholt wurde. Der 2. Weltkrieg war in Europa zu Ende. Nach Verhaftung der Regierung Dönitz (23.5.) und dem Erlaß der sog. Juni-Deklaration (5.6.) zur Übernahme der obersten Regierungsgewalt in Deutschland errichteten die Alliierten ein System der Viermächtekontrolle über Gesamtdeutschland. Dessen künftiges Schicksal sollte zwar einem Friedensvertrag vorbehalten sein, de facto wurde es aber im *Potsdamer Abkommen* (2.8.) bereits auf Dauer geregelt.

Zwangsarbeiter

Zur Arbeit wurden im 3. Reich viele Menschen gepreßt (z. B. Häftlinge der KZ), im engeren Sinne aber bezeichnet man als »Zwangsarbeiter« die während des Krieges in den deutsch besetzten Gebieten zunächst angeworbenen, seit 1942 zunehmend zwangsrekrutierten Zivilarbeiter, die offiziell »Fremdarbeiter« hießen. Ausländische Zwangsarbeiter wurden v. a. in der Landwirtschaft und der Industrie im Reich oder auch in Zulieferbetrieben ihrer Heimat eingesetzt. Es handelte sich vornehmlich um Polen, Russen, Franzosen, Belgier und Niederländer. Mit wachsender Kriegsdauer wurden die Methoden der Rekrutierung immer brutaler. Hatte man anfangs mit Drohungen (Entzug der Lebensmittelkarten u. a.) nachgeholfen, kam es später zu regelrechten Menschenjagden und Deportationen. Am 21.3.1942 ernannte Hitler *Sauckel* zum Generalbevollmächtigten für den Arbeitseinsatz, am 22.8.1942 genehmigte ein Erlaß die zwangsweise Verpflichtung zur Arbeit, am 15.3.1943 sprach Sauckel in einer ersten Jahresbilanz von 3 638 056 »neuen fremdvölkischen Arbeitskräften« und 1 622 829 Gefangenen, die der Kriegswirtschaft »zugeführt« worden seien. Im *Nürnberger Prozeß* wurde von einer Gesamtzahl von 12 Mio. ausländischen Zwangsarbeitern ausgegangen. – Sie wurden in Deutschland von Sicherheitspolizei und *Gestapo* überwacht. Während die Zwangsarbeiter aus westlichen

Ländern den Kriegsumständen entsprechend behandelt wurden (insbesondere die begehrten Facharbeiter), wurden die »Ostarbeiter« aus der UdSSR und die »nicht eindeutschungsfähigen« Arbeitskräfte aus Polen und Südosteuropa zahlreichen Beschränkungen unterworfen. Sie mußten Kennzeichen auf der Kleidung tragen – »Ost« für russische, »P« für polnische Zwangsarbeiter –, durften nicht an kulturellen oder kirchlichen Veranstaltungen teilnehmen; Radio und Zeitungen waren ihnen verboten. Zudem waren die Zwangsarbeiter aus dem Osten spätestens seit Febr. 1942 in bewachten Lagern untergebracht und erhielten deutlich niedrigere Löhne. Ihnen wurden strenge »Lebensführungsregeln« auferlegt. Grundlage dafür war ein Schreiben *Himmlers* vom 8.3.1940, wonach die Gestapo bei Verstößen gegen die Arbeitsmoral Einweisungen in Arbeitserziehungslager (AEL) und KZ anordnen und in schweren Fällen *Sonderbehandlung* beantragen konnte. Auch bei Geschlechtsverkehr mit deutschen Frauen drohte die Todesstrafe. – Die Industrieunternehmen, die vom Einsatz der Zwangsarbeiter profitierten, haben nach dem Krieg bis in die 1990er Jahre Entschädigungen abgelehnt oder allenfalls symbolische Zahlungen geleistet. Erst gegen Ende des 20. Jh. einigte man sich auf einen Fond von 10 Mrd. DM, der zur Hälfte aus einer Stiftung der deutschen Wirtschaft und zur anderen durch den Bund aufgebracht wurde. Die Zahlungen begannen im Jahr 2001, nachdem die deutschen Unternehmen Zusicherungen erhalten hatten, daß es nicht zu weiteren Klagen gegen sie in den USA kommen werde. Auch die beiden großen Kirchen leisteten Entschädigungszahlungen, denn auch sie hatten Zwangsarbeiter beschäftigt, obwohl diese von ihnen im Regelfall menschlicher behandelt worden waren.

Zwangssterilisation

Bevölkerungspolitik im 3. Reich wurde vornehmlich im züchterischen Sinn betrieben, indem die Vermehrung der angeblich »rassisch wertvolleren« und »erbgesunden« Personen gefördert, die der anderen behindert oder ganz unterbunden wurde. Mit Gesetz zur Verhütung erbkranken Nachwuchses vom 14.7.1933 wurde dazu die Möglichkeit der Zwangssterilisation von sog. Erbkranken geschaffen. Zu diesen gehörten Personen, die an angeborenem Schwachsinn, Schizophrenie, zirkulärem Irresein, Blindheit, Taubheit, erblicher Fallsucht, Veitstanz oder an schweren körperlichen

Mißbildungen litten; auch Alkoholiker konnten als »Erbkranke« eingestuft werden. Beamtete Ärzte und Anstaltsleiter waren gehalten, für alle diese Personen die Zwangssterilisation beim Erbgesundheitsgericht zu beantragen, nach dessen Beschluß der Eingriff binnen 14 Tagen vorzunehmen war, notfalls nach polizeilicher Zwangsvorführung des »Patienten«. Entlassung von Insassen der Heil- und Pflegeanstalten ohne Zwangssterilisation war verboten. Insgesamt wurden bis 1945 zwischen 250 000 und 300 000 Menschen zwangssterilisiert, wobei es immer wieder wegen mangelnder Hygiene und anderer Kunstfehler zu Todesfällen kam. Zur Entwicklung von effektiven Methoden zur Sterilisierung ganzer Gruppen und Völker nahmen SS-Ärzte in *Auschwitz* und *Ravensbrück* meist tödliche *Menschenversuche* vor.

Zwanzigster Juli

Insgesamt sind über 40 Versuche bekannt geworden, Hitler gewaltsam zu beseitigen, darunter die Bombe *Elsers* im Münchener Bürgerbräu 1939 und als einziges wirklich erfolgversprechendes Attentat *Stauffenbergs* Sprengstoffanschlag vom 20.7.1944 im Führerhauptquartier »Wolfsschanze« bei Rastenburg in Ostpreußen. Hier nämlich ging es nicht nur um die Tötung des Tyrannen, sondern zugleich um den Sturz des gesamten NS-Systems. Und es war nicht die Tat eines einzelnen, sondern eine von langer Hand geplante Verschwörung des *Widerstands*, an der hohe und höchste Militärs, ehemalige Politiker und Gewerkschafter sowie Diplomaten beteiligt waren. Sie hatten sich dazu entschlossen, obwohl selbst bei Gelingen des Anschlags und des politischen Putsches kaum noch damit zu rechnen war, daß Deutschland von den Alliierten einen Frieden ohne Besetzung oder wenigstens einen Sonderfrieden mit den Westmächten würde erreichen können und obwohl die Mehrheit der Bevölkerung kaum Verständnis für den Umsturz mitten im – so die NS-Propaganda – »Überlebenskampf des Volkes« aufbringen würde. Die Gefahr einer neuen *Dolchstoßlegende* meinten die Verschwörer jedoch in Kauf nehmen zu müssen angesichts der ungeheuerlichen Verbrechen des Regimes und der weiteren gewaltigen Opfer, die die Fortsetzung des Krieges fordern würde. – Trotz der umfassenden Bündelung der Opposition war die Personaldecke des Widerstands äußerst dünn, so daß Stauffenberg sowohl den Anschlag in Ostpreußen ausführen und den Putsch in Berlin leiten mußte. Dadurch ging wertvolle Zeit verloren, in der die Nachricht vom Überleben Hitlers Berlin erreichte, ehe das Unternehmen »Walküre« greifen konnte. Mit diesem Stichwort sollten die Festsetzung der Staats-, Polizei-, Partei- und SS-Führung ausgelöst und die Übernahme der Macht durch eine Regierung eingeleitet werden: *Beck* als Reichsverweser, *Goerdeler* als Reichskanzler, *Witzleben* als Oberbefehlshaber der Wehrmacht. Wie Stauffenbergs Anschlag durch widrige Umstände (ungünstige Plazierung der Aktentasche mit der Bombe, Ansetzung der Besprechung mit Hitler in einer Holzbaracke statt im Bunker) scheiterte, so mißlang in Berlin die Machtübernahme durch Fehler wie verpaßte Besetzung des Rundfunks und verspätetes Handeln (über drei Stunden vergingen zwischen Explosion der Bombe und Auslösung von »Walküre« um 16 Uhr). Ob entschlosseneres Vorgehen allerdings von Erfolg gekrönt gewesen wäre, scheint zweifelhaft, denn der nur leichtverletzte Hitler, auf den die Soldaten den Eid geleistet hatten, genoß in weiten Kreisen noch immer tiefe Verehrung. Gegen 23 Uhr war der Putsch endgültig gescheitert. Stauffenberg und drei Mittäter wurden standrechtlich erschossen, andere wie *Tresckow* nahmen sich in den nächsten Tagen das Leben, etwa 200 weitere wurden Opfer der Rachejustiz, 7000 Verdächtige nahm die Gestapo in Haft. Die Familien der Widerstandskämpfer kamen in Sippenhaft, die Kinder verteilte man auf »zuverlässige« Familien. – Trotz seines Scheiterns hat der Zwanzigste Juli (die Bezeichnung wurde bald auf den gesamten militärischen Widerstand übertragen) durch den hohen Mut seiner Opfer und ihre moralische Integrität ein Zeugnis für das »andere Deutschland« hinterlassen: Daß eine Elite selbstloser Charaktere auf dem Tiefpunkt der deutschen Geschichte versucht hat, moralische Grundnormen wiederherzustellen, wurde zur Grundlage für den demokratischen Wiederaufbau nach 1945.

Zweite Front

Der bedrängte *Stalin* forderte schon 1941 angesichts des drohenden Zusammenbruchs der Sowjetunion von den Westmächten die Errichtung einer Zweiten Front in Europa und fand in Washington und London auch Verständnis. Uneins blieb man sich aber darüber, wo eine solche Front zu errichten sei. Für Stalin kam nur der direkte Stoß über den Ärmelkanal in Frage, *Churchill* favorisierte dagegen im Rahmen seiner »Strategie der Peripherie« den Angriff von Süden her gegen den »weichen Bauch Europas«, weil hier, an der italienischen Flanke, mit weniger Widerstand zu rechnen war als an der Kanalküste, wie das Scheitern des Kommandounternehmens gegen *Dieppe* 1942 bewies. Mit dieser Haltung setzte sich der Britenpremier zunächst durch, was Stalin mit tiefem Mißtrauen erfüllte, auch als die unmittelbare Gefahr für die Rote Armee abgewandt war. Nun nämlich sah er in der westalliierten Haltung durchaus richtig einen Versuch, den russischen Vormarsch durch Südosteuropa abzuschneiden. Die Spannungen zwischen den Partnern wuchsen daher, bis *Roosevelt* schließlich auf der Konferenz von *Teheran* eine Zweite Front für Nordfrankreich zusagte. Sie verzögerte sich freilich noch mehrmals, und erst am 6.6.1944 schuf die *Invasion* der Angloamerikaner in der Normandie diese Front, die eigentlich schon die dritte war, denn seit Juli 1943 rückten westalliierte Truppen in Italien vor.

zweite Revolution

Nicht wenige in der NSDAP und v.a. in der *SA* hatten sich von Hitlers Machtübernahme einen radikalen Umbau der Gesellschaft, mindestens aber persönliche Vorteile versprochen. Hitlers Paktieren mit den traditionellen Eliten in Beamtenschaft und v.a. Militär ließ die »nationale Revolution« in ihren Augen unvollendet erscheinen, und so wurde der Ruf nach einer zweiten Revolution laut. Er verstummte auch nicht nach mehrmaligen Mahnungen Hitlers wie am 6.7.1933 in einer Rede vor den Reichsstatthaltern, als er die Revolution für beendet erklärte. Für den Fall einer zweiten Revolution drohte er unverhohlen: »Wir lassen keinen Zweifel darüber, daß wir einen solchen Versuch, wenn nötig, in Blut ertränken würden.« Die Mordaktion während der *Röhm-Affäre* bewies, daß er es wörtlich gemeint hatte.

Zweiter Weltkrieg

Zuweilen als »zweiter Akt desselben Dramas« bezeichnet, hatte der 2.Weltkrieg doch weit darüber hinausgehende Ursachen. Sie lagen zum einen in der ideologischen Konfrontation, v.a. aber in den *Lebensraum*-Phantasien des deutschen Diktators Hitler und in seinem rassistischen Weltbild. Zwar war Hitlers Aufstieg auch ein Ergebnis der durch den Krieg 1914–18 ungelösten Konflikte, doch war seine Gewaltpolitik tiefer verwurzelt. Sie steuerte nach einer kurzen erfolgreichen Phase der Revision des Versailler Vertrags (1933–38) unbeirrt auf ein »Großgermanisches Reich« deutscher »Herrenmenschen« zu, das er schon in *»Mein Kampf«* (1925) und beim Machtantritt 1933 als Vision offenbart hatte. – Äußerer Anlaß für die Entfesselung des Krieges war zunächst jedoch eine Fehleinschätzung, nach der Hitler noch mit dem Stillhalten der Westmächte beim Überfall auf Polen am 1.9.1939 rechnete. Sein Bündnis mit dem Todfeind *Stalin* (23.8.1939) aber hatte nicht die erhoffte abschreckende Wirkung, es folgten französische und britische Kriegserklärungen. Nach einer Abwartephase kam es zum Wettlauf ums Erz, den Deutschland durch Besetzung Norwegens und Dänemarks (April 1940) gewann, ehe es mit dem Angriff im Westen (10.5.1940) die Entscheidung suchte. Der rasche Sieg über die Niederlande, Belgien und Frankreich aber brachte sie nicht und auch nicht der Kriegseintritt Italiens (10.6.1940), da England unnachgiebig blieb und auch nach dem deutschen Sieg auf dem Balkan (April 1941) und nach den Rückschlägen im *Afrikafeldzug* nicht einlenkte. – Hitler sah sich daher gezwungen, seinen eigentlichen Krieg um »Lebensraum« gegen die UdSSR vor der Entscheidung im Westen zu beginnen. Am 22.6.1941 ließ er mit mehreren Millionen Mann angreifen und hatte die gewohnten raschen Erfolge. Der Gegner aber brach nicht zusammen wie erwartet, sondern nutzte Raum und Klima zum Gegenschlag. Der Kriegseintritt Japans (Dez. 1941) entlastete nicht, da Tokio mit Moskau verbündet war und Deutschland mit den USA einen weiteren Gegner erhielt, der den Krieg im Westen mit seiner Materialmacht schließlich fast allein entschied. 1942 stießen noch einmal die deutsche Wehrmacht und v.a. die Japaner vor, beide aber liefen letztlich ins Leere und waren bei völlig überdehnten Kräften und Fronten im Abwehrbereich tödlich verwundbar. *Stalingrad* (1942/43) markierte die Wende auf dem europäischen Kriegsschauplatz. Nach der amerikanischen »Germany-first«-Strategie aber kam das Ende für die europäischen Aggressoren Deutschland und Italien noch etwas schneller als für Japan, zumal der Versuch der deutschen Opposition, den Despoten zu beseitigen, am *Zwanzigsten Juli* 1944 scheiterte: Nach der *Invasion* der Westmächte (6.6.1944) und dem gleichzeitigen Zusammenbruch der Ostfront geriet Deutschland in die Zange und mußte nach Niederlagen auch in Afrika (schon 13.5.1943) und Italien, zudem schutzlos dem alliierten *Luftkrieg* ausgesetzt, am 7.5.1945 (in Kraft

8.5.) die *Bedingungslose Kapitulation* akzeptieren. Der 2. Weltkrieg endete nach Abwurf der ersten *Atombomben* mit der Kapitulation Japans am 2.9.1945.

»Zweites Buch«

Erst 1961 machte der amerikanische Historiker Gerhard L. Weinberg aus den Beständen des US-Nationalarchivs ein maschinenschriftliches Manuskript Hitlers aus dem Jahre 1928 zugänglich und nannte es mangels Titel »Hitlers Zweites Buch«. In seinen *Tischgesprächen* erwähnte Hitler selbst am 17.2.1942 im Zusammenhang mit »*Mein Kampf*« »eine andere, nicht veröffentlichte Schrift«. Vermutlich kam er wegen des 1928/29 einsetzenden Aufschwungs der NSDAP mit wachsender öffentlicher Belastung nicht zur Herausgabe des Werkes. Es bestätigt v. a. die außenpolitischen Positionen von »Mein Kampf« und arbeitet die weltanschaulichen Prinzipien noch schärfer heraus.

Zyklon B

Zur Desinfektion von Schiffsräumen bei Rattenplage vertrieb die Deutsche Gesellschaft für Schädlingsbekämpfung (DEGESCH, Frankfurt am Main) ein blausäurehaltiges Begasungsmittel der Firma Tesch und Stabenow (Hamburg) namens »Zyklon B«. Es wurde zuerst im Rahmen des *Euthanasie*-Programms zur Tötung von Menschen verwendet und dann im Großmaßstab in den *Vernichtungslagern* eingesetzt. Dabei wurde es in kristalliner Form (auf Kieselgur u. a. aufgezogen) in Dosen geliefert und durch verschließbare Abzugsöffnungen in die luftdichten *Gaskammern* geworfen. An der Luft bildeten sich sofort Cyanwasserstoffdämpfe, die die Menschen in den Kammern in wenigen Minuten durch Atemlähmung töteten.

Sach- und Personenregister

Zur Erhöhung der Fundstellenzahl folgt ein Register der Stichwörter, die keinen eigenen Eintrag (Verweis oder Artikel) im Lexikon haben. Aufgenommen wurden alle themenrelevanten Sachwörter und Personen, die den Stoff weiter erschließen helfen können. Statt der sonst üblichen Seitenzahlen verweist das Register auf die Artikel, in denen das jeweilige Stichwort zu finden ist und die ja meist kürzer sind als eine Seite, so daß die Suche abgekürzt wird.

Literatur

1. Gesamtdarstellungen, Sammelbände, Interpretationen und Dokumentationen

Benz, Wolfgang: Geschichte des Dritten Reiches. München 2000
Benz, Wolfgang / Graml, Hermann / Weiß, Hermann (Hrsg.): Enzyklopädie des Nationalsozialismus. München 1997 (Taschenbuchausgabe)
Boberach, Heinz (Hrsg.): Meldungen aus dem Reich. Auswahl aus den geheimen Lageberichten des Sicherheitsdienstes der SS 1939–1944. München 1968 (Taschenbuchausgabe)
Bracher, Karl Dietrich / Funke, Manfred / Jacobsen, Hans-Adolf (Hrsg.): Nationalsozialistische Diktatur 1933–1945. Eine Bilanz. Düsseldorf 1983
Bracher, Karl Dietrich / Funke, Manfred / Jacobsen, Hans-Adolf (Hrsg.): Deutschland 1933–1945. Neue Studien zur nationalsozialistischen Herrschaft. Düsseldorf 1992 (auch als Bd. 314 der Schriftenreihe der Bundeszentrale für politische Bildung erschienen)
Bracher, Karl Dietrich: Die deutsche Diktatur. Entstehung, Struktur, Folgen des Nationalsozialismus. Frankfurt a. M. 1979 (Taschenbuchausgabe)
Broszat, Martin: Der Staat Hitlers. Grundlegung und Entwicklung seiner inneren Verfassung. München 1969
Broszat, Martin / Frei, Norbert (Hrsg.): Das Dritte Reich im Überblick. Chronik, Ereignisse, Zusammenhänge. München 1989 (Taschenbuchausgabe)
Burleigh, Michael: Die Zeit des Nationalsozialismus – Eine Gesamtdarstellung. Frankfurt a. M. 2000
Diner, Dan (Hrsg.): Ist der Nationalsozialismus Geschichte? Zu Historisierung und Historikerstreit. Frankfurt a. M. 1987
Domarus, Max: Hitler. Reden und Proklamationen 1932–1945. 2 Bände, München 1965
Fraenkel, Ernst: Der Doppelstaat. Frankfurt/Köln 1974
Frei, Norbert: Der Führerstaat. Nationalsozialistische Herrschaft 1933 bis 1945. 6., erweiterte u. aktualisierte Auflage, München 2001 (Taschenbuchausgabe)
Haffner, Sebastian: Anmerkungen zu Hitler. Frankfurt a. M. 1981 (Taschenbuchausgabe)
Herbst, Ludolf: Das nationalsozialistische Deutschland 1933–1945. Die Entfesselung der Gewalt: Rassismus und Krieg, Frankfurt a. M. 1996
Hildebrand, Klaus: Das Dritte Reich. München ^{5}1995
Hofer, Walther: Der Nationalsozialismus. Dokumente 1933–1945. Frankfurt a. M. 1957 (Taschenbuchausgabe)

Hummel, Karl-Joseph: Deutsche Geschichte 1933–1945. München 1998
Jäckel, Eberhard: Hitlers Weltanschauung. Entwurf einer Herrschaft. Erweiterte Neuausgabe Stuttgart 1981
Klöss, Erhard (Hrsg.): Reden des Führers. Politik und Propaganda Adolf Hitlers 1922–1945. München 1967
Michalka, Wolfgang (Hrsg.): Das Dritte Reich. Dokumente zur Innen- und Außenpolitik. 2 Bände, München 1985
Möller, Horst (Hrsg.): Die tödliche Utopie. Bilder, Texte, Dokumente, Daten zum Dritten Reich. München 2001
Neumann, Franz: Behemoth. Struktur und Praxis des Nationalsozialismus, Frankfurt a. M. [3]1993 (Taschenbuchausgabe)
Wendt, Bernd-Jürgen: Deutschland 1933–1945. Das »Dritte Reich«. Hannover 1995

2. Biographien, Autobiographien und Tagebücher der Täter

Bedürftig, Friedemann / Kalenbach, Dieter: Hitler (Comic-Biographie). Hamburg [3]1993
Black, Peter: Ernst Kaltenbrunner. Vasall Himmlers: Eine SS-Karriere. Paderborn 1996
Fest, Joachim C.: Das Gesicht des Dritten Reiches. Profile einer totalitären Herrschaft. München [5]1997
Fest, Joachim C.: Hitler. Eine Biographie, Berlin 1987 (Taschenbuchausgabe)
Fest, Joachim: Speer. Eine Biographie. Frankfurt a. M. 2001 (Taschenbuchausgabe)
Fraenkel, Heinrich: Himmler. Kleinbürger und Massenmörder. Frankfurt a. M. 1965
Hamann, Brigitte: Hitlers Wien. Lehrjahre eines Diktators. München/Zürich [8]1998
Heiber, Helmut: Joseph Goebbels. Berlin 1962
Höß, Rudolf: Kommandant in Auschwitz. Autobiographische Aufzeichnungen. Herausgegeben von Martin Broszat. München 1963
Joachimsthaler, Anton: Hitlers Weg begann in München 1913–1923. München 2000
Kershaw, Ian: Hitler. 2 Bände, Stuttgart 1998, 2000
Martens, Stefan: Hermann Göring. »Erster Paladin des Führers« und zweiter Mann im Dritten Reich. Paderborn 1985
Reuth, Ralf Georg: Goebbels. München 1990
Reuth, Ralf Georg (Hrsg.): Joseph Goebbels. Tagebücher 1924–1945. 5 Bände, München 1992
Sereny, Gitta: Das Ringen mit der Wahrheit. Albert Speer und das deutsche Trauma. München 1995
Steinert, Marlis: Hitler. München 1994

3. Gesellschaft und Wirtschaft

Bajohr, Frank: Parvenüs und Profiteure. Korruption in der NS-Zeit. Frankfurt a.M. 2001

Bankier, David: Die öffentliche Meinung im Hitlerstaat. Berlin 1995

Bastian, Til: Homosexuelle im Dritten Reich. Geschichte einer Verfolgung. München 2000

Beck, Johannes, u.a. (Hrsg.): Terror und Hoffnung in Deutschland 1933 bis 1945. Leben im Faschismus. Reinbek 1980

Blaich, Fritz: Wirtschaft und Rüstung im »Dritten Reich«. Düsseldorf 1987

Denzler, Georg / Fabricius, Volker (Hrsg.): Die Kirchen im Dritten Reich. Christen und Nazis Hand in Hand? 2 Bände, Frankfurt a.M. 1984

Eichholtz, Dietrich: Geschichte der deutschen Kriegswirtschaft 1939–45. 3 Bände, Berlin 1996

Falter, Jürgen W.: Hitlers Wähler. München 1991

Flessau, Kurt-Ingo: Schule der Diktatur. Lehrpläne und Schulbücher des Nationalsozialismus. Frankfurt a.M. 1979 (Taschenbuchausgabe)

Galinski, Dieter / Herbert, Ulrich / Lachauer, Ulla (Hrsg.): Nazis und Nachbarn. Schüler erforschen den Alltag im Nationalsozialismus, Reinbek 1982

Grüttner, Michael: Studenten im Dritten Reich. Paderborn 1995

Hachtmann, Rüdiger: Industriearbeit im »Dritten Reich«. Untersuchungen zu den Lohn- und Arbeitsbedingungen in Deutschland 1933–1945. Göttingen 1989

Hammerschmidt, Peter: Die Wohlfahrtsverbände im NS-Staat. Die NSV und die konfessionellen Verbände Caritas und Innere Mission im Gefüge der Wohlfahrtspflege im Nationalsozialismus. Opladen 1999

Hering, Sabine / Schilde, Kurt: Das BDM-Werk »Glaube und Schönheit«. Die Organisation junger Frauen im Nationalsozialismus. Berlin 2000

Kater, Michael H.: Ärzte als Hitlers Helfer. Hamburg 2000

Klönne, Arno: Jugend im Dritten Reich. Die Hitler-Jugend und ihre Gegner. Düsseldorf/Köln 1982

Koch, Peter-Ferdinand: Die Geldgeschäfte der SS. Wie deutsche Banken den schwarzen Terror finanzierten. Hamburg 2000

Koonz, Claudia: Mütter im Vaterland. Frauen im Dritten Reich. Reinbek 1994

Lange, Herta (Hrsg.): Abend wenn wir essen fehlt uns immer einer. Kinder schreiben an die Väter 1939–1945. Reinbek 2000 (Taschenbuchausgabe)

Luntowski, Gustav: Hitler und die Herren an der Ruhr. Wirtschaftsmacht und Staatsmacht im Dritten Reich. Frankfurt a.M. 2000

Maiwald, Stefan / Mischler, Gerd: Sexualität unter dem Hakenkreuz. Manipulation und Vernichtung der Intimsphäre im NS-Staat. Hamburg 1999

Mason, Timothy W.: Sozialpolitik im Dritten Reich. Arbeiterklasse und Volksgemeinschaft. Opladen 1977

Mönninghoff, Wolfgang: Enteignung der Juden. Wunder der Wirtschaft, Erbe der Deutschen. Hamburg 2001

Schneider, Barbara: Die Höhere Schule im Nationalsozialismus. Zur Ideologisierung von Bildung und Erziehung. Köln 2000
Schneider, Wolfgang (Hrsg.): Alltag unter Hitler. Berlin 2000
Schoenbaum, David: Die braune Revolution. Eine Sozialgeschichte des Dritten Reiches. München 1980 (Taschenbuchausgabe)
Scholder, Klaus: Die Kirchen und das Dritte Reich. Bd. 1: Vorgeschichte und Zeit der Illusionen 1918–1934; Bd. 2: Das Jahr der Ernüchterung 1934. Barmen und Rom. Frankfurt a. M. 1977, 1985
Schoppmann, Claudia: Verbotene Verhältnisse. Frauenliebe 1938–1945, Berlin 1999
Schwarz, Gudrun: Eine Frau an seiner Seite – Ehefrauen in der »SS-Sippengemeinschaft«, Berlin 2000 (Taschenbuchausgabe)
Wilhelm, Friedrich: Die Polizei im NS-Staat, Paderborn 1997

4. Herrschaftssystem und Terrorapparat

Bahar, Alexander / Kugel, Wilfried: Der Reichstagsbrand. Wie Geschichte gemacht wird. Berlin 2001
Buchheim, Hans / Broszat, Martin / Jacobsen, Hans-Adolf / Krausnick, Helmut: Anatomie des SS-Staates. 2 Bände, München 1967 (Taschenbuchausgabe)
Diewald-Kerkmann, Gisela: Politische Denunziation im NS-Regime oder Die kleine Macht der »Volksgenossen«. Bonn 1995
Kershaw, Ian: Hitlers Macht. Das Profil der NS-Herrschaft, München 1992
Kogon, Eugen: Der SS-Staat. Das System der deutschen Konzentrationslager. München 1982 (Taschenbuchausgabe)
Paul, Gerhard / Mallmann, Klaus-Michael (Hrsg.): Die Gestapo – Mythos und Realität. Darmstadt 1995
Reichel, Peter: Der schöne Schein des Dritten Reiches. Faszination und Gewalt des Faschismus. Frankfurt a. M. 1993 (Taschenbuchausgabe)
Rüthers, Bernd: Entartetes Recht. München 1994
Roth, Karl Heinz: Facetten des Terrors. Der Geheimdienst der Deutschen Arbeitsfront und die Zerstörung der Arbeiterbewegung. Bremen 2000
Sofsky, Wolfgang: Die Ordnung des Terrors. Das Konzentrationslager. Frankfurt a. M. 1993
Spoerer, Mark: Zwangsarbeit unter dem Hakenkreuz. Ausländische Zivilarbeiter, Kriegsgefangene und Häftlinge im Deutschen Reich und im besetzten Europa. Stuttgart 2001

5. Judenverfolgung und -vernichtung

Adam, Uwe Dietrich: Judenpolitik im Dritten Reich. Königstein/Düsseldorf 1979 (Taschenbuchausgabe)

Aly, Götz: »Endlösung«. Völkerverschiebung und der Mord an den europäischen Juden. Frankfurt a. M. 1995
Aly, Götz / Roth, Karl Heinz: Die restlose Erfassung. Volkszählen, Identifizieren, Aussondern im Nationalsozialismus. Frankfurt a. M. 2000 (Taschenbuchausgabe)
Arendt, Hannah: Eichmann in Jerusalem. Ein Bericht von der Banalität des Bösen. München/Zürich [4]1992 (Taschenbuchausgabe)
Barkai, Avraham: Vom Boykott zur »Entjudung«. Der wirtschaftliche Existenzkampf der Juden im Dritten Reich 1933–1943, Frankfurt a. M. 1988
Benz, Wolfgang (Hrsg.): Die Juden in Deutschland 1933–1945. Leben unter nationalsozialistischer Herrschaft. München 1988
Benz, Wolfgang (Hrsg.): Dimension des Völkermordes. Die Zahl der jüdischen Opfer des Nationalsozialismus. München 1991
Browning, Christopher R.: Ganz normale Männer. Das Reserve-Polizeibataillon 101 und die »Endlösung« in Polen. Reinbek 1993 (Taschenbuchausgabe)
Browning, Christopher R.: Judenmord. NS-Politik, Zwangsarbeit und Verhalten der Täter. Frankfurt a. M. 2001
Diestel, Barbara (Hrsg.): Frauen im Holocaust. Gerlingen 2001
Dwork, Debórah: Kinder mit dem gelben Stern. München 1994
Frank, Anne: Tagebuch, Frankfurt a. M. 1955 (Taschenbuchausgabe)
Friedländer, Saul: Das Dritte Reich und die Juden. Die Jahre der Verfolgung 1933–1939. München 1998
Gerlach, Christian: Kalkulierte Morde. Die deutsche Wirtschafts- und Vernichtungspolitik in Weißrußland 1941 bis 1944. Hamburg 1999
Goldhagen, Daniel Jonah: Hitlers willige Vollstrecker. Ganz gewöhnliche Deutsche und der Holocaust. Berlin 1996
Graml, Hermann: Reichskristallnacht. Antisemitismus und Judenverfolgung im Dritten Reich. München 1988
Hilberg, Raul: Die Vernichtung der europäischen Juden. Die Gesamtgeschichte des Holocaust. 3 Bände, Frankfurt a. M. 1990 (Taschenbuchausgabe)
Hilberg, Raul: Täter, Opfer, Zuschauer. Die Vernichtung der Juden 1933 bis 1945, Frankfurt a. M. 1996 (Taschenbuchausgabe)
Jäckel, Eberhard / Longerich, Peter / Schoeps, Julius H.: Enzyklopädie des Holocaust. 4 Bände, München/Zürich 1995 (Taschenbuchausgabe)
Klee, Ernst: Auschwitz, die NS-Medizin und ihre Opfer. Frankfurt a. M. 2001 (Taschenbuchausgabe)
Klemperer, Victor: »Ich will Zeugnis ablegen bis zum letzten.« Tagebücher 1933–45. Herausgegeben von Walter Nowojski. Berlin 1995
Longerich, Peter (Hrsg.): Die Ermordung der europäischen Juden. Eine umfassende Dokumentation des Holocaust 1941–1945, München 1989
Longerich, Peter: Der ungeschriebene Befehl. Hitler und der Weg zur Endlösung, München 2001
Müller-Hill, Benno: Tödliche Wissenschaft. Die Aussonderung von Juden, Zigeunern und Geisteskranken 1933–1945. Reinbek 1985

Rogasky, Barbara: Der Holocaust. Ein Buch für junge Leser. Berlin 1999
Safrian, Hans: Eichmann und seine Gehilfen, Frankfurt a. M. 1995 (Taschenbuchausgabe)
Wildt, Michael (Hrsg.): Die Judenpolitik des SD 1935 bis 1938. Eine Dokumentation. München 1995
Wollenberg, Jörg (Hrsg.): »Niemand war dabei, und keiner hat's gewußt«. Die deutsche Öffentlichkeit und die Judenverfolgung 1933–1945, München 1989

6. Widerstand

Benz, Wolfgang / Pehle, Walter H. (Hrsg.): Lexikon des deutschen Widerstandes, Frankfurt a. M. 1994
Hoffmann, Peter: Widerstand – Staatsstreich – Attentat. Der Kampf der Opposition gegen Hitler. München 1985 (Taschenbuchausgabe)
Mager, Tina: Die Widerstandsorganisation Schulze-Boysen-Harnack. Marburg 1999
Meding, Dorothee von (Hrsg.): Mit dem Mut des Herzens. Die Frauen des 20. Juli, Berlin 1992
Merson, Allan: Kommunistischer Widerstand in Nazi-Deutschland, Bonn 1999
Peukert, Detlev: Die Edelweißpiraten. Protestbewegungen jugendlicher Arbeiter im Dritten Reich. Eine Dokumentation. Köln 1980
Ringshausen, Gerhard (Hrsg.): Die Ordnung des Staates und die Freiheit des Menschen. Deutschlandpläne im Widerstand und Exil. Bonn 2000
Scholl, Hans / Scholl, Sophie: Briefe und Aufzeichnungen, Frankfurt a. M. ^{5}1994 (Taschenbuchausgabe)
Schüler, Barbara: »Im Geiste der Gemordeten ...«. Die Weiße Rose und ihre Wirkung in der Nachkriegszeit. Paderborn 2000
Steinbach, Peter / Tuchel, Johannes (Hrsg.): Widerstand gegen den Nationalsozialismus, Berlin 1994 (auch als Bd. 323 der Schriftenreihe der Bundeszentrale für politische Bildung erschienen)
Ueberschär, Gerd (Hrsg.): NS-Verbrechen und militärischer Widerstand gegen Hitler. Darmstadt 2000

7. Außenpolitik und Krieg

Dear, Ian / Foot, M. R. D. (Hrsg.): The Oxford Companion to the Second World War. Oxford 1998
Deist, Wilhelm / Messerschmidt, Manfred / Volkmann, Hans E. / Wette, Wolfram: Das Deutsche Reich und der Zweite Weltkrieg. Stuttgart 1979 ff.
Gruchmann, Lothar: Totaler Krieg. Vom Blitzkrieg zur bedingungslosen Kapitulation. München 1991

Hildebrand, Klaus: Das vergangene Reich. Deutsche Außenpolitik von Bismarck bis Hitler. Stuttgart 1995
Hilger, Andreas: Deutsche Kriegsgefangene in der Sowjetunion 1941–1956. Kriegsgefangenenpolitik, Lageralltag und Erinnerung. Essen 2000
Hillgruber, Andreas: Der Zweite Weltkrieg 1939–1945. Kriegsziele und Strategie der großen Mächte. 2., verbesserte Auflage Stuttgart u. a. 1983
Hillgruber, Andreas / Hümmelchen, Gerhard: Chronik des Zweiten Weltkrieges. Düsseldorf 1978
Klessmann, Christoph (Hrsg.): Nicht nur Hitlers Krieg. Der Zweite Weltkrieg und die Deutschen. Düsseldorf 1989
Latzel, Klaus: Deutsche Soldaten – nationalsozialistischer Krieg? Kriegserlebnis – Kriegserfahrung 1939–1945. Paderborn 1998
Mehner, K. (Hrsg.): Die Geheimen Tagesberichte der deutschen Wehrmachtführung im 2. Weltkrieg 1939–45. 12 Bände, Osnabrück 1984 ff.
Messerschmidt, Manfred / Wüllner, Fritz: Die Wehrmacht im Dienste des Nationalsozialismus. Zerstörung einer Legende. Frankfurt a. M. 1987
Michalka, Wolfgang (Hrsg.): Der Zweite Weltkrieg. Analysen, Grundzüge, Forschungsbilanz. München 1989
Nürnberger Prozesse. Der Prozeß gegen die Hauptkriegsverbrecher vor dem Internationalen Militärgerichtshof. 42 Bde. Nürnberg 1947–49. Studienausgabe der Verhandlungsniederschriften. 13 Bände. München/Zürich 1984
Overmanns, Rüdiger: Soldaten hinter Stacheldraht. Deutsche Kriegsgefangene des Zweiten Weltkriegs. Berlin 2000
Pätzold, Kurt: Ihr waret die besten Soldaten. Ursprung und Geschichte einer Legende. Leipzig 2000
Veigl, Hans: Alltag im Krieg. Bombenstimmung und Götterdämmerung. Wien 1998
Wegner, Bernd: Hitlers Politische Soldaten: Die Waffen-SS 1933–1945. Studien zu Leitbild und Funktion einer nationalsozialistischen Elite. Paderborn 1982
Wendt, Bernd-Jürgen: Großdeutschland. Außenpolitik und Kriegsvorbereitung des Hitler-Regimes. München 1993
Zentner, Christian / Bedürftig, Friedemann (Hrsg.): Das große Lexikon des Zweiten Weltkrieges. München 1988

PIPER

Brigitte Hamann
Hitlers Wien

Lehrjahre eines Diktators. 652 Seiten mit 100 Abbildungen und Faksimiles. Serie Piper 2653

»Die Lektüre des Buches ist ein erstaunliches Erlebnis: Unbewußt ertappt sich der Leser zunächst dabei, Verständnis für das schmächtige Bürschchen aufzubringen, das sich mittellos in einer Großstadt wie Wien durchs Leben schlagen muß, einer Stadt, die der Einwanderung aus dem Osten kaum Herr wird – die Ernüchterung bleibt aber nicht aus. Brigitte Hamann entfaltet das Soziogramm der Habsburg-Metropole, beschreibt die Bevölkerungsschichten (Österreicher, Deutsche, Slawen, Ungarn, Ruthenen, Böhmen u.a.), eruierte die Mietpreise und Lebenshaltungskosten, sogar Hitlers Monatseinkommen, führt uns das Leben in dieser Stadt plastisch vor Augen …
Als deprimierendes Fazit bleibt der Gedanke, daß nichts, aber auch gar nichts von Hitlers politischen Wahnvorstellungen ein Eigenprodukt war. Nicht nur in diesem Sinn war Hitler der größte Betrüger dieses Jahrhunderts.«
Süddeutsche Zeitung